Geloof je dat?

DS. A. SIMONS
DS. A.C. UITSLAG E.A.

Geloof je dat?

BIJBELS DAGBOEK VOOR JONGEREN

Uitgeverij Boekencentrum, Utrecht

ISBN 978 90 239 5039 4
NUR 707

Ontwerp omslag Deelstra & De Jong
Lay-out en dtp binnenwerk Gewoon Geertje

Woord vooraf

Dit dagboek is een dagboek bij de Herziene Statenvertaling. De deelonderwerpen die in dit boek aan bod komen, zijn gelijk aan de deelonderwerpen uit de Heidelberger Catechismus.
Jongeren hebben hier vragen over gesteld (je vindt die vragen telkens onder aan de pagina) en wij hebben geprobeerd om daar een antwoord op te formuleren. Het is een dagboek aan de hand waarvan je je kunt verdiepen in de bijbelse kernbegrippen en de basis van het christelijke geloof.

Zoek je meer verdieping? Zit je nog met (andere) vragen over het christelijk geloof en de Bijbel? Kijk dan eens op www.abcvanhetgeloof.nl. Op deze website willen we in begrijpelijke en eigentijdse taal de diepe inhoud van het christelijk geloof en het gereformeerde belijden aan jongeren doorgeven, zodat zij de betekenis ervan voor hun eigen leven gaan zien.

Momenteel staan er 27 uitwerkingen van kernwoorden op abcvanhetgeloof.nl. Sommige kernwoorden zijn gericht op de geloofsleer. Elk kernwoord wordt uitgewerkt met onder andere een video, een uitlegtekst, een bijbelrooster en lees-, luister- en kijktips.
Echt een aanrader voor iedereen die zoekt naar een frisse, heldere uitleg van moeilijke woorden.
Misschien herken jij je wel in deze uitspraak: 'Wedergeboorte, verzoening, rechtvaardigheid... natuurlijk ken ik deze woorden. Ik hoor ze regelmatig in de kerk. Maar uitleggen wat ze betekenen... dat vind ik lastig.' abcvanhetgeloof.nl kan je daarbij helpen. Weet wat je gelooft!

Marieke Griffioen-de Vries
Senior Jeugdwerkadviseur LCJ

Inhoud

1 januari

LEZEN: GENESIS 3:1-15

Heb je ellende nodig om bij God te komen? Het meest logische antwoord lijkt 'ja' te zijn. Want als je geen kennis hebt van de ellende, waarom zou je dan roepen om een Verlosser? De vraag gaat echter uit van iets in de mens *voordat* de Heere in beeld komt. Maar dat klopt niet. Vanaf de eerste bijbelverzen nadat de zonde en daarmee de ellende de wereld ingekomen is, wordt duidelijk dat de ellendige mens God *niet* zoekt, en ook geen redding zoekt uit deze zeer diepe val. Integendeel, de mens vlucht bij God vandaan. De ellende maakt hier letterlijk en figuurlijk scheiding tussen God en mensen. En daarom is het eerste antwoord op de vraag van deze week: 'Nee'. De ellende brengt een zondaar niet bij God. Het is allereerst andersom. Onze ellende is reden voor God om ons te zoeken. Het is opzoekende zondaarsliefde die de Heere brengt bij de ellendige mens die zich voor Hem verstopt en niet naar Hem vraagt!
In artikel 17 van de Nederlandse Geloofsbelijdenis wordt dat prachtig beschreven: 'Wij geloven, dat onze goede God, door Zijn wonderlijke wijsheid en goedheid, ziende, dat zich de mens alzo in de lichamelijke en geestelijke dood geworpen, en zich geheel ellendig gemaakt had, *Zichzelf* begeven heeft om hem te zoeken, toen hij al bevende voor Hem vlood, en heeft hem getroost, belovende hem Zijn Zoon te geven, (...) en hem gelukzalig te maken.' Dat is nu het evangelie van Gods genade, dat vandaag verkondigd wordt. Van nature vraagt een zondaar niet naar God, maar als de Heere je vandaag in de prediking opzoekt en naar jou vraagt, stort dan je hart vol ellende maar uit voor Zijn aangezicht. Hij heeft zondaars lief.

HEB JE ELLENDE NODIG OM BIJ GOD TE KOMEN?

2 januari

LEZEN: JESAJA 55 EN JOHANNES 7:37

Gisteren zagen we dat de vraag van deze week op een bepaalde manier verkeerd is gesteld. Toch zit achter die vraag wel een diepe bijbelse waarheid. Waarom is er dan toch ellende nodig om bij de Heere te komen? Omdat juist als we door het werk van de Heilige Geest onze ellende leren kennen, het evangelie als *blijde boodschap* opengaat. Waarom? Omdat God gekomen is om *juist* dat te zoeken en zalig te maken wat verloren is. Dus het Evangelie wordt pas Evangelie voor ons, als we doorhebben Wie de Heere voor ons is in onze ellende.

In de gedeelten van vandaag wordt onze ellende omschreven als 'dorst'. Wie wil er drinken van het levende water? Dat zijn mensen die dorst hebben. Zo logisch is het. Wie geen dorst heeft, drinkt meestal niet. Die heeft er geen behoefte aan. Maar wie dorst heeft, voor hem of haar is er een overvloed aan levend water, in Jezus Christus. Hij riep aan het kruis: 'Ik heb dorst!' omdat Hij onze ellende en ons leven zonder God tot het diepst toe doorleefde en het droeg tot in de dood, zodat Hij ons zou kunnen verzadigen met vergeving, verzoening en vrede. God komt dorstigen tegemoet met wat zij het meest nodig hebben, zelfs al beseffen zij nog niet eens dat zij dorstig zijn. Maar Hij weet het wel. En Hij maakt hen verlangend naar Hem. Hij ontdekt hen voor het eerst of opnieuw aan hun dorst naar Hem en brengt dan Zelf alles mee wat ze nodig hebben. Wie zichzelf zo leert kennen én wie Gods rijke genade in Jezus ontdekt, mag drinken van het levende water om niet.

HEB JE ELLENDE NODIG OM BIJ GOD TE KOMEN?

3 januari

LEZEN: LUKAS 23:33-43

Waarom is ellende nodig om bij God te komen? Omdat je dan pas werkelijk Jezus nodig krijgt als de Zaligmaker en Hem dan pas aan gaat roepen om Zijn genade. De beide misdadigers (moordenaars of rovers) aan het kruis zijn er even ellendig aan toe. Ze zijn ook beiden op dezelfde afstand van de Heere Jezus en op dezelfde afstand van de eeuwigheid. Toch is er een verschil bij deze twee, en dat zit hem in de ellendekennis van die ene moordenaar. Hoe hij tot dat inzicht is gekomen, is niet duidelijk. Het is het werk van de Heilige Geest. Is het gekomen doordat hij van de zogenaamde catechisatielessen van vroeger wist van de Messias die zou komen om te lijden en te sterven? Of juist omdat hij net Jezus' gebed om vergeving heeft gehoord (Lukas 23:34) en heeft dat zijn hart verbroken? Hoe dan ook, als hij de andere kruiseling bestraft, klinkt er in zijn woorden schuldbelijdenis en berouw door. Hij geeft aan het rechtvaardig oordeel van God verdiend te hebben. En tegelijk belijdt hij de onschuld van de Heere Jezus en hij belijdt Hem als de Koning, want hij heeft het over Zijn Koninkrijk. Zijn ellendekennis en wat hij van deze Jezus weet, is voor hem genoeg om een kort, maar diep en oprecht gebed te bidden: 'Denk aan mij.' Als Jezus dat zal doen, is het goed. Als de Heere namelijk aan een zondaar denkt, dan redt Hij hem ook uit al zijn benauwdheden (Psalm 40:18; Jeremia 29:11).

Wie zo met zijn ellende tot Jezus vlucht, mag uit Zijn mond horen: 'Jij, met Mij, in het paradijs.' Dan ben je zalig.

HEB JE ELLENDE NODIG OM BIJ GOD TE KOMEN?

4 januari

LEZEN: ROMEINEN 7:7-26

Door de wet leer je de zonde kennen. Blijkbaar is het nodig dat dat gebeurt. Paulus heeft er aan het begin van de brief aan de Romeinen bijna drie hele hoofdstukken over gedaan om te laten zien hoe ellendig de mens eraan toe is. Er is van ons uit geen redden meer aan. Maar wat moet je met die kennis? Daarmee kom je nog niet bij God. Alleen je ellende kennen maakt je niet zalig. De uitroep van Paulus in Romeinen 7:24 is heel herkenbaar voor wie aan zijn zonde ontdekt is: 'Ik ellendig mens, wie zal mij verlossen uit het lichaam van deze dood?' Er moet van een andere kant verlossing komen, onverdiend en ongedacht, namelijk door Gods werk in Jezus Christus. Hem te kennen alleen maakt zalig. Zei Jezus het niet vlak voor Hij ging lijden en sterven: 'En dit is het eeuwige leven, dat zij U kennen, de enige waarachtige God, en Jezus Christus, Die U gezonden hebt' (Johannes 17:3)? Dus niet je zonden kennen maakt zalig, maar Jezus kennen. In Hem alleen is er bevrijding voor wie gevangenzat. Dit is de weg die de Heere vaak met een zondaar gaat, door het werk van de Heilige Geest: zondaren overtuigen van hun zonde én van Zijn grote genade in Jezus Christus. Hopelijk mag ook jij in je leven ervan getuigen dat de Heere je zo met al je ellende aan de voeten van de Gekruisigde heeft gebracht. Zodat je nu mag huppelen van zielenvreugd.

HEB JE ELLENDE NODIG OM BIJ GOD TE KOMEN?

5 januari

LEZEN: MARKUS 2:1-17

Een duidelijk woord van Jezus: 'Wie gezond zijn, hebben geen dokter nodig, maar wie ziek zijn.' Heel logisch ook. Wie vraagt zich af: 'Wat moet ik doen om zalig te worden?' Dat doen de mensen die op de pinksterdag door de prediking van Petrus in het hart getroffen werden en aan hun zonden en ellenden werden ontdekt. Dat doet de cipier in Filippi als hij geen kant meer op kan door zijn ellende. Kortom: wie ziek is, gaat naar de dokter. Toch is dat niet helemaal wat er in het gedeelte van vandaag staat. Er staat namelijk niet dat mensen die ziek zijn, naar de dokter *gaan*, maar dat ze een dokter *nodig hebben*. En in het gedeelte van vandaag blijkt dat de Arts zonder grenzen, de hemelse Dokter Jezus Christus Zelf de zieken *opzoekt*. Ze komen niet uit zichzelf tot Hem, maar Hij roept ze en ze komen tot Hem, zoals Levi.

HEB JE ELLENDE NODIG OM BIJ GOD TE KOMEN?

6 januari

LEZEN: JESAJA 42:1-9

Jezus wil met tollenaren en zondaren aan tafel zitten. Waarom? Zulke mensen hebben geen geestelijke pretenties meer, ze kunnen geestelijk gezien niets meer worden of zijn. En daarom is de opzoekende zondaarsliefde van de Zaligmaker voor hen Evangelie. Jezus komt verlorenen, zieken, zondaren, verdwaalden en gedeukten opzoeken. Is Hij er dan niet voor de Farizeeën en schriftgeleerden? Zeker wel! Maar zij willen Hem niet. Zij mopperen. Volgens hen hebben zij meer recht op God dan de rest van de mensen. En daarin zien zij hun eigen ellende niet onder ogen. Ze denken ook dat ze Jezus niet nodig hebben als de Verlosser. En daarom zijn ze dus jaloers op allen die van Gods onverdiende gunst en genade mogen leven.

HEB JE ELLENDE NODIG OM BIJ GOD TE KOMEN?

7
januari

LEZEN: LUKAS 3:1-18

Wat begint het Schriftgedeelte van vandaag prachtig: '... verkondigde het volk het Evangelie.' Maar als je alles leest, vraag je je af: Is dat nu Evangelie? Om het te hebben over het vuur, over de bijl die de boom bijna omhakt, om mensen te wijzen op hun zonden en op te roepen tot bekering? Blijkbaar wel. Maar waarom dan? Wat Johannes de Doper doet, is het volk ontdekken aan de zonde. Ontdekkende prediking blijft noodzakelijk. Alleen vanuit hun ellende zullen ze de Heiland gaan zoeken en nodig krijgen. Alleen in de weg van bekering en geloof is er verlossing mogelijk door de komende Zaligmaker. Daarom noemt Lukas de prediking van Johannes de Doper samenvattend 'Evangelie'. Het is namelijk goed nieuws als je aan je schuld en zonden en ellenden wordt ontdekt. Dan komt er ruimte voor de Heere Jezus Christus.

Dat is het voorbereidende werk dat Johannes de Doper door de Heilige Geest mag doen. Johannes was immers al vanaf de moederschoot vervuld met de Heilige Geest (Lukas 1:15)? Zo vind je in het gedeelte van vandaag een bevestigend antwoord op de vraag van deze week. Er zal plaats gemaakt moeten worden voor de liefde en de genade van God de Vader in Zijn Zoon doordat je gewezen wordt op de ellende. Dat is trouwens niet iets eenmaligs. De Heere zal door Woord en Geest Zijn kinderen telkens weer ontdekken aan zichzelf, zodat ze nooit ophouden hun zaligheid buiten zichzelf in Jezus Christus te zoeken en in Hem alleen te vinden.

HEB JE ELLENDE NODIG OM BIJ GOD TE KOMEN?

8 januari

LEZEN: JESAJA 1:1-18

Voor wie is Jesaja 1:18 een lieflijke tekst? Voor mensen die aangeklaagd zijn en die moeten toegeven dat alle aanklachten terecht zijn. Israël wordt in Jesaja 1 aangeklaagd. Wat nog geen dier zou doen, dat doet het volk van God, het volk dat zo veel van de HEERE ontvangen heeft: het vergeet zijn Heere en het keert zich tegen Hem. Ongekend. De HEERE kan niet anders dan straffen. Zonde na zonde wordt opgenoemd. En als je dan leest wat de HEERE tegen zulke overtreders zegt, wordt dat een eeuwig wonder. ‘Kom nu, laten wij samen een rechtszaak voeren, zegt de HEERE. Al waren uw zonden als scharlaken, ze zullen wit worden als sneeuw, al waren ze rood als karmozijn, ze zullen worden als witte wol.’

Karmozijn en scharlaken zijn kleuren die je niet meer uit je kleding kunt wassen. Zo erg is het met onze zonden tegenover de HEERE. Er is geen wasmiddel bij ons te vinden om zulke kleuren wit te wassen. Maar bij de HEERE blijkbaar wel. In het Nieuwe Testament lezen wij dat Hij dat doet met het bloed van het Lam, met het offer van Jezus Christus. Om Hem klinkt er voor mensen die het oordeel en de straf verdiend hebben, een zo ongekend ruime vrijspraak, daar kun je je alleen maar over verwonderen. Wie zijn zonden niet als zonden ziet en niet aan zijn ellende ontdekt is, die zal deze tekst voor kennisgeving aannemen. Die zal de inhoud ervan misschien zelfs normaal gaan vinden. Maar wie zichzelf bij het licht van Gods Woord door de Heilige Geest heeft gezien, die kan niet anders dan God eeuwig prijzen over zo veel goedheid tegenover zo veel kwaad van onze kant. Prijs jij Hem ook?

HEB JE ELLENDE NODIG OM BIJ GOD TE KOMEN?

9 januari

LEZEN: MATTHEÜS 5:17-48

Het eerste onderdeel van de Heidelberger Catechismus zegt terecht dat wij onze ellende uit de wet van God kennen. In *De Christenreis* van John Bunyan probeert Getrouwe de berg te beklimmen, waarop hij wordt neergeslagen door een man. Getrouwe zegt tegen Bunyan dat deze man Mozes was. Getrouwe zag in dat hij niet kon voldoen aan de wet die Mozes van God had gekregen.

Ook bij ons voelt het weleens alsof de wet ons neerslaat. God vraagt in onze beleving heel veel van een mens. Hij eist onze emoties, daden, gedachten en tijd op. Toch willen wij Hem dit niet altijd geven, en zelfs als we Hem wel volledig willen dienen, dan nog zijn die momenten met zonde bevlekt!

Het doel van de mens is om God te loven, om Hem de eer te geven en Hem te dienen. Alles wat wij doen en dat dit doel mist, is zonde. Zonde is altijd een misvorming van iets goeds. De duivel misvormt het goede van de schepping. Dit zorgt er ook voor dat deze zonden ons steeds verder van God afdrijven als wij geen vergeving vragen.

HOEVEEL ZONDEN MOET JE VOELEN?

10 januari

LEZEN: EXODUS 20

Toch laat de wet ons niet alleen zien dat wij niets goeds kunnen doen. Het is niet zo dat je alleen maar hoeft te beseffen dat wij volledig zondig zijn en dat er niets uit onze handen kan komen wat niet bevlekt is door de zonde. Dat is alsof je zou weten dat je hele huis onder water staat en je er verder niets aan doet! We moeten wel iets doen: met deze zonden naar Jezus gaan, vragen of Hij ze voor ons wil dragen. Als Getrouwe daar ligt, neergeslagen door de wet, komt er een man die hem weer omhoog helpt. Getrouwe weet niet wie het is, het enige wat hij weet, is dat de man gaten in Zijn handen had. Toen besefte hij het: dit is mijn Borg, mijn Verlosser! Deze man draagt de straf van de wet voor mij. Daarom moet ik het tegen Hem vertellen als ik niet meer weet wat ik moet doen met mijn eigen ongerechtigheid.
De wet is ook een teken van Gods liefde. Het is een teken dat Hij tegen ons zegt: 'Jij hoort nog steeds bij mij en daarom val je nog onder mijn wet.' Het is de wet waarin Hij zegt dat Hij de HEERE is, *onze* God! Zonder deze wet zouden we geen zonden kunnen voelen, maar zonder deze wet zouden we ook niet weten waar we naar toe moesten als we de zonden wel voelden. Het is de wet der liefde.

HOEVEEL ZONDEN MOET JE VOELEN?

11 januari

LEZEN: MATTHEÜS 27:33-44

Hoeveel zonden je moet voelen, is een lastige vraag. Op deze vraag is namelijk geen antwoord mogelijk in getal of zwaarte. Als we alleen al kijken naar David en de moordenaar aan het kruis, dan zit er een groot verschil in hoe die beiden hun zonden beleefden, voelden en voor God brachten. In Mattheüs staat dat de menigte Jezus uitdaagt: 'U bent toch Gods Zoon? U hebt toch op God vertrouwd? Laat Die U dan maar verlossen!' Niet alleen de menigte bespot Jezus, maar 'hetzelfde verweten Hem ook de misdadigers die met Hem gekruisigd waren' (Mattheüs 27:44).

Deze moordenaars aan het kruis bespotten Jezus met Zijn godheid. Ze tastten Hem aan in het diepst van Zijn bestaan. 'Anderen hebt U wel verlost, maar nu kunt U Uzelf niet eens verlossen?' Toch is er een verschil tussen de beide misdadigers. In Lukas lezen we dat een van de misdadigers God lasterde, maar dat de ander hem vermaande. Hij zag in dat hij wel straf had verdiend en Jezus niet. De straf die zij ondergingen, was rechtvaardig, maar de straf die Jezus onderging was onrechtvaardig.

Het doel van de ellende is om in te zien dat niet Hij, maar wij de straf verdiend hebben. Dat niet Hij, maar wij rechtvaardig onder Gods toorn gekomen zijn.

HOEVEEL ZONDEN MOET JE VOELEN?

12
januari

LEZEN: LUKAS 23:33-43

De misdadiger vraagt aan Jezus of Hij aan hem wil denken als Hij in Zijn Koninkrijk gekomen is. En terwijl Jezus lijdt en bespot wordt, zegt Hij tegen hem: 'Voorwaar, zeg Ik u, heden zult u met Mij in het paradijs zijn.'

De moordenaar aan het kruis heeft niet een lange weg van ellende achter de rug. Wij weten van hem dat hij een misdadiger was, in de Engelse Bijbel wordt hij omschreven als 'thief'. Hoogstwaarschijnlijk is hij veroordeeld voor roofmoord, of misschien zelfs wel voor meerdere roofmoorden. Hij heeft een hard leven achter de rug, waarbij hij niet gaf om zijn naaste en Gods geboden. Maar in deze laatste minuten ziet hij het in: Ik heb wel straf verdiend. Maar de Man die hier naast me hangt, is onschuldig. Toch is dat niet het enige wat hij begrijpt en daarom vraagt hij het aan Jezus: 'Wilt U aan mij denken?' Hij ziet in dat hij naast deze aardse straf ook nog voor een hemelse rechter moet verschijnen. Hij beseft dat hij de straf die hij in de hemel heeft openstaan, kan laten verzoenen door Jezus. Dat dringt hem om naar Jezus toe te gaan en Hem om verzoening te vragen. 'Wilt U ook aan mij denken?' Dat is genoeg voor Jezus, meer was er blijkbaar niet nodig. Hij geeft de moordenaar nog meer dan waar hij om vraagt. Het is niet zo dat Jezus alvast vooruit gaat en later nog wel een keer aan de misdadiger zal denken. Nee, Hij zegt: '*Heden* zult u bij Mij zijn.'

HOEVEEL ZONDEN MOET JE VOELEN?

13 januari

LEZEN: MATTHEÜS 27:1-10

Er zijn echter ook voorbeelden in de Bijbel te vinden van mensen die hun zonden wel voelden, maar niet bij Jezus brachten. Toen Judas Jezus verraden had met de kus van het verraad, kwam hij op zijn plan terug. Hij wilde het geld niet meer! Hij wilde hier niet verder meer mee leven! Judas probeerde het op te lossen, het schuldgevoel zelf weg te werken. Hij ging naar de oudsten en overpriesters toe en wilde hun het geld weer teruggeven, dan was zijn geweten gezuiverd. Maar ze weigerden en Judas smeet het geld op de grond. Vervolgens ging hij naar de bergen en verhing zich. Nadat Judas zich had opgehangen, was er zelfs geen mens die hem begroef. Op een gegeven moment viel het dode lichaam naar voren en kwamen de ingewanden eruit.

Judas voelde ook zonde. Hij voelde ook dat hij het doel gemist had, maar hij ging er niet mee naar Jezus. Ook hij voelde dat het fout zat tussen God en Hem, maar hij probeerde het zelf op te lossen. De ellende moet ons naar Jezus drijven, het kan zo hoog zitten dat we soms de hand aan ons eigen leven leggen, maar als het ons niet bij Christus heeft gebracht, hebben we te weinig. Het is dus niet beter om veel zonde te voelen, het is juist belangrijk om er veel mee naar Christus te gaan.

HOEVEEL ZONDEN MOET JE VOELEN?

14 januari

LEZEN: MATTHEÜS 16:21-28

Soms ben je zo bezig met een zondige gedachte, dat je eigenlijk niet meer aan God denkt. Je denkt alleen maar aan de situatie waar je je in bevindt en aan hoeveel je ervan geniet. Je wilt eigenlijk ook niks aan de situatie veranderen. Jezus, Die de wet volledig gehouden heeft, wist dat Hij moest sterven. Hij wilde de wil van Zijn Vader doen. Hij, de Zoon van God, wilde de straf van de mens dragen zodat zondaars voor eeuwig in Zijn Vaders huis konden wonen.

Petrus was het hier niet mee eens. Hij werd zelfs boos als Jezus het erover had. Op een gegeven moment zegt hij het bitter: 'Houd er nou eens over op! Ik wil het niet meer horen. Ik wil niet horen hoe U moet lijden en sterven, zodat U bij ons vandaan gaat.' Petrus is er vast van overtuigd dat God Jezus daarvoor zal behoeden.

Het lijkt goed, het lijkt zelfs heel mooi. Petrus wil niet gescheiden worden van Jezus en vertrouwt op de verzorgende hand van God. Maar Jezus draait Zich om en noemt Petrus een satan. Hij dacht menselijk en niet aan het plan van God. Wij weten niet hoe Petrus hierop reageerde, maar Jezus leert ons hier wel dat alles tot Gods eer moet zijn. Alles moet van Zijn heerlijke Naam getuigen. Soms hebben we het niet eens door dat we zondig bezig zijn, misschien denken we dan zelfs wel dat we goeden werken doen. Toch neemt Jezus dan nog de moeite om ons te leren wat wij zijn. Als wij dan niet naar Jezus komen, komt Hij soms wel naar ons.

HOEVEEL ZONDEN MOET JE VOELEN?

15 januari

LEZEN: MARKUS 14:27-31

Jezus waarschuwde Petrus nog voor zijn hoogmoed. 'Voordat de haan twee keer gekraaid zal hebben, hebt u mij drie keer verloochend,' zei Hij tegen Petrus. Terwijl Jezus terechtstond, bleef Petrus volhouden dat hij niet bij Jezus hoorde, dat hij niet ook een van de discipelen was die met Hem gegeten en geleefd hadden. Die van Hem hielden. Hij was een vreemde voor die man die daar berecht werd. Hij had Hem tot voor deze avond nog nooit gezien. En dat vertelde hij, aan iedereen die het vroeg.

En toen keek Jezus Petrus aan en Petrus werd gedwongen om Hem ook aan te kijken. Deze blik was zo indringend, dat Petrus naar buiten ging en bedroefd begon te huilen. Het moet een blik vol liefde en teleurstelling zijn geweest. Het moet een blik zijn geweest die Petrus eraan herinnerde dat het niet belangrijk was hoe hij erin stond, maar dat het vooral belangrijk was dat hij Zijn meester niet afviel. Petrus huilde omdat hij Zijn Meester verloochend had en daarmee ook Zijn liefde voor een zondaar als Petrus. En weer kwam Jezus naar Petrus.

HOEVEEL ZONDEN MOET JE VOELEN?

16 januari

LEZEN: JOHANNES 21:15-25

Nadat Jezus met de discipelen heeft gegeten, vraagt Hij het aan Petrus: 'Simon, zoon van Jona, hebt u Mij meer lief dan dezen?' Tot drie keer toe dwingt Jezus Petrus ertoe om te antwoorden. De derde keer wordt Petrus bedroefd en zegt hij: 'U weet alle dingen, U weet dat ik van U houd.' Dat is het belangrijkste in het dienen van Christus. Liefde tot Hem en Zijn kinderen. Als je dan door diepe dalen moet gaan, zie je nog steeds Hem vooroplopen. Als je soms te veel naar jezelf kijkt, dwingt Hij je om naar Hem te kijken. Alles wat dan nog telt in het leven, is het 'Volg Mij!'

Je hoeft niet zo veel zonden te voelen dat je depressief door het leven gaat. Sommige mensen voelen hun zonden meer dan anderen. Je hoeft ook niet te wachten met het komen tot Jezus omdat je nog niet genoeg zonden voelt. De ellende en het berouw over de zonden moet zo groot zijn dat het ons naar Jezus drijft, dan is het groot genoeg. Want niet het offer dat wij brengen, niet de tranen die wij plengen, schoon wij ganse nachten wenen, kunnen redden. Hij alleen!

HOEVEEL ZONDEN MOET JE VOELEN?

17 januari

LEZEN: HEBREEËN 10:1-20

Als wij dan niet meer de volledige toorn van God hoeven te dragen, moet er wel iemand anders zijn geweest die die toorn heeft gevoeld. Het kan namelijk niet zo zijn dat er geen straf op de zonde volgt. God is naast barmhartig ook rechtvaardig. De rechtvaardigheid van God eist wel dat er straf komt voor wat de mens in het paradijs heeft gedaan. Zodra er geen straf meer zou zijn, zou onze God ook niet een rechtvaardig God kunnen zijn.
Slachtoffers en graanoffers waren niet voldoende om Zijn toorn te stillen, maar toen zei Gods Zoon: 'Zie, Ik kom', en Hij vond er vreugde in om de wil van God te doen. Jezus nam de plaats van de offerdieren in, zodat wij de straf niet hoefden te dragen.
Het is dus inderdaad waar dat Jezus de toorn van God heeft gedragen. Maar het is ook waar dat deze toorn van God over ons wordt uitgestort als wij nooit tot Jezus komen om vergeving. Het is voor de mensen beschikt dat zij eenmaal moeten sterven en dat daarna het oordeel volgt. Onthoud toch dat het vreselijk is om te vallen in de handen van de levende God! Nu wil Hij nog vergeven, ga dan toch tot Hem en belijd Hem je zonden.

HOE HEEFT JEZUS DE TOORN VAN GOD GEDRAGEN?

18 januari

LEZEN: LUKAS 2:21-39

Jezus' hele menselijke bestaan was een lijdensweg. Toen Hij nog maar een paar dagen oud was, moesten Jozef en Maria naar de tempel om een duif te offeren. Dit was een offer dat bedoeld was om de oudste zoon vrij te kopen van de priesterdienst.
Volgens de wetten van God behoorde de oudste zoon aan Hem toe. Echter, toen het volk het gouden kalf had opgericht in de woestijn, verkoos God de Levieten om de priesterdienst op zich te nemen. Dat hield echter wel in dat het volk verzoening moest doen voor elke oudste zoon die deze priesterdienst dus niet meer op zich mocht nemen.
Zodoende moesten ook Jozef en Maria naar de tempel. Jezus, geboren in de stam van Juda, moest worden vrijgekocht van de tempeldienst. Hij, de Zoon van God, moest verzoend worden bij God vanwege de zonden van Israël.

HOE HEEFT JEZUS DE TOORN VAN GOD GEDRAGEN?

19 januari

LEZEN: PSALM 25

In Gethsémané lijdt Jezus zo erg dat Hij bloed zweet. Dat komt voor bij mensen die onder hoge stress of druk staan. In dat opzicht was Jezus ook volledig mens, Hij kon angst voelen en kon daar zelfs door beheerst worden. Juist op dat moment zoekt Hij de aanwezigheid van Zijn Vader. 'Laat deze drinkbeker toch alstublieft aan Mij voorbijgaan.'
Ook hier draagt Jezus de toorn van God over de zonde. Juist hier, waar er een innerlijke strijd is over de straf die God uitstort over Zijn Zoon. Toch zondigt Jezus hier ook niet. Hij vraagt wel om verlichting van de drinkbeker, maar alleen als God de Vader het wil. 'Laat Uw wil geschieden.' Dat is nogal wat om te zeggen! Wij moeten dat ook leren, maar dat betekent wel dat we daar alles voor op moeten geven. Als Gods wil in ons leven de overhand heeft, moeten wij Hem dienen en loven in welke omstandigheid dan ook. Dan kunnen we niet meer naar onszelf wijzen of tegen onszelf opkijken. Dan moeten we alleen maar zeggen: 'Wat U ook doet, o Heere, het is goed.' We moeten onszelf volledig aan Hem overgeven.

HOE HEEFT JEZUS DE TOORN VAN GOD GEDRAGEN?

20 januari

LEZEN: NUMERI 5:11-35

Er hangt een verschrikkelijk oordeel boven deze vrouw! Als ze daadwerkelijk overspel heeft gepleegd, zal God haar straffen. Toch wordt ze gedwongen om 'Amen, amen' te zeggen. Stel je eens voor dat ze weet dat ze schuldig is, kun je je indenken dat ze dat dan nog steeds zegt? 'Amen'? En dus: 'Wis en waarachtig zal dat gebeuren'?

Voor Gods oog is niks verborgen, ook wij zijn als een overspelige bruid afgeweken. Daarom worden ook wij voor het gericht geroepen. Toch weten we dat we dit water niet kunnen drinken zonder gestraft te worden voor onze zonden.

Daarom heeft God Zijn Zoon gezonden. Hij dronk de volle drinkbeker, druppel voor druppel heeft Hij de toorn van God over Zich heen gekregen. Hij werd als een vloek in de ogen van Zijn eigen Vader, om onze overspeligheid!

HOE HEEFT JEZUS DE TOORN VAN GOD GEDRAGEN?

21
januari

LEZEN: NUMERI 2:1-21

De dood is de consequentie van de zonde. Iemand die bij de levende God wil horen, moet zich ver van alles van de dood houden. Hiermee is een christen dus ook verplicht om zich ver bij de zonde vandaan te houden. De diepste essentie van zonde is de dood van de mens. Ons leven moet de getuigenis bevatten dat God het in elk aspect ervan voor het zeggen heeft.
De nazireeërs hadden het niet makkelijk. Het was moeilijk om de wetten voor het nazireeërschap na te volgen. Elke menselijke nazireeër viel, zelfs na zijn belofte aan God, nog in de zonde. Daarom moesten de nazireeërs ook een offer brengen. Van zelfs de beste onder de mensen is eigenlijk niet veel te verwachten. Maar er is er ook Een die, in geestelijke zin, alle factoren van het nazireeërschap volmaakt volbracht heeft. Jezus is Gods volmaakte nazireeër. Maar toch moest ook Hij een offer brengen, voor ons.
Dat is het geheim van Christus, dat Hij voor ons gestorven is. Niet vredig, zoals Jakob of David, maar lijdend, voor ons. Zodat wij voor eeuwig bij God kunnen zijn.

HOE HEEFT JEZUS DE TOORN VAN GOD GEDRAGEN?

22 januari

LEZEN: NUMERI 5:1-4

De tegenwoordigheid van God in het tentenkamp gaf Israël de verantwoordelijkheid om heilig te zijn. De dienst van de HEERE is altijd een heilige dienst. God wil Zijn volk altijd duidelijk inprenten dat het een absoluut wonder is dat Zijn nabijheid in hun midden is. Waar God Zijn volk wil vergaderen, moet het volk er ook van bewust zijn dat God een heilig God is.

Bij iedereen die uit het kamp van God gezonden wordt, is de dood in het leven aan het werk. De dood is altijd het directe gevolg van de zonde en dus een van de duidelijkste bewijzen dat wij hier op aarde nog in ellende leven.

Zo ook in Jezus' leven. Ook Hij werd buiten de poort geleid om daar te lijden. Ook Hij werd weggezonden omdat Hij onrein was met de zonden van de mensen. Hij droeg onze ongerechtigheden en daarom stierf Hij buiten Jeruzalem. Zondaren kunnen zalig worden, maar niet ten koste van die heiligheid, en daarom moest Hij lijden. Omdat Hij buiten het kamp gegaan is, vindt Hij daar ook de melaatse en de zieke en de verdorvene, om die zalig te maken.

HOE HEEFT JEZUS DE TOORN VAN GOD GEDRAGEN?

23
januari

LEZEN: MATTHEÜS 1:1-17

Jezus is geboren uit Rachab, de hoer. Ondanks dat Jozua een heldhaftige rol speelde in de geschiedenis van Jericho, draait het eigenlijk om deze Rachab. Zij had gehoord wat de HEERE, de God van boven in de hemel en beneden op de aarde, gedaan heeft. En ze is ervan overtuigd dat ze alleen bij deze God en Zijn volk veilig is. Ook Rachab woonde buiten het leger van Israël. Dit laat ons zien dat ook wij tot Hem moeten uitgaan (Hebreeën 11:12-13).
De weg naar de toekomende stad is buiten de legerplaats. Daar waar Jezus ook buiten de stad is, moeten wij ook naar buiten om Hem te zien. We moeten het durven om de niet-blijvende stad te verlaten. Maar als je niet buiten bent, kan God je ook niet binnen brengen. Het lijden van Jezus, de toorn van God die Hem buiten de stad dreef, zorgt ervoor dat wij voor altijd bij Hem kunnen zijn. De poorten van de stad met fundament staan wijd open. En Hij is gekomen om zondaars zalig te maken.

HOE HEEFT JEZUS DE TOORN VAN GOD GEDRAGEN?

24 januari

LEZEN: SPREUKEN 8

God werd door God verlaten. Dat is iets heel dieps, iets heel intiems. Dat was het moment waarop Jezus daadwerkelijk onder de toorn van God kwam. De Vader verliet de Zoon, opdat wij nooit verlaten zouden worden. Wij kunnen niet zonder God sterven, maar dan kunnen wij ook niet zonder Hem geleefd hebben. Jezus heeft altijd met Zijn Vader geleefd en moet zonder Hem de dood in.

Deze Jezus, die in de schoot van Zijn Vader was, die dagelijks Zijn bron van blijdschap was en voor Wie het voedsel was om de wil van Zijn Vader te doen, is van God verlaten. God heeft God van eeuwigheid bemind, en daarom kolkt de liefde van God over de wereld. Als de Zoon niet van de Vader had gehouden toen Hij Zijn leven gaf, toen Hij door dit diepe dal van verlatenheid heen ging, hadden wij nooit bij God kunnen zijn. De kinderen van Adam zijn een bron van blijdschap voor Hem, en daarom nam God geen genoegen met de zondeval. Hij verliet Zijn Zoon, zodat wij nooit meer verlaten zouden worden.

HOE HEEFT JEZUS DE TOORN VAN GOD GEDRAGEN?

25 januari

LEZEN: HEIDELBERGER CATECHISMUS, ZONDAG 6

Jezus heeft geleden onder de toorn van God, maar enkel zodat wij deze toorn niet volledig zouden voelen. God blijft tot ons spreken door zegeningen en gerichten, maar we bekeren ons vaak niet. God heeft een onuitsprekelijk geduld met ons! In Zijn goedheid zendt Hij ons roepstemmen van toorn en blijdschap. Als we in de kerk zitten, moeten we er nooit tevreden mee zijn als we niet begrijpen waar het over gaat.
Ook wij moeten verbroken worden, anders kunnen we God geen eer geven. Voor het gericht van Gods toorn kunnen wij niet bestaan, maar Gode zij dank, Hij zei dat Hij kwam. Wij moeten deze Christus leren kennen als de borg voor onze schuld. God leert je de zonden niet kennen zodat Hij je kan verdoemen, God leert je enkel en alleen je zonden maar kennen omdat Hij je er dan van kan verlossen. Zoek Hem, en leef!

HOE HEEFT JEZUS DE TOORN VAN GOD GEDRAGEN?

26 januari

LEZEN: HEBREEËN 12

Als we Jakob en Ezau zien, zouden we Ezau gelijk afschrijven. In de Bijbel staat ook dat God Jakob heeft liefgehad, maar Ezau heeft gehaat. Echter, toen Jakob en Ezau nog leefden, was het precies andersom. De mensen hadden Ezau meer lief dan Jakob. Jakob stond als slinks te boek, terwijl Ezau meestal een man van zijn woord was.
Toch gaf Ezau voor één bord eten zijn eerstgeboorterecht op. Ook wij gaven voor één vrucht onze relatie met God op. Het recht van de eerstgeborene slaat echter niet alleen op aardse bezittingen, maar ook op hemelse voorrechten. Jakob heeft dit recht met bedrog verkregen. Ezau werd daarna verworpen, omdat God het zo gesproken had.
Net als Ezau kregen ook wij na het eten van de verboden vrucht de straf over ons uitgesproken, maar in tegenstelling tot Ezau kunnen wij de plaats van berouw nog wel vinden. Omdat Jezus Hem aan het kruis niet gevonden heeft, kunnen wij God nog steeds zoeken.

27
januari

LEZEN: GENESIS 3

Toen Adam en Eva van de vrucht hadden gegeten, merkten ze dat ze naakt waren. Eigenlijk is dat al het begin van de vloek. Het ontdekken van je eigen naaktheid. Opeens is je lichaam niet meer de reine tempel van God, enkel en alleen geschapen om Hem te loven en te dienen. Opeens is dat lichaam bevlekt met zonde en schuld. Daarom moesten Adam en Eva vijgenbladeren gebruiken om hun eigen kleren van te maken.
Misschien denk je daar nooit aan als je je kleren aantrekt. Dat het een teken van schuld is dat je die moet dragen. Al hoeven we er in ons geloof niet heel veel nadruk op te leggen hoe we ons kleden (een rein hart naar God toe en het zoeken van God is belangrijker!), toch mogen we zeker wel beseffen dat we niet met kleren aan geschapen zijn.
Het eerste dierenbloed dat over de aarde moest vloeien, was dan ook om kleren voor de mens te maken. God maakte voor Adam en voor zijn vrouw kleren van huiden en kleedde hen daarmee. Na deze val zou er nog veel meer bloed gestort moeten worden om de zonde van de mens te bedekken. Denk daar ook eens aan als je voor je kledingkast staat!

WAT IS DE VLOEK VAN HET PARADIJS?

28 januari

LEZEN: MATTHEÜS 13:1-9

Toen de mens van Gods gebod afviel, was de hele harmonie in de scheppingsorde verdwenen. Dieren stonden tegen elkaar op, planten waren opeens vatbaar voor ziekten. In een Engels boek over de val van Adam en Eva staat dat op het moment dat ze aten de natuur een schreeuw van ellende gaf. Alles was nu verloren!
De natuur ging de mens ook tegenwerken. Adam kreeg opeens te horen dat de aardbodem vervloekt was en dat hij daar niet zomaar meer zijn eten vandaan kon halen. Doornen en distels zouden het graan en de tarwe verstikken.
Jezus trekt dit door naar het geestelijke leven. Ook daar wordt de vrucht van God nu verstikt of weggepikt door de vogels. Ook daar zijn opeens goede en slechte vruchten. De natuur is tegen ons opgestaan en wij vechten tegen de natuur, het is een staat van oorlog. Denken we er bij het zien van een aangereden duif bijvoorbeeld weleens aan dat deze vogel is gestorven door onze zondeval? Dat het vroeger niet denkbaar was dat dit dier op deze gruwelijke wijze zou moeten sterven? Wij dragen niet alleen de verantwoordelijkheid voor onze eigen ellende, wij dragen in Adam en Eva ook de verantwoordelijkheid voor de ellende van het dieren- en plantenrijk. Dit zou een kind van God ertoe moeten aansporen om een goede rentmeester te zijn voor alles wat God heeft geschapen.

WAT IS DE VLOEK VAN HET PARADIJS?

29
januari

LEZEN: NUMERI 21:1-9

In het zweet van ons gezicht moeten we ons brood eten, het zal niet makkelijker worden. Totdat wij tot de aardbodem terugkeren, zal het meeste van onze dagen zelfs nog verdriet zijn (Psalm 90:10). Wij zijn van stof gemaakt en tot stof moeten wij terugkeren.
We hebben het eeuwige leven niet meer, de mens moet de dood sterven. En na die dood komt het oordeel. Een oordeel geveld door een rechtvaardig God, de God Die na de zondeval moet zeggen dat er niet één is die goed doet in Zijn ogen. De God Die heeft gezien dat zelfs Job, de rechtvaardigste onder de mensen, er naast zat en vermaand moest worden. Die God Die Mozes, de zachtmoedigste onder de mensen, heeft moeten straffen omdat hij in zijn woede tegen Gods gebod inging. Maar ook het oordeel van een God Die Zijn eigen Zoon heeft gegeven om de vloek van de mensen op Zich te nemen. Een God Die direct na de val van de mens al tegen de slang zegt dat zijn kop vermorzeld zal worden. Een God Die vijandschap zet tussen het nageslacht van de slang en het Nageslacht van de vrouw. Een God Die de duivel aan ketenen zal binden omdat er Een is geweest Die hem heeft overwonnen. Een God die naar ons mensen kijkt en dan de doorboorde handen van Zijn Zoon ziet in plaats van onze zonden. Een God Die er een welbehagen in heeft om goed te doen voor zondaren.

WAT IS DE VLOEK VAN HET PARADIJS?

30
januari

LEZEN: GENESIS 4:1-17

'En Adam had gemeenschap met Eva, zijn vrouw, en zij werd zwanger en baarde Kaïn, en zei: Ik heb een man van de HEERE gekregen!' Eva vertrouwde nog op de mens en trok de verkeerde conclusies. Eigenlijk betekent Kaïn: ik heb met de HEERE een man gekregen. Eva zag haar zoon als de verlosser. Ze was er vast van overtuigd dat deze nieuwe generatie Gods wet zou volbrengen. Maar Kaïn bleek een moordenaar te zijn en Eva moest rouwen over het kind dat haar zonde met zich had meegenomen.

En toen moest Eva het leren om niet op de mensen te vertrouwen. Soms moeten ook wij alles kwijtraken om alleen Jezus over te houden. Maar toch stopt God daar niet, er wordt nog een zoon geboren. Seth, en ook hij krijgt een zoon, Enos. En toen begon men de Naam van de HEERE aan te roepen. Eva, moeder van alle levenden, baart kinderen in pijn en moeite. Ze moet zien hoe haar kinderen altijd de oude mens in zich zullen blijven houden, maar ze leert ook te zien hoe haar kinderen vooruit kunnen kijken op de grote Zoon van Adam, de ware Verlosser.

WAT IS DE VLOEK VAN HET PARADIJS?

31
januari

LEZEN: GENESIS 4:18-26

Het aanroepen van de Naam van de HEERE hebben we moeten leren. Na de val riepen Adam en Eva niet meer naar God, maar moest God hen roepen. Ze gaven eerst zelfs geen antwoord omdat ze bang waren!
Tegenwoordig lijkt het ook makkelijker om de Naam van de Heere te misbruiken dan aan te roepen. God heeft dit allemaal geweten toen Hij Zijn Naam aan de mensen gaf. Hij heeft geweten dat die dagelijks in vloeken onteerd zou worden en dat de ware betekenis van Zijn Naam vergeten zou worden.
Hij gaf ook een andere Naam, een Naam die de breuk tussen God en mens kon verzoenen. Jezus, Naam onder de namen, omdat Hij onze Zaligmaker zal zijn. Verlosser, Machtige God, Prins van Vrede. Een Naam die we niet alleen moeten aanroepen, maar ook moeten loven. Alles wat wij doen, moet om die Naam te doen zijn. Alles wat wij uiten, moet ter ere van die Naam zijn. Dat wij dat niet meer kunnen, is ook een vloek van het paradijs die nog over ons heen hangt.

WAT IS DE VLOEK VAN HET PARADIJS?

1 februari

LEZEN: PSALM 130:1-8

Wie in nood verkeert, zal om hulp roepen. Zo zendt een schip in nood een SOS-signaal uit. Dat geldt ook als je in geestelijke nood verkeert en rondloopt met je schuld tegenover God. Wie werkelijk in nood verkeert, kan het in zijn nood en ellende niet meer uithouden. Hij gaat op zoek naar een uitweg. Dat geldt voor de dichter van Psalm 130. En dat geldt ook voor de ontdekte en overtuigde zondaar die we in Zondag 5 van de Heidelberger Catechismus tegenkomen. De zondeschuld brengt hem op de knieën. Het is een zware last, die nauwelijks meer te dragen valt. Het is alsof hij terecht is gekomen in een heel diepe kuil, waar hij niet uit omhoog kan klimmen. Hij wil er echter wel uitkomen en daarom is hij op zoek naar verlossing.
Weet jij ervan, wat het is om overtuigd te zijn van je zonden en bepaald te worden bij je schuld? Dat doet beseffen dat God in Zijn recht staat als Hij jou voor eeuwig zou verdoemen. Het is als een donkere nacht. Als je dan mag horen van verlossing, komt er weer nieuwe moed in je hart. Zou er dan toch nog uitkomst zijn? Is er nog verlossing voor zondaren en hoop voor hen die eigenlijk de hel hebben verdiend?

2 februari

LEZEN: HEBREEËN 10:26-31

In Zondag 5 begint het stuk van de verlossing, maar het lijkt eerder alsof we nog steeds de ellende behandelen. De naam van de Heere Jezus wordt niet genoemd. Na een lange nacht lijkt de heilzon nog steeds niet op te komen. Het is eerder alsof de nacht donkerder wordt dan ooit. Maar wie weleens een zonsopgang heeft meegemaakt, weet dat aan het einde van de nacht een lichte streep aan de horizon verschijnt. Daarmee kondigt de zon haar komst aan. Zo kleurt de hemel van Zondag 5 rood door de naderende komst van de Zon der gerechtigheid.
Dat gebeurt ook als een mens leert buigen onder het rechtvaardige oordeel van God. De eerste stralen van de verlossing vallen in het zondaarshart, waar een zondaar het van de Heere verliest en het eens mag worden met God. Daar gaat God Zijn kerk brengen, zodat zij het leert belijden: 'Aangezien wij dan naar het rechtvaardig oordeel Gods tijdelijke en eeuwige straf verdiend hebben' (vraag 12, HC).
Heb jij jezelf leren verootmoedigen voor God? Dat gaat verder dan alleen toe te geven dat je weleens gezondigd hebt. Dit is het doorleefde besef dat je niets anders dan de hel hebt verdiend. Wie dat verstaat, gaat Paulus begrijpen, toen hij zei: 'Vreselijk is het te vallen in de handen van de levende God' (Hebreeën 10:31).

WAARVAN MOET IK VERLOST WORDEN?

3 februari

LEZEN: PSALM 51:1-9

Niet elk kind van God zal dezelfde mate van zondekennis hebben. Toch hebben ze allemaal wel weet van hun eigen strafwaardigheid en van Gods rechtvaardigheid. Ze leren buigen onder het rechtvaardige oordeel van God. Als dat gebeurt, wordt een zondaar het stuk der verlossing binnengeleid. David moest het belijden: 'Tegen U, U alleen, heb ik gezondigd, ik heb gedaan wat kwaad is in Uw ogen' (Psalm 51:6). De moordenaar aan het kruis erkende het ook: 'En wij toch rechtvaardig, want wij ontvangen straf overeenkomstig wat wij gedaan hebben' (Lukas 23:41). Als een mens buigt onder Gods oordeel en zijn eigen strafwaardigheid erkent, is dat dus ook een vrucht van de genade.
Maar daar blijft het niet bij. Stel je maar eens voor dat jij vastzit in de wc en je krijgt de deur niet meer open. Dan ga je toch niet met je armen over elkaar zitten en wachten totdat er misschien iemand naar jou op zoek gaat? Nee, dan ga je roepen om hulp! Zo is dat nu ook in het geestelijke leven. Waar de Heilige Geest de waarachtige zondekennis werkt, daar werkt Hij ook altijd de begeerte tot verlossing in het hart. Als je ziet hoe zondig jij bent voor God, komt er ook de schreeuw om verlossing. Iemand zei het eens zo: 'De waarachtige zondekennis geeft verlossingsbekommernis.' Wie zijn zonde ziet, snakt ernaar om daarvan verlost te worden.

WAARVAN MOET IK VERLOST WORDEN?

4
februari

LEZEN: LUKAS 16:1-8

Stel je eens voor dat er een crimineel wordt opgepakt die een ernstig delict heeft gepleegd. Hij heeft een jong meisje verkracht en vermoord. Tijdens het verhoor barst hij in tranen uit. Hij komt tot de ontdekking dat hij verkeerd heeft gehandeld. Hij heeft er echt berouw van. Komt hij daarom op vrije voeten? Nee! Zijn berouw biedt geen grond tot vrijlating. Het recht moet worden gehandhaafd. Die misdadiger zal moeten boeten voor zijn misdaad.
Zo is het ook met een zondaar die ontdekt wordt aan zijn zonde. Dat zondebesef levert hem geen vrijspraak op. Er zal eerst aan Gods recht moeten worden voldaan. Genade en recht zijn bij God geen tegenstelling. Het is slechts genade door recht. Nooit zal er vergeving kunnen zijn buiten de voldoening om. Er moet voor de zonde betaald worden. Dat wil zeggen dat de straf op de zonde gedragen moet worden.
Dat is de voorwaarde om verlost te kunnen worden. Dan is het natuurlijk wel de vraag of jij de middelen hebt om te betalen. Bezit jij in jezelf iets waarmee je aan Gods recht volkomen genoeg kunt doen? Dat is wel noodzakelijk, want God zal nooit afstand nemen van Zijn gerechtigheid. Hij is immers een God van recht. Zonder voldoening aan Zijn recht is er voor jou geen vergeving. Dit zet je klem!

WAARVAN MOET IK VERLOST WORDEN?

5 februari

LEZEN: ROMEINEN 3:9-20

Het is niet fijn als je moet constateren dat je blut bent. Want dan moet je bij je ouders of je vrienden gaan bedelen om wat geld. Dat is natuurlijk iets waar je je voor schaamt. Daarom zul je altijd proberen je eigen broek op te houden.

Zo zal een mens ook altijd proberen zelf iets aan te dragen om te kunnen betalen voor de zonde. Je gaat netjes leven. Zonden doe je de deur uit. Je gaat je vrije tijd anders invullen. Je probeert zondige verleidingen te weerstaan. Je wordt heel trouw in je bidden, het lezen uit de Bijbel en in je kerkgang.

Toch zal dat alles niet helpen. Met al die dingen krijg jij je schuld tegenover God niet afbetaald. Zelfs met je kerkgang, je gebeden of je tranen over de zonde kun je God niet tevredenstellen. Het is immers alles doorademd van de zonde. De geur van de zonde kleeft eraan. Ook met onze vroomheid kan er geen penning van de schuld worden weggenomen.

Onze portemonnee is helemaal leeg. Wij hebben helemaal niets waarmee we ook maar iets van onze schuld voor God kunnen betalen. We maken de schuld alleen maar groter. Bij onszelf hoeven we het dus niet te zoeken. Maar waar dan wel?

WAARVAN MOET IK VERLOST WORDEN?

6 februari

LEZEN: JESAJA 9:1-6

God eist volkomen liefde. Maar een mens kan geen volkomen liefde geven, dat lukt hem niet. Dat krijgt hij niet voor elkaar. Elke gedachte aan zelfverlossing wordt hiermee afgesneden. De mens maakt zijn schuld elke dag alleen maar groter. Een mens kan niet voor zichzelf betalen. Maar ook dieren of engelen kunnen niet voor de mens betalen. Geen schepsel kan de last van de eeuwige toorn van God tegen de zonde dragen. Elke mogelijkheid voor verlossing van de gevallen mens wordt hier weggeslagen. Wat blijft er nu nog over? De dood ligt voor je. Je zondige leven ligt achter je en zit in je. Boven je staat een Rechter, Die eist dat aan Zijn recht genoeg wordt gedaan.
Hoe moet dat nu verder? De deur zit op slot en de overtuigde zondaar zit helemaal opgesloten. Verlossing lijkt niet meer mogelijk. Uit de mond van zo'n ellendige en verloren zondaar klinkt dan de vraag: 'Wat moeten wij dan voor een Middelaar en Verlosser zoeken?' (vraag 15, HC). Het besef begint te komen: de verlossing moet geheel en al van de andere kant komen. Van Gods kant...

WAARVAN MOET IK VERLOST WORDEN?

7 februari

LEZEN: HEBREEËN 7:11-28

Nu alles van de mens is afgesneden en afgesloten, gaat er ruimte komen voor Christus. God laat een mens totaal vastlopen met zichzelf, opdat zalig worden een wonder wordt, waarvoor God alleen alle eer krijgt. Dan is de vraag gaan leven naar een Middelaar en Verlosser.

Een Middelaar is iemand die twee partijen bij elkaar brengt. Hij maakt de kloof dicht. Hij stelt zich tussen twee gescheiden partijen, om deze tot elkaar te brengen. Na de val in het paradijs is er een Middelaar nodig om God en de mens weer bij elkaar te brengen.

Heb jij zo'n Middelaar nodig? Eén, Die jou weer terug kan brengen bij God? Van jezelf heb je niets anders dan zonde en schuld. Al zou je je krom werken: het stelt God niet tevreden. Al zou je kunnen praten als Brugman: het zal God niet kunnen overtuigen. Hij is alleen tevreden als er Iemand is Die volledig leeft in overeenstemming met Zijn Wet. Zo Iemand heb je nodig.

Langzaam begint Christus Jezus als de Zon der gerechtigheid op te komen boven de nacht van zonde en schuld. Want zo'n Middelaar is nodig, een Middelaar Die tegelijk God én waarachtig en rechtvaardig mens is. En zo'n Middelaar en Verlosser is er maar één: Jezus alleen!

8 februari

LEZEN: HEBREEËN 2:14-18

Tussen God en de mens ligt een enorme kloof, die door de zondeval is geslagen. Hoe wordt die kloof ooit overbrugd? Hoe kan ik ooit met God in het reine komen? Hoe kom ik van mijn schuld af? Dat was de vraag die leefde aan het einde van Zondag 5. Die vraag deed ook roepen om een Middelaar en Verlosser.

In het dagelijkse leven zorgt een (be)middelaar ervoor dat twee partijen die onenigheid hebben, weer bij elkaar worden gebracht. Zo gebeurt het wel op een schoolplein dat een meester tussen twee vechtende jongens in gaat staan. Hij treedt op als bemiddelaar en probeert die beide jongens weer bij elkaar te brengen.
Zo gaat het ook in het geestelijke leven. Er moet iemand zijn die als een brug de kloof tussen God en de mens wegneemt. De Heere Jezus is nodig als Middelaar tussen God en ons. Nu moet deze Middelaar wel aan een aantal eisen voldoen. Daar wordt op ingegaan in Zondag 6 van de Heidelberger Catechismus. Want een (be)middelaar mag niet partijdig zijn. Hij moet voor beide partijen geschikt zijn.

HOE KOM IK VAN MIJN SCHULD AF?

9
februari

LEZEN: FILIPPENZEN 2:1-8

Het is altijd weer een groot wonder als er een kindje wordt geboren. Wonderlijk geweven in de moederschoot. Wonderlijk gemaakt: 'Uw handen hebben mij gemaakt en bereid' (Psalm 119:73).
De Heere Jezus werd ook als een Kind geboren, in een stal in Bethlehem. Hij heeft de menselijke natuur aangenomen. Voortgekomen uit het geslacht dat in Adam onderworpen is aan de gevolgen van de zonde.
Hij is als baby geboren. Hij heeft moeten leren lopen. Hij zal aan de hand van moeder Maria en vader Jozef Zijn eerste pasjes hebben gemaakt. In die eerste jaren zal Maria Hem hebben gevoed. Na een dag buiten spelen had Hij als Kind ook honger. Hij had weleens dorst. Als Hij moe was, ging Hij slapen. Hij was een mens die verdriet kon hebben en pijn kon lijden. Als zoon van een timmerman zal Hij ook op de werkplaats zijn geweest.
Hij is in alles aan de mensen gelijk geworden. Als Jezus geen mens was geweest, had Hij ook niet kunnen lijden en sterven en Zijn ziel niet kunnen geven als losprijs voor de zonde. De verlossing staat of valt met de ware mensheid van Christus. Hij was immers niet zomaar een mens. Hij was een zondeloos, een rechtvaardig Mens. Hij heeft geen zonde gedaan en er is geen bedrog in Zijn mond gevonden (1 Petrus 2:22).

10 februari

LEZEN: 1 JOHANNES 5:20-21

Stel je eens voor dat iemand voor zijn werk grote ijzeren platen moet vervoeren. Eén zo'n ijzeren plaat weegt meer dan 100 kilo. Zulke platen krijg je in eigen kracht nooit vervoerd. Daarom maakt hij gebruik van een heftruck. Die heftruck heeft voldoende vermogen om zo'n zware plaat op te tillen en vervult zo de taak van de man. De heftruck zorgt ervoor dat die platen op hun plaats komen.

Nu is voor de verlossing iemand nodig die in staat is om de volle last van Gods toorn tegen de zonde te kunnen dragen. Dat kan geen mens in eigen kracht. De last van Gods toorn is veel te groot voor iemand die alleen maar mens is.

Om de kloof te kunnen dempen zal die Middelaar dus ook 'waarachtig God' moeten zijn. Hij moet dus ook echt God zijn om de menselijke natuur te ondersteunen, zodat die natuur in staat is om de last van Gods toorn te dragen. Je zou dus kunnen zeggen dat de goddelijke natuur de menselijke natuur te hulp kwam, opdat de toorn van God door Zijn mensheid zou kunnen worden gedragen. Want als Jezus alleen Mens was geweest, had Hij Gods toorn nooit kunnen dragen.

Zo'n Middelaar is nodig: waarachtig en rechtvaardig mens, maar ook tegelijk waarachtig God. Twee naturen in één Persoon.

11 februari

LEZEN: MALEACHI 4

Als de Heere Jezus Christus in Zondag 6 wordt voorgesteld, mag de deur naar de verlossing wagenwijd worden opengezet. Er is er Eén Die kan bestaan voor Gods aangezicht: Jezus Christus is de volmaakt Gehoorzame en daarom ook de volmaakte Gerechtigheid. De mens is door de zonde dwaas, schuldig en verdorven geworden. Maar door deze Verlosser en Middelaar kan de breuk met God weer worden hersteld.
De Zon der gerechtigheid mag opgaan over een verduisterde zondaarsakker. Na die lange, donkere nacht wordt het eindelijk licht. Jij kunt van je schuld afkomen. Hoe? Enkel en alleen door Christus Jezus. Hij is de van God gegeven Middelaar en Verlosser. Hij is door God gegeven tot wijsheid, rechtvaardigheid en heiligmaking. Ja, tot een volkomen verlossing!

12 februari

LEZEN: 1 KORINTHE 1:17-31

Een meisje liep met een dure ketting door de stad. Iemand zag haar lopen en vroeg hoe zij aan die ketting kwam. Haar antwoord was heel eerlijk: 'Die heb ik gekregen van mijn oma.' Ze had de ketting gekregen. Gratis en voor niets.

Nu wordt Jezus Christus ook gegeven. Hij is Gods onuitsprekelijke gave voor een wereld verloren in schuld. Hij is Gods grootste gave. God heeft Zijn Zoon gezonden naar een zondige wereld. Jezus Christus is een geschonken Zaligmaker. Dat laat de ruimte die er in Hem ligt goed zien. Als het van mij zou afhangen, zou het nooit gaan. Mijn handen zijn te kort. Daar zit geen kracht in. Ze zijn bevlekt met duizend zonden. Ik kan Hem ook nooit verdienen, maar Hij wordt me gegeven. Geschonken tot wijsheid, terwijl ik van mezelf dwaas ben. Geschonken tot rechtvaardigheid, terwijl in mij geen gerechtigheid gevonden wordt. Geschonken tot heiligmaking, terwijl er in mezelf alleen maar zonden en ongerechtigheden wonen. Geschonken tot verlossing, terwijl ik mezelf alleen maar in de nesten heb gewerkt. Dat Hij aan ons geschonken wordt, laat zien dat Hij een volkomen Verlosser is. Een verlossing die van a tot z een werk van God is. Daar hoeft en kan van de mens niets meer bij. Gelukkig ook maar!

13 februari

LEZEN: ROMEINEN 10:6-21

Een betrouwbare bron is van groot belang. Als we een bijzonder verhaal horen, is het nodig om te weten wie dit verhaal vertelt. Sommige bronnen zijn immers onbetrouwbaar. Jij zult ook vast weleens een verhaal hebben gehoord dat later helemaal niet waar bleek te zijn.
Nu is gisteren gezegd dat alleen Jezus Christus jouw schuld voor God kan betalen. Maar waar is dat nu eigenlijk op gebaseerd? Dat kun je alleen weten uit het Evangelie! Dit is de bron, waaruit je kunt weten wie die Middelaar is Die God en de mens weer met elkaar verenigt.
Dat woord 'Evangelie' betekent 'blijde boodschap'. Er is goed nieuws voor arme zondaren: er is een Middelaar van God gegeven tot een volkomen verlossing. Dit Evangelie is voor het eerst geopenbaard in het paradijs, direct na de zondeval. Daarna heeft de Heere het laten verkondigen aan en door de aartsvaders en bovenal door de profeten. Zij hebben gewezen op de Christus, Die komen zou. Naast dit hoorbare Woord gaf de Heere aan Israël ook iets zichtbaars. Door de offers en ceremoniën werd het volk gewezen op Christus. Uiteindelijk heeft God alle beloften vervuld in het zenden van Zijn Zoon naar deze aarde. Datzelfde Evangelie mag jij nog elke zondag horen.

14 februari

LEZEN: MATTHEÜS 4:1-11

Er is een tijd geweest waarin het Woord van God alleen een gesproken woord was en nog geen geschreven woord. Maar uiteindelijk is alles zwart-op-wit vastgelegd in Gods beloftewoord. Dat Woord mag elke zondag worden verkondigd in de prediking. Dat Woord heb jij in je kamer liggen. Het is de Bijbel!
Wat is het belangrijk dat je daar veel uit leest. Je hebt net gelezen dat de Heere Jezus thuis was in de Schrift. Hij kende de Bijbel. Hij gebruikte de verzen uit de Bijbel om de verleidingen van de duivel te weerstaan. Luther zei daarvan dat de Heere Jezus de duivel met Gods Woord om de oren sloeg. Gods Woord is een krachtig wapen in de strijd tegen de satan. Wat is het daarom belangrijk dat je veel leest in de Bijbel.
Bovenal vind je daar wie Jezus is en wat Hij heeft gedaan. Nu is het wel belangrijk dat Hij jouw persoonlijk bezit wordt. Aan bijbellezen alleen heb je dan ook niet genoeg. Het is nodig dat de Heilige Geest door het Woord een zondig mens tot de Heere Jezus brengt. De Heilige Geest maakt daarbij dus wel gebruik van het Woord. Gods Geest opent door dit Woord het hart. Hij laat je zien dat je tegen God hebt gezondigd. Je krijgt droefheid over de zonde. Maar de Heilige Geest werkt ook dat zoeken naar de Middelaar.

15 februari

LEZEN: ROMEINEN 5:12-21

Wij hebben allemaal dezelfde voorouders. We stammen allemaal af van hetzelfde geslacht. We zijn immers allemaal kinderen van Adam. Dat stelt ons schuldig voor God. We hebben echter gehoord dat er door het werk van Jezus Christus verzoening mogelijk is met God. De vraag wordt dan echter wel of wat Adam heeft misdaan, weggestreept kan worden tegen wat Christus goed heeft gedaan. In Adam liggen alle mensen verloren, maar worden ze door Christus nu allemaal zalig?
Sommigen menen van wel. Die zeggen dat alle mensen zalig worden. Dat noemen we de leer van de alverzoening. Op die manier zou er geen hel nodig zijn, want alle mensen komen toch in de hemel. Je voelt wel aan dat dit niet is wat de Bijbel ons leert.
Naast de alverzoening heb je echter ook de leer van de algemene verzoening. Daarin wordt geleerd dat Jezus voor ieder mens, hoofd voor hoofd, de zaligheid heeft aangebracht. Iedereen kan dus zalig worden. Het hangt er alleen van af of je zelf wel wilt. Je moet zelf wel willen geloven in Jezus. Op deze manier wordt de zaligheid afhankelijk gemaakt van jouw wil in plaats van Gods wil. Op deze manier hangt de zaligheid af van wat jij doet in plaats van wat de Heere Jezus heeft gedaan. Als jij niet wilt, word jij niet zalig. Als jij wel wilt, word je wel zalig. Gelukkig is dat niet zo! De zaligheid is volledig Gods werk.

16 februari

LEZEN: MATTHEÜS 7:13-23

Alle mensen liggen verloren in Adam, maar niet allen worden behouden door Christus. Dat is de bijbelse lijn, al doet het ook pijn om dit uit te spreken. Alleen door een waar geloof wordt een mens behouden. Wie dat geloof mist, gaat voor eeuwig verloren. Begrijp je nu waarom het zo belangrijk is dat je echt en oprecht gaat geloven?
Door het geloof wordt een zondaar verbonden met Christus. Het geloof is net zo belangrijk als de navelstreng die een ongeboren kind verbindt met de moeder. Zonder die band kan het kind niet leven. De Heilige Geest werkt die geloofsband aan Christus, zodat je één bent met Hem. Je bent één lichaam met Hem, zoals de ongeboren baby één is met het lichaam van de moeder. Het is de Heilige Geest Die overtuigt van zonde, maar een zondaar ook door het geloof verbindt aan Jezus.
Zonder geloofsverbondenheid met de Heere Jezus zullen we de eeuwige dood sterven. Door de band van het geloof zijn wij in Hem voor eeuwig behouden. Er zijn dus twee wegen. De brede weg tot het verderf, waarop een ongelovige zich begeeft. En de smalle weg tot het leven, die een kind van God door genade mag bewandelen. Over welke van de twee wegen loop jij?

HOE KRIJG IK DEEL AAN DE VERLOSSING?

17
februari

LEZEN: MATTHEÜS 7:24-27

Wat is nu precies een waar geloof? Dat is beslist geen onbelangrijke vraag. Er zijn namelijk nogal wat stromingen die in ons land bekendstaan als 'geloof'. In enkele decennia is het aantal moslims in ons land verveelvoudigd. Boeddha wint aan belangstelling. Anderen zoeken hun toevlucht in de new-agegedachte. Veel mensen zijn op een of andere manier bezig met hogere machten. Er zijn ook mensen die alleen maar geloven in zichzelf.
Het geloof is weer 'in'. Het wordt interessant gevonden als iemand zegt dat hij zijn inspiratie put uit hogere machten. Daar kun je uren met mensen over praten. Maar de vraag is natuurlijk wel wat nu precies een waar geloof is. Want het is mooi als je zegt dat je in God en in Zijn bestaan gelooft, maar Jakobus leert ons dat de demonen ook in God geloven (Jakobus 2:19). Geloof op zichzelf zegt nog lang niet alles. We geloven allemaal wel in 'iets', al is het in onze idealen. Het gaat echter om het ware, zaligmakende geloof. Dat is nodig om deel te krijgen aan de Heere Jezus en al Zijn weldaden. Want wie zich op de been houdt met schijngeloof, zal eenmaal bedrogen uitkomen.

18 februari

LEZEN: MATTHEÜS 13:1-9

Voor een A-merk betaal je in een winkel meer dan voor goedkopere merken. Er zijn echter altijd verkopers die hierin niet eerlijk zijn. Zo wilde iemand eens een leren portemonnee kopen. Op de markt zag hij een mooie voor een goedkoop prijsje. De koopman verzekerde dat de portemonnee van leer was. Het bleek echter niet waar te zijn en de koper kwam bedrogen uit.

Zo is het ook met het geloof. Het is van groot belang dat je het ware geloof bezit. Er is immers ook veel schijngeloof. Zo heb je het historische geloof, dat alleen maar is gericht op verstandelijke kennis van de Bijbel. Iemand kan veel weten over wat er staat in de Bijbel, zonder dat dit zijn hart raakt. Er is ook tijdgeloof, waarbij iemand maar voor een korte tijd gericht is op Gods Woord. Zo iemand lijkt sterk betrokken op het geloof, maar zijn geloof verdwijnt weer zodra er tegenslag en verdrukking op zijn levenspad komt. Daarnaast is er ook het wondergeloof, dat alleen gericht is op bijzondere ervaringen.

Het komt aan op het ware geloof! Dat maakt de Heere Jezus duidelijk in de gelijkenis van het zaad. Er valt zaad op platgetreden paden. De vogels pikken het weg. Ander zaad valt op plaatsen waar veel stenen liggen. Hierdoor kan er geen wortel groeien. Als de zon fel schijnt, sterft het af. Je hebt ook zaad dat veelbelovend omhoogschiet, maar de doornen en distels groeien nog harder. Gelukkig is er ook zaad dat wel in de goede aarde valt.

HOE KRIJG IK DEEL AAN DE VERLOSSING?

19 februari

LEZEN: GALATEN 3:1-18

Een brug rust op twee pijlers. Zo zijn er ook twee pijlers waar het ware geloof op rust. Deze pijlers kunnen en mogen niet gescheiden worden. Ze horen bij elkaar. Het zijn de pijlers van het zeker weten en van het vaste vertrouwen. Beter gezegd: de geloofskennis en het geloofsvertrouwen.

Ze horen bij elkaar, al gaat de kennis voorop. Dat is ook logisch, want zonder kennis kun je niet vertrouwen. Een klein kind wordt er al voor gewaarschuwd om niet met mensen mee te gaan die het niet kent. Voordat je verkering neemt, wil je die ander wel goed leren kennen. Je wilt wel graag wat meer van die ander weten, voordat je hem of haar je hart geeft. Zo is het ook in het ware geloof: de kennis gaat voorop.

De kennis richt zich op Gods Woord. Een belangrijk facet van het geloof is dan ook kennis van Gods Woord. Kennis die je opdoet door in de Bijbel te lezen. Kennis die je bewaart voor dwalingen. Bovendien maakt de Bijbel duidelijk hoe God wil dat je leeft. Het gaat daarbij ook om het gehele Woord van God. Dat betekent dat in het ware geloof niet bepaalde tekstgedeelten worden overgeslagen, omdat je het moeilijk vindt om jezelf te houden aan wat daarin geschreven staat. In het ware geloof wordt het hele Woord van God voor waar gehouden.

20 februari

LEZEN: HEBREEËN 11:1-6

Naast kennis is er het vertrouwen. Je zou kunnen zeggen dat kennis een zaak van het hoofd is en vertrouwen het hart raakt. Geloven is dus een zaak van hoofd en hart: zeker weten en vast vertrouwen.
Dat vertrouwen is vast en blijft vastliggen! Paulus wees daarop in Hebreeën 11: 'Het geloof is een vaste grond van de dingen die men hoopt, en een bewijs van de zaken die men niet ziet.' Dit vertrouwen is vast, omdat het zich richt op Gods beloften, die vast en zeker zijn. Het geloof richt zich immers altijd weer op het Woord van God. Het kan stormen in het hart van de gelovige. Een gelovige kan aangevochten en bestreden worden. De gelovige twijfelt ook dikwijls vanwege zichzelf. Maar de vastheid van het geloof richt zich op Gods beloftewoord. Daarin ligt zekerheid en vastheid. Dus niet in de gelovige zelf, maar wel in het geloofsvoorwerp. Het ware geloof verlaat zich op God en Zijn beloftewoord.

HOE KRIJG IK DEEL AAN DE VERLOSSING?

21 februari

LEZEN: JOHANNES 20:24-31

Maar hoe kom ik nu aan dat geloof? De Heilige Geest werkt dat door het Evangelie in het hart. Het gaat er immers wel om dat je persoonlijk leert geloven. Je kunt het niet doen met het geloof van je ouders. Het geloof bestaat uit twee zondaarsarmen die zich sluiten om Jezus Christus, omdat Hij twee open armen heeft uitgestrekt aan het vloekhout van Golgotha. Het ware geloof richt zich altijd weer op Christus.
Het was de bekende Engelse prediker Charles Haddon Spurgeon die tegen zijn hoorders zei dat hij niet was gekomen om ze uit te nodigen tot het geloof, maar dat hij wel was geroepen om ze uit te nodigen om tot Christus te komen. Geloven is ook niets anders dan zien op Christus, komen tot Christus, vluchten tot Christus. Het ware geloof richt zich op Christus, zoals Hij in het gewaad van het Evangelie tot ons komt.

22
februari

LEZEN: MATTHEÜS 11:28-30

Er is niets wat je zo geschikt maakt voor Christus als je eigen zonden en schuld. Vlucht toch tot Hem. Bankroet, verloren, aangevochten en twijfelend. Maar in Christus Jezus is er zaligheid te vinden. Het ware geloof vlucht door de nood gedreven tot de Heere Jezus. In het ware geloof blijft Jezus alleen over. Het geloof is de lege hand waarmee Christus en Zijn weldaden worden aangegrepen.
Zoals een schip in de storm het anker uitgooit in de vaste zeebodem, zo laat de ware gelovige zijn levensanker zinken op de vaste Rots Christus en Zijn kruisverdiensten. Daarin vindt de gelovige ook zijn zekerheid. Niet in iets in zichzelf, maar in het volbrachte werk van de Heere Jezus. Daarom moet je ook altijd weer leren om van jezelf af te zien en op te zien naar Hem.

HOE KRIJG IK DEEL AAN DE VERLOSSING?

23 februari

LEZEN: MATTHEÜS 28:16-20

Het is belangrijk dat je weet wat je precies gelooft. Dat kan je goed van pas komen als iemand bij je studie of op je werk aan je vraagt wat jouw geloof nu precies inhoudt. Als je dan met je mond vol tanden staat, is dat geen goed teken. Het is nodig dat je kunt uitleggen wat het christelijke geloof precies inhoudt. Natuurlijk is er in het ware geloof ook veel wat je niet met woorden kunt omschrijven. Je schiet altijd tekort als je onder woorden probeert te brengen wat het liefhebben van God inhoudt. Tegelijk moeten we God ook dienen met ons verstand. Rationeel gezien zullen we moeten kunnen uitleggen waar we voor staan en wat de inhoud is van ons geloof. De Twaalf Artikelen zijn een mooie samenvatting van die inhoud van ons geloof. Elke zondagmiddag belijden we, in verbondenheid met de kerk van alle tijden en plaatsen, ons geloof met de woorden van de Apostolische Geloofsbelijdenis. Die Twaalf Artikelen vormen een samenvatting van het Evangelie. Kernachtig wordt daarin uitgesproken wat het wezen is van de christelijke geloofsleer. Je zou kunnen zeggen dat hiermee in een notendop de kern van het christelijk geloof onder woorden wordt gebracht. En daar moet het over gaan in de kerk. Dat moet de inhoud van je geloof stempelen. Dat is de kern!

WAT HOUDT DIT GELOOF IN?

24 februari

LEZEN: DEUTERONOMIUM 6:1-5

Als kind heb je al leren rekenen. Eenvoudige sommen, maar ook lastige berekeningen kwamen voorbij. Met de eenvoudigste sommen had je waarschijnlijk geen moeite: 1 + 1 + 1 = 3. Dat is logisch, vinden we. Toch ligt dat in Gods Koninkrijk anders. Daar is 1 + 1 + 1 = 1. We belijden het bestaan van God de Vader, God de Zoon en God de Heilige Geest. Toch zijn het geen drie goden, maar slechts één goddelijk Wezen.
Hoe kan dat nu? Dat is niet te beredeneren. Dat is niet te verklaren. Dat is een zaak van het geloof. De Drie-eenheid is het geheim van God Zelf, maar daarmee ook het geheim van de kerk. Want het ware geloof in God is dus het geloof in de drie-enige God. Elk van de drie Personen is onmisbaar nodig voor de zaligheid. Het is onmogelijk dat iemand wel de Vader kent, maar de Zoon niet. Je kunt de Zoon niet echt belijden als je Heere en je Koning, zolang de Heilige Geest niet in je hart heeft gewerkt.
Nu wil de drie-enige God onze God zijn. Voor de schepping, verlossing en heiliging van mijn leven ben ik aangewezen op de Vader, de Zoon en de Heilige Geest.
Het gaat om het geloofsvoorwerp: de drie-enige God. Ik geloof in God... Welke God? De drie-enige God: Vader, Zoon en Heilige Geest. Eén van Wezen, drie in Personen.

WAT HOUDT DIT GELOOF IN?

25 februari

LEZEN: MATTHEÜS 3:13-17

De belijdenis van de Drie-eenheid van God is niet onomstreden. Joden, moslims en Jehovagetuigen willen er niets van weten. Het riep bij de Joden ergernis op dat Jezus Zich bekendmaakte als de Zoon van God. Voor de moslims is dit zo'n grote dwaasheid, dat zij uitroepen: 'Allah heeft geen zoon!'
Maar hoe komen christenen dan aan deze belijdenis? Het is waar dat er in de Bijbel niet eens zo veel teksten te vinden zijn waarin de Drie-eenheid van God expliciet naar voren komt. Maar één van de bewijsteksten is toch wel de geschiedenis waarin de Heere Jezus werd gedoopt door Johannes de Doper. Terwijl Jezus – de Zoon – in de Jordaan stond om gedoopt te worden, klonk vanuit de hemel de stem van God de Vader en daalde de Geest Gods als een duif neer op Jezus. Je ziet dat in deze geschiedenis die drie Personen duidelijk samenkomen. Ook kun je denken aan het doopbevel in Mattheüs 28:19 of de apostolische zegenbede uit 2 Korinthe 13:13, die ook in de kerk klinkt. Maar nog meer kun je zeggen dat de belijdenis van de Drie-eenheid van God door heel Gods Woord heen aan de orde komt. Het geloof in de drie-enige God is geen uitvinding van mensen. Het is gegrond op Gods Woord.

WAT HOUDT DIT GELOOF IN?

26 februari

LEZEN: JOHANNES 14:15-20

Het geloof richt zich op de Heere Jezus. Maar je mag de Persoon en het werk van Jezus nooit loskoppelen van de Persoon en het werk van God de Vader of van God de Heilige Geest. Hoewel dit wel te onderscheiden is, valt het niet te scheiden. De Heere Jezus heeft het onderlinge samenwerkingsverband tussen de drie Personen steeds benadrukt. Zo wees Hij erop dat de Vader in opdracht van de Zoon de Heilige Geest zendt: 'Ik zal de Vader bidden, en Hij zal u een andere Trooster geven' (Johannes 14:16). Ze zijn dus alle drie op elkaar betrokken. Dat 'samenspel' tussen de drie Personen wordt een hoofdstuk verder opnieuw benadrukt: 'Maar de Trooster, de Heilige Geest, Die de Vader zenden zal in Mijn naam, Die zal u in alles onderwijzen en u in herinnering brengen alles wat Ik u gezegd heb' (Johannes 15:26).

Iemand heeft de Drie-eenheid ooit eens vergeleken met een bedrijf waarin drie directeuren de leiding hebben. Elk van de directeuren heeft een eigen taak, terwijl ze ook weer samenwerken ten dienste van het bedrijf. Zo werken de drie Personen in het ene goddelijke Wezen samen, om zondaren zalig te maken. Toch heeft elk van hen daarbij ook een eigen taak. Nooit mag het werk van één van de drie Personen worden benadrukt ten koste van het werk van één van de andere Personen.

27 februari

LEZEN: JOHANNES 15:18-27

Je bent gedoopt in de naam van de drie-enige God. Hij stond aan het begin van jouw leven. Bij je doop heeft het immers geklonken: 'Ik doop je in de Naam van de Vader en van de Zoon en van de Heilige Geest.' Jouw naam is verbonden aan Zijn Naam.

Ook worden we elke zondag bepaald bij de Drie-eenheid van God. Aan het begin van elke kerkdienst is er de groet van een drie-enige God. En bij het verlaten van de kerk mogen we de zegen van de HEERE meedragen.

Het is echter nodig dat we Hem persoonlijk leren kennen in Zijn onderscheiden Personen. Het is de Vader Die zondaren trekt met de koorden van Zijn liefde. Het is de Zoon Die op aarde is gekomen om zondaren te verlossen uit de banden van de zonden. En het is de Heilige Geest Die een zondaar bij de hand neemt en leidt tot de Heere Jezus. Zo is Hij driemaal God ons ten goede. Het is gemakkelijk te onthouden: God boven ons (dat is de Vader), God met ons (dat is de Zoon) en God in ons (dat is de Heilige Geest). Daar richt het geloof zich dus op: op een drie-enige God.

28 februari

LEZEN: JOHANNES 6:37-44

Wat vind jij een mooie preek? Misschien wel een preek waarin de vaderlijke zorg van God aan de orde komt. Het kan ook zijn dat je graag een preek hoort waarin de Heere Jezus centraal staat. Je wilt graag in een preek horen wie Jezus is en hoe groot Zijn liefde voor zondaren is geweest.

Toch is het van belang dat in het geheel van de prediking de specifieke werken van elk van de drie Personen worden aangewezen. Dat zorgt voor evenwicht in de prediking. Als bijvoorbeeld alleen wordt benadrukt wat God in Christus heeft gedaan, dan wordt de Heilige Geest aan de kant gezet. Als alle nadruk valt op het verkiezende werk van God de Vader, dan wordt een valse lijdelijkheid gestimuleerd. Als alle nadruk valt op de Heere Jezus en het geloof in Hem, dan wordt vergeten dat het komen tot Jezus ook hoort bij het werk van de Vader en van de Heilige Geest. En er ontstaat ook eenzijdigheid als alle nadruk valt op de bediening van de Heilige Geest. Dan kan er zo veel nadruk worden gelegd op alles wat de mens meemaakt en ervaart, dat de Heere Jezus naar de achtergrond verdwijnt.

Juist de belijdenis van de drie-enige God zorgt voor een gezond evenwicht in de preek.

29 februari

LEZEN: GALATEN 4:1-7

Het is een rijke troost dat er een drie-enige God is. De Vader heeft Zijn Zoon gegeven tot verzoening van de zonden. De Zoon heeft Zichzelf als offer gegeven aan het vloekhout van Golgotha. De Heilige Geest leert je geloven.
Nu is het de vraag of jij deze drie-enige God kent. Denk nog eens aan je doop. Daar werd de Naam van deze God verbonden aan jouw leven. Hij kwam met een drievoudige belofte tot jou. Toen jouw naam voor het eerst klonk in de kerk was er ook de Naam van de drie-enige God, die zei: ‘Ik wil je als Mijn kind aannemen. Ik wil je wassen in Mijn bloed. Ik wil in je hart komen wonen.’
In die drievoudige belofte ligt alles opgesloten. Want als je niet kunt geloven en niet weet hoe je tot God kunt komen, mag je weten dat je gedoopt bent in de Naam van de Heilige Geest. En het is deze Geest Die belooft om het ware geloof te werken in het hart. Daar mag je God ook op wijzen: ‘Heere, U hebt toch Zelf gezegd dat U in mijn leven wilt komen werken? Doet U dat toch, om de eer van Uw Naam.’

WAT HOUDT DIT GELOOF IN?

1 maart

LEZEN: JOHANNES 1:1-18

Als er een monument wordt onthuld, is dat monument eerst bedekt met een doek. Aan de vormen kun je soms een beetje zien hoe het beeld eruitziet. Maar het blijft altijd gissen. Pas als het doek wordt weggetrokken, kun je de details van het beeld zien.

God is voor ons onzichtbaar. Dat maakt het weleens lastig om het juiste zicht op God te hebben. We kunnen dan gissen wie Hij is en hoe Hij is. Maar als je gaat gissen, vergis je je maar al te snel. Johannes maakt echter direct vanaf het begin duidelijk dat we toch kunnen weten wat het karakter van God is. We kunnen het hart van God zien in Jezus Christus.

Tussen God de Vader en Zijn Zoon Jezus Christus is een nauwe band. Johannes maakt die intieme band hier duidelijk door te zeggen dat Jezus in de schoot van Zijn Vader is. Dat is een beeld dat mensen kunnen begrijpen. Dichter bij iemand kun je niet komen. Wat Jezus Christus in Zijn leven laat zien, is de onthulling van het hart van de Vader.

Wil je weten wie de hemelse Vader is en wie Hij wil zijn voor jou, dan moet je de Evangeliën doorbladeren. Op elke bladzijde van de Evangeliën wordt zichtbaar wie God voor jou wil zijn. Daaraan hoef je niet te twijfelen, want de Vader en de Zoon zijn één.

HOE KUNNEN WE GOD DE VADER ZIEN IN JEZUS?

2 maart

LEZEN: MARKUS 2:1-12

De Farizeeën en schriftgeleerden kennen hun bijbel goed. Zij weten dat alleen God de zonden kan vergeven. Daarom hebben ze ook zo veel moeite met het optreden van Jezus. Ze vinden dat Hij wel erg hoog van de toren blaast. Hij, Die de zoon is van een timmerman uit Nazareth, kan toch niet zomaar de zonden vergeven? Maar dat is precies wel wat Jezus zegt tegen die verlamde man, die door zijn vrienden bij Hem is gebracht. *'Zoon, uw zonden zijn u vergeven.'*

Jezus onderstreept Zijn macht om zonden te vergeven door deze man ook te genezen. Nu kan de verlamde man weer lopen. Voor de ogen van de mensen staat hij op van zijn bed en loopt naar huis. Ook bij de genezing van een ziekte zijn wij afhankelijk van God. Als je de goddelijke macht hebt om iemand te genezen, dan heb je ook de goddelijke macht om iemands zonden te vergeven.

Jij weet waarschijnlijk – net als de Farizeeën en de schriftgeleerden – ook dat alleen God de zonden kan vergeven. Dat heb je zo geleerd vanuit de Bijbel. Vanuit deze geschiedenis zul je dan toch moeten geloven dat Jezus werkelijk de Zoon van God is. Als je tot Hem de toevlucht neemt, zullen je zonden ook werkelijk vergeven worden. Hij heeft daarvoor de macht!

3
maart

LEZEN: LUKAS 19:1-10

Zacheüs had nooit verwacht dat Jezus bij Hem op bezoek zou komen. Hij was een tollenaar. De meeste Joden keken op die bevolkingsgroep neer. En zeker de rabbi's in Israël zorgden er wel voor dat ze geen omgang hadden met een tollenaar. Het moet voor Zacheüs dan ook voor grote verbazing hebben gezorgd dat Jezus juist hem uit de boom tevoorschijn riep. 'Zacheüs, haast u en kom naar beneden, want heden moet Ik in uw huis verblijven.'
Het bezoek van Jezus aan een tollenaar zorgt voor veel gemopper. Als rabbi kun je toch niet aan één tafel zitten met een zondaar? Een heilige en een zondaar passen niet bij elkaar. Maar toch is dat precies wat Jezus wil. Hij, Die zonder zonde is, zoekt zondaren op. Zondaren zijn mensen die voor eeuwig dreigen verloren te gaan. Daarom moeten ze juist worden gered. Jezus laat hier zien hoe Zijn Vader is. De Vader wil niet dat er mensen verloren gaan, maar Hij wil juist dat ze behouden worden.
Misschien twijfel je weleens of God jou ook wil redden. Jezus maakt in deze geschiedenis duidelijk dat Hij zelfs de grootste zondaren wil redden. Hij zegt nu ook tegen jou: 'Haast je, want Ik moet vandaag nog in je huis zijn.' Dat is het verlangen van de Vader. Ontvang je Jezus dan net als Zacheüs? Die volgde het bevel van Jezus op en ontving Hem met blijdschap.

HOE KUNNEN WE GOD DE VADER ZIEN IN JEZUS?

4
maart

LEZEN: JOHANNES 10:1-21

In het Evangelie naar Johannes kom je verschillende keren de *Ik ben*-uitspraken van Jezus tegen. De twee woorden 'Ik ben' hebben de Joden bekend in de oren geklonken. De HEERE had Zich immers bij de brandende doornstruik aan Mozes geopenbaard als de *Ik ben*. Door die woorden te herhalen laat Jezus aan de Joden zien dat Hij gelijk is aan de God van Mozes.

In dit hoofdstuk vergelijkt Jezus Zichzelf met een herder. Een herder heeft hart voor zijn schapen. Als er bijvoorbeeld een leeuw een schaap zou willen grijpen, probeert de herder dat schaap te redden. In het Oude Testament zien we dat David zo'n herder is. Hij verdedigt zijn kudde met zijn eigen leven. Alles zal hij eraan doen om zijn kudde te beschermen.

De Vader in de hemel heeft datzelfde herderlijke karakter. Hij wil niet dat er één schaap verloren gaat. Daarom heeft Hij Zijn Zoon naar deze aarde gezonden. Liever gaf Hij het leven van Zijn Zoon dan dat jij verloren zou gaan. Zo heeft de Vader ervoor gezorgd dat jij eeuwig leven kunt krijgen.

In de nabijheid van de goede Herder ben je veilig. Hij wil daar elke dag opnieuw voor je zorgen. Het zal je aan niets ontbreken als je je aan Hem overgeeft. Al gaat het ook door het dal van de schaduw van de dood, toch hoef je dan niet te vrezen. Hij beschermt je met Zijn eigen leven.

HOE KUNNEN WE GOD DE VADER ZIEN IN JEZUS?

5
maart

LEZEN: JOHANNES 13:1-20

In Johannes 13 zijn de laatste uren van Jezus' lijden aangebroken. En juist aan het begin van die laatste uren benadrukt Johannes de diepe liefde van Jezus. Jezus weet dat Zijn lijden en sterven dichtbij zijn. Het zou dan ook niet verwonderlijk zijn geweest als we hadden gelezen dat Hij daarmee bezig was. Maar toch lezen we iets anders. Wat Hem bezighoudt, is de liefde voor Zijn discipelen.

Die liefde wordt zichtbaar als Hij de voeten van Zijn discipelen wast. Dat was het werk van een slaaf. Niemand van de discipelen wilde die nederige positie innemen. Maar Jezus wilde dat wel. Uit liefde voor Zijn discipelen wilde Hij Zichzelf vernederen. Jezus laat hier zien dat de liefde van de Vader in Zijn hart zo groot is, dat Hij de minste wil zijn. Daarbij wast Hij zelfs de voeten van Judas. Ondanks dat Jezus weet dat Judas Hem zal verraden, heeft Hij hem ook lief tot het einde.

In Zijn liefde heeft Jezus ook jou op het oog. Zelfs al voel je je misschien een Judas, omdat je Hem keer op keer verraadt. Maar bedenk dan dat Judas niet verloren is gegaan om zijn zonde. Judas is verloren gegaan omdat hij de liefde van Jezus bleef weigeren tot het einde. De liefde van Jezus gaat echter tot het einde. Met uitgestrekte armen vol liefde staat Hij op je te wachten. Jezus wil – net als Zijn Vader – niets liever dan dat jij je in Zijn armen overgeeft.

HOE KUNNEN WE GOD DE VADER ZIEN IN JEZUS?

6 maart

LEZEN: JOHANNES 14:1-14

Drie jaar lang hebben de discipelen hier op aarde omgang gehad met Jezus. Ze hebben Zijn tekenen en wonderen gezien. Ze hebben Zijn onderwijs gehoord. Maar toch begrijpen ze er nog weinig van. Filippus verwoordt wat ook in het hart van de andere discipelen leeft. Ze hebben Jezus dan wel gezien, maar ze willen ook graag de Vader zien. Ze hebben nog niet begrepen dat de Vader en de Zoon één zijn.
Het antwoord van Jezus is helder. 'Wie Mij gezien heeft, heeft de Vader gezien.' Als je het onderwijs van Jezus hoort, hoor je het onderwijs van de Vader. Als je ziet hoe Jezus met mensen omgaat, kun je weten hoe de Vader met mensen omgaat. Tussen de Vader en de Zoon zit in dat opzicht geen verschil. Wat in het hart van de Zoon leeft, leeft ook in het hart van de Vader.
Je kent vanuit de Bijbel de verhalen van Jezus. En toch leeft in je hart misschien ook wel de vraag die Filippus stelde. Je zou zo graag iets willen zien van de Vader. Laat het antwoord van Jezus aan Filippus je vandaag dan overtuigen. In Jezus Christus zie je werkelijk de Vader. Je ziet in Hem de liefde van de Vader voor zondaren. Je ziet in Hem het verlangen van de Vader om je te redden. Aan Jezus heb je genoeg. Want als je Jezus van hart tot hart kent, ken je de Vader van hart tot hart.

HOE KUNNEN WE GOD DE VADER ZIEN IN JEZUS?

7
maart

LEZEN: JOHANNES 19:17-30

Het lijden van Jezus is bij het eindpunt aangekomen. Uit liefde heeft Hij Zichzelf aan het kruis laten nagelen. De spottende vraag om Zichzelf te verlossen heeft Hij naast Zich neergelegd. Hij wilde geen half werk doen, want dan zou Zijn leven hier op aarde tevergeefs zijn geweest. Maar nu Zijn lijden ten einde komt, kan Hij het zesde kruiswoord uitroepen: 'Het is volbracht!'
Met deze woorden bevestigt Hij wat er in het hart van de Vader leeft. Elke zondag hoor je aan het begin van de dienst dat God niet laat varen het werk dat Zijn hand begon. God doet geen half werk. Hij maakt het volmaakt af. Dan hoeft er niets meer van jou bij. Daar kan ook niets meer van jou bij. Als je er nog iets bij zou willen verdienen, zeg je daarmee eigenlijk dat Jezus half werk heeft gedaan. Je moet beseffen dat de verlossing alleen het werk van God is.
Deze uitroep van Jezus aan het kruis van Golgotha is een uitroep vol troost. God heeft in Christus de straf volkomen betaald. Je hoeft jezelf niet te verlossen. Als je Hem door het geloof aangrijpt, mag je je hart laten rusten op het volkomen werk van Christus. Want er is geen verdoemenis voor degenen die in Christus Jezus zijn. Dat te weten geeft een troost die elk verstand te boven gaat.

HOE KUNNEN WE GOD DE VADER ZIEN IN JEZUS?

8 maart

LEZEN: ROMEINEN 1:18-32

God heeft deze wereld prachtig gemaakt. Dat kun je zien als je naar de natuur om je heen kijkt. Prachtige bloemen en vrolijk zingende vogels. Dat is dan alleen maar wat je op het eerste gezicht ziet. Als je de natuur wat beter gaat bestuderen, kun je je verwonderen over hoe knap alles samenwerkt. Dat kan nooit door willekeur zijn ontstaan, zoals de evolutieleer je wil laten geloven. Als je naar de natuur kijkt, moet je wel tot de conclusie komen dat een hogere macht dat moet hebben uitgedacht. Die hogere macht is God.
Dat is precies het punt dat Paulus duidelijk wil maken aan de gemeente van Rome. Vanuit de natuur kun je duidelijk leren dat er een God is. Je moet wel heel bewust de feiten verdraaien om dat te ontkennen. Daarom kan ook geen mens ontkennen dat God bestaat. Heel de natuur getuigt ervan dat Hij er is. Wie dat ontkent, knijpt zijn ogen blijkbaar dicht voor de werkelijkheid.
Niemand is te verontschuldigen als hij niet tot de erkenning komt dat God bestaat. Ook jij niet. Misschien twijfel je er weleens aan of God wel werkelijk bestaat. Dat is op zich niet vreemd, want die vraag komt wel bij meer jongeren en ouderen naar boven. Het advies van Paulus is dan: 'Kijk naar de schepping en het wordt je als vanzelf duidelijk dat God bestaat. En omdat Hij bestaat, moet je Hem ook zoeken en dienen.'

KUN JE GOD OOK IN DE NATUUR VINDEN?

9 maart

LEZEN: PSALM 104:1-24

De heerlijkheid van God kun je niet met je ogen zien. Denk bijvoorbeeld maar aan Mozes, die juist aan de HEERE vroeg om die heerlijkheid te mogen zien. De HEERE weigerde hem dat, omdat hij anders niet zou blijven leven. De heerlijkheid van God is oogverblindend.
Toch kun je met je beperkte verstand wel iets zien van de heerlijkheid van God. Die wordt namelijk zichtbaar in de schepping. Psalm 104 beschrijft dat op een geweldige manier. De dichter ziet de heerlijkheid van God in allerlei verschillende dingen van de natuur. Hij bedenkt dat niets in deze wereld vanzelf gaat, maar dat God voor al die dingen zorgt. Dat doet hem in verwondering uitroepen: 'Hoe groot zijn Uw werken, HEERE! U hebt alles met wijsheid gemaakt, de aarde is vol van Uw rijkdommen.'
Het is goed om net als de dichter te leren kijken. Dat kun je heel praktisch doen door over één ding uit de natuur wat dieper na te denken. Bijvoorbeeld een bloem die bloeit. Laat eens tot je doordringen wat een wonderlijk proces daaraan vooraf is gegaan. Van een klein zaadje is het geworden tot een schitterende bloem. En daar heb je niets aan hoeven doen. Daar heeft God elke dag opnieuw voor gezorgd. Als je dat ziet, ga je steeds groter denken over de heerlijkheid van God. Dan zing je het mee: 'Loof de HEERE, mijn ziel! Halleluja!'

KUN JE GOD OOK IN DE NATUUR VINDEN?

10 maart

LEZEN: PSALM 93:1-5

Als je in de herfst bij de zee gaat kijken, kun je machtig grote golven naar het strand zien rollen. De macht van die golven wordt pas goed zichtbaar bij een tsunami. Dan moet alles wijken voor het water. Door een golf van een tsunami wordt alles weggevaagd. Water, dat eerst onschuldig leek, blijkt opeens grote kracht te hebben.

De dichter van Psalm 93 ziet dat ook. Het boezemt hem ontzag in voor het water. Tegelijkertijd leert hij er ook een les uit. Het water mag dan machtig sterk zijn, de HEERE is nog sterker. De ogen van de dichter blijven niet naar de macht van het water kijken, maar hij kijkt naar de machtige Schepper die alles in Zijn hand houdt.

Die les geldt ook voor jou. Rond natuurrampen kunnen de beelden van de verwoestingen je ontzag inboezemen. Maar blijf niet met je ogen kijken naar de macht van het water. Er is er Eén die sterker is dan al het geweld. Als de Schepper van hemel en aarde stelt Hij grenzen aan het water.

Maar deze les over Gods macht geldt niet alleen rond natuurrampen. Je mag ook vandaag uit Gods macht over het water leren dat er voor Hem geen ding onmogelijk is. Hoe onmogelijk je situatie dan ook mag lijken, Gods macht breekt zelfs dwars door die onmogelijkheid heen. Hij wil niets liever dan dat je Hem daarom vraagt.

KUN JE GOD OOK IN DE NATUUR VINDEN?

11
maart

LEZEN: MATTHEÜS 6:19-34

De Heere Jezus wijst hier in de Bergrede op het heilig onbezorgd zijn. Heilig onbezorgd zijn kun je leren vanuit de natuur. De Heere Jezus wijst op verschillende voorbeelden. De vogels op het veld werken niet, maar toch krijgen ze genoeg te eten. En ook de lelies in het veld schitteren in pracht, terwijl ze er niets voor hebben gedaan. De hemelse Vader zorgt er namelijk voor dat de vogels te eten krijgen en de bloemen op het veld hun prachtige kleuren kunnen tonen.
Je kunt je vaak druk maken over heel veel dingen. Zeker als je weinig geld hebt, kun je je best veel zorgen maken over de toekomst. Maar één ding is belangrijker dan al je aardse zorgen. Dat is de zorg voor je ziel. En daarom spoort Jezus je in dit gedeelte aan om eerst het Koninkrijk van God en Zijn gerechtigheid te zoeken. Dat betekent dat je Jezus Christus moet leren kennen als je Borg en Zaligmaker.
Als je Zijn Koninkrijk bent binnengegaan, hoef je je ten diepste nergens meer druk om te maken. Want zoals een goede vader voor zijn kind zorgt, zal de hemelse Vader dan ook voor jou zorgen. Ook al heb je dan weinig geld op je spaarrekening staan, toch zul je niets tekortkomen in het leven. Levend vanuit die vaderlijke zorg van God, kun je werkelijk heilig onbezorgd zijn. Laten de bloemen op het veld dat je in ieder geval leren.

KUN JE GOD OOK IN DE NATUUR VINDEN?

12 maart

LEZEN: PSALM 84:1-13

Psalm 84 is een pelgrimspsalm. De dichter is onderweg naar de tempel. En onderweg bezingt hij het verlangen om in de tempel te mogen komen. Daar in de tempel in Jeruzalem ziet hij iets van Gods vergevende liefde. De offerdieren die op het altaar worden gelegd, laten dat zien. Er is verzoening mogelijk bij God.
Terwijl de dichter aan het altaar denkt, ziet hij in gedachten hoe de mus en de zwaluw zich bij dat altaar nestelen. Het brandofferaltaar stond immers buiten op het tempelplein. Deze vogels konden daar dus zomaar komen. En ze werden niet weggejaagd. Zelfs de vogels waren welkom bij God. Dat is voor de dichter een vertroostende gedachte. Als zelfs de vogels bij God mogen wonen, zal er voor hem ook plaats zijn bij God.
Misschien worstel je wel met de vraag of jij bij God mag wonen. Je weet dat je een zondaar bent en daarom niet in de nabijheid van God kunt komen. Maar kijk dan naar de natuur! Zelfs de mus en de zwaluw mogen leven bij dat brandofferaltaar. Zou er dan voor jou geen plaats zijn? Er is plaats voor jou om te wonen bij God, omdat Jezus Christus als het Lam van God geofferd is aan het kruishout van Golgotha.

KUN JE GOD OOK IN DE NATUUR VINDEN?

13 maart

LEZEN: SPREUKEN 6

De mier is maar een klein diertje. We zien het vaak als ongedierte. De Bijbel spreekt echter anders over mieren. Deze kleine diertjes laten namelijk wijze lessen zien. Allereerst laten mieren zien dat ze altijd samen op zoek gaan naar voedsel. Er is niemand die hen aanstuurt, maar toch werken ze op uitstekende wijze met elkaar samen. Daarnaast zijn de mieren ontzettend ijverig. Als je een mierenhoop bestudeert, zie je dat er nooit één mier stilzit. Alle mieren zijn constant bezig. Ook zorgen ze ervoor dat ze op tijd beginnen met het zoeken van voedsel. Ze doen dat in de zomer, zodat ze in de winter geen honger hoeven te lijden.

Elke les kun je naar je eigen leven overplaatsen. Je kunt in deze wereld niet alles alleen doen. Je hebt ook andere mensen nodig. Dat is de wijze les die je van de mieren kunt leren. Daarnaast kun je iets leren van het feit dat ze nooit stilzitten. Het is natuurlijk wel goed om je rust te nemen, maar dat moet je dan wel op het juiste moment doen. De laatste les is wel de belangrijkste les. De mieren zoeken in de zomer voedsel voor de winter. Je moet op het juiste tijdstip zoeken naar het geestelijke voedsel. Om met Luther te spreken: 'Je moet het Evangelie kopen als de markt van vrije genade aan de gang is.' Als je sterft, is die markt voor jou gesloten. Leer dan van de mier dat je vandaag nog die genade moet 'kopen'.

KUN JE GOD OOK IN DE NATUUR VINDEN?

14 maart

LEZEN: PSALM 19:1-15

In de afgelopen week hebben we elke dag stilgestaan bij een les uit de natuur. Je kunt vanuit de schepping weten dat er een God is en hoeveel macht en heerlijkheid Hij heeft. Daarnaast kun je uit de natuur ook lessen voor het geestelijke leven trekken. Toch heeft de kennis uit de natuur ook een beperking. De schepping kan je namelijk niet leren dat je een zondaar bent en hoe je daarvan verlost moet worden. Daar heb je Gods Woord voor nodig.

De wet van de HEERE laat je zien wat een volmaakt leven is. Als je je eigen leven in die wet spiegelt, zie je waar het misgaat. Al die misstappen noemt God zonde. Zonder die wet kun je dat niet weten. Paulus schrijft dat heel duidelijk in één van zijn brieven. Hij zegt: 'Als de wet niet had geschreven dat begeerte zonde was, dan had ik dat nooit geweten.' Om te weten wat zonde is, heb je de wet nodig.

Als je je zonde ziet, kan de angst je om het hart slaan. Je kunt niet meer voor God bestaan. Maar God laat jou je zonden niet zien om je bij Hem vandaan te drijven. Hij wil juist dat je Hem nodig krijgt. Want omdat jij niet kunt betalen voor de zonde, wilde Christus voor jou betalen. Hij heeft met Zijn eigen bloed de prijs van de zonde volkomen betaald. Zo drijft de wet van de HEERE je uit tot Christus. Dat zul je vanuit de natuur nooit leren.

KUN JE GOD OOK IN DE NATUUR VINDEN?

15 maart

LEZEN: EXODUS 33:12-23

Ieder mens heeft wel een beeld van God. Voor de één is God een strenge rechter, terwijl de ander God ziet als een liefdevolle Vader. Wij moeten voor ons beeld van God echter niet op onze eigen gedachten afgaan, maar ons oor te luisteren leggen bij het Woord van God. Alleen de Bijbel laat zien Wie God werkelijk is.

De behoefte om God beter te leren kennen, ontstaat vaak in een tijd van crisis. Dat zien we ook bij Mozes. De zonde met het gouden kalf heeft de verhouding tussen het volk Israël en de HEERE ernstig verstoord. Lange tijd had Mozes genoeg aan de openbaring van de Naam van de HEERE bij de brandende doornstruik. Daar had de HEERE beloofd dat Hij erbij zou zijn en dat Hij betrouwbaar is. Nu wil Mozes echter weten wat er in het hart van de HEERE leeft. Hij vraagt daarom om de heerlijkheid van de HEERE te mogen zien.

WAT ZIJN DE EIGENSCHAPPEN VAN GOD DE VADER?

16 maart

LEZEN: PSALM 34

De heerlijkheid van de HEERE is voor zondaren oogverblindend. Als we God in Zijn volle heerlijkheid zouden zien, zouden we ter plekke dood neervallen. Dat geldt ook voor Mozes. Maar ondanks dat wij de heerlijkheid van de HEERE niet kunnen zien, wil de HEERE Zichzelf wel in het hart laten kijken. Hij doet dat door Zijn Naam uit te roepen. Die Naam geeft Mozes rust.
De HEERE maakt Zichzelf ook vandaag aan jou bekend. Hij wil je in Zijn Woord laten ontdekken wie Hij voor jou wil zijn.

17 maart

LEZEN: EXODUS 3:13-22

De HEERE maakt Zijn Naam aan Mozes bekend. Hij doet dat door allereerst te wijzen op een Naam die Mozes al kende. De Naam HEERE. Tot twee keer toe klinkt die Naam hier. Het is de Naam waarmee God aan Mozes verscheen bij de brandende doornstruik.

De Naam HEERE betekent dat God betrouwbaar is. Op Hem kun je aan. Als je op Hem vertrouwt, zul je nooit beschaamd uitkomen. Wat Hij belooft, doet Hij ook. Tegelijkertijd betekent die Naam ook dat Hij bij je leven is. De Israëlieten dachten te midden van de slavernij in Egypte dat God hen vergeten was. Maar God zegt: 'Ik ben erbij.' En omdat Hij erbij is, komt er ook redding.

Deze Naam laat de tegenstelling zien tussen God en mens. Wij beloven vaak veel dingen, maar komen die niet altijd na. We vergeten weleens iets. Dat is bij ieder mens zo. En dat zorgt er vaak voor dat we teleurgesteld raken in mensen. Ze bleken niet zo betrouwbaar te zijn als we wel dachten.

Aan de HEERE kun je echter je leven werkelijk toevertrouwen. Hij is echt betrouwbaar en Hij is er elk moment van je leven bij. Als je op Zijn Naam bouwt, heb je een vast fundament onder je leven liggen. Dat fundament zal nooit wankelen. Want wie op de HEERE vertrouwt, zal zijn als de berg Sion, die niet wankelt, maar voor eeuwig blijft (Psalm 125:1).

WAT ZIJN DE EIGENSCHAPPEN VAN GOD DE VADER?

18
maart

LEZEN: PSALM 100:1-5

De HEERE is God. Daarmee bedoelt de dichter van Psalm 100 dat alleen de HEERE God is. Hij heeft jouw leven geschapen. Je behoort daarom aan Hem toe. Hij alleen mag het voor het zeggen hebben in je leven. De duivel probeert ook voet aan de grond te krijgen in je leven. Op allerlei manieren probeert hij je te laten doen wat hij wil. Maar hij heeft daar het recht niet toe. Alleen de HEERE is God.
De HEERE is God. Dat betekent ook dat Hij niet te vergelijken is met mensen. In het vervolg van vers 6 en 7 vertelt de HEERE over Zijn eigenschappen. Over die eigenschappen denken we maar al te gemakkelijk heel menselijk. We vergelijken God dan met een mens. En omdat we vaak teleurgesteld worden door mensen, raken we ook teleurgesteld in God. Maar God is anders. Hij is niet te vergelijken met mensen. En daarom moeten onze eigen gedachten plaatsmaken voor Gods gedachten.
Het Griekse woord voor bekering (*metanoia)* betekent een verandering van denken. Dat is wat het nadenken over de Naam van de HEERE van ons vraagt. Je zult anders moeten leren denken. Dat wil God in jou bewerken door Zijn Woord en Geest. Als je je door Woord en Geest laat leren, leer je dat God werkelijk anders is dan mensen. Dan proef je ook dat het goed is om je leven aan de HEERE toe te vertrouwen.

WAT ZIJN DE EIGENSCHAPPEN VAN GOD DE VADER?

19 maart

LEZEN: LUKAS 15:11-32

De vader van de verloren zoon stond elke dag op de uitkijk. Zijn zoon was weggetrokken naar een ver land, met het voornemen om nooit terug te keren. Maar de vader legde zich niet neer bij dat besluit van zijn zoon. In zijn hart brandde het verlangen om hem opnieuw in zijn armen te sluiten. In diezelfde armen wilde hij ook zijn oudste zoon vasthouden. Die was keurig thuisgebleven, maar hij diende zijn vader alleen uit slaafse vrees. Omhelzen en aan het hart drukken, dat is barmhartigheid.

Misschien lijk je op de verloren zoon. Je hebt je hart aan de wereld gegeven en God achter je gelaten. Bedenk dan dat de HEERE nu op de uitkijk staat om te zien of je al terugkomt. En als je dan vandaag terugkomt, zal Hij je geen verwijten maken. Hij neemt je liefdevol in Zijn armen. Omdat Hij barmhartig is. Het kan ook zijn dat je meer lijkt op de oudste zoon. Je gaat keurig naar de kerk en je leven lijkt aan de buitenkant best netjes. Uit angst voor straf houd je je aan de regels. Maar ook jou wil de HEERE in Zijn armen nemen en aan Zijn hart drukken.

Als je Gods barmhartigheid ervaart, mag je je veilig en geborgen weten. Zoals een kind zich veilig voelt in de armen van zijn moeder, zo voel je je veilig als Gods barmhartigheid je leven omarmt. In Gods barmhartigheid word je getroost.

WAT ZIJN DE EIGENSCHAPPEN VAN GOD DE VADER?

20 maart

LEZEN: PSALM 51:1-21

Psalm 51 is een gebed om genade. David was in de zonde van overspel gevallen en had een moord op zijn geweten. Toen de profeet Nathan hem daarop wees, besefte David dat hij nergens meer op kon pleiten bij God. Dat is wat de zonde doet in je leven. Die zorgt ervoor dat je niets meer verdiend hebt. Je eten en drinken niet. Je leven niet. En zeker geen vergeving van zonden.

Maar nu openbaart de HEERE Zichzelf aan Mozes als de Genadige. Dat betekent dat Hij juist dingen wil doen voor mensen die het niet hebben verdiend. Hij wil omgang hebben met zondaren. Dat de HEERE genadig is, wordt heel duidelijk zichtbaar in het leven van Jezus, de Zoon van God. Hij zoekt hoeren en tollenaren op en eet met hen. Hij zoekt mensen op die zelfs in onze ogen alle rechten hebben verspeeld. En juist aan hen wil Hij Zijn genade bewijzen.

21 maart

LEZEN: 2 PETRUS 3:1-10

De dag van Christus' wederkomst is nog niet aangebroken. Sommigen zeggen daarom: 'Je gelooft in een fabeltje.' Petrus wijst ons er juist op dat we niet in een fabel geloven. De mensen die zeggen dat het een fabel is, zien het verkeerd. Zij hebben niets begrepen van Gods geduld. God heeft de wereld nog niet door vuur gezuiverd, omdat Hij de mensen de mogelijkheid wil geven om tot inkeer te komen.
Het geduld van de HEERE is gericht op onze bekering. Vandaag heb je ook weer zonde gedaan. Maar toch is er nog geen vuur van de hemel gekomen om je te verteren. God heeft nog geduld met je gehad. Hij wil namelijk niet dat je verloren gaat, maar dat je je vandaag nog zult bekeren. Bedenk dan vandaag wel dat er aan het geduld van God ook grenzen zitten. Als je niet tot inkeer komt, houdt het geduld van God eens op. Dan zal het oordeel vreselijk zijn.

WAT ZIJN DE EIGENSCHAPPEN VAN GOD DE VADER?

22
maart

LEZEN: PSALM 57

De HEERE wil ook voor jou genadig zijn. Dat bewijst Hij elke dag doordat je eten en drinken krijgt. Hij bewijst dat doordat je nog leeft. Omdat je zonde doet, heb je het niet verdiend. Maar toch geeft Hij het. Zo wil Hij elke dag weer voor je zijn. En als je dat niet gelooft, kijk dan naar het leven van Jezus. Hij maakt duidelijk dat God aan de grootste van de zondaren Zijn genade wil betonen.
Ook als je de HEERE al kent als jouw God, bewijst Hij Zijn geduld. Je struikelt dagelijks in de zonde. En toch verdraagt de HEERE je leven nog. Hij weet wat van Zijn maaksel is te verwachten. Hij weet dat je zwak van moed bent en klein van krachten. Maar bij elke struikeling staat de HEERE geduldig te wachten om je weer overeind te helpen. Dan is het geduld van de HEERE een grote troost.

23 maart

LEZEN: 2 SAMUËL 9:1-13

De weldadigheid van de HEERE zien we weerspiegeld in het leven van David. Hij bewijst namelijk goedertierenheid aan Mefiboseth. Deze Mefiboseth was de zoon van Jonathan en moest eigenlijk worden gedood. Dat was gebruikelijk in die tijd als een nieuwe koning de troon besteeg. Het gevaar was immers veel te groot dat iemand uit het nageslacht van de oude koning aanspraak zou willen maken op de troon. Door het nageslacht van de oude koning te doden, was dat gevaar niet meer aanwezig.
Toch doodt David Mefiboseth niet, maar hij bewijst hem goedertierenheid. Je mag dat woord ook vertalen met 'verbondsliefde'. David heeft een verbond met Jonathan gesloten en in dat verbond heeft hij beloofd dat hij goed zou zorgen voor het nageslacht van koning Saul. Aan dat verbond houdt David zich nu. Op grond van dat verbond bewijst hij liefde in plaats van haat.
De verbondsliefde van de HEERE stijgt echter ver uit boven de verbondsliefde van David. Je bent waarschijnlijk gedoopt. In de Heilige Doop is God een verbond met je aangegaan. Terwijl wij de dood verdiend hebben door onze zonden, wil Hij Zijn liefde betonen. Hij wil als een goede vader voor je zorgen. Hij wil je door het bloed van Jezus Christus wassen en reinigen. Daar mag je van verzekerd zijn. Grotere liefde voor jou dan deze zul je op de aarde nooit kunnen vinden.

WAT ZIJN DE EIGENSCHAPPEN VAN GOD DE VADER?

24 maart

LEZEN: PSALM 43:1-5

De dichter van Psalm 43 wordt aangevallen door mensen vol van bedrog. Het lijkt erop dat er geen uitkomst is. Daarom bidt hij tot de HEERE om Zijn licht en Zijn waarheid. Als die hem begeleiden op zijn levensweg, zal hij zeker bij de tempel aankomen. In de tempel zal hij dan de lofzangen aanheffen tot Gods eer.

Gods waarheid wijst ons op Zijn betrouwbaarheid. Wat God zegt, klopt ook. Je hoeft er niet aan te twijfelen of Hij de waarheid spreekt. Hij is God, en daarom kan Hij niet liegen. Hij liegt niet als Hij zegt dat je een zondaar bent. Maar Hij liegt evenmin als Hij zegt dat Hij je in Christus in genade wil aannemen tot Zijn kind. Hij is betrouwbaar en daarom kun je Hem ook werkelijk vertrouwen.

Als je ergens bent waar je de weg niet kent, heb je een betrouwbare gids nodig. Iemand die je precies de weg kan vertellen. De weg door je leven heen is onbekend. Er zijn heel wat gidsen die je proberen de weg te wijzen. De ene zegt: 'Je moet deze kant op', terwijl de andere al klaarstaat om je de andere kant uit te sturen. Bedenk echter dat alleen de HEERE groot van waarheid is. Hij is de betrouwbaarste Gids voor dit leven en voor het leven na dit leven. Als je dat ziet, gaat je hart vanzelf zingen. Net als dat van de dichter van Psalm 43.

WAT ZIJN DE EIGENSCHAPPEN VAN GOD DE VADER?

25
maart

LEZEN: PSALM 103:1-22

De HEERE is de God van het verbond. Dat verbond heeft Hij niet alleen met Abraham opgericht, maar ook met heel zijn nageslacht. Aan hen wil Hij Zijn verbondsliefde elke keer opnieuw betonen. Na de pinksterdag mogen we zelfs zeggen dat het verbond zich heeft uitgebreid tot buiten de grenzen van Israël. Ook jij mag delen in het verbond met Abraham. Dat betekent dat je daarmee ook mag delen in Gods verbondsliefde. Je doop is daar het bewijs van.

Van Gods verbondsliefde mag je nooit te klein denken. Je bent daar misschien vaak wel toe geneigd. Maar dan doe je de HEERE ernstig tekort. God wil dat je weet dat Hij Zijn goedertierenheid betoont aan vele duizenden. Psalm 103 benadrukt Gods goedertierenheid, een goedertierenheid die voortduurt van eeuwigheid en tot eeuwigheid. Er komt geen einde aan. Zo oneindig groot moet je denken over Gods liefde.

Aan Gods liefde is echter wel een voorwaarde verbonden. Daar wijst Psalm 103 ons ook op. De liefde van God is voor degenen die Hem vrezen. Dat betekent dat je Zijn verbond houdt en aan Zijn bevelen denkt, om die te doen. Wordt je leven daardoor al gekenmerkt? Als je daar 'ja' op mag zeggen, mag Zijn verbondsliefde ook jouw troost zijn.

WAT ZIJN DE EIGENSCHAPPEN VAN GOD DE VADER?

26
maart

LEZEN: MICHA 7:7-20

Van de diepte van de zondeval kun je niet diep genoeg doordrongen zijn. De Bijbel gebruikt er zelfs drie verschillende woorden voor. Het woord *ongerechtigheid* betekent dat je van het heilspoor bent afgegaan. Je hebt niet langer het rechte pad van God bewandeld, maar bent op het dwaalspoor van de zonde terechtgekomen. Dat is niet per ongeluk gebeurd. Daar wijst het woord *overtreding* op. Dit woord laat zien dat het een bewuste keuze is. Het is opstand tegenover God. Tot slot wordt het woord *zonde* zelf gebruikt. Dat betekent dat je met alles wat je doet het doel mist. We zijn geschapen om God te loven en te prijzen, maar de gedachten, woorden en werken die wij doen, missen dat doel. Dat is de diepte van onze zondeval.

27 maart

LEZEN: 1 KORINTHE 15:51-58

Maar nu openbaart de HEERE Zichzelf als de God Die de ongerechtigheid en overtreding en zonde vergeeft. Het woord 'vergeven' betekent hier 'opheffen'. In *De Christenreis* van Bunyan gaat Christen gebukt onder het pak van de zonde. De zonde drukt zwaar op zijn schouders. Maar de HEERE wil dat zware pak van onze schouders afnemen.
Voor dit wonder heeft God Zijn Zoon Jezus Christus naar deze aarde gestuurd. Hij heeft als het Lam van God de zonden van de wereld gedragen. In het kruis van Golgotha zien we de waarheid van deze eigenschap van God. Door Jezus Christus wil de Vader ook jou van zonden bevrijden.

28
maart

LEZEN: JOZUA 7:16-26

De HEERE neemt de zonde in je leven ernstig. Hij is zo heilig, dat Hij geen zonde door de vingers kan zien. Dat geldt zelfs voor de kleinste zonde in je leven. Hij houdt je te allen tijde verantwoordelijk voor wat je hebt gedaan. En dan maakt het ten diepste niet uit of je die zonde daadwerkelijk hebt uitgevoerd of dat het alleen de zondige gedachte was die naar boven kwam. Zonde is zonde voor God.

Het is goed om te beseffen dat de HEERE zo tegenover de zonde staat. De vorige eigenschappen van God zouden de gedachte kunnen opwekken dat het eigenlijk niet uitmaakt hoe je leeft. God is toch genadig? Als je dan zonde doet, vergeeft Hij het toch? Maar dan hebben we van God een lievige God gemaakt. Een God die de zonde niet ernstig neemt. Zo mag ons beeld van God nooit zijn. Hij neemt de zonde in je leven hoog op. Hij houdt je er voor de volle honderd procent verantwoordelijk voor.

De HEERE is een genadig God. Dat gaat voorop als de HEERE Zijn Naam uitroept. Je mag echter Gods genade niet gebruiken om Zijn toorn over de zonde te minimaliseren. Als je beseft dat de Vader in de hemel de zonde zo ernstig neemt, zul je ook sterker de neiging voelen om voor de zonde te vluchten. Door juist ook deze kant van God te belichten, krijg je Hem meer nodig om je voor zonde te bewaren.

29 maart

LEZEN: EXODUS 20:1-17

De zonde raakt niet alleen jezelf, maar ook de generaties na je. Denk bijvoorbeeld aan de zonde van roddelen. Als jij gewend bent om dat te doen, is de kans groot dat je kinderen en kleinkinderen – als je die mag krijgen – die zonde overnemen. Zij nemen het verkeerde voorbeeld van jou over. Ze beseffen ten diepste niet meer dat het zonde is. Zo werkt de zonde door in de geslachten.
De HEERE waarschuwt je ervoor dat Hij ook in het nageslacht dan die zonde zal bestraffen. Je kunt als kind of kleinkind nooit denken: daar zijn mijn ouders of mijn grootouders al voor gestraft, dus mij zal de straf niet meer treffen. Elke generatie wordt zo bestraft voor de zonden die ze zelf doen.
Deze eigenschap van de HEERE laat wel zien dat je niet alleen verantwoordelijk bent voor jezelf, maar ook voor je nageslacht. Als je dat beseft, zul je wel voorzichtig zijn in wat je doet en laat. De keuzes die je nu maakt in het leven, kunnen immers grote gevolgen hebben voor je kinderen en kleinkinderen. Deze eigenschap van de HEERE moet je daarom aansporen tot een leven dicht bij de HEERE. Want wie dicht bij Hem leeft, zal als vanzelf minder zonde gaan doen.

WAT ZIJN DE EIGENSCHAPPEN VAN GOD DE VADER?

30
maart

LEZEN: 2 KRONIEKEN 24:1-16

De toorn van God kent grenzen. Terwijl Zijn liefde zich uitstrekt tot in duizend geslachten, bezoekt de HEERE de ongerechtigheid maar tot in het derde en vierde geslacht. Niet voor niets heeft Luther daarom het straffen van God wel 'het vreemde werk van God' genoemd. Het is niet eigen aan God om te straffen, want God is liefde. Maar door je zonde zorg je ervoor dat Hij moet ingrijpen en Zijn straf moet laten gelden.

In de geschiedenis van koning Joas zien we dat de straf van God ophoudt. Terwijl zijn voorgeslacht geen rekening hield met God, vreesde deze jonge koning de HEERE. Er is een breuk gekomen in de ketting van zonden die geslacht op geslacht doorwerkte. Opnieuw mocht een Godvrezende koning de troon bestijgen en het tweestammenrijk regeren.

31 maart

LEZEN: LUKAS 11:9-13

Misschien kom je uit een geslacht waarin niemand van je voorouders de HEERE vreesde of vreest. Dan mag jij degene zijn bij wie de ketting van de zonde is gebroken. De HEERE wil dan ook aan jou Zijn liefde tonen in Zijn Zoon Jezus Christus. Zijn weldadigheid bewijst Hij immers aan duizend geslachten die Hem vrezen. Op die weldadigheid mag je elke dag weer pleiten. De HEERE heeft namelijk Zijn Naam bekendgemaakt, zodat we van Zijn Naam gebruik zouden maken. Dat geldt natuurlijk ook als je ouders en grootouders de HEERE al vreesden of vrezen.

God zal altijd voor Zijn kinderen zorgen, in voor- en tegenspoed. Maar pas op! Je moet wel naar Hem blijven luisteren en niet je eigen weg gaan. Als je dit laatste doet, geldt ook dat God Zich tegen je zal keren. Vraag naar de aloude paden, waar toch de goede weg is, en bewandel die. Maar zeg niet: 'Dat zullen wij niet doen!'

1
april

LEZEN: EXODUS 34:1-9

De HEERE heeft Zijn Naam ten volle uitgeroepen tegenover Mozes. Daarmee heeft Hij Zijn heerlijkheid aan hem bekendgemaakt. Als Mozes dat hoort, kan hij niet anders dan met grote haast zijn hoofd buigen. Bij het horen van deze Naam past enkel een eerbiedige houding. Bij het horen van deze Naam past overgave.

In de afgelopen twee weken heb je de Naam van de HEERE keer op keer gelezen. Alle eigenschappen van God zijn voorbijgekomen. De HEERE wil dat je weet dat Hij zo is en niet anders. Als je tot je door laat dringen dat God werkelijk zo is, kan het niet anders of je wilt voor deze God buigen. Dan past het alleen maar om Hem te dienen en er geen andere goden meer bij te hebben.

Als je jezelf – net als Mozes – overgeeft aan deze Naam, belooft de Heere dat Hij voor je wil zorgen. Hij zal je dan door de woestijn van het leven dragen. Hij zal je brengen in het beloofde land hierboven. Buigen voor deze Naam betekent tegelijkertijd ook dat je gaat leven naar deze Naam. Dan leef je in het besef dat Hij je Zijn genade wil bewijzen. Maar dan leef je ook in het besef dat er met Zijn liefde niet te spotten valt. Buigen voor deze Naam geeft je een relatie met Hem. In die liefdesrelatie wil je niets liever dan voor Hem leven.

WAT ZIJN DE EIGENSCHAPPEN VAN GOD DE VADER?

2 april

LEZEN: EXODUS 3

Onze God is een verterend vuur. Dat horen we tegenwoordig niet zo graag meer. Vaak refereren we aan de liefde van God, Zijn barmhartige kant en Zijn grote genade. Het lijkt alsof de omschrijving als verterend vuur daar recht tegenover staat.
De eerste keer dat Mozes God ontmoet, is bij de berg Horeb. God roept Mozes vanuit de brandende doornstruik, die niet verteert. Hier heeft de HEERE een boodschap van verlossing voor het volk van Israël. Toch mag Mozes niet met zijn schoenen op de grond rondom de doornstruik komen, dat is heilige grond geworden. Op het moment dat God Zichzelf bekendmaakt, verbergt Mozes zijn gezicht in zijn handen. Hij is bang om God aan te zien.
In dit gedeelte is God geen verterend vuur, maar een heilig vuur met een boodschap van verlossing voor het volk van Israël. Ondanks dat God hier niet in Zijn toorn komt, raakt Mozes toch bevreesd.
Het zou misschien weleens goed zijn als wij ook zo tegen de kerk aankeken. Heilige grond, waar de HEERE Zich aan ons bekend wil maken en ons de verlossing wil doen horen. Als er bij ons voor in de kerk een brandende doornstruik zou staan die niet zou verteren, zouden we misschien wel heel anders luisteren naar de woorden van de God van Abraham, Izak en Jakob.

WAT WORDT ER BEDOELD MET: 'GOD IS EEN VERTEREND VUUR'?

3 april

LEZEN: JESAJA 30:27-33

Als het om de vijanden van Israël gaat, laat God Zich van een heel andere kant zien. Zijn toorn brandt en Zijn tong is als een verterend vuur. God spreekt de straf uit over alles wat Hem niet wil eren. Toch is er in dit gedeelte een duidelijke scheiding tussen de genadige God en de straffende God. Ondanks dat Hij Zijn oordeel uitspreekt en het vuur over Assur zal laten gaan, zal dit voor de Israëlieten zijn alsof ze Gods heerlijke stem horen. God zal ook de Israëlieten in benauwdheid brengen, maar het gevolg daarvan zal zijn dat zij geen afgoden meer zullen dienen. En tijdens hun verdrukking zal God hun de weg wijzen die ze wel moeten gaan. Heel anders is de omschrijving van de verdrukking van Assur. God zal de inwoners vermorzelen en hun afgoden verbranden. Hier staat niet dat God hun de weg zal wijzen en dat zij leraars zullen hebben om ze te helpen in hun verdrukking. God is voor de vijanden van Israël enkel verderf.
Het lijkt alsof de verterende kracht van God iets van vroeger is, een eigenschap waar we tegenwoordig niet zo veel meer mee te maken hebben. Toch is het goed om te beseffen dat ook dit God is. Het is voor de mens beschikt dat hij eenmaal moet sterven en dat daarna het oordeel volgt. Als je zonder het bloed van Christus voor Gods rechtertroon moet verschijnen, zal ook daar Gods toorn over je uitgestort worden als een verterend vuur.

WAT WORDT ER BEDOELD MET: 'GOD IS EEN VERTEREND VUUR'?

4 april

LEZEN: HEBREEËN 12:12-29

De schrijver van de brief aan de Hebreeën begint met een opwekking om het goede te doen. De gemeente is in verval geraakt en nu moeten de gelovigen hun paden weer recht maken, zodat ze zullen genezen en niet verder van God af zullen dwalen. Niemand mag achterblijven, niemand mag nog op zijn oude wegen blijven wandelen. Een van de redenen waarom de gemeente heilig moet blijven, is dat de gelovigen niet tot de berg van het vuur zijn genaderd, maar tot de berg Sion en tot het hemelse Jeruzalem. De gemeente krijgt geen verterend vuur voor zich te zien, maar een glansrijke toekomst! Als ze zich zullen bekeren, wil God ook tot de heidenen woorden van genade spreken.

Toch wordt niet de gehele gemeente automatisch meegerekend in deze genade. Degenen die achteropraken in de genade van God en onheilig worden, zullen als Ezau zijn. Op de dag dat de kinderen van God in het hemelse Jeruzalem zullen binnentreden, zullen zij verworpen worden. En daarom moeten we ons aan de genade vasthouden. Daarom moeten wij God blijven dienen, want Hij is een verterend vuur.

WAT WORDT ER BEDOELD MET: 'GOD IS EEN VERTEREND VUUR'?

5
april

LEZEN: MARKUS 5:25-34

Aanraken. Een woord waarop we de komende week wat dieper ingaan. Dit woord beheerst het leven van deze bloedvloeiende vrouw. Haar ziekte bracht haar jaren geleden in een isolement. Sindsdien mag zij niemand aanraken. God verbiedt het haar. Omgekeerd ook. God verbiedt anderen om haar aan te raken. Dit verbod is een consequentie van het gebod uit de wet van Mozes. Leviticus 15:19-33 schrijft de omgangsregels met een menstruerende vrouw voor. Gedurende haar maandelijkse periode moet zij zich afzonderen. Is de menstruatie voorbij, dan mag zij zich weer onder de mensen begeven zodra ze een bad heeft genomen, haar kleding heeft gewassen en een offer heeft gebracht. Dit gebod is goed. Het bewaart hygiëne in de omgang met mensen en heiligheid in de ontmoeting met God. Twee basale principes uit de wet van Mozes. Zolang alles goed gaat, belemmert dit gebod niemand om God en de naaste aan te raken. Het is juist ingesteld om de omgang met God en de ander te reguleren. Toch verhindert dit gebod ook dat de bloedvloeiende vrouw het huis van God kan betreden. Ze leeft dus al zonder de intieme omgang met mensen om haar heen en haar leven bevindt zich door dit gebod ook buiten de persoonlijke omgang met God. Haar ziekte heeft haar al in de dood gebracht terwijl ze nog leeft. Want dat is toch de dood? Een leven zonder God?

HOE KUN JE JEZUS IN GELOOF AANRAKEN?

6 april

LEZEN: LEVITICUS 16:15-22

Aanraken. Aanraken van mensen én van God. Om iemand te mogen aanraken, moet ik betrouwbaar zijn. De ander moet zich veilig voelen bij mij. Om God te mogen aanraken, moet ik heilig zijn. God aanraken kan alleen in de ontmoeting met Hem. De enige plaats waar God en ik elkaar treffen en aanraken, is bij het altaar. De offerplaats van het Lam. Daar waar mijn hand gelegd wordt op de kop van het Lam, dat door Gods hand aan mij is gegeven. In mijn gebaar belijd ik zonder woorden dat ik schuldig sta voor God. Al mijn zonden die mij voor Gods aangezicht beschuldigen en veroordelen, leg ik met dit gebaar op de kop van het Lam. God verkondigt met de gave van Zijn Lam dat Hij alleen door het bloed van het Lam in genade een zondaar kan en wil aanraken. Achter Gods gave schuilt Zijn rechtvaardigheid. Vanwege Zijn heiligheid bepaalt Hij de omgangsvormen met Hem. Achter Gods gave schuilt Zijn toorn. Vanwege Zijn rechtvaardigheid eist Hij genoegdoening. Achter Gods gave schuilt ook Zijn liefde. De heiligheid van Zijn liefde kan alleen rein blijven als onreine levens geheiligd worden door het bloed van het Lam. Achter mijn gebaar schuilt alleen maar vertrouwen. Mijn leven heb ik tegen. Het klaagt mij aan bij God. Alleen een onvoorwaardelijk vertrouwen op Hem schenkt mij de vrijmoedigheid om mijn hand uit te steken en die biddend op het hoofd van Gods Lam te leggen. Hij buigt Zijn hoofd naar mij en buigt zo Zijn hoofd onder Gods recht.

HOE KUN JE JEZUS IN GELOOF AANRAKEN?

7 april

LEZEN: MATTHEÜS 9:18-26

Aanraken. Dit is de reden waarom Jezus plotseling stilstaat. ‘Wie heeft Mij aangeraakt?’ Op het eerste gehoor een vreemde vraag. Er wordt getrokken, geduwd, gedrongen. Mensen omstuwen Hem. Iedereen wil zien en horen wat er zo meteen gaat gebeuren. Jezus is op weg naar het huis van Jaïrus. Zijn dochter ligt op sterven. Zonder uitleg begrijpt iedereen dat er iets staat te gebeuren. In zo’n consternatie verdringen mensen elkaar. Iedereen wil er met zijn neus bovenop staan. Petrus’ primaire reactie is begrijpelijk. Hij zegt het netjes, maar het onbegrip klinkt in zijn vraag door. Toch merkt Jezus verschil tussen aanraken én aanraken. Wat de een onnadenkend en onbewust doet, doet de ander met overtuiging. Hij én de ander merken dit direct. Van twee kanten wordt dit gevoeld. De vrouw merkt meteen dat haar levenskracht terugkeert. In één wenk is ze volkomen genezen en rein. Ook Jezus merkt het direct. Er is kracht van Hem uitgegaan. Hij weet ook wie Hem heeft aangeraakt. Terwijl Hij de vraag stelt, draait Hij Zich om. Hij zoekt oogcontact met de vrouw die Hem aangeraakt heeft. Ik trek hier een paar lijnen. Allereerst zie je dat je Jezus op twee manieren kunt aanraken. Onnadenkend of met overtuiging. Het eerste valt niet eens op. Ook de Heere geeft daar geen aandacht aan. Dat is aangrijpend. Wel dicht bij Jezus zijn en toch niet komen tot een persoonlijke ontmoeting met Hem! Het tweede dat opvalt, is dat Jezus het merkt als je Hem met overtuiging aanraakt, en dat je dat zelf ook merkt. Daarom deze voorlopige conclusie: wie Jezus door het geloof heeft aangeraakt, weet dat. Hij weet dat door Jezus’ reactie én door wat hij zelf heeft ervaren.

HOE KUN JE JEZUS IN GELOOF AANRAKEN?

8 april

LEZEN: JESAJA 55: 1-7

Aanraken. Het is de reden waarom deze vrouw nu oog in oog met Jezus staat. Dat was niet haar bedoeling. Met opzet naderde ze Hem van achteren. Haar onreinheid maakte haar schuchter. Het bracht haar ook achter Hem. Ze kon Hem niet onder ogen komen met haar onreine leven. Het kon haar ook niet bij Hem weghouden. Haar onreinheid maakt haar schuldig. Haar schuld doet haar schuilen achter Hem. Stilletjes komt ze dichterbij. Zijn almacht en vergevingsgezindheid scheppen zo veel verwachting in haar hart. Ze brengen haar tot de stille belijdenis dat een kleine aanraking haar een volkomen genezing zal schenken. Bijzonder is dat. Nog nooit heeft ze met Hem gesproken, toch weet ze precies hoe ze met Hem moet omgaan. Niemand heeft haar verteld wat ze bij Jezus moet zeggen en doen. Een ontmoeting met Hem was voor haar uitgesloten. Zonder uitleg van derden, zonder een persoonlijke uitnodiging van Hem, weet ze zich welkom en vertrouwt zij Hem. Achter haar vertrouwen in en kennis van Jezus schuilt het verborgen werk van de Heilige Geest. In stilte werkt Gods Geest in haar leven, legt Hij deze diepe overtuiging in haar hart en trekt haar onwederstandelijk tot de Zaligmaker. Terwijl deze vrouw langzaam maar zeker dichterbij komt, wordt zij omringd door drie Personen: de Vader, Die Zijn Zoon als een Lam aan deze wereld heeft geschonken; de Zoon, op Wie zij haar onvoorwaardelijke vertrouwen heeft gesteld; en de Geest, Die nieuw leven geeft en mensen tot Christus trekt om Hem te verheerlijken. Mijn aanraken is een antwoord op wie God voor mij is en wil zijn in Christus. Zoek Hem dan terwijl Hij te vinden is en dan zal Hij Zich over je ontfermen zoals Hij zich over de bloedvloeiende vrouw ontfermde.

HOE KUN JE JEZUS IN GELOOF AANRAKEN?

9 april

LEZEN: PSALM 30

Aanraken. Jezus wil horen wie Hem heeft aangeraakt en waarom. Daarom haalt Hij deze vrouw tussen de mensen vandaan. Ze moet met haar leven voor de dag komen. De evangelisten kleuren dit moment op een bijbelse manier in. Vrezend en bevend komt deze vrouw tot Jezus. Ze valt voor Hem neer en 'vertelt Hem de volle waarheid'. Vandaag zouden wij zeggen: 'Ze legt een volledige schuldbekentenis af.' Ik kan me voorstellen dat dit op het eerste gehoor vreemd overkomt. Een schuldbekentenis omdat ik Jezus heb aangeraakt? Toch is het goed om even op te letten. Deze vrouw en Jezus zijn beiden aan de wet van Mozes gebonden. Jouw omgang met de Zaligmaker moet in overeenstemming zijn met Gods wet. Het is niet Mozes of Jezus, maar Mozes én Jezus. Tegenover Jezus bekent deze vrouw haar schuld. Ze heeft Hem aangeraakt. Dat stelt haar schuldig aan de overtreding van de wet van Mozes. Mozes zegt: 'Zolang je onrein bent, mag je niemand aanraken!' Jezus zegt: 'Ben je onrein? Dan mag je Mij aanraken!' Haar gehoorzaamheid aan Jezus brengt haar in conflict met de wet van Mozes. Waarom wil ze Jezus aanraken, ondanks het verbod in de wet van Mozes? De diepe overtuiging dat Gods genade oneindig veel groter is dan Zijn toorn. Met deze belijdenis aan Jezus' voeten maakt ze Hem verantwoordelijk voor haar schuld. Niet zij kwam tot Hem, maar Hij trok haar tot Zich. Hij heeft haar genezen en in zijn vrijsprekende woorden ligt voor haar ook de ruimte van de vergeving van de zonden: 'Dochter, uw geloof heeft u behouden; ga heen in vrede en wees genezen van uw aandoening!' Door Hem aan te raken, legt zij haar leven bij Hem. Dat ligt nu voor Zijn rekening. Het Lam boog Zijn hoofd onder haar hand. Op Golgotha buigt Gods Lam in haar plaats Zijn hoofd onder de toorn van God.

HOE KUN JE JEZUS IN GELOOF AANRAKEN?

10 april

LEZEN: RICHTEREN 13

Aanraken. Ze heeft Jezus aangeraakt. Nu ze tot Hem komt, belijdt ze zonder woorden hoe ze Jezus ziet. 'Bevreesd', 'beefde' en 'wierp zich voor Hem neer' zijn bijbelse begrippen. Heel bewust kiezen de evangelisten voor dit bekende trio uit de Schrift. Daardoor maken ze duidelijk dat de reactie van deze vrouw meer is dan alleen emotie. Het is een reactie op Gods openbaring. Denk aan de ouders van Simson, aan Gideon, aan Jesaja, enzovoort. Als God aan hen verschijnt, vallen ze vrezend en bevend voor Hem neer. Zijn majesteit overweldigt hen zo sterk dat ze niet meer overeind kunnen blijven staan. Zijn heiligheid werpt hen tegen de grond. Zijn ontferming draagt hen. Zonder woorden belijdt deze vrouw voor wie ze Jezus houdt. Hij is voor haar God. Haar prille geloof in Hem dreef haar tot Hem uit. Nu ze gereinigd is van haar kwaal en dus geheiligd is door Gods Zoon, komt het tot de volle aanbidding van God. Terwijl ze zich voor Hem neerbuigt, verheerlijkt ze God. Deze houding vloeit voort uit de vergeving van de zonden. Vergeving is niet gericht op het wegnemen van schuld. Vergeving is gericht op het herstel van de verhouding tussen God en mij. Daarvoor wordt zonde en schuld weggenomen, opdat mijn leven weer in een rechte verhouding tot God komt te staan. Deze nieuwe relatie is 'een scheve verhouding'. God wordt steeds groter, ik steeds kleiner. Juist de vergevende liefde van Christus maakt mij klein en ootmoedig voor God. Hoe kleiner ik word, hoe groter Gods ontferming boven mijn leven uitrijst. Hier krijgen de woorden 'Ga heen in vrede!' een diepe en vertroostende inhoud. Jezus spreekt vrij! Sprekend schenkt Hij mij de vrijheid om God in Hem aan te raken, omdat God in Hem mij door Zijn liefde geraakt heeft.

HOE KUN JE JEZUS IN GELOOF AANRAKEN?

11
april

LEZEN: 2 KORINTHE 5:11-21

Aanraken. Dit woord stond deze week centraal. Luisterend naar Markus 5:25-34 zagen we verschillende lijnen lopen. Ik licht er een paar uit en trek die door naar jouw en mijn hart. Allereerst vraag ik je of jij Jezus al hebt aangeraakt. Terwijl hij omstuwd wordt door mensen, is Hij voor iedereen toegankelijk. Het feit dat er van die mensen maar één Hem door het geloof aanraakt, is aangrijpend. Deze ene vrouw ervoer haar onreinheid dagelijks. De rest leefde gewoon door. Heb jij ook last van je schuld en zonden? Weet jij van verdriet en pijn in je hart? Verdriet wanneer je de pijnlijke gevolgen van de zonde in je leven overziet. Pijn wanneer je het verdriet voelt om de afstand tussen jou en God. Deze vrouw kwam tot Jezus. Het staat er zo eenvoudig. Vanuit God gezien is het ook zo. De barrières die er zijn, zijn door jou en mij opgeworpen. Ondanks alles wat zij in haar leven tegenhad, kwam ze. Het enige wat haar over de streep trok, was het besef dat Jezus haar kon en wilde genezen, zelfs als ze maar eventjes met haar vinger de zoom van Zijn kleed zou aanraken. Dit kleine gebaar bewijst de grootheid van haar vertrouwen in Hem. Het vestigt ook alle aandacht op de almacht van Zijn vergevende liefde. Een aanraking met mijn vingertop opent Christus' hart voor mij. Het derde dat opvalt, is dat deze vrouw anders bij Jezus weggaat dan dat ze tot Hem kwam. Ze kwam zoals ze was. Ze ging weg zoals Hij haar wilde hebben. Aanraken is dus niet vrijblijvend. Aanraken betekent mezelf verliezen aan Hem. Wie Hem heeft aangeraakt, is voor de rest van zijn leven getekend. Alles is anders geworden. Het oude is voorbijgegaan, alles is nieuw geworden.

HOE KUN JE JEZUS IN GELOOF AANRAKEN?

12 april

LEZEN: MATTHEÜS 28

'Mij is gegeven alle macht in hemel en op aarde!' Dit zijn de laatste woorden die Jezus vlak voor Zijn hemelvaart gesproken heeft. Woorden die ongeveer tweeduizend jaar geleden klonken, in de directe omgeving van Jeruzalem. Wat zien wij daar vandaag van? Wie terugkijkt op de eeuwen die achter ons liggen, ontdekt al snel een spoor van bloedvergieten, geweld, oorlogen, rampen, epidemieën gevolgd door een oceaan van tranen en verdriet. Sterven Jezus' woorden in het licht van tweeduizend jaar ellende niet weg? Trouwens, wat zijn er in de achterliggende tweeduizend jaar al veel christenen gedood! Sommige namen kennen we, de meeste stierven in eenzaamheid. Zij werden omgebracht omdat ze Jezus liefhadden boven alles en hun vervolgers als zichzelf. Maar waarom liet Jezus dit toe? Schoten zijn handen tekort? Wilde Hij wel helpen, maar lukte het Hem helaas niet? Wat te denken van de meer dan zes miljoen Joden die in de Tweede Wereldoorlog zijn omgebracht? Zij werden vermoord omdat ze behoorden tot Gods uitverkoren volk. Alleen hun Jood-zijn bracht hen in de dood. Meer niet. Waar was de God van Abraham, Izak en Jakob, de Vader van Jezus uit Nazareth? Zijn Jezus' laatste woorden tegen deze achtergrond geen holle woorden? Ontroerend voor het moment van afscheid, maar nietszeggend over de tijd van Zijn afwezigheid... Wellicht ontken je dit stellig. Hij is voor jou Gods Zoon, de Zaligmaker. Maar Wie is Hij voor jou in de praktijk van het dagelijks leven? Als je Hem alleen als Zaligmaker nodig hebt, maar in de praktijk zonder Hem leeft, ontkracht je dan niet met je daden wat je met je woorden belijdt? Als we geloven dat Jezus over de hele aarde regeert, moet Hij ook Koning zijn in ons dagelijkse leven.

REGEERT JEZUS NU OOK OVER DE AARDE?

13 april

LEZEN: LUKAS 2:1-14

Vanaf het begin conflicteert Jezus' leven met de machten van deze wereld. Vooral Lukas werkt dit op een concrete manier uit in het Evangelie dat zijn naam draagt. In het tweede hoofdstuk plaatst hij de geboorte van Jezus, de zoon van David, de Zoon van God in het raamwerk van de internationale gebeurtenissen in die tijd. De keizer in Rome beheerst de gehele toenmalige wereld, waaronder ook Israël. Met een knip van zijn vingers zet hij de hele wereld in beweging. Alle ogen zijn op deze wereldleider gericht. Maar de komst van Gods Zoon voltrekt zich niet in het machtscentrum van deze wereld. Ook niet in de hoofdstad van het beloofde land, zo ontdekken de wijzen uit het Oosten. In Jeruzalem verwijst men hen door naar Bethlehem. Jezus' komst in dit boerengehucht is niet alleen verrassend, zij is ook veelzeggend. Alle richtingwijzers van de Schrift wijzen de eeuwen door naar dit dorpje. Hun boodschap was zo duidelijk overgekomen, dat men zelfs te Jeruzalem exact de weg kon wijzen. Blijkbaar trekt God andere sporen in de loop van de geschiedenis dan wij op het eerste gezicht zien. Wie oog wil krijgen voor de contouren van Gods Koninkrijk, moet Gods Woord openen. In het licht van de Schrift krijgt de actualiteit een andere betekenis. Maar dat veronderstelt wel dat mijn ogen afgetrokken worden van New York, Moskou, Den Haag en andere plaatsen die het dagelijkse nieuws halen. De Schrift zegt: 'Sla uw ogen op en zie!'

REGEERT JEZUS NU OOK OVER DE AARDE?

14
april

LEZEN: OPENBARING 5:1-7

Wie omhoogkijkt, plaatst alles van hierbeneden in een ander licht. Als we dagelijks de media volgen, laten we ons leiden door het zwenken van de camera's. De ene dag staat deze wereldleider in de schijnwerpers, de volgende dag een ander. Zij reageren op gebeurtenissen die vaak niet zijn voorzien. Regeren is in dat geval reageren. De reactie van de een roept die van de ander op. Het niet-waarmaken van beloften, het bijstellen van verwachtingen, het improviseren op onvoorziene gebeurtenissen, het tekent ons onvermogen om alles naar ons toe te trekken en zin aan deze tijd te geven door een toekomstverwachting op te roepen die door jong en oud gezien kan worden. Johannes op Patmos ziet dit wel. Uitgerekend aan een balling openbaart de verhoogde Jezus Zijn toekomst. Jezus' woorden overbruggen de eenzaamheid op Patmos en de heerlijkheid van het hemelse Jeruzalem: 'Mij is gegeven alle macht in hemel en op aarde!' Terwijl Johannes omhoogkijkt, ziet hij een aantal zaken die ook voor jou en mij van betekenis zijn. In de eerste plaats ziet Johannes een troon in de hemel. In het boek Openbaring is dit de enige troon. Op aarde zijn wel koningen, machten en heerschappijen, maar allemaal zonder troon. Boven hun hoofden bevindt zich Gods troon, waarop het Lam resideert. Christus wil daarmee zeggen dat alle machten hierbeneden ondergeschikt zijn aan Zijn troon. Zij reageren op Christus' regering door Hem van de troon te willen stoten (Psalm 2). Zij reageren op Zijn regering door tegen Christus' gerichten en oordelen te strijden. Elke bazuin uit de hemel roept op aarde verzet op. Christus' rijk verkeert in permanente oorlog met de rijken van deze wereld.

REGEERT JEZUS NU OOK OVER DE AARDE?

15 april

LEZEN: OPENBARING 7:9-17

Johannes ziet naast de permanente strijd tussen Christus' rijk in de hemel en de andere machten hier op aarde nog iets. Jezus' voetvolk is ongewapend. Zij zijn als schapen overgegeven ter slachting. Hijzelf is daarvan een levend bewijs. Een balling op Patmos is een toonbeeld van zwakte. Wat kan Johannes in zijn eentje beginnen tegen het geweldige Romeinse Rijk? Al is hij dan wel onderdeel van deze strijd, hij is daarmee nog geen soldaat. De haat van de wereld richt zich op hem, omdat Zijn Meester sinds de hemelvaart onbereikbaar geworden is voor Zijn vijanden. Vanaf nu zijn Zijn vijanden de vijanden van Johannes. Het lijden vervaagt Johannes' identiteit, waardoor hij steeds meer lijkt op het Lam dat hij volgt. De ongekende haat tegen christenen, die in onze tijd wereldwijd fel en wijdverspreid is, wordt opgeroepen door Christus' liefde voor mensen die Hem van nature haten. Hoe duidelijker Zijn liefde in mensenlevens zichtbaar wordt, hoe scherper het verzet tegen Hem. Wie wil weten of Christus regeert, moet Hem gaan volgen. Dan ondervindt hij dit snel genoeg aan den lijve. Het weerloos ondergaan van deze bruutheid roept vaak nog meer agressie op. Wie lijdt om Christus' wil, ervaart in dit lijden ook de kracht om Hem te volgen en het pad te lopen dat de kruisdragende Christus hem is voorgegaan. Zijn kracht stelt ons in staat om dit lijden blijmoedig te dragen. Te bidden voor onze vervolgers. Ons te verlaten op Hem Die ons nooit verlaten zal en alle tranen van onze ogen zal afwissen.

REGEERT JEZUS NU OOK OVER DE AARDE?

16 april

LEZEN: HANDELINGEN 1:1-14

Naast het lijden is er nog een bewijs van de regering van Gods Zoon. Dat bewijs heet Israël. Vlak voor Jezus' hemelvaart stellen Zijn discipelen Hem de vraag: 'Heere, zult U in deze tijd voor Israël het Koninkrijk weer herstellen?' Helaas worden Jezus' discipelen vandaag de dag door velen weggezet als dommeriken. Hoe kunnen ze deze vraag stellen, na alles wat ze hebben meegemaakt? Denken ze nu nog steeds aan een aards koninkrijk? Maar hier is iets anders aan de orde. In de tijd tussen opstanding en hemelvaart verschijnt Jezus alleen aan Zijn discipelen. Met hen spreekt Hij uitsluitend 'over de dingen die het Koninkrijk van God betreffen'. Dit onderwijs is voor Zijn discipelen de aanleiding voor deze vraag. Jezus wijst hen niet resoluut af. Integendeel, Hij houdt hun voor dat alleen Zijn Vader het tijdstip weet. Maar dát het zal gebeuren, staat voor de Zoon vast. Al weet de Zoon niet het moment, Hij weet wel dat Zijn Vader Zijn Koninkrijk in Israël zal oprichten. Tientallen keren komt de uitdrukking 'het Koninkrijk van God' in het Nieuwe Testament voor. Nergens wordt het toegelicht. Voor de uitleg van deze uitdrukking worden we verwezen naar de Bijbel van Jezus en Zijn discipelen: het Oude Testament. De Schrift toont dat God met Israël Zijn Koninkrijk heeft opgericht. Dit volk is door Hem uitverkoren tot een verkregen volk, een koninklijk priesterdom. Sinds Pinksteren worden heidenen als afgebroken wilde takken geënt in de stam die Israël is. De Hollandse oudvaders, de Engelse en Schotse puriteinen en andere godgeleerden uit ons verleden hebben vaak concreet gesproken over rijke beloften die nog voor Israël openliggen. Een van de belangrijkste is de terugkeer van het volk naar het land. Deze belofte wordt sinds de oprichting van de staat Israël in 1948 concreet vervuld.

REGEERT JEZUS NU OOK OVER DE AARDE?

17 april

LEZEN: EZECHIËL 36:1-15

Israël is een van de bewijzen van Gods regering in deze moderne tijd. Dat God aan Israël Zijn beloften vervult, kunnen we vandaag met onze eigen ogen zien. Het volk keert terug naar het land waar het hoort. Uit meer dan honderd verschillende volkeren keren Joden terug tot het land dat God hun geschonken heeft. Met de vestiging van de staat Israël moeten de volkeren hun houding ten opzichte van het Joodse volk opnieuw bepalen. De westerse wereld tegen de achtergrond van het duistere verleden van antisemitisme, Jodenvervolgingen, pogroms, concentratiekampen en de Holocaust. De Arabische wereld vanuit de islam. De moderne geschiedenis bewijst dat geen volk goed raad weet met het Joodse volk. Vaak is onder de westerse samenleving sprake van een haat-liefdeverhouding, soms ook opgeroepen door de eigenzinnige lijn die Israël op het internationale vlak trekt. De Arabische landen rondom Israël staan er anders in. Voor de meeste van hen is het bestaan van dit volk in hun midden een doorn in het oog. Gelooft Israël op dit moment in de Vader van Jezus uit Nazareth? Nee. Toch zijn ook hier ontwikkelingen. In nog geen twintig jaar tijd is het aantal Messiasbelijdende Joden in Israël verveelvoudigd. In de Israëlische samenleving ontstaat voor hen steeds meer opening en waardering. Het aantal aanvragen van een Nieuwe Testament in het Hebreeuws stijgt nog steeds. Hoe ontwikkelt zich dit verder? Dit weet niemand dan God alleen. Hij is soeverein. Van Zijn vrijmacht is Israël een levend bewijs. Aangrijpend, huiveringwekkend en ontroerend is de geschiedenis die God met Zijn volk gaat, Zijn toekomst tegemoet. Maar er komt een tijd dat God Zelf eigenhandig het deksel van Israëls aangezicht wegneemt! Dan zal Israël belijden dat Jezus uit Nazareth de Zoon van de God van Abraham, Izak en Jakob is.

REGEERT JEZUS NU OOK OVER DE AARDE?

18 april

LEZEN: PSALM 99

God regeert door Zijn Zoon. Daarvoor zijn drie belangrijke bewijzen te noemen: de vervolgde kerk, Israël... en mag ik schrijven: 'jij'? Wie de Zoon door het geloof kent, wordt door Hem geregeerd. Het is onmogelijk om Hem wel te kennen als Priester voor de vergeving van de zonden, maar niet te willen aanvaarden als Koning. Wie schuld belijdend knielt voor Hem, aanvaardt ook Zijn heerschappij over het leven. Zijn koninklijke heerschappij beperkt zich niet tot het hart. Hoewel je in de strijd tegen de zonde totaal afhankelijk bent van Hem, reikt Zijn scepter verder dan de wanden van je hart. Die overschaduwt je handen, voeten, hoofd, ja, heel je leven. Heeft Jezus zeggenschap over heel jouw leven? Over je kledingstijl, je koopgedrag, je uitgavenpatroon, je beroepskeus, je vriendenkring, je eetgedrag, je huwelijk; kortom: over heel je leven? Geregeerd worden door Hem veronderstelt onvoorwaardelijke overgave aan Hem. Onvoorwaardelijke overgave gaat altijd samen met totale afhankelijkheid. Zijn regering in ons leven beweegt zich tussen twee lijnen. Enerzijds de stem van Zijn Woord, anderzijds de hand van Zijn leiding. Deze lijnen richten zich op de naderende eeuwigheid. Als Hij jouw Koning is, ken je ook het verlangen naar de volmaakte realisering van Zijn Koninkrijk. Jouw heimwee wordt dan vertolkt door de woorden: 'Laat Uw Koninkrijk toch komen, o Heere!' Leef jij zo? Toekomstgericht? Getrokken door Zijn stem, geleid door Zijn hand? Zo gidst Hij je samen met al Zijn kinderen uit de Joden en heidenen dit leven door, Zijn toekomst tegemoet.

REGEERT JEZUS NU OOK OVER DE AARDE?

19
april

LEZEN: MATTHEÜS 21:12-22

Jezus is boos. Blijkbaar kan Hij dat! Niet incidenteel, maar regelmatig wordt Hij dit. Boos. Echt boos! Hij wordt boos op de duivel. Hij wordt boos voor het gesloten graf van Lazarus, boos op de dood. Hij wordt boos op Zijn discipelen vanwege hun ongeloof. Opvallend is trouwens dat de evangelisten alleen maar aandacht hebben voor 'negatieve emoties' van Jezus. Zo is Hij verdrietig, eenzaam, hongerig en angstig. Nooit is Hij vrolijk, opgeruimd of blij. Zo lijkt het tenminste. Ongetwijfeld heeft Jezus ook die gevoelens gekend. Op de bruiloft in Kana zat Hij niet met een lang gezicht tussen de gasten. In die zin viel Hij als een van ons niet op. Waarachtig mens, ook in zijn gevoelens en emoties. De evangelisten geven geen aandacht aan deze emoties, wel aan Zijn boosheid bijvoorbeeld. Blijkbaar dient Jezus' emotie hun prediking. Of beter gezegd: Zijn emotie onderstreept de oprechtheid van Zijn woorden en daden. Wij zouden zeggen: 'Hij is op dat moment authentiek.' Zonder opsmuk of gemaaktheid. Ook hier is Hij een voorbeeld, onder anderen voor predikers. Wee de prediker die tijdens de prediking toneelspeelt. Of die op de emoties van mensen inspeelt, opdat zij met een goed gevoel naar huis gaan. Wee ook de prediker die zonder emotie preekt over de hel, de zonde, de dood, het behoud van zondaren, de liefde van Christus. De emoties zitten niet in tranen op de kansel. Ze huizen wel in een bewogen hart. Een hart dat gegrepen door zijn Zender preekt onder het aangrijpend besef dat hij samen met zijn hoorders op de drempel van de eeuwigheid voor God staat. Paulus verwoordde het zo: 'Wij zijn dan gezanten namens Christus, alsof God Zelf door ons smeekt. Namens Christus smeken wij: Laat u met God verzoenen' (2 Korinthe 5:20).

KAN JEZUS BOOS ZIJN?

20
april

LEZEN: HEBREEËN 5:1-10

Jezus wordt boos. Regelmatig worden jij en ik ook boos. Soms hebben we het recht om boos te worden, vaak niet. We mogen boos worden als een ander onrecht doet. Als het goed is, richt onze boosheid zich dan op zijn gedrag. Niet op zijn persoon. We mogen alleen niet boos blijven. Dan slaat onze boosheid om in woede. In Zijn boosheid komt Jezus heel dicht bij ons. Ook in Zijn emotionele leven op aarde is Hij een van ons. Hij kent onze gevoelswereld van binnenuit. Toch is er een groot verschil. In Zijn mens-zijn is Jezus voortdurend gericht op Zijn Vader. Nooit op Zichzelf. Hij leefde niet voor Zichzelf, maar voor Zijn Vader. Als het Nieuwe Testament Jezus de Zoon van God noemt, staat altijd Zijn gerichtheid op Zijn Vader centraal. De gehoorzaamheid van het Kind van God aan Zijn Vader is het hart van Jezus' Zoonschap. Dit geldt ook voor Zijn emoties. Hij wordt verdrietig, boos, angstig als iets Zijn verhouding tot Zijn Vader treft. Als Hij huilt over Jeruzalem, huilt Hij omdat Hij als geen ander aanvoelt wat de onbekeerlijkheid van deze stad oproept in het hart van Zijn Vader, aan toorn, pijn en miskenning. Hij is angstig in Gethsémané, omdat Hij voor de Godverlatenheid staat. Zijn Vader reikt Hem de drinkbeker van lijden aan. Niet de beker zelf, maar dat Hij verlaten wordt door Zijn Vader, roept deze angst op. Zo ook in onze geschiedenis. Jezus wordt niet toornig in de tempel omdat het Hem raakt wat daar gebeurt. Nee, toorn vervult Hem omdat Hij deze puinhoop in het huis van Zijn Vader aantreft. Plaatsvervangende toorn vervult Zijn hart. Dit betekent dat Zijn emotie gericht is op de eer van God. Het raakt Hem niet zozeer! Het tart de heerlijkheid van Zijn Vader! Ook hier beoefent Hij gehoorzaamheid in Zijn lijden.

KAN JEZUS BOOS ZIJN?

21
april

LEZEN: PSALM 94

Thuis in de tempel. De tempel is het huis van Zijn Vader. Daar is Jezus kind aan huis. Als kind verwoordde Hij het al ten overstaan van zijn moeder: 'Wist U niet dat ik moet zijn in de dingen van Mijn Vader?' Deze woorden klonken in een van de bijgebouwen in de tempel. Gods huis is Zijn huis. Hier staat het altaar. De enige plek op aarde waar een heilig God een onrein volk in het openbaar kan en wil ontmoeten. Hier klinken de gebeden tot God. Hier wordt uit de wet onderwezen. Hier worden de Schriften in het midden van het volk geopend. Hier klinken de woorden: 'De HEERE zegene u, en Hij behoede u! De HEERE doe Zijn aangezicht over u lichten en zij u genadig! De HEERE verheffe Zijn aangezicht over u en geve u vrede!' Alles is hier gericht op God. Tweemaal per dag wordt hier het offer gebracht. Vandaar dat op sabbat tweemaal een gemeente samenkomt, en in navolging daarvan ook tweemaal per zondag kerkdiensten worden belegd. God staat centraal. Staat God ook in jouw kerk centraal? Klinkt daar alleen Zijn Woord? Of komen in jouw gemeente ook andere zaken in de dienst voor? Wie heeft die bedacht? Trouwens, wat verwacht jij van de eredienst? Kom je voor God en Zijn Woord of voor jezelf? Is voor jou een kerkdienst geslaagd als jij met een prettig gevoel naar huis gaat? Of verlang je naar Gods stem, ook wanneer Zijn spreken pijn doet. Zoals het toen in de tempel nauw luisterde, zo luistert het nu ook nauw. Toen stond het altaar centraal, nu het Woord. Al is sinds Golgotha het karakter van de bediening der verzoening veranderd, God is Dezelfde gebleven. De omgang met Hem vereist orde en eerbied.

KAN JEZUS BOOS ZIJN?

22 april

LEZEN: MATTHEÜS 23:16-28

Jezus wordt boos. Zijn boosheid richt zich niet op het feit dat er geld wordt gewisseld of lammeren worden verkocht. Beide vloeien rechtstreeks voort uit een van de wetten van Mozes. Pelgrims uit het buitenland beschikken niet over de munteenheid van Jeruzalem en Judea. Voor het betalen van de tempelbelasting schrijft Mozes één sjekel voor. Als je in een van de Romeinse provincies in Klein-Azië (het huidige Turkije) woont, heb je geen sjekels in je portemonnee. Wat is het dan fijn als je in Jeruzalem je geld kunt omwisselen en een financiële bijdrage aan het onderhoud van de tempel kunt schenken. Vanuit Turkije een lammetje naar Jeruzalem vervoeren is ook een hele onderneming. Ook met het oog daarop is het begrijpelijk dat er in Jeruzalem lammetjes verkocht worden. Dit roept Jezus' toorn niet op. Maar wat als de wet van Mozes een onderdeel van de lokale economie is geworden? Wat als mensen met behulp van deze wet winst maken voor hun eigen onderneming? Wat als het gebod niet meer de eer van God, maar de portemonnee van de koopman dient? Het geblaat en geloei van dieren en het gerinkel van munten verscheurt de stilte van Gods heiligheid in de tempel. Hier zit de pijn. Dit raakt ook ons leven. Hoe besteden wij ons geld in verhouding tot de dienst van de Heere? Zomaar een paar voorbeelden: Wat denk je van de goededoelenorganisaties waar veel geld aan de strijkstok blijft hangen? Of een kerkenraad die trots is op hoge collecten, maar geen verdriet heeft over het geringe aantal avondmaalgangers? Het is zoals Jezus zegt: 'Wat is meer, de gave of het altaar, dat de gave heiligt?' Ook in de kerk moeten we altijd onthouden dat het het heiligdom van God is en dat Hij centraal moet staan.

KAN JEZUS BOOS ZIJN?

23 april

LEZEN: OPENBARING 17

Jezus werd boos. Toen en daar in de tempel te Jeruzalem. Kan Hij nog steeds boos worden? We gaan te snel als we direct 'Ja!' zouden zeggen. Tussen toen en nu liggen Jezus' opstanding en hemelvaart. Zijn aardse lichaam is veranderd in een hemels lichaam. Het is hetzelfde lichaam, zo zagen de discipelen en mocht Thomas voelen. Toch is hetzelfde lichaam een veranderd lichaam. Wat betekent dit voor Jezus' emoties? Niet dat ze er niet meer zijn. Wel dat ze nu anders voelen. Tijdens Zijn omwandeling leed Jezus ook in Zijn gevoelsleven. Het zien van de chaos in de tempel, de verwording van de dienst van de Heere, al deze dingen grepen Hem niet alleen aan, Hij leed er ook onder! Hoe Hij dit ervaren heeft, weet ik niet. Dat Hij hieronder gebukt gaat, zien we wanneer Hij Zijn kruis draagt op weg naar Golgotha. Let wel, dat was een plaats buiten de stad en de tempel! Dit aspect van Jezus' gevoelsleven is nu definitief voorbij. In Zijn toorn ervaart Hij niet meer het lijden en de pijn van Zijn aardse leven onder ons. Zijn toorn is de toorn van het Lam dat staat als geslacht aan de rechterhand van Zijn Vader. Het is de toorn van de verheerlijkte Christus! Nu is Zijn toorn een aspect van Zijn verhoging. Opvallend is dat het boek Openbaring aandacht schenkt aan twee emoties van de verhoogde Christus: aan Zijn vreugde en Zijn toorn. Zijn toorn richt zich op Zijn vijanden, Zijn vreugde op Zijn kerk. Toornt Hij, dan is Hij het Lam dat toornt. Voelt Hij vreugde, dan is Hij de Bruidegom die Zich verheugt in de ontmoeting met Zijn Bruid. Een toornend Lam voor Zijn vijanden, een verheugde Bruidegom voor Zijn kerk. Zou het beeld van het Lam niet het karakter van Zijn toorn bepalen?

KAN JEZUS BOOS ZIJN?

24 april

LEZEN: JOHANNES 3:1-21

Het Lam toornt. Hij toornt allereerst vanwege het lijden dat Zijn vijanden Zijn kinderen hebben aangedaan. Wat Hem dit doet, laat Hij nu al merken. De bazuinen van Zijn engelen, het voltrekken van Zijn oordelen in onze dagen, het zijn allemaal gevolgen van Zijn toorn over wat Zijn kinderen hier en nu overkomt. Het Lam toornt ook straks, op de jongste dag. Dan richt Zijn toorn zich specifiek tot hen die Zijn bloed onrein hebben geacht. Die Hem hebben miskend. Zijn toorn treft dan vooral kerkmensen. Jongeren en ouderen die tijdens hun leven gezeten hebben onder de prediking van het Evangelie, maar Hem al luisterend hebben afgewezen. Het Lam vraagt dan niet hoe iemand Hem heeft afgewezen. Dit kan onverschillig of rechtzinnig, goddeloos of vroom. Hij vraagt wel naar het waarom. 'Waarom wees je Mij af in Mijn liefde, in Mijn ontferming, in Mijn oprechtheid?' Wat kun jij dan zeggen? Het Lam toornt. Vreemd eigenlijk. Een Lam dat boos is. Een lam is toch onschuldig, kwetsbaar, angstig? Het vlucht toch voor het gevaar? Een lam is toch weerloos tegenover een gevaarlijk dier? Deze tegenstrijdigheid tussen Lam en toorn vestigt je aandacht op het onverklaarbare van jouw afwijzing van Hem. Kijk dan toch nu naar dat Lam van God, dat de zonden van de wereld wil dragen. Dat Lam dat ook jouw zonden wil verzoenen.

KAN JEZUS BOOS ZIJN?

25
april

LEZEN: MATTHEÜS 25:31-46

Het Lam toornt. Het is Gods Lam. Geschonken door de Vader. Door Hem gegeven aan een wereld verzonken in schuld en zonde. Gezonden ook voor jou. In het Oude Testament staat het lam tussen God en een zondaar in. God voltrekt Zijn oordeel over het lam. Het lam wordt geslacht, geofferd en verbrand. Er blijft niets van over. Christus is Gods Lam. Offer en Priester. Gestorven en opgestaan. Verbrijzeld en verrezen. Lam-zijn stopt voor Hem niet op Golgotha. Ook nu is Hij het Lam van God. Zijn overwinning garandeert Zijn kinderen hun overwinning. Zij zijn nu slachtschapen die hun Herder volgen. Zij worden omringd door wolven, waarvan sommige zich hullen in schaapskleren. Het gevaar omringt hen vanbuiten en bedreigt hen vanbinnen. Het Lam is hun Voorbeeld, Voorspraak en Voorganger in één. Maar Hij is straks ook het Lam van God. Met het oog op het gericht heeft de Vader de bevoegdheid om de levenden en de doden te oordelen, overgegeven aan Zijn Zoon, het Lam van God. Deze specifieke taak voert Hij uit. Niet de Heilige Geest, noch de Vader, maar de Zoon voltrekt het oordeel. Namens de Vader en de Geest maakt Hij scheiding tussen bokken en schapen. Namens hen veroordeelt Hij mensen tot de eeuwige verdoemenis en verwelkomt Hij Zijn kinderen in de eeuwige heerlijkheid van God. Waarom Hij? Wel, als jij Hem afwijst, raakt dat Hem in het hart. Heel Zijn leven en sterven zijn gericht op het behoud van zondaren. Als je Hem afwijst, ontken je Zijn Middelaarswerk. Kruis, opstanding, hemelvaart, ja, alles wat Hij voor Zijn kudde heeft gedaan, ontken je dan. Daarom wil Hij richten. In Zijn gericht rechtvaardigt Hij Zijn werk. Ook in het veroordelen van zondaren verheerlijkt het Lam Zichzelf en Zijn God.

KAN JEZUS BOOS ZIJN?

26 april

LEZEN: JOHANNES 10:1-21

Wij geven Jezus soms meer aandacht dan de Vader en de Heilige Geest. Die stelling ligt ten grondslag aan de vraag die we nu behandelen. En dat is inderdaad waar, als je het mij vraagt. Niet dat ik alles kan overzien, maar wat ik om me heen waarneem in de gemeenten die ik gediend heb en nu dien, wat er speelt in mijn kerkverband en daarbuiten, doet mij vermoeden dat deze stelling klopt. Zonder volledig te zijn, noem ik een aantal oorzaken. Laat ik bij mezelf beginnen. Wie de prediking uit de naoorlogse periode overziet, signaleert een aantal verschuivingen. Was de prediking vroeger meer beschrijvend en werd er veel gepreekt over het werk van God in het leven van Zijn kinderen, nu is de prediking direct op de man af. Deze ontwikkeling is winst. De vrijblijvendheid heeft plaatsgemaakt voor een persoonlijke benadering. Dit leidt tot een sterk appellerende prediking waarin de oproep om tot Christus te komen centraal staat. Helaas gaat dit vaak ten koste van de aandacht voor het werk van de Heilige Geest. De vraag hoe ik deel krijg aan Christus, leeft misschien nog wel in de kerkbank, maar klinkt op verschillende kansels niet meer. Nog iets anders speelt mee. Het religieuze klimaat van onze tijd is drastisch veranderd ten opzichte van toen. Wij leven in een emo-cultuur. Als je een goed gevoel bij iets hebt, is het goed. Bewust of onbewust houden verschillende predikers hier rekening mee. Preken over bijvoorbeeld de hel of Gods verkiezing van eeuwigheid worden in de gemeente als lastig ervaren. Met als gevolg dat predikers deze onderwerpen niet bepreken. Maar het verzwijgen van deze en andere thema's raakt vroeg of laat het Godsbeeld. Is God één én drie Personen of is er in de praktijk sprake van één God, namelijk Jezus?

GEVEN WE JEZUS TE VEEL AANDACHT?

27
april

LEZEN: JOHANNES 10:22-42

Naast verschuivingen in de prediking, spelen ook andere ontwikkelingen mee. De laatste jaren neemt de invloed van de evangelische beweging op reformatorische kerken sterk toe. Aanjagers in deze ontwikkeling zijn onder andere conferenties waar predikanten met een reformatorische achtergrond samen met evangelische voorgangers lezingen verzorgen, verschuivingen in de liturgie waardoor meer ruimte is gekomen voor Opwekkingsliederen en gezangen met een andere boodschap dan de reformatorische prediking, en jongerenavonden waar sterk de oproep klinkt om voor Jezus te kiezen, je hart aan Hem te geven. In deze ontwikkelingen tekent zich een ander beeld van Jezus af dan Schrift en belijdenis jou en mij voorhouden. Omdat deze ontwikkelingen veel serieuze jongeren en ouderen aanspreken, staan kerkenraden en predikanten voor de keus om mee te bewegen, in reactie op deze ontwikkeling in de kramp te schieten, of zichzelf te blijven. Onze openheid voor deze invloeden past binnen het plaatje van onze tijd. We weten het allemaal niet meer zo zeker. We zijn wel zeker van ons gevoel. Een mening op grond van Schrift en belijdenis afwijzen, komt al snel over als star en liefdeloos. Het roept herinneringen op aan de geesteloze strijd die onze gezindte verscheurd heeft. Waarom heeft de ander niet ook gelijk, zelfs wanneer hij tot een mening komt die haaks staat op die van mij? Beide visies moeten toch kunnen? Het spreekt ook aan wanneer je kunt zeggen dat je een kind van God bent en je tegelijkertijd in bijna alles met de samenleving mee kunt doen. Waarom moeilijk doen, als het zo ook kan? 's Morgens avondmaal vieren en 's middags leuke dingen doen? Wat is daarop tegen?

GEVEN WE JEZUS TE VEEL AANDACHT?

28 april

LEZEN: PSALM 6

Niet alleen de prediking en maatschappelijke en kerkelijke ontwikkelingen spelen een rol bij de vraag waarom er te weinig aandacht is voor het werk van de Vader en de Heilige Geest. Ook de wijze waarop de Heere in het leven van een jongere of oudere gaat werken, kan hierbij van invloed zijn. De drie-enige God laat Zich alleen kennen door Jezus Christus. Ik noem zomaar willekeurig een aantal teksten. Ik denk aan Jezus' uitspraak: 'Niemand komt tot de Vader dan door Mij.' Of: 'Wie Mij gezien heeft, heeft de Vader gezien.' Hij beschrijft het werk van de Heilige Geest als volgt: 'Die zal Mij verheerlijken.' De Geest stelt Christus centraal. Hij is de vriend van de Bruidegom. De Bruidswerver. God is vrijmachtig in de wijze waarop Hij iemand bekeert. Vanaf het moment dat Hij gaat werken, bekeert Hij iemand van zijn verkeerde gedachten over God. Hij of zij gaat voor het eerst in zijn of haar leven goed van God denken. Vaak leert iemand eerst zichzelf kennen in zijn zondige bestaan voor God. Tegen de achtergrond van Gods goedheid worden zijn zonden tot schuld. Dit besef geeft smart en maakt je bewust van de noodzaak om verzoend te worden met God. Het is de Heilige Geest die je overtuigt van de noodzaak om Christus te leren kennen. Gods Geest verbreekt het hart door Christus' dierbaarheid. Dan rijst in je hart niet de vraag of Hij je kan zalig maken, maar of Hij je met God wil verzoenen. Let op! Ik beschrijf dit niet als voorwaarde. Meerdere kinderen van God zijn anders tot de Heere getrokken. Maar het is wel begrijpelijk dat iemand in deze periode van het geestelijke leven alleen maar oog heeft voor de Persoon en het werk van Christus en niet of nauwelijks voor het werk van de Vader en van de Heilige Geest.

GEVEN WE JEZUS TE VEEL AANDACHT?

29 april

LEZEN: TITUS 1

Een eenzijdig beeld van Jezus. Hoe moeten we ons hiervan bekeren? Ik haal twee dingen naar voren: Schrift en belijdenis. Vandaag vraag ik aandacht voor de belijdenisgeschriften. Heb jij voor jezelf weleens een belijdenisgeschrift meditatief gelezen? Bijvoorbeeld de Nederlandse Geloofsbelijdenis of de Dordtse Leerregels? Mijn belijdeniscatechisanten moeten de Canones uit Dordrecht doorlezen en schriftelijk samenvatten. Ik kijk hun werk na. Vervolgens wordt het plenair besproken. In de achterliggende jaren spraken jongeren regelmatig hun verbazing uit over de actualiteit van dit geschrift. Andere jongeren werden ontroerd en onderwezen door de pastorale en persoonlijke toon van de Dordtse Leerregels. De Dordtse Kerkorde schrijft een kerkenraad voor dat de Heidelberger Catechismus eenmaal per zondag bepreekt moet worden. De intentie daarvan is het voorkomen van een eenzijdige prediking, waardoor het geestelijk klimaat in de gemeente wegdrijft van de Schrift. Wat dat betreft staan we in een rijke traditie die de eeuwen door bewezen heeft dat zij tegen een stootje kan. Ik ben ervan overtuigd dat zij ook de zorgen en moeiten van onze tijd zal doorstaan. Van harte roep ik je daarom op om je te verdiepen in onze rijke traditie. Lees preken van Hollandse oudvaders en Schotse en Engelse puriteinen. Lees Ryle en Floor om nog maar een paar namen te noemen. Je zult merken dat er tussen hen verschillen bestaan. Dat mag. De grenzen van Schrift en belijdenis bieden genoeg ruimte om hen te scharen onder het dak van één kerk. Men vond elkaar in de waarheid en verdroeg elkaar in de liefde. Om jaloers op te worden.

30 april

LEZEN: JOHANNES 17:18-26

Hoe verhoudt een eenzijdig beeld van Jezus zich tot de Schrift? Is het je weleens opgevallen dat de evangelisten wel spreken over 'Maria de moeder van Jezus', maar nooit over 'Jozef de vader van Jezus'? Nergens in de evangeliën wordt Jozef zo genoemd. Jezus heeft een moeder op aarde, maar een Vader in de hemel. Dit tekent de verhoudingen waarin Hij staat. Door Zijn moeder is Hij een van ons. Vanwege Zijn Vader is Hij totaal anders dan wij. Zijn menswording staat in het kader van Zijn Zoonschap. De Vader zendt Zijn Zoon. Daarom wordt Hij mens. Zijn Vader staat boven alles en iedereen, ook boven Zijn moeder. Daarom blijft Hij tot het einde van Zijn leven de Zoon van Zijn Vader. Aan het kruis neemt Hij afscheid van Zijn moeder, met de woorden: 'Vrouw, zie, uw zoon.' Hij vertrouwt Zijn moeder toe aan de zorg van Zijn neef Johannes. Tegen hem zegt Hij dan ook: 'Zie, uw moeder.' Jezus' laatste woorden zijn: 'Vader, in Uw handen beveel Ik Mijn geest!' Na zijn opstanding spreekt Hij met Zijn discipelen over Zijn Vader, maar niet meer persoonlijk tot Zijn moeder. Deze band is voorgoed doorgesneden. Hij kwam, leefde, stierf, stond op en voer ten hemel uit liefde en gehoorzaamheid tot Zijn Vader. Zijn zaligmakend werk komt pas tot zijn bestemming als ik in Hem geloofsoog krijg voor Christus' liefde en gehoorzaamheid tot Zijn Vader. Op dat moment spreekt de Schrift over de Zoon van God in combinatie met zonen van God. Zijn gehoorzaamheid aan Zijn Vader op Golgotha is plaatsvervangend voor mij en een voorbeeld voor mij, in navolging van Hem. In Christus bezit ik dezelfde Vader, deel ik in dezelfde erfenis, spreek ik de Vader op dezelfde wijze aan als Hij, met 'Abba', en val ik net als Hij onder dezelfde Vaderlijke zorg.

GEVEN WE JEZUS TE VEEL AANDACHT?

1 mei

LEZEN: JESAJA 61

In het Oude Testament wordt sporadisch gesproken over 'de Heilige Geest'. Veel vaker wordt er gesproken over 'Gods Geest' of 'de Geest van de HEERE'. In het Nieuwe Testament lezen we vaker over de Heilige Geest. Toch staat ook daar de Geest vaak in verbinding met een van de andere twee goddelijke Personen. Zo is de Heilige Geest 'de Geest van Christus', 'de Geest van de Vader' of 'de Geest van de Heere'. Opmerkelijk is dat dit omgekeerd niet kan. Nergens spreekt de Schrift over 'de Zoon van de Geest' of 'de Vader van de Geest'. Gods Geest is verbonden met de Vader en de Zoon. De Geest is één met Hen. Zijn werk is gericht op Hen. Het staat in het teken van de Vader en de Zoon. De Geest werkt nooit voor Zichzelf, net als de Vader en de Zoon dit nooit doen. Hun takenpakket is verschillend, maar Hun doel gemeenschappelijk. Door Hun gemeenschappelijk werk verheerlijken Zij Zichzelf in schepping en herschepping. Hoewel de Geest niet zelf aanbeden wil worden, wil Hij wel worden gekend. Hij laat Zich ook kennen in het hart. Het getuigenis van de Geest met onze geest ondervinden we in het rusten in Christus. Dan getuigt Hij met onze geest dat we kinderen van God zijn. Let wel: kinderen van God, niet van Jezus. Niet van de Vader, maar van God; God de Vader, God de Zoon en God de Heilige Geest. Namens de Vader en de Zoon getuigt Gods Geest hiervan. In onderscheid van de Vader en de Zoon kan en wil Hij alleen dit doen. Dit getuigenis klinkt altijd in samenspraak met Gods Woord. In het toepassen van Gods Woord aan mijn hart verheerlijkt de Heilige Geest Christus in mijn leven, waarvoor ik God alle eer geef. Vanaf het begin richt Hij het geestelijk leven op de drie-enige God.

GEVEN WE JEZUS TE VEEL AANDACHT?

2 mei

LEZEN: 1 JOHANNES 4:7-21

Door het geloof in Christus kunnen we de drie-enige God leren kennen. De keus van de Catechismus om direct na Zondag 7 ('Wat is een waar geloof?') het geloof in de drie-enige God aan de orde te stellen (Zondag 8, HC), is een gouden greep. God laat Zich alleen kennen als een drie-enig God. Hoewel het geloof dit pas in de loop van de tijd leert verstaan, mag niet de geloofservaring mijn uitgangspunt en norm zijn. Niet de ervaring van Gods kinderen, maar het spreken van hun God is dé norm. Oog krijgen voor de onderscheiden werkingen van Vader, Zoon en Heilige Geest geeft het geloofsleven vastheid. Het leert mij doelgericht te bidden tot de Vader om Zijn zorg en leiding in mijn leven (Zondag 9-10, HC), tot de Zoon om troost door Zijn lijden, sterven en opstanding (Zondag 11-19, HC) en tot de Geest om Zijn toepassend werk (Zondag 20-24, HC). De glans van Gods eenheid licht daardoor nog sterker op; het onderscheid tussen Vader, Zoon en Geest krijgt zo meer reliëf. De troost van deze geloofskennis uit zich in een diepe eerbied voor God, een sterke overtuiging van Zijn liefde tot mij, een vast geloof in de beloften van de Vader, de Zoon en de Geest en een vurige hoop op het volmaakt kennen van God, straks in de eeuwigheid. Wij zullen Hem zien, zoals Hij is! De heerlijkheid van Christus behelst de opstanding en verheerlijking van mijn lichaam. Daardoor ben ik in staat om met mijn zintuigen en gevoelens God aanbiddend te aanschouwen. Op dat moment trekt de Zoon Zich terug in de schaduw van de Vader. Gods Geest gidst mij door de diepten van Gods liefde. Genietend van God word ik verzekerd van Wie Hij is: liefde.

GEVEN WE JEZUS TE VEEL AANDACHT?

3 mei

LEZEN: JOHANNES 16:5-11

Veel jongeren hebben een bepaald beeld van de Heilige Geest. Hij is als een wind of als een vuur. Je weet niet waar Hij vandaan komt en ook niet waar Hij naartoe gaat (Johannes 3:8). Toch zegt de Bijbel meer over de Heilige Geest. Meer dan alleen dat Hij een kracht is of lijkt op de wind. Hij is niet iets, maar Iemand. Hij is een Persoon. Nee, geen onpersoonlijke kracht zoals de zwaartekracht. Maar Hij is persoonlijk; Hij spreekt, Hij pleit, Hij getuigt en Hij leidt. Hij is niet alleen Iemand, maar Hij is ook God (Handelingen 5:3-4). Hij is ook eeuwig (Hebreeën 9:14). Hij is almachtig (Lukas 1:35). Hij is alomtegenwoordig (Psalm 139:7). Hij is alwetend (1 Korinthe 2:10-11). Hij is Schepper (Genesis 1:2). Zo schiep God – de Vader, de Zoon en de Heilige Geest – de wereld. Zo geloven wij op grond van het Woord, dat er een drie-enig God is. De Heere Jezus zond Zijn discipelen uit om het Evangelie te verkondigen en te dopen in de Naam van de Vader, de Zoon en de Heilige Geest (Mattheüs 28:19). Ken jij de Heilige Geest ook zo?

4 mei

LEZEN: MATTHEÜS 3:13-17

De Bijbel leert ons dat de Heilige Geest een levend wezen is. Hij is een van de drie Personen van de heilige Drie-eenheid. Het uitleggen en illustreren van de Drie-eenheid is niet altijd gemakkelijk. We kunnen alleen het Woord naspreken en laten getuigen. Een van de mooiste bijbelplaatsen waar de Drie-eenheid schittert, is de doop van Jezus bij de Jordaan. De Heere Jezus komt uit het water. De Vader spreekt vanuit de hemel: 'Dit is Mijn geliefde Zoon, in Wie Ik al Mijn welbehagen heb.' De Heilige Geest daalt neer in de gedaante van een duif (Mattheüs 3:16-17). Op meerdere plaatsen, ook in het Oude Testament, komen we een meervoudsvorm tegen als het over God gaat. In Jesaja 6:8 zegt de Heere bijvoorbeeld: 'Wie zal Ik zenden? Wie zal er voor Ons gaan?' En in 2 Korinthe 13:13 zegt Paulus: 'De genade van de Heere Jezus Christus, de liefde van God en de gemeenschap van de Heilige Geest zij met u allen.' Ook deze zegen geeft duidelijk aan dat de Heilige Geest één is met de Vader en de Zoon, in de Godheid. In deze drieheid geloven wij in de eenheid van één God.

5 mei

LEZEN: JOHANNES 14:15-18

De Heere Jezus heeft aan Zijn discipelen beloofd dat de Heilige Geest zou komen na Zijn hemelvaart. Ze moesten terug naar Jeruzalem en daar wachten tot de belofte van de Vader, die zij van Hem gehoord hadden, in vervulling zou gaan. Want Johannes doopte wel met water, maar zij zouden met de Heilige Geest gedoopt worden, niet lang nadat Jezus dit had gezegd (Handelingen 1:4-5). Je zou je zomaar kunnen afvragen: was de Heilige Geest er dan niet in het Oude Testament? Jazeker wel, maar niet op de wijze zoals in het boek Handelingen. In het Oude Testament was de Heilige Geest op een bijzondere wijze aanwezig bij mensen met een speciale roeping. Bij koningen, profeten en priesters. In het Nieuwe Testament komt de Heilige Geest wonen in alle vlees (mensen) naar de belofte van Joël 2, Ezechiël 36 en Jeremia 31. Het tweede dat heel bijzonder is in het Nieuwe Testament, is dat Hij altijd komt wonen in de harten van de gelovigen. Paulus zegt dat hun lichamen tempels zijn van de Heilige Geest (1 Korinthe 3:16). Daarom deze misschien wel directe, maar toch oprechte vraag: woont de Heilige Geest ook in jouw en mijn leven?

6 mei

LEZEN: JEREMIA 31:31-34

Gisteren hoorden we een paar onderscheidingen tussen het Oude en het Nieuwe Testament. Wat God door de profeten had beloofd in het Oude Testament, heeft Hij met Pinksteren vervuld in het Nieuwe Testament. De profeten Ezechiël en Jeremia hebben daar in het bijzonder over geprofeteerd. Al deze beloften zijn vervuld op de pinksterdag. De Geest is komen wonen in de harten van de honderdtwintig die samengekomen waren in de bijgebouwen van de tempel. Op deze wijze was de Geest niet in het Oude Testament aanwezig. Hij woonde wel in het heilige der heiligen, maar nu komt Hij wonen in de levens van al Gods kinderen. Wat een geweldige troost. Hij blijft altijd in ons en bij ons.

7 mei

LEZEN: 2 KORINTHE 3:6-11

Weet je wat heel opmerkelijk is? Er zijn overeenkomsten tussen wat er in het Oude Testament bij de Sinaï gebeurde en wat er in het Nieuwe Testament gebeurde op het tempelplein. Bij de berg Sinaï werden er drieduizend mensen gedood, ze waren ongehoorzaam (Exodus 32:28). Op het tempelplein komen er drieduizend mensen tot bekering (Handelingen 2:41). Bij de berg Sinaï wordt de wet geschreven in steen. Op het tempelplein schrijft God Zijn wet in harten van vlees. Hij neemt het stenen hart weg. De Geest komt wonen in Gods kinderen. Pinksterfeest is het feest van de vrijheid van de Geest. Want waar de Geest van de Heere is, daar is vrijheid (Jakobus 2:12). Vrijheid en een geschreven wet in het hart? Ja, Gods woorden geschreven in een nieuw hart, van mensen aan wie God belooft dat Hij ze in Zijn wegen zal onderwijzen (Psalm 25:12). Hoor maar: 'Hoe lief heb ik Uw wet' (Psalm 119:97). Ook Hij droeg die wet in Zijn hart. De wet waar de donder, de vloek, de eis en het oordeel uit zijn weggenomen. Een liefdeswet. Zoals die lag onder het verzoendeksel in de ark. Hoor maar: 'Uw wet draag ik diep in mijn binnenste' (Psalm 40:9).

WIE IS DE HEILIGE GEEST?

8 mei

LEZEN: ROMEINEN 8:7-11

Wat een wonder dat Christus niet alleen aan het hout hing om de prijs te betalen! Hij hing daar ook tussen hemel en aarde om plaats te bereiden in ons hart voor de inwoning van de Heilige Geest. Vroeger werd er weleens gezegd: 'De Heilige Geest is de eerste die werkt en de laatste die gekend wordt.' Gekend in de zin van: in ons wonen. Buiten de kennis van de Heere Jezus is er geen plaats in ons leven voor de inwoning van de Heilige Geest. Wie Christus niet heeft, heeft ook de Heilige Geest niet. Paulus zegt: 'Maar als iemand de Geest van Christus niet heeft, die is niet van Hem' (Romeinen 8:9). Op het moment dat wij Christus door het geloof omhelzen als de Zaligmaker van zondaren, als het Lam van God dat de zonde van de wereld wegneemt, komt de Geest in ons wonen. Dan heeft Christus plaatsgemaakt in het leven van een zondaar. Vandaar ook dat Paulus in Romeinen 8 spreekt over de inwoning van de Geest. Romeinen 8 komt na Romeinen 4 en 5, waar het gaat over de rechtvaardiging. Zij die in de ogen van God om Christus wil rechtvaardig zijn, ontvangen de Heilige Geest. Opdat zij door die Geest in een nieuw leven wandelen. Is Christus in jouw leven ook zo onmisbaar geworden?

9 mei

LEZEN: HANDELINGEN 19:1-7

In Handelingen 19:1 komt de apostel Paulus in Efeze een groepje mannen tegen. Mannen die gedoopt waren met de doop van Johannes de Doper tot vergeving van zonden. Paulus vraagt: 'Hebben jullie de Heilige Geest ontvangen toen jullie tot geloof kwamen?' Hun antwoord aan Paulus is: 'Wij hebben niet eens gehoord dat er een Heilige Geest is.' Zij zeggen dus dat zij niet wisten dat het Pinksteren was geworden. Dan vertelt Paulus hun over wat er gebeurd is in Jeruzalem. Ze wisten wel van bekering en vergeving van zonde, maar niet van de uitstorting van de Heilige Geest. Na het onderwijs van Paulus legde hij hun de handen op. Op dat moment kwam de Heilige Geest in hen. Zij ontvingen ook de gaven van de Heilige Geest. In het bovenstaande zie je een voorbeeld van de overgangstijd tussen Oude en Nieuwe Testament. Mensen waren wel wedergeboren, maar hadden nog niet de volheid van het Nieuwe Testament. Ook Cornelius in Handelingen 10 was zo'n gelovige. Wel een kind van God, maar nog niet de volheid van Pinksteren. Verder in de geschiedenis worden deze feiten niet meer gescheiden. Wie Christus heeft, heeft het eeuwige leven en heeft ook de Heilige Geest ontvangen (Romeinen 8:9).

10 mei

LEZEN: JOHANNES 15:1-8

In de achterliggende dagen hebben we nagedacht over de Persoon van de Heilige Geest. Toch is er meer te zeggen. De Bijbel spreekt ook over de vrucht en de gaven van de Heilige Geest. De Heilige Geest werkt meer dan alleen de wedergeboorte. In het algemeen wordt er niet zo veel onderscheid gemaakt tussen de gaven en de vrucht van de Heilige Geest. Toch is er een groot verschil. In de eerste plaats is de vrucht van de Geest voor de Grote Landman (Johannes 15:8). Nadrukkelijk wordt er in de Bijbel gesproken in het enkelvoud, 'vrucht'. Paulus zegt in Galaten 5 dat dit de vrucht van de Geest is: liefde, blijdschap, vrede, geduld, vriendelijkheid, goedheid, geloof, zachtmoedigheid en zelfbeheersing. Elk kind van de Heere ontvangt deze vrucht. Of hij het ziet of niet, hij ontvangt deze vrucht. Je zou deze vrucht kunnen vergelijken met een tros met negen druiven. In meerdere of mindere mate bezit elk kind van de Heere deze druiventros. De druiven zijn niet afzonderlijk te verkrijgen (Galaten 5:22). Met de gaven van de Geest is dat anders (1 Korinthe 12:11). Elk kind van de Heere ontvangt een of meerdere gaven wanneer de Heilige Geest dat wil.

HOE MOETEN WE OMGAAN MET DE GAVEN VAN DE GEEST?

11
mei

LEZEN: 1 KORINTHE 12:1-7

Gods Geest deelt gaven uit wanneer Hij wil, waar Hij wil en aan wie Hij wil. Gisteren hoorden we het al: de vruchten zijn voor de Landman. De gaven zijn er voor elkaar. Ze zijn gegeven om elkaar te dienen in de gemeente. Paulus noemt in 1 Korinthe 12:8-10 de negen *charismata*, Geestesgaven: een woord van wijsheid, een woord van kennis, het geloof, genadegaven van genezingen, werkingen van krachten, profetie, het onderscheiden van geesten, allerlei talen en uitlegging van talen. Ze worden ingedeeld in drie categorieën: drie inzichtsgaven, drie krachtgaven en drie stemgaven. Volgens Paulus deelt de Geest de gaven aan ieder uit tot wat nuttig is voor de ander (1 Korinthe 12:7). De een wordt het woord van de wijsheid gegeven en een ander het woord van de kennis, door dezelfde Geest. Het is dezelfde Geest die al deze dingen werkt. Hij deelt aan ieder afzonderlijk uit zoals Hij wil (1 Korinthe 12:11). Niet alleen aan hen die een bijzonder ambt hebben. Nee, aan alle soorten mensen wordt de gave van de Geest gegeven. Zodat ze dienstbaar zijn voor elkaar in de gemeente. Functioneren de gaven van de Geest vandaag nog in de gemeente, denk je?

HOE MOETEN WE OMGAAN MET DE GAVEN VAN DE GEEST?

12 mei

LEZEN: 1 KORINTHE 12:8-11

We beginnen met een vraag: wat zijn dan die Geestesgaven? Het is niet een bepaald talent dat je krijgt. Ook geen aanleg of capaciteit. Het is ook niet iets wat je meekrijgt bij je geboorte. Zoals bijvoorbeeld muzikaliteit of een talent voor techniek. Ongelovigen hebben zulke gaven ook. Maar dat heeft niets te maken met de gaven van de Geest. Geestesgaven zijn bovennatuurlijke gaven die de Vader geeft aan Zijn kinderen en niet aan ongelovigen. Ook is het geen permanent bezit, maar op het moment dat je het nodig hebt, ontvang je het van de Heere. Wat zijn Geestesgaven dan wel? Geestesgaven heb je nodig in de gemeente. In het dienen van de ander. Nee, je hebt ze niet voor jezelf, om ermee te pronken. Ook niet om je te verheffen boven anderen. Nee, het zijn gaven tot opbouw van Gods gemeente. Het zijn middelen die de Heilige Geest je aanreikt wanneer Hij vindt dat je ze nodig hebt. In 1 Korinthe 12:7 staat: 'Aan ieder echter wordt (...) gegeven...' Er staat niet '(...) is gegeven als een permanent talent'. Ook is het altijd de vraag: gelden de Geestesgaven vandaag nog zoals in de eerste christelijke gemeente? Wat denk jij?

HOE MOETEN WE OMGAAN MET DE GAVEN VAN DE GEEST?

13 mei

LEZEN: 1 KORINTHE 14:1-6

De vraag die de kerk al eeuwen bezighoudt is: zijn al de Geestesgaven altijd geldig? Of moet de slotconclusie zijn dat de bijzondere gaven en openbaringen van de Geest zijn opgehouden? De hemelvaart van Christus en Zijn plaatsnemen aan de rechterhand van Zijn Vader markeren in de Schrift een nieuwe periode in de heilsgeschiedenis. Geldt dit ook voor de bijzondere gaven van profetie en het spreken in tongen? Zij brachten de gemeente directe boodschappen van God. Zijn ze niet meer nodig nu de canon voltooid is? We hebben immers nu het volledige Woord van God. Of gelden deze openbaringsvormen nog steeds, bijvoorbeeld op het zendingsveld? Of gelden ze nog op plaatsen waar God ze gebruikt om bepaalde mensen te benaderen? Ik geloof dat we deze mogelijkheden open moeten laten. De Geest is vrij om op Zijn wijze te werken en dingen te gebruiken tot bekering van zondaren. Maar laten we ook niet streven naar extra bijzondere openbaringen en aan het gewone voorbijgaan. Het gewone van God is al zo bijzonder. Gods algemene weg overtreft toch het bijzondere? Streef daarom niet naar het bijzondere buiten het Woord of zonder het Woord.

HOE MOETEN WE OMGAAN MET DE GAVEN VAN DE GEEST?

14 mei

LEZEN: ROMEINEN 12:4-8

De eerste gave die in 1 Korinthe 12 genoemd wordt, is het woord van de wijsheid. Een woord van de wijsheid is een inzicht dat je van de Geest ontvangt op een bepaald moment, in een bepaalde situatie. Een woord om een ander op te bouwen, te vermanen en te vertroosten. God geeft ons door de Heilige Geest het woord van de wijsheid. Soms kom je in gesprek met vrienden of gemeenteleden en weet je niet wat je moet zeggen. Dan bid je God om een woord waarmee je de ander kunt dienen of weerleggen. Wonderlijk als de Heilige Geest je in staat stelt om antwoord te geven met de wijsheid van de Geest. Een groot opwekkingsprediker dacht toen hij nog een jonge dominee was dat God Zijn Geestesgaven bewaarde op planken. En dat de beste gaven bovenaan lagen, op de hoogste planken. Hij probeerde zich ernaar uit te strekken om deze gaven te pakken. Hij deed zijn uiterste best om ze in handen te krijgen, totdat hij ontdekte dat de beste gaven op de laagste planken lagen en dat hij er alleen maar voor op zijn knieën moest. Ben jij ook al tot deze ontdekking gekomen?

HOE MOETEN WE OMGAAN MET DE GAVEN VAN DE GEEST?

15
mei

LEZEN: 1 KORINTHE 13:1-5

De apostel heeft de leden van de gemeente in Korinthe, die zo naar de bijzondere gaven zochten, toegeroepen: 'Ik wijs u een weg die dit alles nog overtreft' (1 Korinthe 12:31)! Hij wees hun op de genade van geloof, hoop en liefde. Velen zoeken een herleving in de bijzondere gaven van de Geest. Het is bijbels om naar een herleving te verlangen, maar niet alleen in de weg van bijzondere openbaringen van de Geest. Misschien is de doodsheid in de kerk een gevolg van de liefdeloosheid. Vind je ook niet? Dode rechtzinnigheid is een 'gezwel' in het leven van Gods gemeente. Liefde is een oppervlakkig woord en een oppervlakkige zaak geworden. Paulus leert ons iets anders. Hij zegt: 'Ik wijs u een weg die dit alles nog overtreft': de weg van de liefde. Want: 'al zou ik de talen van de mensen en van de engelen spreken, maar ik had de liefde niet, dan zou ik klinkend koper of een schallende cimbaal zijn geworden' (1 Korinthe 13:1). We kunnen de wonderlijkste gaven hebben, maar als we Christus en de liefde van Christus niet hebben, dan zullen we straks aan de hemelpoort kloppen en zal er gezegd worden: 'Ik heb u nooit gekend; ga weg van Mij, u die de wetteloosheid werkt!' Zelfs als ze zeggen: 'Ik heb in Uw Naam geprofeteerd, en in Uw Naam demonen uitgedreven', zal toch de deur worden gesloten (Mattheüs 7:22). Best aangrijpend, vind je niet? Er zullen mensen zijn die wonderen hebben gedaan en toch niet door Christus zullen worden gekend.

HOE MOETEN WE OMGAAN MET DE GAVEN VAN DE GEEST?

16 mei

LEZEN: EFEZE 4:27-32

Deze week gaan we op grond van het Woord nadenken over het bedroeven, het ongehoorzaam zijn aan en het tegenstaan van de Heilige Geest. Al die onderwerpen raken de vragen: Kan de Heilige Geest van je weggaan? Kunnen wij er wel zorg voor dragen dat Hij in ons blijft? Voordat we deze vragen gaan beantwoorden, geef ik eerst een bijbelse stelling: de inwoning van de Heilige Geest heeft alles te maken met ons leven in deze wereld. Een slordig leven en een wereldgelijkvormig leven kunnen niet samengaan met de inwoning van de Heilige Geest. Vandaar ook de evangelische waarschuwingen 'Blus de Geest niet uit' (1 Thessalonicenzen 5:19) of 'Bedroef de Heilige Geest van God niet' (Efeze 4:30). Als Paulus spreekt over het bedroeven van de Heilige Geest, zegt hij er nog iets achteraan: 'Bedroef de Heilige Geest van God niet, door Wie u verzegeld bent tot de dag van de verlossing.' Dat betekent dat we christenen zijn en blijven. We kunnen er niet uitvallen. Maar we kunnen wel de Heilige Geest bedroeven. Verdriet doen heeft met liefde te maken. Pas dus op dat je de Heilige Geest geen verdriet doet. Sta je er weleens bij stil dat je de Heilige Geest ook kunt bedroeven?

HOE BLIJFT DE HEILIGE GEEST IN MIJ?

17
mei

LEZEN: PSALM 51:13-17

Als de Heere Jezus Zijn discipelen voorbereidt op Zijn vertrek, zegt Hij: 'En Ik zal de Vader bidden, en Hij zal u een andere Trooster geven, opdat Hij bij u blijft tot in eeuwigheid' (Johannes 14:16). De Heilige Geest kan nooit meer weggaan uit het leven van de gelovigen. Wij geloven immers niet in afval van Gods kinderen, toch? Wat ligt er dus een grote troost, een grote zekerheid in het Woord! 'Hij zal bij u blijven.' Toch is het geen vanzelfsprekendheid dat de Geest woont in de kinderen van God. Als we Psalm 51 lezen, zien we dat David worstelt met het vertrek van de Heilige Geest uit Zijn leven. Hij bidt in het licht van zijn belijdenis van zonde: 'Neem Uw Heilige Geest niet bij mij weg' (Psalm 51:13). Hier bidt Gods kind dus: 'Alstublieft, Heere, neem Uw Geest niet van mij weg. Wat moet ik zonder de Heilige Geest? Als U Die wegneemt, hoe moet ik dan verder leven?' Besef jij ook dat je zonder de Heilige Geest niet verder kunt leven? Gevallen, gefaald en toch: 'Neem, Heere, Uw Geest niet van mij.' Ja, misschien moet je het wel belijden: 'Heere, ik heb het verdiend dat U Uw Geest bij mij weg zou nemen, maar doe het toch niet. Neem Uw Geest niet van mij weg.'

HOE BLIJFT DE HEILIGE GEEST IN MIJ?

18 mei

LEZEN: HANDELINGEN 5:1-11

Je zou jaloers kunnen worden op mensen die in de periode rond Pinksteren op aarde leefden. De Heilige Geest was toen zo sterk aanwezig. Er ontstond een gemeente van ongeveer drieduizend mensen die tot bekering waren gekomen. Drieduizend mensen vervuld met de Heilige Geest! Alle drieduizend waren zij tempels waar de Heilige Geest in woonde (1 Korinthe 3:16). De Heilige Geest was tastbaar aanwezig. Er was nog niet echt een gemeente met ouderlingen en diakenen. Bijbelse tucht werd niet door de ambten vertegenwoordigd. Maar de Heilige Geest oefende Zelf tucht uit in de gemeente. Denk maar aan het aangrijpende verhaal van Ananias en Saffira. Een verhaal als het hunne staat maar één keer in de Bijbel: ze hadden gelogen tegen de Heilige Geest en werden in het openbaar gestraft voor die daad. Ze vielen dood neer aan de voeten van Petrus. Je kunt niet zomaar zondigen tegen de Heilige Geest. Als je dit gedeelte eerlijk leest, kom je tot de erkentenis dat je alleen de Heilige Geest ongehoorzaam kunt zijn als die Geest in je woont. Kunnen Gods kinderen dan gestraft worden hier op aarde? Ja, juist Gods kinderen (Leviticus 10:2, 2 Samuël 6:7; Numeri 20:12).

HOE BLIJFT DE HEILIGE GEEST IN MIJ?

19 mei

LEZEN: HEBREEËN 6:1-20

Van alle zonden in de Bijbel is de zonde tegen de Heilige Geest de verschrikkelijkste zonde. Het is de zonde waar geen vergeving voor mogelijk is! Mensen die deze zonde hebben begaan, kunnen niet meer behouden worden, zegt de Heere Jezus (Mattheüs 12:31-32). Deze zonde wordt gedaan door ongelovigen. Bekering is niet meer mogelijk. Wat hebben ze gedaan? De Heere Jezus heeft demonen uitgeworpen door de Heilige Geest. Zijn hoorders zeggen dat Hij demonen uitwerpt door de kracht van de aanvoerder van de demonen. Ze lasteren Hem in het openbaar, terwijl ze van dichtbij wonderen hebben gezien en krachten hebben ervaren in hun leven. Ze zijn afvallig geworden (Hebreeën 6:3-6). Is er bekering mogelijk voor mensen die zijn doorgeslagen in het lasteren in plaats van zich te buigen voor het Lam? Nee. En toch is het indrukwekkend dat Jezus zegt dat er zo veel zonden wel vergeven kunnen worden. Daarmee breidt Hij Zijn armen naar ons uit. 'Alle zonde en lastering zal de mensen vergeven worden, maar de lastering tegen de Geest zal de mensen niet vergeven worden. En wie een woord spreekt tegen de Zoon des mensen, het zal hem vergeven worden; maar wie tegen de Heilige Geest spreekt, het zal hem niet vergeven worden, niet in deze eeuw, en ook niet in de komende' (Mattheüs 12:31-32).
Toch heeft de Zoon des mensen ook tegen ons gezegd dat Hij gekomen is om zondaren met God te verzoenen. Hij is ook voor ons gekruisigd geweest en heeft de schuld gedragen. Hij wil vergeven! Het kan soms een hele strijd zijn om in die vergeving te geloven. Bedenk dan maar dat wij een voorspraak in de hemel hebben die niet op ons verderf uit is.

HOE BLIJFT DE HEILIGE GEEST IN MIJ?

20
mei

LEZEN: OPENBARING 3:14-22

De zonde tegen de Heilige Geest is iets anders dan de Heilige Geest bedroeven of uitblussen. De zonde tegen de Heilige Geest kan niet worden gedaan door Gods kinderen. Wel kunnen Gods kinderen de Heilige Geest verdriet doen en zo de Geest uitblussen. Paulus waarschuwt zijn broeders en zusters voor deze verzoeking. 'Bedroeven' is een liefdeswoord. De Heilige Geest wordt ook wel de Geest van de waarheid genoemd. Als wij vals, bedrieglijk of huichelachtig doen, bedroeven we de Heilige Geest. Hij is ook de Geest Die het geloof in ons werkt. Als wij volharden in ongeloof, wantrouwen en vertwijfeling, doen we Hem verdriet. Daarnaast is Hij ook de Geest van reinheid en heiligheid. Als je in zonde leeft, wereldgelijkvormig handelt en wandelt, doe je de Heilige Geest verdriet. Als wij volharden in de zonde, doven wij het vuur van de Heilige Geest in ons hart uit. Zou de gemeente van Laodicea schuldig hebben gestaan aan deze zonde? Er staat immers in Openbaring 3:16: 'Maar omdat u lauw bent en niet koud en ook niet heet, zal Ik u uit Mijn mond spuwen'? Ondanks het uitblussen van de Geest roept God ons op om ons te bekeren. 'Bekeer u en doe uw eerste werken, in liefde door de Heilige Geest' (vergelijk Openbaring 2:5). Jij bent toch niet lauw, net als de gemeente van Laodicea?

HOE BLIJFT DE HEILIGE GEEST IN MIJ?

21 mei

LEZEN: EFEZE 5:15-21

Bijbels gezien kunnen we bezorgd zijn over het uitdoven en bedroeven van de Heilige Geest. We hebben in de afgelopen dagen bijvoorbeeld de vraag beantwoord of wij eraan kunnen bijdragen dat de Geest van ons wijkt of weggaat. Maar we kunnen ons ook afvragen: als ik de Geest ontvangen heb, wandel ik dan ook naar de Geest? (Galaten 5:25). De Bijbel leert dat wij de Geest kunnen hebben en toch niet wandelen door de Heilige Geest. De inwoning van de Heilige Geest is niet alleen een belijdenis, maar ook een geestelijke werkelijkheid. Ben jij vol van de Heilige Geest, zodat je ook wandelt door de Geest? Paulus zegt in Efeze 5: 'Word vervuld met de Heilige Geest. Laat je vol maken. Breng je tijd door met het zingen van psalmen en geestelijke liederen en wees samen getuigen.' Middelen die God gebruikt om je hart brandend te maken, net als dat van de Emmaüsgangers. Verlang jij er ook naar om vol te zijn van de Geest? Dan ben je ook vol van Christus. Vol van Zijn liefde, vol van Zijn genade. Van harte toegebeden.

22 mei

LEZEN: OPENBARING 22:13-17

We hebben een herleving nodig in de kerk. Ik hoor in de verte de Heilige Geest en Gods bruidsgemeente samen overeenstemmen. ‘De Geest en de bruid zeggen: Kom! (...) En laat hij die dorst heeft, komen; en laat hij die wil, het water des levens nemen, voor niets’ (Openbaring 22:17). Het is een antwoord op de roep van de Bruidegom: ‘Ik kom spoedig en Mijn loon is bij Mij’ (Openbaring 22:12). De Heilige Geest en de bruidsgemeente stemmen samen overeen in het antwoord dat zij geven. Zie jij ook door de Heilige Geest uit naar Zijn komst? ‘Ontwaak, u die slaapt, en sta op uit de doden, en Christus zal over u lichten’ (Efeze 5:14). Maranatha! Wat zal dat een dag wezen. Dan zal de aarde vol zijn van de kennis van de Heere, zoals het water de bodem van de zee bedekt (Jesaja 11:9). Dan zullen de wapens worden omgesmeed tot ploegscharen (Jesaja 2:4). Dan zal er een boom zijn tot genezing van de heidenen (Openbaring 22:2). We zullen Hem zien van aangezicht tot aangezicht (2 Korinthe 3:18). Hij zal Zijn volk Israël regeren en de volken van rondom zullen zich buigen voor de Koning der Koningen. Verlang jij er ook naar om eeuwig bij Hem en met Hem te zijn?

HOE BLIJFT DE HEILIGE GEEST IN MIJ?

23
mei

LEZEN 1 JOHANNES 1:8-2:2

De apostel Johannes spreekt in zijn brieven regelmatig over de Parakleet. Een Grieks woord met veel betekenissen. Het grondwoord betekent: ‘iemand die naast je staat’. Iemand die je zaken waarneemt, of anders gezegd: een advocaat. Johannes zegt dat we aan de rechterhand van de Vader zo’n Zaakwaarnemer hebben in de hemel: Jezus Christus (1 Johannes 2:1). Hij neemt in de hemel de zaken waar van Gods kinderen. Hij pleit bij de Vader, Hij bidt bij de Vader (Romeinen 8:34), Hij doet verzoening aan het hemelhof. Johannes zegt letterlijk: ‘En als iemand gezondigd heeft, wij hebben een Voorspraak [Parakleet] bij de Vader.’ In het Evangelie naar Johannes spreekt Johannes ook over een Trooster Die de Vader zenden zal (Johannes 14:16). Het grondwoord voor Trooster is: ‘Parakleet’. ‘Hij [de Vader] zal u een andere Trooster geven, opdat Hij bij u blijft tot in eeuwigheid’ (Johannes 14:16). Die Trooster zal ons in de waarheid leiden, Die zal ons troosten. Die zal ons de woorden die Jezus tot ons gesproken heeft, in gedachten brengen. Maar Hij is ook Degene Die in ons bidt (Romeinen 8:26). Herken jij het bidden van de Heilige Geest in je leven?

WAT BETEKENT HET DAT DE HEILIGE GEEST VOOR ONS BIDT?

24 mei

LEZEN: ROMEINEN 8:22-27

Misschien herken je dat wel: je wilt bidden, maar je hebt geen woorden. Of je weet niet goed waar je precies voor bidden moet en wilt? Vaak komt dat doordat je Gods weg niet weet. Wat kan dat soms een geworstel zijn in je binnenkamer! 'Leer mij, o HEER', de weg door U bepaald, dan zal ik dien ten einde toe bewaren' (Psalm 119:17, berijmd). Ja, Gods weg is soms in de zee. Wat een wonder dat we er niet alleen voor staan. Een wonder als je mag weten dat je om Christus' wil de Heilige Geest ontvangen hebt. Dat je geen wees meer bent, maar mag weten, door Gods genade, dat de Geest altijd bij je is. Waar je ook naartoe gaat. Maar er kunnen ook omstandigheden zijn waarin je jezelf heel zwak en afhankelijk weet. Waarin je geen kracht en geen inzicht, geen kennis hebt. God belooft dat de Geest ons te hulp zal komen in onze zwakheden, in onze beperkingen. God weet wat voor maaksel wij zijn en blijft bedenken dat wij stof zijn. Wat een troost dat er een Voorbidder in ons hart woont Die ons te hulp komt!

WAT BETEKENT HET DAT DE HEILIGE GEEST VOOR ONS BIDT?

25 mei

LEZEN: JOHANNES 15:1-8

Paulus zegt in Romeinen 8 dat God ons hart kent en ons hart doorzoekt. God weet ook wat het denken van de Geest is. De Geest weet ook wat de wil van God is. Zij stemmen met elkaar overeen. Paulus zegt dat de Geest in ons bidt. Vanuit het grondwoord zou je ook kunnen zeggen: de Geest pleit in ons en weet de wil van God. Maar wij bidden vaak naar onszelf toe. We bidden vaak wat wij vinden, voelen, menen en geloven. Maar de Geest bidt en pleit overeenkomstig de wil van God. Tegen ons vlees en bloed in. Wat een troost om te weten dat we geleid worden door de Geest. Dat Hij ons in de waarheid leidt (Johannes 15:26). Als je zo door de Geest wilt wandelen, vraagt dat wel om een leven dicht bij Christus. Het is onmogelijk om in de waarheid te wandelen en ondertussen ons leven met Christus te laten verslonzen. Daarom zegt Hij ook: 'Blijf in Mij, en Ik in U.' Als wij in afhankelijkheid zo verkleefd zijn met Christus, kan het niet onvruchtbaar blijven. God zal verheerlijkt worden in Zijn eigen werk. Alle roem is uitgesloten, toch? Wie roemt, laat hij roemen in de Heere.

WAT BETEKENT HET DAT DE HEILIGE GEEST VOOR ONS BIDT?

26 mei

LEZEN: 1 KORINTHE 2:9-16

Zoals de Heilige Geest woonde in het heilige der heiligen, woont Gods Geest ook in de harten van Gods kinderen. Ze stemmen samen overeen: 'De Geest Zelf getuigt met onze geest dat wij kinderen van God zijn' (Romeinen 8:16). Je zou dit ook kunnen vertalen met: 'De Geest bidt in overeenstemming met onze geest.' Vroeger regeerde ik mijn eigen leven. Ik maakte uit wat ik deed en naliet. In Efeze 2 zegt Paulus dan ook: 'Voorheen hebt u gewandeld overeenkomstig het tijdperk van deze wereld, overeenkomstig de wil van de aanvoerder van de macht in de lucht (...) Maar God, Die rijk is in barmhartigheid, heeft ons door Zijn grote liefde, waarmee Hij ons liefgehad heeft (...) met Christus levend gemaakt' (Efeze 2:2, 4-5). Er is een Ander Die heerschappij is komen voeren in ons leven: de Heilige Geest! Die Geest bedenkt in ons de dingen die van boven zijn en niet die van de aarde zijn (Kolossenzen 3:1-2). Die Geest onderzoekt de diepten van God (1 Korinthe 2:10). Niemand weet wat van God is dan de Geest van God. 'Wij hebben ontvangen de Geest Die uit God is opdat wij zouden weten de dingen die ons door God genadig geschonken zijn' (1 Korinthe 2:12). Weet jij welke dingen God jou in Christus geschonken heeft? Sta daar vandaag eens bij stil en dank Hem daarvoor.

WAT BETEKENT HET DAT DE HEILIGE GEEST VOOR ONS BIDT?

27
mei

LEZEN: 1 KORINTHE 15:12-20

We hebben al veel van de Heilige Geest gehoord in de achterliggende dagen. Het Woord staat ook ‘ bol’ van de Persoon en het werk van de Heilige Geest. Paulus raakt er ook helemaal van in vervoering. Hij denkt aan de opstanding van Zijn Meester. Jezus is immers opgestaan uit de doden! Wie heeft Hem daaruit opgewekt? Zijn Vader (Handelingen 2:24)? De Zoon Zelf (Mattheüs 26:61)? Of de Heilige Geest? De eindconclusie is: het is het werk van een drie-enig God. In Romeinen 8 zegt Paulus dat het de Geest was die in Christus Jezus was, die Hem uit de doden heeft opgewekt. Die Geest Die neerdaalde bij de Jordaan toen Johannes Jezus doopte (Mattheüs 3:13-17). Diezelfde Geest zal ook op de dag dat de bazuin zal klinken, Gods kinderen uit de doden doen herrijzen. De Geest zal de graven openen. Hij zal ons op onze benen doen staan. We denken ondertussen aan het dal van de dorre doodsbeenderen (Ezechiël 37). God zal ook Israël doen herleven in het laatste van de dagen. De Geest zal in hen blazen en ze zullen leven. Zij en wij zullen eeuwig leven, met een vernieuwd lichaam, zonder zonde en vol van gerechtigheid.

WAT BETEKENT HET DAT DE HEILIGE GEEST VOOR ONS BIDT?

28
mei

LEZEN: ROMEINEN 7:22-26

Verlang jij ook naar de wederkomst? Als je 's morgens de gordijnen opendoet, denk je dan ook: hoelang nog, Heere Jezus? Of word je angstig en bang als je hoort dat Hij eraan komt? In de gemeente van Filippi verwachtten de gelovigen dat de Zaligmaker spoedig uit de hemel zou terugkeren (Filippenzen 3:20). Waarom eigenlijk? Ze verlangden om het vernederde lichaam af te leggen en een nieuw hemels lichaam op aarde terug te ontvangen. Misschien denk je wel: een vernederd lichaam? Wat is dat? Dat is een lichaam dat onderworpen is aan de gevolgen van de zonde. Ze verlangden naar een aarde waar gerechtigheid zou wonen (2 Petrus 3:13). Een aarde zonder teleurstellingen en zonden. Een aarde waar ze nooit meer last zouden hebben van de wereld, de duivel en het vlees. Het vlees? Ja, het lichaam van de zonde waar Paulus van spreekt in Romeinen 7. Een lichaam van de zonde dat strijdt tegen de Geest. Het vlees, je oude mens, wil niet wat de Heilige Geest wil. Die twee staan tegen elkaar op. Natuurlijk, ik weet ook wel dat we die strijd niet in eigen kracht hebben te strijden. We hebben immers de Heilige Geest ontvangen om het vlees te doden. Toch leeft in mij ook die uitroep van Paulus: 'Ik ellendig mens, wie zal mij verlossen?' (Romeinen 7:24). Leeft die ook in jouw hart? En zie jij ook uit naar de wederkomst van de Heere?

WAT BETEKENT HET DAT DE HEILIGE GEEST VOOR ONS BIDT?

29 mei

LEZEN: GALATEN 3:1-6

Stel je eens voor dat iemand tegen je zegt dat je betoverd bent. Bij het woord ‘betoverd’ denk je natuurlijk gelijk aan mensen die bijgelovig zijn. Mensen die geloven in toverdokters en medicijnmannen. Paulus loopt door de gemeente van Galatië en zegt tegen zijn gemeenteleden: ‘Wie heeft jullie betoverd? Jullie zijn het Evangelie ongehoorzaam geweest. Jullie zijn met de Heilige Geest begonnen en jullie eindigen in het vlees’ (Galaten 3:1-3) Wat bedoelt Paulus? De gemeente was zo goed begonnen, begonnen in de Heilige Geest en door de Heilige Geest. En nu? Het lijkt erop dat de Geest is geweken. Wat is er dan voor in de plaats gekomen? Ach, ze zijn wel bezig met het geloof, maar dan op een horizontale manier. Ze zijn ijverig in de dingen van het Koninkrijk, maar het is ongeestelijk. Ze zijn het werk en de kracht van de Heilige Geest kwijt. Als de Geest weg is, wat blijft er dan nog over? Paulus zegt heel radicaal: vlees. Vaak vroom vlees. Maar vlees is zonde! Jullie hebben toch niet tevergeefs de Geest ontvangen door het horen van het Woord? Bekeer je dan, zegt Paulus, opdat je door de Geest zult leven en niet door het vlees. En jij, leef jij door de Geest of uit het vlees?

WAT BETEKENT HET DAT DE HEILIGE GEEST VOOR ONS BIDT?

30 mei

LEZEN: PSALM 19

God heeft alles gemaakt. Hij is de Schepper. En God heeft Zijn schepping gemaakt om Zijn grootheid en majesteit te laten zien en mee te delen. Alles wat gemaakt is, is vol van Gods glorie. Als je naar de blauwe lucht kijkt, of naar een vogeltje dat fluitend in een boom zit, dan kun je daarin iets van Gods majesteit ontwaren. Zoals een kunstwerk iets vertelt over de schilder, zo vertelt de schepping heel veel over God. De Bijbel heeft dan ook een heel positieve visie op het geschapene en het materiële. God keek ernaar, en het was zeer goed (Genesis 1:31). We hoeven ons er dan ook niet over te verbazen dat de Bijbel steeds opnieuw beelden uit de schepping gebruikt om iets over God en Zijn Koninkrijk te vertellen. God wordt vergeleken met een leeuw, Zijn werk in deze wereld met zaad dat in de akker valt, Zijn heil met helder water. Het woord 'sacrament' betekent 'geheim'. En zo zou je kunnen zeggen dat de schepping sacramenteel is. Als je goed kijkt, zie je in de hele schepping iets oplichten van het geheim dat God is. En zo kunnen dingen uit de schepping als water, brood en wijn op een heel intense manier iets vertellen over God en Zijn heil. Probeer vandaag eens op die manier te kijken naar alles wat er om je heen te zien is.

WAAROM ZIJN ER SACRAMENTEN?

31 mei

LEZEN: GENESIS 2

God boetseerde de mens uit de aardbodem. Als mens zijn we met al onze vezels verbonden met de aarde, en daarmee met de rest van de schepping. We zijn lichamelijke wezens. Soms wordt er gezegd dat we een lichaam en een ziel hebben, alsof dat twee min of meer gescheiden dingen zijn. Maar het is bijbelser om te zeggen dat we een bezield lichaam zijn. Onze lichamelijkheid is geen foutje, maar hoort bij Gods goede schepping. Ons lichaam is door God Zelf gemaakt en door Zijn adem tot leven gewekt.

Bij ons lichamelijke bestaan hoort dat we de wereld ervaren via onze zintuigen. Het contact met God gaat ook via onze zintuigen. Adam en Eva hoorden God in de avondkoelte in de tuin wandelen. Ze proefden Gods goedheid in de vruchten van de bomen waar ze wel van mochten eten. Wij horen tegenwoordig God spreken in Zijn Woord, en we proeven Zijn goedheid en genade in het avondmaal. God geeft sacramenten omdat wij lichamelijke wezens zijn. Al onze zintuigen worden ingeschakeld in het leren kennen van God. Zo zijn wij, en dat is goed.

1 juni

LEZEN: PSALM 104

Samen met olijfolie zijn brood en wijn de basisproducten die in elke Israëlitische keuken stonden. Dagelijkse voedingsmiddelen die tegelijk kleur en geur geven aan het bestaan: van wijn word je blij en van brood knapt je lichaam en je humeur op.
Deze psalm bezingt brood en wijn als heerlijke hoogtepunten van de schepping én tegelijk als het werk van onze handen. Brood en wijn spelen een grote rol in de oudtestamentische oogstfeesten. God laat graan en druiven groeien. Mensen vormen druiven en meel vervolgens tot mooie producten. Maar zelfs de kracht en kunde daarvoor hebben ze van God ontvangen. Daarom bieden ze in de offers brood en wijn aan God aan. Daarmee laten ze zien dat hun leven en alles wat ze in hun leven ontvangen en maken, aan God toebehoort.

2 juni

LEZEN: JESAJA 25

Over het komende Koninkrijk van God spreekt het Oude Testament vaak heel fysiek. In Jesaja 25 gaat het om een groot feest op de Sionsberg in Jeruzalem. Op dit grote feest worden het lekkerste eten en de beste wijn uitgedeeld aan alle volken.

Hoewel we niet precies weten hoe Gods Koninkrijk eruit zal zien, is het veelzeggend dat de Bijbel het Koninkrijk vaak schetst als een grote feestmaaltijd. Toen Jezus op aarde leefde, ontstonden rondom Hem overal maaltijden. Lukas beschrijft er maar liefst zeven. Bij zijn cynische vijanden stond Jezus zelfs bekend als dronkaard en veelvraat. Maar Jezus maakt duidelijk dat Zijn gedrag een teken is van het feit dat in Hem het Koninkrijk van God onder de mensen is. Hoe kunnen mensen vasten als ze in de buurt van de Bruidegom zijn?

WAAROM ZIJN ER SACRAMENTEN?

3 juni

LEZEN: MATTHEÜS 6:9-15

De maaltijden die Jezus op aarde viert, zijn een begin van de grote maaltijd straks in Zijn Koninkrijk. Als Jezus de avond voor Zijn sterven voor het laatst het pesachmaal viert, zegt Hij dat Hij geen pesachmaal meer zal vieren totdat het Koninkrijk van God gekomen is. En dan stelt Hij het avondmaal in. Als wij avondmaal vieren, vieren we die laatste maaltijd van Jezus mee en ervaren we tegelijk dat de maaltijd van de Toekomst al in dit leven begint.

Brood en wijn smaken pas echt goed als je ze dankbaar van God ontvangt en weer aan Hem geeft. Ook dat aspect speelt een rol in het avondmaal. Wij brengen brood en wijn als onze gaven bij God. En we bidden of Hij brood en wijn voor ons tot voedsel van het eeuwige leven wil maken. Daarom bidden we rond het avondmaal altijd: 'Geef ons heden ons dagelijks brood.' Een gebed met een dubbele bodem: zowel het dagelijkse als het geestelijke brood ontvangen we van God.

4
juni

LEZEN: JOHANNES 6

In Johannes 6 heeft Jezus vijfduizend mensen brood en vis te eten gegeven op een woeste plek. Een duidelijke verwijzing naar het grote wonder van het Oude Testament, toen God Zijn volk in de woestijn manna gaf.

Toen Jezus mens werd, daalde het ware brood uit de hemel neer. Een brood dat leven geeft aan de hele wereld. Jezus vertelt erbij hoe Hij de hele wereld leven geeft: ‘Het brood dat Ik zal geven, is Mijn vlees, dat Ik zal geven voor het leven van de wereld’ (Johannes 6:51). In het Nieuwe Testament staat het woord ‘vlees’ voor het hele mens-zijn. Jezus zegt hier dus dat Hij Zijn leven zal geven voor het leven van de wereld. Zo vinden we in dit broodwoord van Jezus een heel compacte manier van spreken over de redding. Zowel de menswording van Jezus als Zijn lijden en sterven komen in dit ene beeld mee.

Het belangrijkste van dit beeld is dat Jezus Zichzelf wegschenkt voor de wereld, voor ons. Met in het slot van het hoofdstuk de uitnodiging om Zijn vlees te eten en Zijn bloed te drinken (Johannes 6:54), een verwijzing naar het avondmaal. In het avondmaal krijgen we deel aan Jezus Zelf. Aan Zijn menswording, Zijn sterven én Zijn opstanding.

5
juni

LEZEN: JOHANNES 12:22-27

Brood wordt gemaakt van graan. En graan wordt gemaakt van... een graankorrel die sterft. Dit geeft een extra dimensie aan Jezus' woorden over het brood. Want in het spreken over het brood zit het geheim van het lijden én de opstanding al verborgen. Een graankorrel valt in de aarde, sterft, en er groeit een prachtige korenaar. Jezus wordt in het graf gelegd en Hij staat op uit de dood in een nieuw, volmaakt, leven.

In het nieuwe leven van Jezus mogen zeer veel mensen delen. Je zou zelfs kunnen zeggen dat de vele vruchten waarover deze tekst spreekt, verwijzen naar het grote aantal mensen dat door Jezus' offer gered wordt. Het avondmaalsformulier spreekt over vele graankorrels waaruit één meel gemalen en één brood gebakken wordt. Dit wordt gebruikt als beeld van de gemeente van Christus. De vrucht van Jezus' dood en opstanding, zo laat het brood zien, is een gemeente die weliswaar zeer divers is, maar toch één. In het vroegkerkelijke geschrift *Didachè* (tussen 50 en 100 n.Chr.) staat in een gebed voor het avondmaal: 'Zoals dit brood verspreid was over de heuvels en hierin samengebracht werd, zo zal de Kerk van alle uiteinden der aarde verzameld worden in Uw Rijk'.

6 juni

LEZEN: LUKAS 24:13-35

De verdrietige Emmaüsgangers hebben zonder het te weten Jezus bij zich thuis uitgenodigd. Als ze aan tafel zitten, gebeurt er iets vreemds. Hun onbekende gast draait de rollen om. Hij stelt Zich op als de gastheer, neemt het brood, spreekt het zegengebed uit, breekt het brood en deelt het uit. Op dat moment herkennen ze Hem én verdwijnt Jezus. Een belangrijk signaal! Vanaf nu wil Jezus bij Zijn leerlingen aanwezig zijn in het gebroken brood. Hij gaat straks naar de hemel, maar telkens als het brood gebroken en de zegen erover uitgesproken wordt, is Hij bij hen aanwezig. Dat deze ontmoeting met de Emmaüsgangers verbonden is met het avondmaal, is te zien aan de gebruikte woorden. De onbekende gast neemt het brood, spreekt het zegengebed erover uit, breekt het brood en deelt het uit. Dat is precies de gang van zaken die ook bij het laatste avondmaal beschreven wordt (Lukas 22:19).
In het verhaal van de Emmaüsgangers gaat het om twee dingen: 1) Jezus onderwijst hun uit Gods Woord en 2) Hij laat Zich kennen in het gebroken brood. Deze twee dingen zijn nog altijd de basis van onze kerkdienst. In Gods Woord maken we kennis met het grote verhaal van Jezus. En in het avondmaal vieren we met al onze zintuigen wie Hij voor ons persoonlijk wil zijn.

7 juni

LEZEN: LUKAS 22:1 EN EXODUS 12:14

Pesach! Bevrijdingsfeest! In Jeruzalem zindert het van de verwachting en de spanning. God heeft in het verleden met veel macht Zijn volk uit Egypte bevrijd. De farao moest in God zijn meerdere erkennen. En Israël ruilde het slavenbestaan in voor vrijheid. Dat gedenken de Joden deze dagen. Door het pesachmaal met elkaar te vieren, herbeleven ze de uittocht van meer dan duizend jaar geleden. Ze eten ongezuurde broden en het paaslam, en ondertussen vertellen ze elkaar het verhaal over Gods bevrijding in de tijd van Mozes. Dit verhaal houdt bij hen de verwachting levend dat God hen in de toekomst opnieuw zal bevrijden. Eens zal God een nieuwe Mozes zenden, die hen zal bevrijden van de vijanden...

Daarom is juist rond het pesachfeest de sfeer in Jeruzalem gespannen. Er is extra politie, want er kan zomaar ergens een opstand uitbreken. Daarom werd ook Jezus aan het begin van de week met zo veel enthousiasme binnengehaald: 'Gezegend is de Koning, Die daar komt in de Naam van de Heere' (Lukas 19:38). Jezus sluit bewust bij deze verwachtingen aan door tijdens dit feest naar Jeruzalem te komen en daar te sterven. Als Hij tijdens het pesachmaal het avondmaal instelt, laat Hij zien dat de gebeurtenissen van die dagen gezien moeten worden als een nieuwe bevrijding door God. God bevrijdt Zijn volk door de dood van Zijn Zoon.

WAT IS DE BETEKENIS VAN HET LAATSTE AVONDMAAL?

8
juni

LEZEN: EXODUS 12:1-10

In de tijd dat Jezus op aarde was, zag het pesachmaal er als volgt uit: De maaltijd begon met het rondgaan van een beker met wijn, waarover de vader van het gezin de zegen uitsprak. Daarna gingen bittere kruiden die in azijn waren gedoopt, rond, als herinnering aan de bittere verdrukking in Egypte. Vervolgens werd het verhaal van de uittocht verteld. Daarna werd er opnieuw een beker wijn rondgedeeld. De vader nam een brood, brak het en zei: 'Dit is het brood der ellende dat onze vaderen in Egypte aten.' Hierna kwam het hoofddeel van de maaltijd, het paaslam. Dat herinnerde aan het bloed van het lam dat de huizen van Israël bescherming had geboden in de nacht dat de eerstgeborenen van Egypte stierven. Daarna werd een laatste beker wijn rondgedeeld. Deze derde beker stond bekend als 'de beker der dankzegging'. Bij deze beker brak de vreugde door. God werd gedankt met de volgende woorden: 'Geprezen zijt Gij, Heer, onze God, Koning der wereld, Die de hele wereld voedt met Uw goedheid, genade en barmhartigheid.'
Bij het instellen van het avondmaal sloot Jezus aan bij twee momenten van het pesachmaal: het breken van het brood en de beker der dankzegging. Daartussen werd het paaslam gegeten. Het is opvallend dat Jezus daar geen woorden aan wijdde. Is dat omdat Hijzelf als Lam Gods aan tafel zat?

WAT IS DE BETEKENIS VAN HET LAATSTE AVONDMAAL?

9
juni

LEZEN: LUKAS 22:7-23

Halverwege het pesachmaal wijkt Jezus ineens af van de gebruikelijke liturgie. Hij begint nog normaal met het zegengebed: 'Gezegend bent U, eeuwige, onze God, Koning van de wereld, Die brood voortbrengt uit de aarde.' Een manier van bidden die nauw aansluit bij wat we vorige week vanuit Psalm 104 hebben gezien. Vervolgens breekt Jezus het brood, maar in plaats van de gebruikelijke uitdrukking over het 'brood der ellende dat onze vaderen in Egypte aten' betrekt Hij het brood op Zijn eigen lichaam. Dat heeft een diepe betekenis. Het brood dat altijd gebroken werd op het pesachfeest, verwees namelijk naar de ellende in Egypte waaruit de Israëlieten verlost waren. Jezus spreekt hier over een verlossing die dieper gaat. Hij geeft Zijn lichaam (Zichzelf) 'voor u', voor ons dus. Aan het kruis ondergaat Hij de ellende waarin de mensheid door de zonde terecht is gekomen. Alle pijn, verdriet, Godverlatenheid en zelfs de dood ondergaat Hij. Hij is aan het kruis het Lam dat de zonde der wereld wegdraagt (Johannes 1:29). Hij geeft Zichzelf, voor jou... om jou te bevrijden van de slavernij van de zonde en alle ellende die de zonde teweegbrengt. Jezus geeft Zichzelf. Dat is de kern van het Evangelie. Dat zien we in het breken van het brood. Dat ervaren we als we het brood proeven.

WAT IS DE BETEKENIS VAN HET LAATSTE AVONDMAAL?

10 juni

LEZEN: LUKAS 22:7-23

Na het eten van het lam wijkt Jezus opnieuw af van de gebruikelijke liturgie. Ook de beker met wijn betrekt Hij op Zichzelf. Toch ligt het accent hier wat anders dan bij het brood. Bij het brood lag het accent op de Zelfgave van Christus om ons te bevrijden. Bij de beker ligt het accent op de nieuwe situatie die daardoor ontstaat. Jezus noemt dat het 'nieuwe verbond in Mijn bloed, dat voor u vergoten wordt'. Het eerste verbond, zo lezen we in Exodus 24:8, werd gesloten doordat het volk van Israël het bloed van stieren als een soort merkteken op zich gesprenkeld kreeg. Het merkteken van Gods nieuwe verbond is het bloed van Christus.

Volgens de Bijbel symboliseert het offerbloed de levenskracht en ontstaat daardoor verzoening (Leviticus 17:11). De nieuwe situatie die ontstaat door het offer van Jezus, is dus verzoening. De profeet Jeremia kondigt in hoofdstuk 31 het nieuwe verbond aan en zegt dan: 'Dan zullen zij niet meer eenieder zijn naaste en eenieder zijn broeder onderwijzen door te zeggen: Ken de HEERE, want zij zullen Mij allen kennen, vanaf hun kleinste tot hun grootste toe, spreekt de HEERE. Want Ik zal hun ongerechtigheid vergeven en aan hun zonde niet meer denken' (Jeremia 31:34). Dat is verzoening: in harmonie leven met God omdat je zonden vergeven zijn. Dat zien we als de beker vol geschonken wordt. Dat proeven we als we de wijn drinken. En we prijzen God.

WAT IS DE BETEKENIS VAN HET LAATSTE AVONDMAAL?

11 juni

LEZEN: AVONDMAALSFORMULIER

Als we de evangeliën goed lezen, krijgen we stellig de indruk dat Judas er gewoon bij was toen Jezus het avondmaal instelde. Hoe zit dat? Kreeg Judas ook deel aan de verlossing, terwijl hij op het laatst nog zo erg zondigde?
Om daar iets van te begrijpen, hebben we wat dieper inzicht nodig in wat een sacrament is. Een sacrament is een geheim, een verborgen handeling. Bij een sacrament zijn drie dingen nodig: 1) een teken, 2) een woord bij het teken, 3) een gelovige ontvangst. Als deze drie dingen er zijn, komt het sacrament tot zijn recht. Als ik avondmaal vier en de instellingswoorden van Jezus hoor – 'Dit is mijn lichaam, dat voor u gegeven wordt' – en ik ontvang het brood met een gelovig hart, dan overkomt mij de ervaring dat tijdens de viering het lichaam en bloed van Christus aan mij geschonken worden. Niet fysiek, alsof brood en wijn werkelijk veranderen in vlees en bloed, maar brood en wijn worden zo'n krachtig teken van Christus' offer dat het veel meer zegt dan woorden alleen. Dat het me op een manier met Christus verbindt die heel concreet en aanraakbaar is. Maar als er geen geloof is, zijn brood en wijn gewoon brood en wijn, en ontvang ik geen zegen (zie NGB art. 35). Dat gold dus ook voor Judas.

WAT IS DE BETEKENIS VAN HET LAATSTE AVONDMAAL?

12 juni

LEZEN: PSALM 41

Judas ontvangt dus niet de zegen van het avondmaal, maar waarom is hij er dan wel bij? Was het niet verstandiger geweest om hem voor de viering alvast op pad te sturen? Zou de sfeer bij het avondmaal daar niet intiemer van zijn geweest? Vast wel. Maar Jezus laat hem erbij. Het verraad van Judas is niet alleen erg voor Judas, maar ook voor Jezus. Het is onderdeel van het diepe lijden waar Jezus doorheen gaat en waarin Hij alle kanten van het menselijk lijden moet doormaken. Een vriendschap aangaan heeft het risico van lijden in zich. Het is vervelend als een goede vriendschap verwatert. Erger is het als een vriend je in de steek laat. Maar het is niet te verteren als een vriend je verraadt. Dat lot treft Jezus, terwijl Zijn liefde voor Zijn vriend Judas zelfs zover gaat dat Hij Zijn leven wil geven voor hem (Johannes 15:13). Door met Judas het brood te delen vervult Jezus het diepe lijden van Psalm 41. Maar Jezus maakt ook duidelijk dat Hijzelf heel veel van Judas houdt. Judas verraadt Jezus, maar Jezus blijft van hem houden. Daarin zien we Gods diepe liefde voor alle mensen, zoals ook Jesaja daarover spreekt: ‘De hele dag heb ik Mijn handen uitgespreid naar een opstandig volk’ (Jesaja 65:2).

WAT IS DE BETEKENIS VAN HET LAATSTE AVONDMAAL?

13
juni

LEZEN: MATTHEÜS 27

Ik heb altijd met Judas te doen. Hij lijkt in Lukas 22 op een pion in Gods plan die genadeloos wordt afgedankt als zijn taak erop zit.
Toch is er meer over Judas te zeggen. In Mattheüs 27:3 lezen we over berouw bij Judas. Berouw is in de Bijbel een goed teken. Vaak (o.a. in de kanttekeningen) wordt gezegd dat het berouw van Judas niet oprecht geweest kan zijn. Maar dat is de grote vraag. In de eerste plaats gaat zijn berouw gepaard met een concrete schuldbelijdenis: 'Ik heb gezondigd, want ik heb onschuldig bloed verraden!' Vervolgens probeert hij zijn verkeerde daad, voor zover mogelijk, goed te maken door de dertig zilverstukken terug te brengen. Bij oprecht berouw hoort dat je je schuld recht wilt zetten (Lukas 19:8). Ten slotte voltrekt hij zijn eigen doodvonnis. Hij had berecht moeten worden door de Joodse leiders. Want hij heeft de Joodse wet van Exodus 23:7 overtreden. Maar de Joodse leiders zijn zo onbarmhartig dat de schuldbelijdenis van Judas ze niks interesseert. Door zichzelf te berechten maakt Judas duidelijk dat Jezus onschuldig was. In zijn dood verkondigt hij het Evangelie. Judas heeft in de laatste uren voor zijn dood meer gezien en begrepen van Jezus dan de Joodse leiders. Mogen we dan toch hoop hebben voor Judas?

WAT IS DE BETEKENIS VAN HET LAATSTE AVONDMAAL?

14 juni

LEZEN: ZONDAG 25, HEIDELBERGER CATECHISMUS

Als Jezus tijdens het Pesachmaal de tekenen van brood en wijn een nieuwe betekenis geeft, is dat niet iets eenmaligs. Hij geeft de opdracht erbij om Hem op deze manier te gedenken. In de Nederlandse vertalingen staat er voor de duidelijkheid bij dat het 'telkens opnieuw' moet. In het Grieks staat dat niet letterlijk zo, maar het is wel wat bij gedenken hoort. Dat doe je niet eenmalig, dat doe je met regelmaat. Dingen die belangrijk zijn, moet je vaak doen. Zo zitten wij mensen in elkaar. Daarmee slijten bepaalde gewoonten en gedachten diep in ons wezen in, en dat is goed. Dit geldt voor alle gewoonten die met je geloof te maken hebben: bidden, bijbellezen, kerkgang en ook de viering van het avondmaal. Opvallend is dat we nergens in de Bijbel letterlijk opdrachten tegenkomen om elke dag in de Bijbel te lezen (veel mensen konden niet eens lezen). We komen ook nergens opdrachten tegen om elke week naar een preek te luisteren (alhoewel daar niks mis mee is). Maar we komen hier wel de opdracht tegen om telkens weer Christus in brood en wijn te gedenken. Blijkbaar vindt Jezus dat nodig.

IS HET EEN VERPLICHTING OM DEEL TE NEMEN AAN DE SACRAMENTEN?

15 juni

LEZEN: HANDELINGEN 2:37-47

Op de allereerste paasdag breekt Jezus het brood met de Emmaüsgangers. Daarna verdwijnt Hij. De Emmaüsgangers haasten zich terug naar Jeruzalem. Daar verschijnt Jezus opnieuw en eet Hij met de leerlingen. Hoewel je deze maaltijd niet echt kunt zien als het avondmaal (dat we juist nodig hebben omdat Jezus niet lichamelijk bij ons is) is de maaltijd wel veelzeggend. Samen eten vormde tijdens Jezus' leven op aarde de basis van Zijn omgang met mensen, maar dat bleef ook zo na Zijn opstanding én in de hele geschiedenis van de kerk. Ook nu is dat nog zo. De maaltijd van de Heere is daarom, met de doop, het belangrijkste ritueel dat we in de kerk hebben.
In de allervroegste kerk van Handelingen 2 vierde men elke dag samen maaltijden. En tijdens die maaltijd brak men het brood. Dat slaat echt op de viering van het heilig avondmaal. Tijdens de gezamenlijke maaltijden was in het gebroken brood de Heere Zelf, in hun midden. Hij vormde het centrum van het kerkelijk leven. Centraal stond: 'Mijn lichaam, voor u, Mijn bloed, voor u.'
Meer heeft een kerk niet nodig om van te leven. Avondmaal betekent leven uit genade, leven van wat je van Christus ontvangt. Eenvoudig hierbij blijven zorgt voor diepe vreugde.

IS HET EEN VERPLICHTING OM DEEL TE NEMEN AAN DE SACRAMENTEN?

16 juni

LEZEN: EEN GEBED NA HET ETEN (DE LITURGIE ~ GEBEDEN) EN LUKAS 22:19

'Gedenken' is in de Bijbel veel meer dan 'terugdenken aan'. Vorige week zagen we al dat de Joden in het pesachfeest de uittocht uit Egypte herbeleven. Een bekend Joods geschrift zegt: 'In elk geslacht is men verplicht zichzelf te zien, alsof men zelf uit Egypte was getrokken.' Tijdens de viering van Pesach ervoer men dus dat men de huidige vrijheid te danken had aan die ene bevrijding van God. En door het verhaal opnieuw te lezen en de maaltijd te gebruiken leefde men zich helemaal in die eerste bevrijding in, om zo dankbaar te zijn voor het leven in vrijheid. Het is wel vergelijkbaar met onze dodenherdenking en Bevrijdingsdag. Zelf waren we er in 1945 niet bij. Maar we hebben er wel onze vrijheid aan te danken. En als het goed is, geeft het gedenken ons die dagen het besef dat die bevrijding het fundament is van ons huidige leven.

Dit geldt ook voor christenen vandaag. Onze verlossing hebben we te danken aan een bevrijding die er al was voordat we geboren werden: de dood en opstanding van de Heere Jezus. In het avondmaal *gedenken* we dat. We leren onszelf te zien als mensen die zelf door de Heere Jezus bevrijd zijn. Door het verhaal te horen en de maaltijd te gebruiken leven we ons in in de bevrijding die we van Hem hebben ontvangen. Broodnodig om je geloof levend te houden.

IS HET EEN VERPLICHTING OM DEEL TE NEMEN AAN DE SACRAMENTEN?

17 juni

LEZEN: 1 KORINTHE 10:14-22

Jezus wil dat we het brood breken om Hem te gedenken. Dat heeft ons veel te zeggen. Want Jezus heeft in Zijn leven op aarde heel veel woorden gesproken, geboden gegeven, gelijkenissen verteld en wonderen gedaan. Allemaal heel belangrijk. Maar uiteindelijk wil Hij dat we Hem gedenken in het breken van het brood, dat verwijst naar Zijn Zelfgave voor ons. Die Zelfgave van Jezus moet de basis van de kerk en jouw persoonlijk geloof blijven.

Paulus voegt er in 1 Korinthe 10:16 nog een dimensie aan toe als hij zegt dat brood en wijn een 'gemeenschap met het lichaam en bloed van Christus' vormen. Door gelovig te eten en te drinken worden we één met de Heere Jezus, Die nu in de hemel is. En als we het avondmaal gelovig vieren, verbindt de Geest ons zo met Christus dat we 'vlees van Zijn vlees en been van Zijn gebeente zijn' (Zondag 76, HC). Avondmaal vieren verbindt je dus heel nauw met de Heere Jezus. Het is dé manier waarop je één met Hem wordt.

IS HET EEN VERPLICHTING OM DEEL TE NEMEN AAN DE SACRAMENTEN?

18 juni

LEZEN: MATTHEÜS 11:7-19

De Zoon van God is in de wereld gekomen. En overal waar Hij komt, is het feest. Veel mensen doen mee. Vooral tollenaars en zondaars. Ze vinden het geweldig. Ze ervaren de bevrijding die Jezus met Zich meebrengt. Maar er staan ook mensen aan de zijlijn. Zij vinden Jezus een onruststoker. In vergelijking met de vreugde die Jezus brengt, zijn de door hun georganiseerde synagogediensten erg vlak en vreugdeloos. Ze proberen Hem zwart te maken. Ze staan aan de kant en doen niet mee. Gisteren hebben we gezien dat we in het avondmaal de eenheid met de Heere Jezus vieren en beleven. Als je dat beseft, wordt het woord 'verplichting' uit de vraag van deze week een heel raar woord. Het komt een beetje neer op de vraag of je als getrouwd echtpaar verplicht bent om je hele leven met elkaar te delen. Zo'n vraag komt pas naar boven als het met het huwelijk niet goed zit. De vraag naar de verplichting van de viering van het avondmaal komt pas naar boven als het met het geloof niet goed zit, als je Jezus liever op afstand houdt. Als je van Jezus houdt, wil je avondmaal vieren en de vreugde die Hij brengt, meebeleven.

IS HET EEN VERPLICHTING OM DEEL TE NEMEN AAN DE SACRAMENTEN?

19 juni

LEZEN: MATTHEÜS 5:21-26

Stel dat je wel van Jezus houdt, maar een conflict hebt met een medemens. Je zou dan kunnen denken: in het avondmaal gaat het om mijn relatie met Jezus, dus dat conflict maakt niet uit. Maar Jezus Zelf snijdt die weg af als Hij spreekt over het brengen van een offer.
'Offeren' betekende in het Oude Testament: iets bij God brengen om de gemeenschap met Hem te beleven. Je offergave stond symbool voor jezelf toewijden aan God. Jezus zegt nu: 'Dat gaat niet als je ruzie hebt met een broeder of zuster. Dan moet je het offeren staken en je zo snel mogelijk met de ander verzoenen.' Hij zegt dus niet: 'Breng het offer maar niet', maar Hij zegt: 'Maak het goed!'
Hoe Jezus het precies zegt, is ook heel typisch: '... en u zich (...) herinnert dat uw broeder iets tegen u heeft...' Je moet dus niet naar de ander toe om hem verwijten te maken en ervoor te zorgen dat hij jou om vergeving vraagt, maar juist om het verwijt van de ander aan jou serieus te nemen, om zelf vergeving te vragen voor jouw aandeel in het conflict. Je voelt aan dat de omgang met conflicten volgens Jezus heel anders is dan de manier waarop wij daar van nature mee omgaan.

IS HET EEN VERPLICHTING OM DEEL TE NEMEN AAN DE SACRAMENTEN?

20 juni

LEZEN: 1 KORINTHE 11

Het avondmaal is geen individuele maaltijd. Je viert het als gemeente. Als Paulus in 1 Korinthe 10 en 11 spreekt over het avondmaal, speelt hij met twee betekenissen van het woord ‘lichaam’. Het brood verwijst naar het letterlijke lichaam van Christus, maar als je er samen van eet, vorm je met elkaar ook Zijn lichaam, Zijn gemeente.
In de gemeente van Korinthe zondigde men rondom de samenkomst tegen elkaar. Rijke mensen konden niet wachten met eten tot de armen – die de hele dag moesten werken – er waren. Die vonden dan een lege tafel en begonnen met een rammelende maag aan de dienst. En dan gingen ze vervolgens wel met elkaar het avondmaal vieren. Paulus zegt: ‘Als je dat doet, zondig je tegen het lichaam van Christus (de gemeente), en daarmee ook tegen het letterlijke lichaam van Christus. Door te zondigen tegen je medegelovige, zondig je tegen Christus. Hij heeft Zijn leven namelijk gegeven zodat Zijn volgelingen elkaar zouden liefhebben en dienen.’
Ook hier is de conclusie niet: stop dan maar met het avondmaal, maar: toets jezelf of je goed met je naaste omgaat en vier vervolgens het avondmaal.
De conclusie van deze week is: avondmaal vieren is een opdracht van Christus, en alles wat je erbij verhindert, moet je wegdoen uit je leven.

IS HET EEN VERPLICHTING OM DEEL TE NEMEN AAN DE SACRAMENTEN?

21 juni

LEZEN: LUKAS 22

Of je eerst bepaalde 'vruchten' nodig hebt om het avondmaal te mogen vieren, zou een verkeerde vraag zijn. Zoals uit Lukas 22:15 blijkt, is het avondmaal zelf een vrucht van het verlangen van Jezus. Hij verlangde er intens naar om nog één keer het pesachmaal te vieren en tijdens die maaltijd de tekenen te verbinden met Zijn lijden. En om op die manier Zijn offer aan te bieden aan Zijn leerlingen en te zeggen: 'Vanaf nu is dit offer de basis van jullie leven.'

Die leerlingen zelf lieten niet zo veel vrucht zien. Tijdens het leven van Jezus begrepen ze echt niet wat Hij precies kwam doen. Volgens Lukas maakten ze nog aan de avondmaalstafel ruzie over wie van hen de belangrijkste was (Lukas 24:24). Jezus zegt tegen Petrus dat Hij voor hem heeft gebeden omdat Hij weet dat zijn geloof anders zal bezwijken (Lukas 24:32). Diezelfde nacht nog rennen de leerlingen in angst weg en verloochent Petrus zijn Heer.

Het avondmaal is Jezus' geschenk aan ons. Hij biedt Zijn nieuwe leven aan in brood en wijn. Hij verlangt er intens naar om dat uit te delen, aan mensen die hoogmoedig, bang of twijfelmoedig zijn.

WAT IS DE VRUCHT VAN HET AVONDMAAL?

22 juni

LEZEN: MARKUS 6:30-44

Tijdens zijn leven geeft Jezus vijfduizend mensen te eten, een maaltijd die op woordniveau nauw verbonden is met het avondmaal. De mensen komen uit de hele regio naar Jezus toe om Zijn woorden te horen. Ze worden gedreven door verlangen naar het Woord. Dat is het enige wat ze meebrengen. Maar het is wel cruciaal. Als het hart van mensen openstaat voor God en Zijn Woord, kunnen ze ook het brood ontvangen dat God geeft.

Deze mensen hebben nog geen beredeneerd geloof. Ze voelen vooral het gemis en het verlangen. En de reactie van Jezus? Medelijden, ontferming, diepe bewogenheid. Hij geeft hun langdurig onderwijs en stuurt hen niet met een lege maag naar huis. Ze mogen deel uitmaken van deze unieke maaltijd waarin Jezus steeds maar meer brood blijft geven als teken van de onuitputtelijke bron van Leven Die Hij is. Het brood waarmee Hij naar Zichzelf verwijst als het ‘Brood des levens’ (Johannes 6:35).

De broodvermenigvuldiging van Jezus gaat nog steeds door in het vieren van het avondmaal. Al tweeduizend jaar lang. Steeds opnieuw dat brood dat verwijst naar ‘het Brood des levens’. Het enige wat van ons gevraagd wordt, is verlangen naar dat Brood. Zo is het vieren van het avondmaal vrucht van het verlangen van Jezus naar ons en van ons verlangen naar Hem.

WAT IS DE VRUCHT VAN HET AVONDMAAL?

23 juni

LEZEN: HANDELINGEN 8:26-40

Het kan snel gaan. De minister van financiën uit Ethiopië heeft van Filippus uitleg gekregen over Jezus en hij vraagt om gedoopt te worden. Het gesprek heeft hem duidelijk gemaakt dat Jezus zijn diepste verlangens vervult, en hij wil bij Hem horen. Dit is zijn belijdenis. Het gaat wel heel snel, maar Filippus doopt hem.
Hetzelfde kun je toepassen op het vieren van het heilig avondmaal. Als je naar de eenheid met Jezus verlangt, mag je het vieren en is het beter er niet te lang mee te wachten. In de meeste kerken doe je eerst belijdenis van je geloof voordat je mag vieren. En dat is ook goed, het maakt namelijk dat je goed over de stap nagedacht hebt en niet over één nacht ijs gaat.
Ik merk dat jongeren het tegenwoordig vaak voor zich uitschuiven om belijdenis te doen, omdat ze het wel een heel grote stap vinden, waarbij je heel zeker moet zijn of heel veel moet voelen. Maar van oorsprong is belijdenis doen niks anders dan toestemming vragen om avondmaal te vieren. Eigenlijk staat er bij het doen van belijdenis maar één vraag centraal en dat is: verlang je naar de eenheid met Jezus en zoek je die eenheid samen met Zijn lichaam (de gemeente)? Dan kun je belijdenis doen en avondmaal vieren. Leeftijd doet er dan niet toe.

WAT IS DE VRUCHT VAN HET AVONDMAAL?

24 juni

LEZEN: PSALM 84

Als je naar Jezus verlangt en vanuit dit verlangen avondmaal viert, mag je vrucht verwachten. Psalm 84 spreekt over mensen die verlangen naar de tempel, die op weg gaan om hun toevlucht te zoeken bij God. Als ze onderweg zijn, verandert het dorre landschap van de woestijn van Judea om hen heen in een oase. Het regent en het wordt groen.
Dit vind ik een prachtig beeld voor het avondmaal. Onderweg naar het hemelse Jeruzalem verlangen we naar God, naar Christus. In het avondmaal komt het nieuwe leven van Jezus al naar ons toe en daalt in onze dorre levens neer als een frisse regenbui. Daardoor veranderen onze levens in groene oases.
Heel basaal in het christelijk belijden is het dat de genade van God mensen verandert. Op eigen kracht zijn we dor en leeg, maar de genade van God maakt ons nieuwe mensen die tot in onze vezels gaan veranderen. Een mooi christelijk leven is dus geen voorwaarde voor het vieren van het avondmaal, maar veel meer de vrucht ervan. Het avondmaal is volgens de Heidelberger Catechismus dan ook voor 'hen die ernaar verlangen hun geloof te versterken en hun leven te beteren' (Zondag 81, HC).

WAT IS DE VRUCHT VAN HET AVONDMAAL?

25 juni

LEZEN: GALATEN 5:22-26

Het Nieuwe Testament staat vol met uitspraken waaruit duidelijk wordt dat we vrucht dragen door de eenheid met de Heere Jezus, of door de Geest Die ons één maakt met Jezus. Paulus is er duidelijk in dat die eenheid tot stand komt door het geloof (Galaten 2:20), de doop (Romeinen 6:3-4) en het avondmaal (1 Korinthe 10:16).
In het avondmaal raken we dus steeds meer verbonden met de Heere Jezus en Wie Hij voor ons wil zijn. Dat heeft twee kanten: we delen in de vergeving van de zonden, maar ook in Zijn gehoorzaamheid (Zondag 79, HC). In Galaten 5:22 is dat prachtig te zien. Daar wordt de vrucht van de Geest die we door de eenheid met Jezus ontvangen, in negen prachtige karaktereigenschappen onderverdeeld. Als je deze woorden goed op je in laat werken, zie je dat hier precies het karakter van de Heere Jezus getekend wordt en daarmee het karakter van God Zelf. Denk eens over elk van deze woorden na en bedenk hoe je deze eigenschappen bij Jezus ziet. Proef en zie dat de Heere goed is (Psalm 34:9). Deze goedheid van Jezus proeven we in het avondmaal. En door dat steeds weer te proeven en dicht bij Hem te leven, gaat ons eigen leven steeds meer van Zijn karakter vertonen.

WAT IS DE VRUCHT VAN HET AVONDMAAL?

26
juni

LEZEN: 1 KORINTHE 10:14-22

Al een keer eerder heb ik deze weken benadrukt dat het in het avondmaal gaat om iets wat de hele gemeente betreft. In deze tekst wordt dat het best uitgedrukt. Het brood bij het avondmaal symboliseert Christus. Als je daar allemaal een stukje van eet, betekent dat dat je samen Zijn lichaam wordt. Een lichaam waar Hij het Hoofd van is.
Zo kun je gemeente-zijn zien als een vrucht van het avondmaal vieren. Voordat je het avondmaal gaat vieren, ruim je conflicten op en belijd je je zonden, ook aan elkaar (zie vorige week). Door het vieren van het avondmaal word je dan als gemeente bevestigd in de eenheid die je in Christus hebt.
Volgens Paulus hebben gelovigen elkaar nodig om Christus te leren kennen. Christus is zo groot, Zijn genade reikt zo ver en Zijn liefde is zo diep, dat kun je nooit alleen bevatten. Alleen door als gemeente samen bij de waarheid te blijven en elkaar lief te hebben kunnen we steeds verder naar Christus toe groeien (Efeze 4:16).
Kijk zondag in de kerk eens om je heen, dan zie je het lichaam van Christus zitten. Zij zijn het geschenk van God aan jou, om samen meer van Christus te leren kennen.

WAT IS DE VRUCHT VAN HET AVONDMAAL?

27
juni

LEZEN: 1 JOHANNES 4:7-21

Ik vind het altijd erg mooi als een predikant tijdens de avondmaalsviering een stukje brood in de geopende handen van de avondmaalgangers legt. Dat maakt heel erg duidelijk waar het in het avondmaal om gaat: je handen naar God openen en het van Hem ontvangen. Dat is wat geloven is: het leven van God ontvangen. Hoewel we als mens met al onze zintuigen betrokken zijn in het sacrament, zijn we met nadruk de ontvangende partij. In 1 Johannes 4:10 schrijft Johannes: 'Hierin is de liefde, niet dat wij God lief hebben gekregen, maar dat Hij ons liefhad en Zijn Zoon zond als verzoening voor onze zonden.'

Avondmaal vieren laat zien: Gods liefde gaat aan alles vooraf, ook aan mijn liefde. Maar Gods liefde roept mijn liefde wel wakker. Als God Zijn liefde uit, kan het niet anders of een mens reageert met wederliefde (of met afwijzing). De voornaamste vrucht van het avondmaal is daarom liefde. De Nederlandse Geloofsbelijdenis vat het samen in artikel 35: 'Kort uitgedrukt, wij worden door het gebruik van dit heilig Sacrament bewogen tot een vurige liefde jegens God en onze naaste.' Hiermee brengt het avondmaal ons bij de kern van het christelijke leven: God liefhebben boven alles en de naaste als jezelf.

Uiteindelijk staat het avondmaal in dienst van het allerbelangrijkste: de liefde. Ik hoop dat je door de overdenkingen van afgelopen weken je uitgenodigd voelt om het avondmaal te beleven als een liefdesmaaltijd.

WAT IS DE VRUCHT VAN HET AVONDMAAL?

28 juni

LEZEN: JESAJA 45:1-8

De Oude Kerk in Amsterdam is één van de oudste gebouwen van die stad. Wat ooit begon als een klein kapelletje voor schippers, is een gebouw geworden met een rijke historie. Hoeveel kinderen zullen er in de afgelopen eeuwen in dat kerkgebouw gedoopt zijn? Al vóór de leer van de Reformatie in Amsterdam omhelsd werd, zijn hier kleine kinderen gedoopt door de roomse pastoor. In 1563 besloot het concilie van Trente dat alle namen van de dopelingen opgeschreven moesten worden in een doopboek. En dat gebeurde. Maar in mei 1578 verwisselde de Oude Kerk van eigenaar en werd de Gereformeerde Kerk de nieuwe eigenaar van dit kerkgebouw. En vanaf die tijd zijn de namen van de gedoopte 'gereformeerde' kinderen opgeschreven in hetzelfde doopboek! Soms wel duizend per jaar. Waarom wordt dit nu ook nog gedaan? Omdat dit bijbels is. Lees het maar na in Jesaja 45. Op grond van Gods belofte mogen ook de nakomelingen (Jesaja 45:3) delen in de zegen van Gods Geest. En dat mag opgeschreven worden. Heel persoonlijk mag het met de hand opgeschreven worden: *Ik ben van de HEERE*. Om het nooit meer te vergeten. Bij je doopkaart is je naam opgeschreven. Hangt je doopkaart op een zichtbare plek? Zodat je daar dagelijks aan herinnerd wordt?

WAAROM MOETEN WE ALS KIND GEDOOPT WORDEN?

29 juni

LEZEN: GENESIS 17:1-14

De Reformatie die in 1517 begon, leidde uiteindelijk tot een definitieve breuk met de Rooms-Katholieke Kerk. In diezelfde tijd, zo rond 1525, ontstonden er ook grote aantallen wederdopers. En zij meenden dat het sacrament van de kinderdoop afgeschaft moest worden. Gereformeerden en wederdopers werden fel vervolgd. Guido de Brès, die zijn leven voor de gereformeerde leer heeft gegeven, bestrijdt in zijn Nederlandse Geloofsbelijdenis (1563) de opvattingen van de wederdopers. Alle Reformatoren hebben gezocht naar argumenten om de leer van de kinderdoop met bijbelse argumenten te onderbouwen. Eén van de belangrijkste teksten is Genesis 17:7. Daar zegt de HEERE tegen Abraham dat Hij met hem een verbond opricht waarin ook zijn kinderen (en kleinkinderen) opgenomen worden. Het verbond sluit de familieleden niet uit, maar in. Het verbond is een persoonlijke zaak, waarbij God Zijn Naam over de dopeling uitroept. De HEERE stopt echter niet bij de enkeling, maar betrekt de familie van de dopeling erbij. Heel dat huisgezin van Abraham, zelfs zijn gekochte slaven, ontvangen dan ook het teken van het verbond. Alle Joodse jongetjes worden op de achtste dag besneden. Een onuitwisbaar teken mag dagelijks meegedragen worden. En wie niet besneden is? Die heeft, zo laat Genesis 17:14 zien, daarmee het verbond verbroken.

WAAROM MOETEN WE ALS KIND GEDOOPT WORDEN?

30
juni

LEZEN: 2 KORINTHE 6:1-18

Heb je weleens een baptist gesproken? Wie opgegroeid is met de kinderdoop en gelooft dat dit bijbels is, zal in zo'n gesprek met bijbelse argumenten moeten komen. Want een beroep op het formulier voor de doop van de kleine kinderen is voor een baptist niet geldig. 'Een formulier is de Bijbel niet,' zal er dan gezegd worden. En als de voorstander van de kinderdoop tegen de baptist zegt dat de Joodse jongetjes op de achtste dag besneden werden, zal deze te horen krijgen dat de gemeente van Christus 'geen vervanging' is voor Israël. 'Pas op voor vervangingstheologie! Het verbond met Israël is niet meer van toepassing op de christelijke gemeente.' Wat zeg je dan? Laten we luisteren naar de apostel Paulus. Hij schrijft aan de gemeenteleden van Korinthe dat zij, als gelovige heidenen, samen de tempel van de levende God zijn. Alle gelovige christenen vormen samen de nieuwe tempel waarin Gods Geest woont. En Paulus zegt dat ook de gelovige heidenen onder dezelfde verbondsformule als de Joden vallen. God heeft het Zelf gezegd. 'Ik zal hun God zijn en zij zullen Mijn volk zijn.' De geestelijke zegen van het genadeverbond, dat God onze God is, geldt dus voor Jood en heiden.

WAAROM MOETEN WE ALS KIND GEDOOPT WORDEN?

1
juli

LEZEN: MARKUS 10:12-27

In de Tachtigjarige Oorlog zijn er veel aanhangers van de gereformeerde leer vanuit Nederland naar Londen gevlucht. Daar is toen rond 1554 een Hollandse vluchtelingengemeente ontstaan, waar Marten Micron veel voor heeft betekend. In 1559 heeft deze Micron een kleine catechismus opgesteld waarin hij de kinderdoop verdedigt. Hij noemt de kinderen 'de bijzonderste lidmaten van de gemeente van Christus, omdat ze Hem toebehoren'. Maar kunnen deze kleine kinderen dan wel geloven, zo vraagt Micron zich af. 'Waarom wordt het geloof, en de mondelinge belijdenis niet van de kinderen der gemeente geëist, voordat zij gedoopt worden?' En dan geeft hij het volgende antwoord: 'Overmits dat de gemeente van haar zaligheid een veel zekerder getuigenis heeft uit het Woord van God, dan men uit de belijdenis van de volwassenen hebben kan. En hun aangeboren "krankheid", waardoor zij niet geloven noch belijden kunnen, wordt hun niet toegerekend om Christus' wil' (Micron, *Christlicke ordinancien*). Met krachtige taal komt Micron dus op voor de kinderdoop. En daarbij verwijst hij verschillende keren naar Markus 10:14, waar Jezus zegt: 'Laat de kinderen bij Mij komen en verhinder hen niet, want voor zulke mensen is het Koninkrijk van God.' En Micron voegt eraan toe dat de kinderen in Christus gezegend zijn, 'dat is, heilig, gerechtvaardigd, rein en gelovig geacht worden'.

WAAROM MOETEN WE ALS KIND GEDOOPT WORDEN?

2 juli

LEZEN: 1 KORINTHE 12:11-22

In zijn brieven vergelijkt de apostel Paulus de gemeente van Christus regelmatig met een lichaam. In Romeinen 12:4-5 schrijft Paulus: 'Want zoals wij in één lichaam vele leden hebben en de leden niet alle dezelfde functie hebben; zo zijn wij, hoewel velen, één lichaam in Christus, maar ieder afzonderlijk leden van elkaar.' Ook in Efeze 1:22-23 gebruikt Paulus deze vergelijking. In 1 Korinthe 12 werkt Paulus dat beeld van het lichaam het rijkst uit. Christus is het Hoofd van Zijn lichaam. En door Zijn Heilige Geest worden de leden opgenomen in dat geestelijke lichaam en aan het Hoofd verbonden. En de heilige doop mag van die inlijving in de gemeente van Christus het zichtbare teken zijn. Daarbij vallen de verschillen tussen Joden en Grieken, tussen werknemers en werkgevers zelfs helemaal weg. Voel je de vreugde waarmee Paulus dit mag schrijven? We hebben elkaar als hand en voet nodig en mogen elkaar niet uitsluiten. En de kleine kinderen van de gelovigen dan? Zouden die dan wel van dit lichaam van Christus uitgesloten mogen worden? Zelfs de zwakste leden van het lichaam zijn nodig (1 Korinthe 12:22). Natuurlijk horen de kinderen bij het lichaam. En daarom mogen zij ook gedoopt worden.

WAAROM MOETEN WE ALS KIND GEDOOPT WORDEN?

3
juli

LEZEN: LUKAS 19:1-10

De geschiedenis van Zacheüs is bekend. Een gehate belastingambtenaar, een klein mannetje, is nieuwsgierig naar Jezus. En daarom klimt hij in de vijgenboom en verstopt hij zich tussen de bladeren. Maar Jezus weet hem daar wel te vinden en zegt dat hij naar beneden moet komen. 'Haast u en kom naar beneden, want heden moet Ik in uw huis verblijven.' Jezus gaat niet eventjes naar binnen, maar Hij blijft bij Zacheüs in huis. Met Zijn zaligmakende genade. Dat bezoek van Jezus roept vijandschap op bij de omstanders. Ze zijn diep verontwaardigd dat Jezus bij de meest verachte man de maaltijd gaat gebruiken. Terwijl Zacheüs blij is, zijn de anderen jaloers. Maar uit de belofte van Zacheüs, dat hij alle diefstallen zal vergoeden, komt de echtheid van zijn geloof openbaar. En wat zegt Jezus dan? 'Heden is dit huis zaligheid ten deel gevallen, omdat ook deze een zoon van Abraham is.' De kanttekeningen van de Statenvertaling zeggen hierbij dat met dit huis 'het huisgezin' wordt bedoeld. Want 'als de vader in Christus gelooft, dan wordt het hele huisgezin tot het verbond gerekend, tenzij dat zij door hun ongelovigheid deze genade verwerpen'. Naar het oordeel van de liefde houden wij de kinderen van een gelovige vader of moeder, ook voor kinderen van Abraham. Is dat niet rijk?

WAAROM MOETEN WE ALS KIND GEDOOPT WORDEN?

4 juli

LEZEN: HANDELINGEN 16:16-34

Nergens in de Bijbel lezen we een gebod waarin staat dat kinderen niet gedoopt mogen worden. Waarom niet? Omdat het zo vanzelfsprekend is dat het wél mag. Wie in de Bijbel naar voorbeelden van de doop van kinderen zoekt, komt al snel uit bij de 'huisteksten'. Daarmee bedoelen we het dopen van een heel huisgezin. En bij 'het huis' horen ook de allerkleinste kinderen. Denk maar aan Elimelech, die elk jaar 'met zijn huis' gaat offeren. Als de kleine Samuël niet meegaat, is dat een uitzondering. Als de cipier van Filippi vraagt wat hij moet doen om zalig te worden, zeggen Paulus en Silas tegen hem: 'Geloof (enkelvoud) in de Heere Jezus Christus en u zult zalig worden, u en uw huisgenoten.' En op datzelfde moment komt deze cipier tot het geloof in Jezus Christus. Midden in de nacht wordt hij met zijn huisgezin gedoopt. Is deze cipier dan alleen voor zichzelf blij? Nee, ook voor zijn huisgezin. Hij verheugt zich er met zijn huisgenoten over dat hij tot het geloof in God gekomen is. Als iemand tot geloof komt, is zijn huisgezin (1 Korinthe 7:14) ook geheiligd. Ook de kinderen ontvangen het teken van de doop. Er wordt zelfs niets gezegd over de persoonlijke geloofsbelijdenis van de cipier! En toch is hij, met zijn huisgezin, gedoopt. Wat hebben we een rijke God, dat Hij ook de kinderen meeneemt in Zijn genade!

WAAROM MOETEN WE ALS KIND GEDOOPT WORDEN?

5
juli

LEZEN: DOOPFORMULIER

Vorige week is er aandacht gevraagd voor de doop van de kinderen. Deze week letten we vooral op de achtergrond van de doop. Waarom is de doop nodig? Hebben we niet genoeg aan het Evangelie? Heeft de doop te maken met 'een straf op de zonde'? Wie de betekenis van de doop goed wil verstaan, moet nooit vergeten dat de doop een 'sacrament' is. Het Latijnse woord *sacrament* is afgeleid van het Griekse woord *mysterion*, dat 'verborgenheid' betekent. Sacramenten zijn zichtbare tekenen die een verborgen geestelijke zaak weergeven. Daarmee wil de HEERE het zwakke geloof versterken. Zelfs vóór de zondeval heeft God aan Adam al een sacrament gegeven: de boom des levens. Om het geloof in God te kunnen versterken mochten Adam en Eva van de vruchten van deze boom eten. Zo wisten zij nog zekerder dat zij in de weg van gehoorzaamheid mochten delen in het eeuwige leven. En daarom wordt de 'boom des levens' een sacrament genoemd. Ook na de zondeval geeft de HEERE vergelijkbare sacramenten. Denk aan de koperen slang, het manna en het water uit de steenrots. Het zijn allemaal zichtbare tekenen en zegels die een onzichtbare genade afbeelden. Vóór de betekenis van doop en avondmaal in de Heidelberger Catechismus wordt uitgelegd, is er eerst aandacht voor de sacramenten.

IS DE DOOP EEN STRAF OP DE ZONDE OF EEN TEKEN VAN GODS GENADE?

6 juli

LEZEN: GENESIS 3:9-24

Door de zondeval in het paradijs verandert de verhouding tussen God en mens. De zonde leidt tot schaamte en Adam en zijn vrouw verbergen zich voor God. De vijgenboombladeren bieden geen bedekking voor de heilige God. God zoekt Adam als hoofdverantwoordelijke op en stelt hem de indringende vraag: ‘Waar bent u?’ Nog altijd zijn we geneigd om een ander de schuld te geven van de zonde. In Zijn grote genade geeft God de moederbelofte (Genesis 3:15) en belooft Hij Zijn Zoon te zenden, Die de kop van de slang zal vermorzelen. Tegelijkertijd wordt de weg naar het paradijs afgesloten en bewaken engelen (cherubijnen) de ingang van de hof. Waarom? Om te voorkomen dat de mens zou eten van de boom des levens. In Genesis 3:22 verbiedt God het eten van deze vruchten: zo kan de mens het eeuwige leven niet meer ontvangen. Het zwaard van de engelen zal niet neerdalen op de eerste Adam, maar op de tweede Adam, Jezus Christus. Hij moet komen om de weg tot het hemelse paradijs te openen. En om die blijde boodschap van het Evangelie beter te kunnen verstaan, geeft God opnieuw twee sacramenten. De doop als het sacrament van de inlijving in Gods kerk en het avondmaal als het sacrament van de voeding.

IS DE DOOP EEN STRAF OP DE ZONDE OF EEN TEKEN VAN GODS GENADE?

7 juli

LEZEN: NUMERI 21:4-9

Het begin van Numeri 21 vertelt ons hoe het volk van Israël moppert en klaagt. De Israëlieten walgen van het manna dat de HEERE dagelijks geeft. Als straf zendt de HEERE giftige slangen, waarvan de beet onherroepelijk leidt tot de dood. Daarna erkent het volk dat het gezondigd heeft. De HEERE geeft Mozes de opdracht om een koperen slang te maken. Daarmee wordt een blijde boodschap verkondigd: wie op de koperen slang ziet, zal leven. Door een slang is het gif van de zonde in de wereld gekomen. In Johannes 3 vergelijkt Jezus Christus, de tweede Adam, Zichzelf met een slang. Hij belooft dat een ieder die in Hem gelooft, niet verloren zal gaan, maar eeuwig leven zal hebben. In 2 Koningen 18:4 lezen we dat koning Hizkia, honderden jaren na de geschiedenis met de giftige slangen in de woestijn, de opdracht geeft om de koperen slang van Mozes te vernietigen. Waarom? Omdat het volk die slang als een afgod ging vereren. Het gevaar is aanwezig dat we van een sacrament een afgod maken. Dat gebeurt als het sacrament de boodschap van het Evangelie overtreft en wij menen dat we de genade van Christus niet meer nodig hebben. Het gebruik van een sacrament maakt dus niet zalig. Maar het *gelovig* gebruik van een sacrament laat ons meer en meer de heerlijkheid van Jezus Christus zien.

IS DE DOOP EEN STRAF OP DE ZONDE OF EEN TEKEN VAN GODS GENADE?

8 juli

LEZEN: JOHANNES 8:21-44

In Johannes 8 wordt op een aangrijpende manier verteld hoe de geestelijke leiders van het Joodse volk misbruik maken van het feit dat zij besneden zijn. Als trouwe nakomelingen van Abraham zijn ze besneden. Daar beroemen zij zich ook op. Zij vinden zichzelf veel beter dan Jezus. Als verbondskinderen kunnen ze de zaligheid niet ontlopen. Jezus ontmaskert echter hun diepste gedachten, als Hij benadrukt (Johannes 8:31-32) dat alleen het geloof in Zijn Woord leidt tot echte, geestelijke vrijheid. In het antwoord dat dan gegeven wordt, voelen we de weerstand van de Joodse leiders. Als zaad van Abraham hebben zij toch geen vrijheid meer nodig? En toch zegt Jezus dat zij slaven van de zonde zijn. Waaruit blijkt dat het meest? Uit het feit dat deze Joodse leiders hun uiterste best doen om Jezus de Messias te doden (Johannes 8:37). En waarom doet dit zaad van Abraham dat? Omdat het Woord van Jezus geen uitwerking heeft in hun hart. Zij herkennen in Jezus Christus niet de Woorden van Zijn hemelse Vader. Uiteindelijk moet Jezus over dit besneden zaad van Abraham zeggen dat zij kinderen van de duivel zijn (Johannes 8:44) omdat zij niet in het bevrijdende Evangelie geloven, maar vast blijven houden aan hun eigen leugens. Is het niet aangrijpend dat kinderen van het verbond zo met het Evangelie kunnen omgaan?

IS DE DOOP EEN STRAF OP DE ZONDE OF EEN TEKEN VAN GODS GENADE?

9 juli

LEZEN: 2 KORINTHE 4:1-18

We hebben gisteren gezien dat het gevaarlijk is om tevreden te zijn met een teken. Toch heeft de HEERE ons in de doop een zichtbaar teken en zegel gegeven. Waarom? Guido de Brès zegt in artikel 33 van de Nederlandse Geloofsbelijdenis dat onze goede God rekening houdt met onze grovigheid en zwakheid. God houdt rekening met het feit dat wij vaak niet zo geestelijk zijn als we zouden moeten zijn. Aan het Woord van onze God, Die niet liegen kan, zouden we genoeg moeten hebben. En toch kan er zo veel twijfel aan de waarachtigheid van God in ons hart leven, omdat we zo gericht zijn op het aardse, op wat we zien. Terwijl Paulus in 2 Korinthe 4 zegt dat de dingen die we zien, tijdelijk zijn. Alles wat we zien, gaat voorbij. Het sterft. Het gaat verloren. Maar wat we niet zien, is eeuwig. God is zo goed dat Hij rekening houdt met onze beperktheid en een sacrament geeft waarbij de zintuigen ingeschakeld worden. We zien (en voelen) het water van de doop, waarmee de HEERE een geestelijke zaak duidelijk maakt. Het zichtbare water wijst op een inwendige en onzichtbare zaak. Het water van de doop wijst ons op Gods 'goedwillendheid en genade', waarmee Hij ons geloof wil voeden en onderhouden. De doop is een teken van eeuwige genade.

IS DE DOOP EEN STRAF OP DE ZONDE OF EEN TEKEN VAN GODS GENADE?

202 – DE HEILIGE DOOP

10 juli

LEZEN: TITUS 3:1-15

Wanneer gaan we in bad? Als we ons vuil en vies voelen. Het badwater reinigt ons en zorgt ervoor dat we verfrist verder kunnen gaan. De Bijbel is eerlijk. God zegt dat van nature alle mensen 'kinderen des toorns' zijn. Het vuil van de zonde erven we van onze vader en moeder. Job stelt eerlijk de vraag: 'Wie zal een reine geven uit een onreine? Niet één' (Job 14:4). Je bent onrein op deze wereld geboren. En daarom heb je het nodig om in het bloed van Jezus Christus gereinigd te worden. Van die reiniging is de doop een zichtbaar teken. Paulus noemt de doop in Titus 3 zelfs 'een bad van de wedergeboorte'. De gelovige mag opstaan als een nieuw mens, het vuil van de zonde is van hem af gewassen. We mogen delen in de vernieuwing van de Heilige Geest. De Geest wil in ons wonen en ons 'toe-eigenen, wat we in Christus hebben'. De doop is werkelijk een genadegift van God, waar elke dopeling zijn leven lang troost uit mag putten. Omdat het water van de doop nooit opdroogt. En de witte doopkleding, waar geen smetje vuil op te zien is, markeert dat nieuwe begin. Als een reine maagd, zonder vlek of rimpel, mag de bruid voor de hemelse Bruidegom verschijnen. Is dat geen liefde?

IS DE DOOP EEN STRAF OP DE ZONDE OF EEN TEKEN VAN GODS GENADE?

11 juli

LEZEN: GALATEN 3:13-29

In de afgelopen week is er verschillende keren over kleding gesproken. Toen alles tussen God en de mensen nog goed was, was kleding niet nodig. Na de zondeval geeft God Zelf aan het eerste mensenpaar kleding van dierenvellen. Er moet een dier geslacht worden om de naaktheid van de mens te bedekken. Het offer van Christus is nodig om de schuld voor God weg te nemen. Hoe hing Jezus uiteindelijk aan het kruis? Zonder kleding! Is dat niet vernederend? Zo heeft Jezus 'de mantel der gerechtigheid' geweven en verdiend. Zo mogen wij Christus aandoen. Bedekt en bekleed worden met 'de klederen van het heil'. Paulus benadrukt enkele keren dat een christen door het geloof Jezus Christus mag aandoen. 'Maar bekleed u met de Heere Jezus Christus, en verzorg het vlees niet om begeerten op te wekken' (Romeinen 13:14). Ook in Galaten 3 komt die lijn terug. Wie zijn de echte kinderen van Abraham? Wie zijn de kinderen van God? Dat zijn degenen die in Jezus Christus geloven (Galaten 3:26). En Christus aandoen heeft alles met de doop te maken. Een dopeling staat niet langer 'neutraal' tegenover Christus, maar mag met Hem wandelen. 'Zoals u dan Christus Jezus, de Heere, hebt aangenomen, wandel in Hem' (Kolossenzen 2:6).

IS DE DOOP EEN STRAF OP DE ZONDE OF EEN TEKEN VAN GODS GENADE?

12 juli

LEZEN: GENESIS 43:1-14

Zijn wij verantwoordelijk voor elkaar? We leven in een tijd waarin veel mensen sterk op zichzelf gericht zijn. In grote steden komt het weleens voor dat er iemand wordt gevonden die al maandenlang dood in zijn eigen woning ligt, en dat niemand die persoon heeft gemist. In de christelijke gemeente is het belangrijk dat wij omzien naar elkaar. Oog hebben voor elkaar. Steun geven aan elkaar. Op een prachtige wijze kwam dat vroeger tot uitdrukking in het feit dat er bij de doopbediening van het jonge kind 'doopborgen' aanwezig waren, de zogenaamde 'peters en meters'. Zij waren niet alleen als getuigen bij de doophandeling aanwezig, maar ze beloofden de ouders ook te steunen in de christelijke opvoeding. In het Latijn worden deze doopgetuigen *sponsores* genoemd. Dat betekent dat zo iemand 'borg' staat voor een ander. Vader Jakob had zo'n borg nodig voor zijn lievelingszoon Benjamin. Zijn zoon Jozef was hij al kwijt en nu dreigde hij ook nog Benjamin te verliezen. Maar toen beloofde Juda dat hij 'borg voor Benjamin' zou zijn in het vijandige Egypte. Wat zou het goed zijn als er gemeenteleden en familieleden als doopborgen om onze kleine kinderen heen zouden staan en de jonge ouders zouden steunen in het geven van een christelijke, godzalige opvoeding.

WAT BETEKENT HET OM MET JE HUISGEZIN GEDOOPT TE WORDEN?

13 juli

LEZEN: MARKUS 16:15-20

Om zalig te kunnen worden is het geloof in Jezus Christus onmisbaar. Zonder geloof kunnen we God niet behagen (Hebreeën 11:6). Waar geen geloof is, is ongeloof. Waar geen geloof is, moet God verdoemen. Voor eeuwig tot de dood veroordelen. Het geloof is onmisbaar om zalig te worden. Toch zegt het begin van Markus 16:16 er nog iets bij. 'Wie geloofd zal hebben én gedoopt zal zijn.' Om zalig te kunnen worden, zijn dus twee zaken nodig: geloof en doop. Wie zelf ongedoopt is, wie een klein kind bewust ongedoopt laat, neemt dus een grote verantwoordelijkheid op zich. Wie bewust ongedoopt is en blijft, loopt het gevaar om verloren te gaan. Wat betekent dat voor de praktijk van het kerkelijk leven? Dat de doop niet onnodig uitgesteld mag worden. Alleen een situatie van overmacht ontslaat ons van de verplichting om te dopen. Denk maar aan een klein ziek kind dat lange tijd in het ziekenhuis ligt. Of denk aan de moordenaar aan het kruis, die tot het geloof in Jezus Christus komt, en zich niet meer kan laten dopen. Maar in alle andere gevallen geldt dit ernstige gebod van Christus. Wie ongedoopt wil blijven, maar wel gedoopt zou kunnen worden, is ongehoorzaam aan Jezus' opdracht.

WAT BETEKENT HET OM MET JE HUISGEZIN GEDOOPT TE WORDEN?

14
juli

LEZEN: HANDELINGEN 22:6-16

Vroeger haatte de apostel Paulus de volgelingen van Jezus Christus. Hij had maar één verlangen: zo veel mogelijk van die gedoopte christenen oppakken en ombrengen. Hij dwong ze om de Naam van Jezus Christus te lasteren. En in zijn ijver reisde hij zelfs naar Damascus om ook daar de christenen om te brengen. Maar toen ging de hemel open en sprak Jezus hem aan. 'Saul, Saul, wat vervolgt u Mij?' Het duurde niet lang, of Paulus leverde de wapens van verzet in. Een vervolger mocht een verkondiger worden. Met alle gevolgen van dien. Toen de alom gerespecteerde christen Ananias bij Paulus op bezoek ging, moest hij hem aansporen om zich te laten dopen. Paulus voelde vanbinnen dat gedoopt worden grote consequenties met zich meebrengt. Dat hij niet meer terug kon, naar zijn vorige leven. Nogmaals spoorde Ananias hem aan: 'Waarom aarzelt u? Sta op, en laat u dopen.' Want in die doop laat God ons zien dat onze zonden worden afgewassen. En dat kan alleen als we bij de doop ook de Naam van de Heere aanroepen. Soms hebben we een aansporing van een ander nodig om naar de doopvont te gaan. Om niet te aarzelen. Maar wie Hem aanroept in de nood, vindt Zijn gunst, oneindig groot.

WAT BETEKENT HET OM MET JE HUISGEZIN GEDOOPT TE WORDEN?

15 juli

LEZEN: PSALM 78

Horen de kleine kinderen van Nederlanders ook bij het Nederlandse volk? 'Natuurlijk,' zal onze eerste reactie zijn. Wie een kind krijgt, is zelfs verplicht om binnen drie dagen na de geboorte hiervan aangifte te doen bij de burgerlijke stand, zodat het jonge kind ingeschreven kan worden in het Nederlandse bevolkingsregister. Jezus Christus gebiedt Zijn discipelen om álle volken op te zoeken. Alle mensen hebben de boodschap van het Evangelie nodig en moeten horen van die éne Naam, Die onder de hemel gegeven is, waardoor we moeten zalig worden. Er staat letterlijk dat de volken 'tot discipelen gemaakt moeten worden'. En een discipel is een leerling van Jezus Christus. Iemand die gehoorzaam luistert naar wat de Meester zegt. En als Hij zegt dat die volken gedoopt moeten worden, dan moeten we Hem daarin gehoorzaam zijn. Is het geen groot wonder dat de drie-enige God, Vader, Zoon en Heilige Geest, Zich in het teken en zegel van de doop heel persoonlijk aan mij wil verbinden? Om de rijke en diepe betekenis van de doop te verstaan, hebben we levenslang onderwijs nodig. We moeten in deze 'didactiek' voortdurend onderwezen worden. Psalm 1 en Deuteronomium 6 beschrijven de roeping van ouders om hun kinderen geestelijk onderwijs te geven op alle mogelijke momenten.

WAT BETEKENT HET OM MET JE HUISGEZIN GEDOOPT TE WORDEN?

16
juli

LEZEN: EXODUS 12:43-51

De HEERE heeft aan Zijn volk Israël in het Oude Testament twee sacramenten gegeven: de besnijdenis en het Pascha. Bij het teken van de besnijdenis ontvangen alle Joodse jongetjes op de achtste dag het 'zegel van gerechtigheid van het geloof' (Romeinen 4:11) en bij het Pascha gedenkt het Joodse gezin de bevrijding uit de slavernij van Egypte. Elk jaar wordt dit feest van de bevrijding gevierd door samen een lam te eten en te denken aan het bloed aan de deurposten, waarachter het Joodse volk veilig was. Deze machtige daden van de HEERE maken indruk op de omringende volken. Ook een vreemdeling heeft de mogelijkheid om zich bij het Joodse volk voegen. De eerste voorwaarde voor de familie van zo'n vreemdeling is dat alle mannen zich laten besnijden. Daarna telt zo iemand mee als een 'ingezetene van het land'. En dan mag de vreemdeling het Pascha meevieren. Maar... als iemand niet besneden is, kan hij het Pascha niet vieren. Voor christenen geldt dat ook: zonder gedoopt te zijn kan men niet deelnemen aan het heilig avondmaal. Wie het sacrament van de inlijving mist, kan niet gevoed worden met de tekenen van brood en wijn van Jezus Christus. Tussen de twee sacramenten is dus een nauw verband. Waar de heilige doop begint, vraagt dat om versterking en voltooiing in het heilig avondmaal.

WAT BETEKENT HET OM MET JE HUISGEZIN GEDOOPT TE WORDEN?

17 juli

LEZEN: MARKUS 10:13-16

De geschiedenis uit Markus 10 is overbekend, vooral omdat in het klassieke doopformulier voor de kleine kinderen verwezen wordt naar Markus 10:16. Dat Jezus Zijn handen op de kleine kinderen legt en hen zegent, betekent dat Jezus de kleine kinderen niet uitsluit. Hij zegt zelfs dat voor hen het Koninkrijk van God is. Om in het Koninkrijk der hemelen in te kunnen gaan, moeten we ook worden als een kind (Mattheüs 18:3). Deze zegening van Jezus vindt waarschijnlijk op de Grote Verzoendag plaats. Maar als deze kleine kinderen naar Jezus worden gebracht, proberen Zijn discipelen hen juist tegen te houden. Ze verhinderen hen. Zullen ze dat met goede bedoelingen hebben gedaan? Vast wel. En toch bestraft Jezus Zijn discipelen voor dit gedrag. Hij nam het hun zeer kwalijk. Het Griekse woord mag vertaald worden met 'koken van woede'. Furieus wordt Jezus. Wie kinderen tegenhoudt en ze niet tot Jezus brengt, krijgt met de woede van Jezus te maken. Onze kinderen tot Jezus brengen, dát moet het grote doel van opvoeders zijn. Ouders, opa's en oma's, vrienden, juffrouwen en meesters, gemeenteleden en ambtsdragers, allen moeten ze dat éne doel voor ogen houden: jongeren tot Jezus leiden. Door Jezus gaan zij het Koninkrijk van God in.

WAT BETEKENT HET OM MET JE HUISGEZIN GEDOOPT TE WORDEN?

18
juli

LEZEN: EFEZE 6:1-9

Is het niet opvallend dat Paulus in Efeze 6 wel de vaders aanspreekt, maar niet de moeders? Juist de vaders hebben van de HEERE een belangrijke taak gekregen in de christelijke opvoeding. En waar bestaat die christelijke opvoeding uit? Dat een vader niet onterecht en onnodig zijn kinderen boos en onverschillig maakt. Dat betekent dus dat een vader geen kinderen mag misbruiken. Dat een vader zijn kinderen niet in woede mag mishandelen. Een vader, ook al is hij druk, moet aandacht geven aan zijn kind(eren). Hij behoort, als een priester, zijn kinderen op te dragen in het gebed. Een vader mag David navolgen, die in Psalm 34 zegt dat hij zijn kinderen bij zich roept om ze daarna 'de vreze des HEEREN te leren'. In Efeze 6:4 staat dat ook: 'Maar voed hen op in de onderwijzing en terechtwijzing van de Heere.' Natuurlijk mag een moeder, voor de kinderen naar bed gaan, uit de Bijbel voorlezen. Maar een vader mag dat ook doen! Hij mag de psalmverzen overhoren die de kinderen aangeleerd krijgen. Een aardse vader wordt geroepen om het beeld van de hemelse Vader te laten zien. Laat Efeze 6:4 een echte aansporing zijn om werk te maken van de godsdienstige opvoeding.

WAT BETEKENT HET OM MET JE HUISGEZIN GEDOOOPT TE WORDEN?

19
juli

LEZEN: HANDELINGEN 8:26-28

De ontmoeting tussen de evangelist Filippus en die rijke man uit Ethiopië blijft altijd weer tot de verbeelding spreken. In dit korte gedeelte zitten ook veel geestelijke lessen die te maken hebben met de doop. Deze week willen we enkele kernpunten uit deze geschiedenis bestuderen. In de eerste plaats is het opvallend dat de evangelist Filippus, die werkzaam mag zijn in de bloeiende gemeente van Samaria, opeens van een engel van de Heere de opdracht krijgt om die gemeente te verlaten. Filippus gaat niet naar een nog grotere gemeente, maar hij wordt naar de woestijn gezonden. Naar de Gazastrook, waar het ontzettend eenzaam is. En gehoorzaam gaat Filippus op pad. God gebruikt geen zondeloze en heilige engel om het Evangelie van Jezus Christus te verkondigen, maar een zondige, eenvoudige prediker. En wie ontmoet Filippus dan? Een Ethiopiër! Iemand die afkomstig is uit het huidige Soedan, ongeveer achthonderd kilometer ten zuiden van Egypte. In dat gebied waren in die tijd een aantal Joodse nederzettingen te vinden en waarschijnlijk heeft deze kamerheer van de mensen daar gehoord over de God van Israël. En zo is hij naar Jeruzalem gegaan, om daar in de tempel te gaan aanbidden. En nu gaat hij weer op weg naar huis. Welke indrukken zal hij hebben meegenomen?

WAT BETEKENT DE BELIJDENIS VAN DE ETHIOPIËR?

20 juli

LEZEN: HANDELINGEN 8:26-29

Als we nauwkeurig lezen, krijgen we best een goed beeld van deze man uit Ethiopië. Hij wordt een kamerheer genoemd. In het Grieks staat er het woord *eunuch*. Dat is iemand die gecastreerd werd om politieke redenen. Daardoor was een machthebber er zeker van dat hijzelf de vader was van de kinderen van zijn vrouwen. In latere tijd werd de naam 'eunuch' gebruikt voor allerlei dienaren aan het hof. Als deze man gecastreerd was, was er volgens Deuteronomium 23:2 geen plaats voor hem in de tempel. De toegang werd hem verboden. God aanbidden, zoals deze man dat zo graag wilde, was dan niet mogelijk! Wat zal dat een teleurstelling voor deze machtige man zijn geweest. Ongetwijfeld was hij ook rijk. Als beheerder van de schatkist verdiende je niet slecht. Dat maakte het voor hem mogelijk om een handgeschreven boekrol van de profeet Jesaja aan te schaffen. En hardop lezend in dat kostbare boek zat hij op zijn wagen. Zo trof Filippus hem aan. En toen liet de Geest van God hem weten dat hij voor deze ene man de bloeiende gemeente van Samaria moest achterlaten. 'Ga er naar toe en voeg u bij deze wagen.' De Geest van God kan ons met mensen in contact brengen die in staat zijn om ons onderwijs te geven uit de Bijbel.

WAT BETEKENT DE BELIJDENIS VAN DE ETHIOPIËR?

21 juli

LEZEN: JESAJA 53:1-12

Een dagboek mag een toelichting zijn op een bijbelgedeelte, en elke uitlegger kent maar één verlangen: dat de Bijbel open mag gaan en kracht mag doen in het hart. Daarom rent Filippus ook naar deze wagen toe en opent hij het gesprek door spontaan een vraag te stellen. ‘Begrijpt u ook wat u leest?’ Hij vraagt dus: ‘Is de betekenis helder voor u?’ Wie op het juiste moment een belangstellende vraag stelt, krijgt vaak de gelegenheid voor een goed, geestelijk gesprek. Deze kamerheer erkent zijn onwetendheid en vraagt aan Filippus of hij hem de weg wil wijzen in de Bijbel. Lukas citeert in Handelingen 8 een gedeelte uit Jesaja 53, en de oplettende lezer zal daarin een aantal verschillen ontdekken met de oudtestamentische tekst. Deze verschillen hebben te maken met de Griekse vertaling waaruit Lukas citeert. Daar zit een belangrijke les in voor ons. De Geest van God gebruikt verschillende bijbelvertalingen om de boodschap van Jezus door te kunnen geven. Wie verschillen in een bijbelvertaling ontdekt, is meestal in staat om nog beter de rijke betekenis van Gods Woord te ontdekken. Als de kernboodschap maar genoemd wordt. Wat dat is? Dat Jezus als een Lam ter slachting is geleid en zonder mopperen de weg naar Golgotha is gegaan. Heb jij dat Lam al nodig gekregen?

WAT BETEKENT DE BELIJDENIS VAN DE ETHIOPIËR?

22
juli

LEZEN: HANDELINGEN 8:30-35

In de prediking mag Jezus Christus en Die gekruisigd (1 Korinthe 2:2) centraal staan. Prediken is Jezus Christus proclameren aan alle hoorders van het Evangelie, met bevel van bekering en geloof. Als Filippus met deze kamerheer in gesprek gaat, gaan prediking en pastoraat samen op. Er staat in het Grieks dat hij Jezus verkondigt voor hem. Heel persoonlijk. En waar over Jezus gesproken wordt, gebeurt wat. In het hart. Bij de Emmaüsgangers ontstaan brandende harten. In het hart van deze man ontstaat een verlangen om Jezus te volgen. En ondertussen stelt hij al zijn vragen aan Filippus. 'Hoe moet ik de boodschap van Jesaja opvatten? Wie wordt er met dat Lam en met dat Schaap bedoeld?' En zo mag Filippus de kern van het bijbelboek Jesaja met deze man doornemen. Dezelfde Geest, Die de Schriften geïnspireerd heeft, wil ook bij een geopende Bijbel in het hart werken. Filippus spreekt over oordeel en genade, schuld en vrijspraak. Filippus mag vanuit Jesaja 53 vertellen dat God onze ongerechtigheden op Jezus laat neerkomen. En dat er door Zijn striemen voor ons genezing is gekomen. Filippus vertelt hem wat er in Jeruzalem met Jezus is gebeurd. Eerlijk vertelt Filippus dat de doop met water onlosmakelijk verbonden is aan het volgen van Jezus. En zo gaat deze Ethiopiër naar het teken en zegel van de doop verlangen.

WAT BETEKENT DE BELIJDENIS VAN DE ETHIOPIËR?

23
juli

LEZEN: HANDELINGEN 8:35-38

In Nederland worden steeds minder kleine kinderen gedoopt. Er zijn ook steeds minder mensen die bereid zijn om in een kerkelijke gemeente belijdenis van het geloof af te leggen. Waar komt dat door? Het kan te maken hebben met een zekere schroom. Openlijk je geloof in Jezus belijden, terwijl er in de samenleving steeds minder ruimte geboden wordt aan christenen, kan zeker aarzeling oproepen. Laten we daar oog voor hebben. Er kan ook angst zijn om zich aan iets te binden. Om zich aan Jezus te binden. Bij deze kamerheer vallen alle belemmeringen weg. Als hij water ziet, spreekt hij zijn verlangen naar de doop uit. 'Zijn er nog verhinderingen?' Als Filippus deze vraagt hoort, gaat hij niet meteen over tot de bediening van de doop. Van een volwassene mag een bewuste geloofsbelijdenis gevraagd worden. Vanuit het hart. 'Als u met heel uw hart gelooft, is het geoorloofd.' En dan volgt daar die korte, krachtige en tegelijk ontroerende geloofsbelijdenis: 'Ik geloof dat Jezus Christus de Zoon van God is.' Is het jou weleens opgevallen dat de meeste geloofsbelijdenissen in het Nieuwe Testament heel kort zijn? De Kananese vrouw heeft niet veel woorden nodig. De hoofdman over honderd bij het kruis ook niet. Als het maar écht is. Wat leeft er in jouw hart?

WAT BETEKENT DE BELIJDENIS VAN DE ETHIOPIËR?

24 juli

LEZEN: HANDELINGEN 8:36-40

Je wordt gedoopt. Niemand doopt zichzelf. Een erkende doop betekent niet alleen dat er water gebruikt wordt, dat er gedoopt wordt in de Naam van de Vader, de Zoon en de Heilige Geest, maar ook dat er gedoopt wordt door een wettige ambtsdrager. Als iemand zich spontaan door een goede vriend laat dopen in een rivier of in de achtertuin, is er geen sprake van een wettige doop. Filippus mag als bevoegde ambtsdrager deze kamerheer dopen. Wanneer? Nadat hij met zijn hart zijn geloof in Jezus Christus beleden heeft. Tegenstanders van de kinderdoop verwijzen graag naar deze tekst om te benadrukken dat er eerst een geloofsbelijdenis uitgesproken moet worden. Opvallend is echter dat bij de doop van Lydia (Handelingen 16:15) helemaal geen geloofsbelijdenis genoemd wordt. En voor de cipier (Handelingen 16:33) geldt dat ook al. Dat betekent dat we heel voorzichtig moeten zijn met de eis dat er alleen gedoopt mag worden als iemand eerst openlijk zijn of haar geloof heeft beleden. Daarmee zouden onterecht alle kleine kinderen van de gelovigen worden uitgesloten van de doop en worden aangezien voor ongelovigen. Laten we niet vergeten dat hier sprake is van een 'zendingssituatie'. Daarmee voorkomen we verkeerde conclusies, alsof de kinderdoop geen wettige doop zou zijn.

WAT BETEKENT DE BELIJDENIS VAN DE ETHIOPIËR?

25
juli

LEZEN: HANDELINGEN 8:36-40

Op een voor ons onverklaarbare manier wordt Filippus opeens naar een nieuw werkterrein gebracht, de stad Asdod. En daarvandaan mag hij het Evangelie verkondigen in Caesarea. Het Woord van God is niet gebonden aan een dienaar. Want hoe reist de kamerheer verder? Met blijdschap. Geestelijke blijdschap wordt niet bepaald door een ambtsdrager, maar door wat de Geest van God in Jezus Christus geeft. Wie op mensen of op voorgangers bouwt, komt vaak bedrogen uit. Maar wie het Woord van Jezus Christus onderzoekt en daaruit leeft, zal geestelijke zegeningen ontvangen. Na Jesaja 53 mag deze kamerheer Jesaja 56 lezen. En daar leest hij een machtige belofte van God: 'Laat de vreemdeling die zich bij de HEERE gevoegd heeft, niet zeggen: De HEERE heeft mij geheel en al van Zijn volk gescheiden; laat de ontmande niet zeggen: Zie, ik ben maar een dorre boom.' Zelfs voor een eunuch is er plaats bij de HEERE. Wat voor verleden we ook met ons meedragen, de HEERE neemt vreemdelingen op bij Zijn volk. Het water van de doop is daar een zichtbaar en ontwijfelbaar teken van. Met Calvijn mogen we zeggen dat de doop 'voor ons de toegang tot de Kerk is, omdat de doop betuigt, dat God ons, die tevoren vreemdelingen waren, opneemt als huisgenoten'.

WAT BETEKENT DE BELIJDENIS VAN DE ETHIOPIËR?

26 juli

LEZEN: LUKAS 22:1-20

Is het je weleens opgevallen? Drie van de vier evangelisten schrijven uitvoerig over de instelling van het heilig avondmaal. De Heilige Geest heeft gewild dat de christelijke kerk het zou weten, en dat ook jij het zou weten: de Heere Jezus Zelf is het die dit sacrament aan Zijn gemeente heeft gegeven. Het is niet als iets eenmaligs bedoeld. Nadrukkelijk geeft Hij de opdracht: 'Doe dat tot Mijn gedachtenis!' Er is nog iets. Mattheüs, Markus en Lukas wijzen erop dat dit alles gebeurde in de paastijd. Het feest van de ongezuurde broden is aangebroken. De maaltijd waarbinnen de Heere Jezus het avondmaal instelde, was dan ook de paasmaaltijd, een maaltijd met een bijzonder karakter. Dat alles heeft een diepe betekenis en is ook zo door de Heere gewild. Daarom mogen ook wij aan dat verband niet voorbijgaan.

WAT MOET IK WETEN OVER DE INSTELLING VAN HET HEILIG AVONDMAAL?

27
juli

LEZEN: MARKUS 14:22-26

Welbewust is de Heere Jezus naar Jeruzalem gegaan. Hij weet wat daar gebeuren zal. Zijn ure is gekomen. Hij zal gearresteerd, veroordeeld en gekruisigd worden. Juist op dit feest, waarop heel Israël het paaslam slacht. Het zal op dit feest zijn dat Hij ter dood gebracht zal worden. Herinner je je de woorden van de profeet Jesaja? 'Als een lam werd Hij ter slachting geleid en als een schaap dat stom is...' Zo valt het samen: enerzijds het feest dat terugwijst naar de uittocht uit Egypte, toen het bloed aan de deurpost gestreken moest zijn, en anderzijds de storting van Zijn bloed als het Lam van God dat de zonde van de wereld wegneemt. Tijdens het samenvallen van deze twee momenten – zoiets als schaduw en vervulling – geeft de Zaligmaker de onbloedige maaltijd van brood en wijn aan Zijn kerk. Als Zijn testament. De laatste boodschap vóór Zijn gang naar Golgotha: 'Ik ben dat Lam!' Denk er eens over na!

WAT MOET IK WETEN OVER DE INSTELLING VAN HET HEILIG AVONDMAAL?

28 juli

LEZEN: EXODUS 12:1-14

Als je het eerste deel van Lukas 22 naast het eerste gedeelte van Exodus 12 legt, valt het op dat er hier Eén centraal staat, de Heere Jezus. Alle nadruk ligt op Hem. De dag van de ongezuurde broden is aangebroken. De dag waarop de paasmaaltijd moet worden gegeten. Wie neemt er dan het initiatief? De Heere Jezus zendt Petrus en Johannes uit om het Pascha voor te bereiden. Hij geeft hun precieze instructies. Als het dan zover is, als 'het uur' gekomen is, wat dan? We lezen: 'Hij ging aan tafel aanliggen, en de twaalf apostelen met Hem.' Niet de twaalf met de Heere Jezus. Nee, Hij met hen. Het gaat om Hem, de Gezondene door de Vader, Die nu in het beslissende uur is aangekomen. Wat de Heere Jezus al in de eeuwigheid aan Zijn Vader heeft beloofd, wordt nu werkelijkheid: 'Zie, Ik kom om Uw wil te doen.' Jesaja heeft het geprofeteerd: 'Het welbehagen van de Heere zal door Zijn hand voorspoedig zijn.'

Hij met hen... Zo heeft de Heilige Geest het laten beschrijven. De Heere heeft gewild dat we de geschiedenis van de instelling van het heilig avondmaal zo zouden lezen. Het gaat niet om de discipelen en wat zij ervaren en beleven. Het gaat om de Heere Jezus en om wat Hij zegt en wat Hij doet.

Zo is het nog. Ken jij ook die verleiding? Wijzelf en onze ervaringen staan vaak zo snel centraal. In de week van voorbereiding wil ik toch wel graag een gevoelige bevinding hebben. Maar het is een valkuil. Het doel van het heilig avondmaal is niet dat ik met mijn gestalte in het centrum zou staan. Waar het wel om gaat? De Heere Jezus zegt: 'Doe dat tot Míjn gedachtenis!'

WAT MOET IK WETEN OVER DE INSTELLING VAN HET HEILIG AVONDMAAL?

29 juli

LEZEN: HEBREEËN 2:5-18

Ze zijn gereed om samen de paasmaaltijd te gaan nuttigen, de Heere Jezus met Zijn apostelen. En dan is Hij het die de Zijnen een blik in Zijn binnenste gunt. Besef je hoe bijzonder dat is? Hij is de Meester. Hij is aan hen niets verplicht. En toch toont Hij hun wat er op Zijn hart ligt. Wat het is? Letterlijk zegt de Zaligmaker tot Zijn jongeren dat Hij met groot verlangen heeft uitgezien naar deze samenkomst. Een intens begeren, een sterk verlangen drijft de Heere Jezus. En dat verlangen deelt Hij met Zijn apostelen.

Dat is toch niet te bevatten! De Heiland, Die straks het te slachten paaslam zal zijn, ziet met verlangen uit naar dit laatste Pascha op aarde, waarin Zijn offer zal worden afgebeeld. Jezus zegt het met nadruk: 'Het is naar dít Pascha dat ik verlang!' We zouden het kunnen begrijpen als Hij huivert voor wat komen gaat. Of als Hij ervoor zou wegvluchten. Maar in plaats daarvan verlangt Hij ernaar. Het is alsof we hier iets merken van vreugde. Borgvreugde is het! Zijn uur is gekomen. Het bittere uur, jazeker! Maar tegelijkertijd is er vreugde bij Hem. Verheuging met beving. Hij weet dat Zijn weg van lijden zwaar zal zijn. Maar nu zal Hij de wil van Zijn Vader gaan uitvoeren.

Dat alles zal worden afgebeeld in dit Pascha. Zijn verlangen is ingegeven door liefde tot Zijn Vader. En niet minder door liefde tot de Zijnen. Straks zal het worden uitgebeeld in de tekens van brood en wijn. 'Ik voor u!' Zo'n Borg heeft Gods kerk.

WAT MOET IK WETEN OVER DE INSTELLING VAN HET HEILIG AVONDMAAL?

30 juli

LEZEN: LUKAS 22:14-20

Het brood behoorde tot de gerechten die genuttigd werden bij de viering van het Pascha. Naast het paaslam en de bittere kruiden was er ook het brood, het ongezuurde brood. Het volk moest er vooraf voor zorgen dat alle zuurdeeg uit het huis verwijderd was. De platte koeken werden tijdens de maaltijd door de vader van het gezin gebroken en uitgedeeld. Bij het breken van het brood klonken elk jaar de woorden: 'Dit is het brood der ellende dat onze vaderen in Egypte aten.' In de kring van Zijn discipelen heeft de Meester deze taak. Hij breekt en Hij deelt uit.

Maar hiermee verwijst Hij deze keer niet alleen naar het verleden, naar de tijd van de bevrijding uit Egypte. Dat gebroken brood wijst nu ook vooruit naar Zijn werk, naar het moment dat Zijn eigen lichaam verbroken zal worden. De Heere Jezus Zelf legt dat verband als Hij de woorden spreekt: 'Dit is Mijn lichaam.' Die laatste woorden betekenen niet meer of minder dan: 'Dit ben Ikzelf!' Concreet denkt Hij daarbij aan Zijn aanstaande dood. Zijn lichaam zal worden afgebroken, op het moment dat Hij Zich zal geven in de dood aan het kruis. Het wijst op Zijn liefdevolle zelfovergave.

Dat blijkt wel uit de woorden die Hij daarna spreekt: '... dat voor u gegeven wordt.' Hij zegt dus: 'Ik geef Mijzelf ten behoeve van u, Mijn discipelen. Ja, zelfs in de plaats van u! Ik zal de dood ingaan, opdat u zult leven, eeuwig leven!' Het geloof dat dit ziet, verwondert zich. Zo zeker als dit brood wordt gebroken, zo zeker is Zijn lichaam aan het kruis geofferd en gebroken. En dat voor mij! Ken je iets van deze verwondering?

WAT MOET IK WETEN OVER DE INSTELLING VAN HET HEILIG AVONDMAAL?

31
juli

LEZEN: JEREMIA 31:27-40

In Israël wordt tijdens de viering van het Pascha tot vier keer toe een beker wijn ingeschonken. Elk van deze bekers heeft een speciale betekenis. De derde beker is de beker der dankzegging. Bij het drinken van die derde beker is er vreugde vanwege het heil dat de Heere gegeven heeft en nog geeft. Bij beurten en gezamenlijk wordt gezongen: 'Zijn goedertierenheid is voor eeuwig.'

Het is naar alle waarschijnlijkheid bij gelegenheid van die derde beker dat de Heere Jezus wijst op het nieuwe verbond in Zijn bloed. Wat Hij daarmee bedoelt? Het is een verwijzing naar de profetieën uit vroeger tijden die verwezen naar een nieuw verbond dat de Heere sluiten zou. Ik denk aan Jeremia 31 en Ezechiël 16. Hier legt de Heere Jezus dus een verband tussen dat nieuwe verbond en Zijn bloed. In het storten van Zijn bloed, dat is: in de gave van Zijn leven, breekt een nieuw verbond zich baan. Een nieuwe heilstijd is aangebroken. De Heere gaat grote wonderen doen. En de beker die nu rondgaat – de beker der dankzegging – is daarvan het teken en zegel. De Heere zal het waarlijk doen, zo zeker als de beker nu rondgaat! 'Hij heeft gedacht aan Zijn genade, Zijn trouw aan Israël niet gekrenkt!'

Let erop: ook hier zegt Hij erbij: 'voor u'. Er ligt een persoonlijke spits in deze woorden. We kunnen deze woorden niet zomaar naast ons neerleggen. Er ligt een appèl in dit getuigenis. Een appèl en een belofte. De zaligheid is voorhanden. Het Paaslam is geslacht! Het bloed is gestort! Voor allen die in Hem geloven. Daarom: geloof Zijn heil- en troostrijk Woord. Verhard je niet, maar laat je leiden!

WAT MOET IK WETEN OVER DE INSTELLING VAN HET HEILIG AVONDMAAL?

1
augustus

LEZEN: 1 KORINTHE 11:17-28

In de gemeente van Korinthe ging het mis. Men gebruikte het avondmaal op een onwaardige wijze. De rijken lieten zich voorstaan op hun rijkdom. Ze hadden geen aandacht voor de armen, zelfs niet als ze aanzaten aan de tafel des Heeren. De toorn van God werd daarmee opgewekt. Velen waren zwak of ziekelijk, en er waren er zelfs die stierven. Paulus achtte zich verplicht tot de gemeente van Korinthe te zeggen dat ze zich een oordeel aten en dronken bij de viering van het avondmaal. Ze onderscheidden het lichaam van de Heere Jezus niet. Ze maakten zich daarmee Gods oordeel waardig.
Ontheiliging van de instellingen van God is ernstig. De Heere duldt dat niet. Hij wil dat we ons op dat punt 'beproeven'. Dat laatste wil zeggen: onszelf onderzoeken. En dan gaat het niet per se altijd om zulke grove uitspattingen. Nee, steeds weer is het de vraag: ken ik Hem Die mij aan Zijn tafel nodigt, als mijn Zaligmaker, en blijkt dat ook in mijn leven?

WAT MOET IK WETEN OVER DE INSTELLING VAN HET HEILIG AVONDMAAL?

2 augustus

LEZEN: 1 KORINTHE 11:28-34

'Voor wie is het avondmaal bestemd?' vraagt onze Catechismus. Het antwoord is duidelijk. Voor hen die zich vanwege hun zonden mishagen. Die voor de Heere hun schuld belijden en vergeving zoeken bij Hem. Zij zijn het die op grond van Gods beloften geloven in de vergeving van de zonden, niet alleen voor anderen maar ook voor henzelf. Zij zijn ook degenen die ernaar uitzien om hun geloof steeds meer te versterken en hun leven te beteren. Dat bij elkaar is de identiteit van de ware avondmaalganger. Je bent het vast wel met me eens: het is het zeker waard hier bij jezelf onderzoek naar te doen. Dan stel je jezelf de vraag: ken ik dit getuigenis in mijn hart?

WAT MOET IK WETEN OVER DE INSTELLING VAN HET HEILIG AVONDMAAL?

3 augustus

LEZEN: MATTHEÜS 26:17-30

Bij de paasliturgie hoort ook het zingen. Het zingen van de lofzang, zo lezen we. Het betreft het Hallel, de Psalmen 113 tot 118. De eerste twee werden tijdens de paasmaaltijd gezongen, bij het rondgaan van de eerste beker. Het tweede deel aan het eind van de viering. Ook de Heere Jezus zingt met Zijn discipelen de lofzang. Heeft Hij het zingen ingezet? Hoe dan ook, ook aan het voorschrift van het zingen houdt Hij Zich.

Let eens op wat de Heiland zingt. De Psalmen 113 en 115 bijvoorbeeld. In Psalm 115 wordt de Naam van de Heere geprezen met de woorden: 'Niet ons, HEERE, niet ons, maar geef Uw Naam eer.' En wat te denken van Psalm 116? Over de banden van de dood en de angsten van het graf. 'Ik ondervond benauwdheid en verdriet...' Horen we de Heere Jezus hier niet over Zichzelf zingen? Straks kruipt Hij in Gethsémané in het stof. Maar desondanks zingt Hij toch: 'Ik heb de HEERE lief!' Maar ook zingt Hij de toezegging aan Zijn Vader: 'Mijn geloften zal ik aan de HEERE nakomen...'

WAT MOET IK WETEN OVER DE INSTELLING VAN HET HEILIG AVONDMAAL?

4 augustus

LEZEN: PSALM 118

En dan Psalm 118. 'Ik zal niet sterven maar leven, en Ik zal de werken van de HEERE vertellen.' Hier grijpt de Zaligmaker als het ware al over Zijn dood heen en belijdt Hij Zijn geloof in de belofte van Zijn Vader dat Hij Hem op de derde dag zal opwekken. De Heere Jezus gelooft Zich al zingend door lijden en dood heen!

Dat is Zijn toepassing op het avondmaal dat Hij zojuist heeft ingesteld: de lofzang. Lees het goed: de discipelen zingen met Hem mee. Later zullen ze het hebben beseft: Hij, de hemelse Voorzanger, Hij is de Borg. 'Ik voor u!'

WAT MOET IK WETEN OVER DE INSTELLING VAN HET HEILIG AVONDMAAL?

5 augustus

LEZEN: ZONDAG 1, HEIDELBERGER CATECHISMUS

'Geliefden in de Heere Jezus Christus, hoort aan de woorden der instelling van het Heilig Avondmaal van onze Heere Jezus Christus...'
Als in onze kerkdienst één van de sacramenten wordt bediend, lezen we ook het formulier dat daarbij hoort. Zowel bij de doop als bij het avondmaal. Als jij trouw naar de kerk gaat op zondag, heb je de woorden van die formulieren al heel dikwijls gehoord. Ze klinken dan ook vertrouwd in je oren. Toch zou het kunnen zijn dat je veel dingen eruit niet zo goed begrijpt. Niet alleen door de moeilijke woorden en de lange zinnen, maar misschien vooral door de inhoud. Het kan best zijn dat je zo'n formulier dan eerder als een barrière dan als een brug ervaart. Eerder dus als iets wat afstand veroorzaakt dan iets wat jou uitleg en begrip geeft. Dat is natuurlijk niet de bedoeling.
Toch zou ik je willen vragen om het avondmaalsformulier eens aandachtig voor jezelf door te lezen. Om onder de indruk te raken van wat het je zeggen wil. Neem deze woorden bijvoorbeeld: 'Opdat wij nu tot onze troost des Heeren Avondmaal mogen houden...' Daar gaat het dus vooral om: om troost! Als je nu weet dat de schrijver van het formulier dezelfde is als één van de opstellers van onze Catechismus, dan is het lijntje naar Zondag 1 van onze Heidelberger snel getrokken. 'Wat is uw enige troost, beide in het leven en sterven?' Het antwoord op die vraag spreekt over eigendom zijn van 'mijn getrouwe Zaligmaker Jezus Christus, die met Zijn kostbaar bloed voor al mijn zonden volkomen heeft betaald...' Dat is ook de sleutel om het formulier te begrijpen. Hier gaat het om. Ook in jouw leven!

WAT ZIJN DE BELANGRIJKSTE GEDEELTEN UIT HET AVONDMAALSFORMULIER?

6 augustus

LEZEN: PSALM 139

'De waarachtige zelfbeproeving van onszelf bestaat in deze drie stukken...' Drie stukken! Die uitdrukking kennen we wel. Opnieuw herinner ik aan de Catechismus. Nu de tweede vraag met het antwoord. 'Hoeveel stukken zijn u nodig te weten, opdat gij in deze troost zalig leven en sterven moogt? Drie stukken.' Drie dingen: weten dat ik een zondaar ben; weten hoe ik van mijn zonden word verlost; weten hoe ik de Heere daarvoor dankbaar kan zijn. Wat blijkt nu? Het formulier en de Catechismus trekken dezelfde lijn. Om getroost te leven en zalig te sterven én om met troost avondmaal te kunnen vieren is hetzelfde nodig. Drie dingen, zo zegt ook het formulier. 1. Bedenk je zonden en belijd ze aan de Heere! 2. Geloof de vaste belofte van God dat er door Jezus Christus vergeving van je zonden is! 3. Leef voor de Heere in ware dankbaarheid en in liefde met je naaste! Dat zijn de drie stukken.

Het formulier roept er nu toe op om jezelf eens te onderzoeken. Om jezelf voor Gods aangezicht de maat te nemen: zijn dit de kenmerken van mijn leven? Ik denk aan die bekende psalm: 'Doorgrond m', en ken mijn hart, o Heer. Is 't geen ik denk niet tot Uw eer? Beproef m' (...) En doe mij toch met vaste schreden den weg ter zaligheid betreden.'

Drie dingen dus. Laat het duidelijk zijn: het gaat niet om óf-óf. Waar het ene is, zal het andere ook zijn. Het gaat om de kennis van het geloof. Wie door Gods Geest is wedergeboren, zal zichzelf als een verloren zondaar kennen. Maar dat niet alleen. Die kennis op zichzelf is niet zaligmakend. Het gaat om het geloof in de Heere Jezus en Die gekruisigd en opgestaan. Om Zijn bloed ter verzoening. Dat zal dan ook in een leven van bekering en dankbaarheid te merken zijn.

WAT ZIJN DE BELANGRIJKSTE GEDEELTEN UIT HET AVONDMAALSFORMULIER?

7 augustus

LEZEN: MATTHEÜS 22:1-14

'Daarentegen die dit getuigenis in hun harten niet gevoelen, die eten en drinken zichzelf een oordeel.'

Dat zijn harde woorden, zo lijkt het wel. Misschien vind jij dat ook. En voel je af en toe weleens wat wrevel bovenkomen als het hierover gaat. Misschien vind je dat er bij jou in de kerk veel te veel aandacht aan dat 'een oordeel eten' wordt besteed. Alsof het avondmaal een instelling is tot verschrikking in plaats van tot verkwikking.

Toch moeten we bedenken: het formulier citeert hier een woord uit de Bijbel. Paulus, geïnspireerd door de Heilige Geest, schrijft erover aan de gemeente van Korinthe. Vorige week heb je erover kunnen lezen. Daarom mag het formulier het hier ook schrijven. We lezen het nadat is aangedrongen op eerlijke beproeving van jezelf. Zelfonderzoek dus. Naar de drie dingen die we gisteren zagen: kennis van ellende, verlossing en dankbaarheid. En dan wijst het formulier erop dat wie daaraan niet vreemd is, erop vertrouwen mag dat de Heere hem of haar in genade heeft aangenomen. Zulke mensen zijn welkom aan Zijn tafel, allemaal! Maar tegelijkertijd: alleen zij!

Maar als dat nu allemaal nog buiten je leven staat: de echte kennis van jezelf als zondaar, het ware geloof in de belofte van Christus, de oprechte dankbaarheid in het leven van alledag... Als je daar niets van afweet – zeg nu zelf: wat moet je dan aan de tafel van Christus doen? Dan ken je Hem helemaal niet. En Hij zal zeggen: 'Ik ken je niet! Wie ben je?' Ken je de gelijkenis van die man die zonder bruiloftskleed toch binnengekomen was? Hij werd verwijderd. Zonder bruiloftskleed, zonder bruiloftshart kun je niet aan de tafel van Christus zijn. Je verschijning daar veroordeelt je. Je eet en drinkt je een oordeel. Er ontbreekt je iets: een nieuw hart!

WAT ZIJN DE BELANGRIJKSTE GEDEELTEN UIT HET AVONDMAALSFORMULIER?

8 augustus

LEZEN: JOHANNES 11:17-35

'Aangezien wij ons leven buiten onszelf in Jezus Christus zoeken, zo erkennen wij daarmee dat wij midden in de dood liggen.'

Dat zijn zware woorden: 'midden in de dood liggen'. Dan komt zomaar het beeld van een begraafplaats boven. Daar ben je te midden van de doden. In deze tekst is niet zozeer sprake van de doden, maar van de dood zelf. Daar lig ik middenin, aldus het formulier. Zoals Lazarus in zijn graf lag en de jongen van Naïn op de baar: midden in de dood. Dat erken ik, als ik het leven in de Heere Jezus zoek. Niet in mezelf, maar in Hem.

Het gaat hier over de ervaring van iemand die zijn heil bij de Heere en bij Christus zoekt. Waarom eigenlijk? Omdat hij beseft dat hij een verloren mens is. Hij is los van God geraakt. Los van het leven dat bij Hem is. Daarom moet hij onder ogen zien dat hij dood is, dood door de misdaden en de zonden. Maar nu heeft Christus gezegd: 'Ik ben de Opstanding en het Leven; wie in Mij gelooft, zal leven, ook al was hij gestorven...'

De Heere Jezus zei dat ooit tegen Martha, toen haar broer gestorven was, en Hij voegde er een dringende vraag aan toe: 'Gelooft u dat?' Hij vroeg dus: 'Geloof je dat, Martha, dat Ik het Leven ben? En dat je dat Leven ontvangen kunt? Door in Mij te geloven?'

Zo gold het toen. Zo geldt het nog. Het is niet verkeerd om te erkennen dat je midden in de dood ligt. Het geeft een krachtige aansporing om tot Christus te gaan. Eens en steeds weer. De apostel Paulus zegt ervan: 'Ik ben met Christus gekruisigd; en niet meer ik leef, maar Christus leeft in mij' (Galaten 2:20).

WAT ZIJN DE BELANGRIJKSTE GEDEELTEN UIT HET AVONDMAALSFORMULIER?

9 augustus

LEZEN: JOHANNES 12:20-36

'Ik voor u, daar gij anders de eeuwige dood zou moeten sterven...'
De vrolijke ruil, zo noemde Luther dat. Eens schreef hij erover aan een vriend van hem, Georg Spenlein, die nogal neerslachtig was. Ik wil je een stukje uit de brief meegeven. 'Mijn lieve broeder, leer Christus kennen, en wel de gekruisigde. Leer tot Zijn lof te zingen en – midden in de vertwijfeling over jezelf – tot Hem te spreken: "U, Heere Jezus, U bent mijn gerechtigheid. Ik echter ben Uw zonde. U hebt het Mijne aangenomen en mij het Uwe geschonken. U hebt aangenomen wat U niet was, en mij gegeven wat ik niet was." Pas ervoor op om naar zo'n perfectie te streven, dat je in het geheel geen zondaar meer wilt zijn. Want Christus woont alleen tussen zondaren. Met het oog daarop kwam Hij immers van de hemel. Hij kwam uit de hemel, waar Hij tussen heiligen woonde, om hier op aarde tussen zondaren te leven. Leer van Hem dat Hij u aannam en uw zonde tot de Zijne maakte, en dat Hij Zijn gerechtigheid tot de uwe heeft gemaakt!' De vrolijke ruil. De vreemde gerechtigheid. Dat was voor Luther het wonder.
Het sacrament wil dat nog steeds tot een wonder maken. Het formulier legt het als het ware de Heere Jezus in de mond: 'Ik voor u...' Dat krijgt nog extra scherpte als we daarachter lezen: '... daar u anders de eeuwige dood had moeten sterven.' Lees eens met aandacht dat prachtige middendeel van ons formulier. Met al die tegenstellingen. 'Hij gebonden, opdat Hij ons zou ontbinden. Hij ontelbare smaadheden geleden, opdat wij nooit meer tot schande zouden zijn. Hij ter dood veroordeeld, en wij vrijgesproken. Hij de vervloeking, opdat Hij ons met Zijn zegen vervullen zou.' In het avondmaal verzekert Christus de Zijnen dat ze dit vast mogen geloven! Geef mij dat geloof, Heere Jezus.

WAT ZIJN DE BELANGRIJKSTE GEDEELTEN UIT HET AVONDMAALSFORMULIER?

10
augustus

LEZEN: JOHANNES 15:1-8

'... dat wij ook door die Geest onder elkaar als leden van één lichaam in waarachtige broederlijke liefde verbonden worden...'

Het avondmaal is de tafel der gemeenschap. Boven alles de gemeenschap die ontvangen en beoefend wordt door allen die door het geloof aan Christus verbonden zijn. Hij is het Hoofd en zij zijn de ledematen van het lichaam. Zo hebben zij deel aan de Persoon en de gaven van Christus. Maar die leden hebben ook verbondenheid aan en gemeenschap met elkaar. Ook die eenheid wordt aan de tafel des Heeren beoefend. Het formulier kiest hier voor een sprekend beeld. Om één brood te bereiden, zijn veel graankorrels nodig. Die worden tot één deeg gekneed en tot één brood gebakken. Niet anders is het met de wijn, dat andere teken van het avondmaal. Die wijn is afkomstig uit heel veel druiven. Al die druiven zijn uitgeperst. Samen vormen ze 'één wijn en drank'. In dat ene brood zijn die verschillende graankorrels niet meer te onderscheiden. In de ene beker wijn zijn de verschillende druiven niet meer terug te vinden. Zo hecht en op elkaar gericht zijn de leden van Christus. Ze vormen een geestelijke gemeenschap.

Deze eenheid is zowel belofte als roeping, zowel gave als opgave. Die eenheid is er. Het kan niet anders. De goede Herder heeft één kudde. De Koning heeft één volk. Ze zijn door Hem bij elkaar gebracht. Ze zijn één in liefde en één in geloof. Misschien reageer je wel: 'Daar zie ik niet zo veel van. Wat betekenen dan al die verschillende kerken? En hoe kan het dan dat er toch dikwijls onenigheid en zelfs ruzie binnen één kerk is?' Dat is inderdaad een schande. Zo mag het niet zijn. Daarom is de eenheid naast een gave ook roeping. Om 'zulks niet alleen met woorden maar ook met de daad jegens elkaar te bewijzen!'

WAT ZIJN DE BELANGRIJKSTE GEDEELTEN UIT HET AVONDMAALSFORMULIER?

11 augustus

LEZEN: PSALM 136

'Daarom zal mijn mond en hart des Heeren lof verkondigen, van nu aan tot in der eeuwigheid. Amen.'

De bediening van het avondmaal is ten einde gekomen. De gasten van de laatste tafel zijn weer naar hun zitplaatsen teruggegaan. De voorganger heeft de voorwerpen op de tafel, de schalen met het overgebleven brood en de bekers met de wijn, weer ordelijk geschikt en met een kleed afgedekt. Toch zijn we nog niet helemaal klaar. Het formulier vervolgt nog met twee onderdelen: de lofprijzing en het dankgebed.

Goed beschouwd is het avondmaalsformulier zelf ook in *drie stukken* verdeeld. Het eerste gedeelte met de oproep tot de zelfbeproeving, daarna de brede uiteenzetting van de verlossing die in Christus is, en ten slotte de roem van de dankzegging. Dat laatste is weergegeven in een hooggestemde toon. 'Laat ons al tezamen Zijn Naam met dankzegging prijzen!' Wel, daarbij hoort ook de conclusie, een gelofte aan de Heere eigenlijk: om met mond en hart de lof van de Heere te laten horen. Van nu aan, en zelfs tot in eeuwigheid!

In het avondmaal heeft de Heere getoond dat Hij alles gegeven en gedaan heeft met het oog op de zaligheid van zondaren. Hij heeft zelfs Zijn *eigen* Zoon niet gespaard. God de Vader heeft Hem van Zijn hart gescheurd en Hem naar deze zondige en verloren wereld gezonden. En de Zoon heeft Zijn bloed gestort en Zijn leven gegeven. Hij is voor ons gestorven, zo belijden Gods kinderen. Door Zijn dood worden wij met God verzoend! Dan kan het toch niet anders, of mijn hart en mond zijn vol van de lof en dank aan de Heere! Dat zal blijken in mijn daden. Dat zal te horen zijn aan mijn spreken. Dat zal gezien worden in mijn verhouding tot anderen. God verandert mensen. Zo heeft Hij Zijn mens terug! En dat alles door genade.

WAT ZIJN DE BELANGRIJKSTE GEDEELTEN UIT HET AVONDMAALSFORMULIER?

12 augustus

LEZEN: HOOGLIED 1

Het avondmaal is de viering van de dood van Christus. Hij is de Gastheer en jij bent Zijn genodigde. In Hooglied gaat het over de Bruidegom die een loflied zingt over Zijn bruid. Hij zegt dat Zijn vriendin mag komen, zij is de allermooiste die Hij ooit gezien heeft. Hij wil haar zien en horen, omdat Hij zo veel van haar houdt. Ook al smeekt de bruid of de Bruidegom niet op haar neer wil zien omdat ze donker is, toch zegt Hij alsnog tegen haar dat ze Zijn duif is en dat Hij haar gedaante bekoorlijk vindt. Op die manier roept Christus jou ook als het heilig avondmaal is. Hij wil graag dat jij er bent om het met Hem te vieren. Ook al denk jij misschien meer aan hoe je er zelf uitziet, of aan wat je allemaal fout hebt gedaan. Of misschien ben je juist wel heel erg bezig met wat de mensen zullen vinden als je nu aan het avondmaal gaat. Maar juist dan zegt Christus: 'Kom maar. Want je bent van Mij en het is Mij allemaal om jou te doen.'

HOE ZORG IK ERVOOR DAT HET HEILIG AVONDMAAL ME DICHTER BIJ JEZUS BRENGT?

13 augustus

LEZEN: HOOGLIED 3

Toch verlangt de bruid ook naar de Bruidegom. Op een nacht ligt zij in bed en zoekt Hem, maar ze kan Hem niet vinden. Ze staat op en loopt door de stad om de Bruidegom te zoeken. Ze vraagt aan de wachters waar haar Liefste is. En dan, als ze nog niet zo lang op zoek is, vindt ze Hem. Ze grijpt Hem vast en laat Hem nooit meer los, totdat Hij met haar meegaat.

Zo kan het ook gaan met het heilig avondmaal. Dat het die ochtend voelt alsof je Hem moet zoeken, dat Hij niet meer dicht bij je staat. En toch sta je op en je zoekt Hem, dan zul je erachter komen dat je niet lang hoeft te zoeken. Als je Zijn tafel daar dan ziet staan, hoor je Hem weer roepen. Dan kan het ook zo zijn dat je van de tafel af komt en beseft dat Hij er goed aan gedaan heeft om je die ochtend te laten zoeken. Want nu je Hem weer hebt gezien, zul je Hem niet meer loslaten, totdat Hij met je meegaat. Dan heb je een goede avondmaalszondag, waar je nog lang over na kunt denken.

HOE ZORG IK ERVOOR DAT HET HEILIG AVONDMAAL ME DICHTER BIJ JEZUS BRENGT?

14 augustus

LEZEN: HOOGLIED 5:1-8

De Bruidegom komt op een avond aan bij de bruid. Hij heeft specerijen voor haar meegenomen en ze slaapt. Dan hoort ze ineens de Bruidegom roepen dat Hij naar binnen wil en dat Hij bij haar wil zijn. Maar ze is al klaar voor de nacht, ze heeft haar haren gedaan, haar voeten zijn gewassen. Waarom zou ze die weer vuil maken? Ze gaat niet naar haar Liefste toe en Hij vertrekt. En op het moment dat Hij bij de deur wegloopt, beseft ze dat ze een vergissing heeft gemaakt. Ze staat op, legt haar hand op de deurklink en doet voor haar Liefste open. Als ze beseft dat Hij is weggegaan, wordt ze radeloos. Ook deze keer zoekt ze Hem, maar ze vindt Hem niet! Ook nu gaat ze naar de wachters toe, maar ze slaan haar en nemen haar sluier van haar af.

Zo kan het bij jou ook weleens zijn: dat juist jij je van God hebt afgekeerd. Dat jij ervoor gezorgd hebt dat er geen relatie meer is tussen jou en Christus. Dat je te veel bent opgegaan in je dagelijkse dingen en niet zo veel meer hebt gebeden en je alleen nog maar voor de vorm een stukje uit je bijbel las. Als je daar dan achter komt terwijl de tafel daar staat, zoek je Hem ook. Maar dan voel je je zo radeloos omdat je Hem niet kunt vinden, dat je twijfelt of je wel aan mag gaan. Jij hebt Hem immers laten gaan! Je verwondt jezelf en andere mensen met wie je praat, verwonden je ook. Het is toch jouw schuld? Nee, voor jou is het zeker niet bedoeld deze keer.

HOE ZORG IK ERVOOR DAT HET HEILIG AVONDMAAL ME DICHTER BIJ JEZUS BRENGT?

15 augustus

LEZEN: HOOGLIED 5:10-16

Dan vertelt de bruid over haar Liefste. Ze zegt tegen de dochters van Jeruzalem dat Hij een hoofd van zuiver goud heeft en dat Zijn lippen als lelies zijn. Ze bezingt haar Bruidegom en opeens weet ze waar Hij naartoe gegaan moet zijn. Hij is naar Zijn tuin om de lelies te verzamelen. En meteen weet ze het weer: ik ben van mijn Liefste en mijn Liefste is van mij. Ze herinnert zich weer hoe het was en hoeveel ze van Hem houdt. Als je voelt dat je geen relatie meer hebt met Jezus en Hem weer gaat zoeken, dan kun je niet meer stoppen met praten over hoe het voelde toen je nog wel dicht bij Hem was. Je zou het zo graag weer opnieuw hebben als vroeger. Net zoals de bruid op haar zoektocht over haar Liefste vertelt, gaat de gelovige tijdens zijn zoektocht God loven en danken voor dat wat Hij al in zijn of haar leven heeft gedaan. Dit zorgt ervoor dat de relatie weer sterker wordt. Er groeit een nog vurigere liefde dan vroeger. Ondanks dat je geslagen en verwond bent, voelt Hij Zijn barmhartigheid branden en Hij is blij om je weer te zien.

HOE ZORG IK ERVOOR DAT HET HEILIG AVONDMAAL ME DICHTER BIJ JEZUS BRENGT?

16 augustus

LEZEN: HOOGLIED 8:5-14

Samen komen de bruid en de Bruidegom uit de woestijn, zij leunt op Hem. Hij helpt haar verder en zij smeekt Hem dat ze op Zijn hart gebonden wil zijn. Deze liefde is sterker dan de dood, zij brandt met vlammen van de HEERE. Al komt er nog zo veel regen, het vuur zal haar niet uitblussen. En al zou iemand proberen om er al zijn bezit voor te geven, het zou hem niet baten, hij zou er alleen maar slechter van afkomen. Die liefde is namelijk niet te koop.
Het heilig avondmaal is een nodiging van de Christus Die de gelovige ondersteunt. Die Zijn kinderen ziet ook als ze zich van Hem afkeren en gewond raken. Hij ondersteunt ze in de woestijn en geeft hun een vuur dat niet uit te blussen is. Hij geeft hun liefde die geen mens kan kopen. Als de tafel dan voor in de kerk staat, zegt je hele hart het: 'O, Lam van God, ik kom.' Dan is het avondmaal alleen niet genoeg. Je wilt veel dichter bij Hem zijn. En samen met de bruid kun je het dan eerlijk zeggen: 'Kom toch snel, mijn Liefste, kom toch snel.'

HOE ZORG IK ERVOOR DAT HET HEILIG AVONDMAAL ME DICHTER BIJ JEZUS BRENGT?

17 augustus

LEZEN: MATTHEÜS 11:20-29

Als je God niet meer voelt in je leven, moet je niet teleurgesteld raken en afhaken, maar de middelen die Hij gegeven heeft gebruiken om weer uit te zien naar een overvloedigere tijd van genade. Je moet blijven bidden en bijbellezen en God eerbiedig vragen of Hij weer bij jou wil komen.

Bij het heilig avondmaal gaat het altijd om Christus, Hij is de belangrijkste aanwezige aan de tafel. Toch gaat het voor een groot gedeelte ook om jou. Het gaat om de vraag of jij wel met Hem aan één tafel wilt zitten en of je wel met Hem wilt eten en drinken. Het gaat om de vraag of jij Christus' dood wel echt kunt vieren, omdat je weet wat die dood voor jou betekent. Het heilig avondmaal kan dus alleen een versterking zijn voor het geloof als je daadwerkelijk een verlangen hebt om met Hem te zijn en als je niet weet wat je zou moeten doen als Jezus niet voor jou gestorven was. Pas als je die vragen kent, ook al maken die vragen je soms verdrietig, kan het heilig avondmaal je dichter bij Jezus brengen.

HOE ZORG IK ERVOOR DAT HET HEILIG AVONDMAAL ME DICHTER BIJ JEZUS BRENGT?

18
augustus

LEZEN: 1 THESSALONICENZEN 5

In de eerste brief aan de Thessalonicenzen staan een paar praktische adviezen voor de gemeente. De meeste gaan over de verhoudingen tussen de gemeenteleden onderling, maar er staan ook adviezen in voor het persoonlijke leven. Zo staat er dat de christen bidt zonder ophouden, dat hij alle dingen beproeft en het goede behoudt, maar ook dat hij altijd verblijd is en dat Hij God in alles dankt.
God in alles danken en te allen tijde verblijd zijn. Dat is nogal wat! Volgens de kanttekeningen is dat in voor- en tegenspoed jezelf onderwerpen aan de wil van God in jouw leven. Het is maar de vraag of jij dat kunt, het is ook maar de vraag of iemand dat kan. Zeker in tegenspoed zijn we vaak boos op God en vragen we ons af waarom Hij ons dit aandoet. Hem voor deze tegenspoed in vreugde danken is dan ook al snel een brug te ver. Toch geeft Jezus het juiste voorbeeld in Gethsémané. Met de bloeddruppels op Zijn voorhoofd vraagt Hij aan de Vader of de drinkbeker aan Hem voorbij mag gaan. Toch eindigt Hij keer op keer met: 'Maar niet Mijn wil, maar Uw wil geschiede.' Hij komt niet in opstand, Hij vraagt Zich niet af waarom dit moet gebeuren, maar Hij buigt onder de wil van God. Ook dat is danken.

MOET JE GOD ALTIJD DANKBAAR ZIJN?

19 augustus

LEZEN: PSALM 73

De dichter van Psalm 73, Asaf, is het ook niet altijd met God eens. Terwijl hij elke dag zijn godsdienstige plichten nakomt en alleen maar ellende ondervindt, ziet hij juist dat er bij de goddelozen niks dan voorspoed is. Hij vraagt zich zelfs af of God wel weet van zijn ellende. Want als God dit wist, kan het toch niet zo zijn dat Hij het alsnog heeft toegelaten? Hij denkt er zelfs over na wat er zou gebeuren als hij zich af zou keren van Gods kinderen.
Totdat hij het heiligdom binnengaat en ziet dat het einde van de goddelozen niets dan ellende is, terwijl hij na zijn dood voor altijd bij God zal zijn. Hij beseft dat hij steeds op het verkeerde heeft gelet. Dit leven is niet meer dan een droom die weer vervliegt bij het ontwaken, maar het leven na de dood is het eeuwige leven. Zelfs als zijn lichaam en hart bezwijken, is God zijn rots en erfenis. Hij beseft dat het goed is dat hij straks dicht bij God zal zijn. Dan zal hij daarop letten en dat voor ogen houden. Ook dat is danken.

MOET JE GOD ALTIJD DANKBAAR ZIJN?

20 augustus

LEZEN: PSALM 116

Het kan voelen alsof het niet alleen slecht gaat in je aardse leven, maar ook in je geestelijke leven. Je hebt het idee dat andere christenen veel meer genade van God ontvangen en je voelt je vergeten door God. Dit kan een hele strijd zijn, waarin je jezelf de schuld kunt geven en zo moedeloos kunt worden dat je eraan twijfelt of het nog wel nut heeft om God te blijven dienen. Vroeger, toen je God wel kon loven en dienen, was toch zeker alles veel beter?
Juist dan moet je kijken naar hoe de HEERE je vroeger heeft geholpen, hoe Hij je vroeger uit de dood heeft gered. Hoe hij vroeger de tranen van je ogen heeft gewist en je ervoor heeft behoed dat je opnieuw in die ene zonde zou vallen. Als je dan beseft wat Hij voor je heeft gedaan, vraag je je af hoe je Hem daar ooit voor kunt terugbetalen. Dan is wat Hij nog voor je moet doen opeens niet zo belangrijk meer, maar berust je in het feit dat de Heere goed voor je is geweest. Ja, Hij heeft je boeien losgemaakt en daarom kun je de Naam van de HEERE in vreugde aanroepen. Ook dat is danken.

MOET JE GOD ALTIJD DANKBAAR ZIJN?

21 augustus

LEZEN: JOB 1

Vaak vinden wij de geschiedenis van Job een van de oneerlijkste geschiedenissen in de Bijbel. Het voelt alsof God Zich tegen Zijn eigen kind keert. De duivel krijgt vrij spel om alles van Job af te pakken wat hij maar wil, en dat terwijl God Zelf zegt dat er geen godvrezender man op aarde is dan Job. Zo zullen wij ons niet zo heel snel voelen, wij zijn het niet zo gewend om onszelf als heel godvrezend te zien. Wij zoeken het vaak eerder in onszelf: ik heb dit gedaan dus nu overkomt mij dit. Toch kan God er ook een specifieke reden mee hebben om tegenspoed in je leven te laten komen, bijvoorbeeld om je daardoor te laten groeien in het geloof.

En de duivel wordt dan als een briesende leeuw losgelaten. In één dag verliest Job zijn kinderen, zijn goederen en zijn knechten. Hij houdt alleen zijn vrouw nog over en ook die keert zich tegen hem. Maar Job staat op. En hij buigt. En hij looft God.

En in dit alles zondigt Job niet, en Hij verwijt God ook niets. Dat is danken!

MOET JE GOD ALTIJD DANKBAAR ZIJN?

22 augustus

LEZEN: FILIPPENZEN 4:4-7

Paulus laat ons in deze vier verzen zien hoe het ware danken eruit hoort te zien. Wij hoeven niet bezorgd te zijn over onze kleren of over de dag van morgen, wij hoeven alleen maar onze verlangens door bidden, smeken en dankzegging bekend te maken bij God. Wij moeten ook altijd andere mensen helpen, want zo kunnen we God ook danken voor dat wat Hij voor anderen doet.

Hoe doe je dat nu precies: je verlangens door bidden en smeken, maar ook door dankzegging bij God bekendmaken? Het lijkt een vreemde combinatie, haast tegenstrijdig, maar toch is het zeker wel mogelijk. Eigenlijk beklaagde Job zich ook. Naakt was hij uit zijn moeders buik gekomen en hij zou zeker ook naakt sterven. Toch loofde hij direct daarna ook Gods Naam. Zo mogen wij het ook doen. Je mag de Heere vertellen wat je dwarszit, je mag Hem vertellen dat je het moeilijk hebt, maar je moet Hem ook danken en loven, omdat Hij ook in de toekomst voor je wil zorgen. Dat is bij voorbaat danken.

MOET JE GOD ALTIJD DANKBAAR ZIJN?

23 augustus

LEZEN: LUKAS 18:9-14

Paulus schreef in de brief aan de Filippenzen ook dat we voor onze naasten moeten zorgen. Alleen het zorgen voor een ander die het moeilijker heeft dan jij, kan al danken zijn. Als je het uit liefde tot God doet is deze naastenliefde als een offer aan God.

Een verkeerde verhouding met onze medemens zorgt er vaak voor dat we verkeerd danken. Jezus vertelde de gelijkenis van de tollenaar en de Farizeeër omdat sommige mensen wel naar hun naaste keken, maar dan alleen om zichzelf beter te voelen. En dan kom je tot uitspraken als: 'Ik dank u, Vader, dat ik niet ben zoals deze tollenaar.' Dat is een ander soort danken als het danken dat in Psalm 73 naar voren komt. De Farizeeër dankt God dat hij zelf beter is dan de ander. Als je zo dankt, dank je God niet voor het wonder dat je gered bent door het bloed van Christus. Je moet God danken voor wat Hij doet en gedaan heeft, je moet God niet danken voor wie jij bent. Dan zouden we niet heel veel te danken hebben, want wij vallen nog vaak in de zonde. De tollenaar dankt God dus veel rijker dan de Farizeeër als hij vraagt om genade van Christus. Hij ziet de waarde van het offer in en vraagt of hij ook deel mag krijgen aan dit bloed. Dank God voor Zijn onuitsprekelijke gave!

MOET JE GOD ALTIJD DANKBAAR ZIJN?

24 augustus

LEZEN: MATTHEÜS 11:20-30

Het is moeilijk om God altijd te danken. Het is ook moeilijk om God altijd op de juiste manier te danken. Toch mag je het altijd in combinatie doen met het gebed. Je mag God ook bidden of Hij je wil leren danken. Jezus dankt God juist dat Hij Zijn genade voor de wijzen en verstandigen verborgen houdt, maar dat Hij het leert aan de jonge kinderen. Dat is zelfs de wil van de Vader. Ook in het danken van God kun je niet volmaakt zijn, je kunt alleen maar vragen of je mag groeien in het geloof. Je mag God voor alles danken, voor alles bidden, voor alles smeken en het hoeft niet perfect te zijn. Hij wil het je leren. Zelfs de volmaaktste christen heeft in het bidden en danken nog een Voorbidder Die voor de troon bidt. Een Voorbidder Die Zijn bloed gegeven heeft. Een Heilige Geest Die het bidden en danken ondersteunt. Vraag God dan maar om te kunnen danken. Ook in de nare dingen.

MOET JE GOD ALTIJD DANKBAAR ZIJN?

25 augustus

LEZEN: DORDTSE LEERREGELS, HOOFDSTUK 1, PARAGRAAF 16

Die het levend geloof in Christus, of het zeker vertrouwen des harten, den vreden der consciëntie, de betrachting van de kinderlijke gehoorzaamheid, den roem in God door Christus, in zich nog niet krachtiglijk gevoelen...

Dit is een heel brede omschrijving van 'koudheid in het geloof'. Je mist een krachtig gevoel van het levende geloof in Christus. Je vertrouwt er niet meer op dat het tussen jou en God goed zit en daardoor gaat je geweten ook opspelen. Je voelt het nog niet krachtig genoeg. Het moet nog krachtiger, je hebt toch genade ontvangen?
Tegelijkertijd is dit ook een mooie toetssteen om te ontdekken of je daadwerkelijk genade hebt ontvangen. Iets wat er niet is, kan ook niet groeien. Is het zo dat je je levende geloof niet krachtig genoeg voelt, of is het zo dat er nog geen levend geloof in je is? De Dordtse Leerregels geven als antwoord dat mensen die God als een kind willen gehoorzamen en Hem willen roemen door Christus (ook al kunnen ze dat niet), toch kunnen zeggen dat ze 'koud' zijn. Ook al is het niet goed, ieder kind van God zal weleens koud zijn in zijn leven. Het belangrijkste is dat we weer bij God terugkomen en Hem weer gaan eren.

HOE GA JE OM MET KOUDHEID IN JE GELOOF?

26 augustus

LEZEN: JOHANNES 5:30-47

En nochtans de middelen gebruiken, door welke God beloofd heeft deze dingen in ons te werken.

Naast bidden heeft God nog veel meer middelen aan ons gegeven om te groeien in ons geloof. Jezus Zelf wijst erop: 'Onderzoek de Bijbel!' Lees hem elke dag, niet zomaar klakkeloos, maar bestudeer hem. Want daar staan de woorden van God in en daar kun je Jezus ontmoeten.
Daar vind je ook andere christenen die na een koude periode weer terugkomen naar God, daar vind je het verhaal van de verloren zoon en het verhaal van de bloedvloeiende vrouw. Al deze woorden kun je dan weer in je gebed gebruiken om God te smeken of de relatie tussen Hem en jou mag verdiepen.
Naast bijbellezen zijn er ook de sacramenten. Misschien wil of kun je hier nog helemaal niet aan meedoen, maar heb je ooit weleens meegedaan met de week van voorbereiding? Heb je het doopformulier weleens onderzocht? Gebruik de middelen! Want zij zijn het die van God getuigen.

HOE GA JE OM MET KOUDHEID IN JE GELOOF?

27 augustus

LEZEN: LUKAS 24:13-40

Als het even niet zo goed gaat, als je de Heere niet meer voelt en je dat juist zo graag zou willen, kan het goed zijn om daar eens met andere christenen over te praten. De Emmaüsgangers waren Jezus ook kwijtgeraakt, ze dachten dat Hij gestorven was. En ze hebben het tegen elkaar gezegd: 'Nu zien we Hem vast nooit meer terug.' Ze hebben alles doorgesproken en toen kwam daar opeens die derde Man aan. Ook Hij begon te praten en Hij haalde de schriften van Mozes aan om duidelijk te maken wat er nu precies was gebeurd. Hij heeft hun verteld dat dit allemaal volgens Gods plan was, dat Hij dit deed om mensen te kunnen verlossen.

Het zou geen kwaad kunnen als wij in de kerken eens zouden proberen om wat opener te zijn. Het geloofsleven is niet altijd even goed, we hebben allemaal onze angsten. We hoeven van elkaar niet alleen maar te weten dat er hoogten in het geloof bestaan, we mogen elkaar ook weleens vertellen dat we het eigenlijk allemaal niet zo goed meer weten.

HOE GA JE OM MET KOUDHEID IN JE GELOOF?

28 augustus

LEZEN: HANDELINGEN 2:44-47

De belangrijkste gesprekspartner is en blijft toch God. Hij zal je misschien niet zo fysiek antwoorden als een medechristen of als Hij gedaan heeft bij de Emmaüsgangers. Toch wil ook Hij het specifiek van ons weten als het niet goed gaat. Hij wil om alles gebeden worden, ook om zulk soort zaken.

Als ik het tegen God moet zeggen, voel ik vaak een bepaald soort schroom. Ik schaam me een beetje, het voelt haast dubbel. Ik heb God verlaten en mijn geloofsleven is afgezwakt, en dan ga ik weer naar Hem terug met de vraag of Hij het weer beter wil maken. Maar toch is het niet onlogisch als je bedenkt dat wij niets goed kunnen doen. Wij hebben Zijn hulp bij alles nodig. Dan kun je en dan moet je het Hem vertellen, om vervolgens te vragen of Hij je wil helpen om te groeien.

HOE GA JE OM MET KOUDHEID IN JE GELOOF?

29
augustus

LEZEN: JOHANNES 20:24-29

Je geloof kan ook opleven door de sacramenten. Als je ziet dat er een kind wordt gedoopt, kan dat je eraan herinneren dat ook jij vroeger gedoopt bent. Dat ook jij het teken hebt gekregen dat je door het bloed van Christus zonder verschrikking voor Zijn rechtertroon mag verschijnen.
Als je door genade zeker weet dat je een kind van God bent, mag je ook aan het heilig avondmaal aangaan. Dit kan je geloof ook versterken. Christus wil het geloof dat naar Hem toe komt altijd zegenen en vergroten, als het gepaard gaat met gebed.
Probeer Hem te zoeken. En ook al laat Hij Zich misschien niet direct vinden, blijf volhouden! Zoek Hem in Zijn woord, Zijn tekenen, Zijn schepping, en blijf bidden. Net als Thomas mag je ook vragen of je je hand in de zijde van Jezus mag leggen om meer geloof te ontvangen. Ook al zie je God dan niet fysiek, toch kun je in het geloof Jezus aanraken en dan kun je het niet laten om haast ademloos te zeggen: 'Mijn Heere en mijn God!'

HOE GA JE OM MET KOUDHEID IN JE GELOOF?

30 augustus

LEZEN: MATTHEÜS 18:18-22

Een aspect dat vaak vergeten wordt in de behandeling van vragen zoals deze, is de band die je hebt met je eigen gemeente. Aan de ene kant is het geloof heel individueel, maar aan de andere kant moet het altijd samen gebeuren.

Het kan niet zo zijn dat je moeite hebt met de koudheid van je geloof en vervolgens op zondag maar niet naar de kerk gaat, omdat je toch niks voelt. Je moet je fysiek begeven in de plaatsen waar de Heere is. Tijdens de zondagse diensten, maar ook tijdens de doordeweekse diensten. God wil zijn waar twee of drie mensen in Zijn Naam vergaderd zijn, dan moet je die gelegenheden ook zoeken.

Ook Jezus weet dat dat soms moeilijk is, het kan niet altijd even makkelijk zijn. Je kunt ruzie hebben, of het oneens zijn over fundamentele zaken. Probeer dan altijd vast te houden dat God je vraagt om je medemens wel terecht te wijzen als hij fout zit, maar ook om hem te vergeven en samen verder te gaan in de zaak van Christus.

HOE GA JE OM MET KOUDHEID IN JE GELOOF?

31 augustus

LEZEN: MATTHEÜS 6:24-34

Dankbaarheid is een vorm van berusten in wat God met je leven doet. Het is een vasthouden aan Zijn beloften en Hem woordelijk danken dat Hij die beloften aan jou geeft en waar wil maken. Dankbaarheid uit zich in vertrouwen op God en het helpen van de medemens. Eigenlijk zijn alle zaken in de dankbaarheid groot, je hoeft niet altijd alleen je dankbaarheid te uiten over het feit dat Hij je gered heeft.

Jezus Zelf houdt het in Mattheüs 6 voor het oog nog redelijk klein: 'Maak je geen zorgen over je eten en over je kleren, maak je geen zorgen over hoe de volgende dag eruit zal zien, want dat is juist iets wat de heidenen doen. Je moet juist het Koninkrijk van God zoeken en dan zal de rest je gegeven worden.'

Er is een verschil tussen passieve dankbaarheid en actieve dankbaarheid. De passieve dankbaarheid ziet in dat God voor de minder belangrijke dingen in het leven zal zorgen. Die houdt zich niet bezig met de aardse dingen. De passieve dankbaarheid berust, en waar ze ook terechtkomt, ze zegt: 'Dit is waar God me gebracht heeft, het is goed.'

De actieve dankbaarheid uit die woorden tegenover God. Die dankt God voor al het goede in je leven. De actieve dankbaarheid kijkt naar wat je wel hebt en daar dankt ze God voor.

ZIT DANKBAARHEID IN DE GROTE DINGEN?

1 september

LEZEN: JESAJA 38

Hizkia werd ziek en God liet hem weten dat hij aan deze ziekte zou sterven. Nadat Hizkia had gebeden, kreeg hij er echter nog vijftien jaar bij en toen hij daadwerkelijk weer genezen was, schreef hij zijn dankuiting aan de HEERE op. Hij smeekte de Heere of Hij zijn borg wilde zijn en of Hij voor hem wilde zorgen. Toch kunnen we uit deze geschiedenis het meeste leren van de argumenten die Hizkia aan de Heere voorlegt om de ziekte te stoppen.

Hizkia klaagde tegen God dat hij Hem niet meer zou zien in het land van de levenden. Hij vroeg God om een teken waaraan hij kon zien dat hij weer naar het huis van God kon gaan. Dit zijn argumenten waar God voor zwicht.

Hizkia heeft God dus voor iets heel groots te danken, God heeft hem immers zijn leven teruggegeven. Hij heeft de jaren van Hizkia met vijftien verlengd, iets waar wij geen van allen zeker van kunnen zijn. En Hizkia looft de Heere. God stond klaar om hem te verlossen en daarom zal er tot de dood van Hizkia snarenspel in de tempel zijn. Het graf zal God niet loven, in het stof heeft geen mens op Gods woord gehoopt. Maar nu Hizkia levend is, kan hij God nog loven en danken voor al Zijn weldaden. Als je God zo looft, door Hem als het begin- en eindpunt van je dankrede te nemen, zal Hij je ziel liefelijk omhelzen.

ZIT DANKBAARHEID IN DE GROTE DINGEN?

2 september

LEZEN: JESAJA 39

In de praktijk is het moeilijk om God te danken en te loven voor wat Hij heeft gedaan. We vergeten het vaak, of we houden het maar een weekje vol. Al snel staan we weer met beide benen op de grond en vragen andere zaken onze aandacht. Je school of je werk neemt weer een prominente plaats in je leven in en het bidden en bijbellezen gaan steeds minder tijd in beslag nemen.
Zo is het waarschijnlijk ook met Hizkia, want enige tijd nadat hij is genezen, valt hij in de zonde van de hoogmoed. Hij laat de gezanten van de zoon van de koning van Babel al zijn schatten zien, er is geen plekje in het hele koninkrijk dat ze niet mogen bekijken.
Dan wordt God boos en neemt Hij Hizkia al zijn schatten af. Hizkia zelf zal er nog van genieten, maar zijn nageslacht niet meer. Toch zegt de koning tegen Jesaja: 'Het is goed.' Wat een verschil met hoe hij eerder reageerde! In Jesaja 38 lezen we dat Hizkia God dankte omdat Hij hem van de ziekte en zonde had gered, maar hier zien we dat hij dankt en ondertussen in de situatie berust, omdat hij zijn zonde inziet. Ook dat is een vorm van God loven, berusten in Zijn straffen en je onderwerpen aan Zijn gezag. Wil toch niet stug, gelijk een paard, weerstreven. Loof God, omdat Hij goed is.

ZIT DANKBAARHEID IN DE GROTE DINGEN?

3 september

LEZEN: PSALM 150

Muziek heeft altijd een belangrijke rol gespeeld in de dienst van God. Jubal was de eerste muzikant over wie we iets horen (Genesis 4:21). Hij is de vader van allen die op de harp en de fluit konden spelen.
Koning David speelde op de harp en in de tempel waren altijd liedschrijvers en zangers aanwezig. Ook nu speelt muziek in sommige christelijke stromingen een grote rol bij het aanbidden van God. In Psalm 150 zie je dat we God met onze instrumenten moeten loven om Zijn grootheid. Alles wat wij kunnen bespelen, moet naar Hem uitroepen dat Hij het waard is om gediend te worden en dat Hij zeer groot is.
Het is altijd een lastige kwestie hoe je God looft met een muziekinstrument. De ene gemeente heeft een orgel en zingt niet-ritmisch, terwijl de andere gemeente een band heeft en wel ritmisch zingt. Toch is het niet zo dat er tussen deze twee varianten veel verschil zit. Wij spelen allen tot Gods eer, omdat Hij ons heeft gered.

ZIT DANKBAARHEID IN DE GROTE DINGEN?

4 september

LEZEN: PSALM 150

Niet alleen de muziekinstrumenten moeten God loven, ook de mens zelf moet Hem aanbidden met de stem. 'Laat alles wat adem heeft, de HEERE loven!'
Als je als mens God wilt aanbidden, gaat het er niet om hoe je je stem gebruikt – langzaam of snel, vals of niet-vals – het doet er allemaal niet zo veel toe. God wil met het hart geloofd worden! En waar het hart vol van is, daar loopt de mond van over. Als je een vol glas water hebt en je laat het voorzichtig nog iets voller worden, dan gaat de bovenkant van het water bol staan op het glas. Zodra er dan maar één trilling is of er nog een kleinere druppel bovenop valt, stroomt het hele glas over. Zo moeten wij God ook loven. Omdat Hij overloopt van liefde voor mensen en groot is in de kracht en schepping van Zijn natuur.
Zing dus niet zodat andere mensen het mooi vinden, maar zing zodat jouw hart voor God uitgestort wordt.

Laat alles wat adem heeft, de HEERE loven. Halleluja.

ZIT DANKBAARHEID IN DE GROTE DINGEN?

5
september

LEZEN: MATTHEÜS 15:1-9

Het gaat om het naleven van de wet, maar dan niet op de manier van de Farizeeërs. De vraag is dan natuurlijk hoe zíj, de Farizeeërs, de wet gehoorzamen. Wat is het verkeerde in hun doen en laten? De Heere Jezus geeft daar een heel duidelijk antwoord op. Ze hebben het wel volop over de wet. Hun mond is er vol van. Ze hebben zelfs nog allerlei eigen regels en voorschriften bedacht. Op het eerste gezicht nemen ze het dus heel nauw met de regels.
Ze redeneren dus volop over de wet. En hun hart dan? Dat is oneindig ver bij God vandaan. Als ze God eren met hun mond, zijn ze niet echt. Niet authentiek. Ze doen alsof... Met de mond maken ze God groot en hun hart geven ze aan alles buiten God. Dat is gevaarlijk, vind je niet? Kijk maar eens hoe de Heere Jezus hen noemt: 'Huichelaars!' Wat een scherp oordeel. Maar... verdiend!
God vraagt ons hart. Hij wil dat ons hart bij Hem is, naar Hem uitgaat. Misschien zeg je wel: 'Dat lukt me niet.' Als dat zo is, mag je Hem bidden dat Hij het néémt, door Zijn Geest. Bied het Hem aan, zo vuil als het is. Ook vandaag vraagt de Heere: 'Waar is jouw hart?' Bid jij weleens: 'O God, laat me geen huichelaar zijn'?

HOE KUN JE DE WET OP EEN GOEDE MANIER NALEVEN, ZONDER FARIZEEËRSKUREN?

6 september

LEZEN: GALATEN 3:19-29

Hoe kunnen we op de goede manier naar de wet van God leven? Van Wie kunnen we dat leren? Dat is hier de grote vraag. Van Christus alleen! Daarom is het nodig om geleid te worden op de weg tot de Heere Jezus. En dat is nu juist wat de wet wil doen. In het Oude Testament werd het volk Israël geleid op de weg naar Christus. Iets dergelijks gebeurt ook bij de gelovigen persoonlijk. 'De wet is een leermeester tot Christus,' zegt Paulus daarom. In andere vertalingen staat hier 'tuchtmeester'. Je kunt daarbij denken aan een slaaf die de kinderen van zijn meester naar school brengt. Hij moet toezien dat ze niet de verkeerde kant opgaan. Dat ze niet onderweg door van alles afgeleid worden. Hij moet ze bewaren op de juiste weg. Beschermen tegen mensen met verkeerde bedoelingen. Anders komen ze nooit op school aan.

In de wet vraagt God liefde van mij. Bovenal liefde tot Hem, en tot mijn naaste. De wet leert me dat ik schuldig sta en daarom Christus, de enige Zaligmaker, nodig heb. Zo wil de wet me naar Christus leiden. Hij drijft en beweegt naar Christus toe. En Christus alleen kan mij redden. Niemand dan Hij alleen kan mij leren naar Gods wil te leven. Zie jij dat?

HOE KUN JE DE WET OP EEN GOEDE MANIER NALEVEN, ZONDER FARIZEEËRSKUREN?

7 september

LEZEN: PSALM 1

De Bijbel is radicaal. Dat zien we in Psalm 1. Er zijn welgeteld maar twee soorten mensen, de rechtvaardigen en de goddelozen. Tot één van beide soorten behoren jij en ik. Lees eens na wat er in vers 1 over de rechtvaardige wordt gezegd. Maar denk nu niet dat het alleen maar negatief is bij het leven met God. Dat het alleen maar gaat om wat de rechtvaardige niet doet. Dit niet, dat niet... Nee, wie met God leeft, heeft vreugde in Gods Woord.

Vreugde vinden in de wet van God. Bij 'de wet' moeten we niet alleen aan de Tien Geboden denken. Het gaat over het hele Woord van God. Over heel de onderwijzing van God. Maar dan ook over de wet. En daar moeten we dus vreugde in vinden. Er zin in krijgen om naar de wet van God te leven.

Misschien vraag jij je ook weleens af hoe het komt dat we zo vaak denken dat het maar een nare, sombere bedoening is in het leven met God. Ik denk dat er één is die ons dat wil aanpraten. Maar hij is wel de grote leugenaar, de duivel. Hij wil jou en mij bedriegen. Als je God echt kent, ga je zien hoe mooi het is om naar Gods wil te leven. Toch?

HOE KUN JE DE WET OP EEN GOEDE MANIER NALEVEN, ZONDER FARIZEEËRSKUREN?

8 september

LEZEN: PSALM 119:97-104

Het zou best eens kunnen dat het in jouw oren vreemd klinkt: we horen hier een man zingen dat hij de wet van God liefheeft. Wat moeten we daar nou van denken? 'Liefde' en 'wet' verbinden we meestal niet zo direct met elkaar. Misschien denk je eerder dat die twee elkaar uitsluiten. Ze gaan niet samen, toch?
En toch zegt deze dichter het. Hij heeft Gods wet lief! Net als gisteren denken we bij de wet natuurlijk niet alleen aan de Tien Geboden. Maar die horen er wel bij. De dichter heeft de woorden van God op de twee stenen tafels ook lief. Waarom? Ik wil een paar dingen noemen. Hoe zou die man Gods wil kennen zonder de wet? En naar die wil van God wil hij graag leven. Verder wil de wet van God hem bewaren voor heilloze wegen. Je raakt zo ver bij God vandaan als je Zijn wet verlaat. Heilloos! In vers 98 van deze psalm lees je dat Gods wet de dichter wijsheid geeft. Hij heeft ontdekt dat het erg dwaas is om Gods wet te verlaten.
Bij dat alles komt nog iets: de Heere Jezus Christus heeft met heel Zijn hart de wet van God vervuld en nageleefd. Welnu, als ik Hem liefkrijg, zou ik dan ook niet die wet van God liefkrijgen?

HOE KUN JE DE WET OP EEN GOEDE MANIER NALEVEN, ZONDER FARIZEEËRSKUREN?

9 september

LEZEN: LUKAS 19:1-10

Ik kom er vandaag toch nog een keer op terug. We hebben het over de wet. Maar is dat niet een beetje vervelend, al die regeltjes en alles wat moet en niet mag? Dat moet je eens aan Zacheüs, de tollenaar, vragen. Als hij de Heere Jezus heeft leren kennen, belooft hij om vierdubbel terug te geven wat hij op een verkeerde manier verkregen heeft. Je kunt denken aan het geld dat hij van anderen heeft afgeperst, dat hij op een bepaalde manier uit iemands zak heeft geklopt. Hij geeft het vierdubbel terug. Dat is meer dan eigenlijk moest volgens de wet.

De vraag is nu: hoe komt Zacheüs zover? Nou, hij heeft Jezus ontmoet. Hij heeft de Zaligmaker in zijn huis ontvangen. Hij leerde de ontferming van Jezus kennen. En dat maakt zijn leven totaal nieuw! En dat wordt ook duidelijk. Zacheüs leefde eerst voor geld en bezit – zo mogen we aannemen – maar nu geeft hij vierdubbel terug.

We hadden het de laatste dagen over liefde tot de wet. Hier heb je een concreet voorbeeld. Zacheüs. Hij leerde Jezus kennen en dat maakte zijn leven nieuw. Het heeft hem liefde tot de wil van God, tot de wet, gegeven. In de geschiedenis van Zacheüs zie je hoe je die wet van God kunt liefkrijgen! Daarvoor moet je de Zaligmaker leren kennen. Laat het je daarom te doen zijn. Om Hem te kennen.

HOE KUN JE DE WET OP EEN GOEDE MANIER NALEVEN, ZONDER FARIZEEËRSKUREN?

10 september

LEZEN: LUKAS 18:9-14 EN PSALM 119:33-40

Het gaat deze week over hoe je de wet op de goede manier kunt naleven, zonder farizeeërskuren. Ook vandaag hebben we daar een voorbeeld van in onze tekst. De Farizeeër dankt God dat hij zo trouw de wet onderhoudt, dat hij zo geweldig goed leeft. De dichter van Psalm 119 bidt: 'Leid mij op het rechte pad, het pad van Uw geboden.' Blijkbaar moet deze man door God geleid worden.

Ook zien we dat God Zijn kinderen, Zijn gelovigen wil leiden door Zijn wet. God geeft Zijn wet niet om hen te plagen of hen dwars te zitten, maar juist om hen te zegenen. Ik herinner me dat ik jaren geleden eens op een donderdagavond door de Krimpenerwaard reed, op weg naar huis. Aan beide zijden van de weg waren er brede sloten, maar ik zag het water niet. Het was namelijk verschrikkelijk mistig. Je zag geen hand voor ogen. Wat was ik blij dat er die witte strepen op de weg waren. Anders was ik wel duizend keer van de weg geraakt. Zo wil de Heere de Zijnen leiden op hun weg. Daar gebruikt Hij Zijn wet voor. Zijn geboden zijn als die witte strepen.

God wil Zijn wet gebruiken om de Zijnen te bewaren voor wegen waarop zij omkomen. Tussen haakjes: bid jij mee met Psalm 119:33-40?

HOE KUN JE DE WET OP EEN GOEDE MANIER NALEVEN, ZONDER FARIZEEËRSKUREN?

11 september

LEZEN: MATTHEÜS 23:16-24

Op het eerste gezicht zijn de Farizeeërs heel nauwgezet in hun leven naar de wet. Ze geven zelfs de tienden van de kruiden die ze ergens in een klein hoekje van hun tuin hebben gekweekt. Toch zegt Jezus dat ze huichelaars zijn. Ze zijn uiterst nauwkeurig in onbelangrijke zaken. Maar de belangrijkste onderdelen van de wet lappen ze aan hun laars. Daar stappen ze zomaar overheen.

Ze vallen over het allerkleinste. Maar als het gaat over het onderscheiden van de noden van de naaste en die naaste barmhartigheid bewijzen, dan geven ze niet thuis. Een tiende deel van je kruiden weggeven is natuurlijk ook veel makkelijker dan barmhartigheid bewijzen. Je voelt het al aankomen: die houding is verbonden met een harde vormendienst. Met een handjevol vormen staan ze parmantig voor God. 'Bent U niet tevreden over ons, Heere? Kijk eens wat we allemaal aandragen voor U.' 'Wee u,' zegt Jezus tot hen. 'Jullie denken dat jullie stikken in een mug, maar een kameel slikken jullie zo door. Huichelaars!'

En welke les kunnen wij hieruit trekken? Nee, Jezus zegt nergens dat we niet nauwkeurig moeten zijn in het dienen van God. Maar wel waarschuwt Hij voor een harde, onbarmhartige vormendienst waarbij het belangrijkste niet meetelt.

HOE KUN JE DE WET OP EEN GOEDE MANIER NALEVEN, ZONDER FARIZEEËRSKUREN?

12 september

LEZEN: MARKUS 10:17-27

De vraag is: kan ik dat, de wet van God naleven? God liefhebben boven alles en mijn naaste als mezelf – lukt me dat? 'Dat lukt me simpelweg niet,' zul je misschien zeggen. Misschien vind je het een wat vreemde reactie als ik zeg: 'In zekere zin is het ook maar goed dat het je niet lukt. Als je denkt dat je dat wel kunt, zou je zomaar in het gezelschap van de rijke jongeling kunnen terechtkomen.'
Hij kwam bij Jezus met een uiterst belangrijke vraag. 'Wat moet ik doen om het eeuwige leven te beërven?' Hij is een heel serieuze kerel. Een man met levensernst. Veel mensen zijn helemaal niet met zulke vragen bezig, hij wel. De Heere Jezus wijst hem op de wet. 'U kent toch de wet wel, waarin het gaat over het liefhebben van uw naaste?' Daar mogen we aan toevoegen: '... en over de liefde tot God.'
'Meester, wat de wet zegt, heb ik allemaal onderhouden. Van mijn jeugd af aan.' Van dit antwoord kun je schrikken. Wat kent deze man zichzelf slecht. Wat leeft hij in een waan! Weet hij wel echt wat God vraagt in Zijn wet? Blijkbaar niet! Weet je waarom de gedachte van deze man zo levensgevaarlijk is? Zulke gedachten over jezelf maken dat je niet als zondaar aan Jezus' voeten komt. Dat is dodelijk!

HOE KAN IK GOD LIEFHEBBEN BOVEN ALLES EN ME VOLLEDIG AAN ZIJN WET HOUDEN?

13 september

LEZEN: ROMEINEN 7:18-26

We zullen allemaal wel geloven dat een ongelovige de wet van God niet kan houden. Maar hoe zit het als je een echte gelovige bent, als je bekeerd bent, en je veel bidt en...? Dan wordt het toch zeker wel heel anders? Laten we het eens voorleggen aan Paulus. Wie kan het ons beter zeggen dan hij?

Als er één is die met heel zijn leven tot bekering is gekomen, als er één is die de Heere Jezus heeft leren kennen, dan is hij dat wel. Na zijn bekering heeft hij alles over voor de dienst van God. Lukt het hem de wet van God na te leven? Ja, er is wel terdege heel wat veranderd in zijn leven. Het leven is hem Christus geworden. Nou, dan zou je toch denken dat...

Maar nee... Paulus' antwoord is duidelijk. Ook hij kan de wet van God niet onderhouden. Enerzijds verlangt hij er met heel zijn hart naar om Gods wet te houden. Hij wil de zonde niet doen. Hij haat haar met alles wat in hem is. Hij strijdt ertegen op leven en dood. En toch doet hij de zonde steeds weer. 'Het kwade, dat ik niet wil, dat doe ik.' Proef je de geweldige strijd bij deze man Gods? Ga je nu begrijpen dat hij verlangt naar de toekomst, waarin hij niet meer zal zondigen?

HOE KAN IK GOD LIEFHEBBEN BOVEN ALLES EN ME VOLLEDIG AAN ZIJN WET HOUDEN?

14 september

LEZEN: PSALM 40

Hoe zorg ik ervoor dat het me lukt om God lief te hebben boven alles en me volledig aan Zijn wet te houden? Dat is de vraag voor deze week. Eerlijk gezegd lijkt het me goed om vandaag eerst nog een andere vraag te stellen. Deze: is er iemand die kan zeggen dat hij God echt liefheeft en Gods wet naleeft?
In Psalm 40 zegt David: ‘Ik draag Gods wet diep in mijn binnenste.’ De HEERE heeft hem gered en nu verlangt hij ernaar om God te dienen en lief te hebben. In Hebreeën 10 zien we dat dit helemaal vervuld wordt in de Heere Jezus Christus. Eén is er geweest op aarde Die met alles wat in Hem was, God liefhad. Boven alles! Diep in Zijn binnenste droeg Hij de wet van Zijn Vader. Hij kon zeggen: ‘Mijn eten en drinken is dat ik de wil van God doe’ (vergelijk Johannes 4:34).
Waarom wijs ik nu op Hem? Het ging toch over de vraag hoe wij God kunnen liefhebben? Jawel, maar dat kan nooit zonder Hem en los van Hem. Nooit kunnen jij en ik God en Zijn wet liefhebben als we het niet leren van de Heere Jezus. Met de vraag hoe je God en de wil van God liefkrijgt, moet je bij Hem, bij Gods Zoon zijn!

HOE KAN IK GOD LIEFHEBBEN BOVEN ALLES EN ME VOLLEDIG AAN ZIJN WET HOUDEN?

15 september

LEZEN: JOHANNES 15:1-12

Als we God – en onze naaste – echt lief willen hebben, hebben we de Heere Jezus nodig. Dat zagen we gisteren. Dat wordt vandaag nog eens onderstreept. Door Christus Zelf. Hij gebruikt het mooie beeld van de Wijnstok en de ranken. Het gaat erom dat jij en ik ranken zijn in Hem. Ranken die vrucht dragen. Dat is toch de bedoeling van ons leven?
Welnu, de ranken moeten in de wijnstok zijn. Jij en ik moeten in Hem zijn, Hem ingeplant. De Heere Jezus zegt het zo duidelijk mogelijk tegen Zijn discipelen: 'Zonder Mij kunnen jullie niets doen.' Zou dat dan ook niet opgaan voor ons? 'Wie in Mij blijft, en Ik in hem, die draagt veel vrucht.' Het gaat om die heel nauwe verbondenheid met Hem: Hij in mij, ik in Hem. Hij in mij, door Zijn Woord en Geest. Ik in Hem, door een levend geloof. Zodat Hij al meer mijn een en al wordt.
Dan komt er vrucht. Als Hij niets liever deed dan de wil van Zijn Vader, en Hij wordt voor mij de Allergrootste, zou ik dan ook niet de wil van God liefkrijgen? Denk daar aan bij dat vrucht dragen. En bedenk dan tegelijk ook hoe verschrikkelijk leeg ons leven is als we géén vrucht dragen voor God.

HOE KAN IK GOD LIEFHEBBEN BOVEN ALLES EN ME VOLLEDIG AAN ZIJN WET HOUDEN?

16 september

LEZEN: HANDELINGEN 9:1-9

Hoe komt het zover dat ik naar de wet van God ga luisteren en ernaar ga leven? Op die vraag krijgen we een antwoord in de geschiedenis van de bekering van Saulus van Tarsus. Wat gebeurt er? De Heere Jezus komt bij Damascus naar hem toe. Saulus' leven wordt grondig op z'n kop gezet. Er komen vragen bij hem los. Zou het vandaag anders zijn als je Hem tegenkomt op je weg? Of, beter gezegd: als Hij je weg kruist en je Hem niet meer ontlopen kunt, zou het dan anders zijn dan bij Saulus?
Ik weet niet hoe jij ertegenaan kijkt, maar ik vind het een geweldig belangrijke vraag van Paulus: 'Wat wilt U dat ik doen zal?' Juist op die vraag geeft de Heere antwoord in Zijn wet. 'U zult liefhebben... naar Mijn stem horen...' In Zijn wet wil Hij ons Zijn wil bekendmaken. Wat zien we hier? Bekering, Jezus ontmoeten en leren kennen, dat brengt tot de vraag: 'Wat wilt U...?'
Het is wel een totale verandering bij Paulus. Eerst telde alleen zijn eigen wil. En nu wordt het helemaal anders: 'Wat wilt U? Zegt U het maar, Heere!' Van Hem, van Christus worden, zodat Hij je Meester wordt – dat betekent gaan hóren naar de wil van God. Zijn wet liefkrijgen. Zeg je het Paulus vandaag na: 'Heere, wat wilt U...?'

HOE KAN IK GOD LIEFHEBBEN BOVEN ALLES EN ME VOLLEDIG AAN ZIJN WET HOUDEN?

17 september

LEZEN: HANDELINGEN 7:54-60

Wil je een voorbeeld van iemand die God en zijn naaste van harte liefhad? Ik zou eens naar Stefanus kijken. Let er eens op hoe deze diaken uit de eerste christengemeente, deze godvrezende man, aan het einde van zijn leven komt. Bij hem kun je zien hoe je als mens Gods wet van harte na kunt leven.

Stefanus sterft de martelaarsdood. We horen hem niet tot God schreeuwen dat dit niet kan en niet mag gebeuren. Hij houdt meer van de wil van God dan van zijn leven. Hij stelt God en Gods wil boven zijn leven. Over liefde tot God gesproken! En verder heeft hij ook zijn naaste lief. Hij bidt zelfs voor degenen die hem ten onrechte stenigen. 'Heere, reken hun deze zonde niet toe...' Begrijp jij wat hier gebeurt?

Dit alles is niet te verklaren vanuit Stefanus zelf, maar alleen vanuit een Ander. Je moet er eens op letten hoe sterk Stefanus hier lijkt op die Ander, Die als dé Rechtvaardige gedood werd. Hij had ook Gods wil lief en Hij bad ook voor Zijn moordenaars. De Heere Jezus vernieuwt Stefanus hier naar Zijn beeld. Hier gebeurt wat wij weleens zingen: 'O Zoon, maak ons Uw beeld gelijk.' Wie de Heere Jezus leert kennen, gaat ernaar verlangen om op Hem te lijken. Verlang jij daar ook naar?

HOE KAN IK GOD LIEFHEBBEN BOVEN ALLES EN ME VOLLEDIG AAN ZIJN WET HOUDEN?

18 september

LEZEN: JEREMIA 31:31-37

Nog één keer de vraag: hoe kan ik God liefhebben boven alles? We hebben deze week gezien dat we daar niet zelf voor kunnen zorgen. Er is een Ander Die dat werkt. Gelukkig maar, toch? Als dat van mij moest komen... De HEERE belooft hier door Jeremia dat Hij de Heilige Geest zal geven. En dat die Geest de wet van God in de harten van mensen zal schrijven.
Het volk Israël had zo vaak genoeg aan een uiterlijke vormendienst. Dat kan ook voor ons een gevaar zijn. Wat arm als de dienst van God een zaak is van een handjevol regeltjes en uiterlijke vormen. Als de Geest de wet in mijn hart schrijft, wordt dat anders. Dan wordt de dienst van God een liefdedienst. Ik krijg er zin in om op Zijn wegen te wandelen, naar Zijn wil te vragen. Volgens mij bestaat vandaag het gevaar dat we ons vervelen in de dienst van God. Welnu, daar is een geneesmiddel voor: de wet van God die in mijn hart is geschreven.
De tekst van vandaag is een belofte van God. Een belofte waarmee we tot de HEERE mogen gaan in het gebed. In Psalm 119:54 (berijmd) vinden we daar een prachtig voorbeeld van: 'Laat in mijn hart Uw rechten [Uw wetten] zijn geschreven.'

HOE KAN IK GOD LIEFHEBBEN BOVEN ALLES EN ME VOLLEDIG AAN ZIJN WET HOUDEN?

19 september

LEZEN: MARKUS 12:28-34

Je naaste liefhebben als jezelf... Dat is het tweede gebod waarmee Jezus de wet samenvat. Het is al net zo scherp en diep en alomvattend als het eerste, God liefhebben boven alles. Mijn naaste niet minder liefhebben dan mezelf. Wat betekent dat? Jezus geeft daarmee de mate van de naastenliefde aan die God van ons vraagt. Hij doet dat op een heel kernachtige manier. Er blijft eerlijk gezegd voor ons maar weinig reden tot discussie over als Jezus dit zegt.

Ik ga vandaag nog niet in op de vraag of we onszelf moeten en mogen liefhebben en hoe dat dan in praktijk moet worden gebracht. Dat komt later deze week nog. Vandaag gaat het over de mate, de intensiteit waarmee ik mijn naaste moet liefhebben. Laten we eerlijk zijn, we zijn vooral druk met onze eigen belangen. Daar maken we ons zorgen over. We spannen ons in om ze te behartigen. Daar steken we onze tijd in. En als het nu gaat over de belangen van mijn naaste...? Hoe is het dan?

Van huis uit gaan mijn belangen oneindig ver uit boven die van mijn naaste. Eerst duizend keer het mijne, en dan pas wat van mijn naaste is. God vraagt van mij dat de liefde tot mezelf de maat is voor de liefde tot de naaste. Dat gaat nogal ver, vind je niet? Durf jij voor God uit te spreken dat jij dit gebod van harte naleeft?

IS HET EEN ZONDE ALS JE JEZELF NIET LIEFHEBT?

20 september

LEZEN: MATTHEÜS 7:1-12

De eeuwen door is dit woord van de Heere Jezus hoog geroemd. Vaak wordt het een 'gouden regel' genoemd. En terecht. Hier maakt Jezus duidelijk wat het betekent om je naaste lief te hebben als jezelf. Hij vat de tweede tafel van de wet op een onovertroffen manier samen. Nooit is het helderder gezegd dan hier door Hem.

Wat een duidelijke regel voor alle verbanden van onze menselijke verhoudingen! We worden hier door de Heere Jezus opgeroepen om in ons handelen en wandelen als volgt met onze naasten om te gaan: stel jezelf op de plaats van de ander. Wat zou jij graag zien? Wat zou voor jou ten goede zijn? Ik moet de ander niet behandelen zoals hij mij behandelt, maar zoals ik zelf graag behandeld wil worden. Wat zou ik graag zien als ik in zijn schoenen stond? In kerk, gezin en maatschappij zou het er heel anders uitzien als er zo geleefd werd, denk je niet?

Iedereen vindt dit een prachtige regel. 'Dat is nog eens geweldig onderwijs van de Heere!' Ja, ja. In ieder geval zolang... het over het handelen van de ander ten opzichte van mij gaat. Maar als ik deze regel op mezelf moet betrekken, wordt het moeilijker. Anders gezegd: in theorie hangen we deze regel aan. Maar Jezus ziet hier op de *praktijk*!

IS HET EEN ZONDE ALS JE JEZELF NIET LIEFHEBT?

21 september

LEZEN: 2 TIMOTHEÜS 3:1-9

Jezus zegt: 'Heb je naaste lief als jezelf.' Dat betekent dat het ook goed en geboden is om jezelf lief te hebben. De vraag is dan wat dat is: jezelf liefhebben. Het is in ieder geval níét wat Paulus bedoelt als hij aan Timotheüs schrijft: 'De mensen zullen liefhebbers zijn van zichzelf.' Paulus doelt hier op zondige zelfliefde, zelfzucht.

In de laatste dagen zal de wereld vol zijn van deze zondige zelfliefde. Dat zal ronduit benauwend en beklemmend zijn, met name voor de mensen die God vrezen en liefhebben. Het zal de strijd van de volgelingen van het Lam des te zwaarder maken. Zo veel mensen die opgaan in zelfzucht... Die helemaal, dag aan dag, op zichzelf gericht zijn. In alles zichzelf zoeken en naar hun eigen wil en hun eigen genot vragen. Zich van alles aanmatigen. We voelen wel aan dat daarmee ook de levende God veracht en beledigd zal worden. En dat men voorbijgaat aan de naaste. Zien we deze vorm van zelfliefde niet steeds sterker worden?

Paulus beschrijft hier wat het betekent om jezelf lief te hebben boven alles. Dat is nog eens verwoestend en benauwend hol en leeg. Daarom wil de tekst van vandaag ons brengen tot het gebed: 'Heere, bewaar me voor deze vernielende leegheid en zelfzucht.' Christus, Die Zichzelf totaal gaf, wil ons hiervoor bewaren en hiervan verlossen!

IS HET EEN ZONDE ALS JE JEZELF NIET LIEFHEBT?

22 september

LEZEN: AMOS 5:14-20

We staan nog steeds voor de vraag: wat is dat, jezelf op een bijbelse manier liefhebben? Het is niet de zondige zelfzucht waar Paulus het gisteren over had. Maar wat dan wel? Wat doen ouders die hun kinderen liefhebben? Ze zoeken het goede voor hun kinderen! Dat goede is erg ruim: het is het goede voor het lichaam én voor de ziel, voor dit en voor het toekomende leven.

We zijn dan in de buurt gekomen van wat we vandaag over Amos hebben gelezen. Hij moet het volk in zijn dagen duidelijk maken dat het zichzelf verwoest en ten onder brengt. Door de zonde, door de Heere eindeloos te verlaten en te vergeten. Het uit zich ook in het onrecht tegenover de naaste. En intussen meent men dat men het heel goed doet voor Gods aangezicht. Vol verbijstering ziet de profeet dat het volk zichzelf verwoest. Bewogen roept hij de mensen op om het goede te zoeken.

Als je hieraan terugdenkt, wordt het misschien ook wel duidelijker wat 'jezelf op een bijbelse manier liefhebben' betekent. Betekent dat niet dat we het goede voor onszelf moeten zoeken? Het écht goede. Voor ons lichaam en voor onze ziel. Jawel, het betekent zeker ook dat we moeten vermijden wat ons lichaam kan vernielen. Denk aan onze levensstijl. Maar denk verder ook aan de strijd tegen alles wat onze ziel verwoest. Eén vraag nog: wie leert ons dat, het goede zoeken? Dat is er maar Eén: Christus!

IS HET EEN ZONDE ALS JE JEZELF NIET LIEFHEBT?

23 september

LEZEN: AMOS 5:1-13

Gisteren hield Amos ons voor dat 'jezelf op een bijbelse manier liefhebben' betekent dat je het goede zoekt. In onze tekst voor vandaag wordt dat nog wat aangescherpt. 'Jezelf liefhebben' is kort gezegd hetzelfde als de HEERE zoeken. Veel mensen in de omgeving van Amos begrijpen er weinig van. Hoe kan de profeet daar nou toe oproepen? Ze zijn zo druk met de dienst van de Heere. In Bethel, in Gilgal, in Berseba, en waar al niet? Blijkbaar is er in Israël heel veel godsdienst, maar zonder... God! Wat een ontstellende mogelijkheid. Vind je niet?
'Zoek het goede... Zoek de HEERE, want wie Hem vindt, vindt het leven.' Een volstrekt ernstig gemeende oproep. Zie je dat: in het missen, zoeken en vinden van de Heere wordt het eeuwige leven gevonden? In Amos 5:4 heeft de Heere het ook al gezegd: 'Zoek Mij en leef! Laat het om Mij te doen zijn.' Laat het je te doen zijn om Hem, Die de Weg, de Waarheid en het Leven is! Om Hem, Christus, Die naar het woord van Augustinus meer is dan duizend zonnen. Zo rijk en zo groot en zo heerlijk. En deze Christus zegt vandaag tegen jou: 'Zoek Mij, strek je handen naar Mij uit, roep Me aan!'
Ik heb de stellige overtuiging dat we hier de juiste liefde tot onszelf te pakken hebben.

IS HET EEN ZONDE ALS JE JEZELF NIET LIEFHEBT?

24 september

LEZEN: LUKAS 16:19-31

Is het dan ook zonde als je jezelf niet liefhebt? Dat was de vraag voor deze week. We hebben gezien dat er verkeerde, zondige zelfliefde is. Zelfzucht. Helemaal gericht zijn op jezelf. Dat is zonde. Maar het blijft staan dat de Heere van ons vraagt dat we onszelf wel liefhebben, op de juiste manier. Dat we het goede zoeken voor ons lichaam en onze ziel, maar dat we voornamelijk God zoeken om zo de schade aan lichaam en ziel te vermijden.

De rijke man uit de gelijkenis van Jezus zocht alleen maar het goede voor zijn lichaam. Hij heeft alles wat zijn hart begeert. Hij leeft vrolijk en geniet iedere dag van alle pracht en praal. Hij haalt uit zijn leven wat erin zit. Een rasechte genotzoeker. Er staat niet dat hij steelt en rooft en moordt en naar de hoeren gaat. Hij geniet iedere dag, maar alles... zonder God. Heeft hij zichzelf lief? Misschien denkt hij wel dat hij goed voor zichzelf zorgt. Misschien bezoekt hij wel trouw de synagoge. Maar toch is hij zonder God.

Zijn eeuwige belangen hebben zijn zorg niet. De Naam van God is leeg voor hem. Christus heeft geen heerlijkheid voor hem. Zo verspilt hij zijn dagen en jaren. Ten slotte sterft hij en slaat hij zijn ogen op in de hel. Is dat jezelf liefhebben? Nee! In ieder geval niet zoals God het bedoelt.

IS HET EEN ZONDE ALS JE JEZELF NIET LIEFHEBT?

25
september

LEZEN: HEBREEËN 11:23-29

Vandaag krijgen we een voorbeeld van iemand die wel op de juiste wijze van zichzelf houdt, Mozes. Hij staat voor een ontzaglijke keus. Hij kan als de zoon van farao's dochter door het leven gaan. Dan heeft hij een geweldige toekomst aan het hof van de farao van Egypte. Al de schatten van Egypte liggen dan voor hem binnen handbereik. Onvoorstelbaar. Maar Mozes kiest voor het volk Israël. Hij wil bij zijn eigen volk horen, met alle smaad en ellende van dien. Liever de smaad *van Christus*, zo staat er, dan voor een tijdje de schatten van Egypte.
Wie maakt nou zo'n keus? Als je een beetje van jezelf houdt, dan kies je in zo'n geval toch voor Egypte? Meteen komt weer de vraag op: wat is van jezelf houden, jezelf liefhebben nu precies? Kijk maar naar Mozes. Hij heeft van die heel aparte ogen: geloofsogen. Daarmee kijkt hij door de schijn van een prachtig leven in Egypte heen én ziet hij hoe rijk het is om bij Christus te horen. 'Door het geloof.' En zo maakt hij zijn keus.
Liever Christus, met alle lijden en smaad en moeite, dan een poosje de rijkdom van Egypte, zonder Christus. Dat is het ten diepste. En zo behartigt Mozes zijn belangen.

IS HET EEN ZONDE ALS JE JEZELF NIET LIEFHEBT?

26 september

LEZEN: KOLOSSENZEN 2:10-17

Wat betekent het dat Jezus de wet heeft volbracht? In de eerste plaats kunnen we erop wijzen dat door Hem de zogenaamde ceremoniële wetten vervuld en ten einde gekomen zijn. We mogen dan denken aan alle voorschriften en gebruiken van Israëls eredienst in de tijd van het Oude Testament. Denk alleen al aan alle regels voor de tempel, voor de offerdienst en voor de priesters. Door al die wetten wilde de Heere Israël onderwijzen, wilde Hij heenwijzen naar de grote Hogepriester, Die zou komen, en naar Zijn offer. Het waren 'schaduwen' die iets lieten zien van Christus. Wij kunnen er vandaag trouwens ook nog van leren, als het gaat over Christus en Zijn werk.
Als de Heere Jezus dan is gekomen en Zijn leven heeft gegeven, is die eredienst van het Oude Testament ten einde gekomen. We brengen geen offers meer zoals Israël dat deed. We moeten geen nieuwe tempel bouwen. We hebben geen hogepriester meer in een prachtig kleed.
Kunnen we dan bijvoorbeeld bijbelboeken als Leviticus maar niet beter uit onze bijbel scheuren? Nee! We kunnen nog steeds veel leren uit die oude wetten. Bijvoorbeeld dat ons hele leven aan God gewijd moet zijn. En als we goed lezen, zien we ook dat die wetten al vol zijn van Christus, net als de hele verdere Bijbel. Des te vreselijker als we, onbekeerlijk, aan Christus voorbij leven.

WAT BETEKENT HET DAT JEZUS DE WET HEEFT VOLBRACHT?

27 september

LEZEN: LUKAS 23:39-48

In deze tekst krijgen we een prachtige illustratie van wat we gisteren zagen: dat de eredienst van het Oude Testament ten einde is gekomen. Als Jezus op Golgotha sterft, scheurt in de tempel het voorhangsel. Het dikke kleed dat het heilige der heiligen afsloot, wordt door Gods hand van boven naar beneden gescheurd.

De tempeldienst is ten einde gekomen. De tempel heeft zijn tijd gehad. De Heere Jezus gaat nu in drie dagen de nieuwe tempel – de tempel van Zijn lichaam – bouwen. De dienst van de priesters van Israël is afgesloten. Het is alsof God in de hemel zegt: 'Mijn Zoon heeft nu Zijn dienst volbracht! Om verzoend te worden met Mij en om gered te worden, moet u niet bij de zonen van Aäron zijn, maar bij Mijn Zoon!' Nemen we het ter harte?

Het voorhangsel sloot de weg naar God af. Nu Jezus is gestorven, is de weg tot God geopend. Hier hebben we het grote geheim van allen die Christus oprecht liefkrijgen: een open weg door Hem. De Heilige Geest wil dat ook steeds meer aan jou laten zien: van jouw kant is er nooit meer een weg tot God. Zie hier dan wat bij God mogelijk is. Bekijk Hebreeën 10:19-22 eens aandachtig. Hoe vuil je ook bent, de Hogepriester baant wegen. En de weg met Hem, de weg met het Lam eindigt bij... God!

WAT BETEKENT HET DAT JEZUS DE WET HEEFT VOLBRACHT?

28 september

LEZEN: MATTHEÜS 5:17-24

De Heere Jezus heeft de wet vervuld. Als we dat op ons in laten werken, dienen zich vragen aan die ook vandaag uiterst actueel en belangrijk zijn: Wil dat dan zeggen dat voor ons de wet heeft afgedaan? Hoeven wij geen boodschap meer te hebben aan de wet? Sommige mensen zijn die mening toegedaan. 'De wet is in Christus vervuld, daar hebben we dus niets meer mee te maken.' De komende dagen willen we stilstaan bij deze vraag, bij onze positie ten opzichte van de wet.
Met name de schriftgeleerden en Farizeeërs hebben Jezus ervan beschuldigd dat Hij iets heel nieuws bracht, dat Hij brak met het Oude Testament. Maar Jezus ging daarop in: 'Denk nu niet dat Ik ben gekomen om de wet of de profeten te ontbinden. Meen niet dat ik ze wil losmaken, ongeldig wil verklaren. Ik ben juist gekomen om ze te vervullen.' Dat is iets heel anders. De ceremoniële wetten zijn in Hem vervuld, zodat ze voor ons niet meer gelden. En ook alles wat het Oude Testament zegt over de weg tot de zaligheid, is in Hem vervuld. Maar Hij heeft de Tien Geboden zeker niet afgeschaft!
Hier blijkt de sterke eenheid van Oude en Nieuwe Testament. Het is opvallend hoe Jezus telkens weer teruggreep op het Oude Testament. Betekent dat voor ons dan ook niet dat we het hele Woord van harte lief moeten krijgen?

WAT BETEKENT HET DAT JEZUS DE WET HEEFT VOLBRACHT?

29 september

LEZEN: ROMEINEN 7:7-14

Paulus geeft ons hier een duidelijk bewijs van de betekenis en de geldigheid van de wet. De wet is niet overbodig geworden, niet afgeschaft. Paulus toont dat aan vanuit zijn eigen leven. 'Als ik naar mezelf kijk, dan is het zo dat de wet mij mijn zonde heeft laten zien. Ik zou niet echt geweten hebben dat de begeerte, de zondige begeerte, verkeerd is, als de wet me niet had gezegd: "Je zult niet begeren."' Ook de begeerte naar wat God verbiedt, is voluit zonde. Ze is een wortel van allerlei zonde.

Paulus maakt hier dus duidelijk dat het aanklagende, veroordelende werk van de wet nodig is en nodig blijft. Ook bij een gelovige. Het is niet waar dat dit werk van de wet overbodig is geworden nu Jezus de wet heeft volbracht.

Wat Paulus eigenlijk wil zeggen, is dit: 'Hoe zou het met mij gegaan zijn als de wet niet tot mij was gekomen en me had aangeklaagd?' Zou het ook vandaag niet ronduit gevaarlijk zijn om te leven en te sterven in de waan dat we het er wel aardig van afbrengen voor God? Zou ik dan de Zaligmaker nodig hebben? Hoe kan ik weten dat Christus alleen mijn rechtvaardigheid is, als de wet me niet aanklaagt? Dat is hier in het geding!

WAT BETEKENT HET DAT JEZUS DE WET HEEFT VOLBRACHT?

30 september

LEZEN: ROMEINEN 8:1-10

De wet blijft niet alleen nodig om ons aan te klagen, maar ook als een regel voor de dankbaarheid. Om ons duidelijk te maken hoe de Heere wil dat we zullen leven. Hier is iets heel opmerkelijks aan de hand. Soms wordt wel gezegd dat Jezus de wet volbracht heeft en dat ze daarom voor ons niet meer geldt. Paulus maakt iets heel anders duidelijk. Hij zet uiteen dat Christus in Zijn werk juist de diepste betekenis van de wet aan het licht brengt.

Christus kwam naar de aarde en stelde Zich onder de wet. Zo stierf Hij. Maar wat gebeurt er verder? Door de Heilige Geest werkt Hij zo bij en in al de Zijnen, dat zij de wet van harte liefkrijgen. Hij zorgt ervoor dat de wet haar juiste plaats krijgt bij allen die met hun nood bij Hem leren schuilen. Hoe dan? De Geest leert zien hoe goed de wet van God is. Hij geeft het verlangen om naar de wet te leven. Als jij graag naar Gods wil leeft en het lukt helemaal niet, zoek dan biddend naar het werk dat Christus door de Geest doet.

Christus brengt de Zijnen door de Geest tot de vraag: 'Heere, wat wilt U van mij?' Jeremia profeteerde al: 'De Geest zal de wet in het hart schrijven.' Daarom vandaag deze vraag: zou het niet goed zijn om te leven met de liefde tot de wet in je ziel?

WAT BETEKENT HET DAT JEZUS DE WET HEEFT VOLBRACHT?

1
oktober

LEZEN: ROMEINEN 7:1-6, 18-26

Hoe zit het nu met het goede gebruik van de wet van God bij de gelovigen? Een uiterst belangrijke vraag. Het wordt hier in Romeinen 7 helder naast elkaar gezet. Paulus is niet langer onder de wet. De werken van de wet brengen hem de zaligheid niet. Je mag ook zeggen: nu hij van Christus is geworden, is hij niet meer onder de vloek van de wet. Hij is vrijgemaakt. Een wonderlijke verlossing!
Betekent dat dan dat hij niets meer met de wet te maken heeft? Nee, dat betekent het bepaald niet! Het is wel erg opmerkelijk dat Paulus er in één adem aan toevoegt: 'Ik verheug mij in de wet van God.' Hij vindt er vreugde in om God te dienen naar Zijn wet. 'Heere, mag ik U alstublieft dienen?' Het gaat dan om een *liefde*dienst. Luther had het weleens over een 'vreugdevolle, vrolijke gehoorzaamheid'. Vreugdevol om de eenvoudige reden dat God het zo waard is.
Het is waar, Paulus zegt hier ook dat er nog maar zo bitter weinig terechtkomt van dat gehoorzamen van God. Hij verlangt het, maar als hij het goede wil doen, doet hij het kwade. Dat geeft hem harde strijd, scherpe pijn. Telkens weer. Begrijp je wat Paulus bedoelt?

WAT BETEKENT HET DAT JEZUS DE WET HEEFT VOLBRACHT?

2 oktober

LEZEN: EZECHIËL 36:24-32

Dat 'u zult' uit de Tien Geboden klinkt ons nogal eens hard in de oren. Het geeft ons een gevoel van: je moet en je zult, en o wee als je het niet doet... Het is waar, God is in Zijn eisen heel radicaal. Toch is er ook een andere kant. Heb je al eens op die andere manier naar de wet gekeken en ontdekt dat de geboden van God ook machtige beloften zijn? Dat is een bijbelse gedachte. God belooft de Zijnen dat ze Hem eenmaal totaal en met liefde zullen dienen. 'Ik zal maken dat u in Mijn verordeningen wandelt...'

Gisteren zagen we de pijn van Paulus. Telkens weer moet hij ontdekken dat hij het goede niet doet. Wat is het dan een belofte als de Heere hem zegt: 'Paulus, je zult Mij liefhebben boven alles; je zult je naaste liefhebben als jezelf. Dat gaat gebeuren als Ik je helemaal vernieuwd zal hebben. Je zúlt geen andere goden meer voor Mijn aangezicht hebben.'

Mag ik je wijzen op dat opschrift boven de wet: 'Ik ben de HEERE, uw God, Die u uit het land Egypte, uit het slavenhuis geleid heeft'? Deze God zal door al de Zijnen als Bevrijder geëerd worden! Calvijn vraagt: 'Wie zou hierdoor niet in vervoering raken? Er is een land waar allen Hem liefhebben boven alles, waar allen hun naaste liefhebben als zichzelf.'

WAT BETEKENT HET DAT JEZUS DE WET HEEFT VOLBRACHT?

3
oktober

LEZEN: LUKAS 11:1-13

'Want ieder die bidt, die ontvangt; wie zoekt, die vindt; en wie klopt, voor hem zal er opengedaan worden' (Lukas 11:10). Dat is een belofte en tegelijkertijd een stellige verzekering dat het toegezegde zal gebeuren! Echter als ik niets dringend nodig heb, waarom zou ik er dan om bidden? Als ik niet iets waardevols kwijt ben, waarom zou ik het dan zoeken? Als het buitenshuis niet levensgevaarlijk is, waarom zou ik dan ergens aankloppen en dringend proberen binnengelaten te worden?

Wij staan buiten door de zondeval en zijn onbeschermd voor de listen van de duivel, die rondgaat als een briesende leeuw en die uit is op ons verderf. Daarom: vluchten! Je moet naar binnen, naar daar waar de vrede met God is en het ware leven.

'Ja, maar,' zeg je, 'ik...' Laat een moeder een ongehoorzaam kind buiten staan terwijl het onweer in alle hevigheid losbarst? Nee! Hoeveel te meer geldt dat van de Heere.

Dan blijft het niet uit dat ons gebed schuldbelijdenis is en tegelijk een niet-twijfelen dat God genadig is, zoals Hij Zelf zegt. Dan ligt mijn bijbeltje open, lees ik Zijn beloftewoorden en bid ik.

HOE MOET IK BIDDEN?

4 oktober

LEZEN: PSALM 22:1-12

Bidden is naderen tot voor God. Het is heel dicht bij Hem komen. Wie slechts klakkeloos zonder dit besef een gebed formuleert, bidt ten diepste niet. Wie nadert tot voor de Heere, kan zich niet onttrekken aan Wie Hij is en hoe Hij is.
Als we op deze wijze heel dicht tot voor de Heere naderen, betekent dat heel nadrukkelijk dat wij overweldigd worden door Zijn majesteit, Zijn heerlijkheid, Zijn grootheid, Zijn reinheid en daarmee ook Zijn afkeer van alles wat daar haaks op staat: de zonde en de opstand tegen Hem. Dat dringt zich in de goede zin van het woord aan ons op en dringt bij ons naar binnen!
Dat maakt dat ons naderen ons als vanzelf klein maakt voor Hem, om vervolgens te erkennen hoe groot Hij is: 'Maar U bent heilig...'! Dat is een belijdenis van Wie God is, een belijdenis die uit het diepste van ons hart opwelt en in dat ogenblik van naderen tot voor Hem wel móét opwellen. Niets en niemand kan dat tegenhouden. Zelfs de grote tegenstander van God, de duivel, kan dat niet! Maar vooral: deze erkentenis behaagt de Heere!

5
oktober

LEZEN: GENESIS 18:16-33

Als Gods majesteit en heerlijkheid ons overweldigt, brengt dat als vanzelf een besef van onze kleinheid en nietigheid met zich mee. Niet alleen zijn wij schepsel tegenover de grote Schepper, maar heel nadrukkelijk zijn wij ook schuldig, want we zijn zondig in onze aard tegenover Hem Die ons niet zo geschapen heeft en Die de zonde haat. Die zondige aard maakt ook dat wij vergankelijk zijn. Het oordeel van de dood rust op ons. Stof zijn wij en tot stof zullen we terugkeren (vergelijk Genesis 3:19).

'Zie toch, ik heb het aangedurfd om tot de Heere te spreken, hoewel ik stof en as ben!' Met deze woorden erkent Abraham zijn nietigheid voor de Heere.

Als Abraham, de vader aller gelovigen, dit al doet, kunnen wij ons er toch niet te groot voor voelen om dat ook te doen? We moeten ons niet groter voordoen dan we zijn. Weg met alle huichelachtig toneelspel waar we soms zo goed in zijn! Weg met alle camouflage en opsmuk! Wij zijn stof en as voor de Heere en daarmee zijn wij werkelijk in alles aangewezen op en afhankelijk van Hem en van Zijn genade! Is dat wat de Heere schenkt zonder iets in ons in aanmerking te nemen, geen genade?

6 oktober

LEZEN: JOHANNES 6:52-71

‘Want op U, HEERE, hoop ik; Ú zult verhoren, Heere, mijn God,’ spreekt David uit (Psalm 38:16). Bidden is naderen tot heel dicht voor de Heere, hopend op Hem en alles verwachtend van Hem. Dat hopen op de Heere drukt geen onzekerheid uit, maar is een stellige wetenschap dat bij Hem alles te verkrijgen is. Dat hopen op de Heere is dan ook een vastklampen aan Hem, en dat ook niet meer kunnen nalaten: ‘Ik zal U niet laten gaan, tenzij U mij zegent’ (Genesis 32:26). Het is dan ook een bidden zonder ophouden!

Waar anders dan bij de Heere, de God en Vader van de Heere Jezus Christus, is alles te verkrijgen wat wij werkelijk nodig hebben? Waar anders is het voor niets te verkrijgen ómdat de prijs reeds is betaald door niemand minder dan de Zoon van God Zelf, Die dat deed omdat Zijn Vader wilde dat Hij dat deed? Om Jezus’ wil bidden om vergeving, om ontferming, omdat dat om Jezus’ wil mogelijk is. Zo erkennen wij Hem en wordt Hij ons de Weg en de Waarheid en het Leven! Hij heeft de woorden van het eeuwige leven!

7 oktober

LEZEN: MATTHEÜS 6:19-34

'Luister, Israël! De HEERE, onze God, de HEERE is één!' (Deuteronomium 6:4). Die oude belijdenis is zo betekenisvol! Laten we onszelf eens eerlijk de vraag stellen: durven wij ons op de Heere te verlaten met uitsluiting van al het andere? En dan echt met uitsluiting van álles! Niet stiekem wat achter de hand houden voor het geval de Heere niet zou horen en verhoren! Niet een plan B hebben omdat we zelf nog wel een aantal ideeën hebben hoe we het kunnen gaan oplossen, hoe we ons hoofd boven water kunnen houden, hoe we... En we moeten al helemaal geen andere dingen of personen tot grond van ons vertrouwen stellen naast of zelfs boven de Heere, zoals ons geld, ons (vermeende) recht op de hulp van anderen, instituten in de samenleving, enzovoort. De Heere Jezus zegt niet voor niets: 'U kunt niet God dienen en de mammon' (Mattheüs 6:24)!

Hoezeer doen wij de Heere tekort als wij met onze alternatieven ten diepste de welwillendheid van de Heere, Zijn bereidheid om uit te redden, in twijfel trekken! Dat doen we immers als wij andere dingen en oplossingen achter de hand houden als laatste redmiddelen, terwijl we onszelf inbeelden dat we van die zaken wel weten wat we eraan hebben. Daarom: geen andere goden!

8
oktober

LEZEN: JOHANNES 17

Niemand minder dan de Heere Jezus spreekt deze woorden uit in het hogepriesterlijk gebed. Daarin geeft Hij ons de kostbare schat mee om Zijn Woord, dat tegelijkertijd het Woord van de Vader is, te bewaren.
Ja, inderdaad, te bewáren als iets zo kostbaars, omdat je je blindelings op dat Woord van Hem kunt verlaten! Hij bedriegt ons niet! Hij stelt niet teleur! Hij speelt – met eerbied geschreven! – geen spelletje met ons! Hij is, net als Zijn Vader, zo heel anders dan wij zijn: Hij is geen man, dat Hij liegen zou en ook geen mensenkind, dat Hij ergens berouw over hebben zou! 'Zou Híj iets zeggen en het dan niet doen? Zou Híj spreken en het niet gestand doen?' (Numeri 23:19).
Is dat niet het Woord waarin de Heere ons toont dat Hij heilig is en Zich daarbij toch wil ontfermen over het verlorene, dat Hij opzoekt en opraapt en onverdiende gaven schenkt? Daarom mag het Woord opengeslagen voor ons liggen als wij bidden, als ons hart eerbiedig die Woorden tot de Heere spreekt die Hij Zelf aan ons gegeven heeft: 'Heere, U hebt toch gezegd...'

9 oktober

LEZEN: PSALM 116

Bidden, naderen tot de Heere om slechts één ding te doen: heel ons hart uitstorten! Wat anders zouden we willen doen? Want laten we toch niet lijken op de Farizeeër uit de gelijkenis, die het gebed als etalage gebruikt om al zijn goede daden voor God uit te stallen!

'Uit de diepten roep ik tot U, o HEERE' (Psalm 130:1). Die roep uit de diepte, dat beroep op Hem Die de Fontein is van alle goed, is de Heere aangenaam! Wie is de Heere? Hij is die God Die de oren tot ons neigt als wij Hem smeken! Hij neigt Zijn oren. Hij brengt Zijn oren aan onze lippen, aan de lippen van ons hart, en zelfs de laatste gefluisterde woorden ontgaan Hem geenszins! 'Op de dag dat ik riep, hebt U mij verhoord; U hebt mij versterkt met kracht in mijn ziel,' jubelen Davids hart en mond (Psalm 138:3)!

De Heere ziet het nederige, het ootmoedige aan! Hij ziet het en ziet het áán! Zouden wij dan de Heere niet liefhebben, omwille van Wie Hij is en omwille van de wijze waarop Hij Zich over ons ontfermt? 'Ik heb de HEERE lief' (Psalm 116:1).

10 oktober

LEZEN: JESAJA 7:10-16 EN 9:1-6

Mogen we God om een teken vragen? Ja, want God laat ons in Zijn Woord zien dat dat mag (Psalm 86:17), en Hij geeft zelfs ongevraagd tekenen! Echter allereerst hebben wij ons af te vragen waarom wij een teken willen hebben! Het kan zijn dat wij een teken van God willen als een soort eerste hulp bij noodgevallen. Normaal gesproken hebben wij God niet nodig, maar nu ineens wel.

Een teken vraag je als je beseft dat je het totaal niet verdiend hebt dat God naar jou zou omzien en je genadig zou zijn in je nood. Soms gaat de Heere zo ver dat Hij zelfs een teken aanbiedt, zoals aan Achaz, die dat goddeloos afwijst (Jesaja 7:12). Toch geeft de Heere een teken: het Immanuëlsteken! Dat is nu precies het karakter van een teken: God-met-ons. Dan gaat het bij het teken om een blijk van Gods welwillendheid ten opzichte van ons, terwijl we dat eigenlijk niet hebben verdiend als we kijken naar wie we zelf zijn. God stelt een teken tussen Zichzelf en ons: het verbondsteken, teken van de heilige doop! Hij was daarmee de Eerste in ons leven en liet ons niet de keus om het te weigeren! Dat teken wijst ons naar wat Hij wil doen voor ons en in ons!

MAG JE GOD OM EEN TEKEN VRAGEN?

11 oktober

LEZEN: MATTHEÜS 12:38-42

Eerlijk zijn vraagt om zelfonderzoek! Een ander de waarheid zeggen, dat lukt ons vaak nog wel. Hoe dikwijls gebeurt dat niet ongezouten en zonder liefde. Laten we het echter eens omdraaien. Werkelijk zelfonderzoek moet ertoe leiden dat we onszelf ongezouten en zonder zelfliefde de waarheid durven zeggen. Want zelfliefde probeert slechts de zonde toe te dekken.

Zelfonderzoek doet pijn, soms veel pijn. Toch is het heilzaam, zeer heilzaam zelfs! Maar wie wil dat? Zie je hoezeer wij de Heilige Geest nodig hebben om ons te overtuigen én om ons hart over te buigen tot zelfonderzoek en zelfveroordeling?

MAG JE GOD OM EEN TEKEN VRAGEN?

12 oktober

LEZEN: MATTHEÜS 12:38-42

Waarom willen wij een teken? Beter is de vraag: met welk doel willen wij een teken? Moet dat teken bewijzen dat God écht God is, en moet dat teken bewijzen dat Jezus Christus écht door Zijn Vader gevolmachtigd is? Durven wij, die tegen de Heere rebelleren, het aan om Hem, Die recht heeft op ons leven, te vragen om Zich tegenover ons te legitimeren?

Hoe diep zijn wij toch gezonken in het paradijs! Hoe boos, hoe onrein, hoe vol ongeloof is toch ons hart geworden! Hoezeer is ons hart overspelig, ontrouw aan de Heere door trouw te zijn aan de duivel, die in het paradijs al begon Gods welwillendheid tegenover ons in twijfel te trekken!

MAG JE GOD OM EEN TEKEN VRAGEN?

13
oktober

LEZEN: MARKUS 8:1-6

Erkenning dat Jezus de Christus is, staat tegenover het niet-erkennen ervan: het kan niet waar zijn. Geloof staat tegenover ongeloof. Geloof is er echter niet als vanzelf! Kritisch staan tegenover de Heere Jezus Christus maakt ons echter zo arm. Toch leven er kritische vragen in ieder van ons, want hoe kan de Mens Jezus Christus tegelijk de Zoon van God zijn? Hoe is het mogelijk dat Hij dat kan doen wat geen enkel ander mens kan? Wie is Hij eigenlijk?

Hij komt echter naar deze aarde om door Zijn lijden en sterven het leven te ontsluiten voor zondaren die anders voor eeuwig zouden moeten worden buitengesloten. Door Zijn weg naar beneden, naar de ontstellende diepte van de helse smarten, ontsluit Hij de weg naar Boven én is Hij daarmee de Weg zelf! Door Hem wordt het Koninkrijk der hemelen realiteit op een wijze die buiten Hem en zonder Hem nooit mogelijk zou zijn geweest!

Hij hoeft Zich niet te legitimeren. Hij hoeft Zich niet te bewijzen. In de tekenen die Hij doet, wordt zichtbaar wat Hij bezig is te doen! Dat Koninkrijk komt er! Het welbehagen des HEEREN zal door Zijn hand voorspoedig zijn (Jesaja 53:10). Hij is geen goochelaar! Hij ontfermt Zich en doet tekenen van Gods genade. Of... kan Hij ook bij ons geen teken doen vanwege ons ongeloof?

MAG JE GOD OM EEN TEKEN VRAGEN?

14
oktober

LEZEN: JOHANNES 1:1-18

Sinds de zondeval in het paradijs is er geen enkele reden aan te wijzen waarom God ons een teken ten goede zou geven. Daarom zijn Gods tekenen altijd ons ondanks, en dankzij Hem. Gods tekenen zijn dan ook afwijzend van ons en heenwijzend naar Hem!
Het grootste teken van Gods welwillendheid ten opzichte van ons is de gave van Zijn eigen eniggeboren Zoon, de Heere Jezus Christus. Als iets ervan getuigt dat God geen lust heeft in onze eeuwige ondergang, dan is het wel dit! Als iets laat zien hoe ernstig God de Vader dat meent, dan is het wel dat Hij het Liefste Dat Hij had, niet heeft willen sparen. Dit teken is een Licht dat schijnt in de duisternis van zonde en verlorenheid, van een leven zonder God dat gericht is op het eigen ik. Dit teken van dit grote Licht was reeds lang tevoren aangekondigd: 'Het volk dat in duisternis wandelt, zal een groot licht zien...' (Jesaja 9:1)!
Dát teken ís er! Dát teken van Gods welwillendheid legt getuigenis af tegenover ons! Wat meer behoeven wij? Is er een groter teken denkbaar? En wij bidden: 'Open toch onze ogen, Heere!'

15
oktober

LEZEN: MATTHEÜS 9:18-27

'Wat voor Iemand is Dit, dat zelfs de winden en de zee Hem gehoorzaam zijn?' vragen de omstanders zich verwonderd af (Mattheüs 8:27). Voor die vraag is álle reden. Kwam het niet doordat de Heere de winden en de zee bestraffend toe had gesproken, dat de storm zozeer was bedaard dat het volkomen stil was geworden? Het ene uiterste, waarbij niet alleen het water op en in het schip slaat maar het schip zelfs bedekt wordt door water (!), wordt door het spreken van de Heere Jezus gevolgd door het andere uiterste, waarbij er zelfs geen rimpeling in het water overblijft.
Hoezeer blijkt hier dat Hij alle macht heeft in hemel en op aarde. Ja, inderdaad, hoezeer blijkt dát... En toch, hier blijkt meer, veel meer! Hier blijkt dat Hij dit teken van Zijn almacht doet ten behoeve van hen die zozeer van Hem zijn dat Hij in alle opzichten voor hen instaat!
Niets kan ons deren als Hij voor ons instaat, niets, helemaal niets! Daarom: geen nood, geen klein geloof. Als wij roepen: 'Heere, red ons, wij vergaan!' doet Hij een teken ten goede, óns ten goede! Een teken staat nooit op zichzelf, maar doet bij en achter Hem schuilen. Dat is nooit vergeefs!

16 oktober

LEZEN: JESAJA 53

'Over wie zegt de profeet dit? Over zichzelf of over iemand anders?' Zo klinkt de vraag aan het adres van Filippus als de boekrol geopend is bij het gedeelte dat wij kennen als Jesaja 53 (Handelingen 8:32-35). Dat is ook nu de vraag: over wie zegt de profeet dit?
Wie is de Man van smarten die veracht is en de onwaardigste onder de mensen? Wie is Hij, Die het accepteert dat Hij om de overtredingen die anderen hebben bedreven, verwond wordt en dan niet protesteert? Hij wordt verbrijzeld, verpletterd omwille van de ongerechtigheden van anderen en – opnieuw – Hij zwijgt!
Wie is die Man? Dit immers is iets wonderlijks. Het is immers een wonderlijk Persoon! Is Hij het niet Wiens Naam Wonderlijk is (Jesaja 9:5)? Hij is ons hemels teken. Te midden van de misère van het bestaan buiten het paradijs, waar de dood als de straf op de zonde onontkoombaar is, stelt God een teken, Zijn teken, teken van Zijn welwillendheid: het kruis, en aan dat kruis Zijn Zoon! 'En zoals Mozes de slang in de woestijn verhoogd heeft, zo moet de Zoon des mensen verhoogd worden, opdat ieder die in Hem gelooft, niet verloren gaat, maar eeuwig leven heeft' (Johannes 3:14-15). Het kruis is óns teken van volkomen verlossing!

MAG JE GOD OM EEN TEKEN VRAGEN?

17
oktober

LEZEN: RICHTEREN 6:33-40 EN 7:9-15

Bidden om een teken mag. Zelfs herhaaldelijk bidden om een teken mag! Als de HEERE Gideon roept om het volk te verlossen, is het een benauwde tijd. En daarbij: wie zou geloven dat God juist hem tot dit werk heeft geroepen? Daarom bidt Gideon om een teken: 'Als ik dan genade gevonden heb in Uw ogen, geef mij dan een teken dat U het bent Die met mij spreekt' (Richteren 6:17). In het teken gaat het hem om een blijk dat de Heere het Zelf is. Zonder de Heere vermag Gideon immers niets. Hij is zwak en maakt deel uit van een zondig volk dat de afgoden dient.

Als straks de vijand zich verzamelt en de Geest van de HEERE Gideon bekrachtigt om het volk te roepen tot de strijd, vraagt hij opnieuw tot tweemaal toe een teken van de Heere! Het gaat om tekenen die de waarheid van Gods spreken voor hem bevestigen! Alles om hem heen getuigt dat het onmogelijk is, en dat Gods Woord geen realiteit zal worden! Hij vraagt om een teken dat zijn hart zal opheffen naar omhoog om te vertrouwen op Gods Woord alleen! Voegt de Heere Zelf in Zijn zorg er niet nog een teken aan toe?

MAG JE GOD OM EEN TEKEN VRAGEN?

18 oktober

LEZEN: JOHANNES 14:1-14

De Heere gruwt van een heel aantal zaken die een zondaar kenmerken als zondaar, maar tegelijkertijd heeft Hij geen behagen in de dood van zondaren en gaf Hij daartoe Zijn eigen Zoon! De Heere gruwt van eigengerechtigheid, waarmee wij onszelf rechtvaardigen in blindheid of tegen beter weten in. Hij gruwt van die onwaarachtigheid, die oneerlijkheid waarmee wij ons anders voordoen dan we zijn.
Echter de Heere Jezus passeert de plek waar Zacheüs is en Hij ziet hem; Hij gaat het huis van de tollenaar binnen en kruist het pad van de Samaritaanse vrouw! God de Vader in de Heere Jezus Christus komt hun dus heel nabij! Hij weet heel terdege wie deze mensen zijn, en ook wie wij zijn. Hij ís nabij, of we dat nu voelen of niet! Omdat de Heere Jezus weet hoe ons hart en ons leven is, draagt Hij ons juist op om te bidden in Zijn Naam. Door dat te doen belijden we dat er in ons geen grond is voor de verhoring van het gebed. En tegelijkertijd belijden we daarmee dat het werk van de Heere Jezus zo volkomen is, dat dat voldoende grond is voor verhoring, omdat de goedkeuring van God de Vader rust op het werk van Zijn Zoon!

MOET JE GOD ECHT VOELEN OM TE KUNNEN BIDDEN?

19 oktober

LEZEN: JESAJA 64

De zonde maakt zo'n bittere kloof tussen de Heere en ons! Dat is een realiteit waar wij niet omheen kunnen. Toch is de volgende vraag op zijn plaats: stappen we hier niet heel vaak als vanzelf overheen? We zijn immers zo gewend aan het feit dat wij Gods recht op heel ons leven negeren, dat het als vanzelf spreekt dat wij ons leven naar eigen inzicht, en gericht op onze eigen smaak, inrichten! Daarom voelen we de zonde niet als schuld tegenover God!

De Heilige Geest is het juist Die het zo maakt dat wij niet langer om de schuld heen kunnen gaan. Stonden wij er tevoren niet bij stil dat God van onze zonden gruwt, nu gaan wij ook zelf van onze zonden gruwen en is die kloof bittere realiteit!

Wij kunnen niet zomaar naderen voor Gods heilig aangezicht, alsof er niets aan de hand is! 'Echter, wij zijn allen als een onreine, al onze rechtvaardige daden zijn als een bezoedeld kleed...' (Jesaja 64:6).

Maar toch: vraagt de Heere aan ons of we ons anders voor willen doen dan we zijn? Nee! Vraagt Hij ons een geschenk van goede daden, op grond waarvan Hij naar ons zal luisteren? Nee!

20 oktober

LEZEN: PSALM 51

Verootmoediging, ootmoedig naderen voor de Heere in het besef van onze vuilheid door onze zonde, dát behaagt de Heere! Dat betekent echter een streep door ons eigen 'ik'! En dat doet pijn, veel pijn! Dat dat veel pijn doet, heeft alles te maken met onze zondige hoogmoed, die maakt dat wij noch voor mensen noch voor God willen buigen!
En toch... 'Mijn zonde maakte ik U bekend, mijn ongerechtigheid bedekte ik niet. Ik zei: Ik zal mijn overtredingen belijden voor de HEERE' (Psalm 32:5). Dat maakt klein, heel klein, want wat wij daar uitstallen voor de HEERE, is precies dat wat ervoor zorgt dat we het zouden hebben verdiend als Hij Zich ver van ons zou houden. Door die overtredingen hebben we geen recht op zegen, laat staan op eeuwige zegen, maar op Zijn toorn, Zijn eeuwige toorn.
En toch...! Als we niets anders meer kunnen doen dan dit, blijkt God onuitsprekelijk en onbegrijpelijk te zijn in wat Hij doet: 'En Ú vergaf mijn ongerechtigheid, mijn zonde' (Psalm 32:5).
Ons gebroken en verslagen hart veracht Hij juist niet, maar Hij raapt ons op om Zich over ons te ontfermen met eeuwige ontfermingen in de Heere Jezus Christus!

MOET JE GOD ECHT VOELEN OM TE KUNNEN BIDDEN?

21 oktober

LEZEN: MATTHEÜS 6:5-8

Wie kent niet het bordje 'Verboden toegang', met daaronder een vermelding van een artikel uit het Wetboek van Strafrecht. Of dat andere bordje dat vertelt dat er uitsluitend toegang is voor een bepaalde groep, die aan bepaalde voorwaarden voldoet.
Bestaat er zo'n bordje ten aanzien van het gebed: 'Alleen voor (ware) gelovigen'? Als zoiets zou bestaan, zou het daar erg druk zijn... met mensen zoals deze Farizeeër uit de gelijkenis van de Heere Jezus Christus: 'O God, ik dank U dat ik niet ben zoals de andere mensen...' (Lukas 18:11). Maar wacht even! Bidt deze man eigenlijk wel? Nee, want hij heeft niets nodig. Hij stalt juist uit hoe uitzonderlijk goed hij is in vergelijking met anderen om hem heen, die het er zo slecht van afbrengen... Hij heeft niets nodig. In nood verkeert hij niet. Schuld van zonde drukt hem niet naar beneden. En daarom: er is geen noodgeschrei tot God, geen roep om hulp, geen gebed.
Maar een bordje met 'Alleen voor (ware) gelovigen' bestaat niet! Gode zij dank! Daarom mag het hart van de tollenaar het uitschreeuwen! Bidden kan hij niet... maar toch bidt hij, want de Heere houdt zijn woorden voor een gebed en... verhoort!

MOET JE GOD ECHT VOELEN OM TE KUNNEN BIDDEN?

22 oktober

LEZEN: MATTHEÜS 11:20-30

Wat hebben wij nog te verliezen? Laten wij eens eerlijk bij die vraag stilstaan! Als wij zijn zoals wij zijn – zo geestelijk dood dat wij niet eens meer weten wat de verborgen omgang met God is en hoe goed dat is. Als we zo zijn, roepen we toch een afkeer bij God op, zodat Hij van ons gruwt...?

Is er nog geluk in de zonde? Kunnen we in dit leven nog verder zonder de Heere? Is het in de wereld nog te vinden?

'Nu,' fluistert de duivel ons in, 'nu, is het echt verloren; je bent te diep gezonken; je hebt de zonde die door God wordt gehaat, te veel ingedronken en met te veel gulzigheid je plezier erin gevonden; het is te laat...'

Maar onze Heere Jezus Christus zegt ons, dat de duivel altijd liegt! 'Er is in hem geen waarheid' (Johannes 8:44)! Hij, de Heere Jezus Christus, Die niet huichelen kan en Die nooit bedriegt – want ook dat kan Hij niet – zegt: 'Kom naar Mij toe, allen die vermoeid en belast bent, en Ik zal u rust geven'! Wat een welkom is dat bij Hem! Wat een uitgebreide armen zijn dat! Wat een uitgebreide armen daar op Golgotha aan het kruis!

23 oktober

LEZEN: HEBREEËN 4:14-16

‘Waar is God?’ Dat kan zo’n knellende, zo’n ontstellend kwellende vraag zijn! Het kan zo donker zijn om ons heen en binnen in ons, in ons hart. In de wereld kunnen we niets vinden wat de dingen die ons zo ongelukkig maken, bij ons weg kan nemen. En in onszelf vinden we het ook niet. Maar: waar is God? Het kan lijken alsof Hij Zich verborgen houdt! En: als we eerlijk zijn, kunnen we alleen maar belijden dat de Heere in Zijn recht staat als Hij nooit meer naar ons zou omzien!
Job klaagt het uit in zijn lijden: ‘Maar zie, ga ik naar voren, dan is Hij er niet, of naar achteren, dan merk ik Hem niet op’ (Job 23:8).
Echter, hier komt het verschil openbaar! Of wij halen de schouders op en zeggen goddeloos onverschillig: ‘Dan niet!’ Of het dringt ons te meer om de Heere te zoeken en het beneemt ons alle rust zolang wij Hem niet hebben gevonden! Maar wacht eens even: is dat – geen rust vinden, voortdurend Hem zoeken en achter Hem aankleven – niet juist het gebed om toch door Hem geholpen te worden op het juiste tijdstip? Zelfs al zouden we dat zelf niet voor gebed durven houden?

MOET JE GOD ECHT VOELEN OM TE KUNNEN BIDDEN?

24 oktober

LEZEN: PSALM 145

'Opdat zij de Heere zouden zoeken, of zij Hem misschien al tastend zouden mogen vinden, hoewel Hij niet ver is van een ieder van ons,' betuigt de apostel Paulus op de Areopagus (Handelingen 17:27)! Niet ons gevoel is de maatstaf om te bepalen of de Heere er wel is of niet! Zoals het bestaan van de zon niet afhankelijk is van het feit dat wij hem met onze ogen kunnen waarnemen, en – omgekeerd – de zon niet ogenblikkelijk zou ophouden te bestaan als wij geen gezichtsvermogen zouden hebben om ons van zijn bestaan te verzekeren!
De Heere is! Maar ook: de Heere is nabij! 'De HEERE is allen nabij die Hem aanroepen, allen die Hem in waarheid aanroepen' (Psalm 145:18). Als van de Heere wordt getuigd dat Hij het gebed hóórt ('U hoort het gebed', Psalm 65:3), dan betekent dat niet alleen maar dat Hij het aanhoort, maar ook dat Hij Zich het gebed ter harte neemt en ons redt, dat Hij uitredt, een weg baant waar voor onze waarneming geen weg was! Daarom heeft dat ook aantrekkingskracht en laat David erop volgen: '... tot U zal alle vlees komen' (Psalm 65:3). Zijn horen is verhoren, waarbij Hij in Zijn wijsheid weet wat voor ons nuttig en nodig is!

MOET JE GOD ECHT VOELEN OM TE KUNNEN BIDDEN?

25
oktober

LEZEN: LUKAS 15:11-32

Soms heb je geen andere keus en moet je een beroep doen op iemand die een volslagen vreemde voor je is. Je hoopt dat die onbekende je toch zal helpen! Je ouders, familie en vrienden zijn er niet of staan eveneens machteloos.
Als dat al geldt ten aanzien van een mens die evenals wijzelf zondaar is, hoeveel te meer geldt het dan ten aanzien van de Heere. Zelfs al zou de Heere in ons leven de grote Onbekende zijn, dan nog hoeft niets ons te weerhouden een beroep op Hem te doen.
Het is nog sterker: de Heere is überhaupt de Enige Die helpen kan en Die daartoe bereid is! 'Roep Mij aan in de dag van benauwdheid; Ik zal u eruit helpen en u zult Mij eren' (Psalm 50:15). De verloren zoon zegt: 'Ik zal opstaan en naar mijn vader gaan...' (Lukas 15:18). Vader ziet hem van verre, Vader wordt innerlijk met ontferming bewogen, loopt naar hem toe en omhelst hem. Wat een ontvangst is dit! Wat een welkom is dit! Geen bordje 'Verboden toegang', 'Loket gesloten' of 'Niet betreden', maar: 'Kom naar Mij toe, allen die vermoeid en belast bent, en Ik zal u rust geven' (Mattheüs 11:28). Twijfelen we nog over een antwoord op de vraag van deze week?

26
oktober

LEZEN: JOHANNES 14:15-31

Het is een voorrecht om te weten dat God Zich openbaart in Zijn Woord, en het is een voorrecht om met dat Woord vertrouwd te zijn geraakt en steeds meer vertrouwd te raken. Toch kan het zo zijn dat wij eerlijk moeten toegeven dat dat Woord van God ons spreekt van zaken die in ons leven geen realiteit zijn. Het is ons in de diepste zin wezensvreemd. We lezen het, maar verstaan het niet. Het Woord spreekt ons van God, maar wij kennen Hem niet persoonlijk. Dat wat God aangaande Zichzelf openbaart, is waar. Maar we kunnen niet persoonlijk getuigen dat wij de Heere zelf ook zo hebben leren kennen.

Dan is onze kennis 'van horen zeggen'. Van horen zeggen kunnen we veel weten... Van het horen zeggen door Gods Woord kunnen we weten hoe de Heere is in Zijn heiligheid, dat Hij daarin niet voorbijgaat aan onze schuld. En van horen zeggen kunnen wij ook weten dat Hij zo barmhartig is, dat Hij Zijn eigen Kind wilde overgeven in de dood aan het kruis, om geestelijk dode zondaren die Hem niet kennen, terug te brengen tot het kennen en liefhebben van Hem.

En toch is dat horen zeggen hét middel dat de Heilige Geest wil gebruiken, opdat wij God leren kennen!

27
oktober

LEZEN: PSALM 86

Voor onbekeerden is het Woord ook een woord dat verdrietig maakt, hoewel dat bepaald niet voor iedereen geldt. Dat maakt het echter alleen maar verdrietiger! Niet bekeerd zijn betekent immers dat we in elk opzicht het tegenovergestelde zijn van bekeerd, en we ons derhalve nog altijd voortbewegen over de (brede) weg bij God vandaan, in de richting van de eeuwige ondergang. En dat zo dikwijls zonder dat we ons er zelf over bekommeren! De breuk met de Heere in het paradijs komt openbaar en de persoonlijke omgang met de Heere en de vrede met Hem ontbreken. Dat is zo dikwijls het geval zonder dat we deze persoonlijke omgang met de Heere missen, want hoe zullen we iets missen wat we tevoren nog nooit hebben geproefd en waarvan we dus de smaak niet kennen?

Het Woord is voor onbekeerden dus een woord dat verdrietig maakt! En: laten we niet vergeten dat we ons vaak opnieuw onbekeerd kunnen voelen, ook al valt Gods genade in ons leven niet te ontkennen. Dat komt dan doordat ons eigen 'ik' zozeer onze aandacht heeft opgeëist, en die daadwerkelijk van ons heeft gekregen.

Maar kunnen wij het in deze ellende uithouden? Gaat dat nog?

MAG JE BIDDEN ALS JE ZELF NIET BEKEERD BENT?

28 oktober

LEZEN: JOHANNES 4:1-10

Het is onmogelijk om iemand die je niet kent, toch lief te hebben. Zo'n onbekende maakt geen deel uit van je leven en heeft noch in negatieve noch in positieve zin enige betekenis voor je. Zelfs al zou je de naam van de persoon kennen, dan nog is hij een onbekende voor je.
De Samaritaanse vrouw kent Hem niet, Die daar vermoeid van Zijn reis van Judea naar Galilea zit bij de bron van Jakob. Ze ziet alleen dat Hij een Joodse man is en dus iemand die haar en het volksdeel waartoe zij behoort, als onrein beschouwt... Eeuwenlang bestaat die vete al en die heeft basis in wat er in de historie is gebeurd, een historie die niet kan worden teruggedraaid, zo men dat al zou willen...
Dat is al wat ze ziet in deze Vreemde, Die vervolgens een vraag stelt die haar al helemaal vreemd in de oren klinkt. 'Jezus zei tegen haar: Geef Mij te drinken' (Johannes 4:7).
Ongetwijfeld zal Hij, Die ook werkelijk mens is geworden, dorst hebben gehad. Toch is dat allerminst de diepste aanleiding tot deze vraag. Hij kruist haar pad, opdat zij die Hem niet kent en daarom niet bemint, Hem zou leren kennen en beminnen!

29
oktober

LEZEN: JOHANNES 4:10-30

'Als u de gave van God kende, en wist Wie Hij is Die tegen u zegt: Geef Mij te drinken, u zou het Hem hebben gevraagd en Hij zou u levend water gegeven hebben,' zegt de Heere Jezus tegen de vrouw voor wie Hij volstrekt onbekend is (Johannes 4:10). Hij is niet van plan haar in haar gebrek aan kennis van Hem te laten! Hij wekt belangstelling op voor Wie Hij werkelijk is! Dat doet Hij bij haar. Toen! Maar met dat doel spreekt Hij ook nog altijd door Zijn Woord tot ons. Nu! In ons heden!
Begrijpt deze vrouw het direct? Nee! Ze begrijpt het helemaal niet. Maar haar interesse is gewekt, want levend water, stromend water (dus niet stilstaand, wellicht al brak geworden regenwater), wie wil dat niet in het Midden-Oosten? Daar kan het zomers namelijk vreselijk heet zijn! Maar het water dat Jezus geeft, is van zo'n aard en kracht dat het tot in eeuwigheid de dorst wegneemt van wie daarvan drinkt, en dat het een bron zal worden van water dat opwelt tot in het eeuwige leven (Johannes 4:14).
Met dat ene ontdekkende woord, waarmee Hij haar leven blootlegt en laat zien dat Hij weet hoe haar bestaan is, neemt Hij haar hart in. Het genadenet sluit zich om haar heen!

MAG JE BIDDEN ALS JE ZELF NIET BEKEERD BENT?

30 oktober

LEZEN: PSALM 119:121-136

'Het opengaan van Uw woorden geeft licht, het schenkt eenvoudigen inzicht,' getuigt de dichter van Psalm 119 (vers. 130).
Stel je voor: het is avond, de nacht is gevallen, je staat buiten en het is heel donker. Maar er is een huis in de buurt. De deur wordt voor je ontsloten en gaat open. Je staat in de deuropening en daar komt het licht je al tegemoet...
Zo is het ook met Gods spreken. Zo is het wanneer de Heere Zichzelf aan ons openbaart. Al in de (deur)opening worden wij omringd door het licht van Hem. Daarvoor hoeven wij nog niet eens helemaal naar de binnenste vertrekken van (het verstaan van) Gods Woord te worden gebracht. Het beginsel van het kennen van Hem (van Wie Hij is als de volstrekt rechtvaardige en heilige én als de volkomen barmhartige en genadige) is al echte kennis en verlangt ernaar om Hem steeds meer te leren kennen. Deze (prille) kennis bidt daarom om bij de hand genomen te worden en ingeleid, binnengeleid te worden. 'Laat Uw goede Geest mij leiden in een geëffend land' (Psalm 143:10). Dat kennen is immers, naar het woord van de Heere Jezus, het eeuwige leven (Johannes 17:3).

31 oktober

LEZEN: MATTHEÜS 5:1-12

Wie voldoende heeft gegeten, is verzadigd, en meer eten is dan bepaald niet wenselijk. Overdaad schaadt immers! Wie voldoende drinken tot zich kon nemen, heeft zijn dorst gelest en heeft bepaald geen behoefte aan meer!

Nu spreekt de Heere Jezus de mensen zalig die hongeren en dorsten naar de gerechtigheid, want Hij zegt hun toe dat zij, júíst zij verzadigd zullen worden (Mattheüs 5:6). Voor die verzadiging staat Hij Zelf in. Die verzadiging garandeert Hij met een hemelse garantie!

Maar honger en dorst naar de gerechtigheid betekenen ook iets aangrijpends, want je bent zo anders dan de Farizeeër die een geestelijk gerust leven leidt en geen last heeft van een tekort aan gerechtigheid. De Farizeeër die meent dat hij de bekering niet levensnoodzakelijk dringend nodig heeft, want zo onbekeerd en slecht is hij toch niet...

De Heilige Geest werkt in ons dat we de gerechtigheid die redt van het verderf, ja, die ons voor God aangenaam maakt, niet kunnen missen, hoewel we daar van nature geen recht op hebben. We hebben niets meer te verliezen, want we hebben alles al verloren. En toch kunnen we het niet nalaten om op de Heere aan te stromen. Mag dat? Ja! Want David zegt meteen daarna: '... en hun gezichten werden niet rood van schaamte' (Psalm 34:6). En de Heere is niet veranderd sinds de tijd van David!

MAG JE BIDDEN ALS JE ZELF NIET BEKEERD BENT?

1
november

LEZEN: OPENBARING 1

Het laatste boek van de Bijbel is de 'Apocalyps', die de Heere Jezus aan Zijn discipel Johannes te zien gaf. Apocalyptische tijden zijn de tijden die in dat boek aan de orde gesteld worden. De 'dingen die spoedig moeten geschieden'. Wat zijn dat voor dingen?
Johannes zag een reeks visioenen, met daarin de aankondiging van toekomstige gebeurtenissen. Indrukwekkende en bij tijden ook angstaanjagende gebeurtenissen. Gebeurtenissen die kort voorafgaande aan de wederkomst van de Heere Jezus plaats zullen vinden. Rampen, oorlogen, vervolgingen, de antichrist, en dat alles uitlopend op het laatste oordeel, als Jezus op de wolken zal verschijnen.
Dat de Heere Johannes deze visioenen te zien gaf en dat Hij hem ook nog opdroeg ze op schrift te stellen, was om met name de christenen op een en ander voor te bereiden. Nee, de Openbaring is ons niet gegeven als een soort puzzelboek, om precies uit te rekenen hoever we al zijn, en om er dan spannende boeken over te kunnen schrijven. De Heere heeft een veel hoger doel voor ogen: Hij wil Zijn kerk op Zijn terugkomst voorbereiden en haar verlangend naar die komst doen uitzien. Dat is ook de bedoeling van wat we de komende weken zullen overdenken. En dat geeft ook een antwoord op de vraag hoe we in de apocalyptische tijd onze godsdienst moeten invullen.

HOE MOET JE ALS CHRISTEN LEVEN IN APOCALYPTISCHE TIJDEN?

2 november

LEZEN: LUKAS 17:20-37

Wat zijn volgens de Bijbel de dingen die we in de apocalyptische tijden kunnen verwachten? Daar heeft de Heere Jezus Zelf ons over ingelicht. In Lukas 17 spreekt Hij over 'de dagen van de Zoon des mensen'. Dat zijn de dagen die aan Zijn wederkomst voorafgaan. Die dagen vergelijkt de Heere met de tijd waarin Noach leefde. Wat kenmerkte die tijd?
De mensen aten en dronken en trouwden en... Wat ze verder deden, vermeldt de Heere Jezus niet. Kennelijk ging het die mensen alleen om het leven op aarde. Er was voor hen niets hogers. Alles was horizontaal en vlak. God telde niet meer mee. Aan de eeuwige bestemming van de mens dacht men niet. En toen Noach in opdracht van God een ark bouwde en als 'prediker van de gerechtigheid' (2 Petrus 2:5) waarschuwde voor de komende oordelen, luisterden ze niet. Bekering was er niet. Waarom Noach gestaag aan de ark bouwde, wilden ze niet begrijpen. Zij lachten hem uit.
Maar het oordeel kwam wel. Regen, regen en nog eens regen, veertig dagen lang. De zondvloed. Toen ze dat meemaakten, moesten ze allemaal Noach gelijk geven. De mogelijkheid om behouden te worden, bestond toen echter niet meer voor hen. Zo zal het straks weer zijn. Of zijn die dagen al aangebroken? In ieder geval is het tijd om haast te maken.

HOE MOET JE ALS CHRISTEN LEVEN IN APOCALYPTISCHE TIJDEN?

3 november

LEZEN: GENESIS 18:23-33

De Heere Jezus gebruikt een tweede voorbeeld om aan te geven hoe het kort voor Zijn wederkomst zal zijn op aarde. Dit keer wijst Hij op de tijd waarin Lot leefde. Wat waren in die tijd de dingen waar de mensen zich mee bezighielden? Eten, drinken, kopen, verkopen, planten en bouwen. Geen verkeerde dingen. Niets zondigs. Maar ook toen dus alleen maar dingen in het horizontale vlak. Nooit iets in de verhouding met de Heere.

Let er ook even op dat we in Lukas 17:28 niets meer lezen over wat in de dagen van Noach nog wel was, namelijk trouwen. Zou dat samenhangen met de verwording die er in de tijd van Lot was inzake seksuele relaties?

Toen de Heere had vastgesteld dat de maat van de zonde in Sodom vol was, kwamen ook daar de oordelen. Niet een watervloed, maar een regen van vuur en zwavel. Als er toen mensen waren die zich alsnog wilden bekeren, kwamen ook zij tot de ontdekking dat ze te laat waren. Hoe ziet het leven van de meeste mensen er vandaag uit? Lijkt onze tijd niet veel op de dagen van Lot? Zijn we misschien al aangekomen in de tijd die door de Heere getypeerd wordt als 'de dagen van de Zoon des mensen'? Is de wederkomst van de Heere Jezus aanstaande? Zijn we bereid?

4
november

LEZEN: 2 THESSALONICENZEN 2:1-12

In de apocalyptische tijd dient ook de antichrist zich aan. Inderdaad, er zijn alle eeuwen door antichristen geweest. Machten die zich fel tegen Christus en Zijn werk verzetten. Maar in de laatste dagen zal er één komen die dé antichrist zal zijn. De tegen-Christus. Paulus noemt hem de 'mens van de wetteloosheid', de 'zoon van het verderf'. In hem zal de zonde haar hoogtepunt bereiken. Het verzet tegen Christus en Zijn kerk zal bij de antichrist feller en heter zijn dan het ooit eerder was.
Een in alle opzichten duidelijk beeld van de antichrist tekent de Bijbel niet. Wat echter wel duidelijk is, is dat hij de grote machthebber is die de hele wereld in zijn greep heeft en die ook de gewetens van de mensen zal beheersen door voor te schrijven hoe hun godsdienst eruit moet zien. Hij wil zelf aanbeden en vereerd worden. Daarom trekt hij ook de religie naar zich toe.
Hoe komt het dat heel de wereld hem eer zal bewijzen? Zijn alle mensen dan blind? Inderdaad, ze zijn allemaal blind, doordat ze waarheid en leugen niet meer kunnen onderscheiden. Hoe komt dat? Doordat de ongerechtigheid en de afval op aarde zo groot zijn geworden dat God ingrijpt. Hij stuurt dan een krachtige dwaling, met als gevolg dat de mensen de leugen zullen geloven. Zo gaan ze in grote argeloosheid achter de antichrist aan.

HOE MOET JE ALS CHRISTEN LEVEN IN APOCALYPTISCHE TIJDEN?

5 november

LEZEN: OPENBARING 13:1-11

Met name het boek Openbaring laat ons zien hoe het zal zijn in de apocalyptische tijd. Zo komt het dat we ook in dat boek over de antichrist horen. Hij wordt daar ‘het beest’ genoemd. Als hij de macht heeft over heel de wereld, zal hij een waar schrikbewind ontketenen. Met name de mensen die de Heere toebehoren, zullen het dan moeilijk hebben. Hoe dat komt?

Alle eeuwen door zijn er dictators, tirannen geweest. Zij eisten absolute gehoorzaamheid van al hun onderdanen. Zelfs over de gewetens van de burgers wilden die machthebbers heersen. Zo was het bijvoorbeeld in het Romeinse Rijk. En zo is het nog, in Noord-Korea. Dat zal in de tijd van de antichrist ook zo zijn. Het wordt dan niet geduld dat er mensen zijn die God meer gehoorzamen dan mensen. Alle eer en aanbidding van God en Christus moeten verdwijnen.

Dat het de antichrist ernst is, blijkt wel uit het feit dat hij alle mensen zal verplichten om een merkteken te dragen op hun hoofd of aan hun hand. Heeft iemand dat teken niet, dan wordt hij buitengesloten. Hij mag zelfs niet meer kopen of verkopen. Voor hen die hun Meester niet willen en kunnen verloochenen, zal het een bange tijd zijn. Wie zal het kunnen volhouden? Gods kinderen zullen dan wel op een heel bijzondere manier gesterkt moeten worden.

HOE MOET JE ALS CHRISTEN LEVEN IN APOCALYPTISCHE TIJDEN?

6 november

LEZEN: OPENBARING 13:11-18

Iedereen zal het merkteken van het beest nodig hebben tijdens het schrikbewind van de antichrist. Wat is dat teken? Het blijkt het getal van het beest te zijn, het getal 666. Waarom dat getal? Heeft het getal 666 dan een bijzondere betekenis?

Ongetwijfeld is dat zo. Achter dit getal gaat een boodschap schuil. Welke boodschap? Ja, die vraag is heel vaak gesteld. Begrijpelijk, zoiets maakt nieuwsgierig. Er zijn veel verklaringen voor het getal gegeven. Men heeft bepaalde personen aangewezen. Er is aan de Romeinse keizer Nero gedacht. Maar ook aan Hitler en aan Stalin. En vooral ook aan de paus. Door wat te goochelen met getallen kwamen deze oplossingen tevoorschijn. Was het Gods bedoeling dat we zo zouden goochelen?

Soms hebben bepaalde getallen in de Bijbel een bijzondere betekenis. Zo is bijvoorbeeld het getal 3 het getal van God en 4 dat van de mens. De som van 3 en 4 (7) wijst dan op de verbinding tussen God en mens. Altijd door heeft de hoogmoedige mens geprobeerd meer te worden dan 4. Hij wil 7 worden. Waarom? Dan heeft hij God niet meer nodig. Lukt hem dat? Nee, hooguit bereikt hij 6. Blijft hij nog hoger klimmen, dan komt hij niet op 7, maar dan blijft 6 zich steeds herhalen. Zo ontstaat 666. Maar hoger reikt hij niet. Nooit bereikt hij het getal van de verbinding tussen God en mens.

7 november

LEZEN: ROMEINEN 11:13-32

Ten slotte nog een heel andere gebeurtenis uit de tijd voorafgaande aan de wederkomst. De bekering van Israël. Lange tijd heeft men gedacht dat er voor Israël geen bijzondere toekomst meer is. Omdat de Joden de Heere Jezus verworpen hebben, is Israël verworpen. Het leek er ook sterk op dat wat er met de Joden gebeurde, deze opvatting bevestigde. Toch zijn er door de eeuwen heen ook mensen geweest die op grond van Gods Woord wel in een toekomstige bekering van de Joden geloofden. Er zijn er ook altijd geweest die om die bekering bleven bidden.

Gelukkig is onze kijk op Israël veranderd. De overtuiging dat God nog een plan met dit volk heeft, won meer en meer veld. Een groots plan. Israël zal zalig worden. De ogen van dat volk zullen opengaan. Het volk zal ontdekken hoezeer het zich vergist heeft toen het Jezus verwierp. En de Joden zullen alsnog in Hem gaan geloven. Daar zorgt God voor, in het laatste der dagen, als Hij de Geest der genade en gebeden op hen uitstort. Zo is het beloofd en zo zal het gebeuren. En omdat het zo beloofd is, zal de kerk om de komst van die heilstijd moeten blijven bidden.

Intussen is Israël weer een eigen volk met een eigen staat en is het, dwars door oorlogen heen, steeds blijven bestaan. Is dat het begin van de vervulling van Gods beloften? Komt binnenkort ook de geestelijke wedergeboorte?

8 november

LEZEN: MALEACHI 4:4-6

Door heel het Oude Testament heen vinden we teksten die we 'messiaanse' teksten noemen. Teksten die de komst van de Messias aankondigen en van Zijn werk spreken. Ook zeggen zulke teksten vaak iets over wat er in verband met de wederkomst van de Heere Jezus zal gebeuren. Over de eindtijd dus. De woorden waarmee de profeet Maleachi zijn boekje afsluit, kun je ook zo'n messiaanse tekst noemen. Laten we die tekst maar eens nauwkeurig gaan lezen.
God belooft in die tekst dat Hij de profeet Elia zal zenden. Als Maleachi deze belofte doorgeeft, is Elia al lang niet meer op aarde. Komt hij dan terug? Bedoelt de Heere dat? Of is er nog een ander, die Elia heet en die ook profeet is? Ja, die is er. Dat wordt ons duidelijk als we Lukas 1:17 opslaan. Daar gaat het over Johannes de Doper, wiens geboorte aan die van de Heere Jezus vooraf zal gaan. Van hem wordt dan precies hetzelfde gezegd als wat Maleachi van Elia zegt. Zo wordt duidelijk dat Maleachi met Elia Johannes de Doper bedoelt.
Hij wordt 'de wegbereider' genoemd. Dat is Johannes inderdaad geweest. Voorafgaande aan de openbaring van de Zaligmaker heeft hij het volk tot bekering opgeroepen, opdat de mensen in staat zouden zijn om Hem bij Zijn komst te herkennen en te begroeten. Er moesten geen obstakels meer zijn die de weg versperden. Zo is het nog!

HOE MOET JE MALEACHI 4:5-6 LEZEN?

9 november

LEZEN: JESAJA 40:1-8

Gisteren hoorden we dat de wegbereider van de Messias obstakels uit de weg moet ruimen. Dat zei Maleachi. Al eerder zei de profeet Jesaja dat ook. Allerlei oneffenheden in de wegen moeten worden weggewerkt. Jesaja doelt daarbij op allerlei dingen die in het hart en leven verkeerd liggen, waardoor er geen plaats is voor de Messias.
Jesaja gebruikt het beeld van een koning die plannen heeft gemaakt om een bepaald deel van Zijn rijk te bezoeken. Voordat hij daar komt, moet ervoor gezorgd worden dat de wegen goed begaanbaar zijn. Kuilen moeten worden opgevuld, gaten moeten worden gedicht, oneffenheden worden geëffend. Op zijn reis moet de koning niet gehinderd worden door allerlei dingen die in de weg staan.
Dat bereiden van de weg zal de taak van Johannes, de tweede Elia, zijn. Zoals het was in de dagen van de eerste Elia, zal het ook zijn in de dagen van de tweede Elia. Er is veel krom op godsdienstig gebied en in de onderlinge relaties. Dat staat de komst van de Heere in de weg.
In onze harten is het net eender. Ons hart is van nature ongeschikt om de Heere te ontvangen. Daarom moet er heel wat worden weggeruimd. Bekering is nodig.

HOE MOET JE MALEACHI 4:5-6 LEZEN?

10 november

LEZEN: MATTHEÜS 3:1-12

We komen nog even terug op een paar woorden uit de profetie van Maleachi. Daarin wijst hij op de prediking van Johannes, de tweede Elia; een prediking die oproept tot bekering. Als hij het dan heeft over het opruimen van allerlei dingen die de Heere in de weg staan, gebruikt hij als illustratie de verstoorde verhouding tussen vaders en kinderen. Bedoelt hij dat vaders en kinderen met elkaar overhoopliggen omdat de kinderen weigeren te gaan in de weg die hun vader hun wijst? Het zou kunnen. Het lijkt me dan echter wel dat die onenigheid voornamelijk ligt op het terrein van de dienst des Heeren.
Welnu, ook die verhoudingen mogen zo niet blijven. De harten van de vaders moeten tot de kinderen teruggebracht worden en de harten van de kinderen tot de vaders. De breuk tussen de generaties moet worden hersteld. Onenigheden in de gezinnen en families moeten worden weggeruimd. Daar heeft Johannes de Doper aan mogen meewerken toen hij zonder onderscheid te maken, iedereen die naar hem kwam luisteren op zijn of haar zonden wees, en aandrong op waarachtige bekering. Is deze boodschap niet heel actueel? Zij zal nog actueler worden, naarmate de wederkomst dichterbij komt.

HOE MOET JE MALEACHI 4:5-6 LEZEN?

11 november

LEZEN: LUKAS 1:5-23

De engel Gabriël verscheen aan de priester Zacharias, toen deze het reukoffer bracht in het heilige van de tempel. Hij maakte bekend dat Zacharias een zoon zou krijgen en dat deze zoon een gewichtige taak zou moeten vervullen. Hij zou het volk Israël moeten oproepen om zich te bekeren. Met het oog waarop? Ook dat zei Gabriël. De komst van de beloofde Verlosser was aanstaande. En als Hij zou komen, moesten de mensen gereed zijn om Hem te ontvangen.

De engel gebruikte toen de woorden uit Maleachi's profetie. Over de harten van de vaders en die van de kinderen. Maar Gabriël voegde er nog een woord aan toe. Er was een herstel van de verstoorde verhouding nodig, want er zou een toegerust volk moeten zijn. Zo wilde de Heere het volk zien: als een volk dat eensgezind Hem zou verwachten en ontvangen. Een volk dat, ondanks allerlei onderlinge verschillen, toch in grote eensgezindheid de Heere zou toebehoren. Een volk, dat een gemeenschap der heiligen zou zijn.

Kwam er toen zo'n toegerust volk? Is dat er vandaag? Hoe ziet het beeld van de kerk er vandaag uit? Eensgezindheid? Hartelijke onderlinge verbondenheid? De werkelijkheid ligt er helaas ver vandaan. Moeten we ons niet schamen? En weer horen we de roep, ook op dit terrein: 'Bekeer je!'

HOE MOET JE MALEACHI 4:5-6 LEZEN?

12 november

LEZEN: MALEACHI 4:5 EN DANIËL 7

De profetie van Maleachi laat iets zien van wat er gaat gebeuren rondom de komst van de beloofde Zaligmaker, de Heere Jezus. De profeet denkt echter ook nog aan een ander moment. Hij kondigt niet alleen de eerste komst van de Heere aan, maar ook Diens tweede komst, de wederkomst. Die twee komsten worden door de profeet in één adem genoemd. Kennelijk hebben ze alles met elkaar te maken en is die tweede komst het verlengde van de eerste.
Maleachi noemt de dag van de tweede komst 'de dag des Heeren'. Daarin is hij niet de enige. Ook andere profeten spreken van die dag des Heeren. Heel vaak zelfs, bijvoorbeeld in Daniël 7. En net als Maleachi beschrijven zij die dag als een grote en vreselijke dag. Een dag van gericht en oordeel zal het zijn. Een dag vol met verschrikkingen. Een dag waarop de Heere als Rechter afrekening zal houden. Zijn vijanden en allen die Hem niet hebben willen erkennen als Koning, zal Hij veroordelen. Maar de mensen die wel voor Hem hebben leren buigen en die hun verloren zaak in Zijn handen hebben gegeven, zullen in de hemel verwelkomd worden.
Het zal dus een vreselijke dag zijn, maar dat niet alleen. Het zal ook een dag vol vreugde zijn. Zij die de Heere Jezus leerden kennen als Verlosser, zullen op die dag volkomen verlost worden.

HOE MOET JE MALEACHI 4:5-6 LEZEN?

13 november

LEZEN: MALEACHI 4:1-3

Voorafgaande aan de tekst die voor deze week ons uitgangspunt is, heeft de profeet Maleachi ook al eerder over de wederkomst van de Zaligmaker gesproken. Ook in de eerste verzen van Maleachi 4 vinden we een tekening van die dag. Het zal een dag zijn waarop alles in brand gestoken zal worden. Alle ongerechtigheid en alles wat zich tegen de grote God verzet heeft, zal vergaan. Wortel noch tak wordt gespaard.
Ook de apostel Petrus spreekt zo over die dag. Het zal de dag van de grote wereldbrand zijn (2 Petrus 3:12). Op grond van wat Gods Woord over die dag zegt, kunnen we geen andere conclusie trekken dan dat het een verschrikkelijke dag zal zijn. Een dag om voor te huiveren. Als we zulke dingen in de Bijbel lezen, kunnen we iets voelen van wat Paulus noemt 'de vrees voor de Heere'.
Maar toch, dit is niet alles. Maleachi laat ook de andere kant van de dag des Heeren zien. Heel duidelijk is dat in de tekst van vandaag. Het is niet meer zo dat alle mensen Gods vijanden zijn. Er is ook een ander volk. Dat zijn de mensen die 'Gods Naam vrezen'. Zo duidt de profeet hen aan. Dat zijn ze gaan doen toen God hen tot andere mensen maakte. Gods Geest nam hun hart in en leerde hun God liefhebben. Zij kregen de Zaligmaker nodig en ontvingen vergeving. Dat alles maakt dat die dag voor hen een dag van vreugde zal zijn.

HOE MOET JE MALEACHI 4:5-6 LEZEN?

14 november

LEZEN: MALEACHI 3

Terugbladerend in het boekje van de profeet Maleachi vinden we nog een tekst waarin het over de grote dag des Heeren gaat. 'De dag van Zijn komst' noemt de profeet die dag, en hij tekent die als een louteringsdag. De Heere wordt vergeleken met een goudsmid die bezig is met het reinigen van zilver en goud. Dat doet Hij met het doel om die edele metalen te reinigen en alle verkeerde elementen eruit te halen.
Dat reinigen is een pijnlijk proces. Er wordt vuur gebruikt. Zilver en goud worden in dat vuur gelegd en dan wordt alles wat geen goud of zilver is, verbrand. Gezuiverd goud komt tevoorschijn en gereinigd zilver.
Zoiets zal er gebeuren op de dag des Heeren. Vandaar de vraag: 'Wie kan die dag verdragen?' Wie durft het aan om in het vuur gereinigd te worden? Huivert niet iedereen ervoor terug? En toch... het is absoluut nodig. Dat weet ieder die de Heere heeft leren kennen. Die leert namelijk ook zichzelf kennen en zo weet hij dat er in zijn leven nog veel verkeerds is achtergebleven. Dat moet weg, anders is hij niet geschikt voor de hemel. Maar gelukkig, ook daar zorgt de Heere voor.
En de aarde, moet die ook niet gereinigd worden? Er moet toch een nieuwe aarde komen? Ja, en daarom moet het vuur over de aarde gaan. En dat zal ook gebeuren.

HOE MOET JE MALEACHI 4:5-6 LEZEN?

15 november

LEZEN: 1 PETRUS 4

Als wij spreken van de 'eindtijd', bedoelen we meestal de periode die voorafgaat aan de wederkomst van de Heere Jezus. Bedoelde Johannes dat ook toen hij sprak van 'het laatste uur' (1 Johannes 2:18)? Deed Petrus dat ook toen hij schreef dat het einde van alle dingen nabij is? (1 Petrus 4:7). Nee, zij dachten niet alleen aan de allerlaatste fase van de wereldgeschiedenis, maar aan de hele periode tussen Jezus' hemelvaart en Zijn wederkomst. Hemelvaart en Pinksteren vormen het begin van de 'laatste dagen'. De wederkomst is er het einde van. Maar die periode krijgt wel een bijzondere toespitsing naarmate dat einde dichterbij komt.
Het 'laatste uur' duurt dus al twintig eeuwen, en nog altijd is het einde ervan niet gekomen. Maar het schiet wel op. Het einde komt steeds dichterbij. Waaraan kunnen we dat zien? Aan diverse gebeurtenissen die in de Bijbel 'de tekenen van de tijden' worden genoemd. Inderdaad, dat zijn gebeurtenissen die er in heel het 'laatste uur' al zijn geweest, maar die in de laatste fase van dat uur ernstig toenemen in intensiteit en omvang. Het leven wordt daardoor steeds moeilijker en de mensen worden hoe langer hoe onzekerder. Naar die boodschap gaan we deze week luisteren. Wordt het dan deze hele week een somber verhaal? Dat hangt er helemaal van af wie we zijn. Er zijn namelijk ook mensen voor wie de verlossing komt, dwars door alle moeiten heen.

WAT ZIJN DE TEKENEN VAN DE EINDTIJD?

16 november

LEZEN: MARKUS 13:1-7

De Heere Jezus vertelt over dingen die gaan gebeuren in de tijd die kort aan Zijn wederkomst voorafgaat. Daar noemt Hij dan de tekenen van de tijden bij, zoals oorlogen en geruchten dat er weleens een oorlog zou kunnen uitbreken. Wat bedoelt Hij daarmee? Er zijn toch altijd oorlogen geweest, de hele geschiedenis door? Wat is er dan zo bijzonder aan oorlogen in de eindtijd?

In de eerste plaats laten de ontwikkelingen zien dat naarmate de tijd voortgaat, de oorlogen steeds omvangrijker en gruwelijker worden. We spreken nu van wereldoorlogen, waarvan we er al twee hebben gehad. Zou er onverhoopt weer een uitbreken, dan kon dat weleens de laatste zijn, omdat er daarna geen leven meer bestaat.

Er zijn nu ook oorlogen die een heel ander karakter hebben dan de oorlogen van vroegere tijden. Die tegen terrorisme, bijvoorbeeld. Of die tegen cybercrime. De mens heeft mogelijkheden tot zijn beschikking waarmee hij het leven van de hele wereld lam kan leggen zonder dat er een kanon hoeft te worden afgevuurd. Het is wel erg gevaarlijk geworden in onze wereld.

Verschrikken deze dingen ons? Maken ze ons moedeloos of wanhopig? Denk eraan dat er ook dan een veilige schuilplaats is, en vlucht daarheen om erin te schuilen: de schuilplaats van de Allerhoogste.

WAT ZIJN DE TEKENEN VAN DE EINDTIJD?

17
november

LEZEN: MARKUS 13:8-9

De Heere Jezus noemt nog meer rampzalige dingen. Bij de tekenen van de tijden horen ook hongersnoden, aardbevingen, natuurrampen, waarbij soms grote aantallen slachtoffers vallen. Ook deze verschijnselen zien we toenemen in intensiteit, en ze gebeuren ook steeds vaker. Bij het zien en horen hiervan voelen we hoe machteloos mensen zijn. We zien de rampen aankomen en we kunnen ze op geen enkele manier tegenhouden. Wat zijn wij mensen nietige schepselen, ondanks al onze grote woorden.
Ook die dingen wijzen op de naderende wederkomst. Terecht is wel gezegd dat we er de voetstappen van de komende Rechter in horen. En weer worden we er met klem aan herinnerd dat we gebruik moeten maken van de enige veilige schuilplaats die er is.
Trouwens, van deze rampspoeden zegt de Heere Jezus dat ze nog maar het begin van de weeën zijn. Er komt dus nog meer. Nog veel meer. Met name lezen we daarvan in het laatste boek van de Bijbel. Wil de Heere ons bang maken met deze woorden? Nee, Hij wil ons er juist toe bewegen om niet langer argeloos voort te leven en alles uit het leven hier op aarde te willen halen. Er staan veel te ernstige dingen op het spel!

WAT ZIJN DE TEKENEN VAN DE EINDTIJD?

18 november

LEZEN: MARKUS 13:10 EN MATTHEÜS 28:18-20

Naast alle verschrikkelijke dingen laat de Heere Jezus ook nog iets anders zien, dat ook bij de tekenen van de tijden gerekend kan worden. Dat is de prediking van het Evangelie over heel de wereld. Voordat de Heere Jezus terugkomt, moet heel de wereld van Hem gehoord hebben. Daarom moet er voortgang zijn in de prediking van het Evangelie, ook in die landen en gebieden waar het nog nooit eerder gebracht werd. Er moet ook voortgang gemaakt worden met de vertaling van de Bijbel in alle talen die er op deze wereld gesproken worden.
Met het oog op deze dingen leerde de Heiland Zijn discipelen ook bidden: 'Uw Koninkrijk kome!' Met dit voor ogen roept de Heere nog steeds mensen. Hij roept hen om in Zijn Naam uit te gaan en in de verafgelegen gebieden Zijn Woord te brengen. Zij mogen de mensen daar laten weten dat Gods Zoon gekomen is om te zoeken en zalig te maken wat verloren is.
Wat doen we met de boodschap dat het Evangelie overal bekend moet zijn? Maken wij van het Evangelie gebruik om God te zoeken? Zou de Heere mogelijk ook iemand van ons willen gebruiken in de verbreiding van Zijn Woord, om zo dienstbaar te zijn aan het heil van medemensen?

WAT ZIJN DE TEKENEN VAN DE EINDTIJD?

19 november

LEZEN: MARKUS 13:6 EN JESAJA 50

Behalve de Heere, Die ervoor zal zorgen dat Zijn Evangelie overal bekend wordt, is ook de duivel actief. Naarmate we dichter bij het einde komen, zullen de activiteiten van de boze steeds toenemen. Hij zal felle aanvallen plegen op Gods Woord. Valse leringen zal hij laten verkondigen. En hij zal er steeds weer in slagen met dat doel mensen in te schakelen. Zo wil hij voorkomen dat het Evangelie geloofd zal worden. Mensen die hij in zijn greep heeft, probeert hij vast te houden.

Anderen, die ertoe neigen om het Evangelie te geloven, probeert hij met andere boodschappen, die soms heel subtiel zijn, te verleiden en van het geloof in Gods Woord af te houden.

Een van de tekenen van de tijden is daarom ook de grote verleiding. Satan zal succes hebben. Heel eerlijk zegt de Heere Jezus dat velen in de verleiding zullen bezwijken. Daarom mogen we niet argeloos naar alles luisteren wat ons verkondigd wordt. Er zijn dingen die we radicaal af moeten wijzen. Maar niet alle verleidende boodschappen zijn op het eerste gezicht te herkennen. Daarom hebben we een maatstaf nodig waarmee we de dingen kunnen beoordelen. De beste maatstaf is Gods Woord. Daar moeten we in thuis zijn. En naast dit Woord hebben we het gebed nodig. Het gebed dat God ons bewaren zal om een namaak-Evangelie te geloven.

WAT ZIJN DE TEKENEN VAN DE EINDTIJD?

20 november

LEZEN: 2 TIMOTHEÜS 3:1-9

Niet alleen de Heere Jezus sprak over de tekenen van de tijden. Ook Paulus zegt er het een en ander over. 'In de laatste dagen ontstaan er zware tijden,' zegt hij. Hoe dat komt? Doordat mensen steeds brutaler uitleven wat ze vanbinnen zijn. Alle remmen vallen weg en mensen krijgen er meer en meer behagen in om hun verdorvenheid te etaleren. Egoïsten zullen ze zijn, wraakzuchtig, liefdeloos, wreed, onverzoenlijk, onheilig, zonder natuurlijke liefde. Om hun medemensen bekommeren ze zich niet. Alles draait om henzelf. En zo wordt het in de wereld steeds killer, donkerder en gevaarlijker. Er zijn dan plaatsen waar je in de nachtelijke uren beter niet meer de straat op kunt gaan. Je bent je leven niet zeker. Om een luttel bedrag te roven steekt de ene mens de andere neer.

En als er dan nog mensen zijn die op gelovigen lijken, moet je er rekening mee houden dat zij alleen een schijn van godsvrucht hebben en meer niet. Het lijkt er een beetje op, maar het is niet echt. Kijk daar ook maar voor uit.

Veel van dit soort dingen zien we gebeuren. Met name in grote steden, en daar dan in bepaalde wijken. Trouwens, het egoïsme wordt eigenlijk ook nog aangekweekt. Door het individualisme, dat ook in de politiek aangemoedigd wordt, doen andere mensen er niet meer toe. Het gaat alleen nog om mijzelf.

WAT ZIJN DE TEKENEN VAN DE EINDTIJD?

21 november

LEZEN: MATTHEÜS 24:1-13

Ten gevolge van de activiteiten van de duivel en van de mensen die hij tot zijn handlangers heeft weten te maken, komen er ook vervolgingen. Zij die aan de dienst van de Heere willen vasthouden, moeten er maar op rekenen dat zij niet meer ongehinderd de Heere kunnen dienen. Christen-zijn gaat wat kosten en niet iedereen zal die prijs willen of kunnen betalen. Er zullen er dan ook zijn die afvallen. Zij zullen struikelen, zo zegt de tekst van vandaag.
'Struikelen', wat betekent dat in deze tekst? Deze mensen vinden dat de Heere te veel van hen vraagt. Ze hadden gedacht dat ze veel rijker beloond zouden worden voor het feit dat ze de Heere dienen. Nu ze gaan begrijpen dat Gods Evangelie anders is dan ze gedacht hadden, nemen ze er aanstoot aan. Het wordt een struikelblok voor hen. En daarom keren ze zich er ook van af.
Een voorbeeld vinden we in Demas (2 Timotheüs 4:10), van wie Paulus zegt dat hij gedeserteerd is omdat hij de wereld weer heeft liefgekregen. Hij zag het niet meer zitten toen er vervolging uitbrak. Toen ontdekte hij ook dat hij eigenlijk nooit los van de wereld was geweest.
Waarom zegt God ons deze dingen? Om ons te waarschuwen, want Hij wil ons ervoor bewaren dat ook wij zouden struikelen. Daarom moeten we streven naar de zekerheid dat onze liefde tot de Heere en Zijn dienst echt is. Dan houdt die liefde stand.

WAT ZIJN DE TEKENEN VAN DE EINDTIJD?

22 november

LEZEN: LUKAS 18:1-6

In Lukas 18:8 vraagt Jezus of er bij Zijn wederkomst nog geloof gevonden zal worden op aarde. Om de vraag van de Heere Jezus goed te begrijpen, zullen we eerst moeten letten op de gelijkenis die aan die vraag voorafgaat. En op Zijn bedoeling met deze gelijkenis.

Jezus geeft in Lukas 18 onderwijs in het bidden. Daarbij wijst Hij allereerst op de noodzaak van het gebed. Wij zijn allemaal afhankelijke mensen. Geen mens kan het stellen zonder de voortdurende zorg van de Heere. Alleen als God onze noden vervult, kunnen we verder. Beseffen we dat? Dat wil de Heere van ons weten. Hoe zal Hij dat te weten komen? Als Hij ons hoort bidden. Bidden om eten en drinken. Om hulp en kracht. Om genade en vergeving. Bidden om alles wat we nodig hebben.

Maar dan ook volhardend bidden. Niet vertragen. Nooit kunnen we zonder Hem. Nooit staan we op eigen benen. Altijd zijn we op God aangewezen. Het leven van een echte christen is daarom een biddend leven. Dat wil de Heere Jezus duidelijk maken met behulp van deze gelijkenis over de weduwe en de rechter. De weduwe wil dat de rechter haar recht doet. En daar blijft ze zo lang op aandringen, dat de rechter haar verzoek ten slotte inwilligt. Naar die gelijkenis gaan we eerst luisteren, en daarna zoeken we het antwoord op de vraag in vers 8.

WAT WORDT ER BEDOELD MET DE VRAAG IN LUKAS 18:8?

23 november

LEZEN: LUKAS 18:3 EN PSALM 35:1-9

De weduwe over wie de Heiland spreekt, voelt dat haar onrecht is aangedaan. Daar zal ze best wel gelijk in hebben. In de tijd van toen waren weduwen een gemakkelijke prooi. In vele opzichten waren ze weerloos. Gemakkelijk uit te buiten. En als zulke mensen dan de hulp van een rechter inriepen, vonden ze vaak geen gehoor. Rechters waren namelijk nog al eens gemakkelijk om te kopen. Van een weduwe kon een rechter niets verwachten, van haar tegenpartij des te meer. Vandaar dat er nog al eens sprake was van onrecht.

De weduwe in Jezus' voorbeeld klopt op een bepaald moment bij een rechter aan. Maar helaas, deze rechter is niet onkreukbaar. Hij stelt de behandeling van haar zaak uit. Hoopt hij dat hij iets zal ontvangen van de andere partij? Dat is niet onmogelijk. In ieder geval scheept hij de weduwe af. Maar de weduwe laat zich niet afschepen. De volgende dag staat ze weer op de stoep en herhaalt ze haar verzoek. En de dag daarna is zij er weer. Ze houdt vol. Het is haar grote ernst met haar verzoek. Voor haar is de zaak van groot belang. Door haar volhouden gaat de rechter begrijpen dat hij toch iets moet doen.

Dat is het eerste wat Jezus bedoelt te zeggen. Echt bidden is volhardend bidden. Volhardend, omdat het om zoiets belangrijks gaat. Zo belangrijk dat het alle andere dingen ver overstijgt.

WAT WORDT ER BEDOELD MET DE VRAAG IN LUKAS 18:8?

24
november

LEZEN: LUKAS 18:6 EN PSALM 35:10-22

De rechter begint bang te worden. De weduwe is zo vasthoudend dat hij er rekening mee houdt dat ze geweld zou kunnen gebruiken. We horen de rechter zeggen dat hij zich ervan bewust is dat de weduwe hem in het gezicht zou kunnen slaan. In de Statenvertaling staat dat hij denkt dat ze hem het hoofd zal kunnen breken. Dat bedoelt hij letterlijk. Hij zegt weliswaar dat hij voor God niet bang is, maar hij houdt er wel rekening mee dat de weduwe hem met een zwaar voorwerp op het gezicht zou kunnen slaan. Daarom besluit hij haar zaak toch maar te behandelen. Uit puur eigenbelang.

Wat bedoelt de Heere Jezus? Hij wil dat we goed zullen luisteren naar wat deze rechter zegt. Hoewel het een onrechtvaardige rechter is, kunnen we toch heel wat leren van zijn woorden. Wij zouden de gebeurtenis kunnen samenvatten met: ‘De aanhouder wint.’ Zelfs een rechter die zich van God en Zijn wetten kennelijk niets aantrekt, moet een keer zwichten voor iemand die hardnekkig volhoudt.

De Heere laat zien dat de weduwe gebruikmaakt van het enige middel dat zij nog heeft: het volharden. En het gebruik van dat middel blijft niet ongezegend. Ze krijgt wat ze wil. Haar wordt recht gedaan. Houdt dat voorbeeld voor ogen. Via dit voorbeeld wil de Heere ons leren hoe we moeten bidden. Niet twee of drie keer bidden en dan stoppen. Nee, volhouden. Laat God maar weten hoe dringend de zaak is.

WAT WORDT ER BEDOELD MET DE VRAAG IN LUKAS 18:8?

25 november

LEZEN: LUKAS 18:7 EN PSALM 35:23-28

De Heere Jezus maakt ook een toepassing. Ineens laat Hij het beeld van de rechter los en spreekt Hij over God. Het lijkt uiterst vreemd, maar voor een ogenblik vergelijkt Hij God met deze rechter. Natuurlijk niet met diens onrechtvaardigheid, maar met het feit dat de rechter ten slotte toch gehoor gaf. Dat doet God ook.

Zij die God vrezen (de uitverkorenen), leven in een boze wereld. 'In de wereld zult u verdrukking hebben,' zei de Heere Jezus tegen Zijn discipelen, en tegen ons. Bij die verdrukking hoort ook vaak het onrecht dat ons wordt aangedaan. Die nood doet ons dan tot God roepen, maar soms kan het wel lijken alsof de Heere niet hoort. Dan vrezen we misschien zelfs dat God ons heeft losgelaten. Maar dat de Heere zo lang wacht, heeft een heel andere bedoeling. God doet dat alleen maar om hen die Hem vrezen des te meer te doen volhouden.

Laten we dan niet moedeloos worden en ophouden met bidden omdat het toch niets helpt. Heus, de Heere hoort wel en Hij ziet ook wel wat de vijanden Zijn volk aandoen en waar de duivel hen van beschuldigt. Als het Zijn tijd is, zal Hij laten weten dat Hij geluisterd heeft. Dan zal Hij ons recht doen, ons verlossen en ons troosten.

WAT WORDT ER BEDOELD MET DE VRAAG IN LUKAS 18:8?

26 november

LEZEN: LUKAS 18:8 EN KOLOSSENZEN 4

Ik denk dat we er nu aan toe zijn om de vraag van deze week te beantwoorden. Veel mensen zullen direct zeggen: 'Nee, als de Heere Jezus terugkomt, zal Hij niet veel geloof meer vinden.' De vraag uit Lukas 18:8 wordt dan gelezen als een retorische vraag; een vraag waarin het antwoord eigenlijk al besloten ligt. 'Zal Hij nog geloof vinden?' 'Nee, dat zal wel niet.'

Als dat het antwoord moet zijn, wil de Heere Jezus hier zeggen dat er van Gods werk in deze wereld niet veel overblijft. Het getal van hen die tot bekering en geloof komen, wordt steeds kleiner. Meer en meer mensen keren zich van Gods Woord en dienst af. En de weinige echte christenen die er dan nog overblijven, zullen het steeds moeilijker krijgen. De enige oplossing is dan een spoedige terugkomst van de Heere Jezus, anders blijft er van Gods werk helemaal niets meer over.

Heel wat keren is de zaak zo voorgesteld. Men meende geen andere conclusie uit Jezus' vraag te kunnen trekken. Het ziet er daarom allemaal erg somber uit. Maar: zal het echt zo gaan? Of toch niet?

Let nog even goed op de bedoeling van de gelijkenis. Die was dat we altijd moeten bidden en de moed niet moeten verliezen. Daar ligt de sleutel.

WAT WORDT ER BEDOELD MET DE VRAAG IN LUKAS 18:8?

27 november

LEZEN: LUKAS 18:8 EN MATTHEÜS 6:1-14

Men heeft de vraag in Lukas 18:8 ook wel gelezen als: 'Zal Ik bij Mijn komst nog wel het echte geloof vinden?' Het antwoord dat dan gegeven wordt is: 'Ja, er zal wel geloof zijn, maar dat zal niet het echte geloof zijn. Er zal wel geloof zijn dat mensen zelf gemaakt hebben, tijdgeloof of wondergeloof, maar niet het geloof dat zalig maakt.' Bedoelde de Heere Jezus dat?

We gaan weer terug naar de gelijkenis. Daaruit hebben we intussen begrepen dat de Heere Jezus Zijn discipelen wilde aansporen tot volhardend bidden. Zoals de weduwe volhield, zo behoren wij ook vol te houden. Gelovig bidden is volhardend bidden. Dat is wat de Heere zoekt. Daar zal Hij ook naar zoeken op de dag van Zijn wederkomst.

De gelijkenis is bedoeld om mensen tot zulk bidden aan te sporen. De vraag is dus geen retorische vraag, maar een vraag die bedoelt te zeggen: 'Zie erop toe dat Hij jou op de dag van Zijn wederkomst zal kunnen herkennen als zo'n bidder.' Zulke bidders bewijzen met hun gebeden dat ze behoren bij Gods uitverkorenen. Die wil de Heere bij Zijn komst graag ontmoeten.

WAT WORDT ER BEDOELD MET DE VRAAG IN LUKAS 18:8?

28 november

LEZEN: 1 THESSALONICENZEN 4:17 EN PSALM 104

Op de vraag of de Heere bij Zijn wederkomst nog geloof op de aarde zal vinden, geeft Hij Zelf een antwoord. Een bevestigend antwoord. Ja, er zullen er zijn die geloven, en hun geloof is ook nog het ware geloof. Daar zorgt Hij Zelf voor. En die gelovigen zullen Hem bij Zijn terugkomst tegemoet gaan in de lucht. Zo zullen ze altijd met Hem zijn.
Nee, de zaak des Heeren zal niet als een nachtkaars uitgaan. Dat zou toch wel een blaam leggen op de Heere Zelf. Dan zou het lijken alsof Hij niet goed voor Zijn volk kan zorgen en dat Hij maar heel snel moet terugkomen om het laatste restje van dat volk nog even snel te redden, voordat ze allemaal tot afval zijn gekomen. Nee, zo zal het niet gaan. God is een groot God en bij een groot God horen een groot volk en grote daden. Zo zal de Heere Zich doen kennen. De tekening die de Heere van de dag van Zijn wederkomst laat zien, vertoont deze dingen. Voor ons is het echter wel zaak dat wij bereid zijn om Hem tegemoet te gaan. Hoe zal Hij ons vinden? Waar is ons leven op gericht? Welke betekenis heeft Hij voor ons? Verwachten we Hem? Verlangen we naar Zijn komst?

WAT WORDT ER BEDOELD MET DE VRAAG IN LUKAS 18:8?

29 november

LEZEN: MATTHEÜS 25:31-40

Als Christus terugkomt, vindt het gericht plaats en in dat gericht de grote scheiding tussen hen die wel en hen die niet in Hem hebben leren geloven. Zij die dat wel deden, worden door Hem in de hemel verwelkomd. Zij beërven het Koninkrijk, de eeuwige zaligheid. Hoe zal dat zijn? Wat zullen ze daar te zien krijgen? Daar zegt de Heere in Zijn Woord wel iets over, maar er blijft ook veel niet gezegd. We zouden het ons trouwens ook niet eens allemaal kunnen voorstellen. Het zal namelijk onvoorstelbaar heerlijk zijn.
Horen we bij de mensen die verwelkomd worden? Iedereen zal beseffen dat het antwoord op deze vraag van levensbelang is. Dat beslist waar we de eeuwigheid zullen doorbrengen. Daarom moeten we die vraag eerst beantwoorden, voordat we het kunnen hebben over wat we in de hemel allemaal zullen zien en beleven.
Geloven in Christus – daar hangt het van af. Dat doen we als we met ons verloren leven en met al onze zonden tot Hem zijn gevlucht en als we van Hem de verzekering hebben gekregen dat Hij onze zonden heeft verzoend, door ze op Zich te nemen. Door dat geloof zijn we dan aan Hem verbonden en is Hij begonnen ons leven te veranderen en te vernieuwen. Omdat ons levensdoel veranderde, veranderde ook onze levensinstelling. De Heere kwam in het middelpunt te staan.

30 november

LEZEN: JOHANNES 14:1-15

De Heere Jezus stelt de hemel voor als een groot huis met veel kamers. Het is het huis van Zijn Vader. Er is daar plaats voor veel gasten, op wie wordt gerekend en die daar ook zeker zullen komen. Jezus is na Zijn hemelvaart bezig om daar voor alle genodigden een plaats te bereiden. Zodra die plaats gereed is, komt Hij degene voor wie die plaats is, halen. En zo zullen ze ten slotte allemaal bij Hem zijn en dat voor altijd.
Het huis van Zijn Vader, zo noemt Hij dat. God is inderdaad Zijn Vader. Maar door Zijn verlossingswerk is Zijn Vader ook de Vader geworden van allen die in Hem geloven. Christus heeft hen tot die God teruggebracht. Ja, inderdaad, zij zijn verzoend met de God Die hen schiep, maar tegen Wie zij zondigden. Nu zijn zij weer Zijn kinderen. Daarom zullen zij in dat Vaderhuis niet alleen hun Zaligmaker ontmoeten, maar daar ook bij hun Vader zijn.
Van tijd tot tijd verlangen ze daarnaar. Hier op aarde valt het leven hun vaak zwaar. Dat ze iedere keer toch weer zondigen, geeft hun verdriet. In het Vaderhuis zullen ze daar nooit meer last van hebben. Dan is de droefheid over de zonde voor altijd weg. Ook de zonde is daar weg. Ook alle gevolgen van de zonde zijn daar weg. Alles zal door de vrede bloeien.

WAT KUNNEN WE VERWACHTEN ALS WE IN DE HEMEL KOMEN?

1
december

LEZEN: LUKAS 23:33-43

Een van de twee moordenaars die samen met Jezus gekruisigd waren, gaat op het allerlaatste moment van zijn leven bidden. Hij vraagt of de Heere aan hem wil denken als Hij in Zijn Koninkrijk is gekomen. Eigenlijk vraagt hij maar heel weinig. Een enkele gedachte van Jezus aan hem – dat is alles. Maar de Heere Jezus begrijpt het wel. Ook wat deze zondaar niet hardop zegt, begrijpt Hij.

De man gelooft dus dat Jezus een Koninkrijk heeft en dat Hij daar aan anderen kan denken. Is dat niet wonderlijk? Jezus is een Gekruisigde – iemand die de vloek draagt. Heeft Hij een Koninkrijk? Ja, meer dan dat. Als Jezus hem antwoord geeft, noemt Hij dat Koninkrijk zelfs het paradijs. Dat komt dus weer terug. Wat er bij de schepping was, is er straks weer. Helemaal hersteld, door het werk dat Jezus hier aan het kruis verricht.

In het laatste boek van de Bijbel, het boek Openbaring, horen we weer van het paradijs. Zij die overwinnen, mogen daar straks eten van de Boom des levens, die in het midden van het paradijs Gods is (Openbaring 2:7). Deze beeldspraak wil zeggen dat zij die in de hemel mogen komen, daar deelhebben aan het eeuwige leven. De heerlijkheid en de schoonheid van de hemel zullen zij daar ongehinderd en eeuwig mogen genieten.

WAT KUNNEN WE VERWACHTEN ALS WE IN DE HEMEL KOMEN?

2 december

LEZEN: OPENBARING 7

De apostel Johannes heeft meer dan eens een blik in de hemel mogen werpen. Bij een van die gelegenheden zag hij een grote schare mensen, allemaal gekleed in lange witte klederen en met palmtakken in hun handen. Door het bloed van Christus zijn zij gekocht en daarom mogen ze nu voor de troon van God zijn. Daar mogen ze Hem dienen, en er is niets meer waardoor er scheiding zou kunnen komen tussen hen en de Heere.

Voordat zij daar kwamen, hebben ze heel wat meegemaakt. Verdrukking en ellende hebben ze ondervonden. Maar dat ligt nu allemaal achter hen. Dat is voor altijd voorbij. Ze hoeven er nooit meer om te huilen, want God Zelf wist hun tranen af. Verdriet is er niet meer. Enkel vreugde en blijdschap is daar hun deel. Daarom is hun dienen van God tegelijk ook Hem danken, Hem prijzen en Zijn lof bezingen.

Dat hun leven op aarde, met alle verdrukking en zonde, voorbij is blijkt ook nog uit iets anders. Van hen hoort Johannes zeggen dat zij Gods aangezicht zullen zien (Openbaring 22:4). Het aangezicht van de heilige God zien zij! Toen Mozes nog op aarde was, zei God een keer tegen hem dat niemand Zijn aangezicht zou kunnen zien en blijven leven (Exodus 33:20). In de hemel kan het echter wel, want daar zijn de verlosten geen zondaren meer. Daar is niets meer wat scheiding maakt.

WAT KUNNEN WE VERWACHTEN ALS WE IN DE HEMEL KOMEN?

3 december

LEZEN: 1 THESSALONICENZEN 4:13-18

Paulus vertelt de Thessalonicenzen iets over hoe het zal gaan als de Heere Jezus terugkomt. De doden zullen opstaan en 'veranderd' worden: hun lichamen zullen in opstandingslichamen veranderen. Zo zullen zij, net als indertijd de Heere Jezus, opgenomen kunnen worden in de lucht. Dat zal dan gebeuren. Ook zij die op de dag van de wederkomst nog in leven zijn, zullen zo'n lichaam ontvangen en ook zij zullen ten hemel varen. En dan zullen ze altijd met de Heere zijn.

Gods kinderen gaan dus naar de hemel. Niet alleen met hun ziel, maar ook met hun lichaam. Als complete mensen zullen ze daar dan zijn, en dat voor altijd. Wat zal daar voor hen het belangrijkste zijn? De schoonheid van de hemel? De aanwezigheid van de engelen? Dat zij daar familieleden en vrienden terugzien? Dat zal er allemaal zijn, ja. Maar het belangrijkste is nog wat anders. Dat is wat Paulus in de tekst hierboven zegt: zij zullen bij de Heere zijn. Samen met Hem, voor altijd verbonden aan Hem. Eeuwig in Zijn gemeenschap. Nooit meer, door wat dan ook, van Hem gescheiden. Hij kocht hen met Zijn bloed. Zo zijn ze van Hem en Hij is van hen.

WAT KUNNEN WE VERWACHTEN ALS WE IN DE HEMEL KOMEN?

4 december

LEZEN: OPENBARING 22:1-5

Eeuwige zaligheid zal het deel van de verlosten zijn. Maar dat is nog niet alles. Zij zullen ook heerlijkheid ontvangen. Koninklijke heerlijkheid. Dat wordt bijvoorbeeld duidelijk uit het feit dat ze een kroon ontvangen. We zagen een paar dagen geleden dat Johannes hen tekende als mensen met een palmtak in hun handen: een teken van hun overwinning. In de tekst van vandaag staat zelfs heel letterlijk dat ze als koningen mogen heersen.

Waarom is dat? Omdat God de mens zo schiep. Adam en Eva mochten heersen over wat God geschapen had. Zij waren koning onder God. Die situatie keert terug. Op dat niveau brengt God allen voor wie Christus Zich tot in de dood toe heeft willen vernederen. Hij deed afstand van alle heerlijkheid. Hij vernederde Zich uitermate diep. Hij droeg een doornenkroon en Zijn scepter was een rietstaf. Zo verwierf Hij voor gevallen zondaren naast de zaligheid ook de heerlijkheid. Zij mogen straks met Hem zitten op Zijn troon (Openbaring 3:21).

Inderdaad, dit is eigenlijk niet voor te stellen. Mensen die hier op aarde nooit veel hebben betekend, die bovendien vuil waren door hun zonden en niets bezaten waarmee ze konden pronken – zulke mensen ontvangen een plaats naast Christus, op de troon? Onvoorstelbaar.

WAT KUNNEN WE VERWACHTEN ALS WE IN DE HEMEL KOMEN?

5
december

LEZEN: HANDELINGEN 12:3-10 EN HEBREEËN 12:22-23

Het belangrijkste van de hemel zal zijn dat we daar met Christus zijn en Gods aangezicht zien. Daarnaast is er echter nog meer heerlijkheid in de hemel. Daar zijn ook de engelen en de andere verlosten. Ook dat horen we in de Bijbel.
Zonder dat ze zich dat bewust zijn, hebben Gods kinderen veel aan de engelen te danken. Engelen zijn meer dan eens door God gebruikt om hen te beschermen. Dat gebeurde niet zichtbaar, maar het gebeurde wel. Daarvoor hoeven ze de engelen niet te vereren, want de engelen deden dat graag. Maar het zal wel een onderdeel van de zaligheid zijn dat Gods kinderen straks met de engelen in gesprek zullen gaan en de engelen hun dan zullen vertellen van hun werk.
In de hemel zijn ook de andere verlosten. Familieleden die tijdens hun aardse leven in Christus leerden geloven. Maar nog vele anderen. Onder anderen ook de heiligen van wie we in de Bijbel lazen en die ons vaak tot een voorbeeld zijn gesteld. En anderen die door de Heere gebruikt zijn om ons de weg te wijzen en die ons tot de dienst des Heeren aanspoorden. Ja, er zullen veel verrassende dingen gebeuren in de hemel. En van dat alles krijgt God de eer.

WAT KUNNEN WE VERWACHTEN ALS WE IN DE HEMEL KOMEN?

6 december

LEZEN: MATTHEÜS 25:41-46

Als straks de grote scheiding plaatsvindt, zullen er mensen zijn die geen toegang tot de hemel ontvangen, maar die naar de hel worden gestuurd. Er is inderdaad ergens een plaats die in de Bijbel 'hel' wordt genoemd. Andere namen voor die plaats zijn 'buitenste duisternis', 'plaats van pijniging', 'poel die van vuur en zwavel brandt', 'verderf'. Allemaal namen die aangeven dat het een verschrikkelijke plaats zal zijn.
Wie goed luistert naar wat de Bijbel hierover zegt, voelt iets van verschrikking. We denken er daarom liever niet aan en we voelen ons onbehagelijk als iemand erover begint. Het is geen wonder dat er intussen heel wat mensen zijn die zich van Gods Woord en van de Heere Zelf hebben afgekeerd. In een God Die er een hel op nahoudt, willen ze niet geloven. Er zijn er ook die zover niet willen gaan, maar die wel menen dat zij de zaak kunnen oplossen door wat de Bijbel over de hel zegt, anders uit te leggen dan in de kerk der eeuwen doorgaans is gedaan. Maar hoe dan ook, de Heere spreekt er Zelf over, zoals in de tekst van vandaag. We moeten er daarom toch wel naar luisteren. En dat gaan we deze week ook doen, heel voorzichtig. En eerbiedig.

WAT IS DE HEL?

7 december

LEZEN: LUKAS 16:19-31

In de gelijkenis van de rijke man en de bedelaar Lazarus vertelt de Heere Jezus dat er twee bestemmingen zijn. Lazarus gaat bij zijn sterven naar de hemel; de rijke man bereikt zijn bestemming in de hel. Daar lijdt hij pijn, smarten en dorst. Als hij vraagt om enige verlichting van dat lijden, in de vorm van een paar druppels water, ontvangt hij een negatief antwoord. Zelfs de kleinste gunst wordt hem daar ontzegd. Hij krijgt te horen dat hij zijn geluk al tijdens zijn leven op aarde heeft gekregen.
Het is dus belangrijk om op te merken dat de Heere Jezus Zelf gelooft dat er een hel is en dat de hel een plaats is van pijniging. Het was trouwens ook de Heere Jezus Die vaak over de hel sprak, meer dan een van de apostelen. Ook dat is veelzeggend.
Waarom is de rijke man in de hel? Omdat hij een zondaar is. Een onbekeerde zondaar. Hij heeft wel de gelegenheid gehad om tot bekering te komen, want hij had net als zijn broers de boeken van Mozes en de profeten. Maar daar had hij zich nooit door laten gezeggen en dus bleef hij onbekeerd. Hij maakte van het leven een feest, maar hij bekommerde zich niet om de arme bedelaar die hij elke dag zag liggen, vlak bij zijn deur. Hij kende geen liefde tot God en geen liefde tot zijn naaste, maar daar maakte hij zich ook nooit druk om. Toen hij stierf, hield hij niets over. Zo gaat dat met mensen die zonder God leven en sterven.

WAT IS DE HEL?

8 december

LEZEN: MARKUS 9:41-50

Diep ernstige woorden lezen we in de tekst van vandaag! Om van te beven. Maar ook nu weer woorden die we uit de mond van de Heere Jezus horen. Met nadruk sprak Hij ze en Hij herhaalde ze zelfs een paar keer. Zozeer was het Hem ernst. Hij vindt dat ook wij het moeten weten! Wat bedoelt Hij? Dat er een plaats is waar een mens altijd door wroeging zal hebben. Wroeging, omdat hij geen gebruik heeft gemaakt van de genade die God aanbood. Nooit zocht hij serieus naar vergeving van zijn zonden en verzoening met God. Nooit bekeerde hij zich. Nooit streed hij tegen de zonde.
De Heere Jezus maakt dat duidelijk door te zeggen dat deze mens altijd maar weer toegaf aan de verleiding tot zonde. Als er iets was wat hem tot struikelen bracht (dat is: tot zonde verleidde), liep hij daar niet bij vandaan. Integendeel, hij gaf zelfs aan die verleiding toe. En nooit had hij daar oprecht berouw over. Pas toen het te laat was en hij na zijn sterven naar de buitenste duisternis ging, kreeg hij berouw. Maar toen was er niets meer goed te maken.
Wat wordt onze levenstijd kostbaar in het licht van deze ontzettende dingen! Want onze levenstijd is genadetijd. Tijd om de Heere te zoeken, ons van de zonde te bekeren en de Heere te leren liefhebben en vrezen. En het is ook de tijd om berouw te hebben van de zonde, die oprecht te belijden en vergeving te ontvangen.

WAT IS DE HEL?

9
december

LEZEN: ROMEINEN 2

In de eerste hoofdstukken van zijn brief aan de Romeinen spreekt de apostel Paulus over onze zonden en de gevolgen daarvan. Nee, het is niet zijn bedoeling om bij de zonde te blijven staan. Hij wil het Evangelie verkondigen, zoals hij in Romeinen 1:16 al zei. Maar om de noodzaak van dat Evangelie en van de daarin aangeboden Zaligmaker in te zien, moeten zondaars wel weten wat zonde is en wat ze door hun zonden verdiend hebben. Ze moeten gaan inzien dat ze in grote nood zijn.

Die nood is onder meer ontstaan doordat we door de zonde toorn voor onszelf hebben opgehoopt. De Statenvertaling zegt het nog duidelijker: we hebben het als een schat voor onszelf vergaard. En op de dag van het gericht zal gezien worden hoe groot die schat is geworden. Elke dag komt er meer bij. Elke dag groeit de schat, Gods toorn. Elke dag neemt Gods toorn toe.

Dat God toornt, bewijst dat Hij de zonde heel ernstig opvat. Zonde moet daarom gestraft worden. Dat zal ook gebeuren op de dag van het gericht. En ook nu al ontvangen we tijdelijke straffen, die soms zwaar kunnen wegen. Maar als de ware bekering uitblijft, moet de Heere zwaarder straffen. Dan volgt de eeuwige straf. Is die straf te zwaar? Zeg dat niet. Wil het niet beter weten dan de Heere. Hij doet geen onrecht. Dat kan Hij zelfs niet. Vlucht liever op tijd naar Christus.

WAT IS DE HEL?

10 december

LEZEN: HEBREEËN 3

Wie zijn het die voor eeuwig verloren gaan omdat de hel hun eindbestemming is? Die vraag beantwoordt de Heere ook, en Hij zegt het heel duidelijk. In Openbaring 22:15, maar ook in Openbaring 21:8. Op beide plaatsen gaat het over zondaars, maar dan zondaars die in hun zonden zijn gestorven, die nooit vergeving hebben gezocht, en die dus ook niet ontvingen. Ontuchtplegers zijn erbij. Ook afgodendienaars, leugenaars, moordenaars en tovenaars. Allemaal mensen die heel duidelijk Gods wet hebben overtreden en daarin maar doorgingen.

Eigenlijk is het geen wonder dat zij er zijn. Met hun manier van leven bewezen ze immers dat zij niet naar Gods wet wilden luisteren. Ze wilden hun leven zelf inrichten. Gods geboden dachten ze straffeloos te kunnen overtreden. Eigen meester wilden ze zijn en niemands knecht. Ook niet Gods knecht. God moest Zich niet met hen bemoeien.

Ondertussen bleef God wel voor hen zorgen. Hij spaarde hen. Hij gaf hun de nodige krachten. Maar die krachten misbruikten ze. Daar zondigden ze mee. Ongelovig waren ze. Ondankbaar ook, en ongehoorzaam. Wat kan de Heere anders met hen doen dan hen verwijzen naar de plaats waar ze horen? Dat is ver bij Hem vandaan. Ook ver van Zijn genade, die ze trouwens nooit zochten.

11
december

LEZEN: MATTHEÜS 7:21-27

Niet alleen de mensen die in allerlei grote en gruwelijke zonden hebben geleefd, vinden hun bestemming in de hel. Daar zullen ook deugdzame en fatsoenlijke mensen terechtkomen. Dat blijkt wel uit de woorden van de Heere Jezus die we vandaag lazen.

Hij heeft het over mensen die prachtige dingen hebben gedaan. Zij hebben het Evangelie verkondigd, en die prediking ging zelfs gepaard met wonderen. Het was dan ook niet vreemd dat zij heel gerust waren. Natuurlijk zouden zij bij hun sterven naar de hemel gaan. Dat was eigenlijk vanzelfsprekend. Dat geloofden niet alleen zijzelf, maar ook de mensen om hen heen geloofden dat, en die zeiden het ook.

Maar Hij, bij Wie de beslissing ligt, denkt kennelijk heel anders over hen. Nee, Hij ontkent niet dat ze veel hebben gedaan. Dat heeft Hij heus wel gezien. Maar Hij heeft ook iets anders gezien. Of beter gezegd: Hij heeft iets heel belangrijks *niet* gezien. En daarom zegt Hij tegen hen: 'Ik heb u nooit gekend!' Wat heeft Hij dan nooit in hun leven gezien? Dat zij als arme zondaren voor Hem knielden om Hem oprecht hun zonden te belijden. Nooit heeft Hij gezien dat ze echt berouw over hun zonden hadden en dat ze om genade smeekten. Genade hadden zij niet nodig. Ze dachten genoeg te hebben aan hun eigen goede werken. De Heere Jezus en Zijn bloed dachten ze wel te kunnen missen.

12
december

LEZEN: OPENBARING 5:8-14

Wat bedoelt de Heere als Hij ons nadrukkelijk wijst op de eeuwige dood, die het deel zal zijn van allen die sterven zonder verzoend te zijn met God? We zagen al dat de ernst van die boodschap ons ertoe wil dringen om in de weg van bekering, met eerlijke belijdenis van onze zonden, tot de Zaligmaker te vluchten. Maar dat is niet de enige bedoeling. De Heere wil ook dat zij die Zijn genade hebben ontvangen steeds weer bedenken uit welke grote nood en dood zij verlost zijn. En ook door Wie en langs welke weg zij verlost zijn.

Hun verlossing van de macht van de duivel en de hel hebben ze te danken aan de Heere Jezus, en aan Hem alleen. Hij gaf Zich in hun plaats en dat betekende ook dat Hij de toorn van God op Zich nam en onder die toorn zelfs naar de hel wilde gaan. Wie daar iets van ziet, begrijpt ook waarom de verlosten in de hemel de Zaligmaker prijzen en loven. En waarom ze Hem ervoor danken dat Hij Zijn bloed voor hen gaf. Dat gaan ze niet alleen begrijpen, ze gaan ook tijdens hun leven hier op aarde al met dat loflied instemmen. Wat heeft hun verlossing veel gekost. Wat een volkomen Zaligmaker is de Heere Jezus. Wat is Hij het waard om gedankt en geprezen te worden.

13 december

LEZEN: MARKUS 13:13 EN 1 TIMOTHEÜS 6:11-16

Zij die Christus zijn gaan toebehoren en liefhebben, zullen met spanning Zijn wederkomst verwachten. Tenminste, dat mag de Heere toch zeker wel van hen verwachten? Maar... of het ook altijd zo is? Helaas, er zijn er maar al te veel die het hier op aarde goed hebben en daarom de gedachte aan de dag van Jezus' wederkomst van zich af schuiven.

Toch verwacht de Heere van Zijn volk iets anders. Daarom spreekt Hij ook over de noodzaak van volharden. Volharden in het vasthouden aan het Woord van de Heere en zich dat Woord niet laten ontnemen. Volharden ook in de strijd tegen de zonden die er nog zijn in ons leven, en geen compromissen met die zonden sluiten. Volharden in het zoeken van gemeenschap met de Heere via het gebed. En volharden in het laten schijnen van het licht, dat we door de genade van de Heere Zelf ontvangen hebben.

Hoelang moeten we volharden? 'Tot het einde,' zegt de Heere. Welk einde? Het einde van ons leven of het einde dat komt met Jezus' wederkomst. Volharden totdat God zegt: 'Het is genoeg.' Tot Hij ons van de plicht ontslaat. Is dat een moeilijke opdracht? Zeker, als we die opdracht tenminste serieus nemen. Maar is het dan geen onmogelijke opdracht? Ja, wel als we het in eigen kracht zouden moeten doen. Maar dat hoeft niet. Hij die deze opdracht gaf, is gewillig om kracht te geven en het volharden mogelijk te maken.

HOE MOETEN WE JEZUS VERWACHTEN?

14
december

LEZEN: LUKAS 17:32 EN GENESIS 19:2-26

Voorafgaande aan de wederkomst zullen er grote geestelijke gevaren dreigen. De ware gelovigen zullen op die gevaren bedacht moeten zijn. Bovendien moeten ze ernaar streven om echt zeker te zijn van hun zaligheid.
Een van de dingen die hen daarbij zou kunnen helpen, is zich de voorbeelden voor de geest halen van mensen die bijna behouden waren en toch nog verloren gingen. Althans, dat advies geeft de Heere Jezus Zelf als Hij op de vrouw van Lot wijst. 'Denk aan haar,' zegt Hij.

15 december

LEZEN: LUKAS 17:32 EN GENESIS 19:2-29

Samen met haar man Lot en hun twee dochters kreeg zij een heel persoonlijke boodschap. Sodom, waar zij woonden, zou verwoest worden in een geweldige regen van vuur en zwavel. Maar de engelen gaven hun een gelegenheid om te vluchten en zo aan de ramp te ontkomen.
Lots vrouw vond het echter heel moeilijk om alles wat ze had, in Sodom achter te laten. Dat viel haar te zwaar. Ze zat er veel te veel aan vast. En toen kon ze het niet nalaten: ze keek achterom. Had ze het maar niet gedaan. Had ze maar…
Toen was het te laat. Zij verstijfde, heel letterlijk. Ze veranderde in een zoutpilaar. Bijna was ze gered. Bijna. Maar bijna is niet helemaal. 'Denk daaraan,' zegt Jezus. 'Denk eraan en wees bereid de wereld los te laten. Heb genoeg aan Gods genade. En leef zo naar de wederkomst toe.'

16 december

LEZEN: MATTHEÜS 25:1-13

Ze waren allemaal uitgenodigd om op de bruiloft aanwezig te zijn. Alle tien hadden blij en dankbaar de uitnodiging aangenomen. Allemaal hadden ze zich klaargemaakt. Aan alles hadden ze gedacht. Nee, niet alle meisjes hadden aan alles gedacht. Vijf van die meisjes waren vergeten om olie mee te nemen. Dom! Als je geen olie hebt, kun je de lamp niet laten branden. En als je geen brandende lamp hebt, kun je niet aan het feest deelnemen. Dan blijf je buiten, in het donker. En als je dan alsnog olie wilt kopen, zijn de winkels dicht. Dan ben je te laat!
Dit vertelt de Heere Jezus in een van Zijn gelijkenissen. Een dringend advies geeft Hij erbij: 'Zorg dat je wakker bent en waakt. Dat je ook echt klaar bent als de bruidegom komt. Als het zover is, moet je lampje branden. En als je wilt dat je lampje brandt, heb je olie nodig.'
We begrijpen de beeldspraak. We weten immers wie de Bruidegom is. We zijn allemaal uitgenodigd voor het feest, want Gods genade is ons allemaal aangeboden. Van Gods kant welgemeend. Daar ziet de olie op. Heb je die? Is je kruikje gevuld? Ja, weet je het zeker? Je bent toch niet zoals die vijf meisjes die op het allerlaatste moment moesten ontdekken dat ze met lege handen stonden?

HOE MOETEN WE JEZUS VERWACHTEN?

17 december

LEZEN: MARKUS 12:33-37

Hoe zal Gods kind de wederkomst van de Heiland verwachten? De Heiland Zelf geeft advies. Als Hij spreekt over Zijn wederkomst en al de dingen die in verband daarmee staan te gebeuren, dringt Hij er bij Zijn discipelen op aan dat zij zullen waken en bidden. Ze moeten wakker blijven en zich niet in slaap laten brengen door allerlei dingen die hen soms zo moe kunnen maken.

Zulke dingen zijn er immers. Petrus vertelt dat Lot moe werd van de 'losbandige levenswandel van [de] normloze mensen' in Sodom (2 Petrus 2:7). Ja, de zonden in de wereld kunnen je moe maken. Trouwens, zij die de Heere vrezen, komen tot de ontdekking dat de zonde ook nog in henzelf woont, al hebben ze de Heere leren kennen. Tegen die zonden dienen ze te strijden, maar soms is die strijd zo vermoeiend. Je denkt soms dat je de ene zonde hebt overwonnen, maar dan steekt weer een andere zonde de kop op. Zou je dan de moed niet verliezen?

'Nee,' zegt de Heere, 'niet de moed verliezen en in slaap vallen. Waken!' We moeten wakker blijven. Goed de ogen openhouden. Niet luisteren naar de slaapliederen die de duivel voor je zingt. Aan de Heere denken en aan wat Hij al gedaan heeft. Ook aan wat Hij belooft nog te zullen doen. En bidden om dat werk. Bidden om staande te mogen blijven. Bidden om waakzaamheid.

HOE MOETEN WE JEZUS VERWACHTEN?

18
december

LEZEN: 1 PETRUS 4:1-11

Gisteren hoorden we de oproep om te waken en te bidden, en zo de wederkomst te verwachten. De tekst van vandaag verbindt het bidden met nuchter zijn en nuchter blijven. Lees vers 7 nog maar eens. Er is het gevaar om in slaap te vallen. Er is ook het gevaar om 'onder invloed' te geraken. Er zijn dingen die bedwelmen, zodat je niet meer helder kunt denken. Allereerst denken we dan natuurlijk aan het gebruik van alcohol. Daarnaast moeten we vandaag zeker ook drugs noemen. Eigenlijk valt elke vorm van verslaving eronder.
De Heere waarschuwt met nadruk tegen dingen die bedwelmen. Soms door rechtstreeks te zeggen dat we niet dronken moeten worden door het overdadig gebruik van wijn (Efeze 5:18). Soms ook laat de Heere ons iemand zien die door de drank bedwelmd werd, zoals Noach (Genesis 9). Waarschuwingen die we vooral in onze tijd hard nodig hebben. Wat is er immers een drankmisbruik. Wat zijn er veel slachtoffers van allerlei verslavingen. En wat zijn er onder die slachtoffers ook veel jonge mensen!
Nuchter zijn. Ons ver houden van dingen die bedwelmen, waardoor we ook het zicht op de Heere Jezus en Zijn komst verliezen. Bidden dat we Hem altijd in het oog mogen houden. Ook dat hoort bij de manier waarop we de Heere moeten verwachten.

HOE MOETEN WE JEZUS VERWACHTEN?

19 december

LEZEN: 1 JOHANNES 2:24-29

‘Lieve kinderen.’ Zo spreekt de bejaarde apostel Johannes de gelovigen aan. Een aanspraak waarin zijn liefde tot en verbondenheid met hen doorklinkt. In die liefde zoekt hij het beste voor hen. Daar komt dan ook het advies vandaan dat hij hun in deze tekst geeft. Als ze zich aan dit advies houden, zullen ze met vrijmoedigheid de wederkomst van de Heiland kunnen verwachten.

‘Blijf in Hem.’ Natuurlijk kan zoiets alleen maar gezegd worden tegen mensen die al in Christus zijn. Zo ziet Johannes de lezers van zijn brief dan ook. Hij weet dat zij door het geloof met de Heere Jezus zijn verbonden. Dat is gebeurd toen zij door het werk van Gods Geest tot bekering kwamen. Die Geest opende hun ogen voor hun verlorenheid. Hij liet hun toen ook de Heiland zien, in Wie zij vergeving van hun zonden mochten vinden.

Na het ontvangen van deze zegeningen moeten ze nog wel een hele weg afleggen door een wereld die voor hen vol gevaren is. Ze komen in aanraking met verleidingen. Ze horen boodschappen die veel op het Evangelie lijken, maar er toch op wezenlijke punten van afwijken. Voor die gevaren waarschuwt de apostel hen. De beste manier om niet door die verleiding meegevoerd te worden, is dicht bij de Heere blijven. Zich er gedurig aan herinneren dat ze bij Hem horen en niet bij de wereld. Steeds weer naar Zijn Woord luisteren.

HOE MOETEN WE JEZUS VERWACHTEN?

20 december

LEZEN: OPENBARING 22:12-21

De Geest en de bruid bidden allebei om de komst van de Verlosser. Waarom doet de Geest dat? Omdat Hij naar die komst verlangt. En dat verlangen legt Hij ook in het hart van de bruid, zodat ook zij gaat bidden om die komst. Hij, om Wiens komst zij bidt, is immers haar Bruidegom. Er is een band van liefde tussen haar en Hem, en die band voelt ze trekken. Haar liefde doet haar naar Hem verlangen. En als zij dan de Geest hoort bidden, sluit ze zich daar hartelijk bij aan.

Waarom bidt de Geest dit gebed? Ten dele om het de bruid voor te zeggen. Maar ook om nog een andere reden. De Heilige Geest stuit hier op aarde op zo veel ongeloof, en daar is hij zo moe van en bedroefd over. Hij stuit op zo veel zonde, goddeloosheid, ongerechtigheid, vijandschap en onrecht. De Geest wordt tegengestaan, uitgeblust, bedroefd, geloochend. Zijn weg op deze aarde is een weg van lijden, net zoals de weg die de Heere Jezus ging. Daarom zal de Heilige Geest blij zijn als Zijn werk klaar is.

Daar gaat de bruid iets van verstaan. Ook zij kan zo teleurgesteld worden door al de zonden in de wereld, maar vooral door de zonden die nog in haarzelf zijn overgebleven. Daarom gaat ook zij bidden: 'Kom Heere Jezus. Ja, kom spoedig.'

HOE MOETEN WE JEZUS VERWACHTEN?

21 december

LEZEN: EFEZE 2:1-10

Voordat we sterven en voor de wederkomst van de Heere moeten we een kind van God zijn. Wij worden allemaal als zondaren geboren en als daar niets aan verandert, blijven we geestelijk dood en gaan we verloren. Tijdens ons leven moet er dus iets veranderen. Wij moeten – met de woorden van de Heere Jezus in Johannes 3:3 – opnieuw geboren worden. Pas als dat gebeurt, ben je een kind van God. Maar hoe moet dat, 'opnieuw geboren worden'?
De Heere Jezus zegt nog meer. Die tweede geboorte is niet alleen *nodig*, die is ook *mogelijk*. We kunnen die niet zelf bewerken. 'Dat is *onmogelijk*, want we zijn dood,' zegt Paulus in de tekst van deze dag. Maar de Heere wil die wedergeboorte in ons werken. De vraag die voor ons overblijft is dan: willen we die wedergeboorte?

HOE WEET IK ZEKER DAT IK EEN KIND VAN GOD BEN?

22 december

LEZEN: EFEZE 2:1-10

Wanneer krijgen we die tweede geboorte nodig? Als we ontdekken hoe ernstig het met ons gesteld is. Wat Paulus vandaag zegt is eigenlijk heel verschrikkelijk. Dood door de zonden. Onbekwaam om iets goeds te doen. Altijd geneigd tot het verkeerde. En zelf niet in staat dat te veranderen. Vreselijk. Als je daar oog voor krijgt, besef je dat je geen kind van God bent. Wat ga je dan doen? Je krijgt de Heere nodig. Je gaat tot Hem roepen, want Hij moet je bekeren. Je hebt dan geen rust meer, totdat je zeker weet dat Hij je tot Zijn kind heeft gemaakt. Je moet weten dat Hij je tot Zijn kind maakt.

HOE WEET IK ZEKER DAT IK EEN KIND VAN GOD BEN?

23 december

LEZEN: JAKOBUS 1:1-18

We moeten opnieuw geboren worden. Alleen zo worden we Gods kinderen. Zo was het vroeger al, in de tijd waarin Jakobus zijn brief schreef. En zo is het vandaag nog, in de tijd waarin we die brief lezen. De mensen tot wie Jakobus zich richt, zijn mensen van wie hij gelooft dat dit wonder bij hen al plaats heeft gevonden. 'Zij zijn door God gebaard,' zegt hij. Door Gods werk zijn ze geestelijke mensen geworden.
Daarbij gebruikte de Heere Zijn Woord. Dat wil zeggen dat deze mensen Gods Woord waren gaan lezen en horen. Toen gebeurde er iets. Zij gingen merken dat Gods Woord anders is dan de woorden van mensen. Gods Woord doet iets. De stem van God die door dat Woord heen klinkt, raakt je hart en verandert je leven.

HOE WEET IK ZEKER DAT IK EEN KIND VAN GOD BEN?

24 december

LEZEN: JEREMIA 15:15-21

Wat er gebeurt als je Gods stem in het Woord gaat horen? Dan komt er een band aan het Woord. Je ontdekt dat je het niet meer kunt missen. Iedere keer wil je er weer in lezen. Jeremia zegt: 'Zodra Uw woorden gevonden werden, at ik ze op.' Dat ga je begrijpen. Je krijgt het Woord lief. Het wordt je eten en drinken.

Daarom ga je ook graag naar de kerk, want daar wordt Gods Woord verkondigd. Daar krijg je uitleg. Daar laat de Heere je nog meer zien. Vroeger ging je ook wel naar de kerk, maar nu ga je anders. Nu ga je om te horen wat de Heere tegen je wil zeggen. Nu heb je honger.

25 december

LEZEN: 1 THESSALONICENZEN 1

Gisteren lazen we dat door de wedergeboorte onze houding tegenover Gods Woord anders wordt. Dan krijgen we een band met dat Woord. Dat Woord krijgt uitwerking in ons leven. Daar horen we Gods stem in. Paulus laat ons vandaag nog een andere kant zien. Als we zijn wedergeboren, blijkt dat uit onze bekering. Zo was dat bij de Thessalonicenzen. Toen het Evangelie onder hen verkondigd werd, gebeurde dat met kracht en met de Heilige Geest (1 Thessalonicenzen 1:5). Dat ze wedergeboren zijn, is zichtbaar: ze dienen de afgoden niet meer.

Naar de tempels van die goden gaan ze niet meer en offers aan die goden brengen ze niet meer. Ze hebben de ware God leren kennen. Hem alleen dienen ze en aan Hem alleen brengen ze hun offers. Er kwam een omkeer, een bekering.

Bij de Thessalonicenzen waren het de afgoden die losgelaten werden. Anderen zullen moeten breken met andere zondige gewoonten. Bij alle kinderen Gods is er een breuk met de zondige dingen van vroeger. Alles wat met God en Zijn dienst in strijd is, moet verdwijnen. Dat mag en kan niet mee als we door de enge poort op de smalle weg willen komen. De poort is daar te eng voor.

26 december

LEZEN: ROMEINEN 10:1-17

Als iemand opnieuw geboren wordt, ontvangt hij een dubbele zegen. Eigenlijk is het een tweeling-zegen: de zegen van de bekering én de zegen van het geloof. Deze twee horen onlosmakelijk bij elkaar.

Over de bekering ging het gisteren. Vandaag letten we op het geloof. Dat het geloof onmisbaar is, zegt de Heere heel duidelijk. Kijk bijvoorbeeld maar in Hebreeën 11:6. Ook in Romeinen 10 lezen we het. Om zalig te worden moeten we God gaan aanroepen. Maar hoe zullen we dat doen als we niet in Hem geloven? En hoe zullen we in Hem geloven als we nooit van Hem horen? Daarom moet Hij ons verkondigd worden. Pas dan zullen we kunnen geloven.

27
december

LEZEN: ROMEINEN 10:17-21

Wat is dan in God geloven? Het is ten eerste Hem kennen. Vervolgens is het ook Hem vertrouwen. Ons op Hem verlaten. Bij Hem schuilen. Geloven doet een mens in God. Maar ook in Gods Woord. In wat God daarin zegt. In wat Hij belooft en in wat Hij dreigt. Voor wie echt gelooft, staat heel Gods Woord vast. Onwankelbaar vast. Daar kan ik me op verlaten. Dat brengt al mijn twijfels tot zwijgen.
Het geloof richt zich met name op wat Gods Woord zegt over de manier waarop we zalig worden: alleen door het bloed van Christus. Achter dat bloed moeten we schuilen. Ook daaruit blijkt dat we nieuwe mensen zijn.

28 december

LEZEN: MATTHEÜS 7:15-23

De vraag van deze week is hoe we kunnen weten dat we een kind van God zijn. Van nature zijn we dat niet. Juist niet. Daarom is de wedergeboorte nodig. En de wedergeboorte wordt zichtbaar in bekering en geloof. Zover zijn we intussen gekomen. Is de vraag nu voldoende beantwoord? Nee, eigenlijk nog niet, want de Heere spreekt in Zijn Woord ook over geloof dat geen *echt geloof* is. Geloof dat er maar voor korte tijd is en dan weer verdwijnt. We horen ook van geloof dat alleen maar aan de oppervlakte zit en buiten het hart om gaat. Er blijken bij Jezus' wederkomst ook mensen te zijn die menen dat ze kunnen ingaan, maar tot wie de Heere zal zeggen: 'Ik ken u niet; ga weg van Mij.' We moeten dus wel weten of ons geloof een echt geloof is.
Dat maakt de zaak natuurlijk erg spannend. Nu blijkt dat je je kunt vergissen, is het nodig dat we wel goed weten hoe het bij ons is. Als ik me wat dit betreft vergis, is dat een onherstelbare vergissing. En juist daarom zegt de Heere Jezus hoe we kunnen weten of ons geloof een echt geloof is. Dat kunnen we niet baseren op wat we zeggen. Dat kan nog steeds alleen taal van de lippen zijn. Maar we kunnen het wel baseren op wat we doen. Wat moeten we dan doen? De wil van God. En wat is die wil van God? Ook dat zegt de Heiland. Het is Gods wil dat we geloven in Gods Zoon, onze Heere. Dat geloof krijgt ook letterlijk handen en voeten, zoals we morgen hopen te zien.

HOE WEET IK ZEKER DAT IK EEN KIND VAN GOD BEN?

29 december

LEZEN: MATTHEÜS 25:31-46

Een van de kenmerken waaraan het echte geloof te herkennen is, is dat het door de liefde werkt. Anders gezegd: het draagt vrucht die uitkomt in goede werken. Met name de apostel Jakobus legt daar de nadruk op. Echt geloof is een levend geloof, en dat leven kan gezien worden in werken die van liefde getuigen. Jakobus gebruikt daarbij het voorbeeld van Rachab, die de verspieders met vrede ontving en verborg. Waarom deed ze dat? Omdat ze was gaan geloven in de God van Israël (Jakobus 2:25).

Ook de Heere Jezus wijst op het verband tussen geloof en werken. Als Hij terugkomt om te oordelen, zal ook de vraag aan de orde komen of we goede werken hebben gedaan. Hebben we de Heere bezocht toen Hij in de gevangenis zat, ziek was of hongerleed? Nee, Jezus Zelf hebben we niet bezocht, maar als we dat voor een van Jezus' discipelen hebben gedaan, ook al behoorde hij tot Zijn minste discipelen, dan hebben we dat ook voor Jezus gedaan. Tegengesteld geldt ook: waren die goede werken er niet, dan was er ook geen echt, levend geloof.

We moeten echter wel goed begrijpen dat we door die werken onze zaligheid niet verdienen. Dat kan niet en hoeft ook niet. Die werken zijn vruchten van het geloof en bewijzen dat ons geloof het echte geloof is.

30
december

LEZEN: 2 PETRUS 1:3-7

Ook de apostel Petrus wijst op het verband tussen geloof en goede werken. Weliswaar gebruikt hij daarbij niet het woord 'werken', maar hij heeft het wel over verschillende christelijke deugden of eigenschappen. Als die er zijn, is dat een bewijs dat ons geloof echt is. Die deugden of eigenschappen laten bovendien zien dat we ware christenen zijn en dat ons leven echt het leven van een christen is. Waarom is dat zo?
Dat is zo omdat alle dingen die Petrus opsomt, het duidelijkst te zien zijn in het leven van de Heere Jezus Zelf. Toen Hij hier op aarde was en Zijn werk deed, kon iedereen die deugden in Zijn leven zien. Er was bij Hem zelfbeheersing, volharding en godsvrucht, broederliefde en liefde voor iedereen.

31 december

LEZEN: 2 PETRUS 1:5-15

Hebben wij de aansporing van Petrus begrepen? Streven we ernaar om de door hem genoemde deugden na te jagen? Natuurlijk zal dat altijd wel gebrekkig zijn en lang niet voldoende. Maar toch, kunnen we eerlijk zeggen dat we zo'n leven begeren? Een leven dat laat zien dat er iets van Christus in ons is? Zo was Hij, en het behoort bij het echte christenleven dat we meer en meer op Hem gaan lijken en Zijn beeld gaan vertonen. Daar is het werk van de Heilige Geest, dat Hij in Gods kinderen doet, dan ook op gericht.

Auteurs

Ds. G.J. Blankers is als consulent verbonden aan de Hersteld Hervormde Evangelisatie Garijp. Daarnaast is hij betrokken bij evangelisatie in islamitische landen. (Het gebed)

Ds. C.P. de Boer is als predikant verbonden aan de Christelijke Gereformeerde Bethelkerk te Sliedrecht. (God de Zoon)

Ds. W.J. van den Brink is als predikant verbonden aan de Hersteld Hervormde Gemeente van Scherpenzeel en Elst. (De heilige doop)

Ds. W. de Bruin is verbonden aan de Christelijke Gereformeerde Kerk te Zutphen. (De sacramenten)

Ds. P. den Butter is emeritus predikant van de Christelijke Gereformeerde Kerken. Hiervoor was hij als pastoraal medewerker verbonden aan de gemeente van Renswoude. (De wederkomst)

Ds. M. Goudriaan is emeritus predikant van de Protestantse Kerk in Nederland. Hiervoor diende hij de gemeente van Veenendaal. (De wet)

Ds. J.M.J. Kieviet is verbonden aan de Christelijke Gereformeerde Kerk van Renswoude. (Het heilig avondmaal en De dankbaarheid)

Ds. J. Kommerie is als predikant verbonden aan de Hersteld Hervormde Gemeente van Andelst-Zetten. (God de Vader)

Ds. A. Simons is verbonden aan de Hervormde Gemeente te Montfoort. Daarnaast spreekt hij regelmatig op jongerenavonden en schrijft hij voor Refoweb. (God de Heilige Geest)

Ds. P.W.J. van der Toorn is verbonden aan de Christelijke Gereformeerde Kerk te Bunschoten-Spakenburg. (De ellende)

Ds. A.C. Uitslag is verbonden aan de Christelijke Gereformeerde Eben-Haëzerkerk te Urk. Daarnaast is hij betrokken bij de jongerenvideo's van PuntUit. (De verlossing)

WE LIVE

PARTHIAN
LIBRARY OF WALES

Lewis Jones was born in Clydach Vale in 1897. He started work underground at the age of twelve in the Cambrian Combine Colliery, which was central in the famous 1910-1911 strike that culminated in the Tonypandy riots. Jones absorbed the syndicalist philosophy of direct action and workers' control by which he was surrounded, and, in the Central Labour College which he attended in London from 1923 to 1925, the Marxism that led him to join the Communist Party. Jones became a full-time worker for the National Unemployed Workers' Movement, and led a number of the famous hunger marches of the 1930s from Wales to London. He was elected to the Glamorgan County Council in 1936, and died of a heart attack in 1939, after addressing numerous public meetings in support of the Spanish Republic. *Cwmardy* (1937) and *We Live* (1939) are his two epic novels of the experience of South Wales from the 1890s to the 1930s.

WE LIVE

LEWIS JONES

PARTHIAN

LIBRARY OF WALES

Parthian, Cardigan SA43 1ED
www.parthianbooks.com
The Library of Wales is a Welsh Government initiative which highlights and celebrates Wales' literary heritage in the English language.
Published with the financial support of the Welsh Books Council.
www.thelibraryofwales.com
Series Editor: Dai Smith
First published in 1937

Library of Wales edition first published 2006
ISBN 978-1-910409-39-8
Cover Image: Marc Jennings
Cover design: *The Coming Revolution* (1935) from a fresco by Jack Hastings, by kind permission of the Marx Memorial Library
Typeset by Elaine Sharples
Printed and bound by lightningsource.com

LIBRARY OF WALES

FOREWORD

Some notable Welsh public figures were once asked to choose their heroes and give a radio lecture about them. The writer Gwyn Thomas chose Lewis Jones, a seemingly long-forgotten leader of the Rhondda's unemployed. Gwyn talked memorably about Lewis' refusal to jump through other people's hoops. All the time I puzzled over the phrase and what Gwyn intended it to mean – for Lewis.

Having been brought up in a 'communist' family I was not unfamiliar with the facts of Lewis Jones' remarkable life: Labour college student, imprisoned in 1926, Cambrian Colliery checkweighman, victimised union activist, leader of several hunger marches, remarkable orator, Communist councillor and proletarian novelist. He was even capable of holding an audience of over a thousand people for two and a half hours with his lecture 'The Social Significance of Sin'.

All that was packed into a life of just forty-two years. He died in 1939 on the day that he had addressed over thirty meetings in support of the besieged Spanish Republic. To many he was a hero and a martyr.

At about the same time as I heard Gwyn Thomas' radio broadcast I spoke to Billy Griffiths, close friend and comrade of Lewis, who had served in the International Brigades in Spain. Imagine, he suggested, the British Communist leader Harry Pollitt coming into Judge's Hall, Tonypandy. The packed hall would of course stand in respect. Imagine, then, he said, attending the Seventh World Congress of the Communist International in Moscow in 1935. Stalin arrives. The thousands in attendance rise. Everyone except Lewis, who was one of the small band of

British delegates. He was sent home in disgrace and disciplined by the British Communist Party. Some say he was overwhelmed with emotion and could not rise; others said he was too busy reading a novel or a comic and could not be bothered. I prefer to accept a further explanation: he did not believe in the cult of personality and believed that no one should be worshipped, least of all Stalin. Some say he was capable of all three responses. Take your own pick. Certainly, for me, the deeper reason and how Lewis manifested it fits best.

He was a maverick in the best sense of the word. Born illegitimate, he was shaped by riotous and cosmopolitan Tonypandy. He married young, enjoyed the company of men and women, could never be a party 'apparatchik' and would never jump through other people's hoops. His was a discordant revolutionary voice like that of Federico Garcia Lorca, Aneurin Bevan and Antonio Gramsci.

I still remember sitting with Billy Griffiths in his home in Dunraven Street, Tonypandy in November 1969, in the very room where Communist Party meetings took place in the 1930s – meetings that are so vividly described in Lewis' two novels. Billy Griffiths spoke with difficulty, as he was suffering badly from emphysema. Among all the interviews I did as an historian, his description of Lewis Jones remains the most powerful evocation of one man's purpose in life, and it explains why Lewis Jones the novelist is important to us today:

> His main quality I think was love of people and compassion, it superseded everything else. I have seen Lewis... sitting down listening to two old people telling him about their troubles, and tears running down his cheeks. That's the kind of man he was, he felt it, it was for him more than logic. The rules that could do nothing for these people had to be broken, understand? .... I remember recruiting people, we had a meeting here for some people to go to Spain. We used to have a long table here and Lewis sat in by there, by the

> fire, and I was trying to interest people to go to Spain.... And when they had gone out, Lewis got up in the end, he couldn't stand it any more, he said: 'You've no right, to do that, to get the young boys to go there and die...' You see it was more important than the politics, [it] was the humanism and compassion... it was this that people loved about him....

His powerfully evocative speeches painted such vivid pictures of his people's individual and collective struggles it was thought that he would make a natural novelist. That was the view of Arthur Horner, the President of the South Wales Miners' Federation. Lewis acknowledged this in his foreword to *Cwmardy*, referring to Horner as 'my friend and comrade... whose fertile brain conceived the idea that I should write it'. According to Lewis, Arthur Horner 'suggested that the full meaning of life in the Welsh mining areas could be expressed for the general reader more truthfully and vividly if treated imaginatively'.

And that, expressed in Lewis' own words, is the essence of both the work and the man for us today. He was the 'people's remembrancer' who had also contributed actively to the people's chronicle. In that sense Lewis Jones is unique in the political culture of Wales in the twentieth century, standing alongside only Saunders Lewis (and what an intriguing contrast) in combining political activism with literary aspirations and, indeed, with literary achievement. The difference between the two, however, was that Lewis Jones was directly of the Welsh working class and gave voice to their pain and suffering. For that reason he stands apart from all other activists and writers in that remarkable generation of self-educated working class men and women, the organic intellectuals who provided local and national leadership for communities broken by economic depression. He was *the* organic intellectual of the South Wales valleys in the inter-war period.

I suppose the people in *Cwmardy* and *We Live* have resonance for me because I feel I knew many of them. Big Jim, Len, Siân were an amalgam of many of Lewis' friends. I knew *them* too – albeit a generation later. Jack Jones, the Rhondda miners' agent, and Will Paynter, later general secretary of the NUM, were both International Brigaders, and frequent visitors to our home. Mavis Llewellyn and Annie Powell, schoolteachers and councillors both, were also well known to me because they too were my father's 'friends and comrades'. They all come alive again when I read Lewis' two novels. My first acquaintance with the novels, in the late 1960s, occurred when I was beginning my research into the Welshmen who fought fascism in Spain by joining the International Brigades. It was at this time I met Dai Smith. We read the books at the same time. Fresh from New York, he was hoping for a Joseph Conrad; I was looking for a Will Paynter. The characters for him were somewhat stereotyped; for me they were 'flesh and blood'.

The only conversation which compares with the one I had with Billy Griffiths in 1969 was one I had with Mavis Llewellyn in 1972. Lewis and Mavis had been 'close' in a way that was a problem in the puritanical communist world of the South Wales valleys in the 1930s. Mavis explained to me that when Lewis died *We Live* was incomplete. The last two chapters – 'A Party Decision' and 'A Letter from Spain' – were essentially hers, and that is why the voice is softer, more poignant, more reflective. The description of the relationship between Mary and Len is a description of their own relationship.

When in the 1970s and 1980s I wrote about the political pressures and sacrifices of those who went to Spain, and argued that there was an 'inner party conscription', my research was disputed by some in the Communist Party, but the survivors from Spain only needed to point to their tribune, Lewis Jones, for confirmation of that truth, and for confirmation of the deep and troubled circumstances that had made it true.

'The full meaning of life' is surely given in these novels. I agree with Gwyn Thomas' words to me on the occasion of a Llafur Day School in the Rhondda which first re-launched the novels back in

1978: 'Any residual dust left from the passing of that astonishing star should be cherished.' Cult of the personality? Read the books and judge for yourself.

Hywel Francis

We Live

CLOUDS OVER CWMARDY

The wind howled over the mountain and swept down on Cwmardy as though chased by a million nightmares. Dark corners roared and whistled when they encountered the onslaught, while telephone wires twanged under the pressure. Street lamps turned the moisture into miniature rainbows that glistened on the slimy road. The tumult echoed high up over the valley, where the tempest spied the fissures in the mountain and battered its way in, to return with increasing fury on the village beneath.

A tall smokestack stuck its head through the ruddy glow of the pit furnaces, too proud to notice the clamour of the storm, above which sounded the 'chug-chug' of the pit engines, broken at short intervals by a 'clanketty-clang' as the pit spewed two trams full of coal into the storm and sucked two empties out of it. The wind howled more loudly still at the theft, but to no avail; for immediately the empty trams were in the grip of the cage it tore them from the elements and plunged them into the blackness of the pit. The heavy wooden droppers on the shaft-head beat back the chasing wind and rain, which sought revenge on the houses lower down the valley.

The little lights in the cottage windows of Cwmardy winked at the storm, inviting it to burst open the doors and share with the family inside the cosy heat of the open fireplace. Behind one of these windows an old woman sat patiently darning a sock. Her drawn face, with its yellowish skin, reflected the shadows from the fire, before which she sat with parted knees. A huge man was stretched languidly in an armchair nearby. His slightly bowed shoulders and silver-streaked hair betrayed advancing age, and his face was remarkable for its long, stiff moustaches and the black scars that emphasised its lines.

For about the twentieth time in as many minutes the old woman raised her eyes from the wool in her lap and looked towards the window, down whose cracked panes the water streamed.

'I wonder what in the world our Len and Mary do want out on such a night as this?' she muttered disconsolately. 'They will be sure to get wet to the skin, and with her bad chest that will mean pewmonia so sure as God is my judge.' She stopped for some moments and listened to the squealing storm, while the old man grumbled a curse at the smoke which every now and then belched from the chimney into the kitchen where the old couple were sitting.

After a while she turned her attention to her companion. 'Fitter if you went out to look for them, James, instead of sitting by there on your backside, like if they was safe and sound in the house and you didn't have a worry in the world,' she complained. Jim looked at her a moment, then spat heavily into the fire before replying.

'Huh! What you talk about, 'ooman? If the son of Big Jim is 'fraid of a little drop of water and a little puff of wind, it is time for you to ask what is the matter with you,' and with this trenchant remark he placidly resumed his pipe.

The steel-rimmed spectacles on the tip of her nose quivered with her indignation. 'Shame on you, James, talking 'bout your only son like that! But there, I do only waste my time talking to you. Huh! It is all right for you to talk, with your body so big as a bull's and your head just so dull as one.'

She got up from the chair and went to the door, which she opened just wide enough to push her head through; but though she shouted her son's name at the top of her sharp voice, it got lost in the wind even as the cry left her lips. Big Jim turned his head and growled.

'Shut that bloody door, Siân fach, or this smoke will make me into a kipper. There's nothing for you to worry 'bout, mun. I 'spect they have gone to a meeting and 'on't call here 'cos it is too rough to come up the hill.'

Siân banged the door and shuffled back to the chair, her unlaced boots flapping on the stony kitchen floor with every step.

'That's how you men always is,' she grunted. 'Always your own comforts first, never mind 'bout nobody else. No, not even your own flesh and blood. Well, well! There have never been such a night since the 'splosion, and there you be, James, so happy as a tomcat on the tiles, knowing all the time that they are out in the middle of it.'

This brought him erect in his chair. 'Hellfire, 'ooman! Have I not told you they is safe enough? You be nuff, mun, to give a man the bile and diarrhoea all in one. And you do call this a storm – ha, ha! It is nothing but a sun shower. Good God! I 'member once in Africa—'

Siân forestalled the threatened reminiscence. 'I don't want to hear nothing 'bout your old Africa or your storm. No. Pity it hadn't took you then; it 'ood have saved me a lifetime of worry and trouble.'

She bent her head and went on with her darning, raising her eyes every few minutes to glance at the ticking clock, whose rhythmic monotone for some time dominated the kitchen. Big Jim went on smoking contentedly, occasionally spitting into the grate and twisting his soap-stiffened moustache with a slow, dignified twirl. He looked up once at the garishly painted almanac on the mantelshelf, and a distant look stole into his eyes when he remarked:

'Duw, duw! The years is slipping by pretty quick now, Siân fach. Only the other day us was in the middle of the 'splosion, and here it is 1924 already. The years are going over our heads like months, muniferni.'

Siân glanced from her darning to reply softly: 'O Aye; you are right. Us is getting on now, James bach, and the earth will soon be calling to us.'

Outside the house the storm seemed to have swept the streets clear of humans, but the structure known as the Fountain on the village square glistened as the lights from the Boar's Head chased the shadows over its body of rusted iron.

Ben the Barber's doorway looked like a black blob painted into the darkness stretching beyond the rim of light cast from the windows of the Boar's Head. But occasionally the blob was pierced by a tiny gleam as the two policemen crouching within the door exposed a button. Both were well protected from the storm, but this did not prevent the moisture dangling from the end of their noses. The taller of the two raised his head from the keyhole for a moment to whisper excitedly: 'I'm sure I heard something about lock-out.'

His mate merely growled:

'Huh! I wish they'd pack up for the night. Perhaps we could sneak into somewhere dry, then.' He noticed the other's head still lifted from the keyhole, and broke off his grouse to say: 'Keep your bloody head down, mun, or we might lose something important, 'specially if you heard right about the lock-out.'

The other obeyed, at the same time retorting: 'Huh! What do that matter? We can always put it down in the station the same as if we have heard it, can't we?'

A shuffle of chairs came from the room and he sprang erect immediately, with a sibilant warning. 'Sssh! They've finished and are coming out.'

His mate, draping the cape more closely about his shoulders, hastened towards the Fountain to be pulled up sharply.

'Not that way, you fool. You'll be right in the light there.' He hurriedly retraced his steps and the two had hardly pressed themselves into the black recess of another doorway when a number of people came out of Ben the Barber's.

One of the men muttered to the woman next him, as he buttoned his coat up to the neck and watched her do the same: 'Good God, what a night, Mary!'

'Aye, Len. Terrible, isn't it? We'd better run or we'll be soaking long before we reach your mother's.'

He caught her arm and both ran into the driving rain, burying themselves in the darkness beyond the Fountain. Halfway up the hill they came to an involuntary stop, panting and dripping. Len put his arm round the thin shoulders of his wife as he heard her breath wheeze in her throat, and gently drew her small form into the shelter afforded by the pine end of a house. A racking cough suddenly tore at her chest, and he helped her wipe away the stained sputum that wetted her lips, his slim body nearly hiding hers.

After a while she broke the silence that had followed the fit of coughing, her voice still harsh with the strain.

'I'm sorry I went to that meeting.'

He stooped a little to peer more closely into her face as he voiced his surprise. 'Sorry? What have you got to be sorry about, Mary?'

'Oh, I don't know. Only I thought, when you asked me to come, we were going to hear something definite about all these rumours of a lock-out. But instead of that, all I've heard is blabbing about revolutions and politics.'

He drew himself up in a hurt manner, his arm still about her shoulders. 'Half a minute, Mary. Don't say that politics is nonsense. Didn't you hear the chairman say that politics is everything for the workers? Good God! If we had more politics we wouldn't be in the hole we're in now.'

She interrupted him petulantly. 'Oh, shut up for goodness sake! You take everything that Harry Morgan tells you as if it was gospel. You make me sick, Len. Here we've been talking all night about revolutions, when very soon we might want all our strength to face the lock-out that is coming if what our women say is true.'

Her words stung him and he lost his temper. 'Aye, women's cackle – with their arms folded on their bellies, while we are in work! Huh! You'd sooner listen to rubbish like that than to sense the same as you had tonight. But I don't care a hang! You can say what you like, I'm glad I joined the Party tonight.'

She looked up into his face, and even in the darkness he saw the whites of her eyes gleam as she said: 'Aye, I know that. But what else could I expect from a husband whose head is as soft as his heart?'

Len swallowed audibly and tried to say something, but the words wouldn't come. He was used to her vehemence, particularly when she felt something deeply, and had only asked her to the meeting in the hope that Harry Morgan, the Party leader, would have shaken the convictions bred in her by Ezra Jones, her father, the local miners' leader. He was himself susceptible to the same influence and always hesitated when they combined forces against him in an argument, although he never admitted this fact even to himself.

To cover his discomfiture he suggested that they proceed, and neither of them said any more as they plodded up the hill. They entered Siân's house without knocking; but the old woman looked up from her darning when she heard the latch rattle.

'Huh! Fine time of the night, indeed, for a young stripling of a boy to be out,' she began, at the same time making place for them near the fire. 'When I was your age, my boy, I 'oodn't dare to be out after seven o'clock, and here you strut in with Mary fach and her bad chest at 'leven 'xactly like it was first thing in the morning. You ought to be ashamed of yourself, Len.'

He said nothing, and squatted comfortably in a chair, but before he had time to settle down properly she ordered:

'Come here. Leave me feel if your clothes is wet.'

'Oh, let me alone, mam. We've only been to a meeting, and it's bad enough to have Mary nagging without you helping her,' he replied petulantly.

'Ah, answering your only mother back, is it? Don't forget my boy, when I was your age I 'oodn't dare to look at my mother twice, let alone answer her back, God bless her!' She raised the canvas apron to her nose. 'But there. What is the use of arguing? Children today is too big for their boots and half of them don't know they are born. Huh!'

She turned to Mary. 'Take your wet clothes off, my gel, and put them by the fire while I do make a cup of tea.'

'Don't bother, mam. We'll be going before long,' Mary replied, at the same time drawing her chair up, and continuing: 'What do you think have happened tonight?'

Siân interestedly cocked her ears up at once and Mary went on, without looking at Len, who wondered what on earth she was driving at.

'Our Len have joined Harry Morgan's Party.'

Siân gave a little scream: 'What? Joined those infidels?' She was overcome with emotion for some moments, during which Jim slyly opened one eye which he immediately closed when he saw her looking at him.

'Wake up, James,' she demanded. 'Something awful have happened to our Len. Oh, Duw! After me rearing him tidy and 'spectable all these years and taking him to chapel every Sunday like a clock and now to come to this!' She covered her eyes with her apron, and did not see Jim stirring awkwardly and blinking his eyes like a man suddenly awakened from a deep sleep.

'How be, Mary fach. What is all this bloody fuss about?' he greeted them.

'Our Len have joined the Party,' Mary informed him. 'Huh! Well, that's better than joining the militia, in't it?'

Len smiled at the remark, knowing by it that his father was siding with him against the two women.

Siân turned to Mary. 'There! What did I tell you? The man have got no shame in him. You can see now what I have had to put up with all these years. No wonder my hair have gone white years before its time.'

This statement stung Jim, and he drew himself erect in the chair. 'Don't you listen to all she do tell you, Mary fach. I have been man and wife to her for more than forty years, and she have got nothing to say against me.' He lost his temper. 'Hellfire! What can I help if our Len have joined the Party. He haven't kilt nobody, have he? No, by damn, and if I was only twenty years younger, I 'ood do the same as him.' The challenge brought no response, so with many sighs and groans he stood up, and Mary let him take off her wet coat and arrange it on the brass rod over the fireplace.

Siân was busily buttering some bread when her wandering glance noticed thin spirals of steam ascend from Len's trousers. She stared hard for a moment and bent her head to have a better look before declaring triumphantly:

'There you are! Whatever I do say is always wrong, but now you can see for yourselfs. Look at that trousers, Mary. It is wet to the skin. Come on, my boy, off with it this minute.'

There was some commotion while Len, realising the futility of argument, changed into an old pair of his father's trousers, which hung about him like a blanket. Thus satisfied, Siân called them to the supper table, and it was some time before the rattle of crockery and the crunching of homemade pickles was interrupted by her abrupt query.

'How is your father, Mary fach? I haven't seen him since old Mrs. Davies, Ty-top, was buried.'

Mary hastily swallowed the food in her mouth. 'He's not half well.' Then, turning to Big Jim, she said: 'I believe he's worrying about all this talk of a lock-out. He went off early yesterday morning to see somebody or other, and he's been moping like a bear ever since.' She sighed. 'I wish I knew what is the matter with him, but he won't tell me or Len a word.'

Jim sucked the drops of tea from the end of his moustache with his lower lip, then commented: 'Well, I don't know what you do say about it, Len, but there's something in the wind. Look how us was on stop today for more than an hour waiting for trams. It never used to be like that. No, muniferni! Aye, gels; I heard Shenkin the fireman tell Sam Dangler that they have closed two of the pits the other side of the mountain and have rosed the horses.'

'Why is that, Len?' asked Siân, now anxious to placate him. 'I thought they did only rise the horses when there is going to be a strike or something like that, and I have never heard of a strike over the mountain. No, nor have Mrs. Jones, Number two, either, because she was talking to me today and she never said a word, although she have got brothers working over there.'

'No, mam. The men are not on strike, but the owners say that they have shut the pit for good and are sending some of the horses over here and selling the others.'

Mary had remained singularly quiet during this conversation, but she now broke in sharply: 'That's what makes me so mad, and why I went to the meeting with Len tonight – worse luck. They'll find work for horses. Aye, they'll see to it they are not left to wander about the pit; but they don't care a hang what happens to the men.' Her voice rose passionately. 'No, they'll be left on top with no one to find work for them or to see that they are fed.'

Big Jim leaned forward in his chair and tapped her shoulder patronisingly with a huge forefinger. 'Aye, aye, Mary, my gel, you is quite right. If old Cwmardy and the company do close down our pit, they will see to it that the horses is all right, but us will have to look after our bloody selves. That's the way of the world, my gel. It have always been like that ever since I have knowed it, and always will be. What say you, Siân?'

It was Len who answered. 'That's one of the things for which I joined the Party tonight,' he declared, glad for some reason to justify his action. But Siân only glared at him, and Mary opened her mouth to say something when the donging tones of the clock interrupted her. They looked at it simultaneously and Len got to his feet in a flurry, the ends of the trousers dragging under his boots. 'Come on, Mary,' he pleaded; 'five o'clock in the morning will soon be here. I can call for my trousers tomorrow night after I come home from work.'

They all rose to their feet and the young couple, after bidding the others good night, left, with Siân admonishing: 'Now, be careful where you do tread, 'cause it is the easiest thing in the world to break your necks on a night like this.'

Meanwhile two policemen in the station were slowly removing their waterproof leggings. One was too fat to bend sufficiently and had to wait until his mate could help him. 'Ah,' he gasped, straightening his tunic, 'thank God that lot's over.'

'What lot – your leggings?'

'No, you silly fathead! I'm talking about that bloody meeting.'

A head poked itself around the door of the mess-room in which the two officers were sitting, and a voice hissed: 'Look out, boys. He's just come in.'

The fat policeman gulped nervously, then said: 'Funny for the old man to be around this time of the night. I thought he'd be safely tucked up in bed with one of his dames by now.'

'Don't you worry about them tales, mate. Old long 'un is more concerned about his duty and these bloody Bolshies that are springing up all over the valley than he is about women.'

The door opened and the two men sprang to attention as the inspector, followed by another uniformed individual, walked in. Their salute was barely acknowledged by the painfully elongated man who walked direct to the fireplace and then turned his back to the flames. From this point he scrutinised the remaining inmates of the room with eyes that were red-rimmed, as though he slept little or drank much. A short, bristly moustache emphasised the thickness of his lips, and he stared at his subordinates for some time with a fish-like, glassy look. When he spoke his voice was as thin as the hair he tried to spread all over his head.

'Well, who was at the meeting?'

'Harry Morgan, Fred Lewis, Len Roberts and his wife, sir—'

'Yes – yes, hurry up and don't eat your words!' he snapped, gently stroking his posterior as the heat warmed his flesh.

The man so addressed coloured and hastened his recital of names. When he had finished, the thin man remained thoughtfully silent for some moments before saying: 'Hmm. Len Roberts and his wife, eh? It seems this chap Morgan is beginning to spread his wings. Hmm.'

He looked up sharply to ask: 'What did they say?'

The two policemen looked uncomfortable and fidgeted uneasily without speaking.

'Come, come. Haven't you heard what I said?'

The fatter constable drew himself erect and saluted again. 'Well, it's like this, sir. It was such a dirty night and the wind was howling so much that it was impossible to hear a word of what was going on inside except a blur of voices.'

The thin face before him turned from red to purple and a little time elapsed before the lips parted to bark out: 'What? Do you mean to tell me you heard nothing? That you listen to a nest of Bolsheviks plotting sedition and have nothing to report?'

He swallowed hard, then turned abruptly from the flabbergasted constables: 'Inspector, I want a full report of that meeting first thing in the morning.'

The inspector saluted and both left the room, but the discomfited policemen remained standing for a long while, both looking miserable and awkward.

At last the taller gave a deep sigh. 'Ah well. The old man must have been upset about something. Perhaps he's had a row with his old woman.'

'Maybe. But that's no reason why he should have his bang out on us. No good arguing about it now, however. The best thing we can do is to prepare that report.'

They pulled their coats off and drew the table nearer the fire.

Outside the station the wind still howled round the streets of Cwmardy, seeming to gather greater fury because the rain had deserted it. A group of men, their heads bent to the beating wind that ballooned their coats behind them like bustles, battled past the police station and its two busy occupants.

'What a hell of a night!' one remarked, his words partially strangled by the wind.

'Aye, but we can be thankful the rain have stopped, or we'd be soaked long before we reached the pit,' another remarked.

'Not much odds about that. You want to see Dai Cannon's heading. The water pours down from the top, and bubbles up from the bottom. Gee! And the stink – ugh! It's like a thousand lavatories and polecats all in one. He's got to work under zinc now to keep the water from his body.'

'Ach! Zinc be damned! What bloody use is that to a man? He can't carry it about with him from the face to the tram. Better for him to stick the water than try to dodge something that can't be dodged.'

They continued to fight against the wind and presently one of them asked: 'What's all this talk about us going to be locked out?'

The reply came instantly: 'By damn, they might as well shut the bloody hole for good for any use it is to us on the wages they pay now.'

Further conversation was lost in the noise of the pit-hooter, which suddenly split the air with reverberating blasts that echoed through the crevices of every house in the valley. The group of men hurried their pace in response to the command, and in a short time Cwmardy was left to the mercy of the wind as the clanking of hobnailed boots on stone died away.

ANOTHER VICTIM

The following afternoon Len wearily dragged his feet out of the pit-cage and was glad to find that the storm had blown itself out and a yellow sun was poking its thin rays through the murk of the valley. The sight and the cool air invigorated him and he wasn't long reaching home, where Mary was busily cooking his dinner.

Before pulling off his dirty coat he asked: 'Where's your father, Mary?'

She looked up from the saucepan over which she was bending, and although her face was flushed with the heat from the fire, he noticed that her eyes were sad in the dark shadows that circled them.

'I don't know, Len. He's been out again since early this morning.' She paused and stirred the contents of the saucepan, then continued, without looking at him: 'I've told him you joined the Party last night.'

Len stopped short, his coat hanging loosely from one arm. 'What did you want to do that for?' he demanded sharply. 'But there, what does it matter? He was bound to know sooner or later.'

He went on with his preparations for dinner, and while she was serving it up he asked: 'What did he say?'

She waited until she had shared the dinner on three plates, one of which she put on the hob, then answered: 'I don't know what he said altogether. Here, eat your dinner; we can talk after.' She sat tiredly in the chair beside him and pecked at her food, leaving half of it untouched. Having finished his dinner, he noisily moved his chair back and reached up to the mantelpiece for a cigarette, while Mary poured him a cup of tea. He puffed away silently, trying to look unconcerned, but all the time watching her through the smoke that left his mouth, as she patiently began clearing the dinner things.

At last his impatience bubbled over and he again asked: 'Tell me, Mary, what did he say?'

Her hands trembled fretfully when she replied: 'Oh, for God's sake don't let's bother our heads about that nonsense now!' She went on with her work and after it was finished sat down, drawing her hand across her forehead. Len became immediately solicitous, and tried to soothe her. 'Your head is bad, my dear?' he queried. 'Why don't you take a powder and have a lie down. I can manage by myself now.'

The gentle tones made her ashamed of her irritability, and she looked at him affectionately as she replied: 'It's all right, Len. Only I'm worried about dad.'

She paused to wipe her perspiring hands on her apron. 'I don't know what's coming over him. He's getting more miserable every day and hardly touches a bit of food. Oh, Len, he's breaking up fast and is not the same dad I've known in the past.'

Len, conscious of how deeply she loved her father and how she was affected by the change taking place in him, hardly knew what to say, but managed to murmur: 'Aye, I've noticed him myself these last few weeks. It must be his age,' he added consolingly. 'Look at my old man – he's getting so miserable that it's hellish to work with him. We'll be the same ourselves when we're their age, I suppose.' He tried to laugh, but the half-hearted attempt drew no response from his wife.

Len knocked the light off his cigarette and carefully put the stump back on the mantelshelf before going out into the backyard to fetch the tub, which he placed in the centre of the kitchen. This done, he pulled off his dusty shirt and wet singlet; then, naked to the waist, lifted the boiler of hot water from the fire and poured it into the tub, where Mary cooled it with panfuls of cold water. Bent double over the edge of the tub, he began bathing, and Mary gathered together the discarded pit clothes.

His head was a mass of black lather when he heard her say: 'There have been more compensation cases here for you today.'

Len hurriedly swilled the soapsuds from his head and sat on the tub-rim while she handed him a towel. He wiped himself, but his hair was still damp, although his face was pink with rubbing. 'Who's been, Mary?' he asked.

'Oh, old Reuben and the boy with the broken back,' she answered, washing his back vigorously, then taking the towel from him to use it herself.

Len stood up and, unbuttoning his trousers, let them fall about his feet before stepping naked into the tub.

'Well, well,' he said while he soaped his legs. 'It's a shame the way they're mucking about with the compo people.' Mary watched the ripple of the skin over his ribs as he raised water with his cupped hands to swill his legs.

'Yes, you're right, Len,' she commented bitterly, her mind focused on the thin body before her. 'The company have now offered them a lump sum each to square them off.'

Len's amazement was demonstrated by the way he let his hands drop limply to his sides and looked at her, utterly unconscious of his nakedness. 'What? Offered them a lump sum?' He clicked his tongue against his teeth in audible disgust. 'Well, well. That means the rotters want to wash their hands of them, now the poor dabs are no use. No wonder your old man is worried, by damn.'

He came out of the tub and began dressing in his evening clothes. He had already pulled the clean shirt over his head, when a new idea entered his mind.

'But why do they want to buy the compo men off, now?' he asked in bewilderment.

Mary shook her head. 'I don't know, unless it's something to do with all this talk that we are going to be locked out,' she replied hesitantly.

Len shook his head, as puzzled as she was, but he made no further comment as she helped him take the tub back out.

A further smoke revived his spirits and he asked her to come to the pictures.

'I'm sorry, Len, but you know I've got a Woman's Guild tonight, and I can't let them down,' she replied.

This upset him again, and he muttered half savagely: 'I don't know, but whenever I ask you to come with me, Mary, you've got this, that, or something else on. I tell you straight I'm just fed-up.' He began to shout. 'I would be treated much better if I was a lodger.'

Mary seemed to compress her body into knots as he continued his tirade, but she kept control of herself until he said, 'Only last night, you were nagging me about joining the Party, but you don't say a word about yourself and this Guild, which is only a bloody gossip-shop, I expect.'

This brought her bounding to her feet. 'Don't you dare say that about our Guild, Len Roberts! Those women do more work in a month than your Party, as you call it, can do in twelve.'

'Aye,' he sneered, 'they'll work blue hell organising mystery tours and trips round the coast in a charabanc, but when it comes to anything that counts, they're all blab.' Mary's face went white. 'Oh, so that's what you think, is it? Now we know where we are. But let me tell you this, you and your Party will be glad to come on your hands and knees to our women for help before you'll be any good.'

Len laughed loudly. 'Ha-ha-ha! That's a good un! Ha-ha, the best I've heard for a long time! Come to you for help – there'll be something wrong with us when we do that.'

The sneer stung her deeply. 'I don't know so much about that. You are all pretty good talkers. Aye, you'll talk all night about revolutions and Russia or anything that doesn't concern our people. But when it comes to a lock- out or something about the pit you're all dumb.'

She challenged him with a direct question. 'Tell me, how much time was spent last night talking about conditions in Cwmardy?' She answered herself without giving him time. 'Five minutes and not a second more. Bah! Fitter if you and Harry Morgan thought a bit less about people in other countries and a bit more about your own.'

This was unexpected and caught Len awkwardly, but he tried to defend the position. 'Half a minute, Mary. You've got to understand the conditions all over the world, mun, to know how to alter things here. Good God! Haven't we got something to learn from the Russian revolution? You're talking like a sledge, mun.'

She made no reply other than with her eyes, which looked at him pityingly as she rose from the chair and prepared herself for the Guild. When she was ready, he put his coat on and took his cap from the peg near the door.

Mary smiled quietly to herself and asked: 'Where are you going, then?'

'Oh, I might as well come with you down the road. I might see Will Evans or some of the boys,' he replied in tones that made Mary regret her sharp words, but neither spoke again as he accompanied her down Main Street and left her at the house where the Guild held its weekly meetings. Len continued his way aimlessly, his mind occupied with the row he had just had with Mary. But he soon forgot this and began to think of the work he had to do next day. He planned to go down earlier than usual so that he could stand some timbers before the haulier came. Having settled this, his thoughts wandered to the compensation men and the talk in the pit.

'It's a funny thing,' he mused. 'Ten years ago next August the Great War started, and now, nearly exactly ten years after, there's all this talk about the pit shutting down and all of us being thrown out of work. It's like as if things go in waves every so often.'

He was deep in meditation of the problem when his attention was attracted by someone shouting his name. He stopped and looked behind to see two young men hurrying towards him, whom he recognised as Will Evans and Fred Lewis. The former was slim, but even with his clothes on his body gave an impression of sinewy strength. His cap, pushed carelessly to the side of his head, and the blade of grass which dangled loosely from his mouth were symptomatic of his whole approach to life. He never troubled about his appearance, and his eyes gleamed with a mischief which prompted him to see the humour in everything. He had a habit of bursting unexpectedly into a loud laugh that rolled in recurring gusts and rising resonance from his mouth in a manner that made it irresistibly infectious. Fred Lewis, his companion, was the opposite in every way. Rather tall, his black hair made his face sallow and exposed the fallacy of the 'hail, fellow, well met' demeanour which, in a patronising way, he deliberately cultivated. Fred boasted to everyone that he was among the first to join the Party and was no less assertive in declaring that he was its foremost theoretician. But he never told anyone he hated Ezra, the miners' leader, because of the latter's influence over the workmen, and detested Harry Morgan because of his growing ability and eloquence. All other men he regarded with contempt, as nincompoops made to follow people like himself. Will had long ago at work detected these weaknesses in his mate, and never failed to take advantage of the fact, secure against all retort in his extreme lack of self-consciousness.

The pair came up to Len, who greeted them with a casual 'How be, boys?' But Will was bubbling over with impatience and made no attempt to return the salutation.

'Is it true what I have heard, that you have joined the Party?' he asked.

Len merely nodded his head and Fred said, 'There you are. Will you believe me now?'

Will Evans looked at Len with open mouth, then began to laugh unrestrainedly. 'Well, by damn, I never thought you had nuff sense, Len, to do a thing like that. Ha-ha! Ho-ho-ho!'

Len appeared hurt by this doubtful compliment, but had no time to say anything before Fred interjected: 'Oh, I don't know about that, Will. Len has got the average intelligence, and in any case he can always turn to me for help when he's in a knot.'

Will turned to the speaker, his eyes filled with admiration. 'By damn, Fred, if you keep on you will so sure as hell land up in Parliament one day.'

Fred unconsciously expanded his chest. 'Well, there's many worse and less clever than me there, so I don't see why not.' Will glanced at Len's face, but the misery he saw on it made him change the subject. 'You're looking like a dog with the colic. Buck up, mun,' he remarked.

'Oh, I'm all right,' came the dejected reply. 'Only I thought to go to the pictures tonight, but Mary went to the Guild instead, and I was wandering about on my own till you chaps came up.'

Will burst into another guffaw of laughter, which impelled a passer-by to ask: 'Happy, tonight, in't you, Will? Have the old man lost a leg, or what?'

'You mind your own bloody business, Twm. Len by here have lost his missus in the Guild, and he don't know what to do with hisself.'

The newcomer, although uninvited, joined the company, and the conversation continued for a long time. It was only eventually interrupted when Fred's restless eyes saw a cortege of men in pit clothes slowly coming towards them down the street.

'Hush, boys, somebody has had a tap.' In an instant the whole street was silent but for the sharp 'tip-tap' of iron- shod boots as the men, four of them carrying a stretcher covered completely with brattice cloth, passed by.

Someone whispered: 'Who is it?'

To be answered in a softer whisper: 'Si Spraggs. He was caught by the journey, poor dab, and never had a chance.' The news passed from mouth to mouth as quickly as a telephone message, and even before Len reached the door of the Guild-room the women were already coming out, their eyes full of fearful queries till he told them who it was. They immediately became relieved and solicitous. One stout woman who had reared a houseful of children, all of whom were now working, muttered disconsolately: 'Well, well. There have been nothing but worry and trouble in that house ever since I have knowed it.' She outlined the history of the bereaved family while the other women listened attentively, at the same time inwardly congratulating themselves that the corpse did not belong to them.

When the recital was finished, one asked, 'She is going to have another baby, in't she? I fancy I saw her looking like it the other day in the shop, but I didn't have much time to notice.'

They went back into the house and continued the discussion there. Before they finished they had planned to provide a wreath, and had allocated themselves in pairs to be responsible for the widow's house and to keep her company until the body was buried.

Len felt like following Mary, whose face had gone grey when she heard the news, into the Guild-room. Common sense held him back, and he retraced his steps up the street, to find his mates had disappeared. This did not worry him, however, because the tragedy had swept everything else from his mind and he automatically followed his feet while his imagination ran riot.

His first conscious knowledge of direction came with the increased palpitation of his heart. He stopped to rest and looking around saw below him the narrow strip of valley which Cwmardy headed like a black bonnet. The evening was now brilliantly fine, and the air on the mountain clear as he slowly continued his way to the top. But the thought of the corpse followed him and stamped itself more deeply into his brain with every step he took across the mountain, till he sighted the valley on the other side. He sat down, and after a while his thoughts drifted and he began to appraise the scene before his eyes. He compared the gloom of the village beneath and the thousands of dark lives it contained with the bright sky and clear air above in which the larks tinkled their tunes. Len followed the ascending music and wondered if the larks sang because they were happy. The people he knew mostly sang hymns, which were always sad and seemed to harmonise with their sorrows. He let his eyes wander down the length of the ragged valley and saw the smokeless stacks of the idle pits near its end, a sight which prompted him to wonder how soon Cwmardy pits would be equally silent and dead. It seemed that everything he saw and heard was a portent of impending dereliction and despair, a thought which made him mentally forgive Mary the quarrel for which he was at least equally responsible. He sighed and turned in the direction of the Channel, which glistened in the distance like a ribbon of light.

His boyhood's romantic ambition to become a sailor had evaporated with the passing years, but a strange tenderness and longing still surged through him whenever he caught a glimpse of the sea. It always took his mind back to the time his mother had taken him on the chapel excursion and to the day in Blackpool at the beginning of the War, when he had first made love to Mary. Musing in this manner, he lost all consciousness of time until the night began to wrap him in its cold blanket. Presently he began to shiver, and rising to his feet, he slowly made his way home down the mountain.

THE LOCK-OUT

The Big House, perched on a jutting crest halfway up the mountain, brooded whitely in the dusk. Its windows, already reflecting the lights behind, shone through the trees that surrounded this mansion belonging to the colliery company. From its altitude it looked down on the pits and valley its occupants dominated.

Lord Cwmardy, head of the company controlling the pits, rose from a chair and looked at the three men who sat with him in the drawing-room of the Big House. They sat in different postures, but each of them accepted the warm invitation of the cushioned chair which nearly buried him. Cwmardy's square, clean-shaven face with its silvered hair and the poise of the broad shoulders demonstrated the strength and the self-confidence of the man. Pouring himself a glass of liquor from the decanter on the table, he sipped it appreciatively, then began to speak in deep tones that fitted in with his general build. He told his listeners the banks were pressing and that nothing faced the company but liquidation followed by complete reorganisation of the pits. His voice shook a little when he explained that the working conditions and price-lists would have to be drastically altered. He had been born in Cwmardy and reared with its people, and always felt a vague sentimental attachment to them, but he soon gripped himself as he concluded his report.

Mr. Higgins, the representative of the banks, stretched his long body more comfortably in the chair and carefully stroked his grey moustache, with a hand noticeable for its slender whiteness, before saying, 'I believe Lord Cwmardy has explained the position fully. I don't pretend to understand the technique of mining. That is your business, gentlemen; but I do understand it is high time something was done to ensure payment of interest on the money we have invested.'

He kept on for some time, and when he finished his statement there was a long silence which was eventually broken by Mr. Hicks, the general manager of the pits.

'I don't believe the men will accept lower price-lists,' he commented hesitatingly.

Mr. Higgins drew himself from the chair to say coldly: 'That is their responsibility. We have done all we can,' and the conversation drew to an abrupt close.

There was an awkward pause; the bottles on the table glowed in the firelight, some blood-red, others bright yellow, like gold. At last Mr. Higgins introduced a new subject. 'What is this affair I understand you are presiding over, Lord Cwmardy?' he asked with assumed interest. The coalowner's eyes sparkled immediately.

'Oh, it's a kind of musical festival, a gymanfa ganu, as our people call it,' he replied. 'We usually get some very good singing, and I enjoy attending them.'

Once started on this subject he was in his element and for a long time entertained his listeners with anecdotes relating to it. When his guests retired, Lord Cwmardy strolled to the window and watched for many minutes the twinkling lights of the valley. Something like a sigh escaped him as he turned back to the room.

Next morning Len was sleeping like a log and Mary had to shake him roughly before he woke. Once down the stairs, however, he soon recovered his faculties and began dressing in his pit clothes, while Mary, her nightdress covered with Siân's shawl, prepared breakfast. Before the meal was finished they heard sounds from her father's bedroom, followed by his entry into the kitchen. Ezra's hair was bushy but grey, and the ends of his once-trim moustache were ragged, as though they were continually being gnawed. His eyes, dark like Mary's, were sunk into his head.

The brows were so thick that his eyes appeared to be half closed; but the shortish, broad body showed the essential alertness which, together with a stubborn tenacity in doing what he regarded as right, irrespective of other people's opinions, were his main characteristics.

Mary hastened to pour her father a cup of tea as he took his seat in the armchair at the side of the fire. This helped to ease the tightness in his chest a little, and he asked: 'Did you hear anything particular in the pit yesterday, Len?'

Before he could receive a reply, the old miners' leader hastened out at the back, where he coughed painfully for a while then returned to the kitchen.

'Ah, that's better,' he gasped, licking his moustache. 'Hand me that cup, Mary.' He took a sip of tea and continued: 'What was I talking about? Oh, I know. Yes, there's something big in the wind. Lord Cwmardy is down again. That's the third time now, and he doesn't come here for nothing. I wish I knew what was in his mind.'

His voice had become puzzled, and he stuffed his pipe with the herb mixture which Big Jim was prepared to gamble his life was the best cure for asthma.

Len looked over the rim of the saucer he held to his lips, gulped down the tea in his mouth and nodded his head as he commented: 'Aye, Will Smallbeer was talking about it yesterday. The trams have been coming pretty slow these last few days, and he said we can expect short time before very long now.'

Ezra looked up sharply. 'Will Smallbeer? What does he know? What he says isn't worth taking notice of. But, all the same, listen to what the men are saying, Len. Their guesses are never far off the mark.'

Len rose and put his coat on, wondering what Ezra was driving at, but he made no further remark. When he was dressed he kissed Mary, bade the two good morning, and left them alone together.

Big Jim was ready and waiting for his son when the latter reached his parents' house, where, as usual, Siân insisted on his drinking the cup of steaming cocoa she had waiting for him. As the men left the house she warned them: ''Member to take care of your selfs.'

Jim merely laughed and waved his hand airily as he joined the long line of silent men making their way to the pit. Before they had reached halfway a whisper ran back through the line. 'No work today. Stop trucks.' The men stopped and looked questioningly at each other, as though someone had pulled a lever that tied their feet to the paving-stones.

The spell was broken by a loud shout from Jim: 'Good God, couldn't they have telled us before we put our dirty clothes on? Now us will have to bath all over for nothing. Blast 'em!' He spat disgustedly into the roadway. A group of men came down the hill, pouring water from their jacks and loudly declaring: 'It's no good, boys. The sidings is full of coal; not a bloody empty to be seen anywhere, and the lamp-men have been ordered to give no lamps out.'

Dai Cannon, one of the local preachers and Big Jim's close friend, indignantly pulled his overhanging belly back under the leather belt, while his loose lower lip dangled wetly beneath his moustache.

'Why didn't they blow the hooter to let us know there was no work?' he demanded of no one in particular.

All the men now began pouring their water into the road and some of the younger ones started to sing lustily as they turned and retraced their steps to the strains of:

> Mae bys Mary Ann wedi gwiwo A
> Dafydd y gwas sy'n cael y bai.
> (Mary Ann's finger is swollen
> And David the servant gets the blame.)

Bedroom windows were hastily lowered and tousled heads pushed through to see what was the matter, but the men shouted reassuringly to the women folk.

'Don't worry, gels. It's only stop trucks. Go back to bed; the old man will soon be with you. Ha-ha!' The laughter at these quips rippled through the ranks like wind through grass.

For three days in succession the men had to return home. On the third occasion they did not pass jokes at the expense of the women; the useless trudge up the hill each morning had made them too resentful.

'Bloody wasters, drawing us out of bed like this for nothing!' said one loudly. 'By gum! In the trenches they ought to be, where we was. We'd soon bring them to their senses, or blow out the bit they've got.' This statement met with general approbation.

Siân knew the men were returning even before Big Jim and Len opened the door. The miners made sufficient noise to advertise their coming. She looked up when her men entered and waited until Jim had pulled off his coat before asking: 'What, again? However do the company think we are going to live?'

Her hair hung in graceless wisps over her nightdress, deepening the lines in her face. 'Three turns in one week. Oh dear, dear, it is more than a poor 'ooman can bear.' Neither of the men replied to her wail, but Len stayed to prevent the quarrel he thought was brewing.

The silence got on her nerves. 'Can't you say something, dyn jawl?' she asked Jim. 'Or have your tongue got tied to your head? But there, what do you worry, so long as you do work sometimes and have your pocket-money regular. Huh! It is me who have got to ponder my poor brains out how to stretch the little bit of pay twice so far as it is 'sposed to go.'

Jim could stand her accusations no longer, and began shouting back: 'Hellfire! Think you us have come back for fun, 'ooman? What think you us is, mun – tomcats to go up and down the hill as you do shout to us? By damn, if you do think that you is thinking wrong, my gel. Take that from me, muniferni!'

He caught a glimpse of the fire kindling in her eyes and changed his tones. 'Don't blame us, mun, that there is no work.

Us can't help it,' he cajoled. But Siân knew his tricks and was not deceived.

'Oh, no! Nobody is to blame, I 'spose, but it is me who will have to face the peoples who have been good enough to put food in our bellies. What to tell poor old Evans Cardi the good Lord alone knows. I can never do it.'

She wiped her eyes in the hem of her nightdress, exposing her withered legs. Her tears always affected Jim, and he now reluctantly tried to soothe her, grunting: 'All right, left it to me. I'll go down and see the old ram.'

Siân withdrew the nightdress from her eyes and glared at him. 'For shame, using them words before your only son! Huh! You, indeed.' There was a world of contempt in her voice as she repudiated what he had thought a magnanimous offer. 'Clever man you are to see anyone. No, James. The best thing you can see is in the Boar's Head, where there is plenty of rams every night, more shame on you.'

Jim started to make an indignant protest but she gave him no time. 'And don't you never think you can wear the trousers and the petticoats; one of them is quite enough for you. You look after your own business and leave mine to me, if you please.' She drew her bent form erect with great dignity and her eyes flashed a challenge at him.

Jim looked at her with open mouth, into which the ends of his moustache drooped, but he had no fitting retort and the matter dropped when Len said: 'Don't worry, mam. Dad can't help it. I must go up the house now. So long.'

During the idle days rumours of the impending lock-out had spread like fire, and the people could talk of nothing else, everyone professing to have inside information, although actually all of them were completely in the dark. On the fourth day the pits began again. Len and his father were among twenty-seven other men and boys who worked the same conveyor face. On the day of the restart the men chatted to each other as they cleared the stones and rubbish that had fallen on the iron troughs during the stoppage.

Will Smallbeer gave his opinions to Len while both were engaged in lifting a huge stone that had fallen flatwise on the conveyor. 'There is something funny about all this business, Len, you mark my words. I have been working in this old pit for going on forty years now, and have never knowed her having stop trucks for nothink.' Len was as puzzled as the old man, but did not like to expose his ignorance. 'Perhaps the company is going to go bankrupt because they can't make the pit pay,' he suggested hesitantly.

Will Smallbeer lost his temper and let the edge of the stone he was holding drop back into the conveyor with a bang, as he straightened his back the better to say: 'Ach! Don't pay to hell! No man can never get me to believe that. Why! Here us is filling coal for shilling a ton, when us can get the trams, and the company do charge twenty shillings for the same bloody coal on top.'

'That might be,' Len retorted, unwilling to be beaten in an argument now it had started, 'but the company have got much more to pay than our wages, mun.'

Will lifted his lamp to the level of Len's face and looked into his eyes. 'Poor boy,' he muttered as he lowered the lamp again. 'Poor dab! You do want to have your head read. Pity!' He sighed like a man deeply grieved.

The conveyor began to clatter into life and further conversation became impossible.

Len's limbs tugged wearily on his body when he entered the kitchen after the shift was over. Mary was busy preparing his dinner, but he noticed she looked ill.

'What is the matter? Have you had another pull?' he asked anxiously.

She shook her head somewhat wearily. 'Don't worry, Len. I'm all right. Just a bit of a cold.'

He knew she had avoided his question, but, aware of her obstinacy, he did not pursue the matter. Ezra was sitting in the armchair in exactly the same attitude as when Len had set out for work in the morning. His white hair gleamed in the glow from the fire. He did not say a word till dinner was over, and while Len bathed and dressed merely resumed his pipe, the peculiar stench from which nearly choked the other two. At last the miners' leader casually looked from the fire to say: 'I've found out the company's little game at last, and what our men have been talking about isn't far off the mark.'

Len sat down and gazed with deep interest at his father-in-law as the latter continued more slowly and seriously: 'Mr. Hicks sent for me this morning to tell me that the pits will close down unless we are willing to meet the company halfway.'

Len's eyes opened wide. In spite of all the talk about a lock-out he had never thought of the possibilities in such a tangible way as Ezra was now putting them, but the elder man gave him no time for conjecture or comment.

He had bent again towards the fire and it seemed he was now musing rather than talking. 'Clever, clever! Shut the men out just as winter is coming on us – huh! We've had six years of peace since the end of the War, but it was too good to last.'

He raised his head and they saw that his face had become drawn and his eyes sad when he asked: 'Will you go round the committee-men, Len, and tell them there is a special meeting tonight?'

Len did not question him, although he glanced in a puzzled way at Mary, who turned her head away. He had shut the door behind him before she noticed his cap still hanging on its peg. She pulled it off and hurried to tell him about it. He was already halfway down the street when he heard her shout and looked behind to see what was the matter.

'You've forgotten your cap, Len.'

His hand went automatically to his head and found it bare. 'Never mind,' he shouted back. 'I shan't be long, and a bit of fresh air 'on't hurt me.'

When Len had notified all the committee-men he made his way to Ben the Barber's, hoping to have a haircut before the meeting started. He found the shop empty, but sharp whistling and the noise of chairs being shifted in the inner room urged him to peep round the door. Ben was hobbling about, preparing seating accommodation for the committee meeting. Chairs, benches, a table, and an old-fashioned stove with a stack that penetrated the centre of the ceiling occupied all the available space.

Ben stopped whistling when Len asked: 'How's trade, Ben? I see you're busy.'

The voice that replied was as sharp as the whistle that preceded it. 'Huh! It's on tick, like that clock by there,' pointing to the mantelpiece.

'Never mind, times will soon get better,' Len soothed.

The lame little barber continued his hopping between the chairs, grunting all the while: 'Better? Better? Ha-ha! That's good, hmm! That's why the committee is meeting special tonight, isn't it? The last time it met here was during the strike, and take it from me there's more trouble brewing. Aye, my old nose can always smell it.'

The shop door opened to admit members of the committee and he kept silent as they sat down with various salutations. Len forgot his haircut and joined the conversation which Dai Cannon started. Ezra was the last to enter, and the miners' leader wasted very little time before taking the chair and beginning his report. He told the committee how the company was unable to hold its contracts on the market because of the high cost of production in the pit and the competition from other countries. His report did not take long, and he concluded with the remark: 'That is how the position was put to me, fellow workmen. The company says it can't keep the pits going as things are. Either we lower the cost of production – that means we fill more coal for less wages – or the pits close down. The matter is now in your hands.'

Whenever Ezra did this, the committee-men knew from long experience he had already come to a personal decision which was distasteful to himself.

Len sensed the man's mood and wondered why he had not hinted in the house what he intended doing. He saw the glare from the fire deepen the lines in Ezra's face and fancied his eyes had become dismal; but his attention was quickly drawn back to the room by a shuffling of chairs as Dai Cannon rose heavily to his feet. Dai's bottom lip hung lower and wetter than usual as he growled: 'Huh! I seem to have heard that yarn before. Going bankrupt, eh? That's always the tale when they want something from us.'

Ezra stopped him with a wave of the hand, and his words exposed the decision he had come to. 'Either that, Dai, or close down the pit for good and get no work and wages at all.' The discussion now became heated and bitter, Harry Morgan being particularly vehement as his voice rang through the room like a bell.

'That's the new line of leadership,' he declared raspingly, staring hard at Ezra. 'Because the company say "more work for less wages, or no work at all" we are expected to tell the men that half is better than nothing. Bah! In this way the company can get everything it wants and our Federation becomes the agent for giving it to them. If that's all the advice Ezra can give, he'd better go over to the company openly. That would be cleaner than acting as their servant in our ranks.' His voice rose passionately as Ezra's face went whiter. 'No, we can never accept this. If we do, we destroy our Federation and play right into the hands of the boss. We must fight the lock-out as we fought the strike; and if the company can't keep the pits open, then let's force them out of the way and get on with the job ourselves.'

This challenge was greeted with a burst of applause and Ezra's chin sank more deeply on his chest as he felt the temper of the men vibrate in the close air, but when he rose to his feet he was his old indomitable self, and his voice, though deeper, was as cutting as Harry's when he replied to the latter's accusation: 'I was fighting this company when Harry was in petticoats. Yes. I lost a wife and a home through it, which is more than Harry has ever done or is likely to do. It's quite easy for a man with the pride of a peacock and the brains of a sparrow to strut bravely for a short minute in this room, and easier still for him to use a soapbox to slander better men than himself; but let him tell us what to do without hurting our own people more than we hurt the company.' Harry bawled out, 'Struggle or starve.'

Ezra laughed in his face and remarked: 'You mean struggle and starve.' The others now joined in, and the place became a bedlam of conflicting and challenging voices.

Across the road Mr. Evans Cardi was slowly putting up the shutters of his stores. The corrugated iron sheets which had been placed over the windows during the big strike were now stiff and heavy. His wife came out to help him, and in a short time the windows were covered and the light blotted out. John's shoulders drooped as he walked into the kitchen; the high forehead that jutted over his eyes made them look even more morbid and sunken than they actually were. The old couple ate in silence the meal she had prepared, and after she had cleared the dishes away, she sat opposite her husband and began knitting. This, for some reason, seemed to irritate him and he peevishly exclaimed: 'Put that knitting down, Maggie, it gets on my nerves!'

She obediently dropped the wool into her lap, with a patient gesture, and asked: 'What is coming over you, John? You get more miserable every day.'

He looked at her queerly before rising to his feet. 'Do you know how much we have got left in the bank?' he asked, his voice hoarse from the fatigue induced by worry.

'I don't expect we have much, John.'

'You are right. We haven't got enough to meet our bills this week.' He rose to his feet, agitatedly ruffling his hand through his sparse hair. 'But how can we help it?' he groaned. 'Big Jim's wife and many others didn't pay anything off their bills this week again.'

'Did you let them have more credit, John?'

'Of course I did. You see, Maggie fach, if we don't give them credit they won't come to deal with us when the pit is working full, and that means that we lose their custom and what they owe us,' he explained apologetically.

'But how are we to carry on, John? There's Ron's college fees due again.' She clasped her hands and dropped them helplessly on her lap where they tangled themselves in the wool. 'Oh, God! What are we to do?' she moaned in a frenzy of self-pity. 'I can see nothing before us but the workhouse and my poor boy on the parish, after all we have done for him.'

Her head dropped until her eyes were on a level with the fire, in whose flickering tremors she saw the shattering of her dreams. Her attitude alarmed John, and he tried to soothe her. 'Hush, my gel. Things are not so bad as that. Ron will surely get a job as a teacher or something when he finishes his studies. Don't worry; everything will come all right yet.'

The harassed woman rose and, placing her hands on his shoulders, while the wool made a pool about her feet, looked him squarely in the eyes.

'Do you really believe that things will ever come better in this valley, that puts a blight on everyone that comes to it?' Her voice was an echo of the incredulity that consumed her.

John tried to brighten her and answered reassuringly: 'Of course they will. Once we are over this depression, and the company conquers the foreign competition threat, we will be drawing dividends again from our shares in the pit.' The poor woman's eyes warmed a little, but her tones were still sad when she said: 'I hope you are right, John bach. Yes, I hope you are right.'

The night pressed darkly on Cwmardy as two uniformed men left the Fountain, where they had been watching what transpired in Ben the Barber's, and methodically paced their way up the Main Street, focusing their lamps on every doorway they passed. Before they reached the hall of the chapel, next door to the police station, their heavy tread was lost in the sound of singing. Lights streamed through the painted windows in a variety of hues that seemed to quiver in the caresses of the music. The two officers hesitated a moment, until one exclaimed, 'It's the gymanfa ganu that Lord Cwmardy is leading. Let's go in for a bit to hear it.'

The other agreed, and they tip-toed into the chapel, which was packed with miners and their families. The men sat on one side of the aisle, and the women, dressed in their Sunday best, lent a brightness to the other.

Lord Cwmardy stood in the pulpit, his face beaming with pleasure as he led the singing. The beautiful voices seemed fastened to the end of his baton, as it lifted them into ascending crescendos, then dropped them into deep throbs. Occasionally the sopranos rode the heavy basses like a flock of seagulls on a wave.

Lord Cwmardy's baton flashed more quickly and his face became a mask of concentrated hope as he worked the choristers towards the final stanza of the hymn they were singing. The initial mournful hopelessness of the tune was lost in the tempo of the finale, which swept the voices together into a vocal unity that awed the policemen at the door.

Wiping the perspiration from his forehead and rolling the sleeves of his white shirt more firmly over his elbows, Cwmardy looked at the languid form of Mr. Higgins, with a glance that seemed to whisper: 'What do you think of that? There is nothing like it in the world!' The coalowner was very fond of music, and thought his work-people the finest choral singers in the world.

Whilst the festival was still in progress, the committee-meeting ended and the men came into the street, where a heavy drizzle was beginning to fall. Each raindrop, impregnated with fine coal-dust, became a lump of mud before it fell on the earth of the valley, where the rain had all the effects of a deep fog smothering the lighted windows and pressing drearily on those it touched.

Len and Ezra walked quietly home, their coat-collars buttoned tightly to prevent the black moisture running down their necks, but Len's bare head was dripping before they had gone twenty yards. The ascent made Ezra wheeze and his chest bubbled wetly as he fought for breath. What the miners took to be asthma was now demanding a heavy toll from his one-time vigour.

They were in the house before either spoke, and Mary solicitously took the wet coat and hat from her father, at the same time scolding Len for going out without his cap. He merely grunted in reply, and she turned impatiently to her father to ask: 'Tell me, dad, what happened in the committee tonight?'

Ezra kept on gasping, while his eyes bulged with exertion, and it was Len who answered: 'We have decided that we can't accept the terms offered by the company. The only man in favour was your father, but I don't blame him. Let every man stick to his opinion.' He became enthusiastic: 'By gum, Mary, you ought to have heard Harry Morgan.'

Mary looked at him while she gathered her thoughts. His reference to Ezra had stunned her for a moment; but at last she muttered: 'So we are in for another spell of misery.' Then her eyes brightened as she went on: 'But, duw, Len, it's good to know the spirit of the big strike is still in us, even though so many years have passed.'

Ezra recovered his breath, shook his head disapprovingly, and said: 'It's easy to talk like that, my gel. But there, I suppose it's natural for youngsters like you. Aye, I used to be the same myself once, but a lifetime of fighting against the company has taught me it's useless running your head against a stone wall.'

Len squared his shoulders. 'I don't agree with you, Ezra. I believe the committee is right and that Harry Morgan hit the nail on the head when he said that this was a new stunt by the company to get rid of their debts and smash down our wages and conditions.'

Ezra, with his customary astuteness, let Len run on, knowing this was the surest way of finding out all he was thinking. Len's eyes were gleaming as he entered into the spirit of the argument.

'I know it is hard, but isn't all our life hard? I understand what it will mean if they shut the pit; but we can't let them use the pit like a sledge against us, just to make us accept everything that they say. Oh no! Don't forget, Ezra, hundreds of our men were hurt and some died so that we could be where we are today.'

'Aye,' said Mary, 'that's right, Len. But we can't get from the pit something that's not there, can we?'

She always sided with her father, feeling his wider experience to be a surer guide than Len's exuberance. Her outburst startled Len. 'Something that is not there? What do you mean?' he asked.

'What she says,' answered Ezra, a smile softening the lines of his face. 'If competition makes it impossible for the company to pay the present wages, then it means, as far as they are concerned, that the wages are not in the pit and therefore the men can't have them. Mind you,' he added, somewhat hurriedly, 'that's the argument of the company. But there is something deeper in the whole business than you see on the surface. It's all right for Harry Morgan to tell us we must fight or go down. Aye, it's all very well for him to say we should do as they've done in Russia, and take the pits over for ourselves. That's very brave talk, but no one yet has told us how to do this.'

Mary tried to help her father. 'It took ten days to do that in Russia; but it's taken us hundreds of years to build a trade union in this country.'

Len turned sharply in surprise. 'What? Ten days? God Almighty, mun, it took Lenin a lifetime to plan with his comrades what happened in Russia!'

'Ha! So it took more than ten days to shake the world, then,' she scoffed. Ezra cynically interrupted: 'There you go again, wandering all over the world. We started talking about the pits and now you two are bothering your heads about what happened in Russia.'

He stopped pacing the kitchen and stood facing Len. 'Listen. You know that no one wants to smash the company more than I do, but, my God, to do that I'm not prepared to smash the people. What I see in the future if we let the company lock us out is our men slowly drifting back one by one to the pits, after they have reached the end of their tether – and that won't take very long, believe me. No, Len, you must learn that there is a time to fight and a time not to fight. If I could only see some hope of winning, I'd agree with what the committee decided tonight; but I can't, I can't. All I can see in front of us is collapse, and when that time comes I hope I will be dead, because our valley and our people will be finished.' He bent his head on his hands as though he wanted to blind his eyes to a picture they saw.

The hopelessness of the words tugged at Mary's heart, and she put her arm round his neck with a protective gesture which showed her whole mind was fixed on his sorrow and not his outlook on the future.

But Len, with no bonds of blood to bind him to sentiment, although he felt deeply the breakdown of confidence implied in the words, sprang restlessly to his feet. He was one of the workmen and knew their every whim and mood.

'I don't believe you,' he stated abruptly, even while he felt amazed at the manner in which he was addressing his old mentor and leader. 'You know I have got every respect for you, but if what you say is right, then there is no hope for us. It means that, after all we have done and worked for, we have now got no future except misery.' The very thought of this outcome to the struggle of the people made him offensively assertive and his voice shrill with disbelief. 'No, Ezra; I don't believe you, and I wouldn't believe anybody else who said the same thing as you.'

Mary felt she wanted to challenge him and defend Ezra, who had again recovered his composure, and was now lighting his pipe with a long spill of paper, quantities of which he always kept on the hob; but Len gave her no time. 'It's no good you standing up for your father, Mary.

He'll be the first to tell you that you have got to think for yourself, as he told me years ago. Gee, mun, use your common sense. Isn't it us that sunk the pit? Of course it is, Mary, and by gum it's only us can save the pit.'

Len was always like this. Whenever he was engaged in a tussle with Ezra, he vented his spleen on Mary and carried the fight to

Ezra through her. She knew this, and its effect was to make her more determined in her support for her father even when, sometimes, she sensed he was wrong, as she did on this occasion. But she said nothing as Len continued expounding his convictions.

'Why, if we give in to the company now, it means that we really end where you don't want us to. Harry was right when he said our only chance is to keep on struggling. How do we know,' he demanded, glancing at Ezra, then hastily turning back to Mary as he saw the hot eyes fixed on him, 'how do we know that if we give in at the start the company 'on't come after us again in six or twelve months with the same yarn; and down we go again. And so it will carry on, down–down–down until we reach the farewell rock, then everything will be finished and we can put our tools on the bar for good.'

Len's face was flushed and his eyes were bright with emotion as his own vehemence strengthened the convictions in his mind.

Mary rose and began clearing away the supper things, remarking at the same time: 'Oh well, it's no good arguing now, I suppose. The committee has decided, and we'll have to put up with what's coming.'

The words bred a new idea, and after a short pause during which she flicked the crumbs from the tablecloth into the grate, she turned with the cloth in her hand and demanded passionately: 'Why is it we have got to suffer like this year after year? We are no sooner out of one thing than we are bang into another, and all our lives is nothing but trouble and strife.'

'It's the way of the world, Mary; and neither you, or I, or anybody else can alter it,' Ezra replied.

Len shuffled restlessly in his chair before saying: 'I can't agree with that. The world, after all, is only what we let it be or make it.'

No one replied to this and the conversation languished, each becoming preoccupied with the thoughts generated during the evening. At last Mary reminded Len: 'You had better get coal and sticks ready for the morning, or we'll be forgetting.' He went out of the back door, and after a time returned with a bucket of coal in one hand and a bundle of sticks under his arm. By the time he had put the sticks in the oven to dry and had washed his hands, Ezra, with a muttered 'Goodnight, both,' had gone to bed. Mary and Len followed shortly after.

Mary waited uritil her husband was in bed before stating quietly: 'So you are still siding with Harry Morgan and his communists against my father.'

He raised his head from the pillow and, reaching up, took her small face in his two hands.

'It's not that altogether, Mary, but I'm bound to agree with anybody who thinks the same as me, in't I?' he queried half regretfully, for the first time realising how deeply he had hurt her.

She made no reply and shook her head free from his hands, turning her back to him when she came to bed and falling asleep with nothing more said.

During the remainder of the week, life apparently went on as usual in Cwmardy, but when the men came up the pit on the following Saturday they were confronted with a huge printed poster, pasted on the end of the bridge that separated the colliery from the village. The miners nearest read its contents out loudly, so that those behind could hear. Every two minutes or so the number of men increased as the cages brought them to the surface, but the whispering voices soon acquainted them with the news.

CWMARDY CONSOLIDATED COLLIERY CO., LTD.,
(1924) PUBLIC NOTICE.

The official receiver herewith announces to all concerned that the affairs of the above company and all its undertakings are now in the hands of Sir William Wheeler, who has been appointed the official liquidator to wind up the company.

All who have claims upon the company must make them to the liquidator within one month from this date. No applications can be considered thereafter.

> The collieries will be open for work on and after next Monday on the following conditions and price-lists.

The surrounding men listened avidly, many of them with their mouths open, to the recital that followed. The items passed from mouth to mouth as they were read, so that even the miners on the fringe of the crowd were aware of the new conditions almost at the same time as the readers. When the words 'Any workman not prepared to accept these conditions need not present himself at the Colliery' were read, a roar of anger deadened the sound of the pit engines. It was heard in Cwmardy, and women rushed to the doors with frightened eyes to ask each other what had happened.

Big Jim looked furiously about him. He and Len stood practically in the middle of the angry mass of shouting miners.

'Ha,' howled one, his voice ringing sharply above the others, 'so this is the new way of robbing us, eh?'

'The frigging blackguards! Put a bit of lavatory paper with words on the bridge and think we will say "pity" to ourselves, and then go back to the pit for whatever they do want to give us. Huh! Babies in dirty napkins 'ood jib at that.'

Another loud roar stopped him. 'Bankrupt to hell!'

'The swindlers are running away!'

'Bloody robbers!'

'Let them keep the pits!'

This latter cry grew louder and more insistent. It was taken up by increasing numbers, until nothing else could be heard.

'Let them keep the bloody pits!' and with this challenge the miners marched down the hill to their homes.

When Monday morning came the hooters blew their raucous command through Cwmardy as usual, but no lights suddenly responded in the cottage windows. Before 6 a.m. John Evans Cardi stood staring through the bedroom window of his stores into the empty darkness outside. He drew the curtains a little further apart and squinted up the street in the direction where the pits were silently brooding as though they had missed something they wanted very much; but the only light he could see was the one which gleamed from the police station. John shivered as the cold air played about his bare legs, and a groan gurgled in his throat.

His wife drew herself from the sheets and beseeched him: 'Come back to bed, John bach. It's no use you worrying and catching your death of cold standing by there.'

The old man slowly retraced his steps and got into bed, making her shrivel as the cold clamminess of his flesh touched her own. 'Duw, duw, you are freezing,' she complained.

John paid no heed to the remark, but Maggie heard him murmur: 'At last it has come. This is the end of everything.' She shook him sharply. 'Come, come, one would think the end of the world was here.'

He turned his head and something bright dripped from his eyes and glistened for a moment in the lamplight.

'Well, what is it, my gel, but the end of our world? Every penny gone out of our savings, the company bankrupt, and our last hope killed by this morning's silence in the street.'

He hesitated and looked hard at her with misty eyes, then moaned: 'Tell me, Maggie, how are we going to live? We have nothing left. Nothing. The men have made their minds up and the pit is dead.' He turned on his belly and buried his face in the pillow while she tenderly smoothed the thin hair on the back of his head.

About a fortnight after the beginning of the lock-out, Len called at his parents, a practice he had whenever he was worried or had time to spare. He found them quarrelling; Siân was dabbing her eyes with the corner of her apron. The old couple paused while Len made himself comfortable, then Siân began where she had evidently left off.

'How on earth us is going to live after this week the Lord alone knows,' she moaned. 'Poor old Mrs. Evans Cardi was crying to me only yesterday about the money they have got out and nothing coming in, poor dab. Well, well, between everything, I don't know what the world is coming to, no, not I!'

She began weeping into her apron again, hoping by so doing to provoke Jim. She succeeded.

'Hellfire!' he bawled. 'You do talk to me, mun, as if I was boss of the bloody company. What can I help if they shut down their frigging pits – they don't belong to me, do they? Why the hell don't you go up to the Big House and nag Lord Cwmardy – not have your bang out on me all the time?'

He turned appealingly to Len, the sight of whom seemed suddenly to give him a new line of defence. 'Ask Len,' he demanded. 'He have got a better head than me and can answer you back in your own brass.'

This gave her the opportunity she wanted. 'Ha! That's the sort of man you are, is it? Willing to put your burdens on the back of your own poor boy that have got enough to do to carry his own, what with this lock-out and his wife dying on her feet with her chest. Ach! Call yourself a man, indeed! Huh! I have seened better ones in old Sanger's circus before now. Duw, even a dog will fight for his own! Shame on you, James!' Her face was both pitying and contemptuous when she turned away from him.

Jim leapt to his full height like a bouncing ball, at the same time involuntarily squaring the droop in his shoulders and inflating his chest the better to express his indignation as he shouted: 'No man can call me a dog, specially you, Siân. No, by damn, I am a better man than all your family put together, and don't you forget it!'

She interrupted him, anger in her very poise. 'Don't you dare to say anything 'bout my fambly, James Roberts. They are too good for their names to be on your tongue. Yes. Where would Len bach be,' she demanded, 'if they didn't look after him and our Jane, now in her grave, God bless her, when you runned to the Boer War, not caring if us had a crust to share between us.' Big Jim collapsed under this tirade, and sat down, his moustache now drooping wearily. 'All right,' he announced, 'I will go over the mountain tomorrow to look for work somewhere else, and I do hope when I get it that my body will be smashed to bits by a fall. That will bring you to your senses, and you will be sorry for all that you have said to me.'

Len burst out laughing at the sheer incongruity of the remark and the manner in which Jim said it, but there was no mirth on Siân's face.

'What,' she queried like one who could not believe she was hearing aright, 'you will leave your own home, your wife, and children, so that you can be buried by a fall, God knows where? No! Never! Not while there is breath left in my poor old bones.'

No more was said after this, and a little time later Len bade them good night and went home.

CONFLICTING LOYALTIES

The weary weeks dragged on until the lock-out was in its eighth month, without either side making any move to re-open the pits which moped stagnantly at the head of the valley. Relief stations had been opened in the chapels, and once a week long queues of people waited patiently for the food-notes doled out to them from the rates. Lack of cash made it impossible to buy clothes or pay Federation dues, and each week the people became more shabby. Women looked enviously at the smoke curling from the stacks of pits surrounding Cwmardy and silently longed for the day when theirs would once more be pulsating with similar life.

Coal was as scarce as cash, and one evening Len told Mary: 'Put my working clothes out to air tonight; me and dad are going up the level for some coal in the morning.' Mary looked sadly at the lines marked deeply into his thin face and the weary posture of his body.

'We can manage for this week again, Len, if I go careful with what we've got. I hate to see you going up that level,' she burst out. 'Your body can't stand it; you are fading away before my eyes and are looking like an old man. Nobody would ever think you are only twenty-four next December.'

Len understood her solicitude and was glad of it, but he tried to ease her mind when he replied: 'Don't worry about me; I'm all right. Let's get as much in as we can now, before the company blows the levels down, as it has threatened to do.'

Mary did not answer, but before going to bed she dragged the box containing his working clothes from the dark hole under the stairs and arranged them on the brass rod fixed to the mantelshelf.

Early next morning, as the dawn was being spawned in the smoke that fogged the valley, they rose from bed. Mary prepared the breakfast of dry toast and tea, which was all the relief-note enabled them to obtain since the lock-out, while Len donned his pit clothes.

'Is that old tater sack still here?' he asked. She fetched it from the back and laid it down on the mat before the fire.

Len looked through the window and remarked: 'It's not worth drying it, Mary. The weather don't look at all too good.' After breakfast he kissed her and, advising her to go back to bed, wearily made his way towards his father's house, where he found the old man waiting on the doorstep staring at the heavy sky with its restless clouds. 'It's looking pretty dark, Len bach, and us had better hurry up,' he announced.

Before they reached the summit of the mountain, the mist had turned into a drizzle that soaked through their clothes in spite of the sacks draped across their shoulders. Big Jim spat disgustedly into the air and muttered: 'Huh! Every time you and me do come for a bit of coal, the rain do come pelting down 'xactly like if someone is watching to spite us out.'

Len said nothing, the clammy clothes clinging coldly to his body making him too miserable for words, but followed his father up the steep path towards the mine level, driven horizontally into the side of the mountain. Several men passed them before they reached their destination, each bent nearly double beneath the sack of coal straddled lengthways across his shoulders.

'How is things up there today, boys?' Jim asked.

'You'll find plenty of muck and water, but bloody little coal!' was the grunted reply as the men gingerly made their way down the mountain.

Len and his father continued the climb towards the level, and when they reached its mouth they sat on the sopping grass to recover their breath. The hole into which they intended to go was driven flush into the earth, and seemed hardly big enough to admit a sheep. An endless torrent of water tumbled noisily out, swirling round the heavy wooden box on sleigh-like runners that obstructed the opening to the level.

Len was the first to rise to his feet, and, shaking the wet sack from his shoulders, took hold of the rope attached to the box, at the same time remarking: 'Come on, dad. We might as well get going.'

Big Jim grunted, took a huge lump of half-chewed tobacco from his mouth, carefully wrapped it in paper which he put into a brass pouch, then followed Len into the level.

They crawled on their hands and knees, Len pulling the box while his father pushed. Before they had gone a dozen yards they stopped to light a candle each, which they then stuck in the tin holders fastened to their caps. The tiny glimmers glinted on the black water as the two men went more deeply into the entrails of the mountain. By the time they reached the small seam of coal, both were exhausted and half sat, half lay in the water for some minutes to recover.

Big Jim took advantage of the rest to look about him, but a glance was sufficient to send him into a temper.

'Muniferni! Same bloody trick agen! They have tooked all the loose coal and have left nothink but stiff dead ends and muck to us. By Hell, call themselves butties, mun jawli! Huh! They don't know what the name do mean!'

'Never mind about that now,' Len interrupted peevishly. 'Let's get on with the job before the other men come, or we'll be here all day!' Thus admonished, Jim stopped his grunting and helped Len get the tools from the bar on which they were locked. They each took a mandril and shovel and went towards the coalface, which was a little drier than the roadway.

For hours they punched with all their might at the hard overhanging roof that prevented their getting to the thin vein of coal underneath. But eventually they hammered it flush with the coal, then took it in turn to fill the box with the stones and rubble. Each time the box was full, Len pulled it to the mouth of the level, where he unloaded the rubbish, occasionally watching the larger stones roll down the mountain with increasing momentum. When the rubbish had all been cleared away, they started working the coal. The idleness enforced by the lock-out had softened the men's bodies and made their muscles less supple. Len felt his hands burn intolerably. The mandril became a red-hot iron that seared more deeply into his flesh with every blow he struck, while the confined space forced him to contort his body until it lost all human semblance. His posture added to the strain on his shoulders and drove pins and needles into him in currents that made him long to scream. He turned on his belly, stretching his limbs in the water that covered them as he lay. This eased the cramp for a little, but his hands burned even more ferociously when he took hold of the mandril again.

He was glad when they had sufficient coal to fill the box. Even the crawl through the foot-deep water with the rope tearing at his shoulder as he dragged the loaded box behind him was better than the paralysing cramp of the coalface. By the time they had finished filling their sacks with coal, more men had come to the level. These helped to lift the loaded bags on to the shoulders of the two men before going into the level themselves, leaving Len and Big Jim to get down the mountain as best they could.

Before they had proceeded far, Len began to feel the weight on his back grow heavier with every stride. Each lump of coal became a nail that stuck into his flesh with maddening persistence. He jerked the sack to shift the pressure and pain from a particular spot, only to feel others that were even more agonising. The weight forced his shoulders nearer to the ground and pressed his feet more deeply into the wet earth, making it a strain to drag them from its grip. When he lifted a foot to take a step forward, he felt he was lifting the world with it. The pressure on his body forced his mouth open, and he sucked in the air with audible gasps like a swimmer in a heavy sea.

They had not covered half the distance down the mountain before Len was in a state of collapse. He closed his eyes, hoping thus to shorten the distance to his home, but when he opened them again, Cwmardy seemed further away than ever through the dull skeins of rain that dangled from the skies.

He groaned, and only the sight of Big Jim steadily plodding ahead prevented his dropping to the ground with the sack of coal across his neck. Although his brain was numb, the red-hot needles in his back forced him to break the shackles that held his feet to the earth. He thought each step he took would be his last, but somehow the last was always the next. His knees lost rigidity and his bones seemed to melt so that his feet dragged along the ground, at no point entirely leaving it. He lost all sense of space and time until he bumped into Jim when the latter stopped by the wall that separated the colliery siding from the road leading to the village. His father helped him lift the bag of coal onto the wall so that he could rest.

Len felt his body float in the air and a lifting sensation fill his head. He sat down abruptly and closed his eyes. Presently he heard a sudden clang of iron and Siân's voice saying: 'You haven't got much further to go now, Len bach, and us have brought two buckets to help you.'

He jumped to his feet and saw his mother and Mary before him. Pride made him ashamed of their action and he blurted out savagely: 'What the hell did you want to bring those buckets for? Do you think I'm still a little kid, mam, and haven't grown up?'

Siân looked at him reproachfully, the wet shawl, swathed round her head, dripping moisture on her face. Len turned away and rested his arms on the wall while he looked at the long lines of coal-filled wagons the other side. Here and there he caught sight of a policeman on guard. Big Jim remained squatting on the ground, placidly chewing the tobacco he had so carefully saved before entering the level. Suddenly Len turned to his wife and pointed to the pit sidings.

'Look, Mary. In't it a shame? Those thousands of tons of coal, that me and dad have helped to fill, now rotting in the rain, have been there since the lock-out began, while we have got to kill ourselves to get a bag full from the level. It's bloody maddening! Aye, and we're all mad. Why the hell don't we all get together and empty those wagons, instead of slogging our guts out in the mountain?'

His voice became squeaky with excitement and exhaustion, and Mary, knowing his moods, did not reply, but Big Jim, looking at his son slyly for a moment, remarked: 'Aye, aye, Len bach. You are quite right, my boy. Big Jim's son must always be right, muniferni; but be careful the bobbies don't hear you or catch you looking at that coal on the sidings, or you will have a summons, sure as hell! Ha, ha!'

Siân felt it necessary to add her quota. 'Aye, indeed, Len. Many a poor old dab have been fined or put in jail when they tooked coal because they didn't have no money to buy some.'

This sentiment found a responsive chord in Len's mind. 'By gum,' he said, 'I'd never seen it in that way before, mam. They lock us out of the pit; then give us food-notes instead of money; and when we take coal because we haven't got money to buy some, they make us pay twenty or thirty times its value in fines, and when we can't pay that they make out that we are criminals and send us to clink.'

Big Jim looked at Mary with a glance that seemed to say: 'There's a clever man for you, my gel. Not many scholars in Cwmardy could put it together so quick or so good as that, eh?' But he confined his remarks to: 'And who is on the bench to send you down? Why, Mr. Hicks, the general manager, in't it?' No one replied.

When they were ready to go Len resolutely refused to allow the women to fill their buckets from his sack.

His mother looked for some moments as though she were prepared to use force to compel him, but she cooled down sufficiently to say: 'All right. You will come to your senses one day. But you shan't spite us out. No, not if us have got to go round the back lanes and scrape cokes from the ashes to fill our buckets. Huh! You have comed a big man all of a sudden, haven't you?'

Len knew from past experience how advisable it was that he

say nothing, so he worked himself under the sack, which now felt heavier and more painful than ever, and followed dumbly in the wake of his father. Siân noisily rattled the empty buckets, and Len prayed that none of his mates would see the two women before he reached the house. He clenched his teeth and kept his eyes fixed on the ground until he came to the little tin chapel and heard a murmur of voices.

Big Jim stopped and turned round to ask: 'What is on there, Len? It can't be a service or your mother 'ood be there.' Len was too exhausted and miserable to answer, but he also wondered as he slowly dragged his body and its burden towards the house.

Inside the chapel a congregation of preachers, shop-keepers, and others was listening to a prayer offered up by Will Smallbeer, who had been converted during the lock-out. The sound Big Jim had heard was the deep 'Amen' from those present when the prayer was finished. This was soon followed by a lament about conditions in Cwmardy, and Mr. Evans Cardi summed up their feelings when he said: 'This lock-out is taking us to ruin. I can't see any hope of our getting back the debts the people owe us, and now, after eight months, we are no nearer the end of the stoppage. It's bankruptcy, it's ruin!' he wailed despairingly.

The village doctor, whose double chin hid his tie, helped the discussion that ensued. Clearing his throat, he rose to his feet, and was immediately given a respectful silence which enabled him to say without lifting his hoarse voice: 'Yes, gentlemen. It's ruin for all of us unless something happens very soon. The people expect me to treat them just as they did when they were working and paying for my services. But I must live. I have to pay for the powders and medicine I give them, but it is impossible to carry on any longer, impossible.'

A bitter moan ran round the chapel, whose tin walls made the echoes even more melancholy. After a while, Mr. Hughes, the preacher from Calfaria, the chapel where most of the officials worshipped, rose from his seat.

'There is no sense in it, friends,' he began. 'The men are being led unwisely. No one can say there is a dispute on, yet Ezra persists in treating it as one. The Communists are using Ezra's stubbornness to further their own political ends, and he is too weak to stand up against them. I say there should be no politics in the union.' Another moan, interspersed with cries of 'Shame!' interrupted him for some moments. 'O God! If we could only gain the ear of the people and show how his obstinacy is bringing despair and dereliction to Cwmardy,' he was continuing, when Will Smallbeer jumped up excitedly.

'I know, I know!' he shouted. 'Why not go up the Big House to see if the company have got something new to offer? We can then go to the people, 'specially those who go to chapel, with something definite that many of them 'ood be only too willing to accept. Once we can get a few of them going back to the pit, the rest 'ood soon follow. I say the same as Mr. Hughes – keep politics out of the Union and the pits.'

His beer-drenched waistcoat glistened queerly in the dull light of the sacred edifice. A few evenings later, a group of men with hats pulled down and coat collars turned up, made their way slowly up the tree-bordered drive leading to the Big House. The trees, bending in the cold wind, seemed to beckon each other to listen to the subdued tramp of ascending feet and the request they were taking to the company.

Will Smallbeer shivered and whispered to the preacher: 'Cold night, in't it, Mr. Hughes?'

The latter's acquiescing nod could not be seen in the darkness, and no more was said, although the wheezing breath of Evans Cardi was audible through the leafy rustling. The men paused a while when they reached the main door of the Big House before ringing the bell, but the speed with which the ring was answered showed they were expected.

'Round the corner to the servants' entrance,' the footman announced without any preamble or explanation.

As the flunkey shut the door in their faces, Will's eyes glared in the lights pouring from the windows and he swallowed noisily.

Mr. Hughes broke the tension when he said, in what he obviously intended to be a propitiating manner: 'A small misunderstanding, I expect. Lord Cwmardy will probably explain when we see him. Come, let's go round the back.'

The others docilely followed him, although Smallbeer continued snorting as though a straw were tickling his nose. It was late in the night when the men came back out through the front door, where Lord Cwmardy shook each of them, with the exception of Will, by the hand. The deputation was halfway down the drive when the dogs guarding the grounds began to howl mournfully, the echoes running between the trees with eerie reiteration.

Mr. Evans shivered coldly at the sound, but Smallbeer seemed to find it stimulating.

'The dirty sods!' he cried vehemently. 'They know they got us in a vice now we've been up to them, the rotten bastards!'

'Ssh,' whispered Mr. Hughes and Evans Cardi together in shocked sibilance.

'You forget yourself, William, but don't forget the friends who are with you.'

'I know!' bellowed Will. 'You think because I have stopped drinking since the lock-out and attend the services regular, that I have forgot where I come from and the butties who fought with me in the strike. Never, never!' he shouted, his voice rising in temper with every word. 'Give me Big Jim and Len before the bloody lot of you!'

He quickened his pace before they could reply and his curses, floating back to them through the night, mingled with the moaning of the dogs and was soon lost in the distance.

Len left his chair and went to the door when he heard the tramp of heavy feet hurry past the window, but all he could see was the back of the man running up the street. Something peculiar in the gait puzzled him.

'What was it?' Mary asked when he returned to the kitchen.

'Someone running. I couldn't make out who it was, yet I could swear that I know him.'

The puzzled frown remained on his brow for some time after they resumed their conversation, then suddenly he remembered.

'It was Will Smallbeer!' he declared dramatically. 'I wonder what he's been up to?'

Mary supplied the answer in a moment. 'He was one of the deputation picked in the chapel meeting to see Lord Cwmardy. More than likely they've finished and have come back,' she said.

Both remained gazing into the fire for a long while after this, until Mary looked up at the clock and queried:

'I wonder what is keeping dad. It's not often he's out so late as this.' She paused, then moaned: 'Oh duw! He worries me more with every day that passes.'

Len shook his head and both resumed their meditations, until Mary again broke the silence.

'This will finish him. If the chapel people have made an agreement with the company, it will mean that dad will have reached the end of his rope. Aye,' she added bitterly, 'it would have been better if you and the Party had listened to him in the first place. All this misery wouldn't have happened then, and our men would be working and solid in the Federation, instead of as they are now, split up and ready to go back to work on the conditions offered in the beginning.'

Her thoughts turned to Ezra again and her eyes filled with tears. Len watched the shadows play over her face, and they reminded him of the reflection of moving clouds on the mountain. She grasped his arm tightly. 'Oh, Len, I'm afraid this will change dad altogether. He doesn't seem to have his old strength to fight both the preachers and the men who want to go back to work.' She began to weep quietly, at the same time wailing through the fingers that covered her eyes. 'Oh Len, I wish the men would decide to go back, all together, and put an end to this poverty and worry that is slowly killing us. If it keeps on much longer, there'll be nobody left in Cwmardy; those of us who are not in the cemetery will be tramping the country looking for work.'

Her words and demeanour worried Len. He had never seen her

so completely broken up before and so obviously a victim of her emotions. But he said nothing in case his remarks should further disturb her, although he felt that matters were reaching a crisis. His mind switched back to the discussions in the Party, particularly the one where Fred Lewis advocated that the Party should support Ezra and urge the men back to work. The scene which followed Harry Morgan's taunt that Fred was ratting lived again before his eyes, and his mouth unconsciously shaped to the arguments he had himself used to prove the accusation.

He forgot the kitchen and the softly weeping Mary near him, and his eyes became blind to everything but the indignant form of Fred, when he rose to his full height and walked out, flinging back over his shoulder the retort: 'Call yourselves Communists! Bah! If you were in Russia, the bloody lot of you would be shot as anarchists!'

An impatient rattling on the door-latch brought him back to his immediate environment, and he turned his head to see Ezra walk in. The miners' leader looked like a very old man who had lost all vitality, and he hardly glanced at his son-in-law as he sat down wearily. Mary wiped her eyes hastily, hoping the tears had left no betraying signs upon her face. The silence that followed the elder man's entry was heavy with unspoken thoughts until Ezra himself gave them voice.

'We have now got to make up our minds. Either the committee takes the men back to work, or the preachers and shopkeepers will.'

There was at once a hopelessness and yet a kind of desperate determination behind the statement that egged Len on to say something, but Ezra stopped him with a wave of the hand that seemed to sweep the whole of Cwmardy into its grip.

'It's no good arguing now. Everybody knows the position, and like cowards we have all been keeping it to ourselves, hoping that something would turn up to prove us wrong. Aye, cowards.' His voice began to quiver with a passion that was unusual in this stern man, and it rose a little as he went on. 'If you had only listened to me at the beginning, these months of hunger and sorrow would not have been. But no; it was easier to call me a renegade, as Harry Morgan did in the committee, than to face up to reality. But now, all of you, do you hear... all of you, have got to face it,' he shouted. 'There is no committee, the men are not paying the union, and unless we give the terms for going back to the pit, the others will; and that means the end of the Federation in Cwmardy. Already there is talk of a new non-political union, and there are many of our own people who will welcome this – yes, welcome it in the hope it will smash the Federation for good.'

Mary grew alarmed at his vehemence, and hurriedly rose from the chair to place her arm about his neck when he drew his hand across his eyes like a man whose sight is fading.

'Oh, dad, don't take it so hard,' she implored; 'no one will ever make me believe that the people are not behind you now, as they were during the strike.'

Len, who had been a silent listener to Ezra's outburst, saw her gulp back the sob in her throat and came to her aid, although he sensed that words would no longer have weight with her father. He hardly knew what to say in the circumstances, but forced himself to declare half-heartedly: 'All of us who count are behind you, Ezra; and you can bet on it the Party will back you all the way against those who want to give in to the company. You can have faith in that,' he concluded rather apologetically.

Ezra lifted his head sharply, letting them see the dull glow in his pouched eyes. 'Don't talk to me of faith,' he almost snarled. 'That's what the preachers you condemn say they have, but I've got none of it. No! I've always had to go on facts, not faith. Nine months of semi-starvation is enough sacrifice for our people, and rather than see others, who have no business to interfere, put an end to it, I'll do it myself. Yes. There is nothing for it now, any more than there was in the beginning. When there are two evils that we have got to choose from, we must always choose the lesser.' His voice was husky when he concluded and he caught

Mary to him, making her sit on his lap as though the contact brought consolation.

Len felt himself devoid of argument in face of the crisis as Ezra had presented it, but faith in the Party persuaded him that there was a solution somewhere, even though he couldn't grasp it at the moment.

He was saved further pondering by Mary, who said quietly, in tones showing she had a complete grip of herself once more: 'I agree with you, dad. You are right and we must put an end to this lingering. I'm sure the most sensible of the men who used to be on the committee will agree as well when you put the position to them.' Both men immediately saw a glimmer of hope in the sentiment, although each hoped a different outcome.

Ezra lifted her from his knee and, rising himself, stood near the fire with his back turned to it. He recited a number of names and asked Len if he'd go round their houses in the morning and invite them as old committee-men to a discussion on the new development. Len agreed, but insisted upon adding Harry Morgan's name, which Ezra had for some reason omitted. There was an argument over this, and Ezra only finally gave way when Len threatened to drop the whole matter if Harry wasn't invited.

Next day most of the invited men turned up to the committee. Dai Cannon, Sam Dangler, and Big Jim sat near each other; the latter commenting audibly about the others present.

'How be, Reuben?' he greeted a coal-scarred veteran, who at the beginning of the lock-out had been given a lump sum in commutation of the weekly compensation he had received for an affiiction to his eyes, which the doctors said was nystagmus. The man so addressed turned around to look at his questioner. His eyes were large and seemed to be all pupil, that blinked and quivered in the dull light of the room. He carried his head slightly sideways on his hunched shoulders, as if this made it easier to concentrate his gaze.

'Hallo, Jim. Glad to see you,' he growled.

He had no time to say more before Fred Lewis strode in,

walking arrogantly past the men already there and squatting himself in a vacant chair near the table, from which he turned round to nod patronisingly to his acquaintances.

Jim bent down a little to whisper in Dangler's ear: 'That's a clever chap for you, mun.'

Sam nodded his head disparagingly. 'Aye, he's clever all right. So clever that he do always look after number one first, never mind a hell about anybody else. One day he'll leave all of us in the dirt, 'spite of all his big talk.'

Jim did not like to be contradicted in this manner, and hastened to defend his position. 'Hell, mun! I didn't say anything 'bout that, did I, Dai?' turning to the latter, who shook his head in confirmation. 'All I did say was that he is a clever man. As for the other thing, why, you do know so well as me that any man born above the Boar's Head can look after hisself without asking anybody for help. In't that right, Dai?' turning again to his mate for support, then immediately adding: 'Mind you, I don't say he be so clever as our Len. Duw, there's a scholar for you! I bet he's the smartest man in the four pits, muniferni. It is a pleasure to hear him arguing with Siân when she is in her tantrums. Duw! He do blind her with science.'

Fred Lewis sensed he had something to do with the conversation, and hearing the word 'clever' turned round and smiled at Big Jim, who solemnly nodded his head as a greeting, at the same time twirling one end of his moustache. Ezra now rapped the table and Jim hurriedly whispered to Dangler: 'Give me a bit of the 'bacco you do owe me, Sam, before he do start.' He rubbed the proffered lump carefully on his patched trousers to loosen it as Ezra began quietly speaking.

Len sat next to Harry Morgan, whose high forehead and large spectacles made his face appear all eyes as he listened intently to the miners' leader. During the first half of his statement, Ezra stressed continually the poverty wrought in Cwmardy by the lock-out, until old Reuben grunted loudly: 'Cut it out, mun. Don't us know all about that, without you preaching by there about it?'

Harry clapped the interruption loudly, and Big Jim, thinking it was Len, did the same, although the latter remained perfectly quiet. Ezra, always intolerant of opposition, immediately threw aside the factual sternness with which he began the meeting.

Fixing his attention on Harry and not even glancing at Reuben, he raised his voice heatedly. 'Can't you forget your politics and your prejudice for a while, man?' he demanded. 'Or have you come here with your usual tactics of disruption, not caring what will happen to the workmen so long as you and your Party have their way?'

Harry jumped to his feet to make an indignant repudiation of the charge, but Will Evans' loud, rolling bursts of laughter were before him. 'Ha-ha! Ho-ho-ho! That's a smart 'un! Hit the other bloke first when he's pulling his coat off. Ho-ho! Ha-ha-ha!'

Will's thin cheeks rippled with the laughter, but he soon became quiet again when he saw the serious faces around him remain impervious to the attempted joke. But it had served its purpose, because Harry had resumed his seat during the brief interlude, leaving Ezra's statement unanswered.

The miners' leader continued his speech where he had left off before the interruption, and when he reached the end he was pleading vehemently that the committee should ask the company for the terms and advise the men to accept them.

'Unless you do that,' he said tonelessly, like a man to whom talking has become a sudden burden, 'we will destroy even the little organisation we have left, and rather than that, I am prepared to admit defeat.'

He suddenly noticed the tense look in the men's eyes, and his own filled with a pain that he tried to hide in an outburst of temper. 'Don't stare at me like that!' he cried. 'It hurts me more than it does you to have to say these words. I never thought I would see the day when my own men would leave me and follow others.' His voice quavered, but he had hardly time to sit down before Harry Morgan began speaking.

Len listened to the Communist leader, following every word

with an intensity that made him oblivious of the fact that the other men were equally interested. The high-pitched voice sounded louder than it actually was as the words rebounded from the walls of the small room. Harry always addressed a dozen men in the same manner he did a thousand and this occasion was no exception. With a bite in every sentence, he explained the tactics of the company ever since the strike, how they began by separating mates in the pit, then introducing strangers to further estrange the men.

'And when they had done this,' he continued, 'what after? They came to us in seam after seam saying we would have to lower the price-list and give them more output or the seam would have to be closed.'

Ezra started to his feet but Harry hurriedly checked him with the remark. 'I know I will be called a disrupter and all the rest of it for what I am going to say, but that won't stop the Party of which I am proud to be a member from speaking what it thinks is the truth.'

Fred Lewis jumped up excitedly. 'I'm as much, if not more, a Communist as you are, and I say we must always be prepared to change our line. I believe we are wrong and that Ezra is right.'

Big Jim guffawed loudly. 'Ha-ha! If I do know my P's and Q's you 'on't be a Communist after today, mun jawli.' No one took notice of him, and Harry continued as though there had been no interruption. 'Ten months ago they flung their bombshell. They said accept what we give you or finish in the pit till you do. That was an ultimatum, a threat that tried to rob us of our voices and make us puppets of the boss. And after sticking it for nearly ten months, Ezra now wants us to give in because a few preachers and what-not are interfering. I say no; and if Ezra says differently, he's of more value to Lord Cwmardy than all the officials in the pit.'

As he developed the argument, his passionate utterances electrified the men present. There was a momentary pause when he finished, until Len cried out: 'That's it; Harry's right. To give in now will be to play right into the hands of the company.'

He went on at some length, repeating the arguments already made until he sensed a restless fidgetting among the committee-men, one of whom shouted: 'We've had enough speeches. Let's vote.'

Big Jim was on his feet in a jiffy. 'Don't you shout my boy down, if you do know what is good for you,' he howled. 'Fair play for everyone I do say and don't none of you forget it.' Dai Cannon caught the tail of his coat and jerked him back to the seat, but not before Len also sat down.

When Ezra put the matter to the meeting, the vote for standing firm was decisive. His face went even paler and he opened his mouth to say something, but changed his mind and rose from the chair without another word. He turned when he was near the door and looked back at the silent men, whose eyes were fixed on his. Hot saliva rose to his throat and he swallowed hard, his drooping shoulders looking pathetically lonely as he left the room.

Len did not return until late that night, and when he at last entered, Ezra was already in bed, but Mary sat crouched over the fire. Her posture was sufficient witness to the despondency that consumed her. It hurt Len to see her in this frame of mind and he put his arm consolingly round her neck, at the same time using his free hand in an effort to turn up her face so that his eyes could look into hers. But she avoided him with an impatient motion that made him halt involuntarily.

After a while, during which he stood awkwardly near her, not knowing what to do or say, he muttered: 'Let's go to bed; the fire's going out and you'll only catch a cold down here.'

She made no effort to answer him or to move, and when he realised her intention he became impatient. Bending down, he put one arm under her legs and the other round her shoulders, and, although she struggled feebly, carried her up the stairs.

He knew that Ezra had already prejudiced her regarding the night's decision, but her attitude had stirred his pride too much to permit him to ask what his father-in-law had actually said. Both of them silently undressed and went to bed.

Len was up early in the morning. He pulled on his trousers, then glanced down at her sleeping face, bending to kiss her softly on the lips. The tightly drawn little wrinkles about her eyes told him the depth of her worry, and he felt sorry he hadn't tried to coax her during the night. She stirred restlessly, but did not wake as he quietly closed the bedroom door behind him. He lit the fire, made tea and some toast, which he took up to her. She was awake when he entered.

'I'm sorry, Len, I was so nasty to you last night,' she apologised, taking the cup from his hand.

'Never mind, you are worried.'

She hurriedly put the cup on the chair near the bed as he said this. 'Oh, Len. Yes, I am worried,' she emphasised. 'I'm sure dad won't accept the decision you took last night. I'm sure he won't.'

Len looked hard at her. He felt she was hinting something to him, but could not grasp it. Mary saw the puzzled look in his eyes and longed to tell him what was bubbling on her lips; but, instead, she hastened to console.

'Don't bother your head, Len. Everything will come all right in the end.'

He left her in bed and went to meet Harry Morgan and the other Party members, who had planned to chalk the roads and poster the hoardings with slogans. It was so early that the streets were practically deserted, but Will Evans and another man posted themselves at each end of the street to watch for any wandering policeman while Len and Harry hurriedly chalked huge letters on the roadway: 'People of Cwmardy, don't go back to the pits till the old conditions are granted. Stand solid behind the committee. Demand the council feed our children in the schools. Don't listen to those who want to break our resistance.'

In every street the same advice was written, while posters with much the same message were pasted on the pine ends of houses and other places. The continual bending put a pain in the small of Len's back, but he refused all requests from the watchers to change places. He felt more proud of his handiwork with each slogan he chalked, and was determined to finish the job on his own.

He little thought while he was doing this, that Ezra, with Mary at his side, was making his way up the drive towards the Big House. Halfway the miners' leader stopped abruptly and grasped his daughter by the shoulder. Mary could feel in his fingers the conflict which gripped him, but she faced him without flinching when he stared into her eyes. His voice sounded like a croak when he spoke.

'Tell me, Mary. What else can I do?' Before she could reply, he rushed on: 'I know you are against my seeing the company now the committee has decided, but that's not good enough for me. No. If it wasn't for Harry Morgan and Len, the others would have seen the same way as I do and we would now be doing the right thing. Remember that, Mary,' he pleaded. 'If there is anything wrong in what I am doing, the committee is to blame and not me. They should have been men enough to do what is best for the people instead of letting themselves be influenced as they were.'

He drew a hot hand across his brow and Mary led him gently to the grassy verge of the drive, where he sat down wearily. The poverty and the deadly inertia of the last ten months made her believe with all the strength of her mind that her father was right in his desire to call the lock-out off. But the long experience of discipline and obedience to leadership which he had carefully nurtured in her forced her to disagree with his present action. The very training he had given her throughout her life was the instrument which now made her condemn him, although she took care not to let him know the extent of her opposition.

Mary took the bent head in her hands and pressed it to her bosom, but the contact seemed to acquaint him with her innermost thoughts and he hurriedly shook himself free.

'I know what you are thinking, Mary,' he asserted hoarsely. 'Yes, I know.' He paused a little to recover himself and when he continued his words came more slowly and deliberately. 'You believe that the committee is right, and that I am weak. That's what Len and the others think. But you're all wrong. Do you hear me? All wrong. I have led the people of Cwmardy for thirty years, and I know their every mood. Ha! If I let them dribble back to work one by one until the return became a rabble, you would think I was strong eh? But I've led too long to fall into that trap and I know – are you listening? – I said that I know the only way to lead is the way the people want to go, and you must take them altogether or you'll be left on your own.'

The despairing monologue appealed to Mary's desire and emotion, but she failed to efface completely from her mind the consciousness that she had heard similar statements from him before in a crisis. The continual conflict of opinions between Len and her father was slowly developing an independent outlook in her, but this was not yet strong enough to beat back the devotion she had for Ezra, which always made her support him when she failed to convince him.

Without being conscious of it, she now tried to reconcile her love with her opinions. 'I don't agree that the committee is right, dad,' she declared sadly. 'But I don't believe the people won't follow you now as they have always done, if you ask them to. What I can't understand is why you are going to the company in spite of the committee, instead of going to the men. Oh, dad, I'm sure they'd do what you want them to, never mind what the preachers say.'

He stopped her sharply. 'That will do, Mary. You are too young to know what is best.' His voice became softer as he begged: 'But in your ignorance don't you also desert me, Mary. No, don't you do that, my dear, because that would mean the end of everything.'

His plea conquered her and the tears in her eyes made them scintillate when she answered. 'However can you think such a thing, dad? Whatever happens and whatever anybody says, where you go I'm coming, never mind where it is.'

She helped him to his feet, and the windows of the Big House seemed to grin maliciously at them as Ezra left Mary waiting, and went to the front door with bent head and heavy feet.

Half an hour later he returned and dumbly handed her a document which she subconsciously knew contained the terms on which the men could restart work. She read as she walked, and her eyes were flaming by the time she had finished.

'The men will never work on these terms,' she exclaimed.

Ezra did not look at her when he replied: 'Too late now. I've already agreed to them, and all that is left is to explain them to the men.'

This shook her severely, for she had not for a moment thought he would have gone so far as this, and she stopped to blurt out: 'But, dad, you shouldn't have done that. You ought to have let the men see the agreement first, since they are the ones who will have to work under it. At the very least you ought to have showed it to Len and the committee.'

His silence quieted her, and she said no more as she followed him down the drive, but, buried in meditation, Ezra failed to notice that she made no attempt to return the document.

During the remainder of the day Mary burned to show the agreement to Len, but she restrained herself till they were alone in their bedroom. Len knew her moods and lay quietly in bed watching her undress, although his heart beat more quickly each time he saw her thin body.

When she had finished she sat in her nightdress on the edge of the bed and handed him the document, saying: 'Here, read this.'

He sensed by the throb in her voice that something serious had happened, and, in a sudden surge of emotion, he drew her backwards across his body, pressing her to him.

She struggled from the embrace and gasped: 'Read that first, perhaps you won't be so anxious after.'

Len forced his eyes to the paper, but before he was halfway through he sprang out of bed and began pacing excitedly, his shirt swishing like a kilt about his bare legs, while he muttered to himself.

His movements got on Mary's nerves, and she grasped his shirt. 'For God's sake, sit down, Len. You give me the creeps talking to yourself like that.'

He glanced down at her. 'Creeps, to hell. I know somebody else who will have the creeps when the workmen know about this lot,' he declared, at the same time sitting on the bed beside her, while he read the agreement again.

'Good God, the men'll never accept this!'

'They have already been accepted,' Mary said quietly. Len jumped to his feet, stared at her for some moments, then burst out as though he doubted his ears. 'Accepted? Who's accepted them?'

He was obviously bewildered, and she averted her eyes when she replied. 'Dad agreed to them with Lord Cwmardy today. I was with him.'

Len took her face in his hands and fixed his eyes on hers in spite of her efforts to avoid him. When he spoke, the words were hard and incisive. 'If your father did that he is a traitor.'

A muffled sound came from Ezra's room, followed by a groan. It galvanised Mary into sudden life, and tearing her head free she jumped up, her heaving bosom betraying the tumult the accusation induced in her. She forgot all her previous doubts as the blood love in her body clouded her intellect and forced her to her father's defence.

'You coward, to slander your best friend, the man who has taught you all you know!' she shouted passionately. Len came towards her and would have spoken, but she checked him with a gesture that showed her contempt. 'Don't come near me,' she gasped, and the cough that lingered in her throat made her words sound more bitter when she continued: 'You, of all men, ought to know how much my father has sacrificed for the people and the Federation. I was there when he told you how my mother died of a broken heart when the owners sold her home up because of dad.'

Len nodded mutely. He felt uneasy, but she gave him no time for words, as she went on with her tirade while the tears rolled down her cheeks. 'My father has always in every way been a man of the people; and now when he is in the greatest need of help, they snub him and turn from him.'

A spasm of coughing racked her chest and checked the torrent of words. Len picked his trousers from the bedrail and extracted a handkerchief, with which he wiped away the phlegm that stained her lips. He drew her tenderly to the bed, where both sat for a while as she regained her breath. When the spasm was over, she took up again the threads of defence, but her voice was now more subdued.

'You've told me scores of times, Len, that the workers never desert their own,' she said.

Len immediately saw what she was driving at. 'That's true,' he stated categorically, as though there was no room for doubt. There was a pause before he took the initiative and challenged her. 'But you can't expect them to stick to a traitor, can you, Mary? You're not soft enough to believe they'll stick to somebody who's got no faith in them. If you are, then you'll believe any bloody thing.'

Mary coloured and asked, in tones that were again beginning to quiver with temper: 'If what you say about them is right, why have they turned from dad after he has given everything, his life, home, and happiness, to them?'

Len looked at her pleadingly. He had known this fight was bound to come off sooner or later, and dreaded it because he was aware it could lead to a lasting cleavage between himself and Mary. Her passionate devotion to Ezra had often raised jealous queries in his mind, but he had always evaded the issue. Her words showed he could do so no longer and must face it whatever the ultimate result. He drew himself together with a tremor and said with all the gentleness he could command:

'Mary, my love, why don't you try to listen to reason. You know how hard it is for me to say these things, but they have got to be said, mun, or I'd be less than a man and not worth any love you might have for me.' He swallowed bitterly as the thought flashed through his mind that she had very little love to give anyone after Ezra had had his share.

The pause encouraged Mary to believe he was weakening. She

also knew the issues at stake, but confident from past experience, she felt herself stronger than he on vital matters and had already made her mind up for him. She began to plead: 'Oh, Len, if you can say these things about dad, what can we expect from those who don't know him so well?'

Len realised she was trying to keep him on the defensive, and the knowledge gave him courage to protest. 'I don't agree with you that either me or the people have deserted your father. No, by gum, Mary, the boot's on the other foot, if it comes to that. You know as well as I do that ever since the big strike and the shootings, he has drifted further and further away from the struggle and the principles he used to believe in. Be fair, mun, and don't shut your eyes to things they ought to see.'

Mary jerked herself taut and her eyes flashed into his. The essential truth of his remark had struck her like a blow, but she stubbornly continued to challenge him.

'You have got to prove that,' she declared harshly.

Len looked at her helplessly. He ached to catch her in his arms and his head hummed with the effort he was making to control his emotions, but the love he had for her, which had often been a weakness, was now the source of his greatest strength. He shook his head slowly before saying in tender tones that none the less showed the depth of his conviction:

'It is for you to see the facts, Mary. You will find all the proof you want in them. Think, girl,' he pleaded, 'only for a little minute. Isn't it true that ever since the strike he believes that the men can never beat the company, that it is always better to meet them halfway than it is to fight them? Of course it's true,' he answered himself. 'He has lost faith in the people, and, because of this, thinks the company is invincible. That is why he always tells us that half a loaf is better than nothing. You have heard him say that yourself a dozen times, haven't you?'

She nodded her head without thinking what she was doing. He saw the gesture and it gave him confidence to go on. 'Oh, Mary, I know you love your father to the bottom of your heart, but don't you also love all the people who have suffered the same as you from the lock-out? Haven't us all sacrificed as much as each other to beat the company and make the pit fit for men to work in?'

Mary's head dropped slowly while he spoke, until her chin rested on her chest, and she sobbed quietly to herself.

There was silence for some minutes, during which she gathered new energy. 'The Party is jealous because dad has got so much influence over the men,' she challenged him. 'They want to break him so that they can have control of the Federation.'

Len caught her shoulders and bent his head sideways until her eyes looked into his. 'You are saying anything now, Mary, because you are too weak to give in. You are only telling me something that your father has told you, and you know in your heart that it is a lie.'

The downright assertion and his manner of making it conquered her, and she made no effort to continue the argument. Len's face flushed when he realised she had capitulated, and a warm glow ran through his body. He drew her head towards him while he murmured in her ear. 'Don't worry, Mary; it's always better for us to face reality than to run away from it. Your old man has often told us to look at things as they are, and not only as we want them to be. And he was right, although it often hurts us to the bone to do it.'

Her submissive acquiescence spurred him on, and he felt her tears wet on his cheek as he carefully turned her body until it rested recumbent upon the bed.

'Oh, my dear, it is only by our love for the people that we can measure our love for each other.' Without conscious effort he caught his silent wife to him and squeezed her body to his flesh with hot intensity.

Mary sighed softly and Len felt desire sweep over him from head to feet as she relaxed herself in his arms and her upturned face looked trustingly into his eyes. With excited haste he pressed her backwards on the bed and his kisses stole the blue from her lips, replacing it with a living red. Her head now rested on his arm and her flesh quivered with vitality as his hand sought its intimacy. Though neither spoke a word he saw the smile on her lips melt the shadows in her face before he clasped her to him and both were buried in each other.

Some time later, he turned on his side and carefully covered her with bedclothes, before drawing her body tenderly to his and stretching his hand to extinguish the light.

BACK TO WORK

Next day Len reported Ezra's action to a special Party meeting which he called for the purpose. It was decided that if Ezra did not call a meeting of all the people, the Party would, with Len as the speaker making the report. On the other hand, if the miners' leader convened the meeting, then Len was to be chief spokesman in opposition to the terms.

The news of what had been done soon filtered through the doorways of Cwmardy, and for the remainder of the week nothing else was talked of. Ezra sent a crier round to announce a mass-meeting on the Sunday, and the message gave delight to the preachers and shopkeepers, the vicar going so far as to liken Ezra to Moses leading his people out of the desert.

Many of the miners, however, wondered what was wrong with their leader, but the increasing torment of their poverty together with their inherent loyalty inclined them to his support.

Mr. Evans Cardi rubbed his hands gleefully when one of his customers told him what had happened, and a smile parted his lips as he hurried into the inner kitchen to let Maggie know.

'We have reached the end of this misery at last, thank God,' he said. Her face was flushed when she looked up from the account books and waited while he told her what Ezra had done. When he had finished, she gave a little sigh. 'He is a good man, but pity he didn't do it little bit sooner; we could have let our Ron finish his studies then,' she remarked. Her husband, looking years younger already and the lines on his face seeming less harsh, interrupted her. He was anxious that nothing should spoil the joy induced by the knowledge that Ezra was leading the workmen back to the pit.

'Don't worry about that,' he consoled. 'I have been talking to some of the councillors about him, and if we use our heads and scrape some money together, they might find him a job as a teacher when he comes back.'

'But you know, John, that he doesn't want to be a teacher,' she retorted.

'Tut-tut. He will get used to it in time, and perhaps later on he'll be able to look round for something better.' A knock on the counter took him back into the shop, where Siân and another woman with a baby in a shawl were waiting. Evans could not conceal his exultation and greeted them with: 'Better times ahead now, eh? Ha-ha!' At the same time washing his hands in invisible water. The woman with the baby grunted. 'Hmm. From what I can hear, I don't know so much about better times. Our Si told me that the only difference will be that we will be getting parish pay just the same, only now we will have to work for it.'

'Tut-tut,' Evans interrupted impatiently. 'Hard work will never hurt nobody.'

Siân cocked her ears up. 'What? Never hurt nobody? Well do I know that it 'on't, if a man can get a bellyful of good food and a clean home after doing it! I don't believe in these old strikes and lock-outs no more than anybody else, but I don't believe in a man working for nothing, neither. Oh no! Come you, Mr. Evans.'

The grocer hurriedly served them, then went back to the kitchen, where he and his wife planned their son's future in every detail before retiring for the night, happy in the belief that they were on the brink of a new prosperity.

Very early Sunday morning, three buses droned through the drizzly rain towards Cwmardy's police station, waking many of the inhabitants long before their usual time. An occasional eye squinted through carefully parted window curtains, but none saw the buses unload their cargo at the police station. One of the higher ranks surveyed the newcomers critically as they stood rigid and awkward in the cramped space of the station. His eyes were coldly vacant as a carp's when he told them: 'We don't expect any trouble, now that Ezra Jones has come to his senses, but those Bolshies may try to turn the people against him.' He spoke at some length before he allowed the tired men to rest on the benches and chairs brought in for the occasion.

Ezra had spent a restless night, and after tossing about for hours he rose from bed and quietly made his way to the kitchen. The cold dampness made him shiver, and he hurried to light the fire and make some breakfast for himself. He had not finished this when Mary came down, her nightdress covered by an old shawl of Siân's.

'Where are you going, dad?' she asked in surprise when she saw her father.

'Just for a little walk, my girl. A bit of fresh air will do me good.'

He tried to hide the turmoil which was consuming him, but Mary's senses were too acute to be deceived. 'You can't go out in this weather, dad. It's raining, and you'll be soaking wet long before the meeting.'

He gave her a quick glance as he put his coat on and when he was near the door turned to say heavily: 'It's not the rain that harms, Mary. Life would be easy and happy if we only had to contend with that. Yes, easy and happy and men could die in peace.' Without another word he opened the door and went out.

Later in the day Len tried to persuade his wife not to come to the meeting. She had told him nothing of what had transpired between herself and Ezra; but he guessed there must have been something, and the fact worried him. She made no reply to his hesitant request, but he knew by the drawn expression on her face that she was intensely worried and he longed to console her in some way, although he felt that words would sound empty in the circumstances. He had already told her of the Party's decision to fight Ezra's policy in the meeting and this helped further to estrange them, so that he left the house alone.

Len found his father impatiently waiting for him. The rain had now stopped, although the sky was full of buffeting clouds, which neither of them noticed as they joined with the others who were making their way to the meeting place on the rubbish dump. The turmoil in the sky found an echo in the valley, where, louder than the drone of countless voices, the pit engines filled the air with a preparatory 'chug-chug' that beat on the bent heads of the people.

'What think you is going to happen today, Len bach?' asked Jim in his deep guttural voice, before suddenly bending his huge body and dismally emitting a curse. 'What in bloody hell is the matter with me these days? My back and legs do feel like they are on fire and I can't walk two cams without wanting a whiff.' He checked himself with a groan, his face contorted with pain and disgust.

Len always felt unhappy when he witnessed these periodic evidences of his father's decline, and he now paused sympathetically, hardly knowing what to say.

'Why don't you go to the doctor, the same as mam have asked you?' he demanded rather curtly.

Jim looked at him a moment as though he thought he had to deal with a man who had suddenly become deranged, then he roared out loudly enough for everyone in the vicinity to hear.

'Doctor to hell! What good can his powders and water do for a man like me, who have looked after hisself all his life and can work better'n any two men in the pit any day of the week. Doctor, muniferni!' He spat contemptuously on the ground, rubbing it viciously with his foot before saying: 'Come on. It is only a touch of the bile after those chips your mother maked for dinner.'

He thought over this for a while as they continued their walk. The words had implanted a new reason in his mind for the pains he was enduring. He was immensely proud of his once magnificent body and always loath to admit that excessive work and age were now beginning to take toll of his strength.

'Aye, that is it,' he muttered, 'chips.' He stopped again and looked at Len queerly. 'Huh! I can see taters in your face as well, my boy. And no bloody wonder. For the last ten months us have had nothing but chips in our guts come day, go day. By hell, it's a wonder our skins is not like tater peelings by now.'

This explanation appeared to invigorate and anger him at the same time. 'Hellfire! How can you 'spect an' old sodger like me, who have fought in two wars, to thrive on bloody muck like that? Ha-ha, tinned dog and taters. Ha-ha!'

Len said nothing, but Big Jim chuckled all the way to the dump near the sewage-contaminated river, where thousands of people were already assembled.

Ezra sat alone on the lorry that was to be the platform. His posture, with his chin cupped in his hands as he drearily surveyed the mass of faces before his eyes, denoted the melancholy and solitude which enveloped him. The white patches in his hair gave him a pathetic appearance, although his face still conveyed his dominant strength even in defeat. The delay began to make the waiting people restless, and an impatient murmur eddied through their ranks, breaking into Ezra's thoughts and bringing them back to the job in hand. He appeared a weary man when he rose to his feet, but the upraised hand, commanding silence, betokened the same power he had carried in moments of victory.

The characteristic gesture thrilled Len as it always had done in the past, and for some reason it made him think of Mary. He wondered if she had remained at home, even as he realised this was impossible for one of her temperament. More or less unconsciously he looked around for her, and saw scattered here and there amongst the crowd of hungry faces a number that looked healthy and well fed; but before he had time to ponder the problem, his wandering eyes caught sight of Mary and Siân, and he immediately started edging his way through the throng until he reached their side.

Mary's whole being was fixed with staring concentration upon her father, and Len knew by her attitude the struggle going on within her. He touched her gently on the arm and she started at the contact, although she tried to smile when she recognised him.

'Oh, you frightened me for a minute, Len,' she apologised. He made no answer other than to clasp her arm more tightly to him as Ezra's husky voice broke through the dead air.

The miners' leader explained the misery that had followed the lock-out and the hopelessness of expecting to defeat the company by adamant inaction that only prolonged the agony for the people. His whole demeanour tanged with hate as he outlined step by step the measures taken to break their ranks.

'Men who have lived on your backs for so many years now interfere in your pit affairs and want to break up the Federation. They have been doing all in their power to turn you against me and have divided you in such a way that the only hope left is to go back to work together and admit we are defeated,' he declared bitterly.

Will Smallbeer's heavy voice flung itself into the momentary silence that followed these words: 'That's right. Back to work, boys, before they put strangers in our places,' he boomed with all the force of his lungs.

The cry was taken up and rolled through the crowd. 'Back to work!' 'Back to work!'

It rose higher and mightier until another cry, which gathered impetus and volume with every second, began to chase it: 'What for?' 'Let's know what for.'

For many moments the two impulses shook the mass of people until they swayed like trees in a tempest. Len, still holding Mary's arm and followed closely by Jim and Siân, pushed his way to the lorry, on which he immediately clambered, leaving his family pressed against the wheels.

But as Len climbed up a messenger ran to the man who waited patiently in his car on the main street for news. He listened to the hasty report, then gave curt instructions to the messenger, who hurried back to the field where Len, having succeeded in getting some measure of order among the people, was shouting at the top of his voice: 'Ezra is betraying us. His words show he is becoming a deserter.'

Ezra clenched his fists until the knuckles drew the skin so taut that they looked as white as Mary's face. But Len saw neither.

'Let's know in shillings and pence what the new terms mean. Let's know the exact conditions before we start,' he cried, his voice cracking with the strain.

Someone shouted: 'Get down, you bloody Bolshie!' Others howled: 'Give the chap a chance. Let him speak.

Go on, Len.'

In a flash the air became electrified, and Len's further statements were drowned by the noise.

Mary looked nervously around the excited mass, and the hollows in her cheeks became deeper as she hesitated. Then she scrambled on the lorry before Jim and Siân could check her. The wind billowed her skirt over the back of her knees, but no one took any notice of this as they recognised her haggard features and she rushed towards her husband and caught his wildly waving arm.

'Stop. For God's sake stop. It is madness. Madness!' she cried. Len did not hear what she said, but he read her lips when she shouted: 'Leave it to dad. He's the only one who can handle them now.'

The big men who were scattered about drew closer together as Ezra once more rose slowly to his feet. He had made no effort to calm the tumult while Len was trying to speak, and now waited until it subsided, which it soon did as the people became aware that he intended speaking again when they made order. When at last he spoke, the words throbbed in his throat. 'You've heard what Len and his Party have to say and will think what you like. I have a duty to you and intend doing it whatever is said. The pits will be open tomorrow for all of you that want to go. Those who don't can stay away. I have finished.'

With this he gave Mary a glance that bored into her bones, gulped hard, then abruptly jumped off the lorry and left the field.

The people looked in amazement after his retreating form, until the big men started to hustle and order them to move on. Slowly they began to drift away, muttering and arguing as they went, until only Len and Mary, Big Jim and Siân were left on the deserted field that had become as silent as a cemetery. They looked at each other dumbly for some moments, then turned and followed the people as the pit-hooters blared the fact that the pit had found new life.

Len and Mary went home to his mother's, and when they were all seated Siân asked in a casual manner: 'What do you think to it, James? Do you think the men will act sensible?'

Jim said nothing, the long stand had made his body sore, and Len's failure to get a hearing had increased his irritation. But at last, seeing that no one spoke, he condescended to say: 'I don't believe they do know their bloody selves what they are going to do.'

This knocked Siân off her mental perch for a moment, but she soon recovered herself. 'Huh! Don't know what they is going to do, eh? And the hooters blowing like it was New Year's Eve. But there, perhaps it was you was too dull to understand what Ezra said.'

The words made Mary's cheeks go even whiter, a fact which the old woman immediately noticed. Repenting the effect of what she had said, she put her arms round the girl's neck and tried to console her with flattery.

'There, there, my gel. What are you worrying about? Your father did do quite right, as everybody with sense do well know.' She looked significantly at Len and Jim as she said this, but neither of them took up the challenge, though Len began to feel very awkward and wished he had gone straight home. He was on the point of suggesting this course when his father asked: 'Do you think they will work tomorrow, Len?'

'Yes, dad. I'm afraid they will,' nodding his head sadly. ''Fraid? How comes that, Len bach?' asked Siân with assumed surprise.

'Hellfire! Don't start nagging the boy so soon as he do come in,' shouted Jim in exasperation.

Len stemmed the impending storm. 'It's all right, dad. Mam and Mary are worried about the shop and the rent. It is they have got to stand the brunt of that; we know nothing of what it is.'

He bent down to pick up a black beetle crawling over the sand near Mary's feet, and threw it into the fire. They all watched the squirming form turn the hues into blue and green, which worked up through the red of the flames.

'Duw! That was a pretty sight, mun,' said Jim admiringly. 'See if you can catch some more, Len.' And he looked at the soot-grimed wallpaper in case any should be crawling there. Siân resumed the conversation with a plea. 'Tell me, Len bach, what is you and your father going to do tomorrow?'

Len had feared this direct question and looked at her before answering. The worry he saw in her face put a grief in his heart, and he hardly knew how to reply. He turned to Mary for support, but her gaze was fixed on the fire, and it was obvious by the droop of her body that the events of the day had robbed her of what little strength she had. Bracing himself, he huskily tried to placate his mother, at the same time hoping his words would justify his action in Mary's sight.

'I know it is hard for the two of you, mam. But what else could I do? We can't go against our principles and go back to work tomorrow after we have told the other men not to, can we?'

Siân, as usual when she was deeply upset, raised the corner of her canvas apron to her nose and moaned, 'O God, bach, where is it all going to end?'

The smoky air in the kitchen weighted the words in the ears of the two men when she continued. 'Whatever can us do? Ten months without a penny piece and head over heels in debt, and me without a shimmy to my back! Oh dear, dear! There is nothing before us in our old age but the workhouse.' She stopped her moaning and turned sharply to Len to declare bitterly: 'But I knowed it! Yes, so sure as God is my judge I knowed it 'ood come once you started mixing with those old Bolshies!'

She paused and sniffed, hoping Mary would come to her aid,

but the latter did not appear to be listening to what was going on in the kitchen, so Siân continued on her own, her voice rising with her temper. 'Don't you dare to bring that Harry Morgan, with his nice tongue and sly ways, inside my door agen. No, and if you are wise, Mary fach, you will keep him from yours too. It is him that have turned the head of our Len.'

None of them interrupted her and she stopped of her own accord, only to resume, with greater vigour, in a direct attack on Jim, who had been silently congratulating himself that he was out of it.

'There is nothing stopping you to go to work like other men, James, because you did never have no principles, whatever the old things is!'

The sudden turn in events shook Jim, but he squared his chest indignantly and his eyes flashed red in the fire-glow as he retorted: 'Be careful what you tell me to my face, 'ooman. Don't you never dare to say that Big Jim have got no principles. Huh! Many a better man than you have lived to regret those words all their lifes. But there,' he added resignedly, as though it had just struck him that the argument was beneath his dignity, 'what am I bothering to you about principles for? There have never been one in your fambly, so what can us 'spect?'

Siân stared at him with open mouth as he went on. 'Let me tell you, once for all, Siân, that if Len and Mary is Bolshies, then, by damn, I am one as well, and a bigger one than the two of 'em put together! See?'

With a dignity amounting to arrogance he raised his hand to his moustache and twirled its stiff ends about his fingers. The action thawed the glare in Siân's eyes as she sensed the rigid loyalty of her husband, and looking at Len, she saw the same pride there.

'All right,' she sighed. 'Have it your own ways this time agen. But so sure as God is my judge, one day they will have to break the door down with sledges to find our dead bodies starved to death on the floor.'

Big Jim, whose pride was stung by this last remark, interrupted her. 'If any man will ever find me starved to death, it 'on't be on the floor, but decent and tidy in bed like every 'spectable man did ought to be. Yes, muniferni! If you do want to die on the floor, Siân, you will have to do it by yourself, and I tell you straight now.'

When Len and Mary eventually left the old couple and went home, they found that Ezra, after leaving the kettle on the hob, had gone to bed.

THE BREAKING OF A FRIENDSHIP

On the Monday morning after the mass-meeting Mrs. Evans Cardi was awakened long before her usual time by the sound of singing. For some half-dazed moments she failed to understand what was happening and her hands groped aimlessly under the bedclothes, until she suddenly realised that her husband was not beside her. She sat up in a frenzy of alarm, and when she bent over to light the candle her fingers were trembling.

The singing seemed to get louder and she fancied she recognised the voice. Gathering her courage she got out of bed and went cautiously down the stairs into the shop, where she found John, his nose pressed against the windowpane as he peered into the street, happily humming:

> 'At five in the morning,
> As jovial as any
> The miners were leaving
> Their homes for their work.'

Accompanying the tune like a staccato baritone was the 'tramp, tramp' of hobnailed boots.

'Whatever are you doing down by here, John?' she asked in amazement.

He did not take his face from the window, but called over his shoulder: 'Come here, Maggie fach. Come and see them going to work. Ha-ha.' He laughed with the exuberant happiness of a child. 'Our troubles will soon be over now. Come, look at them going up the hill to the pit. Ha-ha! We won't have long to wait now before trucks of coal will be rolling down the line, and the ships in the docks will get up steam and we will have dividends on our shares in the pit.' He began to shout as the picture gripped him. 'Then, Maggie, we can pay off the mortgages, get rid of our debts, and have enough money to get our Ron a better position than teaching on the council.'

Maggie's eyes gleamed with joy, but she urged him back to bed and he reluctantly left the window, unwilling to lose sight of a single unit in the long line of black-clothed men silently trudging their way to the pit. He was enamoured of the tiny pin-pricks of light that stabbed the morning darkness through the cottage windows, but her exhortations reminded him that the hair on his naked legs was stiff with cold and excitement.

He followed her upstairs into bed, marking each step with a happy little chuckle. She tucked him in beside her, stiffening her limbs involuntarily when he wound his cold legs about hers and fell to sleep like a baby with his face resting on her bosom. She had followed him before the hooters howled the news that the last man was down the pit.

The echo of the hooters had died at the bottom of the valley before the specially imported police had left their hiding-places in the dark corners and alley-ways of Cwmardy.

On the way to the station one of them said loudly: 'Good job that's over. We'll be able to sleep in peace now.' Someone muttered a warning. 'S-sh! Do you want all the men who haven't gone to work to hear you?' They spoke in quiet whispers after this.

'About how many do you reckon went to the pits?'

'I should say about four thousand.'

'Huh! That means there's over a thousand that listened to that bloody red Len Roberts, and are now in bed while their butties are working.'

Another butted in: 'Aye, it's a shame. I say all these bloody Bolshies ought to be rounded up and sent to Russia. They wouldn't be long finding out which side their bread is buttered then, and would be damn glad to come back to the old country to work.'

They slithered in single file through the half-open door of the police station and carefully drew the blinds.

The police officers had hardly settled down to sleep after their all-night vigil before the sun poked its rays across the sky and into the black pall belching from the smokestack which threw them back at the windows of the Big House, where Lord Cwmardy sat with the earpiece of a telephone pressed to his ear. He seemed very interested in what was being said from the other end on the colliery yard, and when the voice had finished, asked: 'How many did you say, Mr. Hicks?... Hmm. Very good. Better than I thought for the first day. Yes. Eh? What did you say? No, no, man. Don't delay. Put the notice up immediately. Give them till Saturday to present themselves for work and let them know if they're not there by then their places will be filled with men from other areas... Oh, by the way, Mr. Hicks, have you seen to it that the old partnerships have been broken up and the working places interchanged?... Very good. Very good, indeed, Mr. Hicks... No, there is nothing more, good morning.'

He replaced the receiver with a smile and made his way to the dining-room, where his daughter, a robust young woman, sat awaiting him. Lord Cwmardy patted her hair affectionately as he passed her on his way to the chair she had ready at the breakfast table. He settled himself comfortably while she poured the coffee, after which he remarked.

'Well, my dear, the men have come to their senses at last and we can look forward to some tranquillity in this valley.' His eyes became reminiscent and his voice strangely soft when he said: 'Do you know, Margaret dear, I love this old valley and the people in it? It was here your grandfather sunk his first pit and laid the foundations of the company as it is now. Yes, your grandfather was a fine man. Strong enough to know not only what he wanted but also how to get it. Often is the time when I was a little boy he took me down the pit and made me sit on the side while he helped a collier to fill his tram if there was a rush for coal.'

He sighed at the memory, and his daughter looked at him from under her eyelids.

'Do you think the men will quietly accept the new price-lists?' she asked.

He squared his shoulders abruptly, spilling a drop of coffee on his trousers, but taking no notice of this.

'Accept? Of course they will. We have broken the backbone of their resistance and need have no further worry. You see, my dear, these pits here have always been a storm-centre, our people being the first to fight and the last to give way. But we have ended all that now Ezra Jones, their leader, has become more sensible. A fine man, Ezra. He used to be a firebrand and caused us a lot of trouble for many years, but he's getting wiser as he's getting older.' He strangled another sigh in his throat and asked her to pass the marmalade.

While Lord Cwmardy was having this conversation with his daughter and the hooters were blasting the valley with their blare, Big Jim was trying to light the fire in the kitchen grate. It was only after persistent nagging that Siân had persuaded him to get out of bed first. Her deliberate restlessness while he was sleeping made him grunt continually and had at last awakened him.

Rubbing his eyes, he sat up on his haunches and growled: 'What in hell is biting you, Siân? I thought you had poisoned all the bugs. For hell's sake go to sleep, 'ooman, or get up and let a better man sleep in peace.'

'Fitter if you got up yourself for once, like other men.

There 'ood be some shape on living then,' she retorted.

Jim remembered looking at her for some moments in amazement before bursting out: 'What? Me light fire? Good God! What is coming over you, my gel. Don't forget I am a man, not a bloody dish-cloth. Huh! It has always been against my principles to do a 'ooman's work.'

He had begun to curl up under the bedclothes again, but her next words brought him back to his haunches with a jerk.

'Bah! Principles indeed, what are they? I have never seened one and nobody else have neither. Will a principle put food in our bellies or clothes on our backs?' she demanded of her dazed spouse. 'No, never in your life. It is only work will do that.'

This shot compelled Jim to remark with ponderous slowness, as though she had committed sacrilege: 'A principle is like God. It is something you can't see, but it is deep down in your heart all the same.'

Siân had looked at him scornfully before replying: 'Huh! Your heart 'on't take you far when your belly is empty of food.'

It was this final remark, spoken caustically, that had sent Big Jim shamefacedly down the stairs in his shirt, vainly trying to maintain his dignity by flinging back with a grunt over his shoulder what he thought was a crushing retort:

'For shame on you, 'ooman, for thinking a man's guts is more 'portant than his heart. If somebody heard you, mun, they 'ood think you have never been inside a chapel in your life. Huh!'

He now tried to analyse her statements as he held a sheet of newspaper before the fire to draw the flames more quickly up the chimney. He felt that somehow she had got the better of him, and, pondering over the problem, forgot all about his work until a draught of air tore the paper from his hands and sucked it up the chimney, where it set the soot on fire with a roar.

The noise startled him for a moment, and he sprang back just as Siân, half-dressed, came rushing down the stairs to see what was the matter.

Jim immediately grasped his chance and shouted at the top of his voice: 'Hellfire! Is this bloody house witched, or what?'

She gave a glance at the fireplace, then began to pull her skirt over her head while he made frantic efforts to extinguish the flames, howling instructions all the while.

'Get some salt, Siân! Quick, now!'

‘There is none in the house,’ she moaned, at the same time unconsciously patting her disordered hair.

‘Hellfire! This is not the time to prink yourself up, mun. Get some sand, then!’

‘That is all gone too. Oh dear, dear. This will mean a summons so sure as God is my judge, and us without a penny in the house. Why for was a man so useless ever brought into the world?’

She sat resignedly in the chair and muttered: ‘Ah well, us might jest as well be burned to death as starve to death. It is quicker, anyhow.’

The neighbouring women rushed out into the street and saw the dense fumes of smoke and flame pour from the chimney. They gazed sympathetically at the sight for a while, then one said: ‘Poor old Siân will have a mess to clean up after this.’

‘Aye,’ another replied, looking at the curling smoke and folding her arms aggressively on her stomach. ‘And no need for it at all, if Big Jim did only do the same as our Dai and sweeped it down once and agen with the cane brush, it ’ood never catch fire. But there, what can you do with a man who do always say, whenever you tell him anything: “One man, one job”?’

This started an argument, and the fire died down while the women gossiped.

Later the same morning Len took a stroll through the main street, nodding here and there to the various groups of men scattered about. All of them were opposed to the new terms, and their resentment was expressed in their thin faces and the heat with which they discussed the position. Each time a strange policeman came near they turned their backs to him and audibly spat into the roadway as he passed. Dai Cannon was the centre of one group that hailed Len, who returned the greeting and joined them.

‘Aye,’ the irascible old man was saying, ‘Not so very long ago they was shouting like anything for the Federation and now the twisters have sneaked back to work like dogs scrounging after a bitch in heat. Ach, they do listen to Ezra like as if he was God.’

The keen attention which the listeners paid to his words encouraged him and he spoke more loudly: 'No man is good enough for that. No. What have Ezra done for us after we have paid him well all these years and gived him a nice house and enough money to wear collars and ties every day of the week?' He blew his nose before answering himself. 'Nothing. He have turned on us like the rest. I tell you, boys, it's every man for hisself these days.'

Will Evans, a muffler dangling rakishly from his neck and his cap stuck at an angle on the side of his head, thought it time to help. 'That's right. They're all the same, self first and everybody else last, from what I can see of it. Look at Fred Lewis. He's supposed to be in the Party and have been preaching revolution like blue hell for years; but now he's crawling round licking Ezra's arse. Bah! I wonder what Ezra had from the company for this sell-out,' he concluded insinuatingly.

Len felt his face go red, then white, and was about to break into the conversation when someone warned: 'S-sh! Here they come. Talk about the devil, muniferni!'

Ezra, his head bent and his hands behind his back, came slowly towards them. Fred Lewis was with him, talking volubly, his hands in continual motion as he tried to emphasise something; but Ezra did not appear to be taking any notice of him. The miners' leader quickened his step a little as he came near the group and his head sunk more deeply between his shoulders, until he heard someone hiss: 'Traitor!'

The word jerked him erect, and he stopped to scan the faces before him with glittering eyes. He stared at them, one after the other, until he saw the white face of his son-in-law. For some seconds the two men's thoughts were centred on each other and completely oblivious of anyone else.

Len felt a vague pity run through him and he would have given anything if he could have apologised for the remark, but Ezra's features were set with a hardness that allowed for no compromise. His voice rasped like a saw on steel when he said: 'Did you hear it? "Traitor" was the word they used. And you and your gang taught them to use it. Huh! After what you have said and done behind my back, you should know what a traitor is.'

His voice broke for a moment but his eyes were more adamant than ever when he shrugged his shoulders and without another word walked on, leaving the men gaping on the kerb. Lewis, nonplussed by the suddenness of the incident and feeling very awkward, sheepishly followed, but the attack made Len feel giddy. His head swirled, making his mouth dry and his stomach sick. Will Evans saw the emotional strain he was undergoing and patted him sympathetically on the back.

'It's no good worrying, Len. That have just about finished everything between you and your father-in-law,' he consoled.

Others joined in the talk that followed, but Len had lost all interest in what they were saying. During the afternoon most of the men who had stopped from the pit again gathered round the street-corners to see the others return. Len sensed the cleavage between the two sections as the black-faced men walked past the groups. He saw one-time mates look bitterly at each other and pass in silence. The sight sent a thought flashing through his brain.

'Good God,' he muttered to himself, 'we have forgotten all about the company and now see each other, instead of Lord Cwmardy, as enemies.' He continued to look on helplessly and all the time the conviction grew on him that something new had developed in the valley overnight. He began to wonder if the Party were right when it advocated that the men remain out in spite of all that had happened. Wouldn't it have been better to keep the men together and accept the inevitable, rather than have them turn on each other as they were now doing?

These and other thoughts crowded themselves on him until he heard a shout.

'You'd better all get back, boys, because they're starting strangers next week if you don't.'

The news beat into Len's mind like a blow, and he hurried

away. By the time he reached the house he had gripped himself somewhat, although his hurried entrance betrayed the tumult still within him.

Ezra sat quiet and morose in his customary place, and did not even raise his head when Len entered. The latter ate the food that Mary had prepared even while he noticed that her downcast eyes seemed to lengthen her face, giving it an appearance of loneliness. She motioned him to a chair near her when he had finished his food, and the action bore out his feeling that something unusually serious had happened. He tried to catch her eye, but she avoided him and all he saw was the twitching of her face. He sat down and for a time the only sound was that of heavy breathing. Then Ezra broke the silence and his words dripped like melting icicles into Len's heart, where their very coldness sent hot flames through his body.

'Len Roberts; there is no room in this house for you and me together. One of us has got to get out.'

Len sprang to his feet, but Mary's look dragged him down before he could say anything, as Ezra went on without raising his gaze from the fire. 'Well can you look to Mary – you, who have made her father's name a byword in Cwmardy!' The miners' leader rose to his feet and rested his hand on the mantelpiece. 'You heard what I said? Either you or me are leaving this house tonight. Too long have I stuck all the sneers and taunts that have been flung at me, and the time has now come when it's going to be ended, inside these doors at least.'

Len felt like a child tossed into a flood. The words buffeted about inside his head and he was unable to grasp their import clearly, although spontaneously he thought of Mary. He was unable to conceive of anything happening to himself unless it happened to her, and the first question that broke from him was a puzzled: 'But what about Mary, then, Ezra?' The very innocence of the query shook the elder man, who had prepared himself to face a scene and never expected this. He hesitated, then answered: 'Mary will do what she thinks best. She is old enough to think for herself, but all I hope is that she will stick by her father for the short time that is left to me.' Something in his throat clouded the last words and nearly made them inarticulate.

Len looked from father to daughter dazedly, then something hot simmered within him and he jumped up as for the first time he became aware of the full weight of Ezra's ultimatum. His chest was heaving when he shouted: 'Ha! I see what you're driving at now. You want me to leave my home. You want to kick me out like a dog, and think I'll go with my tail between my legs!' He swallowed hard and went on more hurriedly, as though the words were bursting in his mouth: 'But you're thinking wrong. Yes, by gum, you're thinking wrong.' His arms were now beginning to wave wildly and Mary tried to pacify him, but he only cried: 'Don't interfere, Mary. If your father isn't man enough to stand up to opposition, then he's not man enough to lead the Federation. Do you think that because I am your husband I have got to believe everything he says and do everything he wants me to? No; not on your life! I have got a home to go to, don't worry – the one I had before ever I came here, and I'm always welcome there.'

'Hush, Len,' she implored. 'Dad's bad and don't mean half of what he's saying.'

Ezra had now resumed his seat, and his dejected demeanour had the effect of dampening Len's temper as quickly as it had flared up. This emotional volatility was one of his main characteristics, and it always found expression in his relationship with Ezra and Mary. All his mature life had been influenced by the miners' leader, and even now, despite their many differences, he regarded Ezra as the strongest and most dominating man in Cwmardy. Coupled with this was his intense devotion to and pride in Mary. They had been reared together in the village and drawn into the struggles of the people from early childhood. This had the effect on Len of mentally fusing father and daughter together as an indissoluble unit, and he could never think of one without at the same time thinking of the other. He wondered now what she would do in face of what Ezra had said, knowing that the ultimatum applied to her as well as to himself.

Throughout the scene, Mary had remained practically silent, although she was aware of the personal issues at stake. She was her husband's superior intellectually, having the capacity to think more coherently and feel less acutely, and when she now spoke it was obvious to both men that she was expressing her deepest convictions.

'Dad, Len. I'm sorry that this has happened, especially when all of us know there was no need for it.'

Ezra shuffled restlessly, but she gave him no time to intervene.

'I know what you feel, dad, about what's happened, but you can't blame Len for that, although he belongs to the Party.'

'Can't blame him, Mary? Don't talk foolish, girl. Isn't he one of the leaders and isn't he the one they always put up to fight me on every issue?'

'I know, dad, I know,' she patiently assented. 'And I wish in my heart he had listened to me and never joined it. But what's the good of talking about that now.'

Ezra stopped her curtly. 'There's every reason why we should talk about it. His Party called me a traitor and it's a lie. A lie!' He shouted the last words, but gained control of himself immediately. 'I have spent a lifetime in this movement, Mary, and your mother got buried in it. Yes, I know the struggle from A to Z, and I won't allow any man to call me a traitor because I won't do what he or his mates want me to do. What I have done I have done with my eyes open, and the people have listened to me. I am sorry there are still a few soft enough to follow Len and his Party.'

Len's temper began to rise again, but Mary intervened hastily.

'Don't start quarrelling again, we've got enough to worry about without that.'

'But he told me to leave the house, Mary, and I want to know if he means that.'

Mary knew immediately that Len had precipitated the crisis in spite of her efforts to avoid it, but she tried to mitigate the effects by taking the offensive from Ezra's hands at the beginning.

'Yes. That's true, Len. Dad told you to go.'

'No, I didn't, Mary, I said one of us would have to go.' The tones in which Ezra said this were as heavy as lead, but they acted on Mary like a stimulant.

'Oh, why do we beat about the bush like this?' she asked. 'Both of you are feeling nasty and bitter, but tomorrow you will be sorry for what you are saying now.' She gulped a little. 'Listen, the two of you. Both of you know how much I think of you, but you are asking me to choose, dad, and it's not fair. There's room in this house for all of us, as there has been ever since Len and me were married, and I don't see why you should talk to him as you did just now because you have quarrelled about something else.'

Ezra stirred in his chair again. 'Don't talk so lightly, Mary,' he said sharply. 'This is not a simple quarrel. For years you know that Len and me have been getting further apart on everything that counts, and now we've reached a point where there can be no harmony between us while we are together. That's what I mean when I say there is no room in this house for both of us.'

Len felt obliged to interpose and, turning to Mary, he exclaimed: 'That's just the point, Mary. Your father and me can never agree on many things. Anybody can see that after what he's done about the lock-out. Good God, I'd say the same thing about my own mother if she did the same thing as that. So what's the good of arguing? I've followed Ezra through thick and thin all my life, and it cuts me to the bone that it's got to come to this. But it's not my fault. Neither you or him can expect me to bury all my thoughts in what he says and does. No. He has taught me to think for myself, and what I haven't learned from him I've learned in the battles of our people and in the pit from my butties. And that's good enough for me.' His voice became bitter as he took down his coat from the back of the door. 'Your father has told me to leave. How easy he said it, knowing it's his house and I've only been here on sufferance all this time! I can hardly believe I have been so blind as not to see it before. Never mind. We're never too old to learn.' His anger got the better of him, although he had been trying to control it, and he blurted out: 'But I remember the time when he left us all without being told to go. Aye, left us when he thought we were in a hole and the company was beating us. That's the sort of leader he is... good when everything is going all right, but cruel and selfish when the odds are against us and he can't get his own way.'

He put his hand on the latch and was about to lift it when Mary sprang up with a little cry. 'Don't, Len. Don't go and leave me. Dad doesn't mean what he says. Do you, dad?' She appealed to Ezra, but he made no response. She went to him and took his head in her hands, while Len stood immobile, hardly knowing what to do at this new development. It was obvious that Mary had made her mind up during the last few seconds and was now tensed to express her opinions whatever the consequences.

'Dad,' she challenged gently, 'you are not only nasty with Len because of what's happened about the lock-out, but also because you are jealous of him.'

This stung Ezra to retort immediately. 'Jealous? Jealous of him? Ha-ha!'

'Don't laugh, dad. I'm very serious, more serious than I have ever been in my life. You are jealous because you are afraid that Len and the Party are going to get more support than you from the people of Cwmardy and because you believe I think more of him than of you. I don't believe in the Party any more than you, but I'm bound to say, dad, that I think you did wrong when you didn't give the men a chance to have a say about the agreement, although in everything else I believe you were right.'

The two men were now listening intently to what she was saying, each conscious of the fact that she was determining their future.

'But, dad, when you tell Len to leave the house it means you are asking me to leave either him or you. Yes, you are asking me to choose which I love most, and I can't, I can't,' her voice broke and she paused while she recovered herself.

‘Can’t you see, dad, that I love the two of you equally as much, but in different ways. I’m not a little child now, only doing what I’m told to do. You have reared me to think like a woman and have always taught me to have an opinion of my own. Oh, dad, don’t you remember when you used to take me to the workmen’s committees and meetings because I was too small to be left in the house on my own after mam died?’

Ezra knew what was coming and his head slowly sank until it had slipped from her grasp, when she went on very softly.

‘Don’t you think, dad, that had an effect upon my mind? Of course it had. When the men used to challenge you on something, I used to hate them in my childish mind for daring to say anything about you. I used to be thrilled when you and them would be talking of the strikes and the other things connected with the pit. I was happy when I was old enough to join with our other women and do something myself, as well as listen to others. Yes, all of these things you’ve reared me up to, and that is why, dad, Len can never steal me from you, but neither can you steal me from Len.

‘That’s something you must both learn. You tell Len that he must go. That means that you are throwing me out as well, because if he goes, I go with him – not because I love him more than you, but because I have to take his part when you are unfair, dad, and take advantage of him. I know now as sure as the morning will come that if I choose to stay with you after Len has gone that you will want me to agree with you in everything, as you now want Len to do. You will want to rob me of the independence that your own training has given me. You will love me so long as I agree with you in everything. No, dad. That’s something Len has never asked me to do. If he goes, I go with him.’

Her eyes filled and she caught Ezra’s head to her breast and felt his heaving shoulders as her words sank home. She silently nodded to Len to go to bed. Before the door had properly closed behind him, Ezra broke down completely and she heard him sob for the first time in her life. Her own tears fused with his as she tried to soothe him.

SPEED-UP

Len was glad that the threatened domestic break-up had not matured, but he was very worried about affairs in the pit, and during the days following the quarrel, his mind was concentrated on the problem of work. He felt uneasy and wondered if he and the others who remained out were doing the right thing; but he dreaded the thought of going back to work after the stand the Party had made against the terms and the restart. He hesitated to tell anyone of his thoughts in case he would be regarded as weak, but towards the end of the week he determined to seek Ezra's advice, although there was still a certain tenseness between them.

The opportunity came one night at the supper-table when, instead of asking Ezra direct, he asked Mary: 'What do you think me and dad should do? I don't fancy it's right for us to go back to work just because the company says it will put other men in our places.' He paused. 'But somehow I feel unless we do something quick, they'll keep us out for ever. I don't know what to do for the best,' he concluded dolefully.

Mary looked dubiously at her father, but the latter appeared to be deep in thought. All along she, in common with many of the women, felt there was no purpose served in remaining out now most of the men had restarted; but she had mentioned nothing to Len about her opinions. His straight query and evident puzzlement, together with Ezra's apparent lack of interest, prompted her, after a brief hesitation, to be frank.

'I hardly know what to say, Len,' she muttered, looking at him helplessly, then blurting out: 'But one thing is sure, we can't carry on for ever with nothing coming in. Oh, I wish to God the men had never got divided like this.'

She knew she was on dangerous ground even as she uttered the words, but both men fortunately seemed to miss their import. Her outburst, however, brought Ezra from his abstraction, and he raised his head with a tired motion.

'There's two lessons I've learned in life. One is that the next best thing to victory is to know when you're beaten. The other is always to keep with the men wherever they are.' Len looked at the man and wondered what was coming next, but he made no effort to say anything, as Ezra went on, his dark eyes a little less moody: 'And no one can question that we've been beat this time. How can we expect to win,' he demanded, 'when we are fighting not only the company but the Government as well?' He paused, realising immediately the slip he had made, but Len, impelled by the opportunity, gave him no time to recover before asking: 'But it's a Labour Government, Ezra, and how can they be against us?'

The miners' leader coughed, pretending to clear his throat, then said: 'Yes, it's a Labour Government, but what power has it got? It's only there on sufferance and can be put out at any minute.'

'But, Ezra, if it's kicked out for doing something for the people, then that's just the way in which the people will put it back with full power, isn't it?'

Len was getting excited as he began driving his points home, and Mary became a little anxious as she saw his exuberance. 'Let's stick to the point and not start talking about politics that will lead us nowhere,' she advised in an effort to avoid the argument she knew was brewing.

Ezra willingly followed her cue. 'You're right, Mary, and the point's perfectly clear, in my mind at least, and I should think to every other sensible man or woman.'

Len opened his mouth, but he had no chance to speak, as Ezra interrupted his unspoken thoughts.

'Oh, I know all about principles and what not, and I know it's very nice to feel oneself to be a martyr. Ay, indeed, very nice and comfortable. But I've never yet seen what good it's done anybody, least of all the people it's supposed to help. That's why I advised the men to go back to work.'

Len could hold himself in no longer, and he broke the momentary silence that followed Ezra's remark. 'But, Ezra, the position's different, mun. You told us to go back when we were all united, and by telling us that you broke us up, as you can see for yourself now.'

'Yes, Len. But that would have happened in any case because of what you and the Party did. If you'd only listened to me and put those wild theories out of your head, the men would have gone back together and there wouldn't be any of this bitterness.' His eyes became hard again and his face set. 'You can thank the Party for the present position in Cwmardy.'

Len hastily swallowed the food he had put in his mouth, while Ezra was speaking, but Mary interrupted him before he could make himself articulate. The partial reconciliation between the two men had given her a happiness she had not felt for a long time, and she knew whatever she said would be accepted by both as her honest opinion, even if she were wrong.

'I don't think you're right, dad,' she said, 'I believe you've got enough influence with the workmen to hold them, especially when you have the committee behind you, as you did.'

Ezra started to say something, but she went on: 'All the same, I believe the same as you about Len going to work. His place is there with the other men, and even if they were wrong that's no reason for deserting them.'

Len rose agitatedly from the table: 'You can't say I'm a deserter!' he exclaimed. 'There's such things as principles that one must stick to through thick and thin.'

A slow smile passed over Ezra's face, softening it for a moment as he said: 'That's where you're wrong. When I was your age I used to think the same, but experience – and you will agree it has been a fairly wide one – has taught me that principles which go against the workmen must be put on one side.'

The argument now became more heated and continued until very late, but at the end of it Len agreed to apply for his work back if the Party and the workmen still out agreed. Early next morning Len went round the homes of all the Party members he could get hold of, and it was decided to support Ezra if he called a meeting. This was done; Len and two other Party members going round the streets with a bell to announce the meeting, which was held the same afternoon. After much bitter recrimination and bad feeling, all the men decided to go up to the pit the next day and apply for their work.

Before the first hooter had started to blow the following day, Siân was out of bed and had lighted the fire in the kitchen. Her face was glowing with happiness when Jim came down, and she fluttered around him like a hen.

'Ha-ha, James bach, it is good to see you in working clothes once agen. Aye, indeed, mun.'

'Huh! I do agree with you,' Jim grunted in reply, at the same time bending to pull his trousers over his feet. 'Don't be long with that toast; our Len will be down any minute now.'

'Tut-tut! Don't you worry 'bout my business. This is not the first bit of toast that I have made. Oh no.'

The old couple were seated at the breakfast table when Len walked in. Siân immediately jumped from her chair to wet the cocoa she had prepared for him. 'There, Len bach, put that down your little belly.' Len never refused this, because he knew it gave her pleasure.

In a short time the men were ready to leave and, as they were about to go, Siân warned them. 'Now, 'member, mind to take care of yourselfs today. You have been a long time from the pit now, and 'on't be so quick as you did used to be.'

Big Jim's happy laughter rippled round the kitchen like a drum beat. 'I have worked in that old pit going on for forty years and you can venture there is not much about her that Big Jim don't know, you take that from me.'

With this, they both kissed the old lady and left the house. When the two men presented themselves at the lamp-room they were told to wait outside the manager's office, or 'insulting room', as Jim always called it.

'Funny bloody game this, in't it, Len?' he asked bewilderedly, as they made their way across the colliery yard towards the office where a long queue of men were already lined up.

Len did not answer, although he was equally surprised by this unusual procedure. They fell in at the tail end of the queue and waited, while they watched the twinkling lights jogging from the lamp-room to the pit-head. The indignity of the wait galled Jim, and at last, unable to contain himself any longer, he bawled out to no one in particular:

'Frigging hell! What do they think we are – doorboys, or dancing fleas, or what? I have never seened such a insult in all my born days.' No one replied, and this drove him frantic. 'By damn, they can spit on me, but no bloody man breathing can rub it in, muniferni.' The words were hardly spoken when a rustle ran through the ranks as the office door opened and the colliery sergeant came out, shouting at the top of his voice: 'Only fifty wanted today. First come, first served.'

The waiting men stood immobile in amazed silence until the sergeant bawled: 'Come on there. Who's the first to start?'

In a flash the ranks broke and the men rushed for the door. The fifty men required were signed on in a very short time and made their way to the lamp-room, while the remainder were advised to come up again next morning, when perhaps more men would be needed.

Jim looked dazedly at Len, hunched his shoulders, swallowed hard, then turned his back to the office and walked away, saying deep down in his throat: 'Len bach, they got us by the short hairs.'

Next day the rain swept Cwmardy in gusty spasms that soaked all it touched, but men were waiting at the pit-head long before the first cage went down. Len and his father were drenched when they reached the office, water streaming down their faces and the backs of their necks. Jim wanted to remain at the front of the queue, but Len urged him, grunting and swearing, to the end. Everyone waited tensely for the sergeant's voice, each man ready to rush for the door at the first sign. When it opened, however, both Mr. Hicks and the sergeant came out. The two proceeded along the line of anxious men, Mr. Hicks occasionally calling a man out and feeling his biceps. If he was satisfied with the result he sent the man to the lamp-room; when he was not, he sent him home with the advice to try again some other time.

A number of men had already been instructed to start before Mr. Hicks reached Jim, but he unhesitatingly told the old workman to get his lamp, without bothering to ask him questions or feel his muscles.

'The fireman will tell where you are to work,' the general manager advised, as Jim started on his way to the lamp-room like a man in a trance. But before he had gone far, he turned sharply on his heels and demanded, 'What about our Len?'

'Oh, we'll find something for him later,' was the complacent reply.

Jim snorted. 'Later to hell! That is no bloody good to me. Either he do start now with me, where he have always beened, or not one of us will start.'

Mr. Hicks knew this was an ultimatum and that it would be no use blustering, but he was anxious to have Jim back in the pit because of his capacity as a workman.

'Oh, all right. As a special favour, you can take him with you.' Without another word the two men fetched their lamps and made their way to the pit. Before entering the cage, Len looked back at the queue of waiting men, then took a sigh with him into the iron carriage.

The 'bang… bang-bang' of the wooden droppers falling into place as the cage dropped out of sight sounded strange to Len and the hot, foetid atmosphere of the pit, after the long period of fresh air on the surface, made him choke. He tasted it thick in his mouth and retched like a man who had never been down a pit before. The sensations took his mind back to the day when he had first started work, and his imagination ran more quickly then the falling cage. He felt glad he had been destined for the pit and laughed inwardly at his one-time longing to be freed from it. The dangers and the struggles, the hatreds and the humour had become part of his life. His body and mind had been moulded in the pit by his fellow workmen, and without them he knew his world would be empty.

Big Jim beside him in the crowded carriage, groaned, then growled: 'I wish that engine man 'ood be more careful with his brakes, instead of jerking our guts into our mouths like this. If his back and legs was paining like mine he 'ood have a bit more care, muniferni.'

The darkness of the pit-shaft did not enable Len to see the man who answered. 'Aye, you are right, Jim. But what can you 'spect from these crots of kids that they have brought in to work the engines? Bah! The old 'uns who have worked this cage all their lives have been chucked on one side like muck. I tell you, boys, this old pit is going all to hell.'

There was no time for further conversation before the carriage floor bumped on the wooden planks that covered the water sump at the pit bottom. The men got out, separating according to the side of the pit in which they worked. Len waited for his father and they walked in company with other men towards the stable a hundred yards or so from the shaft bottom. They had nearly reached the heavy planked door which covered its entrance when Jim pulled up sharply and whispered, 'S-shh! Didn't I hear somethink in the stable then?'

The men stopped and listened. Above the whistle of air through the cracks in the door came sounds similar to those made by wildly scrambling hoofs, then a muffled voice: 'Hold his head, mun! Keep his bloody arse in towards the manger!' A short silence, then: 'Whoa! What the bloody hell are you doing? Whoa, boy, whoa!' Then more excitedly, 'Get hold of that twitch. Quick now. Ah that's better.' The scrambling ceased and the men looked at each other, their faces dull shadows in the darkness that pressed on them.

One remarked: 'They'll have a job with old Dangler today. It's his first day down since the lock-out, and I pity his poor haulier.'

'Huh! You can keep your pity for yourself. He's working your heading today,' remarked another voice, adding as an afterthought: 'You needn't worry about the haulier. Sam's got him and you can bet your life that he knows how to handle Dangler. They're old butties.'

Suddenly the noise of the whistling air stopped as the huge stable door was tugged open by those inside.

Someone shouted: 'Hide those blasted lamps and get out of the way.' The waiting men hurriedly clambered on the sides of the roadway as a file of horses, each with a haulier at its head, came out. The horses were restless and excited, the whites of their eyes shining wickedly in the semi-darkness. One of the hauliers warned in passing: 'Watch Dangler. He's the last. Keep well away from his arse if you're wise.'

Big Jim picked from the roadway a short piece of stick as thick as his forearm, and muttered to Len: 'If he do try any of his funny trickses on me, I'll put him down so flat as a pancake.' Len did not reply as Sam, clinging tightly to Dangler's head and talking in his flattened ear, led the horse past with swishing hoofs that made the air rustle like a ballet dancer's skirts. The men kept a respectable distance behind the horses, whose feet disturbed the coal-dust and lifted it in fine clouds through the enclosed air, where it tickled their nostrils like snuff.

Will Evans sneezed loudly, blew his nose, and said for all to hear: 'I'm sure old Sam do train Dangler so that nobody else can drive him. That's the only way he can stick to his extra turn a week for working a dangerous horse.'

'S-shh!' came the sharp warning. 'We are near the locking hole and the fireman might hear you.'

The men's lamps were examined in the big hole driven into the side of the roadway, and they were given separate instructions by the fireman before proceeding on their way. The official welcomed Jim with a smile. 'Hallo, Jim. I'm glad you're back, mun jawli. It's about time they sent some real workmen down, instead of these strappers that are here.'

Len cocked his ears up at this but said nothing as the fireman went on: 'I have got orders to send you to Mockyn Bobby's heading, Jim.'

Before he could say any more Jim's surprised voice interrupted him. 'Mockyn Bobby's? What the bloody hell do I want there? Me and Len have got our own place, without going to anybody else's. Ha-ha! Come on, Shenkin bach, stop pulling my leg, mun.'

'Indeed to God, I'm not pulling your leg, Jim. I have got more respect for you than that, and well you do know it. But them's the orders I have had from the big boss.'

Jim bewilderedly pulled his cap off and wiped it over his face as he asked. 'But what's the matter with my own place? I have droved it in from the engine parting, and I am not going to leave it for any big boss.' He lost his temper and began to shout. 'No, I 'oodn't leave it for the Devil hisself, and that's telling you somethink, Shenkin.'

'Come, come, Jim bach. Don't be so stubborn, mun, you know that I can't help it. Another man is working your place and you have got to shift, that's all about it.'

Jim, his eyes bulging in his blackened face, held his breath a moment when he heard this, then gasped, as though he doubted his ears: 'What did you say? Another man working in my place! Arglwydd mawr! If any man have touched my coal and my timbers, I'll chop his head off with his own hatchet!' He swallowed hard then howled: 'Who is it? Come on, tell me quick. Who have got the cheek to work my place while I am idle in the bloody house, standing Siân's nagging because I am man enough to fight for a principle?'

The fireman became alarmed at his vehemence, but he felt he had to carry out his instructions whatever the consequences. 'It is not your place any more than it is mine,' he asserted. 'All the pit do belong to the company, and they can do what they like with what they own, can't they?'

'Not my place?' Jim challenged. 'Who the hell drived it in? Who ripped it down and timbered it?'

His voice became shrill with thwarted pride. 'Who risked his body and slogged his guts out to keep it tidy so that there was always a tram of coal ready on the road and two in the face? Not my place, indeed. If it is not mine, who the bloody hell's is it?'

The fireman did not attempt to argue further. 'Them's my orders, Jim,' he said, 'and if you don't like them, then all you have got to do is to go back up the pit; and I would be sorry for you to do that.'

This ultimatum shook the old workman and put a glazed glare in his eyes like that in a cow's that has just been poleaxed, but pulling himself together he hurriedly thought out another line of action in defence of his place.

'If us have got to go to Mockyn Bobby's, then where is Mockyn working?' he asked.

'Oh, they have sent him the other side of the pit,' was the reply.

Len had been silent throughout this argument, although he saw the new tactics the company was adopting to break the men apart and scatter them among mutual strangers in various parts of the pit. He caught his father by the arm.

'Come on, dad. There's nothing for it but to go where we are sent.' Jim looked like refusing, but after a brief hesitation he responded to the appeal and walked away from the locking hole with his head bent and his lips cursing.

After twenty minutes' walking in the humid air, the clothes sticking to their bodies with sweat, the couple reached the place where they had left their tools before the lock-out. The clamour of coal being thrown into a tram stopped as they drew near and Jim walked up to the man who was working, at the same time tilting his lamp so that the light fell full on the stranger's face.

There was an awkward pause while Jim scanned him up and down before asking heavily: 'What for did you come here and work another man's place, butty?'

'What else could I do? I either had to start here or not at all.'

'That's right, dad. It's not his fault,' Len broke in, fearful that the old man would lose his temper again.

Jim sighed. 'Ah well. Perhaps it will all work out square in the end, Len bach.' He turned to the stranger and advised: 'Take care how you do work that face, butty. It is hellish funny and you have got to keep your butts clean and cut the right-hand side in front of you all the time if you want to work her as she ought to be worked. And you want to watch the top. It is very sly and you can't trust to test it with a mandril, because it will ring like steel one minute, then, before you can blow your nose, it will drop "bump" like a shower of lead.'

The man thanked him for the advice and the couple, sharing the tools between them and bent double beneath their weight, left him. By the time they reached their new work place, Big Jim was again in a temper generated from weariness. He rested for a while to look about him, then spat viciously at a passing cockroach before saying disgustedly: 'Huh! I thought so. Rippings behind, coal worked square till it is left so hard as concrete, muck all over the place. Huh! A navvy have been working here, not a collier. In a muck-hole he ought to be or digging trenches on the tip.'

Len took no notice and began pulling off his clothes. The heat was intolerable and the percentage of gas in the air made the blood pound at his temples. He felt exhausted already, although he revived a little when the upper part of his body was naked to the hot air.

The two men had half-filled their first tram when the fireman came round to inspect the place.

'How many is this, boys? Your third?' he asked.

Jim threw his mandril violently to the ground. 'Who the flaming hell do you think you are talking to – white mice or what? Three, muniferni! Ach, that little fireman's lamp have gone to your head.'

'Gone to my head or no, Jim, you can depend on it the Big Boss will expect eight a day from this place.'

'Eh, eight a day? Ha-ha, you have made a mistake, Shenkin, you are talking to men now, not donkeys. There's no man in the pit can fill eight a day in this bloody muck-hole without pulling the roof in on him, and you can venture Big Jim is not going to do that. Ho, no! When I will be buried alive it will be up in the sun, where I can enjoy myself.'

The fireman grunted uncomfortably, and stroked the moustache over his mouth with a thick forefinger. 'Ah, well. If you 'on't do it, you can bet the buttons on your coppish they'll find somebody who will, Jim.'

This put Jim on his dignity, and swelling his chest he declared: 'You can tell the Big Boss from me that he can get to hell out of it, and if he can find a better workman than me there, let him send him down. Till then, tell him to keep his chops shut when he is talking to men who was working when his father was carrying him about in his trousers pocket.'

The fireman gave it up and went on his way, his lamplight getting progressively smaller until it looked like the red-hot point of a needle.

Len and his father kept on working in silence for a while after the official had left, until the former, who was heaving shovelfulls of coal into the tram, asked: 'You can see the game, dad, can't you?'

'See it? Of course I can. Clear as ink. They are going to try to break our hearts, boy bach. Make us do twice so much work for half so much pay. Bah! A tadpole could see it, mun, if he had eyes.'

Putting his hand to the small of his back the old man bent his body and groaned. 'Ach! What is the matter with me? To hell with everything! Aye, and myself as well.'

For the remainder of the day he worked with less haste, and Len noticed that he made no effort to lift the huge lumps of coal into the tram without first breaking them up into smaller pieces.

At the end of the shift both men felt sore and tired, and although the fresh air on the surface revived them a little, it was some weeks before their bodies again became inured to the strain and cramped positions of the pit.

STRIFE IN THE VALLEY

Nearly twelve months passed by, but hundreds of the original workmen at the pit were not restarted. Their places were taken by families who lived outside Cwmardy, many of whom moved into the valley when the menfolk found jobs. The native unemployed drifted to the rubbish dumps and mountain sides to dig for coal during the winter, while some unloaded the rubbish wagons on the pit-head, displacing the men who had been paid wages for this work. Overtime became rampant and new divisions and bitternesses developed among the people.

During this period the cleavage between Ezra and the Party on the issues of the lock-out had widened until they now embraced nearly every issue that rose in the pit and the valley. Ezra was made a J.P., an honour which, the Party claimed, proved he had irretrievably betrayed the people, and as a result Harry Morgan was put up against him as candidate for the former's council seat. Harry was defeated, but he continued to attack Ezra on every possible occasion. The logic and arguments of the Party's fight had Len's full approval, although he was allowed to keep in the background as much as possible to avoid further crises in his domestic life. The uncompromising attitude of the Party, and the statements its members made against him, embittered Ezra, and he came to regard them as greater enemies than the company. Len, on the other hand, found that the struggle against his father-in-law widened his ideas and gave him a better appraisal of Socialism and all that it meant. The old illusions bred in him by Ezra, and later by Fred Lewis, regarding revolutions and politics were shattered, and, altogether, he gained a basis of knowledge that made him an able lieutenant for Harry Morgan and a formidable opponent for the miners' leader. Mary unconsciously helped him a great deal to get this mental balance and clarity.

Since the quarrel she had tended to become more critical of everything that was said and done by her father and Len, and found herself, without knowing it, being drawn nearer to her husband not only emotionally but intellectually. But she would not join the Party, out of loyalty to her father, who, she felt, was fast breaking up in every way.

One day Ezra was called to London by the Federation. He remained there a week, and on his return looked gloomier than ever.

The discontent in Cwmardy seemed to be common throughout the country, and rumours began floating about that there was to be a General Strike of all the workers in the land against the threat of the coalowners further to reduce the miners' wages and conditions. Ezra confirmed the rumours at a mass-meeting, and this brought men back into the Federation. His report of the discussions in London became the foundation of definite discussions in the pits and the meetings. Len's experiences in the pit, apart from what he learned in the Party and the Federation, made him convinced that the time for action was again approaching. The knowledge made him introspective as he thought of the poverty Mary and his people would have to endure once more, but he brushed this mood away when he visualised the possibilities of victory for the men.

Despite this, he came home from work looking unusually gloomy on one occasion. Mary noticed his depression, but waited until he had had his dinner and bathed before asking:

'What's the matter, Len. Have you had a stiff day? You look more than tired out.'

He stretched his legs wearily before him and lit a cigarette. 'I expect I do, Mary. I'm just about fed up with the pit since I started after the lock-out. None of us know from one day to the other what job we will be expected to do once we get down the pit. If the officials ask us colliers to unload muck, we've got to do it or they'll say, "There's plenty of men on top of the pit who'd be glad of the chance!"'

The light on the cigarette burned his finger and he bent forward to flick the dead ash into the grate before querying, almost hopelessly: 'Can't you see what it is all leading to, Mary? The men are afraid to trust one another for fear anything they say will go back to the boss and every week the company is quietly dropping our money, until they don't even pay the price-list they themselves forced on us. Good God! I remember before the lock-out all of us used to pass our pay-papers around, but now you can't get to know what the man next to you is having for his work.'

Mary shook her head disconsolately, but tried to encourage him as she sensed the despondency beneath his words. 'It's no good worrying, Len. We'll get nowhere by doing that. It's rotten, I know, but the men are bound to turn one of these days.' She sighed and drew her chair nearer the fire as though she felt a cold chill fill the air. 'It's a wonder to me how they stick it,' she went on restlessly. 'They must be smouldering on the quiet and one day that will burst into a flame again, then something will have to move.' A pause, then: 'I hope something real will come from this General Strike which dad is talking about. I fancy it's not so hard and cruel when we're all fighting together as it is when we're on our own.' Another thought came to her and she whispered: 'Remember Black Friday, Len?'

He nodded his head and she rose from the chair and sat on his knee. His hand aimlessly caressed the strands of her brown hair, which reflected the brightness of the brass candlesticks on the mantelpiece. The contact suddenly awakened something within him, and he pressed her close to his body. Her eyes softened as she continued: 'But one day our people will get their own back on the company and the traitors; then dad will be back where he belongs... with the people as their leader. It's bound to come, especially if the Federation can get the other unions to take part officially in the General Strike.'

Len felt her vibrate with feeling and her body magnified itself despite the sunken chest hidden beneath her blouse. Her assertiveness in some vague way made him aware that power did not depend alone on bulk.

At the next Party meeting, a few days later, Harry Morgan gave a report of what the Miners' Executive was doing to further the General Strike. 'We must make the national leaders agree to stand by us for a strike against the demands of the owners,' he declared, his high forehead gleaming in the lighted room and his spectacled eyes looking as large as an owl's. 'That's the first move – get all the country into action. Then our Party will have to help the Executive to work through the other unions and industries so that all the people will know the justice of our case, and when the attack comes, they will be ready to meet it with us.'

The large room in the library where the meeting was held was crowded with people, all of whom were blended in a tense anticipation of what was to come. When Harry continued, his voice kept rising into a falsetto as the excitement gripped him: 'Yes, comrades. For the first time all the people in this country will fight together in a common cause against a common enemy.'

A murmur rolled round the room, and one old man, who was the founder and deacon of one of the local chapels, rose to his feet. Even above the subdued whispering, his chest could be heard rattling like a bag of marbles. Numerous blue scars were scattered over his hands and face like tattoo marks, but when he spoke, his voice, though hoarse, carried a timbre that made it sweet in the ears of his listeners. Job Calfaria, as he was known to the workmen, had won the respect of the people by his devout efforts throughout his life to practise in the pit and in Cwmardy the principles he preached each Sunday in the chapel. He was now tremulous with emotion as he said:

'Twenty years have I waited for this. Twenty years of work and pain as I have seen my butties go one after the other down the hill to the cemetery, each poorer after all he had done than when the good Lord first sent him into the world. And now, when my own race is nearly run on this earth, what I have prayed for so long is about to come. Oh, my fellow workmen, how glad I am to know that these old eyes of mine will see you free and happy before they close forever on the sins of our masters!'

The eyes he spoke of bubbled over and the tears ran unheeded down the furrows in his cheeks, wetting his moustache.

The murmur that had preceded his speech now become a rumble of sharp claps and stamping feet that brought the meeting to a close.

Outside in the street, groups of men and women were gathered heatedly discussing a special article in the evening paper. Len bought a copy and with a single glance at the glaring streamer across the top of the page hurried home to show it to Mary and Ezra. He handed the paper to his wife before pulling off his coat and waited while she read it aloud.

> REDS PLAN GENERAL STRIKE.
>
> Agents of Bolshevism, who have been allowed with impunity to preach their pernicious doctrines in this country in spite of numerous warnings we have given, are now plotting a General Strike as the first step towards a revolution which they hope will take government out of the hands of the people. They hope to bring about a dictatorship in place of the democratic parliament which has for untold years been the heritage of British people. They want to bring their pernicious political creeds into the trade unions of the nation.
>
> Much now depends upon the statesmanship of the trade union leaders, and we are not without hope that they will again come to the rescue, and prevail upon their men to undertake no foreign methods in this country to settle disputes which can always be disposed of by machinery already set up for that purpose.

Ezra laughed broadly when Mary read this with due emphasis on the relevant paragraphs. 'Ha-ha! The usual red herring, and we should have expected it. You take it from me there will be much more before the strike begins... if it ever does.'

Len took the paper from Mary's hand and remarked: 'They want to split us up at the start by making people believe that we miners are only a bunch of agitators paid from Moscow to make trouble here. Ach! What a bunch! Harry is right when he says that from top to bottom, from the Government to the colliery company, they are all linked up like stinking sausages on a string.' He flung the paper into the grate with a gesture of disgust. 'The dirty hounds. They'll sink to any depths and say any lies to get their own way over the people.'

He hung his coat behind a chair before sitting down. Mary's eyes glinted wickedly as she saw that his anger arose from agitation and not thought.

'Oh Len, for shame,' she twitted, 'fancy a Communist losing his temper because he thinks the capitalists and the Government are unfair – ha-ha!'

Ezra joined in his daughter's laugh at Len's discomfiture, and this checked Mary immediately. 'Shoni Fairplay is dead in this world long ago,' she declared. 'Aye, ever since one man began like a bug to live on the back of another.'

Len caught the spirit of her new mood and entered into it with a gusto that was strange to him. 'But bugs feed so much, Mary, that they get helpless and easy to kill. My old man have often told me, Ezra,' turning to his father-in-law, 'that he would sooner a flea a thousand times to a bug, because a flea will have a go for his life, but a bug after he have been feeding on you for hours will stand and stare you out as brazen as brass.'

They all laughed at this, until Mary, unwilling to be beaten in this debate of similes, continued: 'But don't forget, Len, that many a bug has saved himself by the stink he makes from his own rotten body. Oh yes, he takes blood from us and this makes him so fat and lazy that he can only lie back and smell, but he always comes for more when the first lot is gone. And that's what happens with the capitalists. They can't either live or protect themselves without the people. After they have robbed us, they protect themselves with those they have taken from our own ranks.'

Ezra leaned forward as the significance of this struck him. He fancied he saw its full implications and wanted to divert the others from this.

'Take what happened during the last strike, as a start,' he broke in. 'As soon as the Government saw we were beating the company, they sent the police into Cwmardy; and when they found that police and batons couldn't drive us back to work, they sent soldiers and guns.'

Len's eyes sparkled as he saw his chance. 'So you believe in revolution, Ezra?'

'Not at all, my boy. I believe in the ballot box and democracy.'

The reply was somewhat hesitant, as though Ezra felt himself off guard, but Len pushed his advantage further. 'How can you say that when just this minute you said that the Government sent in soldiers against the people of Cwmardy after we had with a single voice said we didn't want any more cuts in our pay.'

Ezra had now recovered himself. 'Ah, that's a different question. The police and soldiers were sent here because we haven't yet learned how to vote in the right way. That's it, my children; if we put our enemies in power when we have the chance to shift them peacefully, then it's no use grunting when they whip us.'

This last remark drew Mary upright in her chair, and her chest heaved as a new idea grew in her mind. Even the ticking clock seemed to hush itself when she spoke, her husky voice adding emphasis to the words. 'But the people put a Labour Government there in 1924, daddy, and the police were used as much against us then as under any other government. If parliament is power, why did our labour leaders take sides with the owners in every strike that took place?'

Ezra's face went grey at the question, until he bent his head to poke the fire into a red glow. When he rose he was ready to answer.

'That was not the fault of the Labour Government; they were only in office and didn't have any power.'

Len felt that the lameness of the answer made it an apology, and he hastened to turn the subject before Mary could continue the argument.

'Never mind about that now. The big thing is to bring this General Strike off; then we will settle the question of power.' He became reminiscent and asked: 'Do you remember, Ezra, when you used to tell me that power wasn't something on top of the pit only, but that it was also underground. You said it's not enough to have a good Federation; we must have unity underground in the coalface as well?'

'Yes. And I still believe that. But government is a different thing.'

There was a long silence after this, before Len rose from his chair. 'Let's go for a walk before bedtime, Mary.'

She consented, after telling her father they would not be long. The young couple walked slowly up the path that ran gently from the foot of the mountain to its summit. Halfway up, they stopped to sit down and look at the black mist that already hid the valley from sight. The gleam from the pit furnaces broke through the darkness and covered the mountain with a blanket of red in which were streaks of yellow. A thought, generated by the recent discussion, sprang to Len's mind at the sight.

'Funny, isn't it?' he began rather sadly. 'During the strike we all carried the red flag in our demonstrations and meetings and every one of us was proud to do it. Somehow or other, it seemed to be the spirit of our struggle, but now the only people who still cling to it are those who believe the same as the Party. Aye, for some reason the others have put yellow into the red, just like those beams that are bursting from the furnaces.' He pointed in the direction of the pits.

The analogy appealed to Mary, who was still somewhat upset.

'Yellow is the symbol of cowardice,' she remarked slowly, then stopped, as though the words had given birth to a new idea. She folded her arms across her breast and squeezed them tightly to her before resuming hesitantly: 'But I can't believe that dad is a coward today, any more than he was when he led the strike. No, no. He can't ever be a coward. It must be that the yellow is the sign of compromise which you say the Party believes to be his policy. Yes. That must be it.'

She shivered and, rising to her feet as she turned up the collar of her coat, bade him come. They descended the mountain a different way from that they had climbed, and soon found themselves in Main Street, where Mr. Evans Cardi was idly standing in the doorway of his darkened stores. His voice was heavy when he greeted the couple: 'Goodnight!'

Len noticed the old man's hands were trembling and would have passed after returning the greeting, had not the other pleadingly asked him: 'Do you think they will come out on strike again, Len?'

'Yes, of course they will, Mr. Evans. There is nothing else we can do, is there?'

The shopkeeper said no more, and with lowered head retreated into the shop, where his wife, seeing the hunched shoulders, asked plaintively: 'What is the matter with you now, John?'

He told her and there was a stillness for some moments before she said in desperation: 'But it can't last long, John. It can't. You have told me that the men are divided and that the Federation is smashed. How can they go on if that is true?' John gloomily shook his head without looking at her, and muttered: 'That won't stop them. Ezra is with them again and the Communists are supporting him, so that they are all behind him and will fight so long as he tells them to.' Agitation conquered his wife and she expressed in words the dominant desire of her mind, when she exclaimed: 'But the Government is bound to step in. They can't let these people ruin the valley in this way. Oh God,' she wailed in a spasm of despair, 'where is it all going to end? First the explosion, then the strike, then the lock-out, and now this.' Her emotion affected John deeply. He had no answer to her plea, so placed his arms on the table and buried his face in them, moaning all the while more to himself than her. 'We will have to get our Ron from college now. The bank manager was telling me only this morning that we can't get any more advances from him. Oh, Maggie fach, we are worse off than when we started forty years ago.' He jumped angrily to his feet and shouted: 'If the people would only pay what they owe us, we could carry on. But no; they are going to the Co-op and the big shops after we have fed them all through their troubles.'

He broke down and cried like a child in sheer impotence while she tried to console him even as her own tears dripped on his sparse hair.

NIGHT ON THE MOUNTAIN

The pits in Cwmardy once again became hot-beds of agitation, which the officials failed to check, as renewed confidence from the prospect of a General Strike swept the men nearer each other than they had been since the lock-out.

The headquarters of the Party at the library was too small to hold the men and women who joined, and at each meeting numbers had to sit on the floor and window-sills to make room for all who wanted to enter. Even the elder men and their wives generated new life and entered into the arguments with as much vigour as the younger members.

The Party held regular street meetings, where they took it in turns to explain what was happening to the people elsewhere, and why the Government was already preparing to take sides with the owners against the working men and women. Sometimes miners from other parts of the country were brought in to speak to the miners in the valley. Everything helped the people of Cwmardy to prepare for the strike with vigour and determination, confident that this time they would be victorious.

Dai Cannon, who had again broken the pledge, summed up the general feeling very neatly one Saturday night when he and Big Jim were drinking in the Boar's Head.

'What think you of the big strike that is coming off, Dai?' asked the latter.

'Short and sweet, like a donkey's gallop,' was the terse retort.

Jim thought the reply a very good joke all through the weekend and was still chuckling over it as he made his way to his working place on the Monday moming. He had to wait some time in the face before Len arrived. The old man was in the middle of his recital when a light appeared back in the roadway and jogged its way towards them. Jim ceased his story-telling and gazed with open mouth at the diminutive form that confronted them.

The little lad, his lamp nearly dragging the floor, broke the silence first: 'Shenkin the fireman have sent me to work with you,' he declared categorically, as he began pulling off his coat. The sight of his puny body drove Len suddenly frantic. It revived memories of the day when he had himself started to work in the pit and all it had meant to him since. He remembered his mother telling him, when he left the house that first morning: 'You be starting, Len bach, what only the grave can take you away from.' The thought made him wonder how long this little lad would be a slave to the pit. 'Is this your first day down?' he asked the boy, only to receive a contemptuous reply, uttered in a pitying voice.

'Duw, duw, no, mun. I have been working for going on three months now.'

Len lifted his lamp to have a better look at the boy's face. 'You must be gone fourteen, then,' he remarked, 'if you have been working this last three months.'

'Oh, that's easy, mun. Don't you 'member my old man? He was kilt about five years ago; and ever since then my old 'ooman have been having compo for him. Oh, aye, the company have been very good to us. They let me cheat my age a bit, see, so that I could start to work sooner than the other boys and help my mother. Aye, aye. I'm boss of the house now, of course,' he added in a confidential tone.

'Oh. Are you a good workman?' asked the discomfited Len, while Jim looked on with admiration in his eyes.

'Good workman, indeed. I should just bloody think so!

If you don't believe me, ask my last butty.'

He lowered his voice confidentially. 'That was a good butty, mun. He thought I was the best boy in the pit and gived me trumps regular as a clock every week.'

Len smiled at the subtle hint, while Jim covered his desire to laugh with a gruff: 'Arglwydd mawr. They be sending them down these days before they be tucked properly, muniferni!'

The two men ordered the lad to remain near the tram and made their way to their respective places in the coalface. Some time later a number of lights gathered around the tram and both men squirmed back through the face once more to see who the visitors were. They found Mr. Hicks with three other officials and a tall, healthy-looking young stranger awaiting them. The little lad unconcernedly went on putting coal into the tram until Big Jim stopped him. The lad's body oozed sweat, which washed the coal-dust off his chest and soaked into the waist of his turned down trousers, making them shine oilily. Jim gave the lad a glance and bade him sit down, then turned his attention to the officials.

Mr. Hicks coughed, and said: 'This is David, the son of Lord Cwmardy. He has come down to see the pit and you boys at work.'

The tall young man held out his hand to both Jim and Len, saying at the same time, 'Pleased to meet you. I've heard a great deal about the two of you.'

Len said nothing while his eyes examined the magnificent body before him, but Big Jim was ready with a reply.

'Glad to meet you, butty. I hope you will never come so bad as your old man.' The officials were flabbergasted at this retort, and Mr. Hicks indignantly took Jim to task.

'For shame, James, talking like that to the son of the man who employs you,' he stated.

Something cold ran through Len's body and chilled his blood. He raised his lamp, showing up in white relief the fresh, well-filled features. His voice was hard as the steel wedge he used on the coal when he asked quietly: 'Where do you work, mate?'

'I don't work. I'm at college,' came the good-natured retort.

'At college, eh? How old are you?'

'Twenty. But why do you ask?' There was surprise in the query, but Len took no notice.

'Hmm. Twenty years of age, at college, and not working. Hmm!' The officials stood silently by, but Cwmardy's son kept smiling good-humouredly.

'If you don't work, how do you live?'

'Oh, my father pays my college fees and gives me an allowance.'

'I see. Yes. I see; your father keeps you.' A brief pause, then: 'But where does your father get the money from?'

The sudden question, put so artlessly, swept the smile from the young man's face. He took a step towards Len, clenching his fists tightly, but he stopped abruptly when he saw Big Jim also move forward.

'What the devil has that to do with you?' he demanded, his voice shrill with indignation.

Len's words ran into each other as he replied, pointing his fingers at the boy, who was sitting interestedly on the big heap of coal near the end of the tram.

'That's where the money comes from to keep you in college with an allowance at twenty years of age. That child has got to come down this damned muck-hole day in, day out, year after year, until he gets too old and weak to fill more coal. After that, if he's not killed before then, he'll have to rot on top of the pit until he pegs out and is ready to be buried in another hole.'

Len's chest heaved as he made his denunciation, and the officials stood motionless, like rabbits facing a stoat, so that without interruption he continued: 'Your father makes that little boy by there work eight hours a day for thruppence an hour so that you can live without working.' Mr. Hicks broke the spell and sprang to the aid of his discomfited charge, shouting loudly: 'Stop these insults. If it were not for Lord Cwmardy giving the boy work, he'd have no wages and he and his mother would starve. You should be glad he's been given something to do.'

Len looked wistfully at the manager when the latter was speaking and replied gently: 'Aye, you are right, Mr. Hicks. I can see it now. When we won't work, we starve whatever our age or size.' He paused a moment as though he were mentally trying to solve a puzzle, then continued: 'Yet Mr. David by there don't starve although he don't do any work. His body is bigger and stronger than mine can ever be, yet he can get a new kind of thrill by coming down the pit to see us and that little boy working. Aye, a thrill, more shame to him!' He began to shout with rage. 'That's it. We work and sweat and slog our hearts out to fill the rotten guts of louts who think that work is beneath their dignity.' He lost all control of himself and howled: 'Go! Get back to where you came from. Spend the allowance your old man gives you from the last ounce of our strength. See the blood on every pound-note you change, taste the battered bodies on every bit of food you eat, see the flesh sticking on the coal you burn. Aye, and when we refuse to work to keep you fat and idle, send your police in to baton us down.'

The outburst staggered all his listeners, and Mr. Hicks murmured hurriedly to the officials: 'Come. Let's go. The man's mad.' They obediently followed him till they came to a huge lump of coal Big Jim had levered from the face, and which now obstructed their passage.

One of them shouted back: 'Break this up for us to pass.'

'Break it your bloody selfs,' Jim replied, throwing his mandril towards them. The crestfallen officials and their important charge retraced their steps, and without another word or glance at the two workmen made their way up the road, followed by Jim's exultant shout: 'Ha-ha! Ho-ho! That will show you that our Len is so clever as any of you, college or no college. Put that in your pipe and smoke it. Ha-ha!'

Len and his father sat silently for some time after the departure of the visitors, while the boy looked at them with awe and admiration. Unable to contain himself any longer, he rose to his feet, swelling his little chest in such a way that his navel became a pool holding one bubble of sweat which shone in the light from the lamps.

'Gee,' he exclaimed, 'that did take some doing, mun, to tell the boss's son off like that, and in front of his own face, too! In't you afraid to have the sack? But there, I 'ood have done the same myself if he gived me any of his bloody cheek.'

Len burst out laughing, then ordered: 'Let's forget it, and get on with our work.'

At the end of the shift Mr. Hicks was awaiting them as they stepped from the carriage.

'Get away to hell out of it,' he screamed, spitting out the words and waving his stick frantically. 'Here I go out of my way to get better relations between the men and the owners and you turn round and insult the very man I bring down to do it. Yes, that's the one,' he shouted to the interested workmen who had gathered round, at the same time pointing his quivering stick at Len. 'That's the man who wants to spoil everything.'

His anger got the better of him and stepping forward he raised his arm threateningly, but not before Big Jim had barged between them, with the quietly spoken command to the manager:

'Put that stick down. Come, quick now, before I splash you against that bloody wall.'

His fierce demeanour cooled the general manager, who slowly lowered his arm and walked back into the office. The excited men gathered round, began asking questions, but after a brief explanation, Len led the way to the pay office, where Big Jim picked up their joint wages, from which he took some coins before handing the remainder to his son with the remark: 'Here, take your pay from this and give the rest to the old 'ooman. Tell her I 'on't be long, but I must have a pint before ever I can walk up that bloody hill.' Len was long accustomed to the procedure and the excuse, so he made no reply and went alone to the house where Siân was waiting. He gave her Jim's wages and waited for the inevitable question, which she always answered herself.

'Where is your father? In the Boar's Head, I s'pose. Huh! One day he will repent all that he is doing and will be glad to sit quiet in the corner by there with me to tend on him hand and foot. Ach! One of these nights I will lock him out, so sure as God is my judge.' She placed the wages in her purse, which she then replaced deep in the bosom of her dress before turning to Len again. 'I wonder how many more pays us will have before the strike will be on us?'

He looked into her eyes. 'Don't worry, mam fach. It won't last long this time, because all the workmen in the country are behind us.'

'I know, Len bach. I know,' she replied quickly, as though she wanted to dispel a doubt. 'Don't think I am downhearted. Oh no, my boy. When it is a fight, your old mam is with you all the way.'

Len left her and slowly made his way home to Mary, where he soon forgot his weariness as he recited the events of the day. Dinner was over by the time he had finished, and he anxiously waited for her comments while she emptied boiling water into the bath-tub. But she said nothing as he pulled his shirt off and he was on his knees leaning over the tub before she remarked softly:

'There's a silly thing to say to the boss, Len. You are asking for the sack. Yet I can't help feeling it was splendid to stand up to them like you did.' The warmth of her words soothed him as she went on. 'How is it you are so kind and gentle and patient in most things; yet you have these sudden spasms of temper?'

He would have replied, but she stopped him with a laugh as she pictured the lad making his defiant challenge after the officials had gone. The laugh ended in a sigh. 'Ah, well. Never mind about those things now, Len. Bath. Then we can talk about the strike.'

Len hurried over his bathing, wiping his head while she washed his back, and in a short time the couple were immersed in an argument during which Len explained why the strike must necessarily be a short one. His old pessimism was evaporating as the strike drew nearer, and he could see nothing but complete victory before them.

Mary shook her head and looked into his eyes, where she saw her own face in miniature. 'I wish I could believe the same as you, Len,' she began. 'But somehow I don't think it is going to work out so easy as all that.'

'Of course you don't, mun. You are a woman and don't understand these things. But tell me why you don't think we are going to have a quick win?'

'I can't say, Len. Oh, dear, there's something in the back of my mind that makes me think of what dad did during the lock-out.'

Her tones were sad and he tried to comfort her with an off-handed: 'Ach, we all make mistakes one time or another, and your father is a different man now.'

'That's just it,' was her retort. 'But you see, Len, what mistakes can lead to. What happened in Cwmardy during the lock-out can happen again in the strike. Not all of those who are going to lead it want it, and those who don't want a strike they are leading will always look for a way to end it.' She paused a moment, then continued more vigorously: 'Look at Fred Lewis for a start. I know he's in the Party, but no one will ever make me believe he is sincere. Give him half a chance and he'll use it to push himself on.'

Len laughed. 'You're miserable tonight. I'd like to see the leader who'd dare to break this strike. Why, the people would kick him right out of the movement for ever.'

'I'm not so sure. There's so many ways of doing a thing, and don't forget we'll have the Government against us,' she replied slowly; then shook her head and added in dismissal of the subject: 'Come. Let's go for a walk before it gets too late.'

It was already dusk when they left the house, and a few pinpricks of light, breaking through the murk, rimmed the streets of Cwmardy as the pair sauntered along the edge of the mountain. When they were nearing the railway line that ran from the pits through the valley, Mary suddenly stopped and gripped Len's arm tightly.

'Did you hear anything?' she asked nervously. He shook his head and strained his eyes to peer into the blackened distance. Then he heard a sound like a low moan creep towards him, and pressing her arm to his side he whispered: 'I heard something then. It was like someone moaning.'

'Yes. It came from over by there, near the quarry.' A pause, then: 'Oh, Len, perhaps some poor dab has tumbled over it.'

He swallowed hard before saying, 'You stop here while I go and see.' But she still grasped his arm as he cautiously groped towards the sound. Their feet loosened a large stone that rolled before them with increasing speed. Len stopped again and pointed excitedly to a vague black shadow that seemed to skim the dusk on the right of the quarry.

'Isn't that someone running?' he asked, a quiver in his voice.

'Yes,' was the hurried reply. 'Look, Len – that was a button shining.'

They hastened their descent till they reached the quarry, from which the moans now came more clear and piteous. Len lighted the way with matches, taking care that Mary kept near him. They had only walked a few paces when Mary, her voice shaking with apprehension, whispered: 'Hush. There's somebody talking!'

They both heard it simultaneously: 'Oh mam, mam! Oh, my poor head.'

'Come quick, Len, it's over there,' Mary darted off with Len close at her heels. He nearly fell over her when she suddenly bent down to scan a form at her feet, her hands moving quickly and impatiently over it.

'Light another match, Len.'

He immediately obeyed the low muttered command, carefully shading the flame in his cupped hands. The flickering light fell feebly upon the body of a boy in working clothes, who lay stretched out upon the stony floor of the quarry. The match-light died and buried itself in the surrounding darkness before Len could strike another. Mary became impatient.

'Get some paper, mun. Look through your pockets.' He found an old pocket-book and hastily tore out some pages, which he twisted and lit. The increased light shone on a black face with closed eyes and slowly moving lips. Mary caught the head to her, gently resting it in her arms. Len brought the light nearer and saw the blood flowing through the hair until it ran down the boy's face, streaking it with red. All the time, the lad's lips kept moving.

In a frenzy, Len lit more paper, and parting the dirty hair saw the gash that split the boy's skull. He felt his stomach turn and his head go light, but pulled himself together when he heard Mary say:

'Pull my petticoat off. Quick! I mustn't move or he'll bleed to death.' Len fumbled at the end of the garment trying to tear off a piece, but it was too strong. Mary slowly bent her head till it touched the earth behind her, arching her body. 'There – hurry,' she gasped, all the time trying to keep the lad's wounded head still and steady.

Len hastily put his hands under her skirt and tore the fastening of her petticoat loose from the waist, pulling the garment intact from her body.

'Rip some strips off,' she ordered. Len did so and between them they cleaned and bandaged the wound, after which they both remained stupefied for some moments, neither knowing what to do next. The continual moans flayed their nerves, while the flame licking at the remaining end of the paper died down, then suddenly flickered to life again. As the light finally faded into the night, the moan took shape. Len hurriedly bent his head to the lips and heard them whisper tiredly:

'Oh mam, mam! Oh, my poor head.' A long silence, during which Len and Mary held their breath, then: 'He hit me and run away. Oh, mam, mam, where are you?' The low plaint ended in a sob that brought tears to Mary's eyes, but Len nearly pressed his ear on the cold lips in his anxiety to hear every word that oozed from them. He had to wait some time before the limbs stiffened in Mary's arms and the lad burst out explosively: 'The rotter hit me, then run away. But I saw him, it was a b...' The last word died on the first syllable and the body relaxed again.

'Oh, he's dead, Len, he's dead,' Mary moaned, and Len frantically put his hand on the chest beneath the wet shirt.

'No,' he said somewhat hysterically, 'his heart is going a bit, although it's very soft. Oh, Mary, my dear, what can we do?' he asked.

Mary shuddered. Her arms were cramped and her body quivered with the strain. 'Go down quick,' she muttered. 'Fetch your father and mine. Fetch anybody you can find.'

Len jerked himself erect and replied sharply: 'No; I can't leave you here by yourself in the dark.'

He could not see the flash in her eyes but he felt the harshness in her voice when she said: 'Don't be childish. Do what I tell you, Len. Can't you see that perhaps this boy is dying and every minute counts?'

Len said no more and hurriedly scampered from the quarry.

When he returned he was accompanied by a crowd of people, many of whom carried lamps, and a stretcher borrowed from the surgery. They took the lad from Mary's arms and tenderly placed him on the stretcher, while Big Jim picked up the cramped girl like a baby. The procession then slowly retraced its steps down the mountain to Cwmardy, Len holding Ezra's arm and helping him over the steep track that snatched away his breath.

The people left in the village were waiting to receive the procession with its burden, and their excited muttering faded into silence as it approached. The stretcher was taken straight into the surgery where the doctor prevented the entry of everyone except Big Jim and Ezra.

Very few people slept in Cwmardy that night, they were too busy wondering what had caused the injury to the boy, who had not opened his mouth since the last statement Len heard. The general puzzlement found an echo in Mary's home. Len confided in his father-in-law, and when the recital was over Ezra began pacing the kitchen, as he always did when perturbed.

'Whoever did it, did it for the boy's pay,' he asserted. 'But what I can't understand,' he continued, stopping to look hard at Mary, 'is who could be so low and brutal to rob a lad of his wages?' He turned to Len. 'You are quite sure you didn't hear the last word he said?'

Len shook his head. 'No, Ezra, but it sounded like something that begins with a "B",' he replied.

Ezra went on with his pacing, at the same time muttering, half to himself, 'B? B? What can that mean? Bowen, Bevan, Brown?' Len interrupted him. 'I don't believe it was a man's name he wanted to say because an A came before the B sound, didn't it, Mary?' turning to his wife who now joined the conversation.

The excitement of the night had affected her deeply, but when she replied her voice, though low, was emphatic.

'I believe he wanted to say: "But I saw him. It was a Bobby".'

Ezra's face went grey as she asked Len: 'Do you remember the shiny button we saw for a minute on that running shadow?'

Len nodded his head and she continued: 'That might have been one of the silver buttons that only policemen wear.

Ezra interjected harshly: 'Hold your tongue, Mary. For God's sake keep such thoughts to yourself. You can't prove anything, and if somebody heard you say such things as that, you'd get us all into serious trouble. And in any case,' he added as an afterthought, 'what would a policeman want with a boy's few shillings?'

Len, who had taken umbrage at Ezra's tone, answered: 'When he heard us running down the mountain he might have pinched the pay packet to make us think it was a common thief who had beat the boy about.'

'No, no, Len. It doesn't work out so easily as that and you and Mary had better wait until you have definite proof before you ever speak of the matter again.'

But Mary, having started on this train of thought, was not satisfied, and despite her father's strictures took it further. 'The wicked scoundrel might have been waiting for one of our men who take coal from the trucks and carry it down the line in the dark, dad,' she asserted.

'There, there. That'll do,' commanded Ezra brusquely. 'Don't let's have any more loose talk that might land all of us in prison.'

This closed the discussion and little more was said before Len and Mary went to bed, leaving Ezra staring into the ashes that cumbered what was left of the fire.

Next day, Ezra had a telegram calling him to London again for a meeting of the National Executive, at which a final decision was to be taken regarding the contemplated General Strike. He was away for some days, during which the main topic in Cwmardy was the strange accident that had since resulted in the boy's death. Most of the people were convinced there had been foul play, and they were quite ready to believe the rumours that somehow began floating around to the effect that a policeman was responsible.

At the inquest Mary tried to give her opinion, but was abruptly silenced by the coroner who told her: 'We want to know what you saw, not what you think.' Siân voiced the general opinion when she told Jim after the inquest:

'I think our Mary fach is quite right. There is nothing too bad for those pleece to do, and I 'oodn't trust one of 'em not a inch further than I could throw him. That's gospel for you, James.'

The talk and gossip soon died down after Ezra's return, with the announcement that the General Strike would begin in a fortnight's time if the owners still insisted upon reducing the miners' wages. This news revitalised the people and meetings were held almost every other day to make preparations for the coming fight. But in the minds of many, the lad who died in the quarry was not forgotten.

PREPARATION FOR STRUGGLE

A short time prior to the strike Harry Morgan, who had been speaking all over the country on behalf of the Communist Party, urging all people to support the miners and the coming strike, asked Len: 'How would you like to go to the city for the Party, to help the comrades there?'

Len did not answer for some moments. The request made so abruptly took his breath away. When at last he spoke, both his words and face expressed incredulity.

'What, me? Go to the city? Good God, mun, you're talking through the back of your neck. How can I help the Party or the people there? Ha-ha, that's a good un, Harry!' Harry smiled, a twinkle glinting behind his spectacles. 'You can help them all right, Len. Your experience in the last strike was second to none, and since you've been in the Party you've become a passionate speaker who can win the people to our point of view when you try.'

The compliment made Len laugh again, but he checked it as another implication of the proposition struck him. 'Are you asking me to leave my own butties in a fight?' he asked incredulously.

Harry's smile widened. 'Why not? Do you think they can't carry on without you?'

The quick retort abashed Len, and he blushed as he replied: 'I didn't mean that, Harry, and you know it. But my place is with my own people, and there I'm going to stick in spite of all your sneers.'

Harry's smile vanished. 'Your place is where you are wanted most,' he declared sharply. 'You see, Len, this fight can lead to great things that some of us can only dream of now. Think of it,' he exclaimed, his voice rising with enthusiasm, 'the whole working class entering into action together, behind the miners, against the bosses and all that it means. The Government is bound to show its hand as the agent of the capitalist class. It will take sides with them against us and expose the fight to our people for what it really is – part of a struggle for political power. It's possible for us to do what Lenin and the Russians did – that is, get rid of the parasites for good.'

Harry went on in this strain for a long time, giving Len no chance to say a word until he had finished, by which time he had drawn a word picture of such immensity that it frightened Len, although the logic of his life experiences forced him towards it.

He made no reply, but turned away with a muttered: 'So long. I'll see you again.' Harry was astute enough to make no attempt to detain him or say any more.

For the next few days Len could think of nothing but what Harry had said. He pictured all he had heard and read about the Russian Revolution, and tried to apply the conjured images to Cwmardy. But always he checked himself with a plethora of mental queries. Would the owners and the Government give way peacefully to the desires of the people? Would the army refuse to obey its generals if the Government tried to use it against the people? What about the Air Force, manned by men like Lord Cwmardy's son? These and other questions tumbled through his mind incessantly, keeping time with his mandril as he drove it into the coal. Accompanying these questions and running through them were thoughts of Harry's request that he should go to the city during the strike. He wondered what he would have to do there if he went, and who he would meet. He felt he could do nothing once he was away from his own people and, subconsciously, feared things would go wrong if he were not with them during the strike. Already he was beginning to sense his own power and influence.

He sought Mary's advice on the whole business and they talked it over for hours one night, but failed to reach any definite decision. Already extra police were being drafted into the valley and the atmosphere was getting tense, but the workmen and the Party were once more solid behind Ezra, who was confident the strike would be short and successful and that, as a result, the Federation would be united under his leadership again. He had continual discussions with the railway and other union leaders in Cwmardy, and a joint strike committee was set up.

The people of the valley echoed this confidence, a fact which found expression in the Boar's Head on one occasion when Will Smallbeer and Big Jim were the centre of a group of drinking pals. Jim had already drunk sufficient to make him patronisingly philosophical. 'Aye, boys. It is just like Buller and the Boer War. He let them do this and do that till they thought they was beating us, muniferni; then all of a sudden, after he had drawed 'em where he wanted 'em, bang-bang, just like that, and the war was over!' He shifted a lump of tobacco to his cheek and placed the half-empty tankard of beer to his lips, while Will Smallbeer wiped the ale that dripped from his moustache to say ponderously:

'Strategy. That's the thing, strategy. Us might have to lose two or three or four, aye, perhaps more battles before us get into position to win the big 'un. But it is worth it in the end, and that's where us is now. For years and years we have been fighting here and fighting there, but never all together at the same time.' His eyes gleamed with memories and beer, as he went on. 'But we are there at last, boys bach. Ha-ha! This time all together at the same time, and nothink can stop us winning now. Our Lord's words are proving true – "Righteousness shall always prevail".' He closed his eyes to repeat the last statement, then took another drink from his pint mug.

The conversation became general after this, and young Will Evans struck a discordant note when he said: 'Huh! Us is all bragging like blue hell tonight. Make sure us isn't barking at the wrong dog. I heard stories like Will Smallbeer's during the lock-out. Aye; us was all big men then and thought we was cocks of the walk. But don't forget, boys, what happened in the end. Mark my words, some waster will so sure as hell let us down again.'

'Don't talk so bloody soft, mun,' was the reply he received from several quarters. 'Isn't the T.U.C. calling us all out this time? There can't be no selling now, and Smallbeer is quite right.'

Will closed an eye in an impish wink, looked at the fire and spat into the grate with a smacking sound before saying, without raising his head: 'That's it, boys. Old Smallbeer is quite right, in't he? Of course he is. He always was, wasn't he? Even when he went up the drive to the Big House during the lock-out, eh? Ha-ha!'

His queerly pitched laughter rumbled round the room as he raised his head triumphantly, and Will Smallbeer slowly and with great dignity got to his feet. The old man's whole demeanour showed he had been greatly hurt, but that he was prepared to forgive because his traducer did not understand. Everyone became silent as he chided them.

'For shame, boys, to kick a man, and a butty at that, when he is down. Everybody with any sense in his head do know full well that what I done in the lock-out was quite right. If us hadn't gived in then Ezra 'ood have kept us out forever and our bellies 'ood by now be fast to our backbones. Aye,' he continued in a paternal manner, gratified by the attention being paid to his remarks, 'a good fighter must always know when to give in just so much as he must know when he is winning, in't that so, Jim?' He turned to his mate for support.

Thus appealed to, Jim twirled his moustache and nodded. 'Aye. That's right, Will bach, only that a good fighter have never got no need to give in.' This unexpected statement brought a loud laugh from all present and the discomfited Smallbeer sat down without another word.

The week immediately preceding the strike, Mr. Evans Cardi called a meeting of all the tradesmen in Cwmardy. His tall form looked thinner than ever and his thin moustache dropped loosely over his mouth when he rose to address the meeting.

'I have called you together, friends, so that we may decide what we intend doing during this strike. Most of us have now reached the end of our tether and, speaking for myself personally, I won't be able to give any more credit to the strikers.' He broke into a wail he could not control. 'My God! We have suffered enough. Our savings gone, our investments useless, and now our business ruined. This valley and its people are like a blight.' His sentiments were repeated by most of the other speakers, but when it came to deciding action, none of them knew what to do. They were lost in a wilderness of conflicting emotions and interests which crushed each other at every point of contact.

Davies, the butcher, tried to survey the position for them. 'The multiple shops that have come to Cwmardy will not give credit, but they will bring in cheap stuff and sell it at a price that would ruin us. The Co-op, with its huge capital and backed by the Federation, can afford to give credit, knowing it is guaranteed. That's the position, gentlemen. If we don't give credit we are ruined, because the people won't come back to us after the strike; and if we do give credit we won't be able to pay our wholesalers because the people will never be able to pay us.'

He brushed his fingers through his hair like a dazed man, still trying to find something he could not see.

Late that night, when Mr. Evans Cardi returned to the stores, he heard voices in the kitchen and vaguely wondered who was there, but he was not unduly curious because his mind was still fixed on the problem of credit and the final ruin that faced him. He pulled off his hat and coat and quietly opened the kitchen door, but before he had time to look about someone clasped him round the head, pressing it passionately, at the same time murmuring:

'Dad, dad. I've come home. Look at me.'

The arms released the old man's head and he looked up to see the square, well-set form of his son, Ron. Mr. Evans turned, and through the wet haze blinding him saw Maggie sitting quietly near the fire. He walked unsteadily to her, putting his hand affectionately on her shoulder before again looking at Ron.

Gulping back his tears, he exclaimed: 'Ron, how well you look, and how glad I am to see you, my boy!' He paused and his face clouded. 'But what brought you home so soon?'

Ron laughed happily. 'Why, I wanted to see you and mam, didn't I?'

'Yes, yes. I know. But there is something more than that.'

A further hesitation while both men looked each other in the eyes, then: 'Don't hold anything back from me, Ron bach. If you have done something wrong, you have no need to be afraid to tell me.'

Maggie, her face a series of interlinking lines, interrupted. 'Don't worry, John. Our Ron couldn't do anything wrong. He came home because he felt there was something out of place here. I told you not to tell him anything in your letters,' she added petulantly.

The old man brightened for a moment. 'Is that so? Good, very good indeed.' Then another cloud covered the happiness on his features. 'But what are you going to do, Ron? Have you got a position anywhere?'

Ron sensed how the conversation was developing and could almost feel his father's rising hysteria. He took a vacant chair, and placing it near the old lady, pressed his father into it, before saying as he stood before both his parents:

'Mam and dad, you know I love you two more and owe you more than anyone else in the world. I could read in every one of your letters, although you did your best to hide it, how things were faring with you in the shop, how everything has been going out each week and practically nothing coming in. Do you think, knowing this, I could stick at my studies while you were suffering here with no one to help you?'

The old people looked up at him and pride made their features soft when he continued: 'No, dad and mam. My place is by your side, helping you through. I have won a degree and am now a certificated teacher. With these qualifications, it won't take me long to get a position.' He stopped when he saw the gleam in John's eyes and coughed. 'Wait a minute,' his father said slowly, dragging every word from his throat. 'Don't think for one minute that qualifications are enough to get you a decent position in Cwmardy.' He began to shout a little. 'No, they don't count a lot here, although you must have them as a matter of form.'

His shoulders drooped, and his next words were without bitterness or anger. 'To get a position here under the council you must buy it.' The last two words were whispered, as if he feared someone would hear them.

Ron looked at his father in amazement, then burst out indignantly: 'What? Buy a position? If that's so, haven't you paid enough, haven't you and mam scraped and slaved to pay the rates and give me education enough to win qualifications?'

His mother checked him. 'That is so, Ron bach. But we are not the only ones who have done that, and you are not the only boy in Cwmardy who has got degrees and is now looking for a job. Your father is right.' She became slightly hysterical. 'To get a position we will have to pay for it, and we have no money, my boy, no money at all. Oh God,' she moaned and suddenly buried her face in her hands.

As the full implications of what they were saying struck Ron, he turned white. 'Well, if that's so, there's nothing before me but the pit.'

His mother jumped to her feet, letting the tears run unheeded down her cheeks. 'There will be no pit for you while there is sight in my eyes and blood in my body,' she hissed. 'Your father and I have not sacrificed all these years to see you end in the pit.'

The wailing tones of John followed immediately. 'Besides, how can you go to the pit when the men are on strike?'

'Oh, the strike won't last long,' Ron asserted, although all his ideas were crashing to the ground. 'Once it's over, your old friends among the officials will be able to squeeze me in somewhere.' His father looked at him earnestly for some moments, then rose from his chair to confront him.

'Ron bach, forget the pit. The officials have no more authority under this company than doorboys. No, less than that, because doorboys have the liberty to stay away from the pit.'

He quietly resumed his chair, leaving Ron erect. The young man felt himself standing in solitude astride a world that was crumbling beneath his feet.

The fire crackled in the hearth and drew his attention. He looked into its depths and slowly forming in the flames he saw a picture of the pits. This changed even as he watched and he saw it become transformed to a likeness of Len's face. He sighed and sat quietly near his parents. Neither of them moved till the fire had burned out and the glow from the cokes had died in the ashes.

Very early next morning the police station hummed with subdued excitement. The police officers had been awakened sooner than usual and were busy polishing their boots and brushing their uniforms in readiness for a special inspection. The imported extras marched from their various billets in squads, and in a short time all the police were paraded in the large yard hidden by the high walls behind the police station. Most of the imported constabulary had never been in the valley before, although all of them had heard of it. Its reputation made them nervous and fidgety. One half-turned his head towards the officer next him and whispered from the corner of his mouth:

'What sort of men are these miners of yours? I've heard a lot about them, and if half of it is true they must be pretty hot.'

'Yes. They're hot all right, and tartars at that. But we manage them all right when there's no trouble about, and that's— ... sssh.'

He broke off abruptly as a group of men came out of the station into the yard. The paraded police instantly drew themselves to attention while the inspection took place. They looked an imposing body of men with their bright buttons, erect posture, and huge bulk. The inspection over, they were addressed by a squeaky voice that seemed to add emphasis to the uttered words.

'Shortly you may be called upon to keep the peace in this valley. Those of you who have never been here before, need to know now that you will be dealing with men of violent passions and extreme views, men who don't care to what extremes they go in times of crisis like the present. Among them are a number of agitators and Bolsheviks who are always ready to take advantage of every opportunity to stir up trouble. At the first sign of this I want you to take stern measures to avoid repetition. When you strike, strike straight and strike hard. It may save a lot of trouble later on. If the first blow is insufficient, keep on until you have done your work. Remember these men fight to the last and are always dangerous while they have strength. I don't ask you to go out of your way to look for trouble; on the other hand, don't avoid it or try too hard to prevent it.' Later the same day Len coaxed Mary to come with him for a walk. He always tried to keep her as much as possible in the fresh air, because her chest was getting worse and was really alarming him, although she never mentioned anything about it.

'Let's go up the mountain,' he pleaded as she wiped the dishes after dinner. 'We must settle the whole business one way or the other today, because Harry's been on to me again about it and told us to make our minds up,' he added as a clincher.

Mary looked at him and saw the shadows in his eyes. The sight put speed in her hands, and in a short time she had distributed the dishes in their places on the dresser and was ready to accompany him.

They made their way up the street and out of the village towards the quarry where they had found the injured lad. When they reached it they stopped to rest while the emotions of that night once more swept through them. Stretching before them countless spirals of chimney smoke rose lethargically into the air and the barking of dogs came gently from the distance. The occasional sharp, long-drawn cry of a mother calling her child split the air like the flight of a bird, but the other sounds floating from the valley were mellow and round, like the strumming of a giant harp.

The placid serenity of the panorama enthralled Len and he placed his arm round Mary's shoulder, at the same time becoming reminiscent and sentimental until she checked him with a remark: 'Don't be silly, Len. You know those pimpers with their spying glasses are everywhere, and very likely are watching us now.'

He responded to the admonition, sitting with his chin on his knees and fixing his attention on a procession of small figures in single file slowly winding its way up the incline towards the quarry. He gazed for some moments, then drew Mary's attention to it.

'Look! Can you see them?' he asked, pointing with his finger in the desired direction. She nodded her head and he went on: 'They are walking as solemnly as if they were in a funeral.'

Both continued watching the procession come near enough for the individuals to be distinguished, when Mary said: 'The boy in front looks as though he is dragging something, Len.'

'Yes, and some of them look to me as if they are crying.

I wonder what's the matter,' he queried in reply.

The problem was too much for them, so they waited for the mysterious pilgrimage and the burden so solicitously being dragged with it.

At last the procession reached the mouth of the quarry, where it stopped while the children scanned the unexpected occupants. After a brief hesitation the boy who appeared to be the leader recovered his courage and silently led the way over the stones to the grassy rim, pulling an old pram covered with sacks behind him. The other boys and girls followed him in single file, as they had done up the hill, paying no further attention to Len and Mary, who looked curiously on. When the leader stopped they all gathered around him. Suddenly a small girl began to sob pitifully, but this was the only sound that broke the silence as one of the lads lifted the edge of the sack on the pram and drew out a big ball of tightly rounded paper, a broom handle, an old rag doll, a bag of something that rattled like marbles, and then a fire shovel.

With this latter implement he began digging vigorously into the soft earth while another lad reverently extracted another rag-covered bundle from the recesses of the pram, and held it rigidly in his outstretched arms until the first boy had dug a hole.

Len wondered what it was all about, when Mary nudged him and nodded towards the weeping girl. They saw one of the boys look at her hesitantly a few times as though he wanted to say something but was too shy to make the attempt. At last he pulled himself together and, walking towards her, put his arm about her shoulder before bursting into tears himself.

Len felt a lump rise in his throat and turned his head away. The hole was now ready and the leader tenderly lifted the rag from the form held by the other, and exposed the battered carcass of a small puppy. Taking it in his own hands, he very carefully placed it in the little grave. The children now filed past the hole, each looking down at it before walking on; then they all waited while the grave was refilled and the puppy covered in. When this was done one of them took a short piece of stick and a piece of cardboard from the pram and, tying them together, stuck the improvised monument on the grave. After this ceremony had been completed, the sacking, fire shovel, and all the other paraphernalia were bundled back into the pram, the weeping girl lifted astride the lot, and the procession began its trudge back into the valley.

When it was out of sight, Len and Mary bent down to read the crudely written epitaph in white chalk:

Our Toby.
Kilt by a Kart.
All the gang is greefed.
By order.

Mary glanced into her husband's eyes, not sure whether it was his or her own that were misty, and they continued their walk in silence.

Presently she said: 'Isn't it wonderful, Len, how our children copy what older people do.'

He did not reply for some moments, and when he did, it was slowly and thoughtfully: 'Yes, Mary, it is. And if they can grieve like that for a dog, how deep is their desire for love.'

It was a long time before either spoke again, but when they left the mountain they had agreed he should go to the city in the morning.

'You see, Len,' Mary had persuaded him, 'one day the people will want you as a leader, and you must have as much experience as possible, not only in Cwmardy but all over the country, like Harry Morgan. After you have been to the city seeing new people and new ways, you will know much more than you do now. That will come in useful for us later on. And it won't be for long,' she twitted him, 'because you yourself believe the strike will be a short one.' Len had argued no more after this shot. 'Take care of yourself while I'm away, and write to me every day to let me know how the strike is going here,' he muttered, rather hurt by the fact she had said nothing about being parted from him. It began to drizzle as they walked home and the lights from the Big House winked coldly through the drops. Next morning Len and Mary were up early, the absence of hooters and the throbbing of the pit leaving the dawn dead. Breakfasts and other preparations were soon completed and they made their way to his mother's house, where Siân fussed about him like a broody hen.

'Now 'member, Len bach,' she warned. 'You are going to a strange land among strange peoples who you have never seed before. Look after yourself and mind to keep away from the public houses, although, fair play, I have never had cause to worry about you and that, different from your father, thank God.'

Big Jim stopped soaping his moustache and raised his head from the cracked mirror into which he had been peering. He glanced round at the company and chuckled deeply in his throat.

'Ho-ho! Telling Big Jim's boy how to look after hisself! Ho-ho-ho! That's good, mun jawli! Why, Siân fach, you did ought to know by now, mun, that it is like putting water on a duck's back, it do go in through one ear and out through the other.'

Saying which he bent hurriedly to the mirror and thus escaped the glare Siân cast at him.

The old woman nearly broke down when Len caught her to him and kissed her cheek before leaving the house. Her eyes followed him till he turned the corner by Evans Cardi. Big Jim airily waved his hand to her as he followed Len and Mary out of sight, and Siân went indoors with her apron to her nose.

During the wait for the train Jim, with Mary hanging tightly to his arm, advised Len what to do in the city. 'Take heed of your mother's words,' he warned, 'they be good and sound. But don't never be a mollycoddle – no, by God, don't let it never be said that Big Jim made and reared a jibber. If a bit of fun come your way, take it and care not for no man.'

'But I'm not going for fun, dad. I'm going to help the Party in the fight,' Len interjected.

His father looked at him with patronising affection and drew himself erect, at the same time inflating his once magnificent chest. 'Aye, aye, boy bach. I do know that well enough without you remembering me. But you must 'member you will never be so old as me so long as I live, and I do know better than you of the ways of the world. Duw, duw, aye. Did I ever tell you of one day on the Rock?' Len heard a puffing in the distance and hurriedly interrupted the threatened reminiscence. 'Come, dad. The train is just in.'

Jim picked up the little attaché case that contained Len's one change of underclothes and a few handkerchiefs, and pretended to fumble with the carriage door while Len caught Mary tightly to him and tried to crack a whispered joke that died on his tongue. The guard blew his whistle, there was a quick scramble, and before either of them knew it Len was in the carriage leaning through the window and pressing something into his father's hand, with the words:

'Here, dad. Take this and have a pint while I'm away.'

The train moved forward as Jim gazed at the coin and then at Len. 'All right,' he said with a kind of sigh. 'Since you do press me so hard to take it, I will, because I have never been a man to go against his own children.'

The train was now halfway out of the station and Len shouted above the din of the engine: 'So long, Mary. So long. Look after her and mam, dad. Tell Will Evans I'll write to him as soon as I get a chance.'

He kept leaning further out of the window, waving his hand until a bend took him from sight and he sat down to watch the houses and the valley he loved float past the window. A lump rose to his throat and he wished he had not undertaken the task. He began cursing Harry Morgan and the Party for taking him away from Mary and his people. This mood did not last long and he soon dozed off to the drone of the wheels, asking: 'What's before me? What's before me?'

THE BIG STRIKE

During the next ten days Cwmardy seen from the mountain looked like a dead village on which the silent pits frowned as though in disgust. But in the streets the aspect was entirely different. Squads of police periodically paraded the entire area, seeming anxious to find an excuse to break through the suppressed excitement of the people, who met in huge meetings each day to receive reports of what was happening throughout the country and in Parliament. Groups of men and women gathered in every street to read and discuss the latest *Labour Bulletin* dealing with the strike. Everyone felt that the testing time had come and that the owners of the pits were about to suffer a severe defeat.

Mary helped the Party members to distribute leaflets from house to house, in each of which they explained how the Government was solid behind the owners and against the workpeople. This activity gave her new strength and put a glow in her cheeks. The close contact with her people made Mary a different woman and helped to dissipate the pessimism that had grown in her following upon the defection of Ezra during the lock-out.

In one mass-meeting, called to receive a report from Ezra of the latest discussions in the Executive, a man whom Mary hadn't seen before began asking questions. He sat a few seats in front of her, and something in his manner of speaking drew her attention to him. She felt in a vague way that his sentences were not uttered in the same manner as they would have been by the people in the valley. Unable to see his face, she watched his waving arms as he addressed the meeting, and thought it strange his women-folk allowed the padding in the shoulder of his coat to be visible through a big tear in the cloth.

'Perhaps he's only a poor lodger on his own,' she thought to herself, and sympathetically concentrated her attention on what he was saying.

Ezra had adopted his customary posture, elbow on knee and chin cupped in his hands, as the man started to speak, but he jerked himself erect when he heard:

'I say the time has come when we have got to do something. What's the good of being on strike and just sitting about twiddling our thumbs? That's just how our leaders like to see us... nice and peaceful like rabbits in a field.' Loud clapping and stamping feet interrupted him for some moments, and when he continued it was with more vigour and confidence. 'The Communists are just as bad. Harry Morgan is away in another part of the country, pleading there is a danger of a section of the men breaking away and forming a new union. I say a leader's place is in his own home, not traipsing about the country. Take Len Roberts – he's gone away as well, and who sent him? Not you, no not on your life; he had orders from his Party and had to obey, whatever you might have thought.'

Someone started applauding again and Fred Lewis shouted: 'Hear, hear, a Communist's place is with his own men.'

This brought Big Jim to his feet immediately, his moustache bristling. 'Don't you dare to speak bad of our Len behind his back,' he bawled. 'If you have got anything to say when he is not here, say it to his face.'

Loud laughter silenced him and the speaker continued. 'What we want is action. Why should we put up with all these strange police? That's what I want to know. I say we should march from here to the police station and hound them out of Cwmardy.'

The unexpected sharpness of the challenge sent a momentary shock through the meeting, until a few jumped to their feet shouting: 'That's right. Action – that's what we want!' Others sprang up at the call, and in a short time the meeting was in an uproar, some scrambling for the door, others bawling for order, and a few hesitantly advising prudence.

Mary felt the excitement press on her and she wanted to shout with the rest. Through her mind flashed the thought, 'Why should we have them here? We didn't ask for them and everything is peaceful.' The knowledge increased her indignation, and she was on the point of rushing to the door with others when she caught Ezra's eyes fixed on her. He was now on his feet with fists tightly clenched and face white as the patches in his hair.

'Stop!' he shouted, and the one word ran through the hall like a bell bringing to a standstill those who were milling towards the doorway.

He waited a moment, then went on harshly: 'Do you want to play into the hands of the Government? Do you want to give them an excuse for batoning and shooting, when our national leaders are calling for cool heads and public order?' He paused again, but no one replied, and a number began to sit down. This action soothed the others and a sort of sigh crept into the air.

Ezra felt he was again master of the situation, and his next words showed this. 'You are men, not sheep to follow the whistle of any shepherd. Who is the man that called for riot?' he demanded. The people looked round to the spot where the first speaker had stood, but his place had been taken by someone else during the excitement. Mary glanced suspiciously about her, but failed to see the torn coat. Uneasy thoughts entered her mind, but she had no time to ponder them before her father's voice again cut through the hall.

'Did any of you know him?' There was no answer.

'I thought so. A stranger sent into our midst to provoke us to disorder – yes, I thought so. We should have expected this.' The assertion was followed by a noisy hubbub, and the temper of the men rose once more as the full import of the incident came to them.

Ezra closed the meeting shortly after, but the discussion continued on the streets and in the houses. Jim and Mary reported the affair to Siân, whose legs were too bad to enable her to walk to the meeting.

Jim concluded his recital with the sentiment: 'I knowed there was somethink wrong about him as soon as I clapped eyes on his dirty chops. Muniferni, if I had him by here now, I 'ood bust him between my finger and thumb like a monkey-nut.'

Siân snorted. 'Yes, easy for you to say that now, but I 'spose you was jest so ready as the others when he spoked his nonsense.'

Jim looked at Mary like a man deeply hurt. 'There, what did I tell you on the way up?' he demanded.

Mary had no time to conjure up the imaginary conversation before Siân broke in. 'Never mind 'bout that. What is in the soup kitchens for dinner tomorrow?'

Mary took advantage of the question to change the subject. 'I believe it's corned beef stew, mam, but I'm not sure.'

'Huh! Corned beef stew agen. Fitter if they gived us enough money to buy our own food decent.'

Mary listened to a long harangue, in which Jim joined, on the difference between food values and cooking in the good old days and now, then made her way home to make tea for her father, who, she knew, would be tired and irritable after the strain of the meeting.

On the tenth day Cwmardy was again in a ferment. The clang of hobnailed boots ran in repeating echoes round the streets, adding to the clamour of voices.

Ezra, with Mary at his side and a telegram in his hand, paced the kitchen, his face putty-coloured and pitiful. Suddenly he reached for his cap, stating abruptly: 'I'm going out to them.'

'Wait. I'm coming with you,' she replied.

Together they made their way through the village to the Square. To every excited query, Ezra, the telegram still clutched in his hand like a death-warrant, declared: 'Yes. We are smashed. The strike is over.'

The people fell in behind and followed them to the Square. On the way down the growing procession was met by some policemen, one of whom shouted:

'Stop. You can't demonstrate without a permit.' The words were drowned in a roar: 'Permit to hell! Get out of the way! Chuck them in the Fountain!'

The Square was soon packed with people, and Ezra climbed onto the Fountain bowl and, turning slowly to face all the people, read the telegram: 'Strike called off. Advise your men return to work without delay.'

A short silence generated by mass paralysis followed the words, then a shout that increased in volume with every second as the strikers grasped the significance of the instruction. The shout rose to a roar that broke through the walls of the Big House and the police station before bounding back to run round the valley in reverberating challenge.

'The rats!'

'They've sold us!'

'We refuse to go back to work!'

'Our strike goes on!'

The slogans grew louder and higher, became more incoherent and confused as they reached a climax, then became clear again as they fused into triumphant song:

> 'Though cowards flinch and traitors sneer,
> We'll keep the Red Flag flying here.'

The tumultuous chorus struck Len's ears just as he left the carriage in the railway station. The sound sent the blood pumping to his head. Without thinking he dropped his case and rushed to the Square, where the people were already forming up in preparation for a march round Cwmardy.

Big Jim, now alongside Ezra, who was still on the Fountain, was the first to see Len. He stared hard for a moment at the unexpected vision, then began to howl at the top of his tremendous voice:

'Whoa, boys! Whoa! There's our Len, back from the city.' Mary hastily pushed her way nearer the Fountain at the news, and another roar swept the air: 'Len! Good old Len! Let him speak.'

Flushed and panting, Len pushed through the mass of people, until, impatient with enthusiasm, some of them lifted him on their shoulders, where he was held in a vice despite his struggles. By the time the new tumult had died down, he had recovered his wind and his voice was clear and vibrant as, catching sight of Mary, he began to speak.

'Comrades. I just want to say how proud I am to be back again among you, in the valley to which I belong. It is true that the General Strike has been betrayed by a small group of politicians who call themselves leaders of Labour. Yes, it's true – they went round the back door of Downing Street to sell us, like butchers with cat's meat.' He was interrupted by a storm of booing:

'The traitors!'

'Kick 'em out!'

'White-livered rats!'

'They're no more labour than my arse!'

When the uproar had spent itself out, Len continued. 'But our fellow workers haven't let us down. They are still behind us to a man and a woman.' Again he was interrupted, but this time by cheers, which continued for several minutes. 'Yes, comrades,' he went on, when he had a chance, 'the Government, as our Party said all along, sided with the capitalist class, but let the Labour Party and the councillors use the local council to feed our kiddies in the schools, and our fellow workers in every part of the country will see to it that we will not starve. Let us keep on fighting until victory is won and this Government brought down.'

Again the stormy cheers moulded themselves into music that helped to marshal the ranks for the delayed march:

'Then raise the scarlet standard high,
Beneath its shades we'll live or die.'

The rhythm timed the marching feet, whose heavy 'tramp-tramp' maintained a sonorous monotone to the song. Len kept close to

Mary all the way, pressing her closely to his side in the crush.

'This is life,' she whispered, stretching herself to bring her lips near his ear.

'Yes,' Len replied, 'because it shows the way to revolution and freedom.' Her hand sought his, and they both joined in the singing as their feet took them on.

The strike of the miners continued throughout the country. Things got worse each week that passed for the people in Cwmardy. The Federation funds became exhausted and no strike pay could be doled out. The local Co-operative Stores came to their help and gave credit to the soup kitchens which the committee opened in the chapel vestries and the school yards. The men supplemented this by occasional raids over the mountains after wandering sheep.

In the meantime Len had renewed his boyhood friendship with Ron, and they spent hours together discussing how the Labour Party could save the position through Parliament and the council. The discussions sometimes became very fierce, when they differed on matters of policy, but always they met again to pursue the argument. Len was adamant that no solution to the troubles of the people could be found through Parliament and was fond of reiterating a statement:

'You can depend on it, nothing will ever come to us except through the trade unions and revolution. The pits and factories are the fortresses of the working-class and only through them will we free our people.'

Ron was equally adamant that if the Labour Party worked correctly and sincerely in Parliament there would be no need of a revolution. 'Before you capture the pits,' he asserted on many occasions, 'you have got to capture political power.'

This always stumped Len, particularly if Ron accompanied it with a challenge. 'After all, isn't your Party a political Party, striving to organise the masses to take power out of the hands of the capitalists?'

Ron's parents kept much of their poverty away from him, but even so he had a fairly shrewd idea of their circumstances, and the knowledge tore at his heart until he dreaded the chasing thought that never left him. He had tried everywhere to find work, only to find in its stead that his father's words were true.

One day in sheer desperation he asked Len: 'Do you think, Len, if I explained to Mary she would use her influence with her father to get me a position somewhere under the council? I understand he is the chairman this year, and a word from him will go a long way.'

He coloured self-consciously when Len looked at him, but tried to cover his confusion with an apologetic explanation. 'You see, Len, my position is entirely different from yours and the other men's. I am not a workman, have never been trained for one. My parents thought to make me a cut above that. Do you remember,' he asked wistfully, 'when I used to boast of my going to college instead of to the pits?'

Len nodded sympathetically, his heart aching at the tragedy unfolding itself before him.

'Well, I've been there for years, as you know, and have now come back with all that education can give me. Yes, knowledge, degrees, and all that these things mean. But when I come back to my own home, where it was intended my training should make me a big figure, I find myself unwanted and useless. Oh, God,' he moaned in a spasm of realisation, 'if my father doesn't find enough money to buy me a job I must remain idle all my life.'

He paused for a moment to regain control of himself, but before he could continue Will Evans strolled along, his cap set rakishly on the side of his head and a blade of grass in his mouth.

'Hallo,' he casually greeted them, 'how be?'

Both returned the salutation, after which Len asked: 'What's on tonight, Will? Anything important?'

He noticed Will scanning the street uneasily even as he answered. 'Aye, of course. There is something important every night if I can find one.'

He pulled the blade of grass from his mouth to spit and, lowering his voice, whispered confidentially: 'You haven't seen Will Smallbeer about, have you?'

Len replied, while Ron shook his head: 'No, he haven't passed us and we've been here about half an hour, Will.'

A dreamy look came into Will's eyes and he muttered, more to himself than the others: 'I wonder where the old blighter is gone to?'

A brief pause followed, during which he appeared to be making up his mind about something, then, with a resigned shrug: 'I s'pose I'll find him after he have spent the bloody lot.'

He turned to Ron. 'You see, butty, we sold a bag of coal to the doctor yesterday and put it all on a horse, and it have come in at a big price.'

Len tried to console him. 'Don't worry, Will bach. Old Smallbeer is as honest as the day and wouldn't do you down for the world.'

'Yes, I know that, Len, only once a man gets four or five pints in him he do forget what honesty is. Ah well, no good worrying, I s'pose, only next time us will sell a bag of coal I'll make bloody sure who'll handle the money.'

Len turned the subject. 'Me and Ron have been talking about a jam he's in, Will. Perhaps you can give us some help.'

'Oh, aye,' Will commented interestedly. 'Well, you can depend on it, butty, when you fail, I 'on't, although I admit you are a bit cleverer than me in most things.'

Len and Ron laughed loudly at the complacent back-handed compliment.

'All right,' said the former, 'let's see what you'd do if you was in Ron's position.'

Ron repeated his statement, and in the telling forgot everything but his own woes. Will listened with exaggerated intentness until the recital was finished, then, like a professor propounding the solution to a problem, he commented:

'Hmm. Yes. That is a tough 'un, to be sure.' He turned his attention directly on Ron to whom he addressed his next remarks. 'You see, they do say – I can't prove it mind you, but it is common talk all the same – that to get a job on the council you have got to give the councillors your first year's wages. Huh, 'scuse me,' he apologised, 'I mean salary. But even then you can't be sure of a job, because somebody else might give more than you.' He screwed his eyes up and continued. 'But even then, once you've got in it's a pretty good bargain, for you are right for life afterwards.'

The sheer starkness of the statement battered at Ron's last hope. 'But my father hasn't got any money to give them,' he complained bitterly, realising his friends were unconsciously digging a grave to bury his past. 'There have been so many strikes and lock-outs and so on in Cwmardy and he's given so much credit that he's now ruined and doesn't know where to turn.'

Will glanced at him with the same quaint look. 'Oh, aye, so that's it, eh? Your father is further back than when he started. Nothing left after all he have done, like Len's old man and me and all of us in the pit. Hmm. Pity, pity.' He closed his eyes like a man deep in prayer, then suddenly opened them again to say: 'I know, Ron. Tell him to come out on strike with us.'

The two men looked at him in amazement, Len being the first to recover his composure. 'Don't talk soft, Will mun,' he pleaded. 'How can Mr. Evans come on strike when he's not working for anyone except himself and his family?'

Will took some time to absorb this. He screwed his face into furrows, then looked into the dirty air before stepping forward a pace to aim a kick at a lump of horse-dung in the roadway. He watched it smash in pieces and let his gaze follow one bit that travelled towards Ben the Barber's window. He sighed disappointingly when it fell short, then resumed the conversation as though there had been no interruption.

'Well, there might be something in what you say, Len, now I come to think of it. Aye, I do give in to that.' He turned abruptly to Ron. 'Look here. If your old man haven't got no money the best thing you can do is fight with us, see? When we got money, everybody have got it, because it is no bloody use to us unless we spend it.'

With this parting shot he fixed the cap more tightly on his head, gave them a nod, and strolled away with a final remark: 'If you see Smallbeer, tell him I haven't forgot about the bet.'

Len looked after the retreating form of his mate with amusement which he failed to conceal, but Ron's look expressed amazement. At last he asked: 'So you think nothing can be done, Len?'

'No, Ron. Nothing except what Will said – struggle or starve.' He paused, as though sorry for the pain he was going to give his friend, then went on with greater vehemence: 'Look at my people. They have lived on bread and taters and tea for months, yet not one of them complains or talks of giving in. We are fighting not only the owners and the Government but our own leaders, who are a majority on the council. We asked them to feed our children in the schools, and they refused, Ron. They refused because they say there is no money there, and even if there was they wouldn't have power to use it in this way.' He saw the sad hopelessness that crept over Ron. It melted the hardness of his words and turned them into a plea. 'Don't think I am harsh, Ron. It's the last thing in the world I want to be. But I must tell you the truth, mustn't I? I know my people are blamed for bringing the valley to ruin, but all they are doing is what you are trying to do, only in a different way. They are trying to get a living from their strength, just as you are trying to get one from your education.' Ron looked hard into the far recesses of the sky for some minutes before replying softly, like one who had found sudden conviction in momentary contemplation.

'Of course you're right, Len. Didn't I study the theory before sending the books to you? But the study was so easy, comrade, and the necessity that now makes me put that theory into practice is so hard. Yes. Very, very hard.' He shook himself sharply, then said: 'Forgive me, Len. I have been selfish and cowardly.'

Len caught his hand and pressed it warmly. 'Don't apologise to me, comrade bach,' he begged. 'I'm not worth it. How often have I lost faith because I didn't understand? How often have I failed because I wasn't strong? Don't worry, Ron. Keep close to the people. When we are weak they'll give us strength. When we fail, they'll pick us up and put us back on the road again.'

The intensity of his emotions robbed him of further words for a while and both of them stood silently awkward until Len somewhat lamely suggested: 'I tell you what, Ron. Let's tell Mary that you're prepared to join the Party if she will. Then the three of us can fight together now, like we used to play together when we was in school.'

Ron shook his head slowly. 'I must think it over, Len. I have to consider my father and mother, and you know what their feelings are regarding the Party. You see, Len,' he added apologetically, 'dad has to be friendly with the councillors and he must be careful, particularly now when the Party is fighting the council.'

Len's face dropped in disappointment, and the other, noticing this, hurried to make amends by saying: 'I know I must come to it some day, but they have done so much for me that I can't bring myself to hurt them just yet.' He felt the lameness of his answer, hesitated a while, then blurted out: 'But I'll come with you on the demonstration for school feeding and parish relief at the end of the week.'

This news brightened Len, and he began explaining what the Party intended doing on the demonstration. The two friends talked of this for some time before parting.

On the day of the demonstration Ron rose early and had cleaned the house and lit the fire before his parents had got out of bed. He toasted some bread and went into the stores to look for something to go with it, then he called them from the foot of the stairs. A lump had risen to his throat when he saw the empty shelves, that made the shop look nude and obscene, but he choked this back as he heard his parents shuffling about in the bedroom. He was worried about the old people. His mother was obviously ill, and on a number of occasions he had caught his father looking vacant and strange, like a person who had lost his memory or his mind. Ron hastily brushed the thought away as they came down the stairs and entered the kitchen. After the frugal breakfast was eaten he kissed his mother and patted his father's shoulder affectionately before reaching for his coat. He had put this on when he heard the rough scrape of a chair hurriedly shifted. The sound, so unexpected, awakened a hazy fear and he turned round to see his father standing at the side of the table with one hand outstretched and a finger pointing accusingly.

'Where are you going, Ron?' The tone in which the question was put made it more ominous than the words. The old man's eyes were fixed on his son in a stare that frightened Maggie without her knowing why. She rose unsteadily to her feet and put her hand on the sleeve of her husband's coat.

'What is the matter with you, John? The boy is only going out for a walk.'

He made no answer other than to shake her hand away. Ron felt his flesh pucker as he caught the stare of his father. 'Why do you look at me like that, dad? I'm only going for a stroll, as mam said.'

'Don't lie to me, boy. I asked where are you going?' The old man spat the words out as though they were venom on his tongue, and Ron knew further evasion would be futile. Still clutching his cap, he took a chair and sat down near his mother, who bent sideways a little and put her arm protectively round his neck. The brief period of suppressed emotions that followed got on Ron's nerves and made him reckless. The stillness in the kitchen was so deep that when he spoke he thought he was shouting, although his voice, apart from a little quiver, was quite normal.

'If you want to know, dad, I'm going on the demonstration to the council.'

John wrung his hands, slippery with sweat, then slumped to a chair, only to spring up again immediately. 'I know. Yes, I knew it all the time. Oh, God! Oh, Maggie fach, our only son has been deceiving us all the while.'

He clasped his head in both hands and squeezed desperately as though hoping in this way to crush certain things from his brain. Maggie grew alarmed and tried to soothe him. 'Leave the boy have his fling for a while, John. He is young and will soon come to his senses.'

'Young, young! Don't tell me that. He is older in knowledge than both of us put together.' He started pacing the kitchen, his temper increasing with every stride, until he could no longer contain himself. Turning abruptly on his heels, he flung himself towards Ron and tried to tear the coat from his shoulders, at the same time shouting in a snarling voice:

'You shan't go out! I won't leave you disgrace the family that has sacrificed its all to give you education. Let me go, Maggie,' he screamed as the latter, frantic with fear for the safety of her son, tried to drag him away.

Ron rose to his feet, slipping his arms free from the coat so that it dangled loosely in his father's hand.

He felt again the same helplessness as on the night when he had returned from college and had been told there was no hope of work for him in Cwmardy. His cheeks paled as he realised that battle was simpler and less harsh than the one that now confronted him. Then it had been economic desperation that had caused the scene, but now it was ideological hatred. He felt the world, that had suddenly come between himself and his parents, swirl about him like a fog and wondered vaguely where his feet would land. A voice from miles away impressed itself through his thoughts. It reminded him, for some reason, of the bell tolling in the cemetary as the gates opened to admit a corpse.

'To think that we have reared and kept close to our hearts an infidel, an unbelieving Communist, a son that associates with the scoundrels who have ruined Cwmardy and our home! Oh, God, what have we done that this should be our final tribulation?'

Maggie helped her husband to a chair into which he slumped like an empty sack. Her own face had hollowed during the short time the scene had already lasted, and Ron knew that deep in her heart she felt the same as his father, but that love for her offspring was greater than her faith.

John weakly raised his head from his arms and looked again at his son, who stood so immobile and silent nearby. Their glances met and fixed for a while before the old man's eyes dropped as they melted with pathos. 'Ron, Ron.' The name, so slowly repeated, seemed to ooze from his heart.

'Tell me, my boy. Tell your mother, whose body bore you safely through the travail and blood of birth, tell us, whose lives were fused in yours, that you'll mix no more with that crew of atheists.'

Ron shuddered coldly and came out of the trance that had gripped him. He fought desperately for arguments to justify his actions, for reasons that would destroy the intolerant prejudice of his parents. Although they had never mentioned a word to him he knew that his boyhood association with Len and the contact between them ever since had been a painful knowledge to his parents, who had aspirations that transcended such friendships. Being aware of this he could not help sympathising with them, even now in this crisis, as he thought of the tremendous shock they must have suffered with the realisation that the friendship had now become not merely personal but political. Up to this moment he had been prepared to drift along on the fringe of the movement, as his reply to Len's plea had implied, but the sudden outburst from his father had involuntarily destroyed all his emotional vacillations. He now squared his shoulders and faced the old couple, whose stares burned through him.

'Why are you so bitter against the Communists, dad? They have done nothing to you.'

'Done nothing to me? Ha! Haven't they ruined this valley and my business? Don't they always and everywhere advocate strikes? Don't they preach disorder and revolution? Haven't they drawn the people from their chapels and religion?' He began to get excited again, but checked himself with a moan.

'Oh, Ron. We reared you to become a decent, law-abiding citizen. We held out hopes that you would become a leading light in the life of Cwmardy. Yes, a well-respected man. And here you have linked yourself to everything that is foreign to our people and their beliefs. You are a friend of the riff-raff in the valley.'

This sneer stung Ron to a hasty retort. 'You can't say that, dad. Len's people have been dealing with you all their lives. His mother goes to chapel as regularly as anybody, and Len himself is as gentle as a lamb. It's your blindness and the narrowness of your life that makes you so intolerant of any opinion that happens to be opposed to yours.' He spoke very low, but each word was emphatic as he continued. 'You want things to remain stagnant, to be today as they were in your boyhood. You are not willing for people to learn, not prepared to see them struggling. You want them to be like a river that doesn't flow. But it can't be. No, it can't be, whatever you may feel or think. As water, to be clean, must keep on flowing, so must the people keep on struggling to get security and happiness in this world. How can it be otherwise?' he entreated them both. 'Water that is stagnant is foetid and deadly, and people who won't struggle are dull, apathetic, and sordid.'

Both the old people gazed at him dumbstruck, silent in the pause which preceded his next words. 'I respect your faith, mam and dad. I know you are sincere in them, but so also I know that other people are equally sincere in their principles, although you do not agree with these. They are not wrong because you disagree. Oh no.'

John could stick the indictment no longer, and sprang to his feet, his whole body quivering as he shouted: 'That's enough. Get out of this house with your infidel ideas! Go to those you call your friends and see if they can help you in your poverty – see if they will do and suffer for you as me and your mother have done for thirty years. And when you find out the truth, come back here and see what you have left.' His voice cracked and an odd look crept over his face. Maggie was now openly crying, and Ron half started towards her, but changed his mind, and hesitantly putting on the coat he had retrieved from his father, he turned and slowly walked out.

The old man and his wife waited until they heard the door slam, then looked at each other in silence, each seeing a face that was lined and worn. Maggie saw strange fires glowing in her husband's eyes, but was too weary to wonder why they came or what they portended. The scene had robbed her of volition and they sat pensive and practically motionless for some hours, once or twice letting their glances wander round the room.

In spite of extreme poverty, their pride had forbidden the sale of any of the furniture, each piece of which they regarded with an affection second only to that which they had felt for their son. The various wooden articles filling the house symbolised for them the stages and episodes in their married life, and they now reminded Maggie of the past. A tear worked its way down her withered cheek, following every intricate groove till it reached her chin, from which it dropped when she coughed. John placed his arm round her bony shoulders, pressing her head to his breast, while the glow in his eyes deepened, as did the furrow on his brow.

'There, there, Maggie fach,' he crooned in her ear. 'Don't take it so hard; it is no good grumbling or grieving at our lot.' He paused a second and tried to lighten his tones. 'Ron will come to his senses again, when the people who owe us money pay their debts and make it possible for us to get him a position.'

She was seized by a fit of coughing which left her gasping, but she at last gathered sufficient breath to groan: 'What is the good of talking like that, John? You know the people can't and never will pay us.' She stopped again to cough, then began to moan. 'Oh, Ron, Ron! Whatever is to come of you? I had such lovely dreams of what you were going to be. I saw myself as the proud mother of a great man and now, oh dear, dear.' She turned to John, and repeated: 'Yes, a great man, and here we are as poor as church mice not knowing where to turn. It's enough to make anyone a Communist.' She relapsed into silence and John shook himself restlessly. He seemed to be struggling with some idea, and eventually said with infinite slowness, as though he were answering a difficult question that had been put to him.

'No. We can never go to the parish for help, and we can never lift our heads while Ron is an infidel. Better for us to die here and now than face that disgrace.' His face seemed even thinner and the shadows more numerous as he whispered the thought and his fingers dug passionately into her shoulder.

Maggie looked into his eyes and her own opened wide at what she saw there. He seemed to read her thoughts before she hoarsely spoke them, nodding her head in time with the words. 'Yes, John. You are right. Better that than the other thing. But how?' She exclaimed sharply as the idea began to fix itself in her mind. John lifted her tenderly to her feet and they stared at each other with an intensity that made them alone in the world. She felt a pain in her chest as though rats were gnawing at the bones, but watching his look become more fixed and horrifying, she did not cough. The visible tremor of his body told her he was trying to fight away some inevitable action, but she felt no fear.

At last he spoke, every word deliberate and emphatic. 'Maggie fach, we have lived together many years now, and have seen many ups and downs, but through it all we have stuck together as man and wife should. Yes, my dear, that has been our life.' A sob came into his voice but he checked it immediately and clasped her head in his hands. 'Oh, Maggie fach, as we have lived, that is how I want to die... together.' He flung his arms wildly into the air and his voice rose hysterically as despair conquered him. 'Yes. Ron has left us alone and we must die together. And now.' He screamed the last words twice, before staggering to the ornate sideboard, where he began frantically searching for something in the drawers.

Maggie watched his every movement but she made no effort to hinder him. Instead, she slowly sank back into the chair, looked into the dying flames that gasped in the grate, and sighed. A smile clung to the corners of her lips and her eyes grew bright. She scarcely seemed to notice that he had left the sideboard and was now standing over her with an open razor in his hand. His whole body was trembling and he kept mumbling incoherently, but Maggie paid no attention. Once or twice she shaped her lips to say something, but the words did not come. Then presently, almost as though she were crooning gently to herself, she whispered:

'John. John bach. So this is the end.' It was not a question but an assertion. There was no sadness in her voice and her face was placid.

Suddenly she caught the hand that held the razor and dragging it to her lips kissed the open blade. 'There is no room for us any longer here,' she murmured, 'but God has provided a place for us somewhere else where we won't be a burden on our little Ron.'

John bent his head and she felt his hot lips burning through her hair. 'Come, John bach,' she coaxed him, 'there is no need for us to wait. I'm ready to come with you.' He appeared not to hear her, for he continued muttering to himself, blind to everything but the loose skin on her neck. With passionate eagerness his fingers traced the veins and sinews whose throbbing seemed to fascinate him. He closed his eyes as his hand jerked up and drew the razor across her throat. He felt the blade slice through her flesh, but when he opened his eyes again, Maggie's were still staring at him, though blood was pouring from the wound. He fancied she wanted to say something, and bent his ear to her lips, unconscious of the spurting blood that drenched him. But all he heard was a whimpering gurgle. He lifted his head a little, wondering what she wanted, when her fingers closed over his hand and slowly lifted it to her neck.

The action flashed to his brain knowledge of what she desired and he carefully searched for the wound with his fingers. Finding it, he parted the edges, placed the razor inside and slashed again, her hand still gripping his and following the sweeping stroke. He felt her grasp tighten convulsively on his wrist, as her head sagged forward on her chest.

John freed himself from the clasp and stood back a pace. 'I'm coming, Maggie fach, never fear,' he muttered, and, hearing no response he caught her head in his hands, heedless of the blood streaming down her dress to the floor beneath his feet; then, seeing the razor which he still clutched, he flung it with all his strength into the grate. His glazed eyes stared at it for a long time as it lay resting in the ashes, and the only sound was the mocking 'tick-tock, tick-tock' of the clock on the mantelshelf. This eventually forced itself in upon his senses and he raised his head to look again at Maggie, whose eyes were now closed. He went to her and stroked her sticky hair with his lips for a time, then suddenly jerked himself erect and his feet slipped in a puddle of blood.

He looked at this helplessly for a while, then sprang to the back door through which he hurried, returning in a moment with a length of rope, used to tie orange boxes. Jumping on the table he fastened one end of the rope to a hook in the ceiling, leaving the other looped end to dangle about a foot lower. Then he scrambled off the table, each action becoming more hysterical, and made for Maggie's slumped body. He lifted her head and gazed at her. The lips were already curled back from the teeth, but he kissed them, while he mumbled to himself: 'I'll soon be with you.' He closed his eyes for a moment, then jumped back on the table and placed the loop about his neck. Its touch sent a cold shiver through him, but he bent his knees to allow the full weight of his body to fall on his neck, and scrambled with his feet to find the edge of the table and kick it away even as he heard loud shouts in the street and Ron's voice calling: 'We are marching for bread and extra relief.'

The table crashed over and the old man felt his chest bursting. He opened his mouth, but no air came. He began to kick wildly and his body swung like a pendulum on the rope, which swayed for a long time after the demonstration had passed the shop.

LEN GOES TO GAOL

While this was happening in the stores of Evans Cardi, the drizzling rain curled over the rim of the mountain and swept down on Cwmardy in visible gusts as the people gathered about the Square for the demonstration to the council chambers. The wind moaned along the telephone wires, lashing the people's faces and bending their heads to the muddy earth. Harry Morgan and Len stood on the Fountain, with Ron and Mary nearby in the centre of the crowd. Harry's arms waved wildly and his voice crackled through the rain as he shouted:

'Where are those who are supposed to be our leaders? Where are those we put in Parliament and the council? Here we are about to march, not to the Big House against the owners, but to our own leaders who we have put in power on the council. We are marching for relief and school feeding. I ask again, where are they now?' A loud howl followed this:

'Where are they now?'

'Where is Ezra?'

'We gave them power. They must give us bread.'

Len saw the skin on Mary's face twitch, and it made his burn. Pulling Harry's sleeve, he pleaded: 'Don't keep them too long, comrade. Let's start the march. Our people are getting wet, standing here.'

Even as he made the request Mary had left Ron's side and was pushing her way to the Fountain, which willing hands helped her to mount. The waves in her brown hair shone wetly in the wind, which ruffled the strands across her face. Brushing them aside and paying no heed to the surprised couple with her on the Fountain, she began to speak, her words vibrant with feeling.

'Our leaders have deserted us,' she declared, 'because they think the fight is only in the pit, between us and the company. Yet they once asked us to put them on the council and in Parliament because the struggle is everywhere. When they were only a few on the council they pleaded with us to give them more seats, to give them more power, because they were helpless. We gave it to them – all the power they wanted. We put them in control, and now they tell us that although they have power they can do nothing because they have no money.'

Someone shouted harshly: 'Don't forget your father is one of them.'

She went white as she turned in the direction of the sneer and for a moment Len thought she was about to fall off the Fountain, but before he could move to help her, she had recovered herself and began speaking again, although a little huskily: 'I know he is one of them, but I also know he doesn't agree with the others. If he felt there was any way to help us, I know he would take it. But what can he do alone? Although he is true, he is helpless.'

The struggle between filial love and the objective reality of the present situation weakened her, and Len caught her arm as she stumbled. His voice was harsh with affection as he said: 'That will do, Mary. Don't kill yourself. We'll start off now.'

He never remembered the exact statements she had made, but he understood the changed outlook behind them and marvelled as his glance roamed over the crowd that faced him. He saw glimpses of the police at the rear hustling the people, and knowing what the action portended, he immediately took command, shouting as loudly as he could:

'Keep together, boys! Don't let anyone break your ranks and don't let anyone provoke you.'

He jumped from the Fountain, Mary and the others beside him, and the march to the council chambers began, the people clamouring and shouting as they followed their leaders. A red banner was hoisted into the misty rain, which soon soaked it into limp sogginess.

Mary was the first to notice the number of police that fell in alongside the demonstration from every street and lane. She mentioned it to Len, who looked around and saw the truth of her remark.

When he turned to her again, his look was worried, but he tried hard to be casual when he said: 'Well, we expected them, didn't we?'

'Yes,' she retorted urgently, 'but can't you see what it means, Len? During the long strike they came to protect the company; then they came to protect the blacklegs, as dad often told us; but now they come to protect our own leaders.' He paused momentarily as the full effect of her words struck him, but the pressure from behind pushed him along again as he replied: 'By gum, you're right, my dear.'

They kept on marching without saying any more for a while, during which he appeared to be gathering his thoughts. Then quite unexpectedly he said to her: 'Of course, that's right. It's the logic of the whole struggle, although I never saw it that way till you showed it to me now. The councillors start off by being our leaders against the company. The Government sends its police in to help the company and the blacklegs, in the name of law and order. This makes our leaders lose faith in our ability to win the fight, and because we won't listen the police are sent in to help them. Well, I'm damned,' he concluded, 'it's funny how the struggle sieves us out, in't it?'

No more was said until the council chambers were in sight, by which time all the demonstrators were drenched to the skin; but the banner was pushed higher into the air when they saw the strong cordon of police blocking the entire road. Len went white and his lips closed tightly for a moment. Then he grasped Mary's arm and grimly warned her: 'Now, remember. You say nothing. Leave this to me and the other boys.'

Mary did not reply, but a defiant look flared in her eyes. The procession only stopped when the front ranks were right up against the cordon, but it was near enough to the council chambers for the strikers to see the ashen faces of the councillors through the windows. A loud howl immediately broke the air.

'Come down here where you belong!'

'Baby starvers!'

'Traitors!'

The police ranks drew in ominously and each constable grasped the looped strap that dangled from his trouser pocket. The inspector in charge stepped forward a pace and faced Len, whose body looked insignificant against the other's.

'Come on! Break up!' came the harsh command. 'You can't march any further.'

'We don't want to march any further,' Len retorted. 'All we want is to send a deputation into the council.'

The inspector hesitated a moment and the shouting became more wild. It seemed to irritate the police officer.

'That'll do,' he said. 'I don't want any of your bloody cheek, and you can't send a deputation, because the council has just told us it doesn't want to see you.'

The strikers near heard this and the shouts grew into a roar at the news. A wild movement began to sway the people, and without any warning the fight started. The police charged into the crowd, hitting madly at every head within reach. The councillors hurriedly retreated from the windows of the chamber as the bodies began to flop to the ground, where they tempted heavy booted feet.

Len felt himself hurtled about like a log in a flood. He looked about frantically for Mary, and seeing someone grasp her roughly by the arm, the world went dark and he snarled at the top of his voice: 'Keep your dirty bloody paws off her,' at the same time furiously pushing and fighting his way towards her. A sudden pain brought him to his senses as he felt his arm being twisted behind his back in agonising jerks. He moaned with the pain and shouted hoarsely: 'Let me go, you cowards. Give me a chance.' A further twist brought his head down till it nearly touched the ground and he heard from far away someone saying harshly:

'Take him inside.' He kicked wildly behind him, then felt something crash upon his head, and as he crumbled up he fancied he saw a huge black boot coming to meet his stomach. But he did not hear Mary scream wildly: 'Oh, my God, they're smashing Len up and taking him in!'

Hours later Len was lifted roughly from the stony floor of the cell into which he had been flung. He vaguely sensed he was being dragged along a dark passage, but didn't take much notice. He wondered if he had two heads and how far apart they were from each other. He knew they were on fire because of the fierce burning in them. His eyes pricked him like red-hot needles and he was afraid to open them, but the bright light in the room to which he was taken seeped through the lids and forced them open. The momentary glance showed him, through a steamy mist, a large number of uniformed men. He raised a heavy hand to his head, then dropped it again, wet and sticky, to his side. A murmur of dim voices came to his ears, but he made no effort to distinguish what was said as his knees began to wobble and he crumpled face down upon the floor.

The next thing he remembered was the sound of low moans and a trembling that shook his limbs like jelly. He slowly gathered his thoughts and drew himself to his knees, all the time wondering what had happened and where he was as he rose unsteadily erect. His head still throbbed, but the burning agony had gone, although his ears were filled with a funny buzz that somehow made him think of the mountain in summer. He stood swaying for some seconds, then thrust his arms before him and stepped out – one pace, two paces – before his knees touched an obstruction. Bending down, he let his fingers run over the coarse cloth that covered something like a bench. Straining his eyes to see what was there, he fancied the air became lighter, and looking at the floor behind him he saw a shadowy pattern beginning to form on it. He kept watching this, his whole soul in his eyes, until he distinguished black bars with panes of light between them.

Slowly lifting his head, he saw the small window high up on one side of the cell wall. Turning away, he gazed around the cold emptiness that surrounded him before wearily making for the bench to sit down. The clammy air made him shiver, but he did not think of the blanket beneath his body as, with his head clasped in his hands, he drew to his mind all that had happened. His eyes filled with tears as he again saw Mary in the grasp of the huge policeman and the bodies of his mates upon the wet earth. A thin, squeaky noise, percolating from the street into the cell, disturbed the painful soliloquy. Len listened and heard a newsboy shout 'Special Edition.' The sound made him happier in a moment, as it gave him contact with the world outside. He thought it sweeter than the music of his mountain larks and walked hurriedly to the cell window the better to catch every syllable.

'Russians imprison British subjects.' He stretched himself taut at the words and breathlessly waited for the rest. 'No free speech in Russia. Englishmen in danger. The Government takes stern measures.'

Len wondered what had happened and for a moment forgot his own predicament. He slowly resumed his seat upon the plank, and as he thought more deeply over the newsboy's cry a bitter smile curled his lips.

He never remembered how long he sat without moving, but he suddenly felt the cold steal through the flesh into his bones. He shivered and pulled the solitary blanket over his shoulders in an effort to keep the cold at bay. Finding this insufficient and his muscles beginning to quiver involuntarily, he rose and paced the cell, the blanket dangling to his feet like a robe. The rhythm of the walk began to work itself into his brain, which made a song of each step. 'Eight steps up. Stop. Five steps across. Stop. Eight steps up. Stop.' He sat down again to get away from the maddening reiteration, and tried to retrace the events of the day. But tales he had heard of what policemen did to prisoners in the cells insisted upon intruding into his thoughts. The affair of Syd

Jones the wrestler came to his mind with stunning force. He remembered the night Syd was frog-marched to the station and brought out next morning dead from heart failure. Big Jim always insisted the man had been beaten to death. Other incidents and anecdotes crowded into his mind, where they became a panorama of living pictures that bred in him a slow-developing fear. He looked about the cell for a weapon, but saw nothing, and suddenly realised it had become pitch dark. He sat down again, closing his eyes tightly in a vain attempt to shut out the pictures that passed before them.

He began wondering what the police intended doing with him. His imagination illuminated the cell and he saw the iron-studded door open to admit a number of great hazy forms. He jumped up in a frenzy, only to find the darkness more intense than ever. Fearing to sit down again, he paced the cell once more. This time the thud-thud of his tramping feet made him think of boots and he smiled when he remembered the old saying that all policemen had big feet. But the smile faded into a pitiful twist of the lips with the thought that boots made fine weapons. Better than batons, he thought, when a man was down. He saw them, big, black, and shiny, staring at him from all parts of the cell, and their cold, glittering hardness appalled him. He felt them driving into his head and body, and closed his eyes to sweep them from sight. But they followed him, scores of them, lifting, falling, kicking, thudding. 'No-no,' he shouted hysterically, burying his face in his arms. 'Not that, not that. You can't kill me here.'

His breath came in gasping sobs and he sat down to steady himself. The thick darkness seemed to press on him, but when he raised his head he fancied the walls had drawn closer together. Perspiration ran in trickling streams down his face and the hair on the back of his neck bristled. He stopped breathing and tried to brace himself, but all the time the walls came nearer and nearer, until he felt they were nearly on him and ready to crush him in a clammy embrace.

He sprang erect in a panic and raced to the door, which he

missed in the darkness, flattening himself against the opposite wall. Rebounding from this, with increasing panic he hurled himself in the opposite direction, and sensing he was against wood began to kick madly at the door, at the same time screaming: 'Let me out! Let me out! For God's sake let me out! I'm smothering.'

There was no answer and he kept on kicking and screaming until, when he was nearly exhausted, he heard the shuffle of feet outside the door and the clanging of keys. He felt the door pressed open against his body and retreated more deeply into the cell, where a flash of light suddenly blazed full on his eyes, completely blinding him.

'What the bloody hell is all this fuss about?' he heard a voice ask roughly.

The sound and the knowledge there was another human being with him sent Len's courage back to him in surges. Still seeing nothing, he pulled himself erect and answered:

'Nothing. I only wanted some company.'

For a second there was amazed silence, then:

'You cheeky little bastard!' came the indignant retort. 'Who the hell do you think you are, Lord Muck or what?' Another pause before the voice continued: 'Here, mate, we'll soon put a stop to his damned nonsense. Anybody would think he was in a public house or something, making all this damn noise. Help me to pull his boots off.' Before Len could make any remonstrance he was pushed flat on his back, while one policeman sat on his stomach and the other pulled off his boots. In a short time Len was again alone. He wrapped his feet in the blanket and tried to sleep, but his mind was too restive.

After what seemed hours he heard the clang of keys and the door open again, but, thinking it was the police, he did not move or open his eyes. Then a small hand, soft and cool, pressed upon his burning forehead, and springing to his feet he caught Mary to him in a clasp that melted her body to his. She eased herself gently away with a blush as she saw the grinning policemen.

‘Hallo, Len my dear. How are you?’ she asked, trying to speak casually although her voice was trembling. She looked at his face, where she saw the dried blood and bruises. Tears clouded her vision, and this time, heedless of the presence of anyone else, she kissed him hungrily. What she had seen for some reason flashed her memory back to the battered lad on the mountain, and something told her that her suspicions were correct.

The waiting police grew impatient. ‘Come on, hurry up,’ said the sergeant, ‘we can’t stop here all bloody night to watch you two spooning by there.’

Mary looked at him indignantly.

‘It’s your fault we are here at all,’ she retorted heatedly; ‘and now you’ve got to wait till I finish my business.’

‘Pretty bloody cocky, in’t you, missus?’ he replied with half a smile. ‘But never mind. Get on with your business and don’t be too long.’ Mary turned to Len and inquired what he was charged with. He told her he didn’t know and began explaining all that had happened when he was interrupted.

‘Cut that out. That’s not business.’

Mary bridled up again, but Len checked her with a weary gesture. ‘Never mind about that, Mary my dear. We’ll know soon enough. Tell me, have any of the boys been hurt?’

She told him a few had been badly battered but he was the only one arrested. His eyes subconsciously travelled over her body, but she showed no signs of injury. Clearing his throat and drawing her into the far corner of the cell, he whispered in her ear. ‘Will your father be on the bench tomorrow?’

She went white at the question and was some time before answering. ‘No, Len. I’ve tried to coax him, but he says if he sits on your case it will show he’s taking sides and would do you no good.’

Len’s body jerked and he would have shouted out but for the pressure of her hand upon his wrist. Controlling himself, he mumbled bitterly: ‘Huh! When he asked the committee to let him accept the position as J.P. he said he’d be able as a magistrate to see that our people had fair play when they were brought up in court. And now the very thing he'd do if he had the position, he says he can't do because he's got it.'

He saw the pain in her face and hastened to soften her palpable grief. 'There, there. Don't take no notice of me. We're all unfair to you, my dear. Whatever your father does we throw up to your face as if you could help it; and all the time you are fighting with us, not only against the company and the police, but against your love for your father. Oh, Mary, forgive me,' he begged. She patted his bent head caressingly.

The sergeant bawled out. 'Come on there, time's up. No more sloppy bloody nonsense.'

Mary looked him straight in the eye before saying: 'One day, my friend, you'll get what you deserve. And you'll find it will be something very different from what you desire.'

She kissed Len again and walked to the door, where she turned to say: 'Cheerio, Len. Keep your spirits up. All the boys and your father and mother are thinking of you, and one day our turn will come.'

He strained his ears to listen for the patter of her little feet, but the heavy thump of her escort's drowned it. His emotions had been soothed by her visit, and shortly after her departure he fell into a deep sleep.

He was still asleep when the door was opened early next morning, and the policeman had to shake him roughly before he woke. Len looked up with a start, then remembered where he was, and, stretching himself, he rose. Although he still felt sore all over, his mind was clear and alert and he was prepared for what was to come. The policeman placed a mug of dirty-looking tea and a piece of dry bread near him, with the remark:

'Don't be long shoving this down. It's nearly time for the court to open.'

Len looked at the stuff contemptuously, then at the police officer. 'You can take that stuff back to where you had it from,' he replied. 'All I want is a wash and a shave.'

'Ho! Want to be a bloody swank, do you? Well, you can't have a shave, see.'

Len looked the surprise he felt. 'Why not,' he asked innocently.

'Because we don't want you cutting your throat, the same as some of the others have done in my time,' was the astounding answer.

Len's eyes filled with horror, and the policeman, repenting the confidence he had intended as a barb, begged: 'Don't let on that I told you that, or I'll get into trouble.'

His words went unheard by Len, whose mind was busily traversing the possible reasons why people should commit suicide. 'Poor devils,' he muttered to himself, and sighed, then visibly pulled himself together before telling the policeman: 'Don't worry about me cutting my throat. There's too much rubbish needs cleaning from this world yet.'

The officer took him to the lavatory where Len swilled his face under the dripping tap. This done, he returned to the cell, where he was left alone with his thoughts. But he did not have much time for further meditation before the door opened once more and two brightly polished constables marched in and, placing themselves either side, led him down the narrow passage and up some stairs, whence he emerged into a small box-like structure in the middle of a strange room.

Len peeped over the side of his cage and saw that the court was half full of people, among whom he immediately noticed Mary and his father and mother. They looked at him yearningly when they caught his glance, and Siân half rose from her seat to come to him, but Mary tugged her skirt and made her sit down again. Big Jim waved one hand airily, while the other curled his moustache, as much as to say: 'Don't worry, boy bach. Big Jim is with you now.'

Somewhere from without the court came a deep muffled drone of voices. Len wondered what it was even as he noticed the hasty passing backwards and forwards of the numerous police in the building. The drone grew louder and heavier until it seemed to shroud the building like a shawl and he heard the strains of a song battering against the walls:

> 'Then comrades, come rally,
> And the last fight let us face.'

Something swelled in his chest and he felt the air swirling about his ears. He momentarily forgot the courtroom and, lifting his musical voice, he joined in:

> 'On our flesh too long has fed the raven,
> We've too long been the vulture's prey.'

His action electrified the people in the public gallery, who, as though drawn by the music of his voice, instantly rose to their feet and accompanied him, Mary's sweet soprano riding Big Jim's deep bass. After a momentary paralysed silence there were loud howls for 'S-s-silence' and posses of police, white-faced and fearful, stormed into the court, where they looked at each other stupidly, none of them knowing what to do.

Len stood square and erect, his head thrown back a little and his eyes glistening proudly as the last notes faded into silence and three men entered the court from behind a heavy plush curtain. Police sprang rigidly to attention to a loudly barked 'S-silence!' and the magistrates took their seats on the raised dais that faced the court.

Len scrutinised them with interest, realising they were the persons who held his liberty in their hands. The one in the middle had a pinky bald head, a clean-shaven face with hanging cheeks, and a pair of rimless pince-nez which he carried on the tip of his nose. The other two Len knew as the alderman who had read the Riot Act during the long strike and Mr. Higgins, the financial advisor to the company. The man in the middle, whom Len assumed to be the chairman, bent across the desk to whisper something to a small awkwardly built man in the well of the court, who had to stand on his toes to get his ears near enough to listen. When the conversation was finished, the latter, screwing up the muscles of his face to give himself an appearance of sternness, addressed himself to Len.

'You are charged with unlawful assembly, breach of the peace, riotous behaviour, assaulting the police, and impeding the police in the execution of their duty.'

Len's eyes grew larger with each statement and he looked dazedly at Mary, but the only consolation she could give him was a wan smile which put a blight on her own even as she gave it. He heard the small man ask sharply:

'Do you plead guilty or not guilty?'

Realising the question was addressed to himself, Len pulled his wits together and answered heatedly: 'Not guilty, of course. I'm a working man, not a criminal, and it's all lies.'

This created a sensation and the police looked at each other with shocked faces, as if something indecent had been said.

The chairman rebuked Len. 'Please answer the question and don't make political speeches.'

For some time after this Len hardly followed the proceedings, his brain joined with the singing outside, until a policeman went into the box and gave evidence of the violent assault that had been committed upon him. Len looked at the huge bulk of the man with interest, then began to realise as he followed the evidence that it was he himself who was supposed to have maliciously battered the witness.

At the end of this evidence he was asked if he wanted to cross-examine the witness. The question startled him for a moment and he blurted out: 'Yes, of course I do. It's lies, wilful lies.'

A dozen police gathered round the dock as his voice began to rise, and Big Jim fidgeted restlessly in his seat. The chairman rebuked Len again. 'You can ask any question you like on the evidence,' he warned, 'but you can't use this court for propaganda. Don't forget we are men of experience on this bench and know how to deal with stubborn people.' The police and officials laughed heartily at this quip, the other magistrates joining in.

More witnesses went into the box to repeat the evidence of the first. The monotonous repetition sent the alderman to sleep. At length Len was asked if he wanted to go into the witness-box or preferred to make a statement from the dock. After a brief hesitation, during which he tried to decipher the difference between them, he elected to remain where he was. Despite several interruptions from the chairman and the clerk he managed to recount the events of the day up to the time of the fight. By this time his modulated voice was firm and distinct, every word as clear as a music note.

'You don't want us to believe that the police were responsible for the riot, do you?' asked the chairman in amazement.

'Yes, I do,' replied Len sharply. 'They carry batons, not wings, don't they?'

Big Jim laughed loudly and it was immediately taken up by the other people in the public gallery. The police rushed about like hens, bawling: 'Silence! Order!' as loudly as they could.

The chairman, his face purple with injured dignity, warned those present: 'If there is another such unseemly outbreak I shall order the court to be cleared at once.'

Len took no heed of the threat and continued his statement. 'This court has already made its mind up against me,' he declared. 'You are biased from the beginning because I am one of the strikers, and are ready to accept as God's truth every lie that the police have brought against me. This is the first time I have ever been in a court of law, but I've been here long enough to know that no working-man can ever hope to get justice in such a place as this.' He was interrupted again but he took no notice and began shouting to get himself heard above the others. 'If justice is fair, why am I tried by a coalowner instead of by my own fellow workmen?' A policeman stepped into the dock and gripped his arm tightly. This calmed him a little but he gave one parting shot: 'This bench and the police work hand in hand.'

His tirade had electrified the people present and Big Jim was already on his feet when the chairman looked at the other magistrates, slyly nudging the alderman, who had dozed through it all. Each of them nodded assent to something that was unspoken. The chairman then beckoned to the chief constable, who had sat quietly near the clerk throughout the proceedings.

'There are no previous convictions,' he stated, then coughed and rubbed his forefinger along his little moustache, 'but the police know him as a desperate character who associates with revolutionaries and other disorderly elements. He is in the forefront whenever there is any trouble among the workmen, and is always the first fomenting them to acts of violence.'

The magistrates looked sternly at Len during this recital, at the end of which the chairman addressed him. 'We are sorry to see a young man like yourself in this position, charged with such serious crimes against the peace. But we can't tolerate foreign methods of agitation in this country, and in all the circumstances we are agreed that you must go to prison for six months with hard labour.'

An unearthly scream cut through the court like a sword, followed by a mad roar, but Len did not see where the police rushed, as he was hustled down the steps back into the cell out of sight.

MARY JOINS THE PARTY

During the remainder of the day Len was like a man in a dream. He heard the shouting that continued outside rise on occasions until it became a wild roar that hammered his ears. His whole being yearned to know what was happening; at the same time he wondered how long it would be before they took him from the station to the prison.

It was very dark when at last the cell door opened and he was taken into the charge room, which was full of pale-faced policemen. The chief stepped towards him in an ingratiating manner, saying: 'We want you to be reasonable, Roberts. We are taking you to the railway station, but there are many people outside waiting and we want you to see that they do nothing foolish.' Len sensed at once that the delay in transferring him was due to the fact that the police were afraid of the people. He warmed at the thought, but he said nothing as he fell in between two sergeants, one of whom bent down to whisper:

'If you try to make a dash for it, I'll bash your bloody brains out before you go two steps.'

Len looked up at the threat. 'Don't worry,' he answered; 'I won't run away. If you think I will, why not handcuff me?' holding out his wrists.

The sergeant was about to follow this advice when the chief yelled: 'Put those things back, you damned fool. Do you want the people to tear you to bits?'

Abashed, the sergeant returned the handcuffs to his pocket. Len could not see how many police surrounded him as the procession made for the door and entered the street, where the people were waiting. The lights from the lamps and shop windows seemed to flow with the water on the road and the sight fascinated him, but he raised his head when he heard a terrific shout:

'Here he comes!'

He caught glimpses of the densely packed mass through occasional gaps between the police escort which swayed under the pressure as it slowly forced a path to the railway station, where the train was already panting impatiently.

The police each side of Len gripped him tightly as though they feared he would float away from their ranks on the crest of the shouts that vibrated all over Cwmardy. As they neared the station, outside which a cordon of police was lined, the ranks were broken by a sudden rush and Len found himself surrounded by his own people, among whom were Mary and his parents. Siân, tears streaming down her cheeks faster than the rain that dripped from her hair, flung her arms about him like a hen covering her chicks before a barking dog.

'They shan't never take you,' she declared, her eyes flashing as her body swayed in the undulating movements made by repeated police dashes into the crowd to recover their prisoner. This only made her crush Len more tightly, and his body had to follow the motions of her own while, his face pressed flat to her breast, he struggled for breath.

During the tumult he felt someone press his hand, and bursting free, he saw Mary beside him, both women guarded by the towering bulk of Big Jim. Mary glowed with excitement as she asked: 'What shall we do? Make a dash for it?'

Len hesitated for a moment, then said: 'No, comrade bach! It will only mean postponing what is bound to come and it will mean more pain for us all. No! Better for me to go now.'

She nodded agreement and kissed him passionately before forcing her way, Jim close behind, back into the middle of the crowd. Len heard voices raised in song; and still clasped tight in Siân's arms and surrounded by people, he began again the walk to the railway station, where the engine was puffing and blowing like a fat man who had run far. The cordon of police opened, then closed behind them; but not before Big Jim and Mary had dashed through and fallen in alongside Len and Siân. The remaining police came running up, and in a short time the platform and waiting-room were full of them. The same two sergeants hurriedly got hold of Len and tore him from Siân's grip, bundling him into a reserved carriage. The other passengers craned their necks through the windows, anxious to see what all the excitement was about.

Siân fought like a mad dog to get into the carriage with Len, but Jim caught her by the shoulders and held her in a vice despite her kicks and threats. The engine gave a piercing scream and the people lifted their song to even greater resonance and strength. Siân wept tears of sheer impotence.

Mary chokingly cried: 'Don't worry, Len; we'll get you out before your time's up.'

Big Jim waved his free hand, and the train slowly gathered a puffing momentum that took Len away from Cwmardy and his people.

Before the people reached their homes, they knew what had happened to Ron's parents. This knowledge and Len's imprisonment pressed on them like a physical weight.

Mary lay awake for the greater part of that night. The heavy air gave her a choking sensation and forced her out of bed. She paced the room for a while, casting an occasional glance at the pillow where Len's head used to rest. She opened the front of her nightdress to let the air cool her chest, but the action only made her think of his hand, and increased her misery. At last she made her mind up, and, picking up the candle, went into her father's room. When she entered, Ezra, still dressed, was brooding over the little fire which he always kept going all night. His hunched shoulders and drawn features made him look very old and ill, and Mary felt for a moment something of the tremendous emotional strain that was tearing at him. The little dancing flames from the fire played over his bent head, giving it a lurid life which his dull eyes, when he looked up at her, betrayed as false.

Mary's heart went soft and moisture dimmed her vision, but she quickly regained control of herself and asked quietly: 'Why in't you in bed, dad?'

Ezra merely shook his head and replied: 'I can't sleep, my dear. My brain is burning with thoughts of Evans Cardi and Len, so what's the good of going to bed?'

She sat near him for a while, laying her head on his shoulder before beginning softly: 'Yes, it's awful. The world is upside down somehow.' She sighed and went on: 'We must get our Len out of jail as soon as possible, dad.'

She felt his bony body quiver when he answered: 'Yes, quite right. But how, my dear, how?'

Mary rose to her feet, the helplessness in his voice astounding her so much that it took her some time to reply. 'We must ask the Federation and the people to have protest demonstrations.'

'But that is the very thing he's in prison for,' was his quick retort.

The words struck Mary like a blow, sending a cold anger through every vein. 'Yes, that's true,' she almost shouted. 'But he wouldn't have been locked up and beaten about if you and the other councillors had done your duty and had been with us on the march.'

The look that leapt to his eyes frightened her, but she went on, although more quietly: 'Oh, dad! Can't you see our Len's in jail because he led a demonstration to you and the council, to his own leaders, and you told the police you didn't want to see us. Didn't this give them the excuse they wanted?'

The gravity of her challenge appalled her after she had made it, and she dropped to her knees near him. 'Oh, dad,' she moaned. 'Can't you see where you are going? Don't you know that Len and the Party are right when they say you are being driven closer to the company and the police every day because you have stopped being a fighter with the people? I have followed you blindly all my life, but now I'm beginning to see how right Len and the Party have been. I know you are still as true, dad; but things have gone beyond you.'

Ezra shook himself like a dog whose coat is full of water or fleas. 'You don't understand, my dear,' he said bitterly. 'The councillors know better than you or Len or his Party what our people are suffering, and no one feels this more than us. Don't forget that Len hasn't got a monopoly of sympathy for the poor. But our hands are tied at every turn. Yes.' He paused awhile and bent to the fire again, to continue sadly: 'It's true we have a majority on the council, but we can do nothing with it, because we have no money and the Government hems us in at every point. Hundreds of pounds are spent in relief for the strikers and income from the rates is falling every week.'

Mary felt the room go black and rose agitatedly to her feet. Ezra's gaze followed her, and he saw the thin limbs shadowed dimly on her nightdress as she paced the room. A hard lump rose to his throat, breaking through his efforts to keep it down. To cover his discomfiture he tried to speak harshly and aggressively. 'Why should Len help those Bolshies to bring the people against me just because I am a councillor? Isn't he concerned any longer about the company, that he wants to fight me and the other leaders? None of us can do the impossible, and he has only got himself to blame for what has happened. I've told him times out of number to come away from Harry Morgan and the gang mixed up with him, who think of nothing else but disorder, and everybody but themselves as traitors.'

His daughter stopped her restless walking and drawing near looked steadily into his eyes. 'So your enemy isn't the company any more, dad?' she grated through her teeth, even while she hated what she was saying. 'It's now your own workpeople, like Len and Harry.' She broke down and stopped, although no tears came to help her; then went on pleadingly: 'Oh, dad! Why don't you join forces with them instead of thinking them to be wasters and enemies?'

Ezra caught her by the shoulders rather roughly, his mouth a thin strip that added to the shadows on his cheeks. 'How can I join with people who have nothing in common with me? All that

I believe in and fought for they think is "Social-Fascist" and "reactionary". In all their meetings they say openly that everything I have done has helped to betray my people.' The gall in his words thickened. 'How can I join with people who believe in violence and revolution, who want to use the Federation and the whole Labour movement to this end, who act like spies in every organisation?' He lowered his voice. 'No, Mary; to join with them would be to betray all I have lived and struggled for.' Mary drew herself from his grasp and made quietly, as though she were afraid of disturbing something, to the door, where she turned to say sadly: 'All right, dad. Let's hope that by refusing to work with them you'll never find yourself in the position of having to work with the company and all that it stands for; although, God help me, whatever you did, I would still love you.'

Ezra half started forward, but she closed the door and went back to her own room before he could say any more. Next morning she got out of bed flushed and heavy. Her chest burned with a cough that tore her lungs and left her listless. But despite this she hurried over her housework and prepared breakfast for her father, who had not yet come down. She thought once of going out without seeing him, but changed her mind and went upstairs to his room.

She saw at once that he had not slept all night, and a wave of solicitude swept over her.

She bent down and kissed him on the forehead. He began stroking her hair and presently his fingers were caressing the lobe of her ear. The old affectionate touch revived sentimental memories and she murmured softly: 'Forgive me, dad, for speaking like I did last night. You see, dear, it isn't my fault, is it, if I now see things with different eyes? But whatever happens I'll always love you as much in the future as I have in the past.'

He drew her to him and whispered half sadly, half triumphantly: 'I know, my dear. I know that you will never desert me. But I can't understand. I have tried to teach you all I know, and now it looks as if the very things I taught you are weapons you use against me.' His brow puckered into a puzzled frown. 'Something strange is happening. Things are moving too fast for me,' he sighed, and added: 'Let's leave it all there, Mary. Let's keep as father and daughter and keep politics outside the front door.'

He followed her down the stairs and looked wistfully after her when she went out, leaving him alone with his breakfast.

Some hours later, she saw Harry Morgan walking towards Ben the Barber's, and, quickening her pace, she caught up with him before he entered the shop.

'I've been looking for you all the morning,' she exclaimed a little breathlessly.

He made no reply, but waited for her next remark. 'I want to see you about our Len.'

'Well, what about him?' was the curt retort, which took Mary aback somewhat. But she soon recovered her composure, although she went a little paler.

'I thought he was a comrade and that you and the others would be worried about what's happened to him.'

He softened when he realised how she was suffering. 'We are, Mary. In fact, I have called a special Party meeting to discuss it now, and that's why I can't talk about it with you, because you are not a Party member and we haven't yet worked out a line on it.'

Mary looked perplexed. 'Can't discuss it?' she repeated questioningly. 'Why not? In't I interested in the business as well as you, and haven't I got the same principles as your Party?'

Harry laughed shortly and retorted: 'That's what they all say. But you can't be a Communist outside the Party.'

Mary started to say something, stopped, then said something else. 'But Len always told me that Communists are not born, they are made. Experience, knowledge, life, struggle is necessary to make us into Communists, and it is your place to help us into the Party, not put obstacles in our way.'

Harry blushed a deep red at the reproof, and Mary, turning her back, walked away with her head held high and her teeth clenched hard.

Later in the day, Mary called up to see Siân, whom she found busily washing clothes. The old woman was flushed with exertion and heat from the steaming water in the tub, when she rose to greet her daughter-in-law. She hastily wiped her hands in her apron, while Big Jim sat morosely in the armchair, smoking his favourite clay pipe, which sent Mary into a racking cough.

Solicitously knocking out the hot ash, he invited her to sit on the stool near the fire, with the kind advice: 'You will find that big enough for your little arse, Mary fach.'

Siân glared at him, but he took no notice, and in disgust she turned to Mary.

'Why are you washing so early in the week, mam?' the latter asked, more to gain time than information.

'Oh, my gel! I must do something to forget our little Len in that awful prison, as if he was a fief or a murderer, God bless him.'

She raised her apron to her nose and began to sniffle.

Jim grunted audibly, and said to Mary: 'I hope to Christ your nose will never come like Siân's, my gel. It is worse than a bloody tap that is leaking before you touch it. I never seed such a 'ooman in my life for crying, muniferni.' His own eyes looked a little wet as he said this. Mary feared that Siân would take up the challenge and start a quarrel, so she joined the conversation.

'I must start washing as soon as I can, too, so that our Len can have a change of underclothes. He's had the ones he's got on for over a week now.'

Jim growled: 'It's no good your doing that, because they 'on't let him have them. You see, he's in a jail, not a infirmary.'

Siân dried her tears and stared at him as though she thought he had suddenly lost his senses. 'What you said? 'On't let my boy have his own clothes? Huh! Why not, James? Don't forget that you are not boss of the jail yet, big man though you think you are.'

Jim tried to patiently explain to her, but she interrupted him with a snarl. 'The jawled! God forgive me for saying such words! To smash my boy up, then put him in jail for nothink, where he will have to mix up with all the old riff-raff that I have never reared him up to.'

Jim interrupted her. 'Shut up, mun! Good God! What if he was in a military jail, like his father have been? It 'ood be time enough to make all this fuss, muniferni.' He turned to Mary. 'Did I ever tell you, Mary fach, about the time they put me in jail on the Rock?'

He went no further with his contemplated anecdote. 'It is all right for you to talk,' Siân interjected. 'You are big enough and dull enough to take care of yourself; but our Len have only once been away from his own home, and is not used to roughing it like you old rodneys in the militia.' Jim stretched himself to his full height. 'Don't you dare to say to my face, 'ooman, that I was in the militia! I am a guardsman and have been all my life.'

Mary warded off Siân's ready attack. 'It's no good us worrying,' she told the old woman, who again put the apron to her nose. 'It won't do Len any good and would only make him miserable if he knew.'

She remained with them for some time longer, and, after she had sipped down the tea which Siân insisted she should drink, she went wearily home.

She did not go outside the door for some time after this visit. She felt ill and depressed, but one day while doing some shopping she heard someone shouting, and hurried her steps till she came to a meeting being addressed by Harry Morgan. This was the first time Mary had seen him since their altercation. He stood on a beer box, borrowed from the Boar's Head, and she noticed there were very few women among the crowd of fifty or so that listened to the speaker. Harry's face was shining with the perspiration induced by the vigour of his gesticulations, but Mary would have passed on had she not heard him refer to her father.

'The Reformists have become Social-Fascist,' he announced, 'and Ezra is the leader of them.'

Something cold clutched at her heart, and she felt her whole body shrink as Harry went on.

'If the councillors fed our children in the schools, if they had joined with us on the demonstration, Len would now be among us instead of rotting in a prison cell.' The truth of the statement paralysed Mary for a moment, until she saw Ron standing near the box, holding a red banner. The tragic death of his parents recurred to her immediately, and she scrutinised him more closely. He looked much thinner and taller than when she had last seen him, but he bore himself in the same proud manner as hitherto. She had heard he was now lodging with Will Evans' mother, but that he intended going away shortly to look for work.

When Harry had finished speaking, Ron took his place on the box. His cultivated voice and calm demeanour gave added weight to the sentiments he expressed, sentiments which were echoes of what had already been said. But his presence upon the box excited Mary and turned her thoughts to Len, who was responsible for this transformation in Ron. She kept thinking of this all the way home, and was unusually quiet for the remainder of the day. Ezra noticed this and attributed it to her depression.

'Come with me to the public meeting organised by the Labour Party tonight?' he asked her.

She was on the point of refusing, then remembered it would give him pleasure, and consented with a thin smile. Ezra found a place for her in the gallery of the theatre where the meeting was held, then left her to take the chair. The platform was full of local notabilities, among whom she noticed the M.P. for Cwmardy; but for some reason her attention was mainly fixed upon the dress and appearance of the people on the platform. They looked so prosperous, and she could not help comparing them with the strikers and the street-corner meeting in the afternoon. She glanced about and noticed that Ron, Harry, Will Evans, and other members of the Party were scattered about the hall. Ezra opened the meeting and welcomed the M.P., who had just arrived.

The latter spoke of the strike and what he had done in all parts of the country to bring it to a victorious end. Then he complimented the people of Cwmardy on their patience, and deplored the action of the Communists, that had brought Cwmardy into disrepute and had landed one of their number in jail.

Mary's blood coursed through her like hot lead, and she sprang to her feet, waving her arms wildly, while she shouted: 'Withdraw that. You are talking about my husband.'

The speaker smiled tolerantly and tried to continue as though he had not heard the interruption, but from various parts of the hall other cries arose and drowned his voice.

'Withdraw that statement! Give the girl a chance!'

This support gave Mary strength and made her more determined. She rushed from the gallery, down the stairs, and entered the floor of the hall, by which time Ezra was on his feet trying to get order. After a while the noise subsided and the speaker began again, only to be checked by Mary's voice.

'Withdraw that statement. Let me come on the platform!' The Party members edged towards her and uproar broke out once more. Mary kept on shouting, hardly knowing what she said in her excitement. She saw those on the stage hold a hurried consultation with her father, and forced herself forward towards them; Ron and Harry, although she was not aware of it, were at her side. She reached the front of the stage, all the people now on their feet and shouting, and with the help of Harry and Ron scrambled up. As she did so, the others on the platform, including Ezra, left it, so that when she looked around it was empty.

She gazed dumbly at the huge blur of faces that confronted her, and her courage oozed away as she realised that, having captured the platform, the people now expected her to say something. She opened her mouth and heard a pitiful little squeal which made her close it again sharply.

Harry, who had scrambled on the platform behind her, growled: 'Go on, mun. For God's sake say something, or let me do it for you.'

The remark made Mary brace herself, and she stepped forward to the edge of the stage, where, for the first time in her life, she made a speech.

Her concluding words were accompanied by a burst of applause, after which Harry took control of the meeting, making it one of protest against the imprisonment of Len. Mary remembered very little of what happened after this, but before she reached home, she had joined the Party.

About two months after the meeting and Mary's entry into the Party, she went with Big Jim and Siân on a visit to Len. Siân spent the whole morning making little round cakes on the bakestone, and insisted on packing these up despite all advice that Len would not be permitted to have them.

The massive, stony aloofness of the prison awed the two women, but Jim strutted up to the huge iron gate as though it belonged to him. The bell he rung announced their presence with a sonorous austerity that chilled Siân's blood. While they waited for the gate to open, Mary read aloud the big printed notice informing visitors of all the things they could not do if they wanted to come back out. Siân listened attentively, and when Mary had finished handed the parcel of cakes to the first child that came along.

They entered the little cubby, where Len was waiting for them. His face was sallow and thinner, but his eyes were clear and his whole body seemed to beam a welcome when they entered. Siân tried to touch his feet with hers beneath the table that parted them, but it was too wide and she had to give up the attempt, at the same time squinting from the corner of her eyes at the warder who stood rigidly at the end.

Len explained: 'We are meeting in by here as a special favour from the governor. I asked him not to let you come to the usual place because I knew it would upset you to see me behind glass and bars, like they have in the other place for visitors.'

His words were hurried and excited, as though he had to say

something quickly to maintain a grip upon himself, but after the first spasm of emotion generated by the sight of them, he held himself in check.

Mary told him all the news and he supplemented her information with questions which he shot at her like machine-gun bullets. While this was taking place, Jim, trying to whisper quietly, but every word audible to the others, was telling the officer of the time when he was himself a warder in the military prison at Gibraltar.

'Aye,' he said reminiscently, with a faraway look. 'I have spent most of my time in gaol, between one thing and another. But, mind you, butty, I am not sorry for it. No, indeed! Not by a long shot. There's many a poor old dab in the cemetery who 'ood be glad of the chance to be in gaol now.'

But Len did not hear this. His whole attention had been diverted by Mary's news that the strike was on the point of collapse, and he felt heavy as lead when she told him that one of the coalfields had broken away from the strike and made a separate agreement. There was an awkward pause after this.

No one knew what to say until Mary tried to relieve the tension by saying: 'Oh Len, I've joined the Party,' and plunging into an account of the eventful meeting.

This lightened Len's despondency, and the little gathering became more cheerful. Not a word was spoken of Ezra, although Len was bursting to know what he was doing.

All this time Siân had been eyeing his clothes, and on several occasions had opened her mouth to say something, but thought better of it. Now, however, she could contain herself no longer. 'What is them old sacks they have put on you, Len bach?' she queried.

Len gave a hasty and somewhat guilty glance at his suit before replying: 'Oh, this is the clothes they give to all prisoners, mam.'

Jim was about to add something, but Siân silenced him with a look. 'Well, I am going to see the manager of this place about it. I have never reared a child of mine to put on clothes from other people's backs, and I am too old to let anybody start doing that to my own flesh and blood now.'

Len hastened to placate her, but only finally succeeded after he had told a few lies about the good treatment he was having.

'It is like being home,' he asserted with a twist of his lips that he thought was a smile. 'All I do miss, mam, is the sight of you and dad and Mary. And what do you think? The first day I came here they put a lovely Bible on my table, and I've got it ever since.'

This finally dissipated any doubts she had. The warder now announced that their time was nearly up, and this news damped their spirits like a wet blanket. Mary sensed the loneliness induced in Len by the information, and choked back her own tears in an effort to cheer him up.

'It won't be long now,' she consoled, 'before you'll be with us again and back in the fight. All the people are waiting to welcome you, and Cwmardy will be like a flag-day when you come out.'

Len saw through the attempt to cheer him, but it warmed his heart. 'Don't worry about me, comrade,' he said. 'Look after mam and dad. I'm sure of food and shelter here, but our people outside are sure of nothing.'

They caressed each other with their eyes before they parted, and Len was led away.

One day shortly after the visit to Len, and twelve months after the beginning of the strike, news reached the valley that the national leaders had called the strike off, and were advising the men to make the best terms possible in their own areas so that they could restart work immediately. Ezra and the committee called a general meeting where the position was explained to the people, whose haggard faces were bitter. There was no singing or cheering as Ezra pronounced their defeat, and when the meeting ended the people walked home with the same slow, measured steps they took at a funeral.

BREAKING POINT

When Len was released from prison he found Cwmardy like a cemetery, although he received a joyful welcome at a meeting organised by the Party for this purpose. He had only been out a few days before he felt a weight press on him as the deadly blackness of the valley caught hold of him, and made the 'chug-chug' of the pit engine sound like a wail. Mary was also affected by his depression, especially the night she told him all that had happened since his imprisonment.

'The company is only taking its favourites back,' she reported. 'And they are bringing in scores of men from over the mountain to work the pit. Our own men have left the Federation and the company is forcing them into its own non-political union. Everything is topsy-turvy, with everyone fighting for himself. They tell me,' she continued, when he made no remark, 'that things are worse than they have ever been and everybody is afraid to open their mouths for fear they'll be sent up the pit.'

She made no mention of her father, and although he noticed the omission he did not comment on it. When she had finished, he remained silent for a long while, then caught her in his arms and buried his face on her shoulder. She knew the mood, but left him alone with his thoughts, while she stroked his hair. He trembled at the touch and raised his head to look at her. The shadows he saw on her face darkened his own, and he murmured huskily:

'Mary, my comrade, what's going to happen to our people? To think, after all the battles they have fought and the things they have suffered, that they are now beat and broken up makes me sad.' He turned away as though this helped him to think better, then burst out: 'But it's not them who are to be blamed; it's those who let them down and betrayed them.' He lost his temper and began to shout angrily: 'This is what comes from lack of faith. Aye, by gum, this is what compromising with the company means – no organisation, no confidence, every man for himself and to hell with everybody else. No wonder the company is doing what it likes with us.'

She eventually calmed him with the reminder that moaning would help no one. Her coolness strengthened him, and they talked of other things till it was time to go to bed. They had hardly finished their breakfast next morning, when Harry, Ron, and Will Evans walked in after a preliminary brief rap on the door. Len was glad of their company, although he hardly knew how to talk to Ron in case he said something that would revive the terrible tragedy. But after the first awkward preliminaries Will, as usual, gave the conversation a light turn.

'By gum, Len,' he said, looking him up and down with his head screwed on one side to get a more comprehensive view, 'prison have done you good, mun. You look more like a man now than I have ever seen you.'

Len laughed and turned to Harry, who was placidly poking the fire, while Mary cleared the breakfast dishes.

'How is the Party going, since I've been away, Harry?'

'Very good,' was the reply. 'Mary is a trump and is fast getting one of our best speakers.'

Len blushed and went warm all over. He hoped Harry would keep on talking about her, but the latter changed the subject.

'There's not much chance of the company taking you back to the pit, now they've got an opportunity to keep you out,' he said.

Len started forward in his chair, but the other gave him no time to say anything.

'That means you'll have to sign on the dole, like the others who're not likely to start back again. We've been talking about it, haven't we, boys?' turning to the others, who nodded acquiescence, although they didn't know what he had in mind.

'And we think your Party job is to get the unemployed organised on the exchange.'

'But what about the Federation?' asked Len in a puzzled voice.

'Oh that's finished as far as the unemployed are concerned.' Len still looked dubious, but made no further comment other than to ask, 'What do you expect me to do?'

Ron helped him. 'Since you've been inside,' he explained, 'we have been holding meetings outside the exchange each signing day. Most of the speaking has been done by myself and Mary, because Harry is away in other parts of the country very often now. We've had some of the unemployed to join up, but we must get them all. The Party thinks you can do this better than any of us.'

Len sensed the implied compliment but for some reason did not feel flattered.

Shortly after this they left, Ron remaining behind for a moment to say he intended leaving the valley at the end of the week, as some friends were hopeful of getting a position for him elsewhere. The news saddened Len, but he made no effort to dissuade his friend.

Late the same afternoon, Len strolled down to see his father, who had just bathed and was beginning to enjoy a smoke when he entered.

Siân bustled to get her son a chair, and after he had settled himself, Len asked: 'How's things going in the pit, dad?'

Jim drew the black clay-pipe from his mouth, looked at it a few moments, then spat in the fire before saying:

'Hellish, Len bach. Hellish! The company is making it a proper bloody muck-hole. Aye,' he went on prophetically, 'one day, there'll be another blow up; then everybody will be saying "pity the poor miner". Pity to hell!' he shouted in sudden temper, while Siân glowered at him reprovingly. 'There is no need for it, if the company 'ood only work the pit as she ought to be worked. Huh! I hope you will never come back to it, Len bach. It's not fit for a dog, let alone decent men.'

He paused, then added confidentially: 'Do you know, Len bach, they have got spies in the pit now, and if us won't join the new union, they give us the sack. What think you to that, my boy?'

'Ha! So that's it, is it, dad? Well, I'll be up with you in the morning to get my old place back.'

Jim stared at his son in amazement, then burst out laughing. 'Your place back? Ha-ha! There is no bloody place there for you now, mun. We work here today, there tomorrow, and God knows where the day after. Not only this, mind you. If you do say anything about it, the officials get shirty straight away and are not behind in telling you that if you are not willing to do it, there is plenty on top of the pit who 'ood be only too glad of the chance. No, Len. There is not much hopes of you getting back, and if you did, you wouldn't be there a day, muniferni.'

Jim painfully eased his body from the chair, tapped the bowl of his pipe on the hob, and made his way to the stairs, where he remarked: 'I'm going to bed. Bring my supper up, Siân.'

Len said nothing as he watched the bent bulk of his father go up the stairs, but Siân sighed.

'Your dad is breaking fast, Len. Aye, indeed, fancy going to bed this time of day! Well, well! He have had his best days and will never again be the man that he was. The work is killing him now. Well, well! And to think I do 'member the time when he could eat it.' Len rose with the first hooter at five o'clock next morning. Mary was already down, warming his working clothes and making breakfast. She looked more frail than usual, and her actions as she moved about were eloquent of weariness. 'All this is waste,' she grumbled. 'Why can't you listen to sense, Len? We could be in bed now, instead of potching about down here for nothing.'

He took no notice of her plaint and after he had finished his breakfast caught her to him and kissed her. 'Go back to bed, my dear, you're tired,' he said.

He found his father groaning and grunting as he struggled to pull a singlet over his head, unnecessarily shaking it and paying no heed to the cloud of dust which scattered all over the little kitchen. Jim looked for his pants among the remainder of the pit clothes drying on the rod before the fire, but failed to find them.

'Arglwydd mawr,' he howled, 'do you 'spect me to go to work naked, that you haven't put out my pants to air?' Siân glared at him, but made no reply as he flung the clothes from the rod to the floor, increasing the dust that was already heavy on the furniture.

Len helped him. 'You are sitting on them, dad.'

Jim rose from his chair as though it contained a pin, looked down dazedly for a moment, then said half apologetically: 'Well, well. Whoever 'ood think of that, now. Fancy me sitting on my own pants and not knowing it. Ha-ha!' The laugh sounded empty and Siân knew it to be an attempt to cover his discomfiture.

Before leaving for the pit, Jim warned his son: 'You are only wasting your time, Len. There is no work there for you, and you will only have to bath all over agen for nothink.'

'Perhaps you're right, dad, but there's no harm in trying.'

They bade Siân good morning, the latter responding with the remark, 'I will wait down till you come back, Len.'

The two men silently joined the long human line winding up the hill to the pit. Len noticed a large number of strangers, but said nothing until halfway to the pits, when a hooter suddenly blasted the morning. He looked at his father in surprise.

'What hooter is that, dad?' he asked, unconsciously quickening his stride.

'Oh, that is a new stunt by the company. All the men have got to have their lamps out ten minutes before the last hooter do blow or they shan't go down.'

Len would have asked more questions, but he had to save his breath to keep pace with Jim, whose gasps were mixed with curses as he practically ran to the pit, all the other men doing likewise.

They had passed the colliery office and were about to go across the bridge when someone shouted harshly behind: 'Ay, there. You by Big Jim. Where the bloody hell do you think you are going to?'

Len stopped in surprise and looked back to see the colliery policeman hurrying towards him with waving arms. Big Jim stopped with Len, but the other men hurried on their way and took no notice.

The sergeant hustled importantly up to Len, and caught him roughly by the arm. 'Come on, where are you going?'

It was Jim who replied, 'If he's coming the same place as me, butty, it's to the bloody workhouse.'

'That's enough of it, Jim. Nobody's talking to you,' said the sergeant before turning his attention to Len. 'Come on. Back past that bloody office you go, and quick if you know what is good for you.'

Len saw his father's face go white as snow, then red as blood, and knew something was about to happen.

'Ha,' said the old man. 'At last. Just the chance I have been waiting for, muniferni.' He placed his box and jack carefully on the ground and began pulling off his coat, talking gloatingly all the while like a man about to experience a long-desired pleasure. 'You is a hell of a big man and thirty years younger than me, but never mind about that, because you is just about my dap. Aye, butty. You have had your fling long enough. Now one of us have got to pay the tune, and you can venture it 'on't be Big Jim that is going to pay.' His coat was off by now and he pranced up to the sergeant with his fists outstretched, but the latter, seeing the move, had drawn his baton in readiness. Len stepped between them.

'Don't be silly, dad. You'll only get the wrong end of the stick in the long run. Put your coat back and hurry or you'll lose the pit. He won't do anything to me.'

Jim reluctantly obeyed. 'Better not for him to, mun jawli. Huh! A big man like that pulling his truncheon out like a babby. But there, I always did say they have got no guts and that us can beat 'em every time, man to man.' He continued talking to himself as he made his way over the bridge. When he neared its end he turned and shouted: 'If you do fancy your hand, butty, wait for me on top of the pit finishing time and I will be with you. Good morning, Len bach. If he do say anything out of the way to you, us will settle it tonight.' Len saw him put his hand to his back and walk painfully out of sight.

He paid no further heed to the sergeant and retraced his steps down the hill. Siân was waiting for him, as she had promised, but he told her nothing of the occurrence.

'Us did tell you that you was wasting your time,' she scolded.

'I know, mam. But it was better for me to see for myself, wasn't it?'

When he got home and had bathed, Mary tried to coax him to go to bed for a while, but his brain was too restless to permit him to lie down. All day he was tormented by the transformation that had taken place in Cwmardy. He likened the pit to a fortress which had to be besieged before entry could be gained, and even then it could only be done if he allowed himself to be chained and guarded. The thought galled him, because all his life had been spent in and around the pit and its every throb palpitated through him like blood. He remembered the books he had read and the speeches he had heard since he was in the Party, and subconsciously he began to tell himself that the pits really belonged to the people and not to the company. This reminded him of some of the arguments he had had with Mary before she joined the Party, and again he thought of the struggle for power.

'That's what it means,' he mused to himself. 'And the Party is right. Power to take over the pits for the people who work and die in them.' He paused a moment, then told himself: 'That means revolution, because Lord Cwmardy and his tribe will never give them up.' The conviction soothed him, somehow, and he felt happier because of it.

For many months after this he devoted himself to propaganda on the labour exchange, trying to get his old workmates organised as unemployed. Every signing day Mary and other members of the Party stood on the little wall that separated the exchange from the row of ramshackle houses facing it. From this vantage point they addressed the queues of unemployed, until Len eventually became known as the mouthpiece and leader of the local Communists. The people found his direct statements and eloquence very attractive, and always listened attentively to all he had to say. The long unemployment was painting a premature oldness on him, but these activities prevented his becoming demoralised. Every Tuesday evening he and the other Communists met in a room lent them by old John Library, who had always prided himself on his advanced views and was affectionately regarded by the people as the philosopher of the oppressed. At these meetings, the Communists discussed for hours the problems confronting the workers and themselves. Each year these became more complex and confusing, until the Party was forced to intensify the political training of its members. Len was given the role of trainer in Cwmardy – a role that was the logical outcome of his tremendous influence with the people and prestige in the Party.

Always during the summer months, Len, whenever he had an hour to spare from his activities, tried to coax Mary to the mountains. Sometimes she refused for some reason, and on these occasions he went up alone and wandered aimlessly about, always eventually finding himself on a spot overlooking the Big House and the pits. One day, when the whole world was centred on Leipzig, Len, his thoughts fixed on Dimitrov, reached this point. He sat down in deep meditation for a while, before he saw what he thought was a familiar figure slowly make its way up the drive to the Big House. The more he watched, the more convinced he became it was Ezra, and began to wonder what reason prompted the visit of the miners' leader to the den of his enemy. He failed to find a motive, and was at last urged by the encroaching darkness back into the valley, where he met Mary, who said she had been looking all over the place for him. He noticed her wildness and broken breath, but asked no questions until they found a secluded spot where they could talk without being overheard. Something in her attitude bred a faint uneasiness in him, and he felt half afraid of the news she had, before she told it. He tried to soothe her, but she brushed the effort away impatiently, at the same time saying: 'Don't, Len. I've got something awful to tell you, and we can't run away from it.'

The words killed the impulse beginning to work within him, and he waited quietly for her to explain. The humid air, heavy with dampness, hung over the valley like a weight, emphasising the turmoil of the life it contained. The people who occasionally passed were silent, like bent shadows emerging from the darkness only to be buried in it again a moment later. Mary sighed and her hand searched for Len's, the thin fingers pressing his convulsively. At last she spoke again. 'I can't tell you up the house, Len. I've got to be outside, the house seems to be a part of what I want to say. Oh, Len, dad has been up to Lord Cwmardy, who's given him a job in the office if he'll finish with the Federation.'

The last words left her mouth in one burst, after which there was silence, while the young couple watched the burning glow from the pit furnaces. It seemed to crush the darkness with a grip that made the Big House look like a castle cut out of the hard bosom of the mountain.

When Len spoke the tones were low and emphatic. 'It can't be true. I don't believe it.' He suddenly caught her to him and felt the broken breathing that shook her body. The tremor made him weak, and he tried to avoid the fact contained in her words. 'No, I'll never believe it. Ezra would never take a favour from his greatest enemy and sell his own fellow workmen to get it.'

Mary shook herself free from the hard clutch of his hands and said resignedly: 'Come. Let's go up the house to see him. Perhaps it's not too late even now,' she added hopefully.

On the way up he kept muttering: 'Good God! To think what our comrades in Germany are suffering, while we have to fight such things as this. Good God!'

They found Ezra pacing the kitchen in a manner that reminded Len of himself in the prison cell. He saw the struggle that had taken place pressed into the lines and furrows of the old leader's face and in the once vitalising eyes whose flame was now quenched. The tragedy of the transformation gave Len the burning sensation of a bile and made him regret his mutterings. He walked towards the chair into which Ezra had sunk on their entry, and without any preamble pleaded: 'Ezra, don't leave us. Don't let all that you've done for our people be buried in a colliery office. Remember you still belong to them and they'll come back to you again if you have patience and faith.'

Ezra rose to his feet and began pacing the room again as Len went on: 'Hell, man, don't sell out to the company after all these years of fighting. Think of Dimitrov facing the might and horror of German Fascism on his own.'

Ezra stopped with a quiver at these last words, then turned sharply round to face his son-in-law. 'Who are you to talk of my actions and my future?' he demanded harshly. 'You and the gang you follow! Haven't you publicly branded me as a renegade and a rat before the people you profess to love? In't you responsible for making them desert me and—' he hesitated a second and fixed his gaze on Mary, then concluded – 'yes, turned my own daughter against me. Would Dimitrov have done that?'

Mary started to say something, but her father paid no attention as he continued in tones of implacable conviction: 'I have been deserted because of the dirty lies bred in the mouths of your Party members, and I'm now, after forty years' service, alone, friendless, and penniless. This is the reward for my devotion.'

Len stepped nearer him with an eager interruption. 'But if you hang on a bit longer, Ezra, I'm sure the men will come back to the Federation. They're bound to. It's in their bones and their hearts.'

Ezra looked him deep in the eyes before replying. 'Must I live till then on air?' Or do you want me to use my influence to get a job that belongs to other people? No,' he answered himself with a shout, and the next words came with increasing momentum, 'I'd sooner go to the enemy and say, "I'm defeated, Cwmardy, and helpless. My fight is over and I ask you to let me do something for the short time that is left to me".' He paused to gather strength, then said: 'This need never have been if you and Harry Morgan hadn't brought your foreign theories into our valley.'

Mary raised her gaze from the fire to say sadly: 'That's not fair, dad. If Len is a foreigner, then I am one, because the both of us and yourself have been reared with the valley. All we have been through, all we know and do comes to us from the valley and the people. If the Party thinks different from you, dad, it's not because we are against you, but because we believe you are wrong. There's nothing foreign in learning to do the right things for the struggle of our people, is there? Oh, dad,' she moaned, rising to her feet and catching his arm affectionately, 'there's no need for you to take this job that Lord Cwmardy throws to you like we throw a crumb to a dog. You know we can live happy together by here for the rest of our lives.' Her voice broke and she began to sob softly.

Ezra's head bent lower with each sentence. The silence that followed made the cracking flames roar like thunder. At last he shook himself and looked up to say: 'It's no good, Mary. I don't want anyone to keep me. I can keep myself in the future as I've had to do in the past, ever since that day I took your mother to her grave and came back with you in my arms to an empty world. Yes, just like that, Mary. To a world whose very fullness made it empty of happiness and peace. That's what I want, what I've been hungering after for years... peace. All my life has been a fight, and the little that is now left me I want for myself.' Some of his old strength found expression in the adamant finality of these last words, and the others, realising this, said no more. Shortly after, Len and Mary left the kitchen like people leaving a tomb.

When the men left the pit next day and filed in a long, ever-lengthening string across the bridge, they looked in amazement through the office windows at the bowed shoulders and grey hair of Ezra, with a pen in his hand and a huge ledger before him. He did not raise his eyes from the book and he was deaf to the remarks that spanged against the windowpanes. On the way to their homes the men could talk of nothing else. Will Smallbeer was the most vociferous.

'Leaders, muniferni,' he growled to those with him. 'What did I tell you years ago? Didn't I say put a beggar on a horse and he'll gallop to hell? By hell! You can all see now that old Smallbeer was right, mun jawli. They're all the same, give 'em half a chance and they'll sell you.'

Big Jim thought of Len, and grunted: 'Huh! Us can't blame a man for that, mun. It is human nature. A man have got to live whatever he is, and you can't throw blame on Ezra when rotters like you do leave the Federashon and let him starve in the gutter. No, muniferni. I tell you boys straight, I 'ood do the same my bloody self if you played that trick on me.'

Most of the older men felt Jim's sentiments were correct, but the younger ones were equally vehement in their condemnation of Ezra's action.

EZRA'S DEATH

For many months Len could not bring himself to concentrate on the significance of the change in Ezra's outlook and action. He subconsciously felt the tremendous personal tragedy embodied in the event, but hesitated to put into words the forces and ideas that had shattered so strong a man as Ezra. Len was pulled two ways, by his affection for his old leader and by the logic of the struggle against Fascism and war developing throughout the world. His own experience in the Party showed him the one way out, but the fact that he was still living in the same house as Ezra tended to make him subjective. At the same time he was worried about his own position. It hurt him to know that his father came home from the pit each day more bent and painful, while he himself remained to all intents and purposes idle around the streets and in meetings. The horrible sense of dependence and inaction made him morbid. His body had been moulded in the pit and he felt it calling him like the pangs of hunger, a feeling he tried to escape by throwing himself even more vigorously into the work of the Party. The clear division of the people into employed and unemployed and the chaotic state of disorganisation among both sections appalled him. These things and the collapse of the official Labour Movement in many parts of the world became the basis for most of the discussions in the library. It became increasingly evident there was not unanimity in the ranks of the Party. One or two, led by Fred Lewis, concentrated on local affairs and were of the opinion that the only way to save the Federation and unite the employed and unemployed was by fighting for the appointment of a full-time agent in place of Ezra. The others, led by Len and Mary, thought the first thing to be done was to explain the dangers of Fascism to the people of Cwmardy, to get them back into the Federation as a basis for other things. The controversy lasted for weeks and became very bitter. At one meeting Fred Lewis accused Len and Mary of being influenced by the fact that they were related to Ezra and were jealous of anyone else taking his place.

Mary got up immediately the accusation was made and asked: 'All right. Assuming your line is right, Fred, who do you think we should fight for to be the miners' agent?'

Without hesitation, just as though he had already decided and the answer was involuntary, Fred replied: 'Myself, of course. Who else is there in the Party who could do it?' This brought matters to a head, and Harry Morgan, who now worked for the Party nationally, was sent for to help. A special meeting was held to thrash the business out finally. Will Evans was elected the chairman, and opened the meeting with the statement: 'This is going to be a most important meeting, comrades, because what we decide here tonight will be the policy of our Party that all of us will have to fight for in Cwmardy. I call on comrade Mary Roberts to give a report of what have happened up to date. After she have finished, we will have a statement by Harry. Then there will be open discussion, and we hope none of you will keep anything back. If you have got anything to say, let's have it straight out on the table, so that all of us will know where we are.'

Mary spent very little time tracing the changes that had taken place in Cwmardy and the consequent differences in the Party. Harry Morgan followed with a survey of the political situation in general and its bearing upon the position in Cwmardy and the line of the Party; but he did not commit himself on the issue before the meeting.

Len was the first to take part in the discussion. There was a tense feeling of alertness among all present when he asked for the floor. Mary inwardly prayed that he would keep calm and remember he was not in a propaganda meeting.

'Our Party,' he began, 'is based on loyalty to majority decisions, even if we in the minority are against that decision. This in my opinion is the only way we can work as a Party that has got to organise a revolution. But this revolution is not a thing of a moment; it doesn't float down to us from the air or bubble up from the earth. No. It is made in the struggles and tribulations of our people, it is born in the conditions that are imposed upon our people by the capitalists, conditions that can only be altered by taking power out of the hands of the ruling class. But the problem for us is, how? Yes, that's the problem, because what we do in small things will determine the form of the big ones, and what we do in Cwmardy on this issue must be done in such a way that it helps all the people forward into organisation and unity, not only against the company but against the Government.' He stopped a moment to clear his throat, then without taking his solemn eyes from the chairman he continued: 'I say, before we can begin talking of new officials, we have got to build organisation to such a pitch that full-time officials will be necessary. We are not there yet because our people have lost faith in the leaders who have let them down so often. And we can't blame them. Let's build the Fed, smash the non-pols, and get the people to elect a committee to lead them. After we do this, then perhaps we will be able to think of another miners' agent instead of Ezra.'

He sat down, to be followed immediately by Fred Lewis, who wasted no time with preamble. 'If we follow Len's line, we'll neither have a Federation or a Party,' he declared. 'How can you expect organisation unless you have leaders to build it?'

A voice asked: 'Isn't our Party the leader?'

Fred retorted promptly: 'Yes it is, but our Party is made up of individuals, of men and women, not rag dolls, and that's why I say we must put one of our members forward for this position.'

The discussion went on for hours before Harry summed up all that had been said. 'I think Len's line is the right one. Build the organisation first, then the people can elect their leaders after.'

Everyone had been careful to omit mention of Lewis's individualist stubbornness on other occasions, but when the motion was put to the vote Fred's hand was the only one that supported his present contention. When he saw this he jumped up, put his cap on and made for the door, shouting over his shoulder, 'I'm not leaving the matter here. I'm going to take it further.'

Several members urged him to come back but he paid no heed and slammed the door behind him. Those left looked at each other blankly, before the chairman announced:

'Well, that's that. We know where we are now, and all I hope is he'll do what he said. The meeting is now closed.'

But it was some time later before the Party members left the library and made their way home.

Memories of this discussion and Fred's attitude lingered with Mary for a long time. Her health was becoming worse each day, and on occasions she had the greatest difficulty in breathing. As a result, she could not devote so much time as she desired to the Party, particularly as she was further handicapped by the fact that her father was getting more morose and intolerant, while his whole body seemed to be fading away before her eyes. Len was hardly any consolation to her during this period, most of his time being spent with the other Party members, holding meetings, distributing leaflets, and campaigning to get the people back into the Federation. Mary, knowing this, never complained, and kept from him as much as possible her fears regarding Ezra.

But one night she was awakened by a loud knocking on the wall that separated their bedroom from her father's. She hurriedly shook Len, who sprang to his haunches in drowsy alarm. Before he could ask any questions, he heard the knocking that had alarmed her, and without even waiting to put on his trousers, ran into Ezra's room.

In a matter of seconds, Mary heard him call out: 'Come quick, Mary, something's wrong with your father.'

Pale with dread, she hastened after him, and saw Ezra struggling painfully to gulp air into his open mouth. Len held the old man's head in one arm while he used a newspaper as a fan.

'Dress quick, Mary,' he urged his frightened wife. 'Run down the house and tell mam and dad to come up at once.'

Without hesitation she left the room, and the next thing he heard was the slamming of the front door.

Siân woke when the first pebble rattled on the windowpane. Pressing her nose against the glass she recognised the dim shape of Mary, and hastily began pulling her skirt on, at the same time waking Jim.

'Quick, James bach. Somethink have happened to our Mary.'

Jim needed no second bidding before he was out of bed and halfway to the kitchen, stubbing his toes against the stone stairs on the way down. He strangled the curses that rose to his throat and opened the door to admit the dripping Mary, who, instead of dressing as Len had advised, had merely flung an old coat over her nightdress. Siân, stumbling into the kitchen, saw this with her first glance, and drawing it off replaced it with her great woollen shawl.

'There now, gel fach. Sit yourself down and take your time,' she tried to console. But Mary was too agitated to dally.

'No, no. There is no time to sit down. You must come up the house with me at once. Oh dear, dear,' she burst into sudden tears and moaned. 'Something terrible is happening to dad. He is groaning and fighting for air while his eyes are fixed on Len in an awful stare.'

She brushed her hand across her forehead and hurried to the door, the old people close at her heels and Siân muttering: 'I knowed there was somethink wrong. This is my dream working out. There, there, Mary fach, don't take it to your heart so much. The Good Lord do always do what is best, and everythink will come all right in the end.' Outside the howling wind clutched savagely at the rain, throwing it against the houses, where it smashed into running streams. The tears on Mary's cheeks were washed away as the three people stumbled through the storm towards Ezra's house, where a solitary light blinked in the sweeping rain and beckoned them to hurry. They found the miners' leader sitting up in bed with Len at his side. His eyes were fixed on the window with an intensity that was frightful in its obvious blindness, and his moustache was thick with the saliva that dribbled to his chin as he muttered incoherences to himself. His face shone with the perspiration that oiled it. Mary sprang forward and put her wet arms around him.

'Here I am, dad,' she whispered chokingly. 'You'll be all right now. Big Jim and Siân are here to help you. Cwtch up now and go to sleep.'

She tried to press the bony body back into the bed, but he struggled against her efforts, gasping feebly: 'Don't tie me down; let me be free to fight.'

His glaring eyes roamed the room when she released him, and Jim stepped up to take her place.

'Come comrade bach,' he crooned, gently as a mourning mother. 'Big Jim is with you now, and there is no need for you to fight while us is here.'

Ezra looked at him and his stare softened a little as it focused on the bent form of his old workmate. His words came from deep in his belly when he said: 'Ah, Big Jim. He'll not desert me like his son did. No. Old Jim will fight with me to the last.'

He paused a moment, then began waving his hands weakly above his head, at the same time crying helplessly: 'Let me get to my feet. Don't let it ever be said that I lay down when there was a fight to be won!'

Jim forcibly held him in bed while Len rushed for the doctor and Siân went down to the kitchen to light the fire. Ezra's eyes became glazed and he breathed in choking gasps that stuck in Mary's heart like daggers as she sensed the outcome of the struggle taking place. All the passionate love she bore him now surged through her with a force that dried the juices in her body as he fought to get out of bed. It required the joint strength of

Jim and Len to hold Ezra down while the doctor examined him. At the end of the examination the doctor took Mary on one side. 'There is nothing I can do for him,' he said with professional hardness. 'You must prepare yourself for the worst. I'll give him something to keep him quiet for a few hours, and I'll call again in the morning.'

The storm outside the room shook the house with frenzied blasts that mellowed the moans of the man on the bed. He began calling for Mary and paid no heed to her mournful protestations that she was with him.

Siân's red-rimmed eyes were wet when she said: 'Get into bed with him, Mary fach. Perhaps his body can tell him what his brain cannot.'

Mary obeyed, and the moans ceased for a while as some subconscious faculty told him his daughter was near. His face lost some of its putty pallor and the pain-filled lines smoothed out, giving it again some semblance of its old strength. Len looked on and felt a new confidence creep over him at the sight. Siân busied herself making a cup of tea and Big Jim stood near the bed, watching every restless motion of the form beneath the clothes.

The night slowly dragged out its storm-wrenched hours, and when the pit-hooters called the men to work in the early morning, their blare startled the people in the silent house. But the noise seemed to connect Ezra with the life in the valley, and he stirred impatiently before eventually opening his eyes to look about the room. He appeared more normal, although his skin had a peculiar yellowish tinge. He felt Mary at his side and turned to her, smiling wanly when she pressed her hot lips on his forehead. A knock sounded on the front door and Jim went down to answer it. When he returned he replied to the query in Ezra's glance.

'It was Sam Dangler's missus wanting to know if Sam could do something to help before he went to work.'

Ezra's face brightened, and Jim helped him rise to his haunches as Mary left the bed.

'My people still think of me,' he whispered.

'Of course they do, mun. They don't never forget those who have been good to them,' Jim answered confidently.

A sudden spasm of coughing seized Ezra, and it seemed about to choke him until Jim cleared the mucus away with a huge forefinger. For some time after this the room was silent except for Ezra's terrifying gasps.

At last the dying man beckoned his daughter to him and whispered weakly: 'Open the window, my dear. I want to hear the men going to work.'

'But you will catch your death of cold,' she protested.

His features hardened as of old when anyone tried to thwart him. 'I said open the window,' he insisted. 'Chills or anything else can't affect me now.' Mary obeyed, and as she returned to the bedside the loud tramp of hobnailed boots followed her.

They all fell in with Ezra's mood, and for an hour listened silently until the hooters again blasted the dawn with their announcement that the last man was down the pit. Ezra sighed and whispered feebly, each word like a burden he was unwilling to relinquish. 'There goes life, creation. They will give their bodies to the pit all day, and their strength will be turned into coal. Yes. Black lumps of coal which will be turned into gold at the docks.' He became reminiscent as he sank back on the bed. 'It is the flesh and brains of our people that gives life to the world. Without them the world is dead. Dead as I'll be in a very short time.'

Mary sprang forward with a cry. 'Oh, don't say that, dad. You're looking better already.'

Ezra gazed at her and gulped hard as she buried her head in the clothes that covered his breast. 'Don't grieve for the dead,' he admonished, while his fingers with slow tenderness wound through the strands of her hair and wandered to the lobes of her ears. The familiar caress filled her with longing, and he went on more softly and weak: 'No, my daughter. And don't grieve for the living. Fight for them. Yes, that's the thing.' He borrowed sudden strength from somewhere and jerked himself erect, while Mary passionately clasped his hand to her bosom as he shouted: 'That's right. Fight, fight, and keep on fighting until...' A dry rattle followed the last word, and his body relaxed limply in Mary's arms.

Siân quietly led the sobbing woman from the bedroom and left it to the two men and their dead leader. Len looked down silently on the white face that had suddenly become placid, and it danced in the tears he tried to blink away. Big Jim blew his nose loudly before gently straightening the cooling limbs and drawing the sheet completely over the still form. This done, the old man turned to the window through which the daylight was struggling to enter and muttered brokenly:

'Poor old Ezra is gone for good. The company have broked his heart so sure as they have broked the Federashon and the spirit of our men.'

Len looked at him, drawing the back of his hand across his brow. 'Yes, he's gone, dad. He's gone.'

Siân took control of the household during the following week, sleeping there at night so that Mary should never be alone. Jim made all the arrangements for the funeral, and Len received the visitors who came from everywhere with condolences. It had been Ezra's wish that his body be cremated, and the knowledge that Mary intended being true to this desire excited the people of Cwmardy, because it would be the first cremation that had ever taken place there. A further cause for speculation and gossip was provided by the Party announcement, on behalf of Mary, that there were to be no prayers and it was to be a red funeral with the Party in charge. Lord Cwmardy sent a letter which Mary read, then put in the fire. Len never asked what it contained, being too much concerned with her health to be interested in anything else. Her restraint and inner strength amazed him and made his love for her even more all-embracing than hitherto.

The miners kept out of the pit on the day of the funeral and from early morning began gathering about the street where Ezra had lived. Harry Morgan came down from London to speak on behalf of the Party. He brought with him a huge red banner with a gold hammer and sickle emblazoned in its centre. All the Party members in Cwmardy and many from outside turned up with red rosettes pinned on their breasts. Towards the afternoon large numbers of rich-looking cars rolled into the village, each containing top-hatted occupants.

The first intimation that something was happening in the house came when Harry Morgan beckoned six of the Party members inside. The huge crowd swayed forward as the coffin, covered with a red flag, came into sight through the window and was placed on trestles in the middle of the street. The mourners gathered around, Mary standing on the doorstep, with Siân at her side, and her eyes large and black in the dead-white flame of her face. Harry Morgan spoke a few words, which were followed by the rising cadences of the 'Red Flag'. Six Party members lined up on one side of the shrouded coffin and six old members of the Federation committee on the other. When the signal was given, they bent down simultaneously, and when they rose again Ezra's body rested on their twelve shoulders. The mass of people lined off in front and the mourners followed behind the coffin for the march to the crematorium, eight miles away. Lord Cwmardy walked with Big Jim at the head of the procession.

Len had a hazy memory of what transpired during the slow walk down the valley. He remembered seeing the lined streets and covered windows, but it all seemed like a passing panorama that floated by on a stream of hushed voices.

His faculties returned inside the crematorium chapel as he stood beside Big Jim and saw the coffin placed on the conveyor that led to a hole in the wall.

Harry Morgan went to the pulpit and his usually sharp voice was quiet as he began the people's farewell to Ezra. He pictured Ezra's life as steps in the struggles of Cwmardy, each incident and action irrevocably leading to a certain outcome.

'He weakened at the end,' he declared, 'but which of us dare say we would not do the same in similar circumstances? He failed to see the struggle as a river flowing on against ever stronger dams placed there to stem its progress and divert its path. He took our people through many of these dams, but reached one that could only be broken through by a collective leadership, by a revolutionary Party that, knowing the strength of the obstacles, could mobilise the people into a unity powerful enough to overcome all barriers. Our Party did not regard Ezra as an enemy. We loved him for what he had been and what he had done. We grieve for him today, but we also glory in the knowledge that the foundations that he laid are safe in the keeping of the Party and the people.'

His voice broke and Big Jim suddenly bent to Len, white and staring as he whispered: 'Look, Len, look, the coffin is moving.'

Len looked and saw the words were true. Every eye in the chapel watched the slowly moving encased body of the miners' leader advance towards the hole in the wall. The movement was eerie and awe-inspiring, and there was deathly silence until, at a signal from Harry, the Party members began singing the Internationale. The red-draped coffin went out of sight as the words:

> 'Then away with all your superstitions!
> Servile masses, arise! Arise!'

filled the building, and two little doors closed on the hole that took Ezra from the world.

When Len got outside he saw everyone gazing up, and, following suit, watched the heavy, ugly-looking black smoke that came through the crematorium chimney and mixed with the air of the valley. He went home alone and found Mary and Siân sitting quietly near the fire. He said nothing to disturb them, and was soon in a reverie himself.

LOCAL POLITICS

The old woman remained that night and the following week in the house.

'Not for the poor gel fach to think she is all alone with only Len, now that her father have gone, God bless him,' as she remarked to Jim one night when they were disposing of Mary's domestic future. They tried to get the couple to give up the house and come and live with them, but Mary was adamant against this.

'It isn't because of the sticks and stones here,' she said sadly, when they approached her on the matter. 'They don't make a home. But the memories bound up in them do. That's why Len and me must stop here, where my father lived and reared me.'

The old people grudgingly gave way to her, but Big Jim kept worrying about it. One Saturday night he returned home from the Boar's Head leading a savage-looking bull terrier. Siân jumped from her stool and looked at the animal with startled eyes. 'Whatever have you got by there, James,' she demanded, as Jim took the stool she had vacated and betrayed by his attitude that he was affronted by the welcome accorded his dog.

Len and Mary were sitting on the sofa, but he paid no attention to them when he replied: 'What think you it is – a broody hen – that you do ask me so silly a question? But there,' he added resignedly, 'whatever I do is always wrong in this house. I am fed up with trying to please everybody. After I give the last four pints I have on me, this is the thanks I get.'

Siân softened at once. 'Don't take it like that, James. I didn't mean to simple you, and you do know that, but the last time you brought a dog home it did nearly eat us out of house and home, and times is not so good now as they was then by a long way.'

'Ha! Don't worry, my gel, this is a different breed altogether. This 'un,' bending to pat its head, 'is a house-dog. You know, one of those that will let a packman or policeman, or somethink like that, come in the house, but won't never let them out, not while there is blood in their bodies.'

Siân listened interestedly to this explanation, then asked: 'But what is the good of stopping a man to go out, James? I 'ood think what you want is to stop 'em coming in.'

Jim turned to Len and Mary, who had not said a word, and the disgust in his look made them smile. 'Now what do you think to that? In't it like a woman all over?'

'But what do you want a house-dog for, dad,' asked Len innocently.

Jim lost his temper and shouted: 'It's not for me, mun; I can look after myself. I buyed this for you and that little gel who have got no father in this world.'

The implication hurt Len, and he felt impelled to challenge it. 'Don't you think I can take care of Mary, then?' Jim snorted, then laughed. 'Ho-ho! You, indeed. Huh! I 'ood like to see you in front of half a dozen burglars. Why, a puff of wind 'ood blow you from here to Africa, mun, in less than a minute. No, I can't be with you all the time, but Bonzo by here can – can't you, butty?' He took the willing dog on his lap.

When Mary and Len left the house for their own that night, the dog accompanied them.

It was months before Mary got over the shock of her father's death, and even afterwards she occasionally ached for his presence. Everything about her conspired to bring back memories of him, and she detested being alone in the house. She accompanied Len as often as possible on his Party activities, and when for some reason she was unable to do this, she found a strange solace in the savage demeanour of Bonzo, who came to understand her every mood.

Siân spent much time with her, although, as she complained

one day: 'This old hill is getting too much for my poor old legs these days, Mary fach, and I do dread the thought that perhaps I 'on't be able to come here so often before long.'

She came up specially on one occasion, bursting with news, and happened to catch Len in the house. 'What do you think?' she asked, after she had squatted down and recovered her breath. 'Your father, Len, have joined a club. You know, those drinking dens where, not satisfied with having beer in the weekdays, when they can get it, they do have it on the Lord's days, which was never made for such a thing.'

Len understood his mother's agitation and tried to placate her. 'Don't worry, mam. Since the old man must have a pint now and then, he might as well have it in a club as in the Boar's Head.'

'Yes, yes,' she interrupted impatiently. 'He have told me all about that already. But what is worrying my heart out is that he will want to go there on Sundays, and you know the deacons is all eyes, Len.'

Mary took up the cudgels on Jim's behalf. 'Don't worry too much about them, mother,' she exhorted. 'Your Jim is as good as all of them, even if he will drink a pint or two on Sundays while they are in chapel.'

'I don't agree with you, my gel. James might be so good as them, but he could never be better than old Thomas Jones. There's a Christian man if ever there was one,' she piously exclaimed.

Len agreed with her. 'That's right, mam. He's a real man that do practise what he do preach. It's men like him I would like to see in our Party.'

The conversation was hushed as a rattle sounded at the door and Big Jim entered. Len got up to make way for him near the fire.

'Don't bother, my boy,' Jim thanked him, at the same time taking the chair. 'I will manage all right.' He stretched his legs towards the grate and pulled out his pipe, puffing at this until it glowed, then said casually: 'The old 'ooman have been telling you 'bout the club, I s'pose.'

Mary nodded acquiescence and Len added: 'Aye, dad. Mam is afraid you will use it to go boozing on Sundays.'

Jim drew himself erect in the chair to say with impressive dignity: 'If I can't carry beer respectfully on a Sunday like any other day, then it's time for me to peg out. Yes. And let me tell you in front of your mother's face, Len,' turning his own to the fire, 'that if she do think them bloody deacons—'

Mary hastily changed the subject. 'How are things in the pit, these days, father?' she asked.

Jim took the cue immediately and began a recital of woes regarding the pit. 'It's more like a muck-hole than anythink else,' he declared categorically. 'I have worked underground for more than fifty years now – that's right, in't it, Siân fach?' looking at his spouse, who nodded agreement. 'And I have never seened such a shape on it all my born days.

'Colliers, muniferni!' he paused to spit disgustedly into the fire. 'Huh! Give 'em a shovel and plenty of loose coal and they're all right, but ask them to dress the face and they don't know what you are talking about.'

He bent down to relight his pipe, then spoke directly to Len. 'It's a shame to see all your old butties who have been reared in the pit now on the streets, while strangers is working their places. Do you know,' he added, 'that nearly everybody except some of the old-stagers have all signed to be in the industrial union, instead of in the Federashon? There is going to be a hell of a stink about it one of these days, 'specially if they try to make me join it.'

Len cocked up his ears at this, but said nothing, as his father rumbled on from subject to subject. After supper he and Mary accompanied the old couple down the hill, Siân declaiming against the bad times all the way; but Len heard very little of it, his mind being absorbed in the information his father had given.

At the next Party meeting only two matters were discussed: the election of a councillor and the development of the company union. Fred Lewis attended the meeting and took part in the discussion, although it was his first appearance since his last disagreement with the Party.

Len, in the chair, explained the issues involved. The people in the crowded room listened intently to every word, and it was obvious they regarded the matters as very serious. The Party was a very strong influence in Cwmardy, and any decisions it took had far-reaching consequences both inside and outside the pits, a fact which made the discussion even more important than it would have been otherwise. A new member of the Party was the first to take part in the discussion. He was a small-framed, excitable, and quickly moving man who had originated in Berkshire. When he talked, his words came so quickly that they tumbled over each other, and occasionally he had to pause to re-adjust his false teeth which persisted in dropping.

'What we want,' he declared, 'is more news in the *Daily Worker* about Cwmardy. We can expose to everybody what is happening in the pit and nobody will know who's responsible. On the top of that, if we had such news, we could duplicate little leaflets to put in every one of them, asking the men in the pit to join our Party.' He stopped a moment, then seemed to remember something else he had planned to say, and went on: 'I for one would be willing to go to the pit-head to sell the *Daily Worker* if we could get this news in. You used to go there with the old pit paper, didn't you?' he demanded. 'And if you could do it then, I say we can do it now.'

Fred Lewis followed, his sallow features and long body commanding attention.

'It's no good talking like Frank Forrest at this stage. Let's get down to fundamentals first. We can never tackle the non-pols until we build the Federation, and we can't do that until we have a miners' agent. You all know what I think about this, but let's leave it at that for a moment and turn our attention to the election of a councillor. This is the second vacancy since Ezra died, and I think the time is ripe for us to fight the seat again.'

This focused the discussion, and after he had finished others took the cue and it was eventually agreed that the Party should contest. Then came the question of candidate. The qualifications and eligibility of each member present was measured, and it was at last moved that Mary be the candidate.

Lewis went white as a sheet and, jumping to his feet, exclaimed excitedly: 'I'm opposed to Mary. We are only making our Party into a laughing-stock by giving our enemies the chance of saying that we are putting Mary forward because she is Ezra's daughter and should be supported because of this. I ask you,' he pleaded, at the same time looking round the room, 'is the council to be a family affair, such as the Labour councillors have tried to make it, or is it an institution we can use on behalf of the people? If it's this, then we want a mass leader and a responsible comrade there, not a woman, good as Mary might be in other directions.'

When he sat down Len checked the following clamour. 'Let's be clear before we go on,' he began. 'None of us in this room is concerned about Mary as Mary. What we are discussing is our Party and what best we can do in the interest of our people. If this is so, then we must ask ourselves is it good that our people should have a Party woman in the council? That's the first thing we have got to answer. If we say yes, then we must ask ourselves, does comrade Mary Roberts understand the line of the Party and does she fight for it? As far as mass-following goes, she has as much influence as any of us.'

Will Evans got up next and asked: 'If Fred thinks Mary shouldn't be our candidate, who else have he got in mind?'

The man to whom the question was addressed answered without hesitation: 'Although I've got enough to do as it is and I don't want the position, I don't think anybody else can win the seat for the Party.'

The colour had come back to his face and his whole attitude was now aggressive. After further discussion, Len put the two names to the meeting and for the second time on an important issue Fred was alone in support of himself. Without waiting for further discussion, he rose and left the room, deaf to Len's entreaties that he stop for the other matters. The meeting went flat after this, and the only other decision taken was in line with Frank Forrest's suggestion regarding leaflets in the *Daily Worker* and the selling of them on the pit-head the following Friday. Will Evans and Forrest were instructed to help Len and Mary get the leaflets out.

Neither of them had done this work before, but Frank assured them that he'd soon get into the knack. The Party typewriter and flat duplicator were taken up to Len's house the next day, and for the remainder of the week the latter was transformed into an editorial board-room and a printing shop as they plodded through the initial drafts of the leaflet. Will's pencil was more often in his mouth than in his hand, but between them they had the leaflet ready eventually.

'By the shades of Moses,' Will stated with a sigh, 'I'm glad that's over! I 'ood sooner handle a mandril and shovel than a pen, muniferni.'

The task of cutting the stencil fell on Len, who gazed dubiously at the old rebuilt typewriter, that looked more like a mortar-mill than anything else. He scratched his head and sat uncomfotably facing the machine for a while before getting to work. He used one finger like a hammer, which fell on the keys at long intervals as he looked for the letter he had to hit. Mary, in spite of her protests, was sent to bed long before the stencil was finished.

Dawn was breaking its way into the kitchen by the time, coatless and hot, they began the last stage of production. Will Evans separated the sheets of red paper and handed them to Frank, who put one inside the duplicating frame, jammed down the cover, which Len rubbed vigourously with a roller, then shouted: 'That'll do. Let's have a look at it now!'

The three men crowded round the little frame as Frank carefully raised the lid and pulled out the paper. They all held their breath while this operation was taking place, until Will, thinking his mate was too rash, hissed: 'Careful there, butty. Steady or you'll be so sure as hell to tear it.'

No one took any notice, and at last the paper was through. Frank turned it over carefully and for some moments they stared at the blank sheet as though it were a skeleton.

Will was the first to break the silence: 'Holy hell!' he blurted out. 'Us have been printing leaflets for blind men.'

Poor Frank still held the paper in his hand, staring like a paralysed man at its blank surface.

Len sighed. 'Perhaps we had better sit down for a minute,' he suggested.

His advice was taken, Will's glance alternating between the sheet and the duplicator. Suddenly he jumped and picked up the press to rub his finger over its skin.

'Got it!' he declared dramatically. 'Got it! Frank put the ink on the wrong side. No wonder nothing come through. It's like cutting coal arse-backwards.'

Len became puzzled. Frank's eyes glinted viciously.

'It can't be that,' he said pitifully, 'because the comrade who had it showed me how to do it hisself.'

'Huh!' Will grunted. 'Perhaps you had your eyes shut when he was showing you.'

Frank started to his feet at the insinuation, but Len interrupted: 'Come on, boys, or pay-day will be over before we start. Let's try it Will's way.'

Will grabbed the roller with the command: 'Hand me that tube of ink,' and with one squeeze of the tube followed by a flourish of the roller he placed the paper in position. Again the trio watched, anxiously impatient, while the paper was taken away.

Before it was half off, Will looked up to announce triumphantly: 'There you are, boys. Plain enough for a bat to read.'

He switched the paper away and held it before the others. Their dazed look surprised him, and he slowly turned the sheet around, stared hard at its black, inky wetness for a moment, then exploded in a tirade.

'Hellfire! Who done that?' he howled, looking at the other two, as though he had just caught them committing murder.

The incongruity of the situation appealed to Len, and he burst into laughter, the others eventually joining him. The noise woke Mary, and wrapping a cloak over her night-attire she hurried downstairs. She was unable for some time to make head or tail of what they were trying to tell her, but Len at last managed to blurt out the whole story coherently. They cleaned the machine carefully, and, after an examination of the screws and other paraphernalia, Frank discovered what was wrong and they began again.

Mary was preparing breakfast and their hands were all blistered by the time they had printed all the leaflets they had planned, but everyone was happy in the accomplishment. That afternoon, all the available members of the Party gathered at the colliery offices with bundles of *Daily Workers* under their arms. It was pay-day, and for a time the home-going miners provided a brisk sale until Mr. Hicks stepped out of the office to show he was present. His appearance slackened the sales appreciably, but they went up again when he returned to the office. A few minutes later two policemen hurried up the hill towards the sellers.

'Here they come,' Len announced casually to his mates. 'Let 'em come. To hell with 'em! Because they wear brass buttons, they don't own the bloody world, do they?' Will replied, raising his voice to shout more loudly: '*Daily Worker*, one penny. Read how the Government is helping the blackshirts.'

The two policemen, who were now quite near, stopped to consult each other, all the time watching the sellers from the corners of their eyes. Len kept close to Mary, and whenever she moved, he followed. The police appeared to have made up their minds, and approached him.

'Do you know you are on private property?' the senior officer asked. The question was entirely unexpected, and Len floundered for a suitable reply. Mary filled the breach with a counter.

'Since when has this public highway been private property?' she asked.

'It has never been a public highway,' came the retort. 'From that mark there,' pointing back towards Cwmardy and away from the pits, 'belongs to the company.'

Mary said no more, but beckoning the others, she led them the other side of the mark, where they continued their selling.

The new move had the police guessing, and the sergeant went into the office. When he came back out, he went straight to Mary. 'You can't stop here. You're causing an obstruction,' he stated abruptly.

Will's jaw dropped for a moment when he heard this ultimatum, then his temper got the better of him and he shouted in disgust: 'Well, if this isn't the bloody limit! Put me back in a muck-hole and bury me. Us can't go on the other road because it's s'posed to be private, and now we can't stop on a public road because we obstruct it when there is nobody about but ourselves, the sky, and the smoke. If that's justice, I give in, muniferni.'

This annoyed the policeman, who ordered brusquely: 'Come on there, quick now, and none of your bloody cheek either, Will Evans, or we'll put you inside.'

Frank bridled up at this ultimatum to his mate. 'Ho! So that's the game, is it?' he asked, prancing challengingly before the two officers, and glaring defiance. Before he could say any more, the others herded round and shepherded him away.

The sergeant gave a final shot: 'Don't forget we're booking you all for this.'

He was true to his word, and in the middle of the next week each of them received a summons to attend the police court, where they were fined £1 each and costs for wilful obstruction.

Things developed quickly in Cwmardy after this, as the time for the council election drew near and the Party sent a number of letters and deputations to Fred Lewis, asking him to attend the meeting to define his position. He did not acknowledge any of the letters and was never at home when the deputations called. Hours were spent discussing what was to be done about the matter, and just prior to nomination day it was decided to make a final effort to get his viewpoint. Len and Mary were deputed to watch for him and invite him to a meeting of the Party which would be organised to suit his time and convenience. They failed to find him for some time, and it was Len who eventually saw him in Ben the Barber's where he was waiting for a haircut. Len broached the subject that was uppermost in his mind, and when Fred met him with a curt refusal began to coax.

'Good God, mun, you've been in the Party ten years or more. Don't let all the good work you have done in the past be wasted just because of this.'

The other man scowled. 'Don't lecture me. I was working for the Party when you was toadying around Ezra.'

Len kept his temper. He was older than Fred and certainly more experienced, but he tried another tack.

'Perhaps that's true, but it's all the more reason why you shouldn't jib now, just because you don't agree with our line.' More customers entered the shop at this moment, and the discussion was held over until both of them got outside, where, after a long argument, Len finally persuaded him to come to the meeting that night.

The Party meeting began promptly at six, and to avoid any semblance of partiality Len was removed from the chair and John Library took his place. The first thing he did was to ask for the minutes of the meeting where it was agreed that Mary should be the candidate. This was duly read out, after which Fred Lewis spoke.

'I think that decision is wrong and against the interests of the Party. In a personal sense I don't want to be a councillor, but I feel there is no one in the Party better fitted for it than myself. I want to say here, now, that if you insist on that resolution, I shall leave the Party, because I don't believe it is any longer fit to be called a Communist Party.'

This statement created a temporary uproar, which the chairman soon quelled before asking a series of questions which he put directly to Fred.

'Why did you join the Party?'

'Because I believed it was the only Party with the correct policy for the people.'

'You know that the policies of the Party are worked out on the basis of a majority vote after exhaustive discussion?'

'Yes.'

'You know majority decisions are binding upon the minority, although the latter have the right of trying to convince the others where they are wrong?'

'Of course I know that. I've been in the Party ten years.'

'Do you think that has been the right method of deciding policy in the past?'

Fred sensed the trend of the questions and began to hedge. 'Yes, but what was good in the past isn't always good for the present.'

John was very patient, and his clean-shaven face with its snowy thatch of hair almost beamed as he went on. 'Tell us, Fred, where it is wrong today and give us a better method of doing our work.'

Fred stammered, then coughed and lost his temper. 'Don't cross-examine me. I'm not a kid. I know you are wrong, although you've all made your minds up against me. But that doesn't worry me. I'm still a Communist, which none of you have ever been, and I'll go to the people and tell them so. And as far as the election goes, I'm standing as a workers' candidate on real Communist principles. Goodnight.' With these words he straightened himself and walked with as much dignity as he could muster towards the door. Len caught his hand as he passed.

'Don't do this, Fred. You know what it means,' he beseeched.

Fred roughly brushed his hand away. 'You can take my resignation from the Party here and now,' he declared as he closed the door with a bang.

The silence that followed made the room seem dead. Those present looking at each other dumbly, until Mary, rising to her feet, broke the tension with the determined declaration: 'There can be no resignations from our Party, and if he does what he threatened, there's nothing else for us to do but expel him and make it an issue for the election.' This statement led to a further long discussion, which John Library skilfully directed until the meeting became a committee of ways and means to win the election. Over supper that night Mary betrayed the anxiety she had tried to hide. Len had drawn his chair away from the table and was bending to light a cigarette when she said slowly, as though not sure of her words:

'I wonder what makes Fred so bitter about me, Len?'

Len looked up sharply. 'Huh! He's only using you because you happen to be the candidate. He'd do the same if it was anybody else, and don't make any mistake about that.'

She stopped wiping the plate and asked: 'But he put it in such a way, Len, that he made me think he had a personal grievance against me.' Len smiled. 'Aye. He's got a grievance against the whole Party, because he can't use it as he wants.' He suddenly lost his temper. 'He's a rat and, you watch my words, he'll end up by being our bitterest enemy.' He paused a moment and again bent down to light the cigarette. When he raised his head he had regained control of himself. 'Come, Mary fach. Let's forget him and go to bed. We've got a hectic fortnight before us if we are to win this fight.'

Mary hurried her washing up, but they did not go to bed for a long time after this, being too concerned with talking about the campaign, until the dead ashes in the grate reminded them of the late hour.

A SEAT ON THE COUNCIL

For the next fortnight Len and Mary, together with the other members of the Party, devoted all their time to public meetings, leaflets, and the other work connected with an election. This culminated in a mass rally on the eve of the poll. Will Evans and his mates had specially decorated the hall for the occasion, draping the front of the stage with a huge red streamer on which was inscribed:

'VOTE FOR MARY ROBERTS, PEACE AND PROSPERITY.'

Long before the time for officially opening, the hall was full of people, who whiled away the time singing songs and hymns until they became impatient and began stamping on the floor and clapping their hands to the refrain: 'We want Mary! We want Mary!' The clamour made Mary self-conscious, and when she accompanied Len, Harry Morgan, and John Library on to the platform, she was as white as the silk scarf around her throat. The entry of the quartette was marked by a further burst of singing which drifted from tune to tune until it ended with the 'Red Flag'.

By the time John Library had risen and opened the meeting, Mary had recovered her composure a little, but still failed to distinguish individuals in the yellow mass that stared at her through the blue haze that filled the air. She was glad of this, because it gave her strength to concentrate. John's voice came to her from miles away, and its music slowly stirred her imagination, making her fuse all the faces into one, that of Ezra, her father. She saw again the dark eyes and strong mouth, and fancied she heard the echo of his voice in John's. By the time she was introduced, the strange thought seized her to speak as though she were arguing with him. She did so, and when she had finished her address the people were on their feet cheering wildly.

Next morning she and Len were up very early, Bonzo gazing curiously at them as though he wondered what they were up to so early in the day. Breakfast was a hurried affair, and it was not long before both of them, trying vainly to look unconcerned, were ready to go down to the school to examine the ballot boxes, prior to the voting taking place. Bonzo eluded Mary's attempt to keep him in, and she looked piteously at Len while the dog sat down contentedly some yards away and waited for them to move. Len looked at him helplessly for some moments, then shrugged his shoulders and turned to Mary with the remark:

'There, you've done it now! He'll keep us busy all day watching he don't fight.'

'But it wasn't my fault, Len. I thought he was safe on the mat and never expected him to dodge us like that. Try to coax him to you,' she added as a bright after-thought. Len bent down and snapped his finger and thumb.

'Come here, boy. Bonzo, good old Bonzo!' he coaxed, at the same time sidling nearer the dog, who casually kept moving backwards as though he enjoyed the sport. Mary became impatient at last.

'Oh, leave him there. We'll have to put up with whatever happens now, I suppose. Come on or the boxes will be sealed before we get there.'

Len disgustedly gave up his efforts to wheedle Bonzo and followed her, at the same time trying to keep an eye on the dog, who now bounded and pranced before them. When they got to the school where the balloting was to take place, they found Will Evans and other Party members already there, the former answering, in reply to their suprised query: 'We wasn't taking any chances and wanted to be here early to make sure there'd be no funny tricks at the start.'

'But you've lost a turn to be here, Will,' Mary expostulated.

'Turn – bah! What's a turn in a man's life? And, anyhow, what's a turn if we win today? Do you know, Mary, I had a couple of pints last night and when I went to bed I had a funny dream, mun.'

Len shuffled uneasily. He had heard some of Will's dreams before, and was now nervous as a consequence. This one, however, proved to be quite innocuous and amounted to the fact that it had given Will an unflinching conviction that they had won the election already. The returning officer, who stood near, smiled grimly at the recital, but said nothing as the little group, satisfied the ballot boxes were empty when sealed, went outside, where they met the first voter coming in. She was an old woman over eighty years of age and had never voted in her life before, but had made her mind up to do so this time, 'Because it is the only chance I have ever had in my life to vote for a woman, my gel,' as she had told Mary when the latter was canvassing. She waved her hand as she entered the booth and turned her head to shout in her cracked voice: 'Don't you worry, Mary fach. You do know where my vote is going, sure enough.'

Things were very quiet throughout the morning, but towards the afternoon groups of children came to the parlour which was rented for the day as a committee-room and begged for red tissue paper and copies of Mary's election address with her photo on it. These were readily given, and for the remainder of the day the children paraded the streets singing:

> 'Vote, vote, vote for Mary Roberts,
> Drive Fred Lewis out of town.'

Fred, on his way to his own committee-rooms, a huge red and yellow rosette adorning his coat, passed them. He went white, although he gave a sickly smile as the children booed him lustily, until another procession of children, coming from the opposite direction, wearing red and yellow tissue-paper hats, swooped upon the first lot with wild shouts and a free fight ensued. After this he continued his walk in a better mood.

In the meantime Len was busy before a huge chart he had stuck on the wall of the committee-room. It contained the polling number of every voter in Cwmardy, and opposite every number was either a red, black, or blank square to denote the probable result of the canvassing and whom the number was likely to vote for. A party member kept running between the polling booth and the committee-room with a paper containing the number of each vote recorded. Len hurriedly checked these on the chart. He found it very difficult work, because large numbers of people hung about the room all the time, anxious to do something to help. On one occasion he got exasperated and shouted to some Party members:

'For heaven's sake get out on the streets, not hang about by here. Can't you see our people are not turning up yet and the time is getting on?'

Thus stimulated, the people filed from the room and gathered round the polling booth, their bright rosettes giving a splash of colour to the scene. Mary kept walking from house to house, accompanied by Will Evans, and urging the people to vote as soon as they could.

During the late afternoon, after the workmen had left the pits, a steady stream of voters entered the school. After voting the people gathered in groups and discussed the chances of the respective candidates. Jim and Siân came down arm in arm to record their votes, the former urging his wife even when they were at the door of the booth: 'Now 'member, Siân fach, don't make no mistakes. The last, do you hear? The last name on the ballot paper.' This done, the pair strutted out into the street as though they had just been crowned and all the people were there to cheer them.

Jim heard someone remark: 'I don't think Mary have got much of a chance. She's a 'ooman, you see, and Fred Lewis is too well known.'

The old man turned his head sharply to say: 'What you said? Our Mary have got no chance? Huh! She is in already, mun, and everythink is over bar the shouting.'

'Don't talk so daft, mun,' was the reply he received. 'She haven't got a bloody earthly.' Jim strode back at once, his hand digging into his pocket.

'Come on then, butty. If you be so sure as that, stand up to your beliefs like a man. I'll bet you five good pounds that our Mary have won by a thousand majority easy, muniferni.'

'Right,' came the quick retort. 'Put your money down.'

Jim opened his mouth in a pitiful gape and looked longingly at Siân who was again at his side. The people around became silent as they wondered what the old man would do in face of the challenge. Jim sensed the feeling and it helped him to grip himself. Drawing his body arrogantly erect and twisting one side of his moustache, he announced to all and sundry: 'Huh! It 'ood be a pity to take the man's money so cheap, and I was never one to take advantage of anybody. No, butty. Keep your money. I don't want to take it from you – not that I couldn't put my hand on five hundred pound this minute if I wanted to, let alone five pounds.' He said this with an air of superior contempt that left his challenger dumbfounded, then went on with magnanimous generosity: 'But if you do want a little bet, just for the fun of the thing, I will bet you four pints. And if you win call in the Boar's Head or the club, and have 'em on my name.'

The amazed man held out his hand helplessly to clinch the bet, and Big Jim, his head high in the air and humming a little tune, went proudly towards the committee-room, at the same time trying to make his rosette larger by spreading its folds. Once out of hearing of the people he bent to tell Siân: 'Five pounds, indeed! Huh! He never seed more than five pence in all his life. Trying to take the rise out of Big Jim, see, Siân fach; but I was too old for him. Oh, aye, it will take more than a pup to frighten me with his bark.'

He stopped to watch Mary's children supporters pass, cheering them loudly as they sang her praises. But before he reached the committee-room where Len was, Fred Lewis's supporters came along.

Jim scowled at them savagely. 'Fitter if their mothers kept them in the house,' he grunted to Siân, 'instead of letting 'em strut about the place like hooligans. Huh! Come, let us go in from the noise. I don't know what Cwmardy is coming to, between one thing and another.'

They entered the room and found Len in his shirt-sleeves swearing under his breath. The old man listened silently for a while, then asked sharply: 'What is the language you are using before your father and mother, Len? Haven't you got no respects left, or have you forgot how I reared you?'

Len looked from the chart and a grin spread over his face for a moment, to be replaced by a worried frown. 'I'm afraid we're down, dad,' he muttered. 'Our people are not turning up half so well as the others, and if they don't buck up we'll lose.'

'Sit down, mam,' he added, hurriedly reaching for a chair.

Jim remained standing, a puzzled frown on his forehead. 'Losing? Losing? How comes that, my boy? Good God, us have winned it already, mun! What are you blabbing about?'

The words sounded unconvincing and showed that Len's statement had shaken him. He drew his hand across his forehead and repeated: 'Losing. Good God! Four pints.' Len began to grasp the significance of the disjointed statements, but said nothing until Mary came in looking worn out, although taut with excitement.

He immediately went into the kitchen and came back with a jug of tea and some sandwiches, which he shared out between her and Siân. While they were eating, he explained the position.

'Unless our boys keep on the doors, Mary, we're down the drain,' he declared. A sudden thought struck him, and he turned to his father.

'Look here, dad, fetch all the boys except those in the booth here straight away. Tell them I want them very important.' Without the slightest hesitation Jim obeyed.

While he was away, Len frantically jotted down names and addresses on to various strips of paper, and when the Party members came in he gave each of them a slip with the instructions: ‘These are our votes that haven’t come in yet. Get after them and if necessary carry ’em to the booth.’ His excitement spread to the others, and Will asked:

‘How are we standing, Len, by the chart?’

Len hastily added up some figures and when he raised his head again there was a desperate look about him.

‘Nine hundred and twenty of their votes have come and seven hundred and eighty of ours, and we’ve only got three hours to go,’ he declared, at the same time looking at the clock. The sight of it inspired him, and he turned again to the full room.

‘Nothing for it but cars, boys. If we’ve got to carry every bloody vote we’ll win this election.’

Mary looked up in alarm. ‘No, no,’ she said determinedly. ‘We are not going to chance anything, Len. We’ve got to play for safety. We don’t want the election declared void by the police.’

Len glared at her as though he itched to strangle her where she sat. ‘Playing for safety to hell!’ he howled. ‘We’re fighting to win. Fred Lewis has got cars flying around all day, and is sweeping ’em in from the cemeteries and wherever he can get ’em.’ He caught Mary’s cool glance fixed on him, and calmed down immediately.

‘All right, don’t get your hair off,’ he pleaded, then turned again to the Party members. ‘On the streets, boys. Whip ’em in. We’ve got three hours and can do it yet if we get down to the job.’

He put his own coat on and went out with them. Half an hour later three cars bearing glaring red streamers were racing to the booth, dumping voters there, then racing off for others before the first load had recorded their votes.

As eight o’clock drew near, the atmosphere became more tense and the main street crowded with people, many of whom paid frequent visits to the Boar’s Head while they waited. Both Len and Mary had forgotten the chart, realising that everything now depended upon getting to the booth those supporters who had not yet voted.

Sweating freely and at the same time trying to smile at everyone, they scoured the streets of Cwmardy to make sure no possible vote was lost. When eight o'clock came they were both nearly exhausted, but Mary brightened to a startled thought.

'Where's Bonzo?' she asked. 'I haven't seen him since this morning.'

Len grunted wearily. 'Oh, he's been courting, I expect, or we would have heard him before now.'

Mary frowned at him and led the way to the booth, where the people packed around the doorway. A police inspector politely made way for the couple to enter, closing the door tightly behind them. They found the four Party members selected to be present at the count awaiting them, each with a wide smile. Fred Lewis stood talking to the returning officer, his supporters grouped around them, but he came forward to shake hands with Mary.

'May the best man win, but I think I'm there,' he stated with an uneasy smile.

Mary merely nodded her head and made no observation as she turned to her comrades, to whom Len was earnestly talking. Before the conversation was over, the returning officer and his clerk announced the procedure, and the supporters went to their places each side of a long table. They were placed alternately, a red rosette next a red and yellow, and so on round the table; the returning officer and his clerk sat at the end.

The room became silent as the first box was turned upside down and a little avalanche of ballot papers spread over the table.

'Now count them into bundles of fifty,' came the command, and immediately eight pairs of hands were buried in the papers and the counting began.

When this was over, there was another momentary silence, then: 'Pass them down towards the right and check them as they come.'

This was done, each supporter glueing his eyes on his neighbour's hands as the latter checked the number of papers in each bundle. The returning officer then checked the total with a number he had on a bit of paper and found both tallied. All the papers were again strewn over the table and he ordered the counters:

'Place all votes for Roberts in bundles of fifty on your left and votes for Lewis in the same numbers on your right. Pass spoiled votes down to me.'

The atmosphere became tense, and Mary, standing on one side near Fred Lewis, felt her mouth go dry. Fred said something, but she failed to comprehend what it was and merely nodded, hoping this would serve instead of words. She saw the little bundles of paper mounting until she thought those on the right were like mountains. A grim little smile began to pucker the corners of her mouth, and, shrugging her shoulders, she began quietly walking about the room while the counting proceeded.

Len's whole being was concentrated on the papers that covered the table. He not only watched those of himself and his immediate neighbour, but let his attention wander all round, never for a moment losing sight of what was happening elsewhere. On one occasion he drew the attention of the returning officer to a bundle at the bottom of the table.

'I think there is a mistake there,' he stated. 'There's a Lewis on top of that bundle, but all the others are for Mary.' He blushed and apologised, 'Excuse me, I mean Roberts.'

The bundle was investigated and the mistake rectified. The little error made everyone suspicious and more alert.

When the first box had been counted, the officer in charge ordered that the various bundles of fifty for each candidate be sent down to him. This was done and another box emptied, when the whole process was gone through again.

The piles mounted up slowly, but Mary kept her gaze away from them, although it required all her determination to do so. As the count neared the end she caught a glance from Len and hesitantly walked over to him. She saw a piece of paper with a mass of figures on his knee, and bent down to scrutinise them more closely. What she saw made her throat contract and she swallowed noisily, at the same time raising her eyes pitifully to Len and whispering: 'Oh, Len, it can't be true. Over five hundred majority for us? No, I won't believe it. It can't be true.'

Len caught her hand and pressed it silently to his side. 'Pull yourself together, Mary, and get ready. He'll be announcing the official figures in a minute.'

Even as he spoke a restless tremor ran through the people in the room. The man in charge coughed importantly and the others, with varying degrees of anxiety, watched his mouth. Fred Lewis's face was streaked like a ghost's, and Will Evans, thinking he felt sick, solicitously offered him a peppermint, with the remark: 'Buck up, Fred, my lad. Better luck next time. Here, take this. It will help the bile from your belly.'

Fred did not even turn his eyes from the returning officer as the latter announced. 'I declare Mary Roberts elected as the councillor.'

Mary felt the room twist about her, but Len's arm about her waist steadied her.

'What will I tell the people, Len?' she muttered half incoherently.

'Thank them for their faith in the Party and tell them you don't represent any section or group now that you are a councillor, but that you are at the service of all the people in Cwmardy,' he answered. The others grouped around her with congratulations, and Will Evans gave her a kiss that resounded through the room.

Mary felt the room swirl round and her knees melted, but the arms of her comrades kept her erect as they slowly escorted her, together with the official, out of the door and towards the little iron railing that separated the school from the road.

The clamouring people became suddenly silent as the returning officer climbed on a pillar and, with a sheet of paper held imposingly before him, read out the result. His final words were lost in the roar of cheering that could no longer be restrained. Big Jim burst through the crowd and lifted Mary bodily on to the pillar, so that all the people could see her, while Siân, alternately laughing and crying, waved her arms about like a marionette.

After a while Mary checked the quiver running through her body, and, holding up her hand, called for silence. Then she began speaking, quietly and hesitantly at first, then more strongly as the situation gripped her. Standing above the people, her little form with its thatch of gleaming hair looked twice its usual size as she exhorted them to use her victory as a weapon to fight against the enemies of the people and as a warning to traitors.

When she had finished, another prolonged shout shook the air, and she was swept off the pillar on to the shoulders waiting to carry her triumphantly up the street to her home. Hours later the singing and shouting still lingered over Cwmardy, and it was early morning when the last echoes buried themselves somewhere in the mountain.

THE UNEMPLOYED

The election victory and the return of Mary to the council changed completely the domestic conditions in Len's household. He had now to help with the housework so that Mary could attend the various committees and meetings which her new role entailed. But he was not sorry for this, because the demands on her time forced her to concentrate on other things than her health, with the result that the latter improved each month that passed. Nevertheless the changed routine in his life occasionally made Len irritable and fretful. He felt Mary's intense preoccupation in council work robbed him of her emotional company to a large extent. On the other hand, he felt she was overstressing the importance of council work when she insisted on raising the matter in every meeting of the Party. But it was Will Evans who brought this latter matter to a head one night about two years after the seat had been won by the Party.

Mary was demanding a special public meeting at which she could report something that had happened at the previous council meeting, when Will jumped restlessly to his feet and asked:

'Is this a political party or a council clique, or what? It's just about time we found out exactly what we are. All we hear in every meeting is council this, and council that, and there's no time for discussions on anything else.'

Mary had remained on her feet during this outburst, but she saw the little smile that Len gave when he heard this echo of his own thoughts. The sight stiffened her against the challenge.

'I'm glad Will has had the courage to say what's on his mind,' she began, 'because it's obvious that more than him are thinking the same thing. I agree we mustn't concentrate the Party on one phase of the struggle but neither must we neglect any phase. And all I've been trying to do is to get you comrades to see the importance of council issues to the people. It's these little things, such as parish, housing, child welfare, and so on, that affect the lives of our people in the quickest and most living way, and it's because of this the council can be made a mobiliser for bigger things and actions.' She warmed to her subject as she saw the intentness with which the others followed her words.

'Take the question of unity between ourselves and Labour. Where are the leaders of the Labour Party?' she asked; then answered: 'In the Federation and the councils, isn't it? They are united with us in the Fed against the non-pols and the company, but they are miles away from us in the council. And that's just our problem. We've got to break down their opposition to us politically in one way or another, and I think the council is one way of doing it. If we can get Labour and Communist councillors marching together, on behalf of the unemployed for instance, I'm sure the mass of people would follow.'

She kept on for some time and when she finished, three or four jumped to their feet together, each anxious to be first in the discussion that followed. Before the meeting finished, a better understanding prevailed and a clear plan of action was worked out.

During the afternoon of the next signing day at the exchange Len walked into the back kitchen with a weary droop to his shoulders. He pulled off his coat and placed it behind the chair before sitting down. There was a hopelessness in his actions that saddened Mary. She knew how keenly he felt the fact that since their marriage he had been unemployed most of the time and life had been a continual battle to maintain existence on insufficient means. She went to him and her hand dropped on his shoulder.

He buried his face in his hands and moaned: 'Don't, Mary dear. You make things harder with your patience and courage, when your whole body yearns for things to prevent it wasting as it is.'

She did not answer, but ran her fingers through his hair as he fixed his gloomy eyes on the fire. They remained in this posture for many minutes, until presently he took his unemployment pay from his pocket and handed it to her, with a gesture that seemed to ask for forgiveness and brought a sob to her throat.

'Oh, Len,' she pleaded, 'why do you worry so much about me? Don't you realise if things were different, if we were not so poor as the rest of our people, we would not be together.'

He started at her words, then answered slowly: 'But Mary comrade, why need our people suffer this poverty when there is so much being destroyed and wasted in the world?'

'Len, Len,' she reproved him, 'you are a Communist and should know all about the struggle and what it means.' She sighed, then continued: 'Dad always said you were more emotional than intellectual, more moody than rational.'

This stung him to retort: 'That may be, but it is only because I am made of flesh and blood, not stone.'

She wormed her way to his lap and sat down, drawing his head to her bosom and soothing him with endearments. 'There, comrade, have your bang out. You'll be better after.' She nursed him like a baby for a while before saying: 'Think of the thousands in Cwmardy who are worse off than us. Then think of what they must do to save themselves from the ruin other people are making.'

Her tones became softer as she let her mind roam through the realms of her political convictions. 'Yes, as dad used to say, we must see things as they are in order to make them what we want them to be. Our poverty and misery is the expression of our class condition, but it is also the foundation of the unity that will sooner or later destroy both.'

The confidence in her statements shook him, and placing his arms about her frail body, he pressed it to his and kissed her, before rising from the chair, still holding her in his arms. 'You are right, Mary. We must not grieve over our condition, but fight against it. That is the way and that is what the Party is for.

Forgive me, comrade, for being so childish. I couldn't help it for a moment when I came in and saw the suffering in your face, but you have given me sense again and I can see more clearly now.'

He brushed a sleeve across his mouth and told her of the cuts in benefit that had been made in the unemployment exchange that day. 'The people are in a ferment,' he declared, 'but no one seems to know what to do. It's all come so sudden that even the Party is not prepared.'

Mary released herself from his arms and began to pace the kitchen, muttering to herself: 'But someone *must* know what to do, our Party must *find* a way for the people.' She stopped her pacing and faced him. 'Len, we must call a Party meeting at once. You go round the comrades, now, while I make dinner; then we can discuss the whole business.'

The room in the library where the Party held its meetings was packed to suffocation, even people who did not belong to the Party thronging the corridors to hear what was going on and to take part in the discussion. Len, as chairman, opened the meeting with a brief explanation of what was happening on the exchange.

'Our people don't know where to turn to make ends meet, with the sudden and vicious cuts that have been made in their benefit,' he declared; 'and as a Communist Party we have the duty of organising and leading them against it.'

A shrill shout from the corridor floated into the room: 'That's right. Tell us what to do and how to do it, and all of us will be behind you.'

The people applauded this statement, which was followed by another from a middle-aged man. 'That's right, fellow workers. I haven't been home with my dole yet. I have been cut ten shillings and am ashamed to take it to the old 'ooman. What can I tell her,' he wailed, 'when she'll ask me what's to be done?'

This focused the problem for the people present and a loud hubbub of excited argument developed and held up the proceedings for some time before Len could obtain order and throw the meeting open for discussion.

Mary was the first on her feet asking for the floor. She wanted to direct the ideas and opinions of those present in a concrete way, so that the discussion could be positive from the beginning. Her quiet voice failed to carry beyond those in the immediate vicinity for some time, but as it rose higher and stronger it spread its resonance over the room and brought silence that enabled everyone to hear when she said:

'The problem is, what is to be done? Our Party has the task today of solving this, and the first need is unity. Whatever we do must be done together. We have called some of our leaders many things in the past and they are now full of bitterness, but this must be buried in face of this new attack so that we can go forward with them against those responsible for these cuts. I believe we can get the Labour councillors to come with us in this.'

The applause prevented her continuing for some time, the women present clapping vigorously and stamping their feet on the wooden floor until the air in the room rumbled like thunder. Mary waited until the noise died down, then went on somewhat nervously. 'But the first thing is to get all our unemployed together, so that we can find out how many have been cut and by how much. We must then take this to the combine committee so that we can bring the men in work on our side, then we should leave ourselves under the leadership of the combine and ask them to call all the people, with their M.Ps. and councillors, together next Sunday when we can decide what to do next.'

Mary sat down and her beating heart made her deaf to the tumult that followed her words. Men and women clamoured to be allowed to speak in support, but Len wisely asked only those to speak who had different points of view. There were none, so he called for order to put the proposition to the vote and it was carried by a show of waving hands. Someone struck up the 'Internationale', and the meeting closed with the last of its stirring words.

The road outside the library was alive with excited people, waiting for someone who would give a practical lead. Len got on the balcony, Will Evans and Frank Forrest either side of him, and shouted at the top of his voice:

'There will be a mass-meeting of all unemployed men and women on the tip tonight.' The announcement spread in wider circles till all were aware of it.

Without invitation and as a matter of ordinary practice the Party members accompanied Len to his home, where Mary immediately busied herself making tea for them all, putting hot water on the already used leaves in the teapot and pouring out the anaemic fluid without apology. Will Evans paused in his sipping to remark: 'I think we ought to have a leaflet out straightaway; this will force the combine to move.'

Frank Forrest put his cup on the table, pressed his thumb against his loose artificial teeth to keep them fixed, and replied: 'That's not the way to work. If there is to be a leaflet, the combine itself should have one out officially. We have comrades on the committee and it's their job to see to this.'

'Aye,' retorted another, 'if we start monkeying about now, we'll drive the Labour people further away from us instead of bringing them nearer, as we must do if this fight is to go on.'

Mary, sitting on the stool near Len, asked: 'What about our meeting tonight? I believe there'll be thousands there, and it's from there the drive will have to be made. The best way of building unity is not by being content to talk about it and condemning those who don't come our way, but by getting the masses into motion. This will force the others to follow, or force them right out of the movement.'

A wisp of smoke curled out from the chimney and, catching her throat, caused her to cough. The others remained respectfully silent till the spasm passed, Len patting her back the while. Then Will stated:

'I think Mary is right, but who's going to speak in the meeting and put our line forward?'

'Why not yourself?' came the immediate response from many quarters.

Will stared at each of them in turn before saying pitifully: 'Me? Good God! No, I can't speak, mun, and those who said I should, are talking all balls.' He blushed suddenly and turning to Mary in the silence that followed his last words said hesitantly: ''Scuse me, Mary, I forgot about you.'

Len laughed and this eased the momentary tension. After this little interlude the discussion became heated until it was finally agreed that Will should take the chair and Len do the speaking, with Mary in reserve.

Will Evans remained after the others had left, to get a few tips on what to say. He appeared excessively nervous, and this was all the more noticeable because it was in such contrast to his usual devil-may-care demeanour.

Mary chided him. 'What's the matter, Will? You've chaired concerts in the Boar's Head – in fact, all your butties say you are a star turn – and here you are like a little baby with the belly-ache, because you have to chair a meeting.'

'Aye, it's all right for you and the others to talk, Mary, because you haven't got to bloody do it, see. It's one thing talking to your own butties in a pub, but it's another talking to hundreds you don't know.'

Len began saying something, but before the first word left his mouth Will turned on him. 'Don't you say anything, Len. I remember the time when you was like a bloody kid because you had to speak.'

'Oh, well,' Len replied to the challenge, 'it's no good arguing now; the Party has decided, and that's an end to it.' Will glared at him as though he wanted to strangle him, but he said no more, and shortly after the three went to the meeting place, calling in at the Boar's Head on the way to borrow a box for use as a platform.

The rubbish dump was already dense with people when the trio arrived, and there was a loud hum of excited conversation in the air. Will took the box directly to the centre of the throng, then waited hesitantly.

All the time the Party members were urging him to open the meeting, he was swallowing awkwardly, until the impatience of the crowd, acting as a stimulant, drove him in desperation on to the box, where he stood for some moments looking wildly about him before saying: 'You all know what the meeting is about and I now call on comrade Len Roberts to address you.'

He abruptly stepped off the box, his face steaming with perspiration, to make room for Len, who got into the heart of the subject without any preamble. The added height of the impromptu platform enabled him to see many of the councillors and members of the combine committee who were present, a fact which encouraged him to say: 'There is only one body that can lead this fight successfully, and that is the combine. We must follow it loyally when it gives us its lead.' He then continued with a recital of the things the combine should do immediately, chief among them being the calling of an official meeting of all men and women the following Sunday. The people present, when asked if they agreed with this, made no mistake about their consent.

That night Harry Morgan called a Party meeting, where the whole plan was discussed and decided down to the smallest detail, with the result that in the Sunday meeting called by the combine everything went smoothly, in spite of the fact that Fred Lewis refused to attend on the plea that the whole project was a Bolshevik manoeuvre.

During the remainder of the week Mary and Len spent most of their time outdoors advertising with chalk, poster, and bell the mass demonstration that had been decided upon. Party members and committee men from the combine joined forces with Labour councillors to distribute leaflets round all the houses. Long before the time for the demonstration arrived everyone in the valley knew about it. After supper the night before the protest march, Mary lay back in her chair and closed her eyes. Len saw the twitching of her cheeks, which he thought had become even thinner since the beginning of the week.

'What is the matter, my dear?' he asked somewhat sadly.

She looked up and smiled at him, but the drooping lips still kept her teeth hidden, and he knew the effort was forced even as she said: 'Nothing, Len, nothing. I am just a little tired.'

He refused to be hoodwinked in this manner and rising from his chair went to her, taking her slim hand into both his own and bending down to bury his mouth in her hair. 'Why try to hide things like this, Mary, when you know that your every mood affects me like an electric current?' The mumbled words came clear to her through the strands of hair that tried to strangle them, and she shook her head slowly as though afraid to reply.

Len waited a while, then finding she made no further attempt to reply, he continued: 'I know how hard you have worked this week for the demonstration and how your chest is troubling you because of this, so why do you keep so aloof when I ask you something? You seem sometimes to be miles away from me, and it is always when I want to be closest to you, Mary. You are a comrade and my wife, and there must be something very deep between you and me, so deep that you are afraid to cross it.'

She caught his head and drew it level with her eyes, which, dilated, stared into his with an intensity that robbed them of vision. The hand on her breast involuntarily withdrew itself when she said in a deep whisper: 'Len, there is so much for you to do in the movement and I am afraid.' He jerked his head away from the grip of her eyes. 'Afraid?' he queried, as though not sure the word had been used. 'Afraid of what?'

Before answering, she rose from her chair and went to the settee, drawing him with her, and the two, half-sitting, half-lying, faced each other.

'You love me, Len.' The words were at once a statement of fact and a query, to which he nodded a humble acquiescence like a boy caught pilfering. 'Yes,' she went on, 'and that is the danger.'

Again something in her words and tone alarmed him, and he stiffened his limbs although making no reply.

'You see,' she went on, 'if I let you see the world and the

struggle as something centred in myself, what will happen to you if you were to lose me?'

He jumped to his feet like a startled hare, and the whiteness of his face emphasised the blue veins in his forehead and the pouches under his eyes.

'Lose you?' he gasped incredulously. 'Lose you? What on earth do you mean?' An idea gripped him even as he asked the question and he hurried on without a pause: 'You are in love with someone else.' He flung himself back on the settee heedless of where he fell, and catching her roughly by the shoulders let his eyes bore deeply into hers. What he saw there made him blink and when he spoke again his voice, though quiet, was infinitely sadder.

'Don't be afraid to tell me, comrade. I know I am not the only man in the world, and that most men can give you much better than I ever can.' A lump rose to his throat at the thought, but he forced himself to say what his whole being was fighting against. 'Yes, my dear. Men and comrades who can give you all the things you have been used to with your father, and the comforts which your poor little body calls for.' His head drooped and he felt a tear trickle down his cheek as he said: 'Forgive me, Mary my dear. It is all my fault. I have been selfish and unkind. I have exploited your patience and your energy. It is only right that I should pay the price before it is too late.'

He rose and stumbled to the fireplace, leaning against the mantelshelf and looking into the fire with eyes that were now dry as the cinders in the grate. Mary did not move after his outburst, but she watched his every motion while the tip of her tongue played about her lips, wetting them for the words bubbling there.

'So that's the sort of man you are! So those are the ideas you've been nursing in your heart!' She shot the statements at him with the momentum of bullets that twisted him half round to face the full blast of what was to follow. 'You coward! To believe such things for one moment and keep them to yourself, while all the time you were talking to me of love, pretending to be so kind and open when the other comrades were here and in the Party meetings.' The blood rushed to his head in waves, changing the white of his face to a flushing red. He made a mute appeal for silence, but she paid no heed to it and went on with increasing vehemence.

'You call yourself a comrade... and I believed you!' Something clutched her throat like a talon, changing her words into hacking coughs.

Len sprang to her side and began rubbing her chest with his hand until she had recovered. Then he stood aside again and bent his head to wait for her further attack.

His action and his posture after the seizure melted the ice in her heart, and a tiny smile crinkled the corner of her lips when she realised how deeply she was misinterpreting his motives. 'Let's forget what both of us have said,' she pleaded softly, 'and get back to what began it all.' He nodded gladly and she continued. 'What I was trying to say was that if we love each other to the exclusion of everything else, even while we are working for the Party, then something would be bound to suffer if one of us lost the other.'

He followed the soft reasoning for some moments without appearing to understand its meaning, then it burst upon him like a flash what she was driving at. 'You have been to a doctor?' he demanded. 'Come on. Tell me what he said.'

She curbed his impetuosity with a glance. 'Yes. I have seen Dr. Barnard, the specialist, and he says if I won't go to a sanatorium very shortly, I'll be in the cemetery inside two years.' She tried to make the statement casual, but failed hopelessly, and the last words were moist with sobs, which acted on Len like petrol on a flame.

'Don't believe him,' he shouted defensively. 'Doctors pretend they know things when actually they don't understand more than you or me what is wrong.'

'Hush, Len. You know better than that, and it is no good trying to run away from facts. For years both of us have been trying to hide what I showed you years ago in Blackpool.'

Len bent his head and remained silent for a long while. At last he looked up and spoke to her in the deep musical tones that always came to him in a particular mood.

'My love, what can we do? If you were penned up in a home, away from the workers, out of the struggle, you would die as quickly and surely as though you were poisoned. Your life does not exist only in your body, but in what your body and brains do for the struggle in which your father reared you.' He broke down for some minutes and buried his wet face on her shoulder, eventually raising it to continue, without looking at her. 'If I thought there was the least hope you would be cured or even get a little better by going to the sanatorium, I would gladly tell you to go. You believe that, don't you, comrade?' he asked pleadingly.

She answered with a nod, knowing he was putting her own ideas into words without being aware of it himself.

The confirmation excited him and he spoke more hurriedly. 'Yes, yes. What we must do is to plan your work in a better way. So much rest, a little activity, only the most important council committees, choose your food, then watch your weight. Aye, that's the thing. Weight is now life to you. We musn't let you lose an ounce one day without making it up the next.' He laughed to hide his desperation, and she smiled in company. 'If we maintain your weight we can't go wrong. And to do that I will pour my strength, this exuberant energy of mine, into you.'

It was her turn to laugh now, as she ran her hand over his frame, but the spirit behind his remarks heartened her, even though she knew it would be eventually a losing fight. 'Come,' she said, 'let's leave the matter there and clean the supper things.' They both rose, and he wiped the dishes as she washed, both working with happy smiles.

Later that night before she dropped to sleep he took her in his arms and, working her mouth open with his lips, he kissed her with an intake of breath that emptied her lungs and left her gasping, while he fought savagely to take the disease from her body into his own. The vigour of his continued caresses warned her of his intention, and she violently turned from his lips. He had extinguished the candle and failed to see the happy glow on her face as she bade him good night.

Early next morning both woke like a pair of children and he passed joking comments as he watched her dressing. 'We'll soon have to buy a corset for you,' he twitted when he saw her small body exposed by the intimacy of her underclothes.

'What on earth for?' she asked in feigned surprise, drawing another garment over her head.

'Oh, to stop your belly bulging out,' he answered, at the same time breaking into a chuckling laugh, which she joined happily.

But he immediately became serious when she began pulling strong elastic garters over her stockings. 'Huh! Those have got to come off,' he declared categorically. 'What have got to come off?' she asked innocently. 'My stockings?'

He glared a moment, letting his naked legs dangle over the side of the bed before saying, in a dignified manner that reminded her of Big Jim: 'Of course not. Do you want to catch your death of cold? I mean those garters.'

Mary was in a happily wicked mood. 'If I do that my stockings will come down, and I may as well go without any as let that happen, Len.'

He swallowed noisily and came off the bed towards her, at the same time asking in what he intended to be a superior manner, although he would have died rather than go into a draper's shop: 'Have you never heard of suspenders?' Then he entered into an exposition of the harmful effects of garters, that act as ligatures and prevent the blood flowing freely. Mary laughed inwardly at him, but every simple word stamped into her the impress of the love behind it. When he had finished, she flung him a caress with her eyes and later in the day made herself a pair of suspenders.

CWMARDY MARCHES

During the week Mary had been busy among the women in the street, all of whom had pledged themselves to come to the demonstration. She had been particularly anxious about this, as she believed that each street should come into a demonstration as a contingent with its own banner, and not in the usual straggling individual manner. So, immediately after dinner, when Len had gone down to fetch his father and mother, who were to start from the same street as themselves, she went from house to house getting the women ready. In every home she was welcomed either with a smile or a joking remark, the little children, many of them with bare backsides, running to the door to greet her.

Half an hour before the demonstration was timed to start the women and children and the unemployed men in the street were lined up with a red banner at their head with:

'Sunny Bank Women want Bread not Batons'

sewn in white tape. Mary forgot her chest and the conversation with Len on the previous night as she looked behind her at the ranks of men and women who were ready to march. Each pair of eyes gleamed as brightly as her own and every mouth wore a smile, even the little babies', clutched tightly to their mothers' bodies in heavy woollen shawls. One of the Party members from the next street came up with a clarinet and two kettle-drums. The ex-servicemen present soon selected two drummers, and in a very short time the air was ringing with the strains of popular songs. The sharp notes of the clarinet kept everyone in tune and the tremor of the drums made feet itch to get into stride.

Occasionally the clarinet gave a shrill scream as though its innards were twisted, but no one took any notice of this and kept on singing with unflinching gusto.

At last the music was interrupted by a cheer as Len and his parents came round the corner of the street. Big Jim, failing to walk erect, pretended he was doing so by stretching his head unnaturally far back and twirling his moustache arrogantly. But, not noticing where he was going, he stumbled against a stone in the roadway and would have fallen had not Siân gripped him tightly.

'Holy hell!' he growled under his breath, while at the same time trying to regain his dignified posture. 'These bloody roads are not fit for a dog to walk on, muniferni. It is time that the council do something about it.'

No one heard his words in the excited clamour as the people prepared for the march off. Jim and Siân were given the place of honour in the front rank because they were amongst the oldest inhabitants of Cwmardy. Len and Mary stood either side of the procession to marshal it. The men with the clarinet and drums waited for the signal, everyone held their breath for a moment, then three rolls on the drums, the clarinet blared into action, and the people began their march to the main demonstration. At each street-corner numbers of people saw friends already in the ranks and tried to break in to join them, only to be firmly told that they must go behind as the ranks were not to be broken. Whenever anyone was persistent, the women became vociferous and let the delinquent know, if he was not prepared to go to the rear of his own volition, he would be placed there. Siân and Big Jim, right at the head of the demonstration, with the blood-red banner streaming directly behind them, walked silent and erect, like soldiers, Jim jealously watching every stride she made to make sure she was in step. She stumbled once and, not knowing how, was unable to change her step to answer the music before Jim saw her.

'Change,' he hissed, without turning his head. 'Change, fenyw, for God's sake. You are a disgrace to the regiment, mun.'

Siân felt deeply the indignity of her position. 'I can't, James bach, I don't know how,' she moaned quietly so that no one but he could hear.

'Uffern dân, do scotch with both feet at once,' he instructed. She misunderstood him and gave a little hop which only took her slightly in front without bringing her into step. Jim's eyes went blood-shot as he glared at her.

'Fall out,' he ordered. 'Fall out quick to the rear before anybody know you are with me.'

Siân squared her drooping shoulders and planted her feet more firmly into the earth with each stride.

'Never,' she declared emphatically, not caring now who heard her. 'No, not for all the sodgers or sailors in the King's or anybody else's army will Siân fall out. Huh!'

Len happened to come to the front of the procession at this moment and one glance at his parents told him what was brewing. He blew a whistle sharply, the impromptu band stopped playing and the people came to a halt.

'Just a whiff for the stragglers to draw up, so that we can march into the Square in order,' Len shouted, at the same time trying to convey with a glance a message to Mary on the other side. She unostentatiously made her way to him and he whispered in her ear. When the signal was given for the restart, Mary was marching between the old couple.

Sunny Bank contingent was the first at the starting point on the Square on top of the hill near the pits, but in a very short time hundreds more had gathered and before the pit-hooter blaringly announced that the men were about to come up, the Square was packed with men and women. Red banners and streamers speckled the air as the mournful strains of the drum and fife band floated up the hill. Miners in their working clothes and with coal-soiled faces joined the unemployed people, for the march round the valley. The air was blasted by a roar like thunder when the gallant little group of bandsmen, puffing and blowing, staggered over the crest of the hill and came into sight. Their thirst was quickly quenched by the women, who ran into nearby houses and fetched out jugs of tea, water, and small beer, or whatever other liquid they could get. The lodge officials, some in working kit, now formed up in front with Len and Mary. Jim and Siân fell in the rank immediately behind, their temporary difference forgotten. The people of Sunny Bank made sure their banner was next to the one belonging to the combine committee, this being the only one to which they would grant precedence.

The signal was now given to the band leader, the drums rolled, the fifes began to wail, and the long demonstration against the cuts inflicted on the unemployed began its march around the valley.

At the bottom of the hill, before turning into the Square which led to the rubbish dump where the other pit contingents of the combine were waiting, Len looked back. His eyes glowed with what he saw. The street behind him looked like a flowing river of human beings, on which floated innumerable scarlet banners and flags. He looked far into the ascending distance, but failed to see any end. His eyes began to water with the strain and he allowed his ears to continue where the former failed. Although directly in front of the band, he heard running beneath its thrumming wails the deep monotone of countless boots tramping rhythmically on the hard road. The potential power in the sound tickled his throat, sending saliva into his mouth. He had to gulp before he could say in an excited whisper to Mary: 'It's the greatest thing that's ever been. Everybody is on the march. Everybody.' His emotion became too deep to allow for more.

Mary, pride in her every gesture, murmured: 'This is the cure, Len, for me and the people. Unity. Unity in action.' Her voice rose into a shout on this last phrase, and in a moment it was taken up by some young people until it spread all through the ranks like thunder.

'Unity. Unity in action.' The sound of the marching feet was drowned in its tremor.

Mary turned to look at Siân and Jim. The old couple were

tight-lipped and silent, but they beamed with happiness, although in Jim's eyes there was also a look of dignity and discomfiture, as though his pride was beating back something he badly wanted to do.

Mary sensed the situation and whispered to Len, who immediately stepped back to his father's side and said: 'There's a urinal lower down, dad. You had better drop out by there and join us on the field.'

Jim kept his eyes fixed on the man in front of him and screwed his mouth up to say: 'What in hell think you I am, Len? Do you think I can't carry three pints without falling out? Huh! I have drunked twenty-three before now and marched eighteen miles afterwards without ever thinking of losing a drop, muniferni.'

Len felt abashed at this retort, particularly when he glimpsed the proud smile on his mother's grim face, and he hastily stepped forward to his own place, where Mary glanced at him inquiringly. He shook his head as an answer to her unspoken query. By this time the head of the demonstration had reached the Square, which was dense with people cordoned off to make way for the demonstration to pass through to the assembling field. Uniformed ambulance men, lining each side of the street, took their places alongside the marching men and women, and in this manner for over half an hour the people of Cwmardy poured through the Square which was their ancient battle-ground, into the field where most of their vital decisions had been taken.

A short rest was taken there, while the various bands competed for the loudest playing. The valiant little fife band was lost in the din of different marches blared with brassy resonance into the air, which shook in the martial strains. The various committees now took charge of their own contingents and began marshalling them up, after Mary had had a conversation with the leaders, who agreed that the women should head the march from the field. There was some initial confusion while the people were being sorted out, some women preferring to march with their menfolk, but eventually everything, as far as possible, was in order and ready for the next stage. The bands, each with its own vivid and distinctive uniform, were scattered at regular intervals through the length of the demonstration, adding to its vivacity and colour. A bugle sounded, drums rolled once more, the bands took up the refrain, and the procession began to unwind itself from the field.

The leaders of the combine committee marched in front of the leading band, which was followed by the women, but Siân and Big Jim still remained in the second rank, having with adamant curtness refused to be parted or shifted. The procession marched twelve abreast through the main street, most of whose shop windows still wore shutters as mementos of past battles.

When the front of the demonstration was two miles advanced, and on the summit of the hill to the east of Cwmardy, people were still pouring from the assembling field. Len lifted his head sharply into the air when he fancied he heard the distant strains of music in the direction left of the demonstration. He turned to Mary and the workman next to her.

'Can you hear anything?' he asked.

They both looked simultaneously past Len, and he, seeing their amazement, turned his head to look in the same direction. He drew his breath sharply and his perspiring face went a shade whiter. The mountain which separated Cwmardy from the other valleys looked like a gigantic ant-hill, covered with a mass of black, waving bodies.

'Good God,' the man next to Mary whispered, 'the whole world is on the move.'

Mary did not reply for some time, unable to take her eyes from the scene, although her feet kept automatically moving her forward in time with the band. Then she murmured, 'No, not yet. But the people are beginning to move it now.' She said no more, and even the bands were quiet. The people seemed overwhelmed with the mighty demonstration of their own power, which they could now see so clearly. Their voices suddenly became puny, and articulation was left to their feet, which rattled and sang on the roadways with music more devastating in its strength than all the bands in the world. Len momentarily felt himself like a weak straw drifting in and out with the surge of bodies. Then something powerful swept through his being as the mass soaked its strength into him, and he realised that the strength of them all was the measure of his own, that his existence and power as an individual was buried in that of the mass now pregnant with motion behind him. The momentous thought made him inhale deeply and his chest expanded, throwing his head erect and his shoulders square to the breeze that blew the banners into red rippling slogans of defiance and action. Time and distance were obliterated by the cavalcade of people, whose feet made the roads invisible.

The head of the demonstration now began to descend the other side of the hill which led to the road leading back to Cwmardy. As it passed Fred Lewis's villa, he ran out, hastily pulling his coat on as he ran.

'Hallo,' he greeted them, waving his arm the while in a gesture of welcome, although his shaven face looked even sallower than usual under its dark skin. 'All the people in the two valleys seem to have turned out today.'

No one answered him and the band struck up another vigorous march. He tried to sidle his way into the front ranks, but was silently elbowed from one to the other until he found himself helpless on the side, dumb and open-mouthed in face of the flood that swept past him. At last someone took pity and allowed him to join in the ranks, where he was immediately lost to sight like something ephemeral that had come and vanished instantly.

Len's heart was now pounding madly as the significance of the incident gripped his imagination, and he turned again to Mary, who sensed his mood immediately.

'Like a moth around our bedroom candle,' he told her softly, clasping her hand in his. 'It comes and fusses about the flame, concentrating attention upon itself while it is buzzing around, then a little puff and it's gone again. Devoured by the very thing that drew it and gave it momentary prominence.'

‘Yes, Len. The people are like that flame. They give life, security, fame, and power to some. But they always give it on loan. And always, sooner or later, they collect the debt; and the day they do that is the day that welshers disappear. Like a star falling in the sky, it comes out of nothing and for an instant the whole world that can see looks up to its radiance, and watches it fade and die, to be swallowed by the very void by which it came.’

They both became silent again, while the men either side looked at them queerly, probably wondering if the demonstration had suddenly affected their minds.

‘That is how the Party came,’ she mused to herself, although Len, hyper-sensitive where she was concerned, heard her muttered thoughts. ‘But the Party can never melt,’ she continued, unconscious of Len’s interested attention. ‘It is moulded in and welded with the body itself, so that only the weakest and rottenest parts of it can ever drop off and be discarded.’

She was suddenly attracted by a big building some hundreds of yards in front, and she more or less subconsciously recognised the old mansion that housed the officers and staff of the new unemployment board operating the cuts. Little figures on the veranda scuttled out of sight as the procession came into view. The action gave her an idea and turning sharply she tried to spring past Len without disturbing the marching step of the demonstration. He heard a sound like something tearing beneath her skirt and his eyes opened wide with a quick-born suspicion of what had happened, but before he had time to question, she was past him and hastily whispering something to the foremost ranks of women, all of whom, he noticed, nodded their heads in agreement. When she returned to her place by his side, he was so curious that the incident of Fred Lewis completely slipped his mind. He noticed the determined twist that had come on her mouth and was too impatient to wait.

‘What’s in the wind, now?’ he asked.

She looked at him and the other men slyly, then replied loud enough for them all to hear: ‘The women are going in to see the chief unemployment officer.’

The men stood stock-still for a moment, amazed at the casualness of the statement and the implications involved in it. But they were soon forced forward and had to argue their opposition to the project while they were marching.

'You can't do that,' said one. 'The committee never decided it.'

'No,' said the other. 'This is a demonstration against the Government and I'm not one who is prepared for any hanky-panky bloody tricks. Everything has gone all right up to now, and we don't want you women kicking up a shindy for nothing.'

Mary changed colour and Len started to defend her when she said determinedly: 'I agree with you. But the Government isn't only a number of people in London. Government is of no use and can't act unless it has agents and officers and staff in every village of the country.'

'That's it,' Len implemented, unable to restrain himself any longer. 'Isn't Parker, the new unemployment bloke, an agent of the Government carrying out Government orders? Of course he is,' he answered himself. 'An Act of Parliament on a bit of paper with a king's seal stuck on it in London is of no more value than the paper itself and a spot of red wax. It is only when what it says is acted upon in Cwmardy and all the other places in the country, by people who are paid to operate it, it is only then that an Act of Parliament is of use to the Government. I think Mary is right,' he concluded. 'The Government in London don't make us suffer in London. No. It's here they make us suffer, and it's here we've got to fight them and the suffering they inflict on our people.'

Before the other men had time to reply to this argument they were outside the offices. Mary and Len silently stepped on one side and let the band proceed, unaware of what was being discussed. The other men in front went with them, but the leading rank of women had stopped, their action followed in turn by every rank that closed up. The motion worked quietly back through the demonstration like a slow ripple receding to the rim of a pond. Police, white-faced and trembling, seemed to spring from nowhere, and their chief came hurrying towards Len and the others in the front.

'You can't stop here, Len,' he declared. 'Permission was only given for the march and the meetings in the field.' The air immediately became filled with excited clamour which drew the police together into a more solid phalanx between the demonstration and the building. Big Jim worked his way to Mary's side, followed closely by Siân, who kept her eyes on Len.

'We don't intend harming anyone,' the latter told the inspector. 'All we want is to send a deputation in to see Mr. Parker about these cuts.'

The inspector hesitated, but only for a moment as the pressure behind began to force the front in. 'Wait a moment,' he asked nervously. 'I'll inquire if a deputation will be received.' He returned in a matter of seconds.

'I'm very sorry, but Mr. Parker can only see deputations by appointment.'

'That's not for him to decide,' said Mary.

She looked behind her and sighed before turning again to the inspector.

'There are women in this demonstration who have carried babies more than ten miles already,' she said. 'And I don't believe they are willing to do that for nothing. If you don't believe me, ask them,' she invited, secure in her faith that the women would stand and that the men would stand with them.

The inspector looked at the mass of people, who stretched beyond reach of sight, and very wisely did not accept the invitation. Instead he shook his head resignedly, then warned her: 'You will be held responsible for all that happens here today.'

Big Jim, standing near, pushed himself between them. 'Oh no, not quite so quick, boy bach. If anybody is to be blamed for what haven't happened, it's me, and don't you forget. Huh! Fancy a bloody lump like you trying to put the blame for nothing on a little gel like that.'

Mary caught his arm before he could say more.

'Don't worry,' she told the inspector. 'We shan't hurt anyone if your men keep their hands still.'

The long pause while the conversation was going on made the people impatient and restless, particularly those too far off to see what was happening. They began to press forward and the weight increased as a shout rose: 'Don't let anybody stop us. Right on now and no turning back.'

The noise stimulated them, and they surged forward with such vigour that the front ranks were through the police cordon before anyone knew what had occurred. The inspector made a grab for Mary as she was swept past him, but the pressure tore her from his grasp. In a matter of seconds the mass of women had surrounded the officers, and, helped by the men nearest them, were lustily shouting for the unemployment officer to come to the window and speak to them. But no reply came from the house, so the women rushed into the silent building, only to find all the doors barred against them.

A shrill voice, rising clear above the din, shouted: 'Round the back.'

In an instant the women poured out of the building and streamed with the remainder of their mates to the rear, where Mary, helped by numerous hands was already being lifted to the window. She had gripped the sill and was scratching wildly with her shoes on the wall to get a foothold, when Len saw her stocking slowly drop down over her leg, leaving its whiteness bare to the eyes that watched.

He was about to shout a warning when other women rushed forward; at the same time a crash was followed by the tinkle of falling glass. No one ever knew who was first through the window and in the office, but the next thing the crowd outside saw was a dozen women waving and cheering from the room above.

The demonstrators responded and the cheering swept through the ranks until it resounded all round Cwmardy as the mile upon mile of street-packed people took up the shouts, although only a small proportion of them could possibly know what had happened in front. Mary, one stocking sagged over her shoe, looked at the women about her, and pride made her forget for some moments what they had come for, until a loud noise at the door the other side of the room drew her attention. The women all turned in that direction, and for the first time saw a slight, pale man, with a small moustache hardly the width of his nostrils, standing fearfully with his back to the wall furthest from the window. Some of the women began to laugh at the sight, but the noise at the door became more loud and imperative. 'Open this door,' a muffled voice was shouting. 'What for do you keep me out here in the cold when you are all in there?'

Mary recognised Siân's voice, and in a very short time with the help of other women she drew the bolts, undid the chain, and opened the door to admit as many of the people crammed in the passage as could enter the room.

Siân, quivering with temper, demanded to know who had dared to lock her out. Mary, putting her arms round the old lady's shoulder, soon succeeded in placating her, before turning to the man with the moustache, who was begging the woman nearest him: 'Don't touch me. I have got my duty to do even if I dislike it.'

He shook pitifully as he made his plea. Mary stepped forward and the people noticed a sneer on her lips when she replied: 'Duty? That's what the policeman says when he kicks a woman he's batoned to the floor. And that's the excuse you make when you rob her of bread.'

She paused to regain her breath after the exertion of climbing into the room and the passion that was now beginning to overcome her. Another woman, her eyes as heavy with fatigue as her stomach was from bearing too many children, filled the breach.

'We haven't come here to touch you,' she declared, her voice still carrying traces of the music that once used to stir concert audiences. 'But neither do we want you to hurt us, whether you call it duty or not.'

'But what can I do, what can I do?' he wailed, rubbing his hands helplessly through his hair.

'Don't operate any more cuts and send a wire to the Government telling them of our demands,' shouted Mary.

This excited the other people in the room, and they all began shouting together. The people outside thought something was happening to them and the shout spread in wider circles until the unemployment officer thought the world was being deluged. A look of absolute fear came into his eyes and when he saw a group of men wildly clambering about the window to get inside, his heart gave way and he dropped to his knees moaning like a child being cruelly beaten. Mary glanced at the crouching form and a spasm of pity ran through her for a moment, till she saw Len and Will Evans with other men, sitting astride the shattered window-sill, from which point of vantage they could see all that was happening both in the room and among the mass of people outside, who now began to sing again.

She bent down, and putting her hand under the official's arm helped him to his feet, where he stood, swallowing hard, as Mary asked him in quieter tones: 'Well, what is your answer? We don't want to be here all day.' She glanced round the room. 'Some of these women still have over ten miles to march before they get home.'

The man looked helplessly at her, then managed to whisper: 'What if I refuse?'

The answer came from all the women simultaneously: 'You'll stop in this room till you change your mind.'

Mary began making her way to the window. He sensed her intention and stopped her with a cry that seemed to stick in his throat. 'All right. I'll do as you say.'

The women could hardly believe their ears for a moment, and looked into each other's faces as though seeking answer there, until Mary rushed to the window and, with a flurry of skirts, was lifted bodily by Len and Will on to the sill, where they held her safely while she told the people outside what had transpired.

Like an electric current the news flashed from mouth to mouth so quickly that it seemed all the people in Cwmardy knew of it in an instant.

The air crackled in the shouts and cheers, while Mary and the other women left the building and took their places back in the ranks. The band had now returned, and striking up a Welsh battle march the demonstration started on its final trek to the field where the meetings were to be held.

For hours the people remained on the rubbish dump, listening to speeches, singing, and cheering themselves hoarse, before black shadows creeping slowly over the mountains warned them it was time to begin the tramp home.

Len and Mary went home with his parents. They found the fire burned out and the coal nothing but a white ash.

Jim started to swear miserably. 'A man can't leave his own house for two minutes, muniferni, without the bloody fire do try to spite him out.' He was tired and sore and wanted to vent his spleen on something. He chose the fire knowing it couldn't answer back, but Siân was also tired.

'For shame, James bach,' she scolded. 'If you haven't got no 'spects for me, you did ought to have it for these children by here, who can hear every dirty word that do leave your mouth.'

Jim grunted and lowered his huge body very slowly and carefully into the armchair while Len with some paper and sticks drew the fire into a new blaze on which Mary soon boiled the kettle and made tea.

The supper revived their spirits and their eyes flashed again as they recited the various happenings of the day and competed with each other which was the most stirring thing that had occurred. Big Jim thought it was the march of the Sunny Bank contingent up to the meeting place.

'Only one thing did spoil it,' he commented. 'If it wasn't for your mother by there, with her bad legs and what not – I told her 'nough not to come out – it 'ood have been a better march than any guardsman could make.'

Siân half rose from her chair, but Len forestalled the threatening storm.

'I don't know, mum and dad,' he said, 'but the best thing of it all to my mind was when our Mary climbed up that window with her stocking hanging down over her shoe. Ha-ha!' He laughed boisterously at the memory, while the others looked down in surprise at Mary's bare leg, which in her astonishment she lifted without thinking what she was doing.

Big Jim chuckled wickedly at the sight. 'Well, well,' he remarked like a professor stating an unchallenging thesis, 'that's a lovely little leg for you, Siân fach.'

But Siân did not hear this remark. 'There,' she declared. 'Now I know why you do cough so much. How do you 'spect your chest to be helfy when you do leave your legs naked like that?'

Mary blushed, but had no time to make any reply before Siân continued. 'How come it you is like that, my gel? Tut-tut! No wonder half those men was mad.'

'Oh, mother,' Mary eventually managed to blurt out, her face red as the fire, 'I didn't know it was down.' She turned to Len and began to upbraid him. 'Why didn't you tell me?' she demanded.

He burst into another laugh. 'I knew, but I forgot all about it in the excitement,' he answered.

Big Jim broke in. 'I am not the only man who do forget things then! Ha-ha! That's one for me, Siân.'

He suddenly stopped laughing and doubling up in his chair began to groan. 'Oh, hell! This bloody back and the rheumatics will be the death of me. Help me, Siân,' he growled out, 'not stand staring by there at a man dying, mun.'

Siân sprang to the cupboard, bringing back with her a bottle of something which she shook vigorously.

'Pull his shirt off, Mary fach,' she commanded.

Mary went to the old man, who continued to grunt as they helped him remove the shirt and exposed the huge hairy chest beneath.

‘I have told you before, Siân,’ he grunted, ‘that that stuff is like dog’s piss for all the use it be.’

Siân took no heed of his grunts and began rubbing the evil-smelling stuff into his chest, after which she turned him round and did the same to his back. He twitched his shoulders once when she happened to be a bit rough.

‘Holy hell! Trying to kill me on the sly, are you? Don’t forget I have got witnesses here if you start any of your bloody nonsense.’

‘Hush, James bach,’ she retorted placidly, ‘don’t draw sin on your head without need. You have got enough there as it is.’

Before the treatment was finished, the sound of singing came from the mountain that separated Cwmardy from the other valley. It was so sweetened by the distance that they looked at each other.

‘It’s the people going home from the demonstration,’ Len said.

Without another word they all went to the door and looked at the black sides from which crept the music of the men and women still making their way homewards. Other people in the street heard it and were drawn out of their houses to the doorstep, where they silently listened to the slowly receding harmony, that brought odd little twitches to their throats. Suddenly, Big Jim, still without his shirt, strode into the middle of the road and waving his arm in the air, let his voice boom out: ‘Three cheers for unity – hip-hip!’

The ‘Hurrah’ that followed spread over the valley like a blanket, and was repeated till the sounds of singing were lost in the distance.

STAY-IN STRIKE

The action taken in Cwmardy against the Government's attempt to lower the standards of the unemployed spread through the country like a flame. The Government grew alarmed at the growing heat and strength of the protest and issued a 'Standstill Order' that restored the cuts already made. This victory acted like a tonic upon the people, particularly those in the pits. The prestige of the Party increased tremendously as a result of the struggle, and many of its members were made officials of the Federation, Harry Morgan becoming chairman of the combine and Will Evans chairman of the lodge.

Strengthened in this way and now having to act as administrators as well as agitators and propagandists, the Party members held many discussions on how best to get rid of the company non-political union. One Friday, the men themselves brought things to a head. A hurried phone message sent Harry and Len scurrying to the pit-head, where they found the men who had just come up holding a meeting. Although Will Evans was busily addressing them, the men were broken up into little groups each discussing something that appeared to upset them considerably. Big Jim was the most vociferous, and the only one whose words were decipherable above the din.

'Do they think I am a dog,' he bawled, 'that they give me boy's pay after a week's work? Muniferni, if Hicks do think he can do that to me, he is climbing the wrong pole, and he can put his shirt on that. Good God, if I tooked this pay home to Siân, she would chuck it and me out through the bloody window!'

Will Evans tried to get order. 'Come, boys,' he pleaded, 'let us have some sense about it. Let's know first of all how many of you are under your money.'

Into the air went a number of hands each holding a pay sheet.

'Hold 'em up, boys, while I count 'em.'

This done, he asked for the amounts the individuals were short of, and immediately the din rose again.

'Ten bob. Twelve and six. Fifteen bob.' The shouts came from all parts of the crowd.

Harry and Len had worked their way to the improvised platform by this time and the former got up alongside Will. His uplifted hand, commanding silence, for some reason reminded Len of Ezra and took his mind back over twenty years when the fight for the minimum wage began. But he had no time for meditation before Harry's piercing tones broke into his thoughts.

'The first thing to do, comrades, is to appoint a deputation to see Hicks straight away.'

This was speedily done, Harry, Will, Big Jim, and Len being appointed for the interview.

Mr. Hicks hastily dodged back from the window through which he had been watching the scene, and when they entered the office they found him surrounded by his officials. He did not invite them to confront him, but addressed them over the heads of his subordinates.

'Well, what do you want now? And why in hell is it those men have not gone home? If they were doing justice to their work they'd have gone long ago.'

Harry started to speak, but Big Jim got in before him. 'Pull your feet off that table, mun, when you are talking to better men than yourself, and meet us face to face, not with this pack of bloodhounds between us.'

'Let me alone, Len,' he continued when the latter tugged his sleeve to calm him. 'Do you think I have put my body into this pit all my life to have a pay like this after a full week's work?' He dragged his hand from his pocket and exposed a ten-shilling note and some silver, flourishing it around his head so that all could see. He grunted disgustedly. 'Huh! I have pissed more than this against the back wall of the Boar's Head on a Saturday night before now.'

Mr. Hicks rose from his chair and the officials opened out to admit the deputation to his sight. The heavy pouches under his eyes quivered with temper when he spoke, and he clutched his stick so tightly that his knuckles were as white as his face.

'So that's what all the fuss is about, is it? You expect me to pay men for loafing about all day, do you? Well, let me tell you all now, that those days are over for good.'

Harry interrupted him. 'Don't forget, Mr. Hicks, there is a minimum wage Act, that some of our men died for, still in existence, and you can depend on it you'll pay that whatever goes.'

Hicks turned on him in a fury. 'What? Are you threatening me? Get out.' He turned sharply to the official nearest him, and snarled: 'Here, phone up the police. Tell them I'm being intimidated.'

Jim's bent shoulders straightened so erectly that his body seemed to fill the room. 'Police, police,' he stuttered. 'Ah! They 'on't be much bloody good to you. You had to send for sodgers when us fought for the minimum wage in the first place, and you'll want 'em now before you make us work for nothing.'

It was obvious by now to all present that Mr. Hicks was not in a condition to negotiate anything with the deputation, and Len nodded to his friends a hint to leave. As they were going out Mr. Hicks raged like a lion losing a prey it thought secure.

'All right,' he roared, waving his stick like a baton. 'If you won't listen to sense, Jim Roberts, call in the office for your cards. There are plenty of better men than you waiting and willing to do your work, and that goes for the others as well.'

Jim, who was on his way to the door, turned at this to snarl: 'Aye, I know. The Federashon have been a bone in your guts for a long time now. That's why you have brought these non-political foreigners in to take our places, and you do think now you will sweep all the old hands out and fill the pit with non-pols. Bah!' Spitting his disgust. 'I have seened better things than you in a dog's bile. Ach! But don't you think you have winned. No, us have still got a couple of cards up our sleeve.'

With this the deputation went out to the men who were impatiently waiting.

Later that evening a meeting was held in Len's house. Party members looked their perturbation. They knew Mr. Hicks had precipitated the inevitable, but were not sure how best to counter his move. They discussed the position for hours, Len remaining silent for a long while until an idea breeding in his mind reached maturity. When he spoke it was in a whisper, as though he were afraid of what he was saying.

'Comrades, we've been bullied and battered for staying up the pit. What about staying down for a change?' The brief sentence was followed by a momentary pause, then a gasp of surprise as the audacity of the idea made itself felt. When the Party meeting broke up, the decision was made and worked out the same night in a secret emergency committee of the Federation.

During the small hours of the morning the throb of the pit engines seemed more subdued and hesitant, and the black air quivered as though with the suppressed excitement. Shadows slipped silently from house to house leaving a message in each, but no word leaked out from the quickly closed doors. Police officers, smelling trouble as a fox smells fowl, snooped around the street-corners and back lanes vainly trying to pick up information.

Mr. Hicks, rather more subdued, had called all his leading officials together in the consulting-room on the pit-head. The general manager's face shone white in the sooty atmosphere of the overheated office as he addressed his subordinates, most of whom were in their pit clothes.

'It's strange,' he muttered disconsolately, 'that none of you know what the men are up to. Usually when they are going to strike we know all about it, but this time everything seems so still and ordinary, yet we know there is something in the wind.' He rose from his chair and restlessly scratched his head as though the contact of his fingernails with his scalp would give him inspiration. The faces of his listeners emphasised his own bewilderment when he asked: 'Did none of you hear the men say something in the pit today, just one little hint?'

Williams, the under-manager, his black moustache drooping over his mouth, shook his head slowly. 'Yes. It was shameful to hear what some of them were saying. A stranger would have thought they were pounds under their money instead of a few paltry shillings.'

Evan the Overman interrupted. 'But a funny thing, they seemed friendly with the company union members. I can't understand it at all.' He pulled a brass box from his waistcoat pocket and put a huge wad of tobacco in his mouth.

Mr. Hicks watched him, with an absent look, and when the pouch was replaced, the action seemed to fix something in his mind. 'All right,' he declared, 'we will know soon enough. All of you be up half an hour earlier than usual in the morning. I have told the police to stop those reds distributing any leaflets on the pit-head, and all you want to do if the men try to hold a sudden meeting is to urge them down as quickly as possible. That's it,' he declared, his eyes beginning to gleam with enthusiasm, 'get them down.' The officials left the office with this exhortation echoing in their ears.

Next morning, as the men queued up to await their turn for going down the shaft, a whisper ran through their ranks. It was as delicate as the swaying of a rose in a breeze and was inaudible above the rhythmic intonation of the machinery to all but those interested. 'Be careful with your grub and water today, boys,' it ran sibilantly from mouth to mouth, never becoming louder as it slipped through the ranks, but manifesting its existence by a restless tremor. The men seemed unusually anxious to get down out of the daylight, which as a rule they were loath to leave for the blackness of the pit.

Officials scattered here and there about the surface were amazed at the eagerness with which the men filled each cage and sank out of sight. When the wooden droppers had banged loudly after the last human load, Mr. Hicks came out of the consulting-room. A broad smile split his face as he approached Williams, the under-manager.

'Well, it seems our suspicions were unfounded, Mr. Williams. Very good. Very good indeed.'

He twirled his walking-stick happily as the under-manager replied: 'Yes, Mr. Hicks, they went down, thank goodness, and we are right for today again.'

The colliery sergeant butted in. 'Not even Roberts and his Bolshies troubled us, sir. We were expecting some nonsense from them.' Mr. Hicks nodded, but made no reply as he turned and made his way back into the office accompanied by his under-manager.

Meanwhile the men in the last cage lingered a little on the pit bottom, but not long enough to cause suspicion. They fancied the trudge to their working places, past huge roof-holes and overhanging rocks, had become much shorter, and many of them sang quietly as they walked with bent heads and bowed shoulders. The hymns they sang were old and mournful, but the voices, though deep, were happy. The younger men were especially exuberant, galloping noisily down the steep inclines, making the men in front scamper hurriedly to the rubbish-plastered sides in the belief that the horses were stampeding. Will Evans, however, seemed to have lost his playfulness, and he walked quietly behind Dai Cannon and Big Jim, hardly listening to the remarks flying around him.

'I don't like this new stunt we are planning,' Dai told Jim, a blob of sweat dangling precariously from the end of his nose. 'I always like to see a straight fight, and not these foreign affairs that sound all right but don't lead nowhere.'

'I don't know, mun Dai,' Jim grunted, his huge body bent nearly in two under the low roof. 'Us have always got to find new ways of fighting if us do want to win. And, any fight is better than the pay I had yesterday. You ought to have heard Siân when I gived it to her!'

'Huh! New ways, muniferni. The old ones was good enough for my father and his father before him, and they are good enough for me too.'

Jim unconsciously lifted his head to reply, hitting it sharply against an overhanging piece of rock. 'Hellfire!' he roared, forgetting all about his answer as he rubbed the injured spot vigorously. 'This bloody pit is getting more like a muck-hole every day. They will want dogs to pull the coal out before long if they don't do some ripping to this blasted top.'

Will Evans noisily shifted a lump of tobacco into his cheek. 'Aye, you are right, butty. The company have forgot all about repairs. So long as we give them all the coal they want, never mind a hell how we get it. This old pit will soon only be good for swopping for a broody hen. They tell me,' he added confidentially, 'that they are going to get rid of all the horses and are going to buy mice to pull the trams out because the roof is so low.'

'Mice,' growled Jim. 'Huh! No decent mouse would work in the bloody hole. It's only daft beggars, like us, will do that, and fight each other for the chance. No wonder the bosses are laughing, muniferni.' He kept on grunting and swearing for the remainder of the distance into the face.

Once there, the men were not long stripping to the waist, and in a very short time the signal passed down the face: 'Let her have it.' After a few preliminary coughing 'phot-phots' the conveyor began its voice-shattering jerks that always kept it empty. The air became heavy with coal-dust that added to the heat and made it more intolerable. The diffusing light from the lamps was blanketed by the dust, which left nothing but green pin-pricks to stab the darkness. Bodies, gleaming with sweat, lost tangibility and became emphasising shadows in the blackness. Big Jim lay flat on his side, slicing through the coal with deep, reiterating blows from his needle-pointed pick, while Will Evans, on his knees and bent in two, shovelled the product on the troughs, which he fancied were always shouting: 'Fill me up quick… Fill me up quick.'

Suddenly the terrific clattering of the conveyor ceased, leaving the men dangling helplessly in an aural void until a heavy voice boomed up the face.

'Who the bloody hell put this muck on the troughs? Do you think I am a cockle girl, or what, spending all my time picking stones off the conveyor? Play the bloody game, you up there.'

An authoritative voice sounded from the roadway. 'What's the matter, boys bach? Why the hell is the conveyor on stop? Do you know you are losing coal every minute and the journey is waiting for you?'

Big Jim could not stand this; flinging down his mandril, he lifted himself on his knees until his naked back touched the roof. 'Coal! Coal! That's all I can see and hear,' he shouted. 'That's all my bloody life is. Never mind about money. Never mind about food. Give the company coal and the world can go to hell.' He exhausted himself, picked up the mandril and started hacking the coal as a vent for his temper. The conveyor began again as suddenly as it had stopped, and for the remainder of the day it dominated the bodies of the workmen. At the end of the shift the men lay back on the roadway for some time, stretching their limbs to cure them of the cramp induced by their work, but Will Evans seemed to have gathered a sudden excess of energy and ran from place to place like a rabbit, saying a few words to the men in turn. When he returned to his own road the workmen there were already dressed and waiting for him, Big Jim whiling away the time with yarns about Africa and Gibraltar.

'I 'member once in Gib,' he said, while Will put his clothes on, 'an old Dutchman who owned all the oyster beds, mun jawli. One day he comed to our commandant with tears in his eyes as big as dog's balls. I was batman to the commandant at the time and knowed all that passed. "Somebody is pinching my oysters," he did say, "and I do want you to put a stop to it." He said a lot more than this, waving his hands about all the time like if he wanted to chuck 'em in the air and bring the fief to him there and then. Our C.O. didn't say a word till he had finished, then he said, short like, "All right, butty. I will put a guard on the beds." But next day the Dutchy comes up agen with the same tale, only worse. The chief did scratch his head funny-like and grunt to hisself: "Hmm. Peculiar. I will put another sentry on." And he did too, muniferni, but on the third day the Dutchman comed up agen with the same yarn and crying real this time like a man whose dog has been poisoned. After he finished – and it was a hell of a long time before he did, mind you – the C.O. said stern-like: "All right. There is nothing for it but to double the guard." The Dutchman gived him one look for a minute then let out a yell that nearly broked the windows, and beginned to dance about like one of those dolls us used to see in the circus, shouting all the time at the top of his voice: "Double the guard! No, by damn, take the bloody lot off before they eat the beds and all!"' All the workmen joined in the laugh that followed.

On the way out Dai Cannon asked, 'Was that true, Jim, or one of your usual?'

Jim stopped in his stride and turned round, at the same time lifting his lamp to have a better look at his mate. 'Have you ever knowed me to say a lie, Dai bach? No, never in your life. That yarn is so true as I am standing by here this minute, God strike me dead.'

Dai said no more as they continued their way with the other men towards the pit bottom. At every road junction and parting others joined the progressively lengthening line until the pit seemed full of veins pulsating with men. Each step forward intensified the quiet excitement that had developed in the ranks. Tired feet became lighter and gave a jogging motion to the swinging lamps that made the long stretch of light look like an undulating streamer of ribbon. The scampering hoofs of the horses in front sent dust whirling in the air; but no one noticed this or seemed to be inconvenienced by it, as the men turned off the main roadway and silently followed the horses into the stable, letting the compressed air close the door behind them with a bang.

Mr. Williams, the under-manager, and Evan the Overman stood waiting on the pit bottom. The last tram of coal for that shift had whirled up the shaft five minutes ago, and the two officials were now uneasily waiting for the men. Ordinarily the latter were ready to go up before the last trams had left the pit bottom. Williams looked at his watch, then turned the whites of his surprised eyes to his subordinate.

'Good God! It's gone three o'clock!' he declared, like a man who sees an unexpected and unpleasant vision. 'What on earth can have happened?' he asked helplessly.

'I can't make it out,' answered the equally puzzled overman. 'If there had been an accident, we would have heard of it long before now. Let's ask the hitcher.'

The two men strode over to the workman responsible for loading and unloading the cage and handling the lever controlling the knocker on the surface.

'Funny the men haven't come out yet, Tom.'

'Aye, mun. But perhaps they are having a whiff somewhere.'

The under-manager lost his temper. 'Whiff to hell!' he blurted out. 'This is a pit, not a bloody hospital.'

'Aye, I do know that, but funny things do happen in a pit sometimes.'

The manner of the reply convinced Williams the man knew something. 'Come on,' he ordered brusquely. 'Out with it. Where are the damned fools?'

Tom carefully wiped his face in his cap before replying. 'Well, if you look in the stables perhaps you will find something there.'

The two men looked at the hitcher for some moments as though they thought he had suddenly gone mad, then a slow suspicion began to form in the under-manager's mind. His face went pale beneath its coal-crusted blackness.

'Come,' he ordered. 'There's something fishy about this business and I believe I know what it is.'

The two officials stumbled hurriedly towards the stable, leaving Tom unconcernedly squatting at the pit bottom. Before they reached the stable door, they heard voices above the clamour of the wind squeaking and howling through its cracks. Without a word they put their shoulders to the planks and burst the door open.

The whitewashed stable, with its row of stalls in which the horses were placidly munching, looked like a huge circus in the lights of the lamps hung about its timbers. The men were gathered together in a compact mass listening to one of their number who was mounted on a tram of manure. They all turned their heads when the door opened and the two officials entered. After a brief hesitation Williams and his mate walked towards the figure in the tram, the men quietly making way for them to pass, then equally quietly closing in behind them.

Williams confronted the man who towered above him on the foundation of horse-dung, and from force of habit raised his lamp to have a better view, although its light was indistinguishable in the scores of others.

'Well, what is this damn nonsense?' he demanded. 'Do you know it's long past the time you should have been up the pit?'

Someone began laughing, and in a matter of seconds it was taken up by all the workmen and the stable quivered with hilarity.

'Ho-ho,' Big Jim exclaimed, the echoes of his voice booming in the enclosed space like pebbles in a drum. 'Fancy Williams worrying 'bout us being down after time. Ho-ho! Life is worth living, muniferni, if it was only to hear that!'

Williams sensed the determination and all that it implied in the laughter, and began to cajole immediately he could make himself heard.

'Come, boys. Don't be silly now. You will only make things worse for yourselves if you have any grievance.'

There was no reply, and the stable became like a vault in the stillness. Williams swallowed hard, then tried again. 'Be reasonable, boys. If you have any grievance, elect a deputation to discuss the matter with Mr. Hicks in a proper way.'

Someone in the crowd shouted out: 'Be reasonable be damned! Haven't we been reasonable and patient for months, trying to get the management to pay us our proper wages and withdraw the blacklegging non-pols or make them join the Federation?'

'Aye,' broke in another. 'And what have been our thanks? Scores of us getting the sack, forced to join the scab union, spied on and summoned by the police, and no pay after doing our work!'

A deep murmur began to drone round the stables. Its intonation turned Williams' face even whiter beneath its coat of black, and he started to stammer. 'B-b-b-b-but w-w- what good can you do by stopping d-d-d-down here?'

Will Evans, on the tram, answered him. 'That is our business. Yours is to get out and tell Hicks we are stopping here until he cleans our pit of scabs.'

Evan the Overman, who had been silent all the while, felt it was now time for him to intervene. 'But you can't do that, mun. You'll starve to death and your lamps will all be in the dark before much longer.'

Big Jim inflated his magnificent chest. 'Huh! Funny to hear you worrying 'bout us, Evan. Don't bother your head, mun. Us can look after ourselves and the pit without your help, take that from me.'

Will Evans began laughing. 'Ho-ho! Boys, this is good. When we don't come to the pit they send their bobbies running like blue hell to drive us down and their magistrates make us pay for stopping on top. Now they are falling over each other to get us up. Ha-ha!'

Again a wave of laughter flooded the stable and the two officials retreated through the door and back to the shaft bottom.

While this scene was taking place underground, Mr. Hicks looked through his office window on the surface. The noisy clang of passing trams had long since ceased, its place being taken by a strange silence. Mr. Hicks' uneasy eyes saw large numbers of pale-faced men in pit clothes scattered about the colliery yard, but what surprised him most was the large proportion of other men who walked about excitedly. His grey moustache looked limp when he turned to the chief clerk at his side.

'Quite a lot of men looking for work today,' he commented dubiously. The other man did not reply for some moments, then: 'I don't understand it,' he said. 'They can't be looking for work, and even if they were, what are all those women doing here?'

The general manager looked again, screwing his eyes up to have a more accurate view. He stared hard for some moments, picked his stick up from the corner where it rested, hastily ordered his clerk to get in phone communication with the pit bottom, and strode out into the crowd. He spied Len, with Mary and Siân at his side, in the middle of the throng, and made his way directly to them. 'What are you doing here?' he demanded. 'You know you have no right on these premises.'

'Huh! Who are you then? Lord Muck?' asked Siân indignantly. 'Anybody 'ood think to hear you, mun, that you do own the place.'

The people gathered around the little group, the women immediately siding with Siân. 'That's right. Let him have it,' exclaimed one. 'It's through him and his sort that our valley have been ruined and our men are now down the pit till God knows when.'

This stung Mr. Hicks into a frenzy. 'What?' he howled. 'Aren't the men coming up today?'

His only reply was a joint yell from hundreds of throats. 'No. And they won't come up until you get rid of the scabs and pay them their wages.'

The noise of the challenge struck the air like the detonation of artillery and swept down the valley, bringing men and women to their doors and into the streets, which they hurriedly left as they made towards the pit. In a short time Cwmardy had emptied all its occupants, except the invalids, on to the pit-head. Even dogs, barking joyfully into the vibrating air, scampered between the tramping feet of their owners and added to the noisy multitude that now filled the colliery yard.

The frantic general manager, accompanied by other officials and hardly conscious of what he was doing or saying, strode among the men in working clothes.

'Get down at once,' he ordered, 'or go back home for good.' 'Go down your bloody self and stop there!' was the only reply he received.

He turned to his officials. 'Don't stand there like damn clowns,' he shouted, while his eyes glared. 'Get those idiots up at once.' He would have continued his raving had not the clerk come from the consulting-room with a message that he was wanted on the phone at once by Williams the under-manager.

He had some difficulty in forcing his way through the crowd, but sweating and swearing he eventually accomplished the task and grabbed the phone.

'Hallo. Hallo there,' he growled impatiently into the mouthpiece. 'Yes – yes. It's me. What the hell is wrong down there?'

A long pause during which he turned from white to purple then back to white again, as the under-manager explained the position. Before Williams had finished his report, Hicks' body was rigid. He turned to the officials who had followed him into the office, staring as though he could not see them, the receiver still dangling from his hand. At last he pulled himself together and swallowed hard, before saying to no one in particular: 'That's finished it. They're going to stay down... Stay down.' He lingered over the last two words as though they stuck to his tongue and their taste was bitter. He walked slowly to the window, his head bent and his hands behind his back, looked at the mass of people surging outside, then seemed to gather new rage.

'Phone the police. Clear the yard. Phone Lord Cwmardy,' he yelled in one burst of words, at the same time flinging his stick into the corner and himself into a chair. Outside the people were shouting: 'Where's Fred Lewis, our Executive member?'

Down in the stable the men were holding a meeting with Will as their chairman. They were all both confident and jubilant with the exception of Dai Cannon, who now demanded the platform of dung, which was immediately vacated for him by the chairman. Willing hands helped the old man mount the tram, where the lights turned his greying hair to silver, as his deep voice rolled round the stable.

'Boys,' he began, Big Jim looking up at him with open mouth, 'you all know me, and know when there is a fight on I am in it with all my heart.'

'Aye, aye, Dai bach,' someone shouted, 'especially if there is a pint behind it.'

The quip put Dai on his dignity immediately. He pulled his overhanging belly back under its leather belt. 'This is not the time for tomfoolery,' he declared with great and emphatic solemnity. 'At this hour of destiny, only fools and donkeys dare to guffaw. All of you think the company will give way in a very short time. I want to warn you – and me and Big Jim know this company better than any man alive now that Ezra has gone.' Jim nodded his head in proud confirmation as his mate continued: 'I want to warn you that this company will be prepared to starve us to death rather than give way on this vital principle, but I believe they will give us the back money without fighting at all.'

A loud shout greeted this remark, 'Tell us what to do, mun, not gabble by there like a bloody goose.'

Dai lost his temper. 'Don't you shout at me,' he yelled, lifting his foot and stepping forward over the edge of the tram. Before he could say any more his arms rose in the air for a moment then followed his head as he plunged off the tram into the waiting clutches of Big Jim. He tried to get back again, but impatient shouts of 'Put it to the vote,' prevented him.

Will Evans got on the platform. 'All right,' he declared. 'If you are all ready we will vote. Every man take his lamp in his hand and we will decide by a show of lamps. I believe that will be better down here.' The light in the stable seemed to bubble frothily as the lamps were hastily taken from the various resting-places.

'All in favour of going up the pit and appointing another deputation to see Hicks, please show.'

A moment's pause, then a solitary light lifted itself above the others as Dai declared his conviction against them all, in a silence as deadly as that of a cemetery.

'All in favour of fighting it out down here, please show.'

Immediately the lamps went up, burying the ground in darkness but turning the roof into a light-drenched sky.

A loud cheer followed the vote: 'Good old Cwmardy.' It broke in shattering echoes on the timbered walls and dug itself deeply into the hearts of the men. The last notes were slowly dying in the shuddering atmosphere when someone took them up and moulded them into song which sprang simultaneously from throat to throat, pouring into the stable a flood of melody that emptied the enclosed space of everything else:

The land of my fathers,
The land of the free.
The home of the harp,
So dear to me.'

The sweet tenors seemed to draw the baritones with them like magnets, lifting them up, then drawing them down, as they ran longingly over the notes of the anthem.

At last it was finished, and Will from his point of vantage carried on with the meeting.

'I have been told to say on behalf of the Party to which I belong and on behalf of the combine committee,' he declared, 'that we believe that all boys under eighteen, men over sixty except Big Jim, and those whose health is not so good ought to be sent up the pit.'

The men became divided instantly, those affected by the suggestions being opposed to them, while the others agreed. The chairman was about to put the matter to the vote when a fracas in the middle of the crowd sent ripples of excitement through it.

'Half a minute, Mr. Chairman,' someone shouted. 'There is a fight by here and we want to see there will be fair play all round.'

Will forgot the dignity of his position and immediately jumped off the tram to be nearer the combatants, pushing his way forward until he was close to them. Big Jim, however, was before him and was already holding Dai Cannon's coat, as the latter, his fists extended, pranced about like a young cockerel in front of Will Smallbeer, who was hurriedly pulling his shirt over his head. 'What is the matter?' Will asked in bewilderment. Dai did not stop posturing as he answered.

'Nothing much, boy bach. Nothing much. You leave this to us. No man can insult me. No, not if he is so big as two houses.'

'But what is it all about that two butties have got to fight to settle it?'

Dai stopped a moment to spit disgustedly. 'Don't call that man my butty,' he pleaded dramatically.

Will looked helplessly at Jim, who was complacently chewing a lump of tobacco.

'What is it, James?' he asked.

'Oh, Will said Dai was years older than him and would never see sixty agen if he lived to a hundred. Dai called him a bloody liar and Will offered to fight him for it, the loser to give in that he is more than sixty and the winner to stay down with the boys.'

Smallbeer had by this time relieved himself of the shirt and stood with his head bent nearly to his knees and practically hidden by his whirling arms. Occasionally the bald pate shone through temporary gaps in the defences.

'Come on,' he challenged. 'You are very good with your tongue, let's see if you be half so good with your fists. And after I finish with you,' he added, 'I will fight any two who do say I am more than forty-five at the most, barring Big Jim, who have got more sense in his little finger than all of you put together have got in your bloody heads.'

Before he could continue, Dai let go his fist and a howl at the same time, as the former landed smack on the bony head. He danced about more vigorously than ever, rubbing his injured knuckle the while.

'Stand up and fight like a man, not twt down by there like a monkey,' he beseeched. His adversary only laughed at the taunt.

'Ha-ha! Bit off more than your mouth can hold, eh?' he gloated, at the same time advancing cautiously towards Dai, while the human ring drew in more closely about the combatants.

Fred Forrest pulled Will's sleeve as the latter, interestedly and oblivious of anything else, waited for developments. He turned at the tug and bent his ear to the whispering of his Party comrade. 'You've got to stop this.'

'Stop it? What in hell for? Let the old men enjoy themselves, mun.'

'We can't have the men fighting each other, Will. We want to keep all our fighting for the boss.'

Will seemed on the point of refusing to interfere, hesitated a moment, then a second thought determined him.

'All right,' he declared, 'leave it to me.'

He pushed his way back to the tram and began shouting at the top of his voice: 'No more fighting among ourselves, boys. Let's carry on with the meeting. Make those two put their clothes back on. Give a hand, Big Jim.' His sharp command pierced the air like a stiletto, and the words brought the men back to the fact there was important work still to be done. The two loudly protesting battlers were unceremoniously bundled back into their clothes, after which the meeting went on.

The youngsters and old men were rounded up and dug from the hiding-places into which many had retreated during the excitement. They were marshalled in front of all the others, the huge door was opened and the procession wound out of the stable towards the pit, its progress marked by the dust that floated around it.

Halfway out Will Smallbeer suddenly burst into tears. 'It's not fair,' he sobbed, 'to send a man out like this. I can work and fight and drink as good as any man half so old as me, and here you send me up the pit like a baby to be a laughing-stock for everybody. But I 'on't go,' he howled, flinging himself headlong on the side, where he crouched up like a ball.

Big Jim looked at the prostrate form sympathetically for some minutes before saying: 'Pity, mun. Pity. Don't he look 'xactly like a hedgehog by there when a dog is nosing it.' No one laughed.

Far away came the sound of a cage in motion, followed a very short time later by two lights that floated towards the waiting procession of men.

'Who the hell is this?' Will asked of no one in particular.

'Must be old Hicks coming to see us,' someone else remarked.

'Whoever it is, no giving way now without a signed agreement,' came from a score of whispering voices, as the lights stopped at the head of the long line. Will Evans, accompanied by Big Jim and a few others, made his way to the front, where he was surprised to see Fred Lewis and a stranger squatting down comfortably on the side.

'Hallo, boys,' the former greeted them affably. 'Made your minds up sudden, haven't you. I have been away, as you know, and only heard this morning at the Executive. This is Jack Hopkins, our area member,' he added. 'They have sent him up with me to help in this affair.'

'Oh aye. That's good,' said Will. 'But what sort of help are you going to give us?'

The stranger replied: 'Well. We first of all want all of you to know how much we admire what you are doing. But now you have made a demonstration and shown your spirit, we think you should come up the pit and let us tackle the business constitutionally.'

The message slipped from mouth to mouth till all the waiting men were soon aware of it, a fact that found expression in a groan that grew louder.

'Constitution to hell! Now we're down we're sticking down till Hicks gives in.'

Will turned again to the leaders. 'That's how it is,' he declared.

'But listen to reason, mun,' Fred pleaded. 'You can't keep down any length of time without serious harm to some of you, and when you are finally forced to the surface you'll be worse off than you are now, and we'll be further away than ever from smashing the company union.' The listening men began shouting again their disapproval, and Will, encouraged by this, declared: 'If the Executive is not prepared to help us in a better way than that, ask them to keep their hands off and leave the fight to us.'

The stranger became desperate, his squat, burly figure shaking with the feeling that gripped him. 'If you come out,' he promised, 'I guarantee we will get your money tomorrow and clear the pit of scabs within a month.'

'Who telled you that?' asked Big Jim. 'Cwmardy or Mr. Hicks?'

'No. Not yet; but they will be bound to when you have the whole weight of the Executive behind you.'

'You tell that to the marines, butty. I knowed old Cwmardy before you was pupped and he's not so bloody simple as you think.'

'No,' commented Will to loud cheers from the men who were impatiently waiting for a definite statement. 'We'll come up when you have it signed in black and white that our money is there and that the company union have finished forever in this pit. And mind you,' he went on, 'we 'on't take it from no one except Len Roberts.'

A burst of applause made further conversation impossible, and the men lifted Will Smallbeer from the side and carried him bodily to the pit bottom.

The two miners' leaders went up with the first batch of old men to convey the news to the waiting people. Fred Lewis jumped on a coal tram and held his hand up for order, which he soon got. All eyes present were fixed upon him with concentrated attention, and Mr. Hicks, watching from the office window, felt his heart gladden when he saw the black-grimed men who had ascended with the leaders.

'He's persuaded them to come up,' he whispered to his subordinates, as Fred Lewis's voice crept through the closed door.

'Fellow workers,' it rang in the air which was already beginning to carry the germs of dusk, 'they have decided, despite the advice of the Executive, to stay down until the scabs are cleared out. They are now sending all those too young, too old, or too weak up the pit.'

There was a moment's breathless silence, during which no one seemed to breathe, then a roar swept the valley: 'Hurrah! Hurrah! The fight is on. Down with the company union.' Fred looked mutely at Jack Hopkins, and the eyes of each showed the other that further argument was useless. The former jumped off the tram and the two were soon lost among the people.

Mary's eyes shone happily as she clasped Siân's arm and looked at Len, who stood erect as a dart nearby. The pride and happiness in the demeanour of all the people stirred her heart.

'Isn't it wonderful, mother, the way our men fight?' she asked.

Siân nodded her head nonchalantly, although her posture betrayed how deeply she was gripped.

'Aye. They have been reared to it, you see, Mary fach.'

The dense crowd of men and women began to sway spasmodically, and suddenly, without a word or warning sign, Len felt himself lifted in the air and carried to the tram, where he was gently placed down feet first.

'Speech. Speech,' came the insistent demand. Although taken by surprise, Len remembered the discussion in the Party the previous night and knew exactly what to do.

'We must all go home now,' he declared, 'and prepare for the morning, when we must all be ready to be on the pit first thing with hot tea and food for our boys down below. There is no need for anyone to worry,' he exhorted, 'if we stand fast we can depend on it our boys in the pit will stick.' Loud cheers interrupted him for some minutes, then he went on. 'Perhaps it would be well if we picked a deputation to go down and see exactly how the boys are fixed.' This was agreed to, and Len, with half a dozen others, was selected for the job.

Mary squeezed his hand as he made his way to the cage, and

Siân instructed him to tell Jim: 'Mind to keep his flannel shirt on. I will send him a blanket and some 'bacco tomorrow morning.'

The cage with its little party of emissaries dropped out of sight as quickly as a falling bomb, and Len once more tasted the pit in his mouth. The hitcher was waiting for them on the bottom with a greeting.

'Hallo, boys, come to pay us a visit in our new home, eh? You'll find all the family quite well, thank you.'

Len smiled and asked: 'Where are all the boys?'

'Oh, you'll find them in the bedroom.'

'Bedroom? What do you mean?' lifting his lamp to have a better look at the man.

'Aye, aye, mun. They have turned the stables into a bedroom.'

Without another word, Len and his mates made their way towards the door behind which they now knew the men were settling down. The whistling air tried to prevent them jerking the door open, but with a concerted tug the men broke its grip and stood for some seconds looking in amazement at the scene before them. All the available brattice cloth had been hastily gathered, shared out, and was now being used as blankets. With a sheet of this under them three men were squeezed closely together on the manure tram, sleeping as peacefully as babies. Many of the younger men had taken possession of the mangers in the stables and were nestled down to rest while the horses' lips moved wetly about their bodies, hunting the stray fodder scattered about. The remainder of the men had made their beds on the floor of the stables, using fodder sacks, old timber, and whatever they could find as pillows.

Many, unable to sleep in the strange surroundings, were quietly whispering yarns or chatting, when Len and his party opened the door. Immediately the stables became silent of everything but the whistling air and the occasional clang of a chain as a horse restlessly shook his head. The scene struck Len with majestic force. The silence turned the stables into a cathedral where anything but whispers and bared heads would be sacrilege. He had known the pit and the men in all their moods, but never had he imagined the former as at once a battle-ground and a home for the latter.

He blinked away the moisture in his eyes and called out: 'How be, boys. It's only me and a deputation.'

Big Jim sprang to his feet like a catapulted ball. 'Hurrah,' he howled. 'It's our Len and his butties. Up to it, boys.'

Instantly all the reclining men were on their feet and gathered about the little group of pale-faced emissaries.

One, still rather suspicious, asked: 'Come down to try and get us up, have you?'

The deputation felt the resentment and determination in the words and hastened to explain. 'No, no, boys. We have been sent down by the men and women on top to help you carry on the fight.' A roar of cheering drowned the remainder.

Then another asked: 'What are the women doing up there?'

'Oh, they turned out to make sure that everything is all right with you.'

Another burst of cheers followed this remark, and Big Jim's voice rose above it: 'By damn, those gels is good boys, muniferni.'

Will Evans, who was one of the three ensconced on the dung, now came forward.

'Hallo, Len. Glad to see you, butty.'

Len looked his mate up and down. 'Good old Will. What do you intend to do now?'

Will scratched his head for some moments and was then about to speak when another of the men forestalled him. 'We are going to make this stable our headquarters. Then tomorrow we'll divide up into squads, to keep the place clean, fetch the water, and what not. We have already decided to have an Eisteddfod tomorrow, and Big Jim is going to be the adjudicator. There will be four choirs and variety turns as well.'

The determined sangfroid of the man amazed Len and it was some moments before he could ask another question. At last he managed to inquire: 'But won't your lamps all be in the dark by then?'

'Ay. We 'spect so,' Will replied off-handedly; 'but that 'on't make any difference to us. If horses can manage in the dark, I'm bloody sure we can.'

Even now many of the lamps were beginning to lose their power and the light in the stable was like the smoky dusk of the surface. Len bent his head and could find nothing more to say other than: 'Stick to it, boys, and don't worry about the people up above. They'll play their part.'

Another member of the deputation continued: 'Aye, you can bet on that. We'll have food and hot tea down to you in the morning.'

Someone shouted: 'Don't forget some 'bacco, butty, and the *Racing Special.*'

The remark gave Len a new idea. 'Boys,' he shouted out, 'I'm going to stop down with you.'

For a moment there was complete silence, then Will replied: 'No bloody fear, you don't. Your place is on top, seeing to things there.'

'Who'll stop me staying down?' demanded the crestfallen Len.

'You'll see now,' was the quick retort, as Will jumped back on the tram, from which position all the men saw his dim form.

'Where is Len's place, boys? Up or down?' he asked them. 'Up,' came the unhesitating response, like a roar of thunder over the mountain. Len sensed the men were right and made no further effort to persuade them otherwise. After some more discussion, the deputation, escorted by all the men, left for the pit bottom. When they ascended the shaft, they heard singing fade slowly as they left it in the earth, but immediately the cage burst the wooden droppers from the pit-head it seemed the same singing was born again as those on the surface welcomed them. The deputation reported the position, and the people, their minds contented, slowly made their way over the bridge and down the hill to their homes.

A VICTORY FOR THE WORKERS

That night Mr. Higgins and Lord Cwmardy, hurriedly called from London, held a conference in the Big House with their chief officials. There was a bright gleam in Cwmardy's eyes as Mr. Hicks excitedly reported the events of the day. When he had finished Mr. Higgins stopped his restless pacing to remark:

'Scandalous! The men must be evicted from the pit at once, by whatever means are necessary to accomplish this.'

Cwmardy, his pipe clenched tightly in his teeth, nodded his head slowly. 'Yes, that's so. But what men, what men!' He became reminiscent as he went on. 'It's their courage and audacity that makes them such splendid workmen.' He gave a short sigh, then entered into the discussion that followed. The conference did not break up until the red streaks of a new day began shooting over the mountain.

Throughout the night Mary and Siân, with the other women, remained up cutting bread and butter, making sandwiches and tea. Siân was as excited as a young girl about to be married. She supervised the proceedings from her seat in the corner of the canteen, got up by the Co-operative, occasionally rising to do again something not done to her satisfaction.

'Pity they did send old Smallbeer and Dai Cannon up,' she remarked. 'I am sure the both of them do feel it awful.' The women ceased working for a moment, while one of them remarked: 'The men did quite right. Us can't risk any chances now, and God knows what 'ood happen to old men like that if they was kept down for long.'

'Aye,' said another sympathetically, 'They could have fits easy.'

This started a buzz of conversation in which Mary joined. After a while the conversation took a serious turn as the women let their thoughts drift to the menfolk underground. One middle-aged woman sighed deeply and looked on the verge of tears. Mary noticed her and queried, 'What's the matter, Mrs. Davies?'

The woman gave a little sob, lifted her apron, and replied: 'Only yesterday afternoon my little Ianto, God bless him, asked me for a shilling to put on a horse, and I wouldn't give it to him. And now he's down in the pit and perhaps I'll never see him again. Oh dear, dear.' She broke down completely and it was some time before she controlled herself sufficiently to add: 'But he shan't suffer. Oh no. He shall have the racing paper down every day like the clock, and I will never refuse him a brass farthing again as long as I live.' This pledge consoled her, and they all continued with their work.

Early next morning the people of Cwmardy, led by the band and a lorry full of food, made their way to the pit-head, which they found surrounded by police and officials. Len tried to pass the cordon, but was grasped roughly by the shoulder and pushed back. 'No one is going near that pit today,' remarked the police inspector. The people looked at each other in amazement for some moments, until Mary, with Siân clinging tightly to her heels, brushed past Len and the inspector and, without looking back, shouted over her shoulder: 'Come on. Our men need food.' Her action electrified the people; and in a second the crowd plunged forward with a roar and burst through the uniformed barrier that vainly tried to hold them back. Siân, her fists flailing wildly in all directions, fought like a tigress.

'Want to starve my man, do they?' she grunted to herself as she ploughed her way towards the pit.

One of the policeman lost his head and, drawing his baton, began lashing at the unprotected heads. For some moments he had it all his own way and a number of men and women lay around him stretched on the dusty earth. Then something caught him behind the ear and he collapsed like a deflated concertina to join in the squirms of his victims. Without leadership or organisation, but driven by a common urge, the people fought their way to the pit-head. Apart from the thudding of blows and an occasional groan, the battle was eerily silent. Food parcels, burst open and their contents exposed during the melee, were scattered all over the colliery yard and crushed by trampling feet into the mud.

Mary felt herself pushed and huddled till she became giddy in the moiling crush. Her eyes lost focus and turned sightlessly in her head, so that she failed to see the truncheon land on Siân's shoulder, but she heard the moan as the old woman sank slowly on her knees into the black mire. The world seemed to burst into a red blaze for a moment, then she flung herself around the old woman, screaming at the top of her voice.

'Oh, Len, Len, they've hit mother.'

Siân, half-squatting, half-kneeling, opened her eyes and looked dully at her daughter-in-law for some moments before asking: 'What is the matter, gel fach? I am all right, mun. It'll take more than that to upset your old Siân.' She closed her eyes again, her face the pasty whiteness of dough, as the pain from her damaged shoulder spread down to her fingers, stiffening them into rigidity. Mary cuddled her more closely as Len pushed his way through to the crouching couple.

Hatless, his face streaked with coal-dust, his breath short and rapid, he eventually reached them and carefully placed his arms around his mother's shoulders, drawing her erect. Mary got the other side and between them they worked a passage through the fighting people to some timber nearby, where they sat down.

Siân was quickly recovering her usual composure, although a few tears trickled down her skinny cheeks as she thought of what Big Jim would have done had he seen her being struck. She shook these away with a sharp nod and catching Len's head declared: 'Us will never get food down to our boys.'

Len looked about him at the police and officials, who were once again between the people and the pit. The showers of stones and sticks which darkened the air seemed to melt about the attackers, giving them greater vigour to charge with lashing batons, forcing the people back upon each other until everything became confusion and pandemonium. 'Come,' he gulped, 'or we will be left by here at the mercy of the police.'

They skirted their way around the timber and behind some waggons until they again found themselves mixed up in the mass of people.

In the pit the men were making preparations for the Eisteddfod and concert. All the lamps had exhausted their light and the company had cut off the electric current that normally lighted the pit bottom, so that everything was done in a darkness more dense and heavy than black ink. It seemed to break into bubbles when the men spoke, and location became a matter of sound.

A voice, which could only belong to Big Jim, rose above the murmur of the others: 'Are you ready, boys?'

The question came from the roof, and betrayed the fact that Big Jim had mounted the tram of manure as a platform from which to conduct and lead the singing.

'Right, boys. Now 'member, no funny tricks and fair play all round, because this is more 'portant than any 'Steddfod in a chapel. Us will go by numbers. Are you ready, number one?'

'Aye,' came a deep responsive chorus from one part of the stable.

'Right then. When I do count three, start off. Now! One, two,' a long pause then, 'three.'

Before the word had interred itself in the darkness it was caught in the wave of melody that came from choir number one. The men not participating listened attentively to the rippling air that broke harmoniously on their ears. The universe was drowned in pleasing sound and made them hold their breath lest they disturb it. No one spoke for a while after the conclusion of the song, then a clamour took its place as the men discussed the merits and otherwise of the choir. The occasional clanging of horse chains made it appear that even the horses wanted to join in.

Big Jim eventually took charge again. 'Not so bad, boys bach, not so bad. Damn, they is worth a clap, mun.'

The hint was taken and a loud clapping of hands followed in which the choristers were as vigorous as any.

'Now us will have number two.'

A shuffiing of feet resulted, then silence followed by: 'Same thing agen. One, two... three.'

Halfway through the second piece a loud voice, peculiarly like Will Evans', shouted disgustedly: 'Those tenors are all to hell, mun. Damn! They are swamping the baritones.'

No one took any notice except Big Jim, who hissed: 'S-s-sh! Fair play all round, boys. If anybody think they can 'judicate better than me, they can come up by here, muniferni.'

After the fourth choir had competed, the men remained quietly awaiting the verdict of the invisible adjudicator. Jim took rather a long time before starting, then began: ''Scuse me, boys. I have been looking for some 'bacco, but my pouch is empty. Anybody got a bit to spare? What about some of you boys I have been keeping in 'bacco for years?' He sensed the hands stretched towards him and cautiously felt them. His fingers closed on one that appeared to have a bigger lump than the others.

'Thanks, butty. I will do the same for you some day,' drawing himself erect again immediately to roar, 'Fire in hell! Who was it who gived me that lump of horse dung?'

A rumble of laughter made his further words inaudible until someone shouted: 'Come on, let's have the bloody 'judication. We is all waiting.'

The laughter died down and Big Jim, spluttering and cursing, was again heard. 'Some men are not fit to die, muniferni.'

'Come on, let's have the result.'

'All right, all right, keep your bloody hairs on. There is nobody here afraid of you, whoever you are.'

A further short silence then, after spitting loudly, Jim began the adjudication.

'Well, boys, us will start with number one. Very good song and very good singing with this one, but they raced the tram a bit too high, eh, boys? All of us do know if you build a tram too high to pass the low timbers, the whole bloody thing is ruined. Now number two did not do that, but what they did do was not to put enough coal in the bed of the tram, so that all the time it was sounding like loose T-head rails under a journey running on wild.'

A loud surge of laughter prevented him going on for a while. When it had died down into spasmodic gurgles from various parts of the stable, he went on.

'Choir number three was very good, too, on the whole, but sometimes I did fancy I was listening to somebody sawing a empty tram in half, mun jawli. I think, putting it all together, and fair to everybody like, that number four was about a pair of rails in front of the best. What say you, boys?'

There was loud clapping and boos for a while. Then Will Evans took charge, blindly groping his way to the tram and stumbling over bodies to do so. 'Now we will start the concert.'

For hours the men took it in turn to sing and recite, even while there was growing a vague unuttered uneasiness in their minds. The promised food had not yet arrived, and the men sent back to the pit before the lights went out to await its coming had not yet returned. Mingling with the music was this wonder of what was wrong. Fred Forrest quietly opened the face of his watch and let his fingers follow the hands, trying thus to estimate the right time. He thought he had it and immediately his stomach became empty and began to rumble for food. The chairman found ever greater difficulty in getting volunteers, and at last gave it up when someone shouted: 'Cut it out, it makes us more thirsty.'

This focused the thoughts of all the men and hands groped towards water-bottles to discover that the contents had been finished long since in the belief that more was coming.

The stable became silent but for the restless stamping of horses' feet. A voice shouted: 'The poor things are hungry.'

'Aye,' broke in another, 'who had the feed-sacks last night?'

The men concerned immediately got up and drew the bags which had been their beds from stall to stall, filling the manger in each before leaving to the sound of teeth crunching oats.

A further long period of quietude followed, during which many of the men dozed off, their eyes tired of the darkness which made it impossible to know if their lids were open or closed.

Will Evans stumbled and crawled about until he found Big Jim. 'Something must have happened on top, James, or Len and the boys would have grub down long ago.'

A loud grunt and a movement prefaced Jim's reply. 'I could fancy my back is broked, mun, but there,' resignedly, 'what do backs count if the heart is good?' A pause followed while Will meditated on this.

'You must be getting on a bit now, James.'

'Aye, my boy. Gone sixty-five and over fifty years underground, and not a bald hair on the whole of my head. What think you to that?'

'I don't s'pose I will ever live to that age and still be of any bloody use.'

'Huh!' patronisingly. 'Don't break your heart, boy bach. You have got plenty of time to grow old yet, and don't forget my father was so young as you once.'

A loud shout interrupted the conversation. It ran through the stable like a wail.

'Can't anybody stop this bloody snoring by here?' A number called out: 'Get to sleep and forget it.'

'Sleep to hell. How can a man sleep when that bloke makes me think the missus is in bed with me?'

More joined in. 'Watch him, boys. If he's got strength to think of his missus in bed, he must be picking grub from somewhere.'

'Order, boys. What time do it go dark?'

The question was answered by a chant: 'It never goes dark till your eyes are shut.' Everyone joined in this, after which there was quiet for another spell.

Jim took advantage of this to whisper: 'I'll go back to the pit bottom to see if there is any news. Tom, the hitcher, is sure to know something.'

'I'll come with you,' Will replied.

'No, no! You stop by here to make sure that nothing out of the way do happen. If anybody say they are thirsty or hungry, tell them to chew timber.'

Back came the retort: 'If us chew much more timber, muniferni, us will be shitting sprags.'

This left Jim somewhat crestfallen, and without another word he quietly made his way to the stable door. He was on the point of tugging it open when a sudden panicky scrambling and a muffled yell stopped him.

'Quick boys, quick!' came the hysterical plea, as someone stampeded violently at the bottom end of the stable. 'A mouse have got inside my shirt and I can't get him out!'

Laughter covered the open door and Jim's retreat through it.

Slowly, hands outstretched each side of him, Jim went towards the bottom of the shaft. He lifted his knees carefully with each stride before jerking his foot out so that the toe of his boot should be the first to make contact with any obstacle in front of him. Mice and cockroaches scuttled wildly among the timbers at the noise of his approach. Winged insects droned past him like miniature aeroplanes. The darkness was impenetrable. Unable to stand the strain any longer he began to shout.

'Hallo-o-o-o! Hallo there! Is there anybody about?'

The echoes battered their way about the timbers, until another shout from far off chased them away. 'Aye, straight on.'

Thus encouraged, Jim soon reached his objective.

'Well, what have happened?' he asked the invisible men. 'Nothing. We have been clanging blue hell on the knocker, but not a bloody sound or a move have us had in reply.'

Jim pondered this for some time, then commented: 'Huh! That's funny, because our Len said there would be food and tea down in the morning, and here we are with another night nearly gone already, if my guts know anything about time.'

He would have carried on, but the iron knocker above his head suddenly brazened out the 'clear-away' signal which meant the cage on the surface was about to descend. 'Ha-ha! That is Len so sure as hell. He do know what I say if I was a million miles away, muniferni.'

No one answered him, and they all listened to the roar of the air as the cages, rushing in opposite directions, crushed it into wild squeals. They faintly heard the crash when the ascending carriage struck the wooden droppers and lifted them from the shaft-top as the other cage came into sight on the bottom.

The men's eyes were instantaneously fixed on the two lamps it contained. Their light failed to illuminate, and the white beam only made the darkness more dead. A long pause while the men wiped the wet mist from their eyes, then Jim grunted impatiently: 'Come on, Len bach. Let's see what you have brought with you, mun. Don't stand by there like a lump of paralysed mutton.'

'Len isn't here,' came the reply. 'It's Mr. Hicks and Fred Lewis.'

'Oh,' the monosyllable sounded like the moan of an expiring martyr.

The two men came out of the cage, their swinging lamps throwing more shadows than light round those waiting on the roadway.

'Ah,' the comment came from Mr. Hicks as he squatted down near Tom, the hitcher, while Big Jim, still standing, towered above both. 'Now we can talk sense.'

Apparently without noticing the general manager, Jim asked Fred Lewis: 'What have happened to the food that you was going to send down?'

'Oh, there has been a bit of a squabble on top,' the latter replied uncomfortably. 'But we have not come down to discuss that,' he added hastily.

'Huh!' broke in one of the men who had been sent back to wait for the food. 'What squabble do you mean?'

Thus faced with a direct question, Fred hesitated a while, then blurted: 'The police refuse to let our people send food down, and there's a riot up above.'

This was followed by a gasp of amazement from the expectant men.

Big Jim was about to say something, when Will Evans' voice exhumed itself from the darkness behind. He had followed Jim in spite of the latter's injunction.

'The rotten bastards!' A pause, before he continued in a sharper tone: 'But it's not the police, it's Hicks and the company, who, not satisfied with half-starving us on top, are now trying to starve us down here.'

'Listen, listen,' pleaded Mr. Hicks. 'I don't want to starve any of you. I want to live in harmony with you all.'

'Ha-ha!' the laugh broke in cackles. 'Want to live in harmony. Ha-ha! And want us to live in harmony with non-pols, who are cutting our throats and ruining our pit. That's what you want – harmony in everything that is best for you and the company.'

Jim's bent shoulders painfully squared themselves erect. 'That will do, butties bach,' he declared. 'If these men want to talk, let them come into the stable to do it, where all the boys can hear what they have got to say.'

The men accepted the advice, and the little procession, one lamp in front and the other behind, made its way from the pit to the stable, obliterating its progress with the dust that followed.

The beams of light that stabbed the darkness through the open stable door brought all the men to their feet with a bound, but nothing was said as Mr. Hicks walked straight to the tram of manure, Fred Lewis close behind him. From all quarters black bodies merged into the lighter shadows cast by the lamps and eyes became blobs of liquid whiteness glaring at the two men.

The miners' leader spoke first, clearing his throat noisily before beginning. His lank form and dark features fitted into the general surroundings, making the latter appear to an onlooker like the picture of a meeting in hell. 'Well, boys, as you all know, I give way to no man for militancy and support for those I represent.' He paused, as though expecting applause, but the deadly silence urged him to continue more quickly. 'But there are times when leaders must do things which the men don't like at the moment, but which are best for them in the end.'

This brought an uneasy shuffling of feet in the dusty manure of the stable floor, and a low growl from many of the listening men.

'We are in that position now,' went on the speaker. 'I speak with the full authority of the Executive when I say we are united in asking you to come up the pit and trust us to settle the matter to your complete satisfaction.' Again the silence egged him on, and he began to plead. 'Think boys. Our people on top are being battered about and our women are grieving for you while you remain here. Damn it all, if we are to fight, let's all fight together.'

A loud howl followed on the heels of this statement.

'We are fighting!'

'The Executive wants us to give in!'

'Our leaders are ratting!'

The slogans rang in the air, stirring it into a fermenting turmoil, that made nerves quiver with excitement. An old workman jumped on the tram alongside Fred Lewis, his black face glistening. 'Fellow workmen,' he bellowed hoarsely, 'when we put a rank and file executive in the Federashon, we all thought that everything would be all right, but here we are now again faced with the same tricks and the same old lies. Bah! All of 'em are the bloody same. Put a beggar on a horse and he'll ride to hell.'

Claps and shouts completed his statement. Mr. Hicks raised his hand and tried to get a hearing, but the shouts swelled into a roar through which came the reiterated demand: 'Pay us our wages and clear the pit of non-pols and we'll come up.'

Its repetitive insistence dominated everything else for a while. It crowded upon Mr. Hicks, bowing his shoulders and putting deep lines and dark shadows into his face. He turned to Fred and whispered something, but the latter shook his head as though he could not hear in the din. Both men, worlds apart but dominated by the same impulse, looked with mutual desire upon the scene beneath. Each movement gave birth to monstrous quivering shadows that chased each other all round the stables. Faces seemed to be detached from the bodies to which they belonged as they dangled from and merged in the moving shadows.

Only eyes appeared fixed as they threw back the glare from the two solitary lamps. One of the men suddenly threw his arms above his head and sunk slowly to his knees, moaning as he subsided.

'O God! Give us the light of day, which the company has taken away. Give us food, give us water. O Christ, give me my family.' The last words ended in a scream that silenced the other men as those nearest bent down to lift the sobbing man to his feet.

'There, there,' they soothed him as though he were a baby. 'Don't take it like that, mun. Perhaps you have got a touch of 'flu.'

The last word spread till everyone knew it. It became an entity of its own, robbed of its context.

Again a slow, dim murmur rose steadily into a roar. 'Up the pit with him.'

'Send him home, he's done his bit.'

Fred tried to take advantage of the incident. 'There you are, boys,' he shouted. 'That's what will happen to all of you in this damned hole. Let's go up together,' he pleaded.

Will Evans flung himself into the ensuing silence. 'Give us the agreement and we'll come.'

This was immediately taken up. 'The agreement. The agreement in black and white!'

Will felt something gnaw inside him and turned away to be sick, but nothing except thick, sticky mucus rose to his mouth, burning his throat like acid as it came up. When he recovered, the men were already lining up, Mr. Hicks and Fred in front, followed by two men holding the man who had collapsed, then all the others in ranks of two. He fell in with them, vaguely wondering what they were about to do, while his feet rose and fell automatically. The roadway widened near the pit bottom and enabled him to get nearer the front just as the general manager, miners' leader, and disabled worker were stepping slowly into the cage. He felt the rush of air that followed the clang of the knocker and saw the two lights jump suddenly up the shaft and disappear like two bubbles on a pipe. The men around him were immediately transformed into intangibility that found expression in sound, which lifted in ascending tiers until it filled the black air with invigorating ripples:

> 'Bread of Heaven,
> Bread of Heaven,
> Feed me now and evermore.'

The plea became a defiant challenge as voices moulded into moods. The final stanzas were repeated twice before someone shouted: 'Home, boys,' and they all turned so that the rear became the front as they slowly stumbled back to the stables.

Very late that night two meetings were held in Cwmardy, one in the colliery offices, where Lord Cwmardy presided, and the other in the new workmen's institute, where Harry Morgan chaired. Harry's usually beaming face, with its high, glistening forehead, was now drawn and puckered as he faced the mass of men and women whose features betrayed the agony of the past hours. Siân, her shoulder still helpless and painful, sat with Len and Mary near the first row of seats. The latter's eyes looked twice their usual size in the unnatural pinkish glow on her face, the muscles of which twitched spasmodically whenever she moved her head. Len, nervous and irritable, sought her hand on the seat against his side and pressed the fingers between his, knowing the contact would help to settle his frenzy.

'I'm opposed to the line,' he whispered. 'The men are in the mood to fight and we have negotiated and played about long enough with the problem of the non-pols. Our Party dare not act as strike-breakers now the men have taken action.'

'S-s-sh,' she replied equally quietly, as Harry rose from his chair and Fred Lewis bent forward with his elbows on his knees. 'Fellow working men and women,' the chairman began. 'We have reached a decisive moment in our history. Our men have given us the responsibility of leadership, but this does not mean they have no responsibilities themselves. If they trust us to lead, we must lead in everything that concerns the pit and the Federation.'

Someone in the back of the hall shouted out, 'Well, lead right then. When the men are fighting, don't try to lead them away from it.'

Loud applause from all parts of the building greeted this, and Harry's eyes gleamed behind their spectacles as he felt the indomitable courage of the people. He held up his hand, but for some time could not get order. When he did he went on calmly, as though there had been no interruption: 'That spirit, that courage which our people now display can be used in certain circumstances to defeat us. It is not sufficient to fight; we must always know how to fight to win. Perhaps what seems defeat at the moment is necessary to take us to eventual victory. As it is now, we are not only fighting the company, we are fighting each other. It is anarchy,' he shouted excitedly, as the din provoked by his words grew more emphatic and vociferous. 'Let the Executive lead, not rat,' the people shouted. 'You are as bad as the old bunch once you get in power – you forget all you used to stand for and preach.'

This stung Harry and he went white, but he waited until there was silence before replying. 'You have made me chairman of the combine and because of that I have to see all the people and not only those in one pit. Believe me, boys,' he cried dramatically, 'the Executive will never betray its trust, come what will. We are pledged to sweep the non-pols from the coalfield and we intend to do it. But we cannot do it in the way the men are acting now.'

Another loud howl of dissent swept the hall, during which Harry, waving his hand despondently, retired to the chair and began a conversation with Fred and the others on the platform.

Len watched them dully. He knew from the Party meeting

earlier that evening what Harry was saying, and his heart burned within him. He turned again to Mary.

'Oh, my dear, our line is wrong,' he moaned.

'Never mind,' she consoled. 'Right or wrong, it is the line and we have to be true to it.'

'But it means we have to become strike-breakers.'

She swallowed at the implication, but straightening up, said: 'If that is necessary for final victory, then it must be done. Don't forget, Len, we must sometimes swim against the stream, although that is much harder than going with it.' He gulped and turned his attention to the meeting which was now out of control, the people on the platform appearing to be lost in the wilderness of noise that surrounded them.

Len looked at his immediate neighbours and met wild staring appeals that he say something for the men below. His own eyes grew momentarily misty and blind, then something swept through him like fire and he sprang to his feet with a jerk, still clasping Mary's hand and half-dragging her with him. Mary understood his mood and, sitting down again, let him feel her body near his, knowing her close presence would check any tendency to irrelevant wildness on his part.

His sudden action had run through the crowd like a current and commanded attention. Harry saw this and immediately took advantage of it, recognising his Party comrade even through the smoky fog that hung over the hall. 'Order,' he shouted with upraised hand. 'One of your fellow workmen wants to speak.'

Others took up the cry. 'Order, order,' until the appeal became more noisy than the previous uproar, but it died slowly until at last silence took its place and Len began to speak.

'Comrades,' his voice low and tremulous, 'we are called upon tonight to make one of the most serious decisions of our lives. Our Executive and our chairman, Harry Morgan, have told us what they think. Our men down in the pit since yesterday morning without light or food are also showing us something, and I want to say now that, right or wrong, I am proud of them.' His voice rose into a crescendo of passion with this last phrase, lifting with it a tumult of cheers that lasted many minutes. Mary, sensing what was happening, let her hand creep upwards till it felt his and he clasped it tenderly in his firm fingers.

Someone in the middle of the hall began weeping loudly, causing a little stir in the immediate vicinity until someone shouted: 'It's all right, Len, carry on.' Len did not heed the exhortation, but it heartened him for what had to come. 'Yes. Proud of them, as we all are. And what are they doing, comrades?' He paused, then answered himself. 'They are fighting to keep a principle which they and their fathers won through suffering many years ago. They are there in the blackness of the pit so that we above it can keep our freedom and the right to join what union we desire without asking the company.'

The whole gathering was now tensely silent and alert to every word as it came from his quivering lips.

'Our pits were swept clean of blacklegs in the big strike, but since then the company has been clever and used the poverty of our own people to turn some of them into scabs. They have forced us out of our own Federation into their union if we wanted work and wages, bread and home. They have kept our men down the pit through fear of starvation on top, unless we accepted all the conditions the company imposed on us through its union. Yes,' he went on bitterly, as his memory traversed the past in quick panoramic flashes, 'they made us sell our freedom for a job.'

The people on the platform, led by the chairman, clapped their hands vigorously, but Mary began to get nervous as she saw the trend of Len's remarks. Her adamant loyalty to all Party decisions made her on occasions fear her husband's vehemence when he felt a thing deeply. She tightened her grip on his hand and tugged it softly, sending a message through it to his brain in the hope that the latter would calm the tumult she knew was boiling in him. It appeared the effort was successful, because when he continued, it was much more quietly. 'For months and years our Executive has been negotiating and pleading with the company to let us choose our union without fear of victimisation or reprisals, but each time they have been scorned and called dictators; and now our men have lost patience and taken things into their own hands. Think of it,' he beseeched, 'during the strike, some of us wondered why the police should be sent in against us. But since then, we have learned the Government doesn't keep them just for chasing criminals. No. They keep them to maintain law and order and everything that we do that is in our own interest and against that of the company is illegal and disorderly. They use the police to smash us with their batons; then summons us for a riot which they themselves have made. And after this, before we know where we are, they use magistrates and judges to twist the law and turn us into criminals, then send us to jail. Isn't it true?' he shouted, his face red with the pressure of words, while Harry Morgan began to fidget uneasily, even though he felt his flesh tingle with the stark truth of the assertion.

'Yes,' the speaker went on. 'We have nothing to expect from the company, from the authorities, from anyone. No, nothing can serve us but our own strength, determination, and unity.' The last word seemed to awaken a new line of thought in his mind. 'That's it – unity. Whatever happens, we must be united. Never mind how we differ in other things, we must be united against the things we suffer in common at the hands of the boss and his government.' His voice broke a little and became sad as he continued: 'That is why I believe the Executive is right and we ought to ask our men to come up the pit. Look,' he swept his arm dramatically through the air before him, 'everywhere our men are split. Some are fighting underground like ours, others are on the surface and working. That's what Harry means by anarchy. That's what he means when he says we must on this issue fight together or lose the fight.'

He sat down abruptly and unexpectedly, leaving the people in a welter of surprise and conflicting emotions. Most of them had expected anything but this from him, and his actual pronouncement left them clammy with disappointed expectancy. The meeting continued in an atmosphere of dull apathy for some time, but it ended in an uproar of dissent and indecision.

As the people left their meeting and poured into the lamp-lit darkness of the main street, they spontaneously hushed their voices when a line of buses filled with blue-uniformed and bright-buttoned men passed by on its way to the pit-head, where the meeting in the colliery office was still proceeding. Lord Cwmardy's white hair made his face look softer as he said:

'Mr. Higgins is quite right. We can't let the men confiscate the pit in this manner.' He bent his head as though he were meditating over some deep thought. 'No, the day shift of loyal men must proceed to work as usual in the morning, and the rebellious elements must be removed.' He drew his hand across his brow and sat down tiredly, leaving his underlings to work out the details.

Big Jim carefully moved his recumbent, pain-filled body to a more comfortable position, whispering curses beneath his moustache as he did so. Will Evans, whose squirming entrails refused to let him sleep, felt the slight movement and closed nearer to the old workman.

'What time is it, Jim?' he asked in what he tried to make jocular tones, but his weariness made the effort a hopeless failure.

'Oh, it's not dark yet and the barmaid in the Boar's Head haven't shouted "Stop tap!"' was the nonchalant retort.

'Hell, Jim! Don't talk of the Boar's Head. I could drink a pint as big as a barrel now.'

Jim's tongue unconsciously ran over the dry rim of his long drooping moustache, leaving it moist enough for his lips to smack with longing as he said:

'Ah! A barrel full as big as a pond, muniferni.'

Both men let their minds wander for some time until a new thought struck Will.

'I wonder what won the three o'clock that day we came down,' he asked wistfully.

'Hmm. What race did you say, my boy? You see, my remembery is not so good as it did used to be, these days.'

'The three o'clock.'

'Oh, aye. I heard you first time, mun, but I did want to make quite sure, you see, because Siân have turned that set of ours into a proper chapel goer, muniferni. That's all you can hear on it – sermons and hymns. Only a deaf man can understand anything else it do say, mun jawli.'

Will became invigorated with the indomitable courage and optimism of the old man. He laughed loudly and woke other restless sleepers, although he was not aware of it till some of them shouted: 'What the hell is the matter? Have the bloody circus started or what? Have a bit of respects for other people, mun, whoever you are. You're not in a workhouse or a gaol now.'

Will laughed more loudly than ever at this, and others joined in, waking everybody up and filling the stable with confused sound that made the horses neigh restlessly.

Someone rose to his feet and the tremor in his voice exposed the weakness in his limbs when he shouted hoarsely: ' Come on, boys. Time to feed the horses.'

When this was done the men crawled more closely to each other, each finding his way to his own group of mates by the directing voices that led him over reclining and squatting bodies. After this everything became quiet for a while and a vague common desire filled all their minds. Everyone kept it to himself even as the longing urged him to open his mouth and speak. At last the desire broke its bonds in an initial sibilant whisper that slowly seeped its way through the ranks and fixed everyone's thoughts.

'Water, water. Where can we get it?'

The intensity of the need that gripped the men killed its vocal expression for some time after this first outburst, when an idea shaped in their minds and again the thought was given life.

'There's water in the pipes between the stop tap and the boshes.' The elementary simplicity of the fact that only now had dawned on them stupified everyone until Big Jim began to laugh clamantly.

'Ha-ha! That's good! The next thing us will forget is that there is always coal in a coalpit.'

This broke the tension, and arrangements were made for tapping the pipes and filling the empty water-bottles.

Bottles were being passed from groping hand to groping hand, jokes and laughter accompanying the operation, when the stable door suddenly banged open and disclosed a large number of lights. Men stood still with outstretched hands, in stupified amazement at the unexpected sight. Pit-blinded eyes became blinder still as the lights from the lamps struck them with pain-inducing beams.

A voice, emerging sharply from the ring of light, ordered: 'Get ready, there. All of you have to go up the pit, and the quieter you go the better for yourselves. This pit is going to work today, and we've got men ready to work it.'

The lights began to move forward in a solid block that was harder than the blackness which tried to crush it. The strikers involuntarily began to retreat before the menacing advance, until someone shouted from the rear:

'We can't go back any further, we're up against the end.' But still the lights advanced with nothing but their motion to mark their coming. Will Evans felt his hair bristle uncomfortably as his quick temper began to rush the blood to his head. He had understood the new move even as he heard the order, and the despairing call from behind now snapped something in his head.

'Pick up something for a weapon, boys,' he howled, 'and let us fight for the door. The officials and non-pols are trying to beat us out of the pit.'

The cry was followed by a flurried shuffling as the men stooped to pick up from the floor pieces of wood, iron, and whatever else they could get hold of. Then the strikers stood, wordless and immobile, waiting for the outcome of the new development. The lights they had prayed for now became their greatest enemy, making everything invisible to their eyes, filling them with tears and making their heads throb. But the menacing halo did not stop its advance until it came and broke on the first wave of strikers, who lashed out in all directions without knowing what or who they were hitting. The action ran through the stable with electrifying speed and effect.

The attackers had never expected such a determined resistance, and their first ranks, which of necessity had to take the brunt of the onslaught in the confined space, pressed back upon those behind them, throwing the latter into increasing confusion as the strikers bore on. Groans and grunts mingled with thuds and curses. Lamps were whirled wildly in the air and used as weapons which fell like shooting stars upon the soft flesh in the way of their descent.

Suddenly a whistle shuddered through the stable with a shrill squeal, followed by a warning:

'Look out there!' as a long nozzle peeping through the ranks of the attackers burst into a roaring crackle. The compressed air thus released, drove itself like a solid wall against the men before it, sending some squirming to the ground and the remainder into a panicky retreat to the sides or anywhere they could escape its annihilating fury. Screams found company with appeals as the blast did its work.

'Fair play, boys, fair play. For God's sake give us a chance!'

The answer seemed to come from the very nozzle of the pipe: 'You've had it, you bastards, and wouldn't take it, now take this,' and the terrifying tumult rose higher still as the tap was opened fully.

The strikers felt that everything was lost and were on the point of declaring their readiness to go up the pit when a loud clang of rolling iron challenged the blast for noisy supremacy. The dung-filled tram, released from its wooden anchors and driven into greater momentum by the strong hands of Big Jim and the energetic ones of Will Evans, plunged wildly into the swaying mass of men behind the blast pipe. The latter gave way immediately and ran headlong for their lives towards the pit, the tram hurtling after them like a tornado in which was merged the cackling laugh of Will Evans as he picked up the blast nozzle and switched off the air.

Lamps scattered about the floor of the stable acted as footlights for the grotesque scene. The noise of the battle had stampeded the horses, who were now kicking wildly in all directions, driving the men into bundles on the sides until some sprang on the wooden fences that separated the stalls. Unloosening the chains which held the horses' heads, the men turned the steeds round so that their hindquarters pressed against the mangers and the walls.

Then the survey of casualties began. Wounds were bound with shirt or singlet strips and no distinction was made between friend or foe. When the ambulance men reached Big Jim they found him squatted on the floor clutching a man to his body as though he were nursing a child.

'Good God! Is he badly hurt, Jim?' one of them asked.

'No. Not much yet. But he will be unless he use his head from now on. He tried to run away with the others when the tram went on wild, but I had him, muniferni, before he could get far.'

'Who is it?'

Jim's mysterious demeanour filled the others with a curiosity that made the query more than an ordinary question.

'Oh, you will find that out soon enough. I bet you 'on't guess, none of you, in six times.'

The men grew impatient and bending down, took the man from Jim's grasp, raising him erect so that they could all see him. A gasp of astonishment echoed round the stable as the white features of Mr. Hicks reflected the light from the confiscated lamps.

'Holy hell! Big Jim's collared the big boss!'

The men held an immediate meeting to discuss the new

developments, after which all the non-pols, officials, and badly hurt miners were sent to the surface with a message to the authorities that Mr. Hicks would remain down with the strikers until a satisfactory settlement was made by the company and that no harm would come to him if food was sent down immediately. This done, the men began to discuss the next moves. Big Jim never moved from Hicks' side, and it was Will Evans who declared:

'That have settled it, boys. No more bloody stables for us. It is nothing but a death-trap. The only thing now is to get inside to the double parting and make that our home. Put out all the lamps except one. We don't want to be in the dark agen if we can save light.'

The men agreed and all available sacks, brattice cloth, and other soft material was taken along as they made their way to their new earth-embowelled home.

The solitary lamp turned the line of men into dim shadows that quivered and danced on the timbered roadway. The eeriness of the tramp stole into Hicks' heart, and he whispered to Jim in a trembling voice:

'What are they going to do to me, Jim?'

'Nothing, boy bach, nothing, if you will keep your head and do what you are told.'

'But why do you keep me down?'

The manner in which the query was made implied a deep fear that tickled Jim, whose reply became a gloat: 'Ah! That's the puzzle, see. Ha-ha! Before now you was the big boss, shouting and ordering and sacking. But the boot have shifted to the other foot. Yes, catching you have made us the bosses, and for once in our lives we will do the ordering and you will do the listening.'

Something in the statement and the silence that followed it turned the manager's blood to water. He began to plead, raising his voice so that the other men could hear: 'Let me go, boys, and I'll see you get fair play.'

There was no reply other than the stumbling, muffled tramp of feet and the quickened tremor on the shadowed walls.

Hundreds of police surrounded the pit-head when the injured came up, but the ranks of people who pressed upon their outermost ranks saw that a battle had taken place underground. They burst into wild cheers when they saw that most of the injured belonged to the non-pols and officials, and the police made a baton charge to clear them from the yard. This action was followed by a shower of stones and coal lumps that precipitated another fight which lasted for hours before the people were finally driven down the hill into the streets of Cwmardy, which became tremulant with exultant shouts: 'Our boys have captured Hicks. Now it won't last long!'

Siân's eyes shone brightly at the glowing embers in the fire grate of her little kitchen.

'Dear, dear,' she mused proudly, 'our James is the oldest man down, yes, the very oldest, and I am so sure as this hand is fast to me,' holding it out for Len and Mary to see, 'that he will be the very last to come up.'

Neither of them answered her, so she turned again to the fire.

'Him and me have been together a long time now. Yes, forty years or more, and it is 'bout time he left the pit for younger men. He have done his share and did ought to have rest and comfort in his old days.'

Mary stirred on the chair and placed her hand on the old woman's shoulder with a gesture that was itself a caress.

'Never mind, mother. One day we will put this old world of ours right and use the good and beautiful things it has for all the people and not for the few who now take it all.' She changed the subject abruptly and turned to Len. 'What is the next move?' she asked sharply. He shook his head despondently.

'It is out of our hands,' he replied. 'Everything now depends on the boys down below and what the company will do about Hicks. One thing we can depend on, and that is there'll be no more fighting down below, and they'll let food go down now if only for Hicks' sake.' Each morning during the five days that followed the people of Cwmardy plodded up the hill to the pit, with food and material for the strikers. They remained until nightfall, only leaving when they knew there were sufficient pickets to ensure all necessary information reaching them in the shortest possible time.

A mass-meeting was held on the eve of the morning which marked the tenth day of the strike. A report was here given to the people of the latest negotiations between the Executive and the company, after which Len was appointed to go down with Harry Morgan and Fred Lewis to interview the strikers. On its way to the pit, the deputation was inundated with flasks of hot tea and packets of food. Siân handed them a tin of tobacco with the solemn injunction:

'Now, 'member, you must put it into his own hands and nobody else's, because I do know it is the only thing he is worrying about... and me, of course,' she added as an afterthought.

The tramping feet reminded Len of the Big Strike and Ezra. He wondered what the once dour body now looked like in its earthy blanket. The thought made him shiver, and he automatically looked for Mary in the following throng. He saw her with his mother, the latter limping doggedly to keep pace with her people. His body again warmed at the sight of his two loved ones trudging together in the lines of their fellow workers. He smiled grimly as he noticed Ezra's heritage of determination stamped indelibly into Mary's features, and his heart beat more quickly in its significance.

The setting sun sent blood-hued rays to linger over the valley as the members of the deputation stepped into the cage, where they dangled on the thread that was to drop them to their mates. A loud heartening shout followed them into the pit and the rush of the carriage was accompanied by a rush of the people, which broke through the police cordon and gave them possession of the pit-head, where they waited patiently for news from below.

Meanwhile Harry and his colleagues had passed the now empty stable and were dragging their feet through the dust to the double parting where Tom, the hitcher, had told them the men had established themselves. Their lights were seen a long time before they reached their destination. A husky voice halted them.

'Stop there and don't move another step till we know who you are.'

The trio immediately obeyed, holding their lamps still so that the others could see they had stopped walking. Some minutes passed before two shadows broke through the darkness into the lamplight, both walking slowly and hesitantly, like babies just learning painfully to stand erect for the first time. Len looked, and recognising his father and Will, his eyes became dim. But neither of the two saw anything, for their eyes were closed tightly, the compressed lids drawing wrinkles all over their faces. The couple walked on until Big Jim bumped into his son, when he stopped abruptly and threw out his arm to grasp Will and prevent his going into danger.

'Well?' he asked in a voice that he strained up from his belly. 'Who is there and what do you want?'

The very weakness of his tones implied a challenge which the deputation sensed immediately.

'Dad, dad,' Len cried, 'it's me and Harry and Fred.'

Will felt his body melt away from his head, leaving the latter whirling around even as he maintained his senses and wondered what was wrong. He gave a little moan.

'Oh, God! What is the matter with me?' and began to slither weakly to the floor, but before he reached it three pairs of arms were round him, holding his body and bending his head towards his knees. Big Jim rested his shoulders against the sides and dumbly waited while the others attended to Will.

Harry forced a hot sip of tea between Will's clenched teeth. This revived him, and he shamefacedly urged them to let him go.

'I'm all right now,' he declared. 'Keep that tea for the others, who deserve it more than me.'

Harry and Fred, however, insisted upon helping him back to the men, but Jim refused assistance, pretending the heavy hand which clasped Len's shoulder was there to steady the latter, because 'he wasn't used to the pit for a long time.'

In this manner they reached the double parting, where the remaining men, some lying and some sitting, were awaiting them. The lamps were fastened on the high cross timbers to keep the glare from the men's eyes. Big Jim introduced the deputation and a weak cheer welcomed them, but this evaporated into dry coughs that spread like fog among the strikers, whose thin bodies and slack skin began to shape in the light from the lamps.

Harry noticed the pitiful dignity with which the strikers tried to impress the deputation, and swallowed the lump in his throat to say: 'Well, boys, you have done your duty, and the fight is over. Our people are waiting for you with open arms and happy hearts on top. You did the trick when you kept Hicks down.'

He expected, as did his mates, a cheer to follow these words, but none came, and he was astounded to hear after a brief silence the quickly uttered command:

'Let Len show us the agreement. That's what we said on the first day and that is what we say today.'

There could be no mistaking the determined self-abnegation behind the whispered words, and Len wasted no time in arguing.

'Let's be quite straight from the start, boys,' he began. 'We haven't got an agreement for the simple reason that the company thinks it is saving its face if it can get you up first and then let you have the agreement in the office. They want to make sure that Hicks is safe and sound.'

A murmur of disbelief came from the men, and Len hastened to add: 'But there can be no mistake about it. The company is prepared to take a free ballot and let every man join what union he wants to.'

This time a small cheer managed to trickle into the air, and Big Jim quickly stepped into the breach thus offered. 'Us can take his word, boys, because he do know if he said a lie to do us down, I 'ood cut his head off 'xactly like if he wasn't my own flesh and blood, muniferni.' He took his hand off Len's shoulder to give greater vehemence to his words, but the action only made him sway drunkenly. His statement nevertheless decided the men, and a quick vote was taken to clinch the issue.

Then began the faltering walk to the pit. Each of the men refused aid from the members of the deputation and the provisions they had brought with them.

'There is not enough for all of us,' said one as he rejected the offer. 'And we might as well stick it till we can all get some.'

'Aye,' said another, 'and we have had to depend on ourselves all this time, so we might as well depend on each other now at the finish.'

And in this manner, the weaker leaning on the stronger and all leaning on each other, they made their way behind the deputation to the bottom of the shaft, where some officials were waiting for them. This started another upset, the men refusing to ascend till the officials had left.

'Hellfire!' Will tried to shout and in so doing turned his voice to a croak. 'We came down without 'em, and by damn we'll go up without 'em.' Hicks shivered weakly and instructed his subordinates to get up out of the way.

The ultimatum and instructions produced surrender, and the officials stepped into the waiting cage and were whisked away, Fred Lewis going with them to acquaint the people that the others were coming. When the first carriage full of strikers banged its chains against the droppers, the rush of released air was smothered in the terrific cheer that rolled and crashed over the valley. Police and officials were scattered about like coal-dust when they tried to keep the people away from the pit-head. The strikers were tenderly lifted out of the cages and tended by loving hands while they waited for the remainder to come up. Kisses mixed with happy tears and both were lost in the singing and cheers as the cage slowly emptied its final load. The last man to step out was Big Jim; whose trembling hand arrogantly twirled his long moustache. Siân rushed towards him.

'James, oh James bach,' she sobbed, as she flung both arms

around him and pressed her face to his black one when he bent down to kiss her. 'I knowed everythink 'ood come all right.'

He raised his head and seeing Mary nearby, stretched out his hand affectionately to stroke her brown hair glistening in the electric lights.

No one ever remembered exactly what followed, everything was excitement and tumult. But the blare of a brass band took command of the situation, and, in step with its lively march rhythm, the people took their victorious strikers down the hill to Cwmardy, where banners and streamers waved a breezy welcome home.

A PARTY DECISION

A few months after the excitement of the stay-in strike news began to appear in the press about an armed insurrection against the Government of Spain. The people of Cwmardy wondered what it was all about until the truth slowly leaked through, and then they began to learn that the insurrection was developing into an invasion. This fact caused furious discussion, and Spain became the main topic of conversation wherever two or more met.

One evening in Mary's house she paused in the act of powdering her nose and looked at the clock; then, with a hasty: 'S-s-sh! It's time for the news' to Len, who was noisily washing his face, she switched the wireless on. The piercing oscillations that accompanied her efforts to find the station startled the dozing Bonzo, who sprang to his feet with a growl and looked disgustedly for some moments at Mary fingering the set, before subsiding back upon his mat in the corner with the stately motion of a dowager at her bankruptcy examination. The dog waited until the voice came over the ether with its deeply intoned announcement: 'This is the first general news bulletin,' then slowly dozed off again with one eye half open.

Len came near the fireplace and continued wiping his face, although he now did so more slowly like one who wanted to deaden any foreign sound. Mary leaned over the table and fixed her eyes on the instrument as though this would enable her to see the words. Both of them unconsciously tensed their bodies when the word 'Spain' came across, and they were afraid even to breathe properly in case they lost one item of the following statements. When it was finished they looked at each other silently for some moments before Len asked in what he thought was a casual manner: 'Do you want to hear about the price of gold?' She shook her head somewhat sharply and he hastened to switch off, leaving the kitchen in a quietude so deep by contrast that Bonzo again cocked his two eyes open to see what was wrong.

Mary bent to pat his head, at the same time remarking: 'It's looking pretty black in Spain, Len, if we can depend on the news.'

Len flung some small coal on the fire. 'Yes, Mary, very black; and we'll have to do something about it soon.'

Both seemed fearful of saying too much in case their emotions overcame them. Mary took a final look round the kitchen, made Bonzo more comfortable on his mat, then said: 'Let's go, Len, or we'll be late and you know how sarcastic Harry is when there's important matters to discuss.'

They locked the door behind them and hurried to the meeting place, returning an occasional salutation on their way down but not stopping to chat with any of the acquaintances they met. When they arrived at their destination they found all the Party committee already present, with the exception of Will Evans, who was working afternoons.

'Hello. Slept late?' Harry asked as the couple took chairs next each other.

'No, we waited a couple of minutes to hear the news,' replied Mary.

'Oh, aye. Well, we'll get more than the wireless gave before we finish tonight.'

He turned to the others. 'Can we have a chairman, please?' Len was nominated and carried, and without wasting time he left his seat and went the other side of the table alongside Harry, who whispered something to him for some moments. Len nodded his head in approval, then began the business of the meeting.

'Harry has got a report to give us tonight about the situation in Spain,' he announced. 'It appears there have been some very big developments and we have now got to take some definite and practical steps in the matter.'

The room seemed to go suddenly cold although the air outside was humid and close. Mary felt a queer trickling through her spine, and drew her coat more closely, at the same time bending her head to the table so that only the top of her brown hair was visible to the others.

Harry did not rise from the chair when he addressed them with slow deliberation. 'Comrades, the civil war in Spain has reached a new stage. It has now become an armed invasion by foreign countries – open intervention by Germany and Italy, the countries of Fascism. Yes, the fight in Spain is no longer one in defence of Spanish democracy; it has become a war for the defence of world democracy and it can only end when we make Spain the graveyard of international Fascism and all that it means.'

He continued for more than an hour giving his report, his voice often shivering with emotion, but Mary never raised her head during the passionate discourse.

An idea germinated by the wireless news was taking more definite shape in her mind with each word Harry uttered. It thrilled even as it drained the blood from her thin cheeks. She knew already that it was what she wanted, even while she tried to drive the thought away.

Suddenly some words of Harry's drew her taut and for the first time she looked up, to see Len's eyes fixed on her with an intensity that drew the blood back to her face in pink flushes that burned her ears as Harry's pronouncements buried themselves there.

'That's the position,' he declared. 'We must continue with protests, we must help financially and with foodstuffs, but more important still, we must help with men. Yes, comrades. We must fill the gaps that the Fascists make. For every democrat they destroy we must find two more to take his place. Our workers have fought in the wars of imperialism. The time has come when they must now fight in defence of democracy and all the ideals that they cherish.' For a long time after these closing words there was a silence which made the room as callous as a tomb. Harry's report had brought the war from the realms of theory and news and had made it a living individual fact that burst like a bomb in the consciousness of everyone present. Len found his mind fixed on one sentence in the speech. It thrust all other thoughts aside and flayed him like the burn of swishing nettles:

'The national leaders of Labour are dragging the honour of British people in the mud, and it is only the Party and the working class can redeem it in the eyes of the world.'

He couldn't tear himself away from this and the implications it involved. His brain automatically separated the problem into its parts and focused upon the one that posed the question of individual responsibility and obligation. Without thinking of doing so, he let his gaze wander to Mary, who returned his look with eyes that didn't appear to see him.

At last the tension was broken by a voice which asked: 'How can you expect us to recruit workers for Spain if we don't go ourselves? I could never, for one, bring myself to ask another to do what I couldn't.'

Harry appeared to be prepared for this question, and answered without hesitation: 'That's not the point. We shall send our best and most trusted comrades out, you can depend on that. But the main thing is to get workers, particularly those with war experience, to go.'

Mary followed immediately with another question. 'Does that mean that only men who were in the last war can go?'

'No. Party comrades who have no military training but who have a wide political experience are going to volunteer.'

'Ah.' The sound escaped Mary's lips like the sigh of a mother who suddenly feels again the long dissolved grief of the parting from her child.

Then, for no apparent reason, the room became full of excited voices. From all quarters came the assertion: 'If that's the case, then I'm the man to go.'

Harry raised his hand and for the first time got on his feet. 'Comrades, let's be clear. The matter is entirely in your hands, but I have a suggestion to make which I hope you will seriously consider before coming to any final decision.' Len had not said a word throughout, but he knew what was to follow as surely as though the words had already been spoken. All his life he had been temperamentally opposed to physical violence, and even now, despite all his experiences of brutal actions against his people, he felt an inward shrinking when it forced itself upon him. It was in this that he differed most fundamentally from his father. Big Jim was urged to violence by the sheer exuberance of his physique, while Len was impelled to it by intellectual realisation of its necessity. Because of this Len went into every action with a calculating, cold hardness that was foreign to his normal self, whereas Jim swept into action with joyous whoops that betrayed his pleasure in battle.

Len's thoughts were canalised by Mary's quiet question: 'What is your suggestion, Harry? Who is the comrade you want to recommend?'

The brief hesitation that followed was sufficient answer, but Harry rather nervously replied: 'Len Roberts – he's the comrade I've got in mind, and I think he's the best for many reasons.'

Mary's hand jerked to her breast, which she squeezed convulsively, but she soon calmed herself in the discussion that followed the statement.

'But he can't go, he's wanted here,' said one voice.

'The front-line trenches of democracy are now in Spain, not Cwmardy,' came the retort.

'Let's send a single man. What about myself?' asked another.

'We want the best, the most able,' was the instant reply.

'What about Will Evans – he's just the man.'

'Will's working and we can't draw him from the pit for the time being.'

'But what about Mary? She can't live on air.'

Mary sprang to her feet at this. She felt the question an insult to her whole life and, quite irrationally, resented it. 'I'm not here to bargain about him,' she announced heatedly. 'If he is necessary to the fight I give him freely, whatever the result might be. But don't bargain over him. Don't ask me to sell him.'

The vehemence of the utterance subdued her, and then she realised how unfair she was. No one answered her insinuation, but it put an end to the questions, although Harry tried to put everyone at ease when he asserted: 'Mary'll get what she's having now to live on. The supporters of democracy will see to that.'

Shortly after this the meeting broke up into chatting groups, Harry taking Len and Mary on one side to tell them: 'You'll have to go in three days, Len, so you'd better come down tomorrow to see about your passport and the other things that are necessary. There'll be about twenty others going with you.'

Len's face was hard as stone when he replied: 'That's all right. It'll give me nice time to square things here. What do you say, Mary?' turning to his wife.

She squeezed his hand proudly in hers and looked at Harry. 'Whenever the Party says, we'll be ready.'

'Good. What about having a little private celebration somewhere before you leave?' Mary half started, but Len made the objection first.

'No, Harry. It's not a time for celebrations, and I'd sooner go the same as the other boys. There can't be any fuss made over their going because of the authorities, so I'd sooner if we didn't.'

'Good lad, Len. I'm off now. See you in the morning.'

'So long, Harry.'

The couple waited until he had left the room, then joined the others. They chatted for some time until Len, noticing Mary's impatience, made an excuse and got away. 'Are you worrying, Mary?' he asked as they walked homewards.

'Oh, Len, I don't know what's the matter with me. I've got a funny kind of pain in my belly and yet I feel so proud somehow.'

A wanton thought flashed through his mind for a moment and he expressed it in a whisper. 'Do you think you have gone?' Then he laughed before she could answer. 'Ha-ha! Of course not, worse luck. But, duw, Mary, wouldn't it be nice if you had a baby coming while I'm out there?' He allowed the pleasure of the thought to control him for some moments, and Mary did not interrupt him. At last he said, as though talking to himself: 'Why not? I know of women who have had babies after twenty years.'

Mary looked at him wistfully, one small hand clenched so tightly by her side that the knuckles stood out white. 'Don't Len. You know it's impossible and you only hurt the two of us by wishing for such a thing.' She could not refrain from adding: 'But it would be wonderful to have a baby waiting for you when you come back. He'd have hair like mine and eyes the same colour as yours, and...' she stopped and a pitiful little smile hung on the corner of her lips.

Len caught her arm and pressed it to his body. 'Never mind, comrade,' he consoled, both himself and her. 'If we can't create anything with our bodies, we can with our minds and the work we do for the Party. That's something to go on with, isn't it?'

They laughed together, then Mary suddenly had another thought. She stopped and stated abruptly: 'Len, you must see your father and mother tonight.'

He coloured a little before excusing himself. 'Oh, we can do that some other time. There's plenty of time before I go away.'

'Oh, Len. How can you say that. Tomorrow you'll be off meeting Harry and making final arrangements. Then the next day you'll be going.'

The reproach in her voice hurt him more than the truth of her statement. He had a horror of fuss and dreaded the scene with his mother, which he knew was bound to occur when she was told what he intended doing. Already he felt his tongue going dry as he vainly tried to find excuses he could validly call reasons. He wished now he could slide away with no one but Mary to know he was going, thinking this would cause his mother less pain. Then hard upon this thought came the knowledge that it was born of selfishness, that it came out of the fact he was himself afraid to face the pain of parting from his parents.

Mary sensed the battle taking place within him, and tried to help. ‘Let’s go in now, on our way home,’ she suggested, and Len somewhat shamefacedly agreed without further comment.

Siân was busily wiping the brass candlesticks when the couple entered, but she immediately replaced the one she had in her grasp and queried with feigned surprise: ‘Well, well, fancy seeing you. I thought you had forgot you ever had an old mam, Len, seeing how long you have been coming to see me.’

‘I’ve been pretty busy, mam, between one thing and another,’ Len replied as he took a chair and sat down. ‘Where’s dad?’

‘Oh, he’s out the back. I don’t know how long he’s going to be, but he have been there about a hour already.’ She bent to whisper: ‘Your father is not half the man he did used to be, Len. No, indeed. He is getting more childish every day.’ She sighed, then abruptly ordered: ‘Here, Mary fach. Sit on this stool. It is better than that old chair.’

Mary did as she was bade and had hardly made herself comfortable when Big Jim came in.

His body was bent slightly forward from the hips and his hand was pressed tightly to his thigh, but the white moustache still had the arrogant stiffness of the days when it was black. He greeted them with a glad: ‘Hallo. Where have you two felled from so sudden? Ah, come to see the old man agen before he peg out, I ’spect.’

He grunted his way to a chair, while Siân looked at Mary with eyes that seemed to assert: ‘There, what did I tell you?’

Len, knowing he had neglected his parents in recent weeks, felt a little awkward. He wondered how to frame a feasible explanation, but before he could succeed Jim asked sharply: ‘Have you put me in the ’surance, yet, Len?’

It was Mary who answered: ‘No, father. And we don’t intend to either. You have got years before you, mun, and it would be a waste of money that we can’t afford to lose from our dole.’

She tried to laugh the idea away, but Siân pursued it. ‘You did ought to, Mary,’ she scolded. ‘’Surance is always handy when something do happen. And, mind you, it can happen to anybody.

Yes, indeed. It is back to the earth us have all got to go. Huh! You must put the two of us in before it will be too late. Duw! Think, gel fach – there will be mourning to buy, without counting anything else that you have got to get for funerals if you want to be 'spectable.'

Jim interrupted her with a remark to Len, at the same time puffing heavily at his newly filled pipe between the words. 'Her words is right, Len. But 'member this, the old 'ooman do want a oak coffin; a orange box will do for me. And she do want us to be buried in the same grave, but, muniferni, she will have to alter a lot before ever I will agree to chance my arm to have her nagging me after I am dead.'

Mary laughed loudly, and this prevented Siân making the retort that trembled on her lips.

'Let me help you to make a cup of tea, mam,' the younger woman offered, at the same time rising from the chair and taking the teapot from the hob.

The hot beverage had a soothing effect upon the old people, although Jim tried to depreciate its qualities with a solemn declaration: 'Tea is all right in its place, and that is in a 'ooman's belly. But for a man, ah, it is beer that he should have. Duw, I 'member the time, years ago now, when us could have a pint for tuppence. Beer, mind you, not the muck us have got to pay sixpence for today.'

Siân shrugged her shoulders impatiently and advised: 'Oh, left the old beer there for tonight, James bach,' then immediately remarked: 'Don't you fancy our Len is looking not half well, somehow?'

This query turned the conversation, and for some time they became reminiscent about their offspring.

'Do you 'member the first day he did start school, and us put that lovely new velvet suit on him, James?'

'Aye, my gel. He did look well that day. Just like his old man.'

He addressed himself to Mary, half turning in his chair to do so: 'You are too young to 'member that, Mary fach, much too young. Your little arse was no bigger than a shirt-button in those days. But if your father was alive he could tell you that I was a good-looking chap then. Aye, by damn. Straight as a line, wasn't I, Siân?' He twisted his moustache proudly as the old woman nodded assent. Len and Mary let their elders wander through the past in this manner, wondering the while how best to break the news that was burning within them. At last Jim made an opportunity when he said appraisingly, looking Len up and down much as a farmer scrutinises a cow: 'Our Len is a pretty smart chap too, come to think of it. Not so big as his old man, mind. No, not by a long chalk. But that is Siân's fault. Still, I can 'member the time when a man like him could make a mark in the army.'

Len and Mary glanced simultaneously at each other and opened their mouths together, but it was her voice that was first heard, as she blurted out: 'That's just what our Len is going to be – a soldier.'

The crash of a saucer as it fell on the floor passed unheeded. Siân sat erect in the chair, her fingers bent as though the saucer were still in their grasp. Her bottom jaw had sagged loosely and her eyes had the same look as a playful dog's that had been unexpectedly kicked.

Jim leaned forward, his shoulders becoming more hunched, and hastily thrust a paper spill into the fire to light his already glowing pipe. But Len saw neither as he kept his gaze on the dancing flames and let his imagination frame pictures in them. The tin clock on the mantelshelf broke into the silence with a hollow 'tick-tock... tick-tock' that beat on the brains of the people in the kitchen.

Suddenly Siân sprang from the chair, her body rattling the table as she rose. 'What did you say, Mary? Our Len going to be a sodger?' Something gurgled in her throat for a moment before she made a pretence of laughing. 'Ha-ha! Come, don't tease your mam in her old age.'

No one answered and no one looked at her. She glanced at

them in turn, her eyes dilated and her face grey, as she waited for the reply. Then she spoke to Jim, her words dropping with increasing impetus from her lips. 'There you are, satisfied now, are you, that your nonsense talk have brought us to this? It is you that have put all these things into his head.'

The continuing silence drove her frantic for a while, but she began to weep in sheer impotence as the reality of the assertion made by Mary forced itself into her unwilling mind. Mary went to the old woman and quietly led her back to a chair, where Siân could lay her head upon the table. The convulsive sobs that sounded like wet sighs infected the others. Tears began to trickle from Mary's eyes, came more quickly each moment, although she tried to check them, then she broke down completely and, burying her face in Siân's hair, moaned: 'Oh, mam, mam,' at the same time squeezing the elder woman to her own body.

Len gulped and blew his nose to provide an excuse for wiping his eyes, while Jim poked the fire savagely as if seeking revenge for something it had done to him.

For a long time the monotonous song of the clock merged in the women's sobs. Then Siân raised her head, turning it so that her lips pressed on the wet cheeks of her daughter-in-law.

'There, there, Mary fach, forgive me. It is my fault that your heart have come so heavy,' she soothed while her own face burned redly from rubbing with the tear-sodden canvas apron. 'That's right,' Jim supplemented hopefully. 'Come, my gel. Wipe your eyes and tell us what have happened.'

This reversal of rôles made Mary feel ashamed, and she kept her head down while she battled against her emotions, leaving the explanation to Len, who made it with hesitant and unconvincing sentences.

Big Jim and his wife remained motionless during the recital, but when it was finished Siân was on her feet again, a defiant blaze in her eyes. 'What? Do you mean to tell me that you are going to fight and die for foreigners millions of miles away from Cwmardy? No, never! If you have got to fight it will be here by your mother's side, where I can look after you. Huh! Spaniards indeed! I have never seened one of them and don't owe them a single penny. No, Len. You stop home by here with your mam and dad in their old age. They 'on't last long now.'

The air pressed heavy as lead and the crunching of Siân's boots on the sanded floor sounded like the crackling of a forest fire as she paced the narrow length of the kitchen. Jim felt impelled to help her, although in his heart he was proud of Len's action and claimed it entirely as a product of himself.

'Good old Len,' he muttered. 'You are 'xactly like I used to be when I was your age. Aye, indeed. But you must listen to your mam now. She do know best. Many a time have I learned that in the old days when I used to be a little bit wild. If it wasn't for her then, God knows where I 'ood have been today. Yes, you listen to your old 'ooman, Len.'

Seeing that Len made no response to this plea, Jim tried another track. 'You can take it from me, butty, those Spaniards are no bloody use. Duw. When I was in Gib, mun, I comed to know them inside out, and I have never yet in all my born days seened one with any guts. No, muniferni.'

The innocently conceived insult ran through Mary like a burn, and, hastily patting the moisture on her cheeks, she defended the Spanish people. The argument went on for hours, Jim eventually siding with Mary, but Siân remained unconvinced, although she finally accepted the position with the best grace she could.

'Righteousness must prevail one day, I suppose,' she muttered in Welsh, before warning them fatalistically: 'You will find that my words will come true and then you will all be sorry for what you are doing against me now.'

A short time later Len and Mary sadly left the house and went to their own home.

Not a member of the family slept that night. Siân wept while Jim smoked and cursed, between vain pleas that she keep quiet so that he could have the sleep that was nowhere near him. The younger people had also been deeply affected by the events of the evening and especially by Siân's fight to keep her son at home. But they said very little to each other as they prepared for bed. Bonzo seemed to sense something untoward had occurred and kept on petting Len, muzzling his nose affectionately into the latter's hand and springing up to him.

Mary was the first to undress and get into bed, Len sitting on its edge for a time, playing with her hair while he tried to give expression to the emotions bubbling within him. But for some reason he failed, and at last got into bed by her side. Her cool flesh against his hot limbs steadied him, and he began aimlessly fondling her breasts.

'Put the light out, Len.'

He obeyed, and the little room was buried in a blackness which gave both of them courage.

'Do you still think the same about me going, Mary?' he queried. He felt the nod of her head on the pillow, which was her only reply. Somehow he felt disappointed, for although he detested fuss from other people, he found an emotional satisfaction in being fussed over by his wife. He felt her hand creep in tickling motions over his body, and turned on his side to squeeze her more closely to him.

'Len,' she whispered, 'Harry's arguments tonight were right. You are the best man to go.'

'Yes, I know,' he answered, and there wasn't a tinge of egotism in the bare statement.

He let his mind roam among the incidents he had heard regarding the war in Spain and began planning what he would do, although he had not the slightest idea what would be expected of him once he got there. But he knew by the versatility of his own experiences that whatever it was he could fit in. The thought gave him a warm glow of pride, and his fingers, without conscious volition, wandered over her legs. When they reached her buttocks he became sad again, and all his mind centred on her physical condition.

'You are going thinner, you are losing weight,' he complained. 'Oh, Mary. You'll take care of yourself when I'm away, won't you?' he begged.

She did not answer, and a recurring thought made him nervous of the darkness, so he lit the candle again. The little flame rose and fell in grotesque shadows on the walls. He watched them for a while and was likening the monstrous shapes to Fascists when Mary gave a horrified little scream and, springing to her haunches, caught him round the neck.

'What is it, Len?' she gasped, her perspiring hands upon his flesh. Len looked dazedly around, then saw a big moth weaving in and out among the shadows. His quickened pulse gave away the falseness of his laugh when he twitted her. 'Ha-ha! There's an old baby for you.'

But Mary, whose face was still squeezed tightly to his chest, muttered in muffled tones that echoed her dread: 'It came from the window. It was big and black.'

Len reassured her and gently raised her face from its hiding-place. 'It's only the shadow of a moth, Mary. What's the matter with you tonight?' The tremor that shook her was sufficient reply, and his body responded to it in a surge of physical desire. Both of them quivered for some moments while he mumbled incoherently in her ears. At last he made himself articulate, although the words sounded far away, as though he were talking to something in his past.

'Oh, Mary, it is not good that a man should love as much as I do, should give himself so completely to another. Everything that was me I have given to you, until now I have nothing left of all that I was. No, not even dignity, or I wouldn't be talking to you as I am.' He sighed as the measure of his emotional capitulation took hold of him, then continued: 'But I am not sorry, Mary. Everything that I have been you have become. All that I once was you now are. So that our long life together has been creative after all, hasn't it?'

The question was a plea. Mary moved restlessly by his side,

but said nothing. She knew all his moods and was aware he was now unburdening the feelings he had been nursing secretly for years. He had turned on his back and, with his hands behind his head, went on musing.

'Yes. By God, I have loved so much that it hurt me more than pain. I have followed your every thought, echoed your moods, and wept in your sufferings. You have become part of me so that I float loosely like a lost balloon when you are not near. Oh, Mary, my dear, I have no life apart from you. My mind always wanders to where you are, and I wonder what you are doing, to whom you are talking. Thoughts creep into my mind and I try to crush them. But they keep on coming until they are too strong for me and I become their prisoner. Yes... their prisoner.'

The last word was said like the 'amen' that follows a prayer.

Mary softly placed her hand upon his head and let her fingers play with the strands of his hair. The touch seemed to give his thoughts a new channel.

'But you have given also, my dear. You have given me your body, have let me have your mind. Yes, your strength has made me stronger, made me more determined, so that both of us have benefited by our life together. Ha! Do you remember, Mary, how I used to tell you that you must have initiative, audacity, and temper as well as political understanding to become a leader?' Again he felt her affirmative nod.

'Well, it's still true, and you have them all. You are now a leader of our Party, whatever might happen to me. Because of this I shall be happy in my heart whatever I may feel in my mind or my body. What more can a comrade want than to know that the future is safe in the hands of those who follow him, especially when they are the ones he has lived with and loved?'

Something triumphant and stimulating swept over him and he turned abruptly on his side. Clasping her body to his he laughed happily before pressing on her lips the burning moisture of his own. He felt the pulsing of her heart, but did not see the tears in her eyes.

Some time later Mary turned back upon her side and asked: 'Len, are you afraid to go?' The query was put as gently as the echo of a child's song far up in the mountain, but it stung him like the fangs of a snake.

'Afraid? Afraid of what?' he demanded harshly.

'Oh, ever so many things.'

'Such as?'

'Well, perhaps you are afraid to leave me.'

The words were like a blow, stunning him for a few seconds before he could gather his thoughts again. He felt the reproach of the statement and became apologetic, although at the same time he tried to avoid the implied query.

'Oh, Mary, why do you say that? You know I have been to gaol. You know I have been beaten up on demonstrations. You know all that I have done in the struggle, and now you say that I am yellow.' He waited expectantly, but her silence eventually impelled him to continue: 'Yes, I am afraid to leave you,' he challenged. 'I'm afraid something will happen to you while I'm away.' Mary rose to her haunches. 'I thought so, Len. Yes, I thought so.' There was a happy tremor in her voice, but she pulled herself together before betraying it too deeply. 'Don't worry about me, my comrade. I shall be all right with your father and mother, and don't forget we have the Party. I know it's going to be hard, Len, not only for you but for all of us, but look how happy we'll be when it's over and you're back in the ranks again.'

She caught his hand and rested it against her breast, swaying her body like a mother with a baby. Len let the soothing motion capture him and filled his nostrils with the scent of her flesh as he murmured: 'Yes, Mary comrade. There is no question of fear. It's just another job that has got to be done in order that we can carry the struggle of our people forward.'

There followed a long pause after this till she asked curiously: 'What are you thinking of now, Len?'

Very slowly, as though he were manufacturing the words in his mind before giving them expression, he answered: 'I was thinking of all the little kiddies who think so much of us. Of how they rush to us when they come from school and shout, "Hallo, Len. How be, comrade?" before asking for fag photos. They are so true. They follow us into our meetings and on our demonstrations; and yet, when we go, what will they have to remember us by? Nothing, Mary. Nothing except the fact that they once knew a man who had always been unemployed – a man who wandered from meeting to meeting and street to street always looking for something he never seemed to find. Ah, but now? When they look back upon their youth they'll be able to say: "We knew Len. He fought for us in Spain and Mary helped him." Yes, my love. How much better a memory is that than the deadness of the other. It will help them when they are men and women to be active in the fight. That's what we want, activity that leads to action, not the inertia of pessimism and despair. And what our children see us doing, they do later for themselves. Remember the funeral of the little dog and the passionate loyalty of those kiddies to a playmate that had become a carcass? That's the love and the loyalty we mush cherish.' His words had become slower as though he was loath to lose them, or let them lead him immutably to the next idea. 'Who knows? Perhaps, when they look back on the past, they'll be able to brag to each other: "Our Len died in Spain".'

Mary jerked her body taut and stopped him. Her breath came in quick gasps as she implored and challenged in a single statement: 'Don't ever say that to me again, Len. You are going to Spain to fight, not to die.'

It now became his turn to soothe and placate. His caresses and endearments helped him, and they were both asleep, clasped in a mutual embrace, when the window blinds leaked the crimson glow of dawn into the bedroom. Next day, while Len was away making arrangements for his departure, Mary spent all the time with Siân, both of them pretending nothing unusual was about to happen. Siân busied herself making round cakes on the slab of iron kept for the purpose. Len was very fond of these, and the old woman intended them to supplement the food he ate whilst travelling.

Mary scrubbed and cleaned the kitchen. When she reached the fireplace with her bucket, Jim obligingly lifted his huge feet on the hob out of her way.

'Damn! You are a pretty little workman, mun,' he commented appraisingly as she rinsed the moisture off the flags and treated them with blue stone to leave them white. 'It is a pleasure to watch you working, muniferni,' he continued as he put his feet back on the fender, but before he could fix himself comfortably they were all startled by a loud 'plop' that came from the tiny room beneath the stairs. 'Hellfire! Somebody is trying to shoot us,' Jim roared, at the same time looking wildly at Siân, whose eyes were full of apprehension.

Mary had a suspicion, after the first shock, of what had happened, and, with a hurried glance at the old woman, rose from her knees and opened the door leading to the dark, web-strewn cubicle. She hesitantly put her hand inside and withdrew a flagon bottle from whose neck some fluid was frothily gurgling.

Jim gave it one look, then sprang to the dresser for a cup, which he hastily put under the dripping fluid. While the cup was slowly filling he muttered disconsolately: 'Well, well, Siân, I never thought that you could be so mean. Me dying of thirst by here all the week and all the time you have got home-made wine in by there! Huh! For shame on you! Don't never call yourself a butty agen.'

Siân drew herself erect and her face shone with dignity when she replied to the accusation: 'I had thought to keep that for our Len's birthday, and had to hide it away from you or you 'ood have gutsed it long before now, more's the shame on you than me. But since he is going away, us will have it tonight instead.'

A tear dangled insecurely on her eyelid, but she proudly shook it off without raising her hand.

When Len returned late that night he found his people all sitting around the fire in his own house. This surprised him, because he knew Mary had been down to his mother's during the day and that the old couple liked having her there. But he understood the reason for the gathering immediately he saw the bottles on the table and the pile of corned beef sandwiches arranged in neat little tiers in the middle. A lump rose to his throat, but his eyes gleamed happily as the significance of the scene came to him. He fancied Mary looked sweeter than usual, in the dress she only wore on special occasions, and his wandering eyes noticed that his parents also wore what they called the best clothes.

The wooden dresser had been removed and its place was taken by the piano which had been one of Ezra's presents to Mary in the days of his prosperity.

Jim sat in Ezra's chair, a glass of wine in his hand. He held this up to the light appreciatively while he murmured: 'Very good. Very good indeed. But not half so good as a honest pint of beer,' before swallowing the wine in one gulp. Len pulled his coat off, hung it on the hook behind the door, and turned to find Siân waiting for him. She held a half-pint glass full of wine in one hand and the flagon from which she had emptied it in the other, completely ignoring the empty glass in Jim's outstretched hand as she ordered: 'Here, Len bach. Drink this down. It'll do you the world of good. Better than all your old beers, whatever your father do say.'

Len took the glass and put it to his lips, while Jim pleaded: 'I wasn't meaning *your* wine, mun, Siân fach. Ha-ha! Good God, no. I was talking about that muck Dai Cannon do make. Ach, it is not fit for pigs to drink. Huh! But your wine, my gel, ah, I 'ood sooner have a flagon full of that than a pint of beer any day.'

The sentiments bribed Siân and she refilled his tumbler. They sat in a ring around the fire, placing the big plate of sandwiches on the stool between them. Then they began talking of old times, carefully refraining, however, from referring to any of the sad occurrences of the past. Mary, whose eyes were beginning to shine wickedly (Len always said they were full of dancing imps when she was in this mood), related the story of the times he had followed the marchers to a certain town, in spite of orders she was not to do so. 'Our Len was like a wet rag by the end of the day,' she asserted, 'and was just crying like a big baby when he brought me to the station to send me back home.'

Len, who was also starting to look a little flushed, took umbrage at this smudge upon his manhood. 'Oh, fair play, Mary. I wasn't worse than any of the others, was I? And in any case, even if I was, it was because I had to lug you most of the way because the back of your shoe had rubbed half your heel off. Fair play now. If we're going to have it, let's have the truth.'

They laughed at his vehemence and Jim bawled out: 'Ho-ho, Mary fach could march your legs off, mun. Haven't I seened her do it many times on the demonstrations?'

Len thought this an unscrupulous reference to the time he had dropped out of a demonstration because of an attack of giddiness, but he said nothing further about it as he saw his mother beginning to nod drowsily.

'Come on. Let's have a sing-song,' he announced.

Siân immediately opened her eyes and Mary drew her chair to the piano. 'What shall we have, Len?' she asked.

'Let's have something bright and happy that we all know.' Mary, her thin shoulders swaying to the rhythm, immediately began playing a jazz tune. When she had finished it she asked: 'Did you know that one, mam?'

'Yes, my gel. Of course I did. It was *Bwthyn bach* with some fancy tra-la's, wasn't it?'

'Duw, duw, no. That was "The Blues", mam.'

'Huh. Never mind, Mary fach. Don't worry. I haven't got my specs on and it is quite easy to make a mistake with my eyes so old as they are.'

Len laughed loudly, but after some more tunes the music got into him and mixed with the wine. He rose from the chair and stood by Mary, lifting his voice to the refrains she played. They went through song after song, and, as they exhausted their repertoire of modern music and the wine took more effect, they unconsciously drifted to the old hymns of the people.

Siân became wide awake when the sad tones moaned through the kitchen. She clothed them in their Welsh words, her low contralto throbbing an accompaniment to the voices of Len and Mary, who eventually stopped singing and left the field clear for the old lady. Jim took the pipe from his mouth and used it as a baton to keep time, smiling happily as Siân crooned her way back into the past where they both immersed themselves to the temporary exclusion of the present.

Whenever Mary was in doubt about the hymn they were singing, she simply paused a second, then let her fingers trickle over the keys and follow the tune as Siân sang it. Len sat down near his father and felt a deep sadness begin to weigh on him. Tears came to his eyes as each song brought back flashes of his youth. Then he became ashamed of his sentiment, and hoping that no one had seen the tears, put his hand out and lifted a glass from the table. It was nearly full, but before he had time to put it to his mouth Jim had taken it from him and, still conducting with his pipe, nodded to the other half-empty glass nearby.

Len took this without a word, looking his thanks at his father over the rim.

The more Len drank the more he worried about its effects on Mary, knowing that wine sometimes made her irritable and excitable. But he need not have bothered his head, because Mary was holding her emotions rigidly in check. Then a wave of new sentiment engulfed him as Siân sang a pathetic ballad. He rose unsteadily to his feet and began by kissing Big Jim, who looked at him stupidly. After this he insisted on stopping the song to kiss Siân and Mary, the tears streaming from his eyes as he did so.

He felt a little more satisfied after this and again let his voice join the others, but when Siân floated into the plaintive melody of *Dafydd y Garreg Wen*, everyone but herself became silent. The old woman was weeping openly before she had completed the ballad. The last time it had been sung in the family was just prior to the death of Len's sister, and now, although neither of them gave words to the thought, it developed a significance that overwhelmed them.

Siân and Jim did not return home that night. The former slept with Mary and the latter with Len in the bed that used to be occupied by Ezra. They had hardly closed their eyes before it was time to get up. Len immediately went out the back and let cold water from the tap run on his head and bare shoulders. He wanted to be in his highest spirits this morning and was taking no chances. Although all of them pretended there was no need to be excited, they only succeeded in adding to the tenseness of the atmosphere. Siân followed Mary wherever the latter went, fearing, for her own sake, to lose sight of her for a moment. Big Jim strutted around like an unconcerned stag, filling the room with his bulk.

It had been agreed that only Mary was to accompany Len to the station. When this was first mooted Jim had protested, but gave way when Len said it would be necessary for him to look after Siân.

The time slipped by as if it were anxious to steal them from each other, and when everything was ready Mary went out first, unwilling to be a witness of the parting between Len and his parents. Siân caught her son to her with a gentle grasp that slowly developed into an all-embracing passionate clutch that left him breathless. But her eyes were brightly dry when she released him and said: 'Take care of yourself, my boy. 'Member us will be waiting for you. Yes, waiting and watching, and your mam, for one, will be praying for you every night.'

She turned her head away and stooped to lift the hem of her apron to her eyes, but suddenly remembered herself and left it untouched as she stood erect. Len looked at his father, whose hand was already outstretched, and felt his own lost in the grip that bade him a silent good luck.

Without another word and fearing to look again at either, Len followed Mary down the hill to the railway station. At every step Len felt himself pulled from behind, but steeled himself not to look back at the old people, whom he knew were standing on the doorstep watching him recede from their sight. His gaze wandered to the pits instead, and the floating smoke from the stack made him think of the changes that had taken place in his life since the days when he first saw it and heard the palpitating throbs of the pit engines.

He remembered Cwmardy when it was a tiny village made up of smoke-grimed cottages and the pit. Pride swelled him as he now looked at its hundreds of streets and big buildings with bright windows. The Big House looked lonely on its crest, and, instead of dominating Cwmardy, was now dominated by it. He felt run through him the tremor of the life that Cwmardy held, and, catching Mary's arm, he whispered proudly: 'Cwmardy and our people are worth going to Spain for, Mary.' There was no answer, but when they turned the corner that hid them from Sunny Bank they heard a mournful howl from Bonzo as they went out of sight.

The couple had barely reached the station before the train steamed in with screeches and blasts that unnerved Mary. Len found an empty carriage and, leaning through the window, put his arm round Mary's neck, giving her a long-drawn kiss that was simultaneously a sigh. The wheels were beginning to turn when he released her lips. She bent her head and dimly saw the wheels take him away. Suddenly she jerked up and looked ahead to see him hanging through the window waving his hand in affectionate farewell. Her feet lifted involuntarily and she started to run towards him, her arms outstretched as though she wanted to pull him back. The speed of her feet increased in pace with the quickening revolutions of the wheels and she was deaf when he shouted above the noise of the train. 'Stop, for God's sake, stop.'

She kept on running. The porter who caught her round the waist heard the pitiful murmur that died on her lips as he pulled her back: 'Oh, Len. Oh Len, my comrade.'

For the remainder of the day she hardly knew what she was doing, but her spirits revived in the Party meeting that was held that night. She was made organiser of the branch in Len's place, Harry being unable to undertake the responsibility because of his work as chairman of the combine. This new rôle gave her the feeling she had a two-fold obligation to fulfil, and when she went home she was both happy and weary.

Siân, who had insisted on sleeping with her till Len returned, had supper waiting. Although she had no appetite for food, Mary ate some to please the old lady, who broke down before the meal was over. This helped Mary overcome her own emotions, and she tried to console the other, whose sobs kept time with Bonzo's padding feet as he searched round the kitchen for Len, smelling everything that belonged to him.

A LETTER FROM SPAIN

Len had been away eight months, during which time Mary had thrown herself completely into the work of the Party, happy in the fact she heard from him more or less regularly. Her health had improved to such an extent that she spoke at more public meetings than she had ever done hitherto, and found no harmful effects. Her infectious enthusiasm impregnated the people and they all came to regard her as their own, belonging to them as surely and solidly as the Square where they had fought so many battles.

They dropped the prefix 'missus' and she became plain Mary to everyone. Even the enemies of the Party had to respect her for her indomitable courage and the *élan* with which she entered every campaign.

Siân tried to restrain her and one day took her to task. 'You are doing too much, Mary fach. What with the council, meetings, committees, marches, *Daily Workers* and what not, your little body will be so sure to break as my name is Siân.'

'Don't worry, mam. What we are doing is nothing to what our Len is going through.'

'Ah well. You will listen one day, when it is too late,' said the old lady before she fatalistically gave way and relapsed into silence.

Mary never put the wireless news on when her parents-in-law were about, but each night before they went to bed she read out the news from Spain, which she had carefully edited beforehand. Quite unconsciously she gave them the impression that Len was responsible for all the Government victories and the Fascist defeats. Big Jim carefully hoarded all she said and every Saturday night retailed the news again over a pint or so in the Boar's Head. On one such occasion, when he had taken more beer than usual, he bragged to his cronies.

'I knewed it years ago. I always did say that boy would be a general one day. Of course. What else could you 'spect from such a father as me? Aye. And I pity those poor dabs of Spaniards if he wasn't out there helping them now against all those Shermans and Bracchis.' No one ever laughed at these statements.

The longer Len remained away the more thrilling a legend his name became to the people of Cwmardy. He came to be regarded as a sort of chivalrous crusader linked up inevitably with the Party and Spain. As a result of this, her own personality, and the work she was doing, Mary had an open entry to most of the houses, being treated as a member of the family. Her smiling presence gave a welcome brightness to some of the drab homes whenever she called at them. She knew the exact circumstances of most families and was aware of the best time of the day to drop in to collect the weekly payment for the *Daily Worker*. Bonzo always managed to catch her up each time she went out, although she took every measure to ensure he was left behind. She was fearful of the many fights he engaged in and also shy because in practically every street were dogs hardly distinguishable from him.

She had been longer than usual without a message from Len, but thought little of it until the weeks became a month, then six weeks, then ten. The long silence began to worry her, and she pestered Harry Morgan each time she met him between his visits to London. But all he could tell her was that the last time they had heard Len was well and doing good work. This news heartened her the first time she heard it, but constant repetition made her introspective and she started searching in her own mind for the real reasons. At night in bed her imagination scoured every conceivable possibility, so that she woke each morning more depressed and listless than she was the morning before. She felt herself losing weight and the cough returned.

Siân noticed the symptoms and watched her like a cat, although Mary had kept her fears from them and always managed to fabricate a story when they inquired about Len. The Party members saw the change taking place in her and often commented about it, but it was left to Harry to approach her on the matter. He pleaded with her to take a holiday and even offered to arrange everything for this. But she was adamant.

Then, quite unexpectedly, news came through the usual channels that some of the men who had gone out the same time as Len were returning home. The information made Mary's heart skip some beats, then spring with greater vigour into action.

She told Siân and Jim about it the same night and ended with the remark: 'Now we'll know something definite about our Len.'

Immediately the statement left her mouth she realised she had made a mistake, but Siân, rigid in the chair, spoke before she could cover the error.

'Know something about our Len? Whatever do you mean, Mary? Us thought you knowed all about him without this.'

Mary swallowed before answering dubiously: 'Of course we do, mam. What I meant was perhaps Len, who is very important out in Spain, will have to stop there for a bit yet.'

'But you did not put it in that way,' Siân insisted, still not satisfied. Mary felt herself in a trap and tried desperately to wriggle out of it without saying a direct lie.

'But, mam, I was only thinking that if Len is not coming back with the boys, perhaps he's sent a special message with them to us.'

Jim took up the cue and entered the discussion. 'That's it, mun. Like I always used to do, Siân, in the war, when the boys was coming home on leave. Don't you 'member, gel?'

This settled Siân's doubts.

Mary called the Party committee together the following night to make arrangements for the welcome home. There was a full attendance at the meeting, every member alert with subdued excitement. It was decided to organise a demonstration and a mass welcome meeting in the new workmen's hall. Mary agreed to ask the women of the Co-operative and other Guilds to make banners for street decorations. Another Party member, who was also in the town band, stated he knew the latter would turn out in full strength. Harry Morgan, as chairman of the combine, raised the matter in that body, and it agreed to approach all the other organisations in Cwmardy to take part in the welcome home. As a result of all these efforts, a joint committee was formed to take charge of the complete organisation for the day.

Posters were exhibited in the shop windows, leaflets distributed to the houses, and preliminary meetings held in every street. The hall was decorated with red streamers, banners, special Spain prints, and *Daily Worker* posters. The lights were covered with delicate silk so that when they were switched on the whole hall glowed a deep crimson.

Artists belonging to the Party were commissioned to make large canvas paintings of the men who had left Cwmardy for Spain. When these were completed they were fixed on the red plush curtain that backed the stage. Len's wavy hair and big eyes occupied the centre. His picture was painted from a photograph he had taken on one of the marches, and his face looked longer than it actually was in real life.

The intervening days passed like dreams to the members of the Party and the organising committee, but at last the day arrived. The town band was ready to play the battle-hymns of the people. Women had hung banners of every description from their windows and spread long streamers of bunting across the streets, until Cwmardy looked like a lake of waving fire.

The schools were empty of children, all of whom anxiously awaited the street teas that had been organised for them by levies on the wages of the workmen and donations from the Co-operative Society and other organisations.

The men in the pits had already agreed to remain home for the event as a reply to a letter sent to Mary by the chief of police banning any demonstration through the main street.

The people in each street followed the example of Sunny Bank during the unemployed demonstrations, and marched as street contingents, converging on a common point for the mass demonstration through Cwmardy. The police realised it would be impossible to execute their threat and made no attempt to provoke the people.

Long before the train was due the approaches to the railway station were crammed with demonstrators. Most of them heard the train steam in, but very few saw what happened after, until an insistent blare from a motor car urged them to open the ranks for the procession of three cars. The first contained the returned soldiers, with Mary among them. Officials of the committee occupied the other two. The ranks reformed immediately the cars had passed and by the time the latter had reached the Square, they were at the head of a densely packed mile-long stream of people.

The occupants of the cars got out on the Square, the waiting bandsmen formed up before them, the returned soldiers were lifted on unknown shoulders, and, to the deep throb of drums, the march up the hill started.

Mary never knew how the old couple got there, but when her blazing eyes looked round they saw Jim and Siân right behind, the latter waving her arms and shouting at the top of her voice though no one could possibly hear what she said in the deafening tumult that was part of the demonstration.

Mary's heart twitched at the sight and it gave her greater strength to go on, her feet hardly touching the earth till they reached the hall. She managed to get inside, Jim and Siân still following. Those who could not enter were catered for by loud-speakers, which relayed to them every word said in the hall.

Harry Morgan, Mary, Len's parents, and officials of the organising committee surrounded the soldiers on the stage. Harry, who had been elected in charge, beckoned the brigaders to the front, where they stood for many shy minutes listening to the roars of welcome that greeted them back to Cwmardy.

When some measure of order had been restored, Harry called upon them all to sing the Red Flag. The request was heard by the band outside, who immediately struck up the initial chords, which were followed by the massed voices of the people.

When the mighty intonations died down Harry began his speech of welcome. Mary leaned forward, elbow on knee and chin in her hand, the better to follow the proceedings. The faces before her were melted into a huge grey blob framed by the red of the decorations. She heard Harry's piercing voice cut the air with 'Comrades and Friends,' then felt a nudge. She looked around and saw one of the soldiers beckoning her with his finger. Bending back to hear what he wanted, she noticed subconsciously that he carefully avoided her eyes as he handed her a packet.

'This is from Len, Mary, and there's one from me as well. I thought I might just as well bring it with me, since I wrote it.'

The conversation was carried on in a whisper and as soon as he had finished the messenger sat back and fixed his attention on the meeting.

Mary didn't know what to do for some minutes. Her heart was beating into her ribs with an intensity that added to the glow on her cheeks. She felt it would be a sort of sacrilege to read the letters while the speakers were on their feet and before all the eyes in the hall.

Yet all the time she hesitated her whole being demanded that she read them quickly. Her body began to tremble with excitement and, unable to contain herself any longer, she rose quietly and tip-toed off the stage into one of the ante-rooms behind.

This was in darkness, but the many Party meetings held there had taught her where to find the switch. After a little groping she pressed it, and in a moment the room was filled with a glaring light that hurt her eyes after the subdued crimson of the big hall. She paused to ease the quiver of her flesh, all the time looking with intense concentration at the packet in her hand. She was burning to open it, but reluctant to start doing so. At last she pulled herself together and with a haste that made her fingers clumsy tore open the covering and found two mud-stained letters inside.

She recognised Len's writing at a glance and a pathetic half-smile flickered on her face as she remembered the occasions she had twitted him about his terrible scrawl. She pulled the letter from its envelope and began reading to herself. But in a short time her lips began to move, and she read on half aloud.

Dear Mary and all at home,

I don't know when you had my last letter because postal arrangements are rather wonky, so I'm giving this to one of the boys to make sure that you'll get it, as it looks like he'll be coming home shortly. Well, Mary, I hope everyone at home is O.K. and that the Party comrades are putting their backs into the campaign to help Spain and save democracy.

Obviously I can't tell you much of what is taking place here, but I have been in this hospital for the last few weeks (just a little scratch) and am going back into the line tomorrow. You will be happy to know Ron is here with me. He was one of the first to come out and has made a name for himself as a fighter and a leader. You can just imagine that the two of us stick together as much as possible. He hasn't changed much since the old days, except that he is perhaps a bit thinner. We are gaining the upper hand now and are beginning a new offensive, of which I am glad.

It's marvellous to see how our boys go into action. You know them all and will remember how they were on the demonstrations and marches, but that is nothing to the way they act out here. It makes me proud of our people and of myself for belonging to them.

But it's strange, Mary (or is it?), that while there are certain differences I could swear sometimes I was still in Cwmardy and that the Fascists are not far away in a strange land, but are actually destroying our birth-place and all it means to us. The men who are dying don't seem to be strangers, but our comrades as we know them at home. The same old hills are somewhere around here, and I know the same old smokestack and pit is not far away. The faces I see about me are the same faces as those in Cwmardy. It is only when they speak that I notice any difference.

Yes, my comrade, this is not a foreign land on which we are fighting. It is home. Those are not strangers who are dying. They are our butties. It is not a war only of nation against nation, but of progress against reaction, and I glory in the fact that Cwmardy has its sons upon the battle-field, fighting here as they used to fight on the Square, the only difference being that we now have guns instead of sticks.

Yes, Mary my love. And tomorrow I am happy to go back to them. All our lives we have been together. In our homes, the pit, the streets, the Federation, and the Party. The strikes and demonstrations and marches have led us unerringly to this, the battle-field of democracy.

It is in the nature of things that we can't all come back to Cwmardy, that some of us will be left here with, perhaps, a cross to mark the fact we were once living, but were robbed of life by Fascism. Yes, that is inevitable, as it is at home that after every action in defence of our rights they stick some of us to rot in prison.

Some of the boys we knew have already gone, but not in vain. They have helped to stamp into the earth an invisible barrier of bodies from which breathes a new spirit of hope and love and invincible courage. Fascism may kill us, Mary, but it can never kill what we die for. No, never! Our very death is creation, our destruction new life and energy and action.

I know, my love, that you appreciate all the possibilities and that whatever happens to me you will carry on building the Party, drawing our masses into a unity that will save Cwmardy for the people. Even as I write I know that you are near and I can almost feel your breath upon my neck as you bend over to read this. I know every throb of that wonderful heart that is too big for your little body.

It seems so long since I touched you with my hands, but I see you in every battle; you are at my side in every action. Remember the day we marched together in the big demonstration, Mary? Well, like that. You are with me wherever I go, whatever I do. And never forget, whatever happens, we were brought together because we belong to the people and it is only the cause of our people can ever part us.

If that should happen, if it becomes necessary, then don't grieve too much, because belonging to the people, you will always find me in the people. Give my love to all the comrades at home. Throw your whole weight into the Party. Tell mam and dad not to worry about me. Sleep happy in the knowledge that our lives have been class lives, and our love something buried so deep in the Party that it can never die.

So long, Mary, my comrade and love,

Len.

A roar of cheering swept from the hall into the little room and Mary raised her head to see what was the matter, but the lights glistening on the tears that filled her eyes blinded her to everything. She felt there was something within her that wanted to escape. It seemed to clog her body and make it hard to breathe. She lifted her hand slowly to the pocket on the left breast of her coat and drew out the red silk handkerchief with its emblazoned hammer and sickle which had been Len's gift to her from Spain. She looked at it dazedly and saw it dancing in her tears.

Equally slowly and methodically she raised it to her eyes and wiped them, then getting a sudden grip on herself she read the letter again before picking up the other.

It felt heavy as lead in her hand as she opened it. Her eyes fixed instantly on one sentence that stood out before her like a neon sign.

> We found him lying among a group of Fascists and brought him away from them to bury him with his own people. He had been with them all his life and we left him with them in death.

Mary read this over and over. She could not tear her gaze away from it until something gripped her by the throat and she could not breathe. She sprang to her feet and the grip was released. When she ran headlong from the room she left a moan behind: 'Oh, Len. You are gone for ever.'

She was on the stage before she knew it and the immediate deep silence that followed her entry brought her to a dead stop. Looking around like a woman in a trance, she saw the blur of faces before her, then the weeping form of Siân with Jim pathetically stroking her hair, nearby.

In a flash she knew that the people had been told that Len was dead and she turned her head to see his portrait stand out among the others with its draping of black cloth. Someone caught her arm and led her to a chair near the table, on which she bent her head. When she raised it again the hall was nearly empty and Siân, red-eyed and heaving, was standing near her, with Jim, who kept swallowing hard all the time.

'Come, Mary fach. Our Len have left us for ever, and this is no place for us. Let us go home.'

Mary looked again at the painting and fancied she saw the lips form into a smile and the sad eyes soften with encouragement.

She stared at it for some moments and the feeling grew on her that Len was saying: 'Go, Mary. Follow the people, they are your hope and strength.'

Jumping up, she caught Siân about the shoulders. 'You go home, mam. I can't come yet; the people's day isn't over and I must be with them till the last, as our Len was.'

Siân straightened her body. 'Us will go, Mary, when you come and not before.'

They followed the last figures through the hall doors and found the demonstration getting further away every minute, the smoke from the pit curling round it before dissolving into the air and leaving the scarlet banner dominating the scene. They heard the barely audible strains of the band, and the people singing:

'Then away with all your superstitions,
Servile masses, arise! Arise!'

Mary started to run. 'I must go before they get too far,' she muttered.

Jim and Siân slowly followed, the former shouting, 'Go on, Mary fach. Me and Siân is not quite so quick, but us will be with you at the end.'

Mary stumbled, but kept on her feet. She began mumbling to herself: 'I must catch them up. I must catch them up.' When she reached the tail of the demonstration she thought the beats of her heart were centred in her throat and stumbled again. This time she would have fallen, but eager hands caught her and a cry ran through the ranks towards the front: 'Send the car back. Send a car back.' When it came they placed Mary gently inside and sent it back again to the head of the march.

Jim and Siân limped far behind. He put his arm about her waist. 'Us can never keep step with 'em, Siân fach. Us have got too old. Yes, too old. But never mind, my gel; they have got to come back sooner or later before they can get home, then us can join 'em again.' Siân halted to get breath. Floating towards them came the voices of the people muted in a common unity:

'Though cowards flinch and traitors sneer,
We'll keep the red flag flying here.'

Foreword by Hywel Francis

Hywel Francis is the Labour Member of Parliament for Aberavon. He was formerly Professor of Adult Continuing Education at the University of Wales, Swansea. Amongst his publications is the classic *Miners Against Fascism* (1984). His father, Dai Francis (1911-1981), was General Secretary of the National Union of Mineworkers (South Wales Area).

Cover image by Jack Hastings

Jack Hastings, or Francis John Clarence Westenra Plantagenet Hastings, fifteenth Earl of Huntingdon (1901- 1990), was trained at the Slade School of Art. He painted many murals worldwide, including one at the Chicago World Fair in 1933, and worked as an assistant to Diego Rivera in San Francisco. Hastings took his seat in the House of Lords and served as a Parliamentary Secretary in the Labour Government between 1945 and 1950. He also taught at Camberwell and Central Schools of Art, and served as chair of the Society of Mural Painters from 1951 to 1959.

LIBRARY OF WALES

The Library of Wales is a Welsh Government project designed to ensure that all of the rich and extensive literature of Wales which has been written in English will now be made available to readers in and beyond Wales. Sustaining this wider literary heritage is understood by the Welsh Government to be a key component in creating and disseminating an ongoing sense of modern Welsh culture and history for the future Wales which is now emerging from contemporary society. Through these texts, until now unavailable or out-of-print or merely forgotten, the Library of Wales will bring back into play the voices and actions of the human experience that has made us, in all our complexity, a Welsh people.

The Library of Wales will include prose as well as poetry, essays as well as fiction, anthologies as well as memoirs, drama as well as journalism. It will complement the names and texts that are already in the public domain and seek to include the best of Welsh writing in English, as well as to showcase what has been unjustly neglected. No boundaries will limit the ambition of the Library of Wales to open up the borders that have denied some of our best writers a presence in a future Wales. The Library of Wales has been created with that Wales in mind: a young country not afraid to remember what it might yet become.

Dai Smith

LIBRARY OF WALES
FUNDED BY

Noddir gan
Lywodraeth Cymru
Sponsored by
Welsh Government

CYNGOR LLYFRAU CYMRU
WELSH BOOKS COUNCIL

LIBRARY OF WALES

SERIES EDITOR: DAI SMITH

1	*So Long, Hector Bebb*	Ron Berry
2	*Border Country*	Raymond Williams
3	*The Dark Philosophers*	Gwyn Thomas
4	*Cwmardy*	Lewis Jones
5	*Country Dance*	Margiad Evans
6	*A Man's Estate*	Emyr Humphreys
7	*Home to an Empty House*	Alun Richards
8	*In the Green Tree*	Alun Lewis
9	*Ash on a Young Man's Sleeve*	Dannie Abse
10	*Poetry 1900–2000*	Ed. Meic Stephens
11	*Sport*	Ed. Gareth Williams
12	*The Withered Root*	Rhys Davies
13	*Rhapsody*	Dorothy Edwards
14	*Jampot Smith*	Jeremy Brooks
15	*The Voices of the Children*	George Ewart Evans
16	*I Sent a Letter to My Love*	Bernice Rubens
17	*Congratulate the Devil*	Howell Davies
18	*The Heyday in the Blood*	Geraint Goodwin
19	*The Alone to the Alone*	Gwyn Thomas
20	*The Caves of Alienation*	Stuart Evans
21	*A Rope of Vines*	Brenda Chamberlain
22	*Black Parade*	Jack Jones
23	*Dai Country*	Alun Richards
24	*The Valley, the City, the Village*	Glyn Jones
25	*The Great God Pan*	Arthur Machen
26	*The Hill of Dreams*	Arthur Machen
27	*The Battle to the Weak*	Hilda Vaughan
28	*Turf or Stone*	Margiad Evans
29	*Make Room for the Jester*	Stead Jones
30	*Goodbye, Twentieth Century*	Dannie Abse
31	*All Things Betray Thee*	Gwyn Thomas
32	*The Volunteers*	Raymond Williams
33	*Flame and Slag*	Ron Berry
34	*The Water-castle*	Brenda Chamberlain
35	*A Kingdom*	James Hanley
36	*The Autobiography of a Super-tramp*	W H Davies
37	*Story I*	Edited by Dai Smith
38	*Story II*	Edited by Dai Smith
39	*A Time to Laugh*	Rhys Davies
40	*Young Emma*	W H Davies
41	*We Live*	Lewis Jones

WWW.THELIBRARYOFWALES.COM

Lightning Source UK Ltd.
Milton Keynes UK
UKOW04f0716310315

248819UK00002B/47/P

9 781910 409398